RISCOS EM SISTEMAS DE *INTELIGÊNCIA ARTIFICIAL*

definição, tipologias, correlações, principiologia, responsabilidade civil e regulação

UM NOVO SELO PARA NOVOS TEMPOS

A tecnologia está presente no dia a dia de todos e suas repercussões no exercício das profissões ficam cada vez mais evidentes. No campo do Direito esta percepção, que já vinha ganhando espaço cada vez maior, foi ampliada pela terrível pandemia da covid-19 e pela imediata necessidade de que todos se adaptassem com rapidez ao ambiente digital para continuidade de suas atuações. Mesmo que se trate de um cenário permeado de incertezas, as normas aqui e no exterior vêm tentando acompanhar as transformações provocadas por essa virada tecnológica, regulamentando temas relevantes como o acesso à internet, a ética da inteligência artificial, a justiça 4.0, a proteção de dados e o *stalking*.

A Editora Juspodivm, sempre atenta às necessidades de seus leitores e ciente da dificuldade de sistematização de temas ligados à inovação, vem nos últimos anos estimulando autores a abordarem questões como Inteligência Artificial, *Blockchain*, *Cyberbullying*, Criptomoedas, Proteção de Dados, Teletrabalho, entre outros, desenvolvendo, assim, um respeitável catálogo dedicado ao Direito Digital, discutindo questões jurídicas envolvendo a era digital.

Para atuar com excelência e ampliar sua participação na área com publicações relevantes, a Juspodivm criou o **Conselho de Direito Digital, Transformação e Novas Tecnologias**, composto por grandes autores envolvidos direta e indiretamente nas discussões relacionadas a essa transformação digital. O conselho tem o papel de amparar a editora em decisões de publicação na área. Compete a ele avaliar autores e temas, bem como propor novos conteúdos.

LUIZA LOUREIRO COUTINHO

RISCOS EM SISTEMAS DE *INTELIGÊNCIA ARTIFICIAL*

definição, tipologias, correlações, principiologia, responsabilidade civil e regulação

2024

EDITORA *Jus*PODIVM
www.editorajuspodivm.com.br

EDITORA *Jus*PODIVM
www.editorajuspodivm.com.br

Rua Canuto Saraiva, 131 – Mooca – CEP: 03113-010 – São Paulo – São Paulo
Tel: (11) 3582.5757
• Contato: https://www.editorajuspodivm.com.br/central-de-relacionamento

Diagramação: PC Editorial Ltda. *(pceditorial@gmail.com)*

Capa: Maitê Coelho

C871r Coutinho, Luiza Loureiro

Riscos em Sistemas de Inteligência Artificial: definição, tipologias, correlações, principiologia, responsabilidade civil e regulação / Luiza Loureiro Coutinho - São Paulo: Editora JusPodivm, 2024.

464 p.

Inclui bibliografia
ISBN: 978-85-442-5191-1

1. Direito Digital. 2. LGPD. 3. Desenvolvimento Tecnológico. 4. Inteligência Artificial. I. Coutinho, Luiza Loureiro. II. Título.

CDD 344.81095

Bibliotecária responsável:
Ana Carolina Ribeiro Mois – CRB7 – RJ 007348/0

1.ª ed., *2.ª tir.:* ago./2024; *3.ª tir.:* abr./2025.

AGRADECIMENTOS

Ao som da canção que inspirou a escolha do meu nome, reçoa o trecho que diz "sou apenas um pobre amador, apaixonado, um aprendiz do teu amor" e atinge-se a convicção de que, sem amor, eu nada seria, como afirmava o saudoso jurista Paulo de Tarso Sanseverino. Movida pela poesia de habilidosos mestres da linguística, agradeço:

À minha grande família, por me instruir sobre o valor, para muito além do preço.

Às minhas filhas, por serem o fim que atribui sentido e justifica tudo! Ao meu marido, por cuidar do nosso meio, conciliando ser meu melhor amigo e admirador.

A meus pais e minha madrinha, por me ensinarem sobre trabalho e perseverança.

Às minhas avós, por serem exemplo de educadoras, com tanto afeto e devoção.

À minha amiga-irmã, por ter o poder de abraçar minh´alma sempre que preciso.

Aos bons e velhos amigos, por décadas sendo parte da família e desta história.

À amiga Ana Paula Queiroz, pelo amor e incentivo que encorajaram esta jornada.

Aos professores Pedro Marcos Barbosa, Vitor Almeida, Luiza Bianchini, Allan Rocha e Heitor Campinho, por acreditarem em mim como civilista antes que eu pudesse.

À minha orientadora Milena Donato Oliva, por sua generosidade em compartilhar conhecimento, por equilibrar sabedoria e humildade e por ser grande fonte de inspiração.

Aos professores do Programa de Pós-Graduação em Direito da Universidade do Estado do Rio de Janeiro (PPGD-UERJ) – em especial, Heloísa Helena Barboza, Gustavo Tepedino, Carlos Affonso Souza e Marco Aurélio

Marrafon –, por terem me catapultado filosoficamente a uma visão mais humanizada do Direito frente às tecnologias.

Aos grandes pesquisadores que integram a bibliografia consultada, pelo valor do que fazem com o que sabem e por contribuírem para o meu crescimento pessoal.

Manifesto agradecimento pela preciosa oportunidade de estudar na UERJ, na qual tive a alegria de realizar sonhos que superaram minhas expectativas. E aos presentes que dela ganhei, por todos, os amigos Andressa Albuquerque, Beatriz Costa, Carlos Henrique Dantas e Manuel Camelo Netto, sou grata pelo inestimável intercâmbio de vivências.

Agradeço, ainda, por integrar o corpo docente do ISECENSA e do UNIFLU, lares do saber aonde fiz feliz regresso para colaborar na construção do pensamento jurídico.

Por fim, porém jamais de somenos importância em minha trajetória, entrego cada experiência vivida a Deus. Que Ele siga me fazendo digna do tanto que recebo.

Aos entusiastas deste tema de pesquisa, minha contribuição e imensa gratidão!

CARTA DE APRESENTAÇÃO

Caro(a) leitor(a),

É com imenso prazer que me apresento. Sou Luiza Loureiro Coutinho, fascinada por tecnologia desde a infância quando assistia o desenho animado *The Jetsons* por influência de meus pais, desde a pré-adolescência quando brincava de cuidar do *Tamagotchi* como tantos amigos da escola e desde a juventude quando gastava grande parte da remuneração recebida como professora de língua inglesa para estar semanalmente nos cinemas acompanhando os lançamentos dos filmes de ficção científica, com seus robôs e teorias apocalípticas.

Embora seja o presente trabalho fruto de compromissados e enriquecedores estudos acadêmicos ao longo dos últimos cinco anos, a única pesquisa empírica nele revelada serve a fazê-lo conhecer-me melhor. Isso porque, aos olhos da família, sou uma mulher multitarefa - como tantas outras - com personalidade forte, mas também carinhosa; aos olhos dos amigos, sou a anfitriã, a saudosista e a que trabalha demais - características que mantém uma relação casuística fácil de ser notada –; aos olhos dos meus sábios professores, sou aprendiz tenaz e disruptiva; já aos meus queridos alunos, sou exigente demais, porém acolhedora e solícita; e a Deus, sou a filha que espera ser sempre merecedora das múltiplas bençãos concedidas.

Como todo *trailer* e toda detalhada resenha cinematográfica deveriam ser, não haverá *spoilers* sobre a obra nesta singela carta de apresentação. Apenas antecipo a sua divisão em três capítulos, com o propósito de situar-lhe sobre as variadas terminologias, classificações e teorias que permeiam o campo da Inteligência Artificial, de analisar juridicamente sua base principiológica mediante as matrizes de risco e à luz de casos práticos extraídos da mídia e de demonstrar a inabalável importância de sua regulação nacional e internacional.

Desejo, portanto, que esta obra sobre os "Riscos de sistemas de inteligência artificial: definição, tipologias, correlações, principiologia, responsabilidade civil e regulação" possa oferecer contribuição significativa ao conhecimento científico ao fornecer pesquisa jurídica aprofundada e preencher lacuna ainda subsistente na literatura especializada sobre o tema.

A principal motivação desta pesquisadora e escritora é ampliar a compreensão sobre os desafios, os riscos e as responsabilidades associados à pesquisa, ao desenvolvimento e ao uso de sistemas de Inteligência Artificial, promovendo um debate socioeconômico e político informado, ponderado e humanístico sobre a necessidade de uma regulação eficaz e ética.

Rio de Janeiro, julho de 2024.

Luiza Loureiro Coutinho

Professora universitária de coração,
advogada de espírito civilista,
escritora de alma e eterna pesquisadora
por incessante curiosidade da mente.

PREFÁCIO

A obra "Riscos em sistemas de inteligência artificial: definição, tipologias, correlações, principiologia, responsabilidade civil e regulação", fruto da dissertação de mestrado da Professora Luiza Leite Cabral Loureiro Coutinho, que tive a alegria de orientar no âmbito do Programa de Pós-Graduação *Stricto Sensu* da Faculdade de Direito da Universidade do Estado do Rio de Janeiro, traz reflexões contemporâneas e fundamentais sobre os sistemas de Inteligência Artificial e seus impactos na ordem jurídica vigente.

Por meio de análise cuidadosa e embasada na perspectiva civil constitucional, a autora enfrenta, a partir de extensa revisão da literatura e exame da legislação aplicável, as intricadas problemáticas relacionadas aos riscos em sistemas de inteligência artificial, suscitando questões essenciais sobre o papel do legislador e do intérprete no atual contexto marcado pelo avanço irrefreável da Inteligência Artificial.

A obra encontra-se dividida em três capítulos. No primeiro deles, a autora realiza profundo exame das tipologias e classificações da IA, explorando diferentes categorias, níveis de autonomia e graus de risco latentes e potenciais, assim como as repercussões jurídicas de suas distintas aplicações. Uma vez delimitados os parâmetros, encerra-se o capítulo com a proposição de uma definição dinâmica de sistema de Inteligência Artificial.

No capítulo seguinte, a autora apresenta panorama abrangente das questões éticas e jurídicas que permeiam o campo da Inteligência Artificial, evidenciando a importância da compreensão de suas matrizes de risco segundo as variadas tipologias. Nesse contexto, a autora trata de transparência algorítmica, decisões automatizadas, direito à explicação e à revisão, vieses e preconceitos, consentimento informado e autodeterminação informativa.

No terceiro e último capítulo, busca parâmetros para um equilíbrio entre a necessária inovação tecnológica e a proteção da pessoa humana. A autora propõe, nessa direção, uma abordagem regulatória híbrida e funcionalizada, centrada na tutela dos direitos humanos e baseada em taxonomia de riscos refletida em diferentes regimes de responsabilidade, sempre com base em definição jurídica dinâmica de sistema de Inteligência Artificial.

Amparada em substanciosa pesquisa, a obra revela-se densa e oportuna, despontando como referência indispensável para estudiosos, pesquisadores e profissionais interessados na temática. As problematizações empreendidas pela Professora Luiza Leite Cabral Loureiro Coutinho constituem verdadeiro convite à reflexão e ao diálogo acadêmico no tocante aos principais riscos subjacentes ao desenvolvimento, implantação e uso de sistemas inteligentes.

Boa leitura!

Rio de Janeiro, julho de 2024.

Milena Donato Oliva

Professora da Universidade do Estado do Rio de Janeiro – UERJ

LISTA DE ABREVIATURAS E SIGLAS

ABNT	Associação Brasileira de Normas Técnicas
AI	*Artificial Intelligence*
AIA	Avaliação de Impacto Ambiental
AIAg	Avaliação de Impacto Algorítmico
ANPD	Autoridade Nacional de Proteção de Dados
ANVISA	Agência Nacional de Vigilância Sanitária
art(s).	Artigo(s)
BCI	*Brain-Computer Interfaces*
CCDD	Comissão de Comunicação e Direito Digital
CDC	Código de Defesa do Consumidor
CJF	Conselho da Justiça Federal
CJSUBIA	Comissão de Juristas do Marco Legal da Inteligência Artificial no Brasil
CNJ	Conselho Nacional de Justiça
CNseg	Confederação Nacional das Seguradoras
CRFB	Constituição da República Federativa do Brasil
CVM	Comissão de Valores Mobiliários
DARPA	*Defense Advanced Research Projects Agency*
DL	*Deep Learning*
DSRPAI	*Darthmouth Summer Research Project on Artificial Intelligence*
EBIA	Estratégia Brasileira de Inteligência Artificial
EIA	Estudo de Impacto Ambiental
ENAP	Escola Nacional da Administração Pública
EPRS	*European Parliamentary Research Service*
EUA	Estados Unidos da América
FAT	*Fairness, Accountability and Transparency*
FTC	*Federal Trade Comission*
GPDR	*General Data Protection Regulation*
GPS	*Global Positioning System*
HLEG	*High Level Expert Group on Artificial Intelligence*
IA	Inteligência Artificial
IBM	International Business Machines

ICO	Information Commissioner's Office
IoAI	Internet of Artificial Intelligence
IoT	Internet of Things
ISO	*International Organization for Standardization*
LAI	Lei de Acesso à Informação
LGPD	Lei Geral de Proteção de Dados Pessoais
LLM	*Large Language Model*
LSI-R	*Level of Service Inventory Revised*
MCI	Marco Civil da Internet
MIT	*Massachusetts Institute of Technology*
ML	*Machine Learning*
nº	Número
NASA	*National Aeronautics and Space Administration*
NIST	*National Institute of Standards and Technology*
NLP	*Natural Language Processing*
OCDE	Organização para a Cooperação e Desenvolvimento Econômico
p.	Página(s)
PbD	*Privacy by Design*
P&D	Pesquisa e Desenvolvimento
PL	Projeto de Lei
PRS	Projeto de Resolução
PUC-SP	Pontifícia Universidade Católica de São Paulo
RAP	Relatório de Análise Preliminar
RIMA	Relatório de Impacto ao Meio Ambiente
RIPDP	Relatório de Impacto à Proteção de Dados Pessoais
SENACON	Secretaria Nacional do Consumidor
STF	Supremo Tribunal Federal
STJ	Superior Tribunal de Justiça
SUSEP	Superintendência de Seguros Privados
TICs	Tecnologias da Informação e da Comunicação
TRL	*Technology Readiness Level*
UE	União Europeia
WWW	*World Wide Web*

SUMÁRIO

INTRODUÇÃO

Tendo em vista a irrefutável proliferação de estudos tocados pelos impactos dos mais diferenciados sistemas inteligentes sobre o Direito Civil e o Direito Consumerista, pretende-se demonstrar, a partir de uma perspectiva civil constitucional, a relevância de uma definição jurídica de sistema de Inteligência Artificial, de uma base axiológica segura e garantidora de interesses jurídicos, da compreensão da miríade classificatória das aplicações de Inteligência Artificial (IA), de uma abordagem regulatória antropocêntrica cuja disciplina responsorial baseie-se em uma categorização dos riscos derivados dos mais diferentes modelos de IA, de mecanismos obrigacionais *ex ante* e *ex post* aplicáveis à cadeia de agentes responsáveis e da complexidade dos desafios cotidianamente enfrentados na era do Dataísmo.

Este trabalho científico não pretende realizar uma análise administrativista da matéria e ambienta-se nas contemporâneas noções de Sociedade Informacional, Capitalismo da Vigilância e Capitalismo de Plataforma. Sedimentam-se, pois, algumas concepções basilares correlatas à Inteligência Artificial, como algoritmo, código-fonte, *machine learning*, redes neurais artificiais e *Big Data* – conquanto reconhecida a existência de controvérsias envoltas a suas conceituações –, com o condão de pavimentar na civilística o tortuoso percurso rumo à regulamentação mais adequada, detalhada e efetiva da Inteligência Artificial no Brasil.

Com o fim de dissociar de seu escopo as hipóteses de simples automação, procura-se elucidar que, apesar da ausência de consenso doutrinário e legislativo quanto a seu conceito, Inteligência Artificial não é uma tecnologia por si só, porém remonta a um conjunto de processos inteligentes baseados em máquinas com distintas aplicações. Nesse sentido, a Inteligência Artificial, propriamente dita, deve ser enquadrada como área do conhecimento, cujas aplicações traduzem-se em gênero terminológico abrangente com variadas tipologias.

Retrata-se, no capítulo inicial, tal profusão classificatória – que, desventuradamente, já nasce desatualizada e não se propõe ao esgotamento da larga diversidade de tipologias de aplicações da Inteligência Artificial

–, com a seleção daquelas categorias cujas implicações pragmáticas sejam relevantes a ponto de interferirem na disciplina jurídica aplicável. Nesse contexto, sem prejuízo de avanços tecnológicos porvir, delineiam-se quais fatores o operador do direito deve considerar no caso concreto e quais são os aspectos de parametrização mais apropriados entre os tipos de sistemas de Inteligência Artificial e os riscos deles decorrentes.

Não basta um tratamento genérico da matéria sem que se averigue: a tipologia; os graus de riscos latentes e potenciais; os níveis de autonomia, de prontidão tecnológica e de competência dos usuários que interagem com o sistema; as diferentes aplicações e variados modelos de negócio em que o sistema é empregado (por exemplo, vendas, saúde, finanças, atendimento ao cliente, etc.); sua função, se com ou sem fins lucrativos, se a interrupção das atividades afeta serviços essenciais; a estrutura, o dinamismo e a supervisão da tecnologia; se são fundacionais ou não; e os impactos concretos de suas diversificadas aplicações.

A fim de auxiliar a classificação das tecnologias de Inteligência Artificial, faz-se uma análise jurídica do *framework* categorizador, baseado no trabalho assertivo de especialistas em IA da Organização para a Cooperação e o Desenvolvimento Econômico, que segmentou seus impactos sob as seguintes dimensões: (i) Pessoas e Planeta; (ii) Contexto Econômico; (iii) Dados e *Inputs*; (iv) Tarefas e *Outputs*; (v) Modelos de Inteligência Artificial.

Assume-se, desse modo, como escopo central a investigação dos principais perigos subjacentes ao desenvolvimento, implementação e uso de modelos de Inteligência Artificial para a tomada de decisões algorítmicas e outros propósitos específicos que impactem no campo da responsabilidade civil, em face de ameaças e lesões patrimoniais ou existenciais, individuais ou coletivas, sofridas por consumidores dessas tecnologias, por usuários da rede mundial de computadores e/ou por titulares de dados pessoais sujeitos a tratamento.

Categorizam-se as distintas aplicações de Inteligência Artificial de acordo com o seu grau de risco, avaliando-se seus impactos e seguindo uma lógica de dosagem proporcional às externalidades negativas, com atenção a grupos vulneráveis e a tecnologias de risco elevado, permitindo-se sua identificação e avaliação. Assim, o segundo capítulo aborda as matrizes de risco da Inteligência Artificial como ferramentas úteis a aferir os perigos oriundos do modelo de Inteligência Artificial e a garantir seu desenvolvimento e uso confiável e responsável.

Como ordenar os graus de riscos inerentes a cada sistema de IA? Em uma abordagem regulatória da IA centrada em direitos humanos, definir a parametrificação axiológica para a sua pesquisa e desenvolvimento significa listar os principais valores que se deseja proteger. Portanto, as matrizes de risco devem se fundar nos princípios a serem tutelados, em síntese: privacidade, proteção de dados pessoais, transparência, boa-fé objetiva, segurança, justiça, equidade, autonomia, autodeterminação informativa, não discriminação e *accountability*.

O enfrentamento da temática é elaborado sob a égide de premissas teóricas e análises pragmáticas ancoradas em pesquisa doutrinária e jurisprudencial. Essa empreitada pressupõe a compreensão de concepções essenciais aos Direitos Civil, Consumerista e Digital – não adentrando discussões administrativistas, embora seja reconhecida a sua importância –, seus princípios norteadores, figuras características desses ramos jurídicos e as principais regras sobre o tratamento de dados pessoais na economia movida a dados. Busca-se sistematizar, didaticamente, os múltiplos interesses envoltos a partir da revisitação de institutos jurídicos clássicos do diálogo civil-consumerista, valendo-se, para tanto, de vasto repertório de casos concretos colhidos das experiências nacional e estrangeira.

Não se deve mais aceitar uma ética meramente utilitarista, cuja central justificativa é a falaciosa neutralidade dos projetos computacionais, frente ao real dilema da opacidade da "caixa-preta" dos algoritmos. Destarte, apontam-se, nesse estudo técnico-jurídico, questões cruciais envolvendo o tratamento de um grande volume de dados pessoais, a transferência de processos decisórios humanizados às máquinas, o dinamismo do livre consentimento como processo e o modo como a abordagem regulatória baseada em direitos e riscos pode educar usuários de tecnologias de Inteligência Artificial a não consumirem de empresas antiéticas.

Uma sistemática computacional inteligente, na tomada de decisões automatizadas, precisa ser justa e inclusiva, sob pena de agravar desigualdades e reproduzir preconceitos estruturais enraizados na mente de seus humanos programadores e idealizadores. Os dados, objeto de tratamento, precisam ser os mais representativos da realidade e preparados a partir de uma seleção de variáveis por amostragem condizentes com o caso concreto que se deseja investigar, circunstâncias que influenciarão diretamente na precisão preditiva do modelo de Inteligência Artificial. Perfis de consumo e vieses algorítmicos são alarmantes causa e efeito concretos do complexo e arriscado processamento de uma massa de informações pessoais.

Dedica-se ainda o segundo capítulo a arrolar fatos jurídicos potencialmente lesivos ao usuário-consumidor de produtos e serviços cujos algoritmos sejam dotados de IA. Muitas soluções providas por Inteligência Artificial se iniciam por uma coleta massiva de dados, que raramente esclarece seu propósito específico. A partir de grandes volumes de dados pessoais dos quais informações relevantes são extraídas e correlacionadas, para, assim, desenvolver e aperfeiçoar "modelos inteligentes", elucidam-se os riscos à privacidade e suas concepções. E com o intuito de criar, instigar, fomentar e influenciar hábitos de consumo, explicitam-se as principais ferramentas de controle, vigilância e poder no meio digital, usadas – muitas vezes de forma não esclarecida – por agentes de Inteligência Artificial, como *profiling*, *cookies*, *behavioral targeting*, *dark patterns*, *nudges*, tecnologias de reconhecimento facial, etc.

No entanto, até que ponto os produtos e serviços dotados de Inteligência Artificial possuem características tão disruptivas que demandem regulação própria? Se já existe todo um arcabouço legal a ser relido à guisa dos novos tempos, além de valores constitucionais que salvaguardam direitos fundamentais, regras especiais protetivas de dados pessoais e outras tantas normas cuja intepretação axiológica permite ajustá-las ao caso concreto, porque seria fundamental regulamentar as tecnologias refinadas por Inteligência Artificial?

Não se trata tão somente do argumento da inovação. Regular a IA não representa a regulação de determinado produto ou serviço em concreto, ou de posições individuais ou coletivas (de um grupo ou cadeia de fornecedores, por exemplo). A causa real dos esforços regulatórios, em todo o mundo, decorre do fato axiomático de os modelos de Inteligência Artificial conterem diferenciados graus de complexidade, imprevisibilidade, indeterminação, opacidade e autonomia, cujos riscos impõem bases distintas e a identificação de lacunas no quadro atual, o que demanda legislação específica que classifique suas possíveis implicações negativas e aponte quais modalidades de aplicações de IA devem se sujeitar a quais normas.

Toda e qualquer proposta de regulamentação do uso de sistemas de Inteligência Artificial precisa exercer, com parcimônia, a proteção a direitos fundamentais, a fim de não prejudicar relevantes progressos tecnológicos. Com efeito, a regulação deve ser pensada para driblar intervenções que limitem ou, consideravelmente, inibam o fomento a investimentos em pesquisa e desenvolvimento de projetos computacionais inteligentes no Brasil. É mister definir a dose regulatória apropriada, sob pena de se tolher inovações imprescindíveis.

É imperioso evidenciar as práticas particularmente de alto risco ou de risco excessivo para os direitos fundamentais, eis que não há modalidade única de Inteligência Artificial. O que se pretende regular, em verdade, são os modelos de negócios – ou seja, os processos produtivos e as dinâmicas empresariais que usam *Big Data Analytics* e algoritmos dotados de Inteligência Artificial – e a que se destinam, além de minimizar riscos e evitar danos.

Na sequência, lança-se o trabalho a aprofundar-se a respeito da responsabilidade civil por danos causados por sistemas de Inteligência Artificial, perquirindo sobre a imputação do dano, os riscos do desenvolvimento tecnológico e o ônus da prova nas hipóteses de prejuízos sofridos em razão de algoritmos enviesados usados por agentes de Inteligência Artificial. Nesse contexto, a Lei nº 13.709/2018 – Lei Geral de Proteção de Dados Pessoais – demarca a virada de página normativa do tratamento de dados pessoais no Brasil. Articula-se, então, o diálogo de complementariedade entre esta e a Lei nº 8.078/1990, a Lei nº 10.406/2002, a Lei nº 12.965/2014 e outras que tangenciam o tema, com o desígnio de clarear aspectos em que se confere suficiência ao direito positivado e outros ângulos sobre os quais se vislumbra a premência de uma regulamentação típica, baseada nos novos fatos lesivos a que se sujeitam aqueles que estejam, direta ou indiretamente, na rota dos modelos de Inteligência Artificial.

Como fulcral marco teórico, salienta-se a necessidade de uma norma específica sobre proteção de dados pessoais, cuja tramitação do anteprojeto de lei perdurou de 2010 a 2018, dando origem à LGPD. Tais considerações demandam uma análise de Direito Comparado no último capítulo deste trabalho, no qual se perfaz exame comparativo entre o GDPR (União Europeia) e a LGPD (Brasil) e entre iniciativas regulatórias estrangeiras sobre *accountability* aplicável à Inteligência Artificial e o futuro Marco Legal da Inteligência Artificial no Brasil.

Ato contínuo, ainda buscando fixar o marco teórico desse estudo científico, promove-se o diálogo de fontes entre a Lei nº 8.078/1990 – Código de Defesa do Consumidor (CDC) –, a Lei nº 10.406/2002 – Código Civil (CC) –, a Lei nº 12.965/2014 – Marco Civil da Internet (MCI) – e a Lei nº 13.709/2018 – Lei Geral de Proteção de Dados Pessoais (LGPD), entre outras. Tais normativas serviram de balizas aos dispositivos constantes do conjunto de projetos legislativos visando o Marco Legal da Inteligência Artificial, antes consubstanciado nos Projetos de Lei (PLs) nºs 5.051, de 2019, 21, de 2020, e 872, de 2021, após a Presidência do Senado Federal ter determinado, em fevereiro de 2022, com base no artigo 48, §1º, de seu Regimento Interno, a tramitação conjunta desses projetos, por tratarem de tema correlato.

Com o propósito inicial de elaborar um substitutivo mais inclusivo para tais projetos e permeável à participação cidadã e, por fim, estabelecer princípios, diretrizes, regras e fundamentos para melhor regular o desenvolvimento e a aplicação da Inteligência Artificial no Brasil, foi instituída uma comissão de juristas, pelo Ato do Presidente da República nº 4, também em fevereiro de 2022. A partir de uma visão plural, multisetorial, multidisciplinar e verdadeiramente holística, pretendeu-se oxigenar a ordem jurídica frente a tecnologias de IA.

Embora os mencionados projetos legislativos não tenham dado azo ao marco legal, foram largamente debatidos por uma Comissão de Juristas, que aprovou por unanimidade, em 1º de dezembro de 2022, uma proposta de substitutivo, cujo relatório inspirou a redação do Projeto de Lei nº 2.338/2023, submetido ao Senado Federal por seu presidente, o Senador Rodrigo Pacheco. Atualmente é o texto do PL nº 2.338/2023 que concentra a discussão.

A fixação de um marco regulatório não significa legislar sobre a tecnologia em si, mas equilibrar a exigência de concretude e segurança jurídica para além de códigos de boas práticas, bases principiológicas, guias orientativos e recomendações de governança de dados – embora se reconheça serem indicativos de conformidade –, prevendo mecanismos eficazes de *enforcement* e regulação detalhada de direitos. Tal não denota que a regulamentação de pesquisa, desenvolvimento e uso de modelos de IA deva ser tardia – o mais *ex post* possível –, genérica e superficial, sob o *solo* pretexto enfadonho de não refrear avanços tecnológicos.

Nesse campo científico-analítico, critica-se a neutralidade algorítmica, ponderando o argumento da matemática como ciência exata e a falibilidade estatística. A partir de então, aborda-se o regime, objetivo ou subjetivo, de responsabilidade civil dos agentes da cadeia de valor da Inteligência Artificial. Indaga-se se cabível a eleição pelo legislador de um regime único de responsabilização civil para todos os usos, tipologias e níveis de autonomia desses modelos, além de se buscar respostas sobre os limites da solidariedade entre os agentes de IA, tangenciando o nexo causal plúrimo e critérios objetivos que delimitem a imputabilidade.

Ainda no que tange à responsabilidade civil, analisa-se o regime objetivo por fato do produto ou serviço como regra adotada pelo CDC, a responsabilidade subjetiva por violação positiva do contrato com foco nas funções da boa-fé objetiva e a responsabilidade subjetiva chamada de "imprópria" ou com ônus da prova *sui generis*, referida por parte da doutrina como tendo sido o novo regime de responsabilidade civil acolhido pela LGPD.

Considerando a divergência quanto ao regime de responsabilidade aplicável na esfera dos danos causados por aplicações de Inteligência Artificial, averigua-se a possibilidade de incidência das teorias do risco, segundo os graus de periculosidade gerados pela inserção da nova tecnologia no mercado de consumo e a necessidade de uma abordagem regulatória pautada na classificação dos riscos gerados pelo uso de projetos computacionais inteligentes. Sob a ótica dos artigos 8º e 10 do CDC, sopesa-se o estímulo e os riscos do desenvolvimento de novas tecnologias e o estado da arte ao tempo da inserção da aplicação de IA no mercado.

Ressaltam-se as controvérsias doutrinárias envolvendo a opção pela responsabilidade civil subjetiva na forma do inciso VI do artigo 6º do PL nº 21/2020 e vislumbram-se como solução repressiva a necessidade da previsão legal expressa de regime sancionatório e, como alternativas funcionalizadas e atentas ao princípio da precaução, citam-se, entre outros, o patrimônio de afetação, os seguros obrigatórios e os fundos compensatórios, exigindo-se, no entanto, o amadurecimento de métodos de controle *ex ante* dos riscos inerentes a tecnologias munidas de Inteligência Artificial, como as avaliações preliminares de impacto algorítmico.

O cumprimento de obrigações *ex ante* não compromete os avanços tecnológicos, nem desestimula, por si só, os investimentos em *startups* no Brasil, todavia, minimizam os danos causados à coletividade. Afinal, aqueles que se dispõem a auferir os benefícios de alavancar o estado da arte, promovendo revoluções científicas, devem aceitar o risco-proveito de serem responsabilizados por eventuais prejuízos. Não basta implantar uma regulação especializada, é preciso uma política industrial de pesquisa, desenvolvimento e fomento responsáveis.

Prima-se, portanto, por uma perspectiva antropocêntrica das estratégias de regulação da Inteligência Artificial. Tal implica em estreita observância aos direitos fundamentais e ao princípio da precaução, em concretude de regras específicas que suplantem a noção de mera base axiológica simplesmente programática, em equilíbrio para que as normas não engessem a produtividade, a criatividade e a captação de recursos no país, mas operem educação digital e responsabilização civil baseada nos riscos de distintas aplicações de Inteligência Artificial.

Propõe-se a observância efetiva do princípio da precaução na avaliação dos riscos desde o *design* do modelo de IA e também dos deveres éticos de cuidado, informação e transparência algorítmica, tanto ativa quanto passiva, ante a proteção do segredo de negócio. Solidifica-se, pois, a função preventiva da responsabilidade civil frente a prováveis prejuízos causados por tipos diversos de sistemas de IA, com a instrumentalização de um relatório de impacto e periódicas auditorias algorítmicas como soluções de controle dos *inputs* e *outputs* de dados pessoais usados. Assim como a diversidade se perfaz em sua tipologia, é preciso que a diversidade seja também um princípio norteador de governança algorítmica.

Ascende, ao fim, a função promocional da responsabilidade civil, visando não apenas compensar, nem prevenir sem mecanismos efetivos, mas recompensar virtudes, estimulando nos agentes de IA a passagem ao máximo ético. Vital é o estímulo à adoção de instrumentos promotores de inovação no fim da linha, harmonizando-os com a análise de seus impactos em ambientes experimentais direcionados ao aperfeiçoamento da regulação, como *sandboxes* regulatórios, que propiciem um "campo-teste" seguro para compreender as reais implicações e avaliar diferentes soluções, sempre pautadas em evidências pragmáticas.

Recomenda-se, à vista disso, que especialistas, garantidas independência funcional e diversidade entre seus membros e habilidades necessárias a formular relatórios de impacto com valor probante, testem e auditem algoritmos e bancos de dados usados por IA e redijam pareceres técnicos sobre as escolhas de agentes econômicos. É crucial ainda instituir uma comissão de ética e governança multisetorial voltada a debater questões controversas sobre o tema, composta por representantes do governo, empresas, sociedade civil e academia.

CAPÍTULO 1

INTELIGÊNCIA ARTIFICIAL: DEFINIÇÃO, CORRELAÇÕES, COMPARAÇÕES, CLASSIFICAÇÕES E TIPOLOGIAS

A ampliação do volume quantitativo e qualitativo de dados pessoais disponíveis na rede mundial de computadores e a consequente demanda crescente por privacidade do titular dessas informações promoveram a implantação de novos modelos de negócios na economia movida a dados[1], que capitalizam ante o ainda baixo, e até por vezes ausente, nível regulatório de certas tecnologias, mormente aquelas mais persuasivas, como a Inteligência Artificial (IA).

Diante desse panorama, as aplicações de Inteligência Artificial, mediante mineração de dados, averiguação de padrões e previsão por inferências – para dizer o mínimo –, seja em suporte a decisões humanas ou substituindo-as, são extremamente vastas e desafiadoras aos operadores do Direito em razão de características que lhe são próprias, como a opacidade, a difícil explicabilidade de seus resultados e os efeitos discriminatórios de vieses algorítmicos.

É, assim, imprescindível uma definição de Inteligência Artificial que recorra a técnicas hermenêuticas aptas a elidir o engessamento de sua aplicação, a fossilização dos interesses tutelados e a defasagem de seus termos diante do decurso natural do tempo e do irreprimível investimento em tecnologias inteligentes. Além disso, suas diferentes tipologias demandarão

1. "[...] economia movida a dados, expressão que realça o papel cada vez maior dos dados como insumos e vetores da atividade empresarial (...) é apenas uma das faces de fenômeno mais abrangente e complexo, que diz respeito a uma sociedade movida a dados, a uma política movida a dados e às trajetórias pessoais dos indivíduos também movidas a dados." (FRAZÃO, Ana. Propósitos, desafios e parâmetros gerais dos programas de *compliance* e das políticas de proteção de dados. In: FRAZÃO, Ana; CUEVA, Ricardo Villas Bôas (coord.). *Compliance e políticas de proteção de dados*. São Paulo: Revista dos Tribunais, 2021, p. 34. *E-book*).

distintas gradações de riscos, em uma abordagem regulatória centrada em direitos humanos.

Ao se categorizar e distinguir os sistemas de IA, não admite a classificação na mesma "caixa" de uma tecnologia de reconhecimento facial e outra de linguagem computacional com interação avançada, haja vista a disparidade entre os riscos. Todavia, se a avaliação dos riscos depender somente de análise casuística, sem orientação normativa que trace critérios objetivos aplicáveis, recairá sobre o intérprete o peso do conhecimento técnico apropriado quanto aos riscos, reais e potenciais, das mais variadas e dissemelhantes tipologias de aplicações de IA.

Não se pode mais esperar! Cabe ao legislador, com premência, assumir sua posição de formulador das "regras do jogo". Com o fim de lidar com as divergências e incongruências já existentes, deve definir sistema de Inteligência Artificial, nivelar os riscos inerentes aos seus mais variados tipos e disciplinar a base principiológica e de direitos humanos lesados ou sob ameaça, abrigados pelo guarda-chuva da IA, na construção do seu marco legal no Brasil.

Com grandes desafios vêm grandes responsabilidades, que requerem um nível maior de ousadia! Sob tal premissa se assenta este trabalho ao traçar conceitos e diferenciações, escalonar graus de riscos conforme o modelo de IA e direcionar a regulação centrada no ser humano e baseada nos riscos, potenciais e efetivos, deflagrados por essas novas tecnologias.

1.1 A importância de uma definição dinâmica de sistema de Inteligência Artificial

Formular definição unificada de um tema novo e espinhoso é desafiador, ainda assim sua importância deve ser reconhecida por diversas razões. Uma delas é a necessidade de uma compreensão compartilhada da matéria. Quando a sociedade tem a mesma definição, são mais produtivos os debates sobre o assunto, especialmente em áreas técnicas e científicas, nas quais termos claros e consolidados são cruciais como ponto de partida ao genuíno aprofundamento.

Firmar conceitos visa evitar mal-entendidos e afastar equívocos na subsunção do fato concretamente considerado à norma jurídica. Se diferentes pessoas ou grupos possuem noções demasiadamente díspares sobre certa temática, tal pode desencadear ações inadequadas e conflitos desnecessários. Quando se trabalha com uma mesma definição, facilita-se a tomada de decisões complexas, de maneira informada e sobre bases firmes e consistentes, e garante-se a coerência teórico-pragmática de determinada área do conhecimento.

Do que se fala quando se fala em "Inteligência Artificial"[2]? Frente ao contemporâneo progresso de tecnologias munidas de inteligência computacional, que agem como humanos, sua quase onipresença e manifestação pulverizada e abstrata, pesquisadores pátrios sustentam a impossibilidade atual de se estabelecer conceituação positivada de sistema de IA no Brasil[3], somada à ideia de que definições sobre processos científicos em construção e em constante mutação teriam que ser sempre readequadas ao longo do tempo, sob pena de, logo em seguida à publicação do texto normativo, já se encontrarem superadas por uma nova realidade.

À medida que mais informações sobre os modelos de IA são descobertas e a sua visão se modifica socialmente, emerge a preocupação de se operar, tão breve se fixe a abordagem regulatória, sua superação conceitual, convertendo-se o novo conceito em ineficaz diante das inovações tecnológicas. Todavia, ciente dessas circunstâncias, não se espera do legislador que se exima de regular a matéria, mas que utilize técnicas legislativas apropriadas a casos tais.

Também não é porque a questão é tormentosa que o Direito furtar-se-á de enfrentá-la. Ao contrário, caberá ao legislador, em regra, fixar a norma regente a orientar a coletividade sobre os aspectos sociais que apresentem repercussão jurídica, como o são, em realidade, os riscos do desenvolvimento, implantação e uso de modelos de IA na sociedade de consumo. Outrossim, a conceituação de sistema de Inteligência Artificial necessita

2. Faz-se alusão crítica à obra de Haruki Murakami, intitulada "Do que eu falo quando eu falo de corrida: um relato pessoal", cujo assunto central – a influência dos esportes na vida do autor – não possui pertinência, de fato, com o tema desta pesquisa, porém cuja menção se justifica ante a incompreensão técnica da Inteligência Artificial, termo ao qual está exposta, massivamente, a população mundial, mas o qual parcamente conhece.

3. "Loren Spíndola: Não tem um consenso universal sobre a melhor definição de IA. (...) Raquel Lima Saraiva: a IA é um conceito extremamente amplo, que abarca diversas técnicas, ou seja, não existe uma IA (...) técnicas diversas que são classificadas dentro do arcabouço de modelos de IA. Do ponto de vista científico, a ausência de uma definição específica é um dado que merece ser levado em consideração pelo legislador no contexto desse debate. (...) Os textos dos projetos de lei sobre IA em tramitação não são exitosos em estabelecer uma definição funcional (...). Carlos Affonso [de Souza] fez um esforço (...) de tentar enquadrar esses tipos em dois grandes grupos: aplicações de IA que substituem comportamentos humanos, a exemplo dos carros autônomos, dos robôs superinteligentes, que de fato substituem uma conduta humana; e um segundo grupo, que são aquelas aplicações de IA que analisam grandes quantidades de dados, mas se limitam a emitir uma recomendação. (...) Nelson Rosenvald: qual o conceito de IA? Porque isso é um gênero terminológico que abrange um tanto de coisa." (BRASIL. SENADO FEDERAL. Relatório Final da Comissão de Juristas do Marco Legal da Inteligência Artificial, aprovado em 1º de dezembro de 2022. Disponível em: https://legis.senado.leg.br/sdleg-getter/documento?dm=9221643&ts=1670509473310&disposition=inline. Acesso em: 07.01.2023).

ser aberta e flexível – e por isso, uma definição dinâmica, embora possa parecer, à primeira vista, uma contradição em seus próprios termos –, a fim de que possa acompanhar o acelerado progresso tecnológico.

Não há incongruência entre a premência de um conceito de sistema de IA por questões de segurança jurídica e a exigência de que seja dinâmico. Tal consideração não é por si só problemática, desde que dissipadas confusões com noções correlatas e previstos parâmetros objetivos que facilitem o exercício hermenêutico ao intérprete da norma jurídica diante de um caso concreto de uso de tecnologia inteligente que cause danos indenizáveis, por exemplo.

Por conseguinte, sobre o operador do Direito, na qualidade de intérprete técnico da norma jurídica, recairá a incumbência de eleger os melhores especialistas para integrar os debates que precedem a aprovação de necessário marco regulatório da IA e escolher o método hermenêutico mais consentâneo às peculiares da IA para, posteriormente, poder avaliar, com segurança jurídica, a incidência, ou não, do conceito legal perante o caso concreto. Além de orientar o progresso das tecnologias de Inteligência Artificial e esquivar-se de comprometer pesquisas inovadoras, uma definição congruente permitirá assegurar que todos se refiram ao mesmo recorte ao abordar a temática, dissipando percepções errôneas e temores infundados.

A terminologia tem sido usada de forma amplificada e, muitas vezes, subjetivada. É cediço que há tópicos sobre os quais não é possível, nem mesmo desejável, que se solidifique uma única definição, são hipóteses multifacetadas nas quais, excepcionalmente, se admitem subjetivismos, culturalismos e individuais perspectivas e contextualizações, como ocorre com os conceitos de arte e felicidade. Não é o caso de sistemas de Inteligência Artificial! Perante um conceito temerariamente aberto, desde uma planilha numérica digital até o último avanço em cirurgia robótica seriam, igualmente, exemplos situados no âmbito regulatório da IA.

> Apesar do crescente interesse em Inteligência Artificial tanto pela academia quanto pela indústria e por instituições públicas, não existe um padrão conceitual. Algumas abordagens relacionam a IA à inteligência humana ou à inteligência em geral, outras se referem a máquinas que emulam comportamento humano ou que são capazes de "agir com inteligência" (US NDAA, 2019; Russel e Norvig, 1955; McCarthy, 2007; Nilsson, 1998; Fogel, 1995; Alvo, 1991; Luger e Stubblefield, 1993; Winston, 1992; McCarthy, 1988; Gardner, 1987; 1983; Newell e Simon, 1976; Bellman, 1978; Minsky, 1969; McCarthy e outros, 1955). Considerando-se que é tarefa árdua definir e medir a própria inteligência humana, embora tenha havido diferentes tentativas de quantificação (Gardner,

1983; 1987; Neisser et al., 1996), uma definição objetiva de algo tão subjetivo e abstrato como a inteligência (Kaplan, 2016) falsamente dá a impressão de uma precisão que não pode ser obtida. Como consequência, a maioria das definições encontradas em pesquisas, políticas ou relatórios de mercado são vagas e propõe um alvo ideal em vez de um conceito de pesquisa mensurável[4].

Nesse sentido, a cientista da computação carioca Nina da Hora aduz que "a dificuldade de conceituação da IA também se dá pela falta de taxonomias em IA"[5]. Acrescenta ainda que "taxonomia é uma classificação sistemática de conceitos e entidades e é usada para organizar e categorizar informações", sendo assim, considera a autora que "a criação de uma taxonomia em IA pode ser um desafio devido à natureza em constante evolução da tecnologia"[6].

Malgrado se trate, inexoravelmente, de gênero terminológico abrangente, com variada tipologia e diferentes níveis de desenvolvimento e autonomia, tal não justifica sustentar a inviabilidade de se alicerçar um acordo semântico. O que ocorre é diametralmente o oposto! Tal constatação culmina por torná-lo fundamental, principalmente ante as hipóteses de riscos excessivos, ainda que em potencial, de determinadas aplicações de Inteligência Artificial.

> [A]o avaliar o efeito da aceleração dos processos de globalização, o problema da IA não pode ser limitado pela territorialidade e por destacar práticas de diferentes tradições jurídicas. A falta de regulamentação

---

4. Em livre tradução do seguinte trecho: "Despite the increased interest in AI by the academia, industry and public institutions, there is no standard definition of what AI actually involves. AI has been described by certain approaches in relation to human intelligence, or intelligence in general. Many definitions refer to machines that behave like humans or are capable of actions that require intelligence (US NDAA, 2019; Russel and Norvig, 1955; McCarthy, 2007; Nilsson, 1998; Fogel, 1995; Albus, 1991; Luger and Stubblefield, 1993; Winston, 1992; McCarthy, 1988; Gardner, 1987; 1983; Newell and Simon, 1976; Bellman, 1978; Minsky, 1969; McCarthy et al., 1955). Since human intelligence is also difficult to define and measure, and although there have been different attempts of quantification (Gardner, 1983; 1987; Neisser et al., 1996), the objective definition of something as subjective and abstract as intelligence (Kaplan, 2016) falsely gives the impression of a precision that cannot be obtained. As a consequence, most definitions found in research, policy or market reports are vague and propose an ideal target rather than a measurable research concept." (SAMOILI, S.; LÓPEZ, M. Cobo; GÓMEZ, E.; DE PRATO, G.; MARTÍNEZ-PLUMED, F.; DELIPETREV, B. *AI WATCH*: defining Artificial Intelligence. Towards an operational definition and taxonomy of artificial intelligence. EUR 30117 EN, Publications Office of the European Union, Luxembourg, 2020).
5. Embora raras as taxonomias em IA, um bom exemplo é encontrado em: STANFORD AI 100. 100 Year Study on AI released its 2021 Report. Disponível em: https://ai100.stanford.edu/. Acesso em: 19.05.2023.
6. HORA, Nina da. *Algoritmos*. My News Explica! São Paulo: Edições 70, 2023, p. 27-28.

> legal no campo da IA é um problema para a cidadania global – toda a sociedade em rede, incluindo países de *Civil Law* e *Common Law*. Essa problemática ultrapassa as fronteiras nacionais, o que significa que não é problema de país ou continente individual, mas de importância mundial. Por esse motivo, precisamos não apenas do ato de unificação regional da lei de IA, mas também do global. Embora a operação da IA não seja regulamentada por legislação específica, temos que lidar com a questão da responsabilidade por danos causados pelas ações da IA. As normas legais estabelecem que os danos causados por atos ilícitos de terceiros devem ser indenizados. As normas legais estabelecem que o dano deve ser indenizado pelo ofensor ou por uma pessoa que seja responsável pelos atos do ofensor. Tendo em vista essas disposições legais e o fato de que a IA ainda não é objeto de lei, pergunta-se: quem é obrigado a assumir a responsabilidade e indenizar os danos causados pelas ações da IA?[7]

Um conceito padronizado auxiliará discussões éticas acerca dos diversos sistemas de IA. A partir de uma concepção adequada, desenvolvedores de modelos inteligentes poderão se concentrar em áreas específicas de pesquisa e desenvolvimento (P&D) que se enquadram na definição normativa, em vez de desprenderem esforços com soluções desarticuladas. Sem um conceito claro e preciso, ainda que usado o artifício de técnicas legislativas que o protejam dos efeitos deletérios do tempo, torna-se mais difícil delimitar as implicações ético-jurídicas dos diferentes modelos de IA. Sem a compreensão de sistemas de Inteligência Artificial bem delineada, entravam-se processos subsequentes, como a categorização dos riscos dos mais variados sistemas e a regulação da responsabilidade civil de agentes de IA baseada em riscos.

A Inteligência Artificial propriamente dita representa campo amplo e multidisciplinar, com várias abordagens e técnicas distintas, resultando

7. Em livre tradução do seguinte trecho: "It is obvious that while assessing the effect of accelerating globalization processes, the problem of AI cannot be limited by territoriality and its highlighting of different legal traditions practices. The lack of legal regulation in the field of AI is a problem for the global citizenship – all of network society, including civil law and common law countries as well. This problematic extends beyond national borders, which mean that it is not a problem of individual country or continent. This is a worldwide significance problem. For this reason we need not only the regional unification act of AI law, but the global one as well. While the operation of AI is not regulated by specific legislation, we have to deal with the issue of liability for damages caused by the actions of AI. Legal norms provide that the damages caused by unlawful actions of others must be compensated. Legal norms provide that the damage is to be compensated by the offender or a person who is responsible for the actions of the offender. In view of these legal regulations and the fact that AI is not the subject of law yet, a question arises: who is required to assume liability and compensate damages caused by the actions of AI?" (ČERKA, Paulius; GRIGIENĖ, Jurgita; SIRBIKYTĖ, Gintarė. Liability for damages caused by Artificial Intelligence. *Computer Law & Security Review*, Ensevier, v 31, n. 3, jun. 2015, p. 378).

na dificuldade de se fixar conceituação única que abranja todas as suas tipologias. Por esse motivo, sua definição pode ser altamente subjetiva, a depender do contexto de uso. Por exemplo, o que é considerado "inteligente" em um ambiente de jogos virtuais pode não ser "inteligente" em um ambiente empresarial.

Premente, então, que se defina o escopo da Inteligência Artificial em uma abordagem regulatória própria à temática no Brasil, proporcionando um uso mais criterioso e técnico da expressão "Inteligência Artificial" e minimizando os perigos de conceitos autorregulados por cada setor de mercado e de se manter uma visão temerariamente abrangente e dispersa. Por isso, impende citar algumas das principais noções de IA já propostas por especialistas da área.

John McCarthy[8], cientista da computação norte-americano e um dos fundadores da Inteligência Artificial, cunhou o termo em 1956 durante o ciclo de palestras do *Darthmouth Summer Research Project on Artificial Intelligence* (DSRPAI), realizado no Estado de New Hampshire, nos Estados Unidos da América (EUA), época em que já desenvolvia algoritmos dotados de IA, linguagem de programação e teses que colaboraram para moldar a disciplina como é conhecida hoje, tornando-se figura emblemática na história da Inteligência Artificial[9].

> John McCarthy, a quem é atribuída a paternidade do termo Inteligência Artificial, a definiu como: "a ciência e a engenharia de criar máquinas inteligentes, especialmente programas de computador inteligentes. Ela está relacionada à tarefa similar de utilizar computadores para entender a inteligência humana, mas a IA não tem que se confinar aos métodos que são biologicamente observáveis"[10].

Entretanto, McCarthy não foi o primeiro a falar sobre máquinas inteligentes ou sobre inteligência computacional. De fato, Alan Turing já havia escrito e publicado a respeito, sem usar a expressão "Inteligência Artificial", ao indagar se as máquinas poderiam pensar. Em sua incursão mais notória – "Computing Machinery and Intelligence" – apresentou o "jogo da imita-

8. MCCARTHY, John. *A proposal for the Dartmouth summer research project on Artificial Intelligence*, 1956. Disponível em: http://raysolomonoff.com/dartmouth/boxa/dart564props.pdf. Acesso em: 19.05.2023.
9. SILVA, Nilton Correia da. Inteligência Artificial. In: FRAZÃO, Ana; MULHOLLAND, Caitlin (coord.). *Inteligência Artificial e Direito*: ética, regulação e responsabilidade. São Paulo: Thomson Reuters Brasil, 2019, p. 35.
10. MEDON, Filipe. *Inteligência artificial e responsabilidade civil*: autonomia, riscos e solidariedade. 1.ed. Salvador: JusPodivm, 2020, p. 81.

ção"[11], o chamado "Teste de Turing", em que um humano deve afirmar se conversa com outro humano ou uma máquina por meio de uma versão de 1950 de um aplicativo de troca de mensagens instantâneas. Inclusive, em 1948, Turing escreveu o texto intitulado "Intelligent Machinery", em que retrata os computadores como máquinas de controle discreto[12].

Diz-se "inteligente" por emular cognição humana; "artificial" por envolver linguagem de programação, e não processamento de informação biológica. O poder inerente a algoritmos de Inteligência Artificial deriva do crescimento exponencial em tratamento e processamento computadorizados de vastos repositórios de dados pessoais – o *Big Data*[13] – de inúmeros titulares, que podem ser sondados, analisados e fundidos para extrair significado[14].

Com vistas à ideia proposta por Turing – em que foi adotado, como critério distintivo entre humanos e máquinas, o uso de linguagem natural – e à noção ilustrada por McCarthy – associada à habilidade computacional de imitar os humanos na realização de tarefas –, ambas com base na inteligência humana, é identificada uma profusão de dilemas ético-jurídicos. É problemático o fato de a IA ter sido, historicamente, associada a termos antropomórficos e tal nomenclatura invocar correlação entre raciocínio humano, algoritmos e modelos matemáticos.

A expressão gera ambiguidade: IA não surge artificialmente, mas decorre, por lógica, da inteligência humana de quem desenvolve tais sistemas[15]. A inteligência humana não é, por lógica, o teto evolutivo da inteligência

11. FRAZÃO, Ana; GOETTENAUER, Carlos. O jogo da imitação jurídica: o direito à revisão de decisões algorítmicas como um mecanismo para a necessária conciliação entre linguagem natural e infraestrutura matemática. In: TEPEDINO, Gustavo; SILVA, Rodrigo da Guia (org.). *O Direito Civil na era da Inteligência Artificial*. São Paulo: Thomson Reuters Brasil, 2020, p. 45-63.
12. BROOKS, Rodney. *Robots, AI, and other stuff.* Essays [FoR&AI]. The Origins of Artificial Intelligence. April 27th, 2018. Disponível em: https://rodneybrooks.com/forai-the-origins-of-artificial-intelligence/. Acesso em: 10.03.2023.
13. "A explosão das redes móveis, da computação em nuvem e das novas tecnologias deu origem a mundos de informação incompreensivelmente grandes, muitas vezes descritos como *Big Data*. Usando técnicas de correlação avançadas, os analistas de dados (humanos e máquinas) podem vasculhar grandes faixas de dados para prever condições, comportamentos e eventos de maneiras inimagináveis apenas anos antes." (BOLLIER, David. *The promise and peril of big data*. Washington DC: The Aspen Institute, 2010, p. 6. *E-book*).
14. MARRAFON, Marco Aurélio; COUTINHO, Luiza Leite Cabral Loureiro. Princípio da privacidade por design: fundamentos e efetividade regulatória na garantia do direito à proteção de dados. *Revista Eletrônica Direito e Política*, Programa de Pós-Graduação *Stricto Sensu* em Ciência Jurídica da UNIVALI, Itajaí, v.15, n.3, 3º quadrimestre de 2020.
15. QUARESMA, Alexandre. *Inteligência artificial e bioevolução*: ensaio epistemológico sobre organismos e máquinas. Dissertação (Mestrado em Tecnologias da Inteligência e Design Digital – TIDD). Pontifícia Universidade Católica de São Paulo (PUC-SP), São Paulo, 2021.

das máquinas. Por tal razão, Eduardo Magrani a chama de "inteligência computacional", termo que entende mais assentada ao estágio tecnológico hodierno e à prognose de P&D de novos modelos. O autor aduz possível a quebra de padrões ontológicos por computadores inteligentes e propõe reavaliação científica epistemológica[16].

Ainda que se fale em inteligência computacional em vez de artificial, remanesce a pulsante questão: o que é inteligência? Não há consenso sobre a definição de inteligência, nem mesmo entre os mais inteligentes pesquisadores do tema, mas há conceitos concorrentes, como aptidão lógica; sabedoria; criatividade; conhecimento; resolutividade; aprendizagem. Tegmark assume visão mais inclusiva, não limitada aos tipos de inteligência existentes hoje, chegando ao conceito de habilidade para conquistar objetivos complexos. Visto a pluralidade de metas possíveis, duvidosa é a unificação de todo tipo de inteligência em um indexador[17].

Sob outro prisma, Russell e Norvig identificam quatro tipos diferentes de inteligência, categorizando-os em: (i) pensamento como ser humano; (ii) pensamento racional; (iii) ação como ser humano; e (iv) ação racional. Para eles, o grande salto no estudo da IA será deixar de imitar os humanos para passar a ser apreciada em toda a sua potencialidade[18]. Apesar

---

16. "A inteligência artificial é um subcampo da informática (...) [com] o desenvolvimento de computadores que sejam capazes de emular a inteligência humana ao realizar determinadas tarefas (...). Na concepção de outros teóricos, requer-se simplesmente que o trabalho seja realizado, não importando se o cálculo se relaciona de fato com o pensamento humano. Outras concepções estão no meio destas duas (...), usando o raciocínio humano como modelo que pode informar e inspirar, mas não restritos à ideia de imitação dos humanos. (...) o conceito de inteligência artificial, de maneira geral, vem sendo alvo de críticas por conduzir a problemas semânticos. A ideia da artificialidade, para a parte majoritária dos teóricos, está ligada ao ímpeto de emularmos tecnicamente a inteligência humana em agentes não humanos. Porém, (...) inteligência artificial já demonstra um avanço enorme em relação à capacidade lógico-racional, fazendo com que a emulação da inteligência lógico-racional humana seja algo superável nos próximos anos. (...) alguns teóricos optam por substituir a expressão por ´Inteligência Computacional´, entre outras nomenclaturas." (MAGRANI, Eduardo. *Entre dados e robôs*: ética e privacidade na era da hiperconectividade. 2.ed. Porto Alegre: Arquipélago Editorial, 2019, p. 51-52. *E-book*).
17. Embora a palavra "inteligência" tenda a ter conotações positivas, é importante observar que o autor a utiliza de uma forma completamente neutra em termos de valor: como a capacidade para cumprir metas complexas, independentemente de essas metas serem consideradas boas ou más. Assim, uma pessoa inteligente pode ser muito boa em ajudar as pessoas ou muito boa em machucar pessoas. Tegmark afirma (...) um limite necessário para o *design* de Inteligência Artificial como o limite à inteligência universal: com tempo e recursos suficientes, pode tornar-se capaz de cumprir qualquer objetivo. Além disso, aduz que memória, computação, aprendizagem e inteligência têm caráter abstrato, intangível e sensação etérea, porque não dependem de substrato e são capazes de assumir vida própria que não reflita os detalhes de seu material subjacente. (TEGMARK, Max. *Life 3.0*: being human in the age of artificial intelligence. New York: Alfred A. Knopf, 2017, p. 33-106).
18. RUSSELL, Stuart; NORVIG, Peter. *Inteligência artificial*: uma abordagem moderna. 3.ed. Rio de Janeiro: Elsevier, 2013.

das dificuldades de delinear conceituação fidedigna, os esforços precisam perdurar. Conceitos são peças-chave para dissipar querelas e solidificar idôneas medidas regulatórias *a posteriori*. De acordo com a Organização para a Cooperação e o Desenvolvimento Econômico (OCDE):

> Inteligência Artificial [é] um sistema baseado em máquina capaz de influenciar o ambiente ao produzir recomendações, previsões ou outros resultados para um determinado conjunto de objetivos. Utiliza, então, dados e entrada de dados (*inputs*) originados de máquina e/ou humanos para: 1) perceber ambientes; 2) abstrair essas percepções em modelos; e 3) usar os modelos para formular opções de resultados. Os sistemas de IA são projetados para operar com vários níveis de autonomia[19].

Analisadas as definições de IA vigentes, dois aspectos se destacam: o empenho para a padronização operacionalizado em todo o mundo e a contribuição do Grupo de Especialistas de Alto Nível em Inteligência Artificial (*High Level Expert Group* – HLEG – *on Artificial Intelligence*[20]), cujo objetivo é apoiar a implementação da Estratégia Europeia de IA com a elaboração de recomendações sobre políticas públicas e questões éticas e legais relacionadas a IA e seus desafios socioeconômicos. Senão vejamos a definição fornecida pelo HLEG:

> [S]ão sistemas de *software* (e também, possivelmente, de *hardware*) projetados por humanos que, diante de um objetivo complexo, atuam na dimensão física ou digital percebendo seu ambiente através da aquisição de dados, interpretação dos dados coletados, estruturados ou não estruturados, do raciocínio sobre o conhecimento ou do processamento das informações derivadas desses dados e decide sobre a(s) melhor(es) ação(ões) a ser(em) tomada(s) para alcançar determinado resultado. Os sistemas de IA podem usar regras simbólicas ou aprender um modelo

19. Em livre tradução do trecho: "An AI system is a machine-based system that is capable of influencing the environment by producing recommendations, predictions or other outcomes for a given set of objectives. It uses machine and/or human-based inputs/data to: 1) perceive environments; 2) abstract these perceptions into models; and 3) use the models to formulate options for outcomes. AI systems are designed to operate with varying levels of autonomy." (ORGANISATION FOR ECONOMIC CO-OPERATION AND DEVELOPMENT. *OECD AI PRINCIPLES*, 2019. Disponível em: https://oecd.ai/en/ai-principles. Acesso em: 18.03.2023).
20. O HLEG sobre IA foi nomeado, em 2018, pelo Parlamento Europeu e é composto por cinquenta e dois representantes da academia, sociedade civil e indústria da União Europeia. Em 2020, os principais resultados do HLEG sobre IA eram as "Diretrizes de Ética para a IA" e uma proposta de "Roteiro de Inteligência Artificial para a União Europeia", que estabelecem uma série de recomendações e diretrizes para a IA, incluindo a criação de um quadro ético e jurídico e a promoção de investimentos em P&D para competências em IA.

numérico, e também podem adaptar seu comportamento analisando como o ambiente é afetado por suas ações anteriores[21].

Apesar do peso científico do conceito trazido pelo HLEG, não devem ser entendidos como *softwares* pura e simplesmente. Sua avaliação é muito mais complexa e deve considerar seus atributos, tipologias e níveis de autonomia e desenvolvimento. O *software* é um conjunto programado de instruções para automação de uma tarefa específica por uma máquina, todavia, sem a intenção de emular cognição humana, podendo, inclusive, ser baseado em tecnologia analógica, nem se propõe, em geral, a fornecer soluções inteligentes a problemas complexos.

Outrossim, desde o final do século XX, foi no Brasil positivada uma conceituação de *software*, o que transformaria em insubsistente o debate sobre a concepção de sistemas de IA caso fosse equiparados. Não se confundem, embora se entrelacem em parte. A Lei nº 9.609, publicada em 20 de fevereiro de 1998 e conhecida como "Lei do *Software*", dispõe sobre a propriedade intelectual desses programas e a sua comercialização, e assim descreve *software*:

> Art. 1º. Programa de computador é a expressão de um conjunto organizado de instruções em linguagem natural ou codificado, contido em suporte físico de qualquer natureza, de emprego necessário em máquinas automáticas de tratamento da informação, dispositivos, instrumentos ou equipamentos periféricos, baseados em técnica digital ou análoga, para fazê-los funcionar de modo e para fins determinados.

Verifica-se que o conjunto organizado de instruções do *software* é necessariamente empregado em máquinas automáticas de tratamento de dados, dispositivos, instrumentos ou periféricos, podendo incidir, até mesmo, em técnicas analógicas, circunstâncias de automação ou meios analógicos de funcionamento, que não retratam a realidade profundamente mais complexa dos atuais modelos de Inteligência Artificial, em que pese seja

21. Em livre tradução do seguinte trecho: "Artificial Intelligence (AI) systems are software (and possibly also hardware) systems designed by humans that, given a complex goal, act in the physical or digital dimension by perceiving their environment through data acquisition, interpreting the collected structured or unstructured data, reasoning on the knowledge, or processing the information, derived from this data and deciding the best action(s) to take to achieve the given goal. AI systems can either use symbolic rules or learn a numeric model, and they can also adapt their behaviour by analysing how the environment is affected by their previous actions." (SAMOILI, S.; LÓPEZ, M. Cobo; GÓMEZ, E.; DE PRATO, G.; MARTÍNEZ-PLUMED, F.; DELIPETREV, B.. *AI WATCH*: defining Artificial Intelligence. Towards an operational definition and taxonomy of artificial intelligence. EUR 30117 EN, Publications Office of the European Union, Luxembourg, 2020).

necessário, de fato, um programa de computador para se operacionalizar a máquina artificialmente inteligente.

Não existe sistema de IA sem o desenvolvimento de um *software* adequado, porém é possível que um *software* seja usado na programação de um sistema não inteligente, mas de mera automação. Além disso, o *software* é de emprego necessário em máquinas automáticas, porém nem todo *software* precisa ser automatizado, isso porque existem muitos programas de computador que exigem intervenção humana para serem operados.

Por oportuno, é válido consignar o que se entende por *hardware*, citado pelo HLEG e abrangido pelas expressões "instrumentos e equipamentos periféricos" constantes do art. 1º da Lei nº 9.609/1998. Enquanto o *software* é um conjunto de aplicativos, programas e instruções que permitem ao equipamento funcionar, o *hardware* consiste nos periféricos conectados ao computador, como monitores, *mouses*, teclados, fones de ouvido, autofalantes, cabos (USB e HDMI), unidades de armazenamento (HDs, cartões SSD e *pendrives*), impressoras, etc.

Com o objetivo de esclarecer ainda mais o conceito de IA e dissociar de sua acepção a mera automação, não pode ser vista como uma tecnologia por si só, mas sim um conjunto de processos computacionais inteligentes com diferenciadas aplicações. Há, inclusive, estudiosos – por todos, o doutor em tecnologia e *design* digital Diogo Cortiz[22] – que afirmam tratar-se de área do conhecimento cuja origem se deu paralelamente à própria ciência da computação.

A automação e a Inteligência Artificial são áreas associadas, sem dúvida, relacionadas diretamente à capacidade de sistemas computacionais de realizarem tarefas com autonomia. Todavia, não se confundem! Ao passo que a automação é útil às tarefas simples, rotineiras e repetitivas, os modelos de IA são capazes de lidar eficientemente com tarefas mais complexas e dinâmicas, adaptando-se às novas situações submetidas e aprimorando o seu desempenho.

Elencam-se diferenças significativas entre Inteligência Artificial e mera automação: (i) a capacidade de aprendizado – por um lado, a automação é programada para realizar tarefas específicas, por outro, a IA aprende e se adapta a situações novas usando seus algoritmos de aprendizado para analisar grandes conjuntos de dados e realizar tarefas mais complexas com

22. BRASIL. SENADO FEDERAL. Relatório Final da Comissão de Juristas do Marco Legal da Inteligência Artificial, aprovado em 1º de dezembro de 2022. Disponível em: https://legis.senado.leg.br/sdleg-getter/documento?dm=9221643&ts=1670509473310&disposition=inline. Acesso em: 07.01.2023.

eficiência; (ii) a tomada de decisão – a automação se restringe a executar tarefas seguindo regras predefinidas, ao passo que os modelos de IA são capazes de tomar decisões baseados nas informações disponíveis, ajustando-as, inferindo a partir delas e avaliando a mutabilidade das circunstâncias; (iii) a flexibilidade – a automação costuma ser projetada tão-somente para tarefas específicas e para serem alterados os seus comandos deve ser reprogramada, enquanto as aplicações de IA são mais flexíveis e podem ser treinadas a realizar várias tarefas e se reprogramar; (iv) as limitações – a automação melhora a eficiência de um processo com certas limitações técnicas, pois vinculada a regras e instruções pré-programadas, já o sistema de IA pode melhorar continuamente sua *performance*, aprendendo a partir de novos dados[23].

Estabelecidas tais premissas distintivas, trazem-se à baila alguns intentos de conceituar sistema de Inteligência Artificial no ordenamento jurídico pátrio. A Resolução nº. 332, de 21 de agosto de 2020, do Conselho Nacional de Justiça (CNJ), no inciso II de seu artigo 3º, define modelo de IA como um "conjunto de dados e algoritmos computacionais, concebidos a partir de modelos matemáticos, cujo objetivo é oferecer resultados inteligentes, associados ou comparáveis a determinados aspectos do pensamento, do saber ou da atividade humana".

Em abril de 2021, foi publicada a Portaria nº 4.617/2021 pelo Ministério da Ciência, Tecnologia e Inovações, que instituiu a Estratégia Brasileira de Inteligência Artificial (EBIA), estabeleceu nove eixos temáticos e um conjunto de ações estratégicas e reconheceu que P&D de IA tem assumido importância global, suscitando discussões técnico-jurídicas sobre suas potenciais aplicações e a interação humana nos processos de tomada de decisão automatizada.

> É preciso entender a conexão da Inteligência Artificial com várias tecnologias e deixar claro os limites e pontos de conexão e de conceitos como: *machine learning*, *big data analytics*, sistemas especialistas, automação, reconhecimento de voz e imagens, etc. (...). A Inteligência Artificial possui diversas ramificações que podem ser usadas de forma complementar ou dissociadas uma das outras, tais como: aprendizado de máquina (*machine learning*), robótica, processamento de linguagem natural, reconhecimento de voz e reconhecimento de imagens. (...) Não

23. GAYNOR, Michael. Automation and AI sound similar, but may have vastly different impacts on the future of work. Bookings.edu, The Avenue, 2020. Disponível em: https://www.brookings.edu/blog/the-avenue/2020/01/29/automation-and-artificial-intelligence-sound-similar-but-may-have-vastly-different-impacts-on-the-future-of-work/. Acesso em: 12.05.2023.

> existe uma definição consensual de Inteligência Artificial (...) melhor entendida como um conjunto de técnicas destinadas a emular alguns aspectos da cognição de seres vivos usando máquinas. A inteligência é uma capacidade entre as funções cerebrais humanas complexas. Nessa linha, seguiremos a definição apresentada pela OCDE (...) conforme a OCDE, um sistema de IA consiste em três elementos principais: sensores, lógica operacional e atuadores. Os sensores coletam dados brutos do ambiente, processados pela lógica operacional para fornecer saídas para os atuadores, que por sua vez agem para alterar o estado do ambiente. Este ciclo é repetido inúmeras vezes, e como o ambiente é alterado pelo sistema de IA, a cada ciclo a lógica operacional pode ser aperfeiçoada[24].

Em que pese tenha sido relevante a EBIA ao tempo em que foi publicada, em face da lentidão na tramitação do Projeto de Lei nº 21/2020[25] que versava à época sobre a regulação da Inteligência Artificial no Brasil, tal carta de intenções merece críticas ante a incorporação genérica de parâmetros internacionais (em especial da OCDE), a ausência de reducionismo à realidade brasileira para abordar pontos essenciais (como defesa nacional e agronegócio) e a não fixação de objetivos concretos, metas específicas, uma descrição clara do problema que se buscava resolver e mecanismos efetivos de monitoramento de implantação da EBIA.

Aprovado por unanimidade em 1º de dezembro de 2022, sugeriu o Relatório Final da Comissão de Juristas do Marco Legal da Inteligência Artificial o seguinte conceito: "sistema computacional, com graus diferentes de autonomia, desenhado para inferir como atingir um dado conjunto de

---

24. "Em recente recomendação da OCDE sobre Inteligência Artificial, à qual o Brasil aderiu, foram identificados diversos princípios para o desenvolvimento responsável da IA, assim como recomendações quanto a políticas públicas e cooperação internacional. (...) para organizar o debate acerca de uma Estratégia Brasileira de IA, estabeleceram-se 9 (nove) eixos, a seguir identificados: I – eixos temáticos: legislação, regulação e uso ético; governança de Inteligência Artificial; aspectos internacionais; II – eixos verticais: educação e qualificações para um futuro digital; força de trabalho e capacitação; pesquisa, desenvolvimento, inovação e empreendedorismo; aplicação nos setores produtivos; aplicação no Poder Público; e segurança pública. (...) é compulsório que esta Estratégia se alinhe ao quadro regulatório de governança digital e às políticas públicas existentes (...) [como] a Estratégia Brasileira para a Transformação Digital (e-Digital) (...); a Estratégia de Governo Digital 2020-2022 (e-GOV), regulamentada pelo Decreto nº 10.332/2020 (...); o Programa *Start-Up* Brasil (...); o Plano Nacional de IoT [que] promove o desenvolvimento do arcabouço tecnológico conhecido como 'Internet das Coisas' (...); o Programa de Inovação Educação Conectada (...)." (ESTRATÉGIA BRASILEIRA DE INTELIGÊNCIA ARTIFICIAL – EBIA. Portaria GM nº 4.617/2021 do Ministério da Ciência, Tecnologia e Inovações. Disponível em: https://www.gov.br/mcti/pt-br/acompanhe-o-mcti/transformacaodigital/arquivosinteligenciaartificial/ebia-documento_referencia_4-979_2021.pdf. Acesso em: 13.05.2023).
25. BRASIL. CÂMARA DOS DEPUTADOS. Projeto de Lei nº 21, de 2020. Atividade Legislativa, 2021. Disponível em: https://www.camara.leg.br/propostas-legislativas/2236340. Acesso em: 30.06.2023.

objetivos", usando abordagens baseadas em aprendizagem de máquina e/ou lógica e representação do conhecimento, cujos *inputs* podem ser provenientes de máquinas ou humanos, para produzir previsões, decisões ou recomendações sobre o meio virtual ou real[26].

Após os debates situados no âmbito dos trabalhos da referida Comissão, o Presidente do Senado Federal, Rodrigo Pacheco, submeteu ao Congresso o PL nº 2.338/2023, cujo art. 4º replica a redação proposta pelo anteprojeto coordenado pelo Ministro do Superior Tribunal de Justiça (STJ), Ricardo Villas Bôas Cuevas. Com medidas *ex ante* e *ex post*, traçou critérios de avaliação e desencadeamento de ações mais adequadas a serem tomadas para mitigar os riscos de modelos de IA, tendo envolvido sociedade civil, academia e certos setores da indústria[27].

O texto apresenta definição abrangente, destacando o caráter computacional da IA, sem obstar, face à análise estrita dos termos legais, a compreensão da Inteligência Artificial, *per si*, como área do conhecimento inserida nos estudos da ciência da computação. A norma conceitua "sistema de Inteligência Artificial", e não propriamente a Inteligência Artificial.

Em que pese, à primeira vista, a conceituação do PL nº 2.338/2023 parecer genérica, mostra-se relevante a delimitar os domínios das aplicações de Inteligência Artificial. Porém, seria recomendável, para fins elucidativos de contornos mais precisos do âmbito de incidência da norma jurídica, incluir um rol *numerus apertus*. Interessante seria se o projeto legislativo, inspirado no *AI Act*[28] – a ser abordado na sequência –, publicado pelo Parlamento Europeu, trouxesse anexa uma lista exemplificativa de usuais aplicações de IA, com o fim de nortear o operador do Direito a delinear os casos concretos abrigados pelo largo guarda-chuva da IA.

---

26. BRASIL. SENADO FEDERAL. Relatório Final da Comissão de Juristas do Marco Legal da Inteligência Artificial, aprovado em 1º de dezembro de 2022. Disponível em: https://legis.senado.leg.br/sdleg-getter/documento?dm=9221643&ts=1670509473310&disposition=inline. Acesso em: 07.01.2023.

27. BRASIL. SENADO FEDERAL. Projeto de Lei nº 2.338, de 2023. Atividade Legislativa, 2023. Disponível em: https://www25.senado.leg.br/web/atividade/materias/-/materia/157233?_gl=1*1qw7sar*_ga*ODQ3Nzg0NDY2LjE2MjQ2Mzc4Mzg.*_ga_CW3ZH25XMK*MTY4NDE2Mjk0My4yLjAuMTY4NDE2Mjk0My4wLjAuMA. Acesso em: 13.05.2023.

28. Em abril de 2021, a Comissão Europeia propôs o primeiro quadro regulamentar da União Europeia para desenvolvimento, implantação e uso de sistemas de IA, com distintos aplicativos, que devem ser analisados e classificados conforme o risco que apresentem. Diferentes níveis de risco significarão regulação mais ou menos rigorosa. (PARLAMENTO EUROPEU. *The Artificial Intelligence Act*. Regulamento do Parlamento e Conselho Europeu que estabelece regras em matéria de Inteligência Artificial e altera certos atos legislativos da União Europeia. Bruxelas, 2021. Disponível em: https://artificialintelligenceact.eu/the-act/. Acesso em: 14.06.2023).

A referência aos seus diferentes graus de autonomia reconhece a diversidade da IA, importando em um escalonamento diferenciado dos riscos inerentes a cada tipologia. E no que tange à expressão "desenhado para inferir", aplaude-se a alusão à inferência, uma vez que as análises preditivas podem permitir à máquina deduzir informações sensíveis a partir de dados comuns, repercutindo de forma crítica nos direitos do seu titular. A menção a "previsões, decisões ou recomendações" não abarca todas as saídas de dados (*outputs*) mais recorrentes de sistemas de IA. Existem outras funcionalidades, como geração de texto, reprodução de linguagem escrita ou falada, simulação de sentidos, tradução automática, detecção de eventos, reconhecimento de padrões, que são igualmente comuns e deveriam ser adicionadas.

Oportuna, pois, a introdução de uma cláusula aberta, visando evitar a inadequação da abrangência conceitual ante a variedade de inovações tecnológicas no campo da Inteligência Artificial. A inclusão do aprendizado de máquina e da lógica como abordagens usadas pela IA é assertiva, porque são duas das principais técnicas empregadas na construção de sistemas inteligentes. A referência à representação do conhecimento demonstra a compreensão de que não cabe a modelos de IA tão só processar dados, mas compreender e utilizar informações significativamente[29], podendo influenciar "o ambiente virtual ou real", previsão tal que indica uma posição ativa do legislador frente aos impactos, reais e potenciais, dessas tecnologias.

Na esfera normativa internacional, entre outras conceituações do *AI Act*, destaca-se:

> Art. 3º. Para o propósito deste regulamento, aplicam-se as seguintes definições: (1) sistema de inteligência artificial (sistema de IA) significa *software* desenvolvido com uma ou várias técnicas e abordagens enumeradas no Anexo I, que seja capaz, para um determinado conjunto de objetivos definidos por humanos, gerar resultados, tais como conteúdos, previsões, recomendações ou decisões, influenciando os ambientes com os quais interaja[30].

---

29. "[É] possível propor a reflexão de que tais sistemas chegam até um certo ponto, qual seja, o formal, da lógica, sem adentrar ao sentido que sustenta a estrutura, que a antecede e a justifica. Danilo Doneda e Miriam Wimmer, a propósito, mencionam o *Paradoxo de Moravec*, segundo o qual "habilidades cognitivas que requerem raciocínio lógico, que, no imaginário, costumam ser associadas a um nível elevado de inteligência, são mais facilmente simuladas em um computador do que habilidades simples, como a percepção ou a mobilidade". (KORKMAZ, Maria Regina Detoni Cavalcanti Rigolon. *Revisão de decisões automatizadas na Lei Geral de Proteção de Dados Pessoais*. Tese (Doutorado em Direito Civil). Faculdade de Direito da Universidade do Estado do Rio de Janeiro (UERJ). Rio de Janeiro, 2022, p. 149).

30. Trata-se de livre tradução do trecho a seguir: "For the purpose of this Regulation, the following definitions apply: (1) 'artificial intelligence system' (AI system) means software that is developed with one or more of the techniques and approaches listed in Annex I and can, for a given set of

Os modelos informáticos inteligentes não são lidos de forma engessada e literal como os textos classicamente eram interpretados. São explorados de modo interativo, o que os torna plásticos, complexos e com distintos graus de riscos ao aperfeiçoar métodos computacionais de emular a cognição humana. Ensina Pierre Lévy que "o conhecimento por simulação é sem dúvida um dos novos gêneros de saber que a ecologia cognitiva informatizada transporta" [31].

Indubitável que definir sistema de Inteligência Artificial configura assunto espinhoso e pode tornar sua conceituação altamente subjetiva e até incidir em atecnias e arbitrariedades. Trata-se de campo extremamente sujeito à mutação, sem conteúdo estático. Uma definição dinâmica de sistema de Inteligência Artificial consiste em prisma adaptável e consciente da necessidade de acompanhar a velocidade, o volume e a diversidade dos avanços tecnológicos, com a possibilidade de rol exemplificativo anexo à lei e o uso da técnica de cláusulas abertas.

Como prevenir a superação da concepção normativa de sistema de IA? Uma proposta de definição que utilize, estrategicamente, artifícios como conceitos jurídicos indeterminados, cláusulas gerais e fórmulas exemplificativas seguidas por cláusulas genéricas, fornecerá a abrangência e a atualidade exigidas ao termo à medida que as tecnologias evoluem, evitará a fossilização da norma e assegurará ao Direito a adaptabilidade própria à plasticidade do tema.

O conceito jurídico indeterminado é intencionalmente impreciso e depende da análise do contexto concreto de incidência para a interpretação mais adequada. A concreção de seu significado será construída, porém sua consequência jurídica já reside na norma. É usado, em geral, para situações jurídicas de incerteza, ambiguidade ou mudança nas circunstâncias. Já as cláusulas gerais não trazem a consequência jurídica na norma e podem ser usadas em variadas áreas de aplicação da IA, como saúde, agropecuária, transporte e seguros, sem implicar em restrição a setor único da economia, pois poderão abranger até tecnologias de IA ainda não desenvolvidas. Seria perspicaz que previsão expressa, no porvir Marco Legal da Inteligência Artificial, versasse sobre a possibilidade de setores específicos delinearem

human-defined objectives, generate outputs such as content, predictions, recommendations, or decisions influencing the environments they interact with." (PARLAMENTO EUROPEU. *The Artificial Intelligence Act*. Regulamento do Parlamento e Conselho Europeu que estabelece regras em matéria de Inteligência Artificial e altera certos atos legislativos da União Europeia. Bruxelas, 2021. Disponível em: https://artificialintelligenceact.eu/the-act/. Acesso em: 14.06.2023).

31. LÉVY, Pierre. *As tecnologias da inteligência*: o futuro do pensamento na era da informática. 2.ed. Tradução por Carlos Irineu da Costa. São Paulo: Editora 34, 2010, p. 123.

ainda mais o rol de sistemas de IA para aplicação especializada, isso porque tais setores sujeitar-se-ão a agências reguladoras que fiscalizarão os sistemas desenvolvidos e usados conforme regulação especial.

Outra hipótese é a possibilidade de se estabelecer listagem legal que contenha fórmula exemplificativa – que preveja, por exemplo, tipologia de IA que apresente risco excessivo ao usuário como norte – acompanhada de uma cláusula genérica[32] – cuja interpretação extensiva abranja os casos estritamente análogos aos destacados na tipologia exemplificada, deixando ao operador do direito a adequação casuística do fato jurídico concretamente considerado.

Destarte, ao final deste primeiro capítulo, compreendidos os conceitos correlatos ao de Inteligência Artificial e avaliadas as principais classificações de suas aplicações, propõe este estudo uma definição dinâmica de sistema de Inteligência Artificial à luz desses paradigmas.

1.2 A relação entre Inteligência Artificial e outros conceitos de Direito Digital[33]

Como visto, Inteligência Artificial é o campo de estudo da ciência da computação que desenvolve máquinas aptas à realização de tarefas que, em regra, requerem cognição humana, envolvendo a construção e utilização de algoritmos de aprendizado que permitem às máquinas agir de modo a emular inteligência humana e aprender com os dados disponíveis. Assim, os conceitos de Inteligência Artificial (IA), algoritmos e *machine learning*

32. Vejamos exemplos legais de fórmula exemplificativa acompanhada de cláusula genérica: "Lei nº 13.709/2018 (LGPD), Art. 14. (...) §4º. Os controladores não deverão condicionar a participação (...) em jogos, aplicações de internet ou outras atividades ao fornecimento de informações pessoais além das estritamente necessárias à atividade."; "Lei nº 10.406/2002 (CC), Art. 949. No caso de lesão ou outra ofensa à saúde, o ofensor indenizará o ofendido das despesas do tratamento e dos lucros cessantes até ao fim da convalescença, além de algum outro prejuízo que o ofendido prove haver sofrido. (...) Art. 1.638. Perderá por ato judicial o poder familiar o pai ou a mãe que: I – praticar contra outrem igualmente titular do mesmo poder familiar: (...); b) estupro ou outro crime contra a dignidade sexual sujeito à pena de reclusão"; "Lei nº 8.078/1990 (CDC), Art. 54-G. Sem prejuízo do disposto no art. 39 deste Código e na legislação aplicável à matéria, é vedado ao fornecedor de produto ou serviço que envolva crédito, entre outras condutas: (...); II – recusar ou não entregar ao consumidor, ao garante e aos outros coobrigados cópia da minuta do contrato principal de consumo ou do contrato de crédito, em papel ou outro suporte duradouro, disponível e acessível, e, após a conclusão, cópia do contrato".

33. Em que pese controversa tal nomenclatura e também a qualificação do Direito Digital como ramo jurídico autônomo, inegável é que o Ministério da Educação e Cultura aprovou, em 14 de abril de 2021, a sua inserção como disciplina nas diretrizes curriculares dos cursos de graduação em Direito de todo o país, alterando, para tanto, o art. 5º da Resolução nº 5/2018 do Conselho Nacional de Educação e da Câmara de Educação Superior, a fim de enriquecer a formação dos estudantes da área e adequá-la à realidade da atuação profissional.

(aprendizado de máquina) relacionam-se, estando interligados dentro do englobante campo científico da IA.

Algoritmos são essenciais para o desenvolvimento de sistemas de IA, pois fornecem a estrutura para executar tarefas e tomar decisões com base nos dados de entrada. Os modelos de *machine learning* são alimentados com bases de dados e usam algoritmos para aprender padrões, fazer previsões e/ou tomar decisões com suporte nessas entradas de dados (*inputs*), tendo sido projetados para automatizar a extração de *insights* e conhecimento a partir desses dados, permitindo que máquinas aprendam e se adaptem sem intervenção humana constante.

No contexto da IA, os algoritmos desempenham papel fundamental na construção de modelos inteligentes e na tomada de decisões automatizadas. Uma profusão de aplicações de IA está presente em atividades cotidianas como aprovação de crédito, atendimento ao cliente, avaliação de currículos e recomendação de produtos e serviços em plataformas digitais.

É comum que os termos "Inteligência Artificial", "algoritmos" e "*machine learning*" sejam utilizados de modo intercambiável – ainda que por atecnia –, porque intrinsecamente conectados à concepção e à aplicação de sistemas de IA. As confusões conceituais derivam da relação causa-efeito ou meio-fim, que faz com que tais fenômenos tangenciem-se, permeiem-se e inter-relacionem-se. Malgrado as definições e classificações explicitadas a seguir estejam intimamente ligadas à ciência da computação, entre si existem traços característicos que as distinguem. Haja vista o presente capítulo primar pela técnica na fixação de noções basilares relativas à Inteligência Artificial, mister a escorreita explanação de cada termologia.

1.2.1 Algoritmos

Compreender os algoritmos é fundamental em várias áreas do aprendizado, incluindo ciência da computação, engenharia de *softwares* e matemática. Envolvem procedimentos bem definidos e estruturados que descrevem o passo a passo para resolver problemas. São usados em tarefas específicas, desde cálculos aritméticos simples até processamento de *Big Data*[34].

> Bem, comecemos por explicar o que é um algoritmo. Esse conceito é de grande importância (...) porque o século XXI será dominado por

34. "[É] um termo em evolução que descreve qualquer quantidade volumosa de dados estruturados, semiestruturados ou não estruturados que podem ser explorados para obter informações." (MAGRANI, Eduardo. *Entre dados e robôs*: ética e privacidade na era da hiperconectividade. 2.ed. Porto Alegre: Arquipélago Editorial, 2019, p. 22. *E-book*).

> algoritmos (...) o conceito singular mais importante em nosso mundo (...) todo o esforço para compreender o que é um algoritmo e como eles estão ligados a emoções (...) é o conjunto metódico de passos que pode ser usado na realização de cálculos, na resolução de problemas e na tomada de decisões (...) um método empregado quando se fazem cálculos (...). Uma receita por si mesma não pode fazer uma sopa. É preciso que uma pessoa a leia e siga o conjunto de passos indicado. Mas é possível construir uma máquina na qual esse algoritmo esteja embutido e que o siga automaticamente[35].

Inteligência Artificial e algoritmos não detêm o mesmo significado. A IA trabalha na dimensão algorítmica, com grande capacidade de processamento de dados e estabelecimento de conexões, porém seu nível de linguagem não alcança a consciência hermenêutica, própria dos humanos, restringindo-se à dimensão lógico-formal das manifestações linguísticas[36].

Já o algoritmo assume o papel de racionalidade lógico-formal e funciona como *logos* apofântico[37], cujo conteúdo de entrada pode ter sido fornecido por um programador humano ou decorrer de aprendizado da máquina. A sofisticação dos níveis de aprendizado de máquina e sua capacidade de aprender com os dados, reforçar acertos, bloquear erros, criar algoritmos novos e reprogramá-los pode gerar resultados preditivos não programados, e até desastrosos[38].

---

35. HARARI, Yuval Noah. *Homo Deus*: uma breve história do amanhã. Tradução de Paulo Geiger. 1.ed. São Paulo: Companhia das Letras, 2016, p. 91-92.

36. MARRAFON, Marco Aurélio; COUTINHO, Luiza Leite Cabral Loureiro. Princípio da privacidade por design: fundamentos e efetividade regulatória na garantia do direito à proteção de dados. *Revista Eletrônica Direito e Política*, Programa de Pós-Graduação *Stricto Sensu* em Ciência Jurídica da UNIVALI, Itajaí, v.15, n.3, 3º quadrimestre de 2020.

37. Entre diversas técnicas e abordagens que definem o espectro do programa informático inteligente, verifica-se o seu direcionamento a objetivos definidos por humanos, com resultados que influenciam ambientes com os quais os sistemas interagem. O ser humano é detentor do *logos* e o único capaz de pensar racional e emocionalmente. São conceitos comuns que possibilitam a convivência harmônica e articulada, pois humanos se comunicam por signos fluidos, distintos daqueles usados pelos demais animais. "Os partidários da IA creem que a mente é mais que uma parte do mundo biológico natural; pensam que a mente é especificável em termos puramente formais. O paradoxo de tudo isso é que a literatura da IA está cheia de fulminações contra a concepção chamada *dualismo*, mas, na realidade, toda tese de IA forte se baseia numa espécie de *dualismo*. Funda-se na rejeição da ideia de que a mente é justamente um fenômeno biológico natural do mundo, como qualquer outro." (SEARLE, John. *Mente, cérebro e ciência*. Tradução de Artur Morão. Lisboa: Biblioteca de Filosofia Contemporânea, 2019, p. 51).

38. A racionalidade humana só tem acesso ao mundo e aos seus objetos via conceito, significado, linguagem. Todavia, tal acesso, enquanto lógico-formal, é limitado a um pressuposto de compreensão e interpretação. A estrutura de nossos enunciados compõe-se pelo *algo como algo* e também pelo *algo enquanto algo*. A linguagem traz em si duplicidade de elementos: (i) o lógico-formal que manifesta as coisas na linguagem; e (ii) o prático da experiência do mundo anterior à linguagem, mas que não

> Um algoritmo é comumente descrito como um conjunto de instruções, organizadas de forma sequencial, que determina como algo deve ser feito. De maneira alguma é um conceito dependente do uso do poder do computador moderno (...) um algoritmo para auxiliá-lo a se vestir, (...) para pegar o ônibus para o trabalho, para fazer uma receita de bolo (...) nada mais do que uma fórmula na qual tarefas são colocadas em ordem específica para atingir determinado objetivo (...) adotaremos a definição de Thomas Cormen (...) ao indicar que há uma diferença entre um algoritmo qualquer e aqueles (...) em computadores. Computadores, diferentemente de seres humanos, não compreendem o significado de termos como "suficiente", "quase", "ruim" ou qualquer outra palavra que implique uma avaliação subjetiva do mundo (...) um algoritmo que determine que um celular reduza a luz de sua tela sempre que "quase não haja mais bateria" é inútil. Um computador é capaz de interpretar porcentagens, mas não de determinar o que "quase sem bateria" significa, a não ser que alguém explicite como fazê-lo. De acordo com Cormen (...) "um algoritmo computacional consiste em uma série de etapas para completar uma tarefa que é descrita de maneira precisa o bastante para que um computador possa realizá-la"[39].

Por mais que as programações algorítmicas sejam avançadas, não existem garantias de objetividade dos resultados e tampouco de segurança e transparência dos critérios usados[40]. Algoritmos de IA, mesmo superando a aptidão humana em muitas tarefas, não são sencientes (como seres vivos dotados de emoções e sensibilidade), não aprendendo no sentido natural[41] atribuído ao termo por educadores: o processo de mudança de

---

se expressa senão via linguagem. São o *como* e o *logos* hermenêutico. (STEIN, Ernildo. *Aproximações sobre hermenêutica*. Porto Alegre: EDIPUCRS, 1996, p. 4-32).

39. MENDES, Laura Schertel; MATTIUZZO, Marcela; FUJIMOTO, Mônica Tiemy. Discriminação algorítmica à luz da lei geral de proteção de dados. In: DONEDA, Danilo; SARLET, Ingo Wolfgang; MENDES, Laura Schertel; RODRIGUES JUNIOR, Otavio Luiz; BIONI, Bruno Ricardo (coord.). *Tratado de proteção de dados pessoais*. Rio de Janeiro: Forense, 2021, p. 429-454.

40. MARRAFON, Marco Aurélio. *Filosofia da linguagem e limites da IA na interpretação jurídica*. CONJUR, 2019. Disponível em: https://www.conjur.com.br/2019-jul-22/constituicao-poder-filosofia-linguagem-limites-ia-interpretacao-juridica. Acesso em: 11.03.2023.

41. "Todo pensar sobre a linguagem, pelo contrário, já foi sempre alcançado pela linguagem. Só podemos pensar dentro de uma linguagem e é justamente o fato de que o nosso pensamento habita a linguagem que constitui o enigma profundo que a linguagem propõe ao pensar. (...) A linguagem é, pois, o centro do ser humano, quando considerada no âmbito que só ela consegue preencher: o âmbito da convivência humana, o âmbito do entendimento, do consenso crescente, tão indispensável à vida humana como o ar que respiramos. Realmente o homem é o ser que possui linguagem, segundo a afirmação de Aristóteles. Tudo que é humano deve poder ser dito entre nós." (GADAMER, Hans-Georg. Homem e linguagem. In: GADAMER, Hans-Georg. *Verdade e método II*: complementos e índice. (Coleção Pensamento Humano). 6.ed. Tradução de Ênio Paulo Giachini. Bragança Paulista: Ed. Universitária São Francisco, 2011, p. 173-182).

comportamento gerado pela experiência com base em fatores emocionais, neurológicos, relacionais e ambientais.

Algoritmos demandam instruções precisas e claras, jamais ambíguas, para a execução adequada de uma tarefa por um computador. O fator diferenciador dos algoritmos de IA é que, embora possam ser simples as informações, seu volume, variedade e complexidade têm um potencial assustador. Por isso, reverbera a afirmação de Pedro Domingos: "costuma-se dizer que você realmente não entende algo até que possa expressá-lo como um algoritmo"[42].

> A diferença fundamental é que um modelo algorítmico é programado com regras específicas, enquanto um modelo de IA aprende com exemplos e descobre os padrões por conta própria. Os modelos de IA são mais flexíveis e podem lidar com dados mais complexos, permitindo resolver problemas mais desafiadores, como reconhecimento de voz, tradução automática, diagnóstico médico, entre outros[43].

Ainda que não possua aptidão interpretativa da realidade, própria dos seres humanos, haverá "computação inteligente" quando, mediante um conjunto de orientações previamente programadas (algoritmos), são definidos comandos de ação e reação a um sistema estruturado em "*if* (...) *then* (...)" (se isso, então aquilo), cuja tendência é se tornar mais etérea e ubíqua[44].

> Um algoritmo pode ser definido como uma série de etapas realizadas para resolver um problema específico ou alcançar um resultado definido. Aqui, considero algoritmos que operam por meio de computadores digitais devido à sua prevalência e capacidade de afetar um grande número de pessoas por meio de escala. Podemos começar a avaliar o poder do algoritmo analisando as decisões automatizadas que algoritmos tomam, incluindo priorização, classificação, associação e filtragem[45].

---

42. DOMINGOS, Pedro. A Q&A with Pedro Domingos: author of "The Master Algorithm: how the quest for the ultimate learning machine will remake our world". University of Washington, 2015. Disponível em: https://www.washington.edu/news/2015/09/17/a-q-a-with-pedro-domingos--author-oft-the-master-algorithm/. Acesso em: 30.04.2023.
43. HORA, Nina da. *Algoritmos*. My News Explica! São Paulo: Edições 70, 2023, p. 34.
44. MARRAFON, Marco Aurélio; COUTINHO, Luiza Leite Cabral Loureiro. Princípio da privacidade por design: fundamentos e efetividade regulatória na garantia do direito à proteção de dados. *Revista Eletrônica Direito e Política*, Programa de Pós-Graduação Stricto Sensu em Ciência Jurídica da UNIVALI, Itajaí, v.15, n.3, 3º quadrimestre de 2020.
45. DIAKOPOULOS, Nicholas. Algorithm accountability: journalistic investigation of computational power structures. In: *Digital Journalism*, v. 3, n. 3, 2014, p. 3.

A cada comando realizado pelo usuário da máquina, há uma reação correspondente, num esquema "se X, então Y". Dificilmente serão vistas narrativas dissonantes daquelas mais acessadas. Cada usuário transforma-se em um autocrata, dono absoluto da razão. É através de programação algorítmica que o fluxo de notícias nas mídias sociais não é mais selecionado pelo valor da informação, mas por personalização de conteúdo e estatísticas de engajamento. Quanto mais popular se tornar uma publicação, mais pessoas acessá-la-ão, compartilhando-a, reafirmando-a ou questionando-a. Sendo assim, o efeito-dominó culmina por torná-la "viral", disseminando-a em larga escala e sem freios visíveis, como a multiplicação de um vírus[46].

Como visto, ainda nos anos 1950, quando despontou a noção de Inteligência Artificial, foram suscitadas discussões sobre a possibilidade de o intelecto ser criado artificialmente, passando a ser entendido como mais que uma característica inerente aos humanos. Assim, a IA, em termos de comportamento racional, poderia ser assimilada de dois modos: (i) sistemas que pensam e agem como um humano; (ii) sistemas que pensam e agem racionalmente[47].

Esses fatores demonstram que os algoritmos de Inteligência Artificial são diferentes daqueles convencionais, por serem capazes de treinamento com base em suas experiências, armazenando o conhecimento adquirido para o seu aprimoramento, agindo de modo distinto a depender das atividades executadas previamente e podendo se reprogramar a novos objetivos.

> [A] programação clássica consistiria em organizar uma cadeia de operações sucessivas sobre um fluxo de dados, enquanto a programação "orientada para objetivo" consiste em agenciar as interações de entidades distintas capazes de realizar certas ações e de trocar mensagens umas com as outras. (...) Há uma enormidade de possibilidades de simulação interativa sendo abertas pela programação "orientada para objetivo"[48].

A Resolução nº. 332/2020 do CNJ, no inciso I de seu artigo 3º, conceitua, para fins de uso de Inteligência Artificial pelo Poder Judiciário,

46. COUTINHO, Luiza Leite Cabral Loureiro. Os perigos reais das câmaras de eco na sociedade digital: computação algorítmica persuasiva e manipulação ideológica em um contexto de enfraquecimento da imprensa tradicional. In: TOALDO, Adriane Medianeira; MACIEL, Caroline Stéphanie Francis dos Santos; GIOLO JÚNIOR, Cildo; ALVES, Fabrício Germano (org.). *Tecnologia e Direito*. 1.ed. Rio de Janeiro: Pembroke Collins, 2021, v.1, p. 15-31.

47. ČERKA, Paulius; GRIGIENĖ, Jurgita; SIRBIKYTĖ, Gintarė. Liability for damages caused by Artificial Intelligence. *Computer Law & Security Review*, Ensevier, v 31, n. 3, jun. 2015, p. 376-389.

48. ČERKA, Paulius; GRIGIENĖ, Jurgita; SIRBIKYTĖ, Gintarė. Liability for damages caused by Artificial Intelligence. *Computer Law & Security Review*, Ensevier, v 31, n. 3, jun. 2015, p. 376-389.

algoritmo como uma "sequência finita de instruções executadas por um programa de computador, com o objetivo de processar informações para um fim específico". São usados para resolver um problema ou realizar uma tarefa específica, desde estudos matemáticos até a programação de computadores, podendo ser bastante simples ou extremamente complexos, a depender da atividade designada[49].

No que se refere ao seu funcionamento, os algoritmos classificam-se em programados e não programados. A primeira espécie observa estritamente a sequência de operações pré-definida pelo programador, enquanto na outra espécie, dos algoritmos chamados de *learners*, os dados de entrada (*inputs*) e o resultado desejado (*output*) são ambos carregados no sistema, que produz uma saída que transforma um no outro. Nesse sentido, Pedro Domingos ressalta que a máquina escreveria a sua reprogramação, sem necessidade de que humanos o fizessem:

> Todo algoritmo possui um *input* e um *output*: o dado ingressa no computador, o algoritmo faz o que seu código determina com esse dado, e, então, sai o resultado. O *machine learning* muda essa lógica: adentram na máquina tanto o dado como o resultado desejado, e o produto é algoritmo capaz de tornar a relação entre dado e resultado verdadeira. Algoritmos inteligentes – também conhecidos como *learners* – são algoritmos que criam outros algoritmos. Com *machine learning*, computadores escrevem seus próprios programas, para que nós não tenhamos que fazê-lo[50].

Algoritmos são ferramentas usadas para construir modelos de IA, via comandos finitos que precedem a etapa de engenharia do *software*, sendo materializados em pseudocódigos, diagramas de fluxo ou linguagem natural. A Inteligência Artificial, em si considerada, é um campo mais amplo da ciência da computação, abrangendo técnicas e abordagens concentradas em P&D de projetos computacionais cujos *outputs*, em geral, exigiriam inteligência humana, como tecnologias de análise preditiva, reconhecimento de voz e imagem e tomada de decisão.

---

49. A diversidade de atividades que podem se beneficiar do uso de algoritmos de Inteligência Artificial é imensa. Vale aqui o exemplo dos *iBuyers*, que adquirem imóveis com valores aquém do mercado e utilizam algoritmos para buscar compradores potenciais e precificar os bens de acordo com uma demanda estatiscamente desenhada por algoritmos, maximizando a rapidez das negociações e os proveitos econômicos desse modelo de revenda imobiliária. (WIRED. Opendoor's iBuyer Model is a canary in the economic coal mine. Disponível em: https://www.wired.co.uk/article/opendoor-ibuyer-s-housing-market. Acesso em: 08.07.2023).

50. DOMINGOS, Pedro. *The master algorithm*: how the quest for the ultimate machine learning will remake our world. Nova York: Basic Books, 2015, p. 6. *E-book*.

O principal traço distintivo da inteligência humana costumava ser a aptidão de acumular aprendizado a partir de experiências próprias e compartilhadas de terceiro, de reuni-las e delas extrair lições como forma de aprendizado, a fim de agir de forma independente e tomar decisões livres, autônomas e informadas. Até o advento da Inteligência Artificial, os algoritmos tradicionais se propunham a uma programação codificada[51] através de descrições pormenorizadas de todas as etapas necessárias à realização automatizada de tarefa específica.

"Os algoritmos podem ser representados de várias maneiras, como pseudocódigo, fluxogramas, linguagens de programação ou linguagem natural"[52]. A cientista da computação Nina da Hora destaca ainda aspectos relevantes na ciência dos algoritmos, como o *design* de algoritmos (sua criação direcionada a resolver problemas específicos); a análise de algoritmos (o estudo de seu desempenho e eficiência); a complexidade computacional (avalia seus limites teóricos no tempo e espaço); e a otimização dos algoritmos (visa aprimorar seu desempenho).

Assim, com o desenvolvimento de mecanismos artificiais que mimetizam a forma de aprendizado humano que se utiliza de suas experiências prévias, advieram os algoritmos dotados de Inteligência Artificial. Até o advento da IA, um projeto computacional não lograva realizar tarefas que seu programador não soubesse ele próprio realizar. Somente conseguiria ensinar a máquina aquele programador que soubesse detalhar, na forma de código-fonte ou de programação[53], cada passo da tarefa até ser alcançado

---

51. "Um elemento cada vez mais importante é o código. No ciberespaço em particular, mas na Internet em geral, o código incorpora valores. Permite, ou não, certo controle. E como tem sido o foco desta parte, é também ferramenta de controle (...). Há regulamentação de comportamento na Internet e no ciberespaço, mas essa regulamentação é imposta principalmente por meio de códigos. As diferenças nas regulamentações efetuadas por meio do código distinguem diferentes partes da Internet e do ciberespaço. Em alguns lugares, a vida é bastante livre; em outros, mais controlada. E a diferença entre esses espaços é simplesmente uma diferença nas arquiteturas de controle – ou seja, uma diferença no código." (LESSIG, Lawrence. *Code*: version 2.0. New York: Basic Books, 2006, p. 114. *E-book*).

52. HORA, Nina da. *Algoritmos*. My News Explica! São Paulo: Edições 70, 2023, p. 20-21.

53. Não se confundem algoritmos e códigos de programação. O código-fonte de *software*, denominado também de código de programação, retrata o conjunto de instruções escritas em linguagem de programação específica, compilado e interpretado para dar azo a um sistema computacional executável. O código de programação é o resultado da tradução do algoritmo em uma linguagem que o computador sabe executar. O objetivo do código é traduzir a solução abstrata do algoritmo em uma fórmula concreta a ser executada por um computador. Enquanto o algoritmo é uma solução abstrata para o problema e que pode ser implementado por meio de diferentes linguagens de programação; o código de programação é a implementação concreta desse algoritmo em linguagem de computação específica – tais como c++, java, php, phyton, entre outras – e pode ser construído ou otimizado para se adaptar a distintas plataformas. Para escrever códigos-fonte, são necessários ao programador conhecimentos básicos de engenharia da computação. (MELO, Ana Cristina Vieira de; SILVA, Flávio Soares Corrêa da. *Princípios de linguagens de programação*. São Paulo: Blucher, 2003, p. 10-12. *E-book*).

o resultado pretendido. Os códigos de *software* podem ser comparados às leis: assim como elas, controlam atividades, estabelecem deveres, regulam acessos e ordenam comandos específicos.

> Para definir a Inteligência Artificial, Russel e Norvig identificam duas principais características: uma associada com o processo de raciocínio e motivação, e outra ligada ao comportamento. Nesse sentido, a principal diferença entre um algoritmo convencional e a IA está, justamente, na habilidade de acumular experiências próprias e extrair delas aprendizado, (...) denominado de *machine learning*, permite à IA atuar de forma diferente em uma mesma situação, a depender da sua *performance* anterior – o que é muito similar à experiência humana. A modelagem cognitiva e as técnicas de racionalização permitem maior flexibilidade e a criação de programas de computador que podem "compreender", isto é, que apresentam a capacidade de uma pessoa racional, como num processo da atividade cerebral[54].

Um dos objetivos dos algoritmos é fazer previsões utilizando dados probabilísticos. "Embora algoritmos não possam fornecer respostas precisas a todas as questões, (...) quanto maior a quantidade e qualidade dos dados disponibilizados ao algoritmo, maior a chance de o resultado estar próximo do real"[55]. No contexto de *Big Data Analytics*, o sistema de IA poderá expandir suas habilidades, desempenhar ações e chegar a resultados que seus desenvolvedores não seriam capazes eles próprios de alcançar sozinhos, nem mesmo de prevê-los[56]. É por isso que, em muitos casos, a eficiência e o potencial da IA levará a uma consternadora opacidade.

---

54. Russel e Norvig são autores da obra "Artificial Intelligence: a modern approach". (PIRES, Thatiane Cristina Fontão; SILVA, Rafael Peteffi da. A responsabilidade civil pelos atos autônomos da inteligência artificial: notas iniciais sobre a resolução do Parlamento Europeu. *Revista Brasileira de Políticas Públicas*, Brasília, v. 7, nº 3, 2017, p. 242).

55. "Assim, ao buscar o ´melhor´ voo de São Paulo para Berlim, o algoritmo precisará saber se por ´melhor´ queremos dizer ´mais curto´ ou ´mais barato´. Se o algoritmo é programado para encontrar a rota mais curta, em matéria de quilômetros viajados, poderá considerar que o tempo gasto em um aeroporto aguardando um voo de conexão é irrelevante, e poderia, assim, oferecer uma resposta que, apesar de incorreta com relação às nossas preferências (é razoável admitir que para a maior parte das pessoas tempo gasto em conexões é um fator relevante na decisão de rota de viagem), é correta do ponto de vista do programa. O problema, nesse caso, não é com o algoritmo em si, mas sim com as especificações". (MENDES, Laura Schertel; MATTIUZZO, Marcela; FUJIMOTO, Mônica Tiemy. Discriminação algorítmica à luz da lei geral de proteção de dados. In: DONEDA, Danilo; SARLET, Ingo Wolfgang; MENDES, Laura Schertel; RODRIGUES JUNIOR, Otavio Luiz; BIONI, Bruno Ricardo (coord.). *Tratado de proteção de dados pessoais*. Rio de Janeiro: Forense, 2021, p. 429-454).

56. TEPEDINO, Gustavo; SILVA, Rodrigo da Guia. Desafios da inteligência artificial em matéria de responsabilidade civil. *Revista Brasileira de Direito Civil – RBDCivil*, Belo Horizonte, v.21, p. 61-86, jul.-set./2019.

Tendo em vista as divergências ainda existentes no que tange à noção de algoritmo e a disseminação na seara acadêmica, doutrinária e jurisprudencial[57] de variadas expressões dele decorrentes, mostra-se válido terem sido firmadas premissas sobre o seu conceito. Tratar de "algo algorítmico" vem se tornando corriqueiro, de modo que termos dele derivados emergem em diversos campos do Direito, com repercussões em matéria de responsabilidade civil, em relações contratuais securitárias, consumeristas e trabalhistas, entre outros ramos jurídicos.

Um sistema computacional inteligente, na tomada de decisões automatizadas, precisa ser justo, sob pena de intensificar desigualdades e reproduzir preconceitos enraizados na mente de seus humanos programadores e idealizadores. As informações, objeto de tratamento, precisam ser representativas da realidade e preparadas a partir de uma seleção de variáveis por amostragem condizentes com o caso concreto a se investigar, circunstâncias que influenciarão diretamente na precisão do modelo de IA. Isso porque os "vieses algorítmicos" são alarmantes efeitos reais do processamento de dados pessoais e da criação de perfis dos titulares de dados.

> Os algoritmos são usados em várias situações para nos ajudar a entender melhor o mundo. Mas será que realmente queremos entender melhor o mundo, se isso significar dissecar as coisas que amamos e perder nossa integridade pessoal? Os algoritmos que desenvolvemos estão realizando as coisas que a sociedade deseja ou estão somente servindo aos interesses de alguns *geeks* e das empresas multinacionais para as quais eles trabalham? Será que existe o risco de os algoritmos assumi-

57. "CIVIL E PROCESSUAL CIVIL. RECURSO ESPECIAL. RESPONSABILIDADE CIVIL. AÇÃO DE COMPENSAÇÃO DE DANOS MATERIAIS E MORAIS. INVASÃO DE HACKER À CONTA DE E-MAIL. (...) TRANSFERÊNCIA DE BITCOINS. (...). As criptomoedas utilizam a tecnologia *blockchain*, a qual é baseada na confiança na rede e viabiliza, de forma inovadora, a realização de transações *online* sem a necessidade de um intermediário. O funcionamento das criptomoedas é complexo e, entre outros mecanismos, envolve algoritmos e criptografia de ponta a ponta. O acesso à carteira de *bitcoins*, para a consulta das moedas virtuais e realização de operações, somente pode ser realizado mediante a utilização de senha específica (chave privada), de modo que não deve ser revelada pelo usuário." (STJ, 3ªT., REsp 1.885.201/SP, Rel. Min. Nancy Andrighi, julg. 23.11.2021, DJe 25.11.2021). "FACEBOOK E AMBEV. (...) COMPARTILHAMENTO MEDIANTE O WHATSAPP DE VÍDEO EM QUE SE ENSINARIA CONTRAFAÇÃO DE DETERMINADO PRODUTO (...) PRETENSÃO DE APLICAÇÃO DE FILTRO TECNOLÓGICO NO APLICATIVO A VEDAR O COMPARTILHAMENTO DO VÍDEO COM BASE NO SEU *HASH*. (...) a necessitar de uma mais aprofundada dilação probatória por se tratar de matéria especialmente técnica, evidenciando a possibilidade de suspender-se o compartilhamento do vídeo (...) temporariamente hospedado em um servidor na ´nuvem´, e, ainda, identificado mediante a utilização de algoritmo a atribuir código *hash* ao arquivo. 8. Processo que, sinteticamente, parte da aplicação de um algoritmo sobre determinadas informações digitais (aí incluído arquivo de determinado vídeo) do qual é gerado um código chamado *hash* (uma sequência de letras e números) e que permite verificar a identidade e integridade do arquivo onde quer que esteja armazenado." (STJ, 3ªT., REsp 1.656.348/SP, Rel. Min. Paulo de Tarso Vieira Sanseverino, julg. 01.12.2020, DJe 18.12.2020).

rem o controle de tudo à medida que desenvolvemos uma inteligência artificial (IA) cada vez melhor? E de que a matemática comece a tomar decisões no nosso lugar?[58]

As tecnologias de IA, em contexto econômico orquestrado por algoritmos, engendram um mosaico de facetas nos mercados de consumo e de trabalho, levando à discriminação de consumidores e trabalhadores e aproveitamento de suas fragilidades. Os malefícios inerentes a esse desvirtuamento, perpetrado pela transgressão dos direitos à privacidade e "transparência algorítmica", derivam da exploração de seus dados pessoais, em atenção à constatação de que o titular de dados pessoais no comércio eletrônico[59] sofre uma "vulnerabilidade algorítmica".

À vista das lições de Cláudia Lima Marques[60], a complexidade e a pluralidade das transações virtuais, a grande debilidade informativa sobre o fluxo de dados pessoais em rede, o uso mercadológico dos dados pessoais de consumidores mediante contratos de adesão cujo consentimento é por vezes involuntário e condicionado, o assédio de consumo, a publicidade direcionada à influência comportamental, a criação de perfis psicográficos via coleta indevida de dados, inferências e análises preditivas e a concentração do controle técnico, informacional e de linguagem pelo fornecedor evidenciam uma nova vulnerabilidade, a algorítmica[61].

O "viés algorítmico" é vislumbrado como um dos principais desafios da "governança algorítmica", que envolve a supervisão adequada de modelos computacionais, seja por órgãos reguladores, entidades independentes especializadas ou auditorias internas, com a instituição de mecanismos eficazes de prestação de contas pelo desenvolvimento, implementação e uso de modelos de IA. Garante-se a responsabilidade por eventuais danos a terceiros e traçam-se diretrizes securatórias da confiabilidade, eticidade, transparência e equidade desses sistemas.

58. SUMPTER, David. *Dominados pelos números*. Rio de Janeiro: Bertrand Brasil, 2019, p. 13-14.
59. O *e-commerce* – ou comércio eletrônico – define-se, estritamente, como "uma das modalidades de contratação não presencial ou à distância para a aquisição de produtos e serviços através de meio eletrônico ou via eletrônica. De maneira ampla, visualiza-se o comércio eletrônico como um novo método de fazer negócios através de sistemas e redes eletrônicos". (BENJAMIN, Antônio Herman V.; MARQUES, Claudia Lima; BESSA, Leonardo Roscoe. *Manual de direito do consumidor*. 7.ed. São Paulo: Revista dos Tribunais, 2016, p. 1.086).
60. MARQUES, Cláudia Lima. *Confiança no comércio eletrônico e a proteção do consumidor*: um estudo dos negócios jurídicos de consumo no comércio eletrônico. São Paulo: Revista dos Tribunais, 2004, p. 73.
61. VERBICARO, Dennis; OLIVEIRA, Lis Arrais. A vulnerabilidade algorítmica do consumidor: a extração e o compartilhamento indevidos de dados pessoais nas relações de consumo digitais. In: EHRHARDT JÚNIOR, Marcos; CATALAN, Marcos; MALHEIROS, Pablo (Coord.). *Direito do consumidor e novas tecnologias*. Belo Horizonte: Fórum, 2021, p. 33-58.

No que concerne à seara trabalhista, o Tribunal Superior do Trabalho pontua debates sobre "subordinação algorítmica" como requisito caracterizador da relação de emprego entre motoristas de aplicativos e plataformas digitais de transporte de passageiros. Consoante os acórdãos proferidos nos autos dos processos nº 1000123-89.2017.5.02.0038 e nº 100353-02.2017.5.01.0066[62], verifica-se condição ambivalente na relação entre plataformas digitais e trabalhadores, sendo aquelas utilizadas sob a pretensão de intermediárias entre o trabalhador e o usuário do serviço, argumentando que os motoristas seriam tão-só parceiros de negócios, malgrado não haja renúncia pela plataforma aos poderes fiscalizatório e sancionatório[63].

Expressão recorrente na doutrina estrangeira[64], e que emerge no direito brasileiro, é a "discriminação algorítmica". Thiago Junqueira, em sua tese sobre a discriminação algorítmica em contratos de seguro, destacou decisões automatizadas enviesadas tomadas por algoritmos de IA que passaram: "i) a aumentar o risco de atropelamento dos negros em comparação aos brancos; ii) a sugerir como filtro de fotos o branqueamento das pessoas; e iii) a reconhecer expressões faciais de negros de forma prejudicial quando comparadas à dos brancos".

Em seu trabalho acadêmico, mencionando pesquisas conduzidas por Tarcízio Silva[65], Junqueira apresenta uma tabela de casos concretos de ra-

---

62. GOLDSCHMIDT, Rodrigo; CANI, Elcemara Aparecida Zielinski. Relações entre trabalhadores e plataformas e aplicativos: da ausência de subordinação à subordinação algorítmica. *Revista do Tribunal Regional do Trabalho da 12ª Região*, Florianópolis, v. 25, n. 34, p. 283-297, 2022. Disponível em: https://juslaboris.tst.jus.br/handle/20.500.12178/210157. Acesso em: 13.05.2023.
63. FINCATO, Denise Pires; Wünsch, Guilherme. Subordinação algorítmica: caminho para o direito do trabalho na encruzilhada tecnológica? *Revista TST*, São Paulo, v.86, n.3, jul./set.2020. Disponível em: https://juslaboris.tst.jus.br/bitstream/handle/20.500.12178/181114/2020_fincato_denise_subordinacao_algoritmica.pdf?sequence=1. Acesso em: 13.05.2023.
64. "Embora vivamos na era pós-direitos civis, a discriminação persiste na sociedade norte-americana e é teimosamente difundida nos mercados de trabalho, habitação, crédito e consumidor. Enquanto a discriminação certamente persiste em parte devido aos preconceitos dos tomadores de decisão, um grande componente da desigualdade moderna pode ser atribuído ao que os sociólogos chamam de discriminação 'institucional'. Em vez de escolhas intencionais, os preconceitos inconscientes e implícitos, bem como a inércia das instituições da sociedade respondem por grande parte dos efeitos desproporcionais observados. Realizada sem cuidado, a mineração de dados pode reproduzir os padrões existentes de discriminação, herdar o preconceito de tomadores de decisão anteriores ou simplesmente refletir os difundidos preconceitos que persistem na sociedade. Pode até ter o resultado perverso de exacerbar as desigualdades existentes ao sugerir que grupos historicamente desfavorecidos realmente merecem tratamento menos favorável. Os algoritmos podem exibir essas tendências, ainda que não tenham sido programados para isso, seja de propósito, seja por acidente." (BAROCAS, Solon; SELBST, Andrew D. Big Data's Disparate Impact. *California Law Review*, Berkeley, i. 104, p. 673-674, 2016).
65. SILVA, Tarcízio. Racismo algorítmico em plataformas digitais: microagressões e discriminação em código. In: *VI Simpósio Internacional Lavits*. Assimetrias e (in)visibilidade: vigilância, gênero e raça. Universidade Federal da Bahia: Salvador, 2019, p. 11-12.

cismo algorítmico, na qual constam que: a) o *Google Ads* exibiu anúncios sobre infrações penais voltadas a afroamericanos; b) o *Google Imagens* apresentava um quadro de hiperssexualização na busca por "garotas negras"; c) a rede social *Facebook* minimizou as publicações sobre manifestações contra violência policial racista; d) o *Google Fotos* marcou fotografias de pessoas negras com a *tag* "gorila"; e) os sistemas de visão computacional equivocaram-se sobre o gênero de mulheres negras; f) os mecanismos de busca de bancos de imagens invisibilizaram famílias negras; g) a análise facial de emoções associou caracteres negativos a pessoas negras; h) o *Twitter* decidiu, nos EUA, não banir discurso de ódio supremacista branco para não afetar certo grupo político.

Tecnologias refinadas de manipulação algorítmica progridem a ponto de os indivíduos entenderem que decisões tomadas por sistemas de IA parecem próprias, porém geralmente são guiadas por algoritmos. Um exemplo robusto é o da computação persuasiva que permite governar as massas com eficiência. Pode-se antever o cenário de IA emergente como modelo de totalitarismo digital, marcado por domínio algorítmico e supressão de autodeterminação existencial, no qual as escolhas dos usuários se definem por predições algorítmicas[66].

Algoritmos são treinados a se alimentar do comportamento dos humanos que com eles interagem, mostrando mais daquilo que engaja mais. E não é só isso! Algoritmos de IA, os *learners*, programados para promoverem maior quantidade e qualidade de interações com os usuários, os direcionam a conteúdos que induzem instintos humanos primitivos. Questiona-se se os algoritmos entregam além do que o usuário mostra ser do seu interesse, mas também aquilo que as ciências cognitivas sabem que movimentam e intrigam mais a humanidade.

Toda inovação, historicamente, abre dois caminhos: (i) o da evolução social de e para todos e (ii) o do avanço individualista da minoria privilegiada. Emerge daí a preocupação com o fato de os algoritmos de pesquisa em mídias sociais minarem a qualidade das informações veiculadas, pois a desinformação enfraquece o exercício da cidadania e afeta a democracia.

O paradigma algorítmico, definido por cliques virtuais impulsivos, afeta a checagem da veracidade dos fatos, fragmentando-os e criando

66. MARRAFON, Marco Aurélio; COUTINHO, Luiza Leite Cabral Loureiro. Princípio da privacidade por design: fundamentos e efetividade regulatória na garantia do direito à proteção de dados. *Revista Eletrônica Direito e Política*, Programa de Pós-Graduação Stricto Sensu em Ciência Jurídica da UNIVALI, Itajaí, v.15, n.3, 3º quadrimestre de 2020.

câmaras de eco. A falta de padrões que permitam distinguir verdades e mentiras, devido à ausência de consciência moral que permita à máquina de IA questionar os fatos expostos, desencadeia polarização e retrocesso social. Os algoritmos de filtragem recortam o consumo de conteúdo e formam *clusters*, *filter bubbles*[67]. Moderadores podem até tentar ser imparciais, mas enfrentam forças de mercado que reduzem o conteúdo ao denominador comum. Contagens de visualizações de páginas e cliques são as métricas fixadas para o sucesso da postagem, moldando o que é jornalismo hodiernamente[68].

Técnica comum nas redes sociais é a do "impulsionamento algorítmico" de postagens, que em muito se assemelha à vedada concorrência desleal, uma vez que gera desequilíbrio de forças entre os agentes produtores de conteúdo digital por abuso do poder econômico. Consiste em mecanismo que potencializa o alcance de uma publicação em páginas da *web*, impactando não apenas um número restrito de usuários seguidores de determinado perfil, mas exibindo a postagem para outros "algoritmicamente" interessados naquele conteúdo.

Na seara dos contratos em meio eletrônico, há entre os especialistas quem afirme[69] a existência, sediada entre contratos eletrônicos (gênero)

67. "Nas *Filter Bubbles* o espaço público – o âmbito no qual problemas comuns são reconhecidos e processados – é simplesmente insignificante." (PARISER, Eli. *O filtro invisível*: o que a internet está escondendo de você. Tradução de Diego Alfaro. 1.ed. Rio de Janeiro: Zahar, 2012, p. 156. *E-book*).

68. "O Youtube, por exemplo, utiliza algoritmos que classificam todos os vídeos como relevantes ou não para determinado público-alvo, analisando as taxas de rejeição e de engajamento dos usuários. Trata-se de releitura do usual método publicitário "call to action" (...) estratégia publicitária de chamar as pessoas a se engajarem e compartilharem determinado conteúdo, criando uma teia de amplas conexões entre o anunciante da publicidade e os usuários." (COUTINHO, Luiza Leite Cabral Loureiro. Os perigos reais das câmaras de eco na sociedade digital: computação algorítmica persuasiva e manipulação ideológica em um contexto de enfraquecimento da imprensa tradicional. In: TOALDO, Adriane Medianeira; MACIEL, Caroline Stéphanie Francis dos Santos; GIOLO JÚNIOR, Cildo; ALVES, Fabrício Germano (org.). *Tecnologia e Direito*. 1.ed. Rio de Janeiro: Pembroke Collins, 2021, v.1, p. 15-31).

69. "[A] a doutrina fixou a expressão ´contrato eletrônico´ para se reportar ao ´negócio jurídico contratual realizado pela manifestação de vontade, das posições jurídicas ativa e passiva, expressada por meio (...) eletrônico no momento de sua formação´. (...) Não se inserem nesse conceito, portanto, os instrumentos meramente digitalizados (...) regidos pela Lei nº 12.682/2012 (...) mas apenas os documentos: (i) nato-digitais, ou seja, que tenham sido concebidos e estruturados a partir de computadores (com ou sem a utilização da Rede Mundial de Computadores); (ii) documentos físicos digitalizados e assinados eletronicamente, em conformidade com os mecanismos tecnológicos criados, no país, pela Medida Provisória nº 2.200-2/2001, com observância aos termos da recente reforma implementada pela Lei nº 14.063/2020, em especial em seu art. 4º. Nada disso se confunde, entretanto, com os contratos inteligentes (*smart contracts*), originalmente concebidos por Nick Szabo, em 1996, mas que tiveram sua conceituação expandida desde que se concebeu o algoritmo inicial da rede *blockchain*, em outubro de 2008, pelo qual um pseudônimo, Satoshi Nakamoto (...) detalhou a estrutura de *non-distributed ledgers* que viabilizaria a criação de um mercado para criptoativos (sendo o *Bitcoin* o primeiro deles). (...) Não se atingiu esse patamar do desenvolvimento tecnológico, ainda, e a própria

e contratos inteligentes (espécie), de uma nova construção: os "contratos algorítmicos", propostos pioneiramente por Lauren H. Scholz e identificados como *algorithmic contracts* ou *self-driving contracts*, senão vejamos:

> [U]ma formulação conceitual apresentada por Lauren H. Scholz, em 2017, e que vem sendo estudada com maior atenção em 2021, inclusive no Brasil, por autores como Orlando Celso da Silva Neto. A autora se valeu da expressão "algorithmic contracts" (contratos algorítmicos) para descrever um modelo que não é meramente caracterizado pela 'forma' e pelo 'momento' da manifestação da vontade, mas que também não é totalmente autônomo e 'inteligente'. Ao descrever tais instrumentos, a expressão *self-driving contracts* (traduzida para o português, por Silva Neto, como 'contratos algorítmicos autodefinidos') explicita característica similar à autoexecutoriedade dos contratos inteligentes, mas de escopo de incidência mais restrito. O ponto distintivo dessa classificação, considerada intermediária, quanto ao conceito já consagrado dos contratos inteligentes é justamente a constatação de que *solvens* e *accipiens* sejam supervisores dos algoritmos implementados para reger as opções definidas no momento da parametrização dos percursos contratuais – matemáticos e autodefinidos – que serão implementados no futuro[70].

Pelo exposto, como efeito dos avanços tecnológicos em Inteligência Artificial, vê-se a expansão quantitativa e qualitativa dos fatos jurídicos lesivos e dos interesses merecedores de tutela, sobretudo os de caráter existencial e coletivo, acarretando, com sua violação, também a ampliação dos danos ressarcíveis. Assim, questão a ser suscitada é saber se existe, ou não, um "novo dano", um "dano algorítmico" e, por conseguinte, uma "responsabilidade algorítmica".

Dano algorítmico[71] consistiria, em tese, nos prejuízos indenizáveis causados à pessoa, física ou jurídica, ou um grupo, como resultado de

---

adjetivação que qualifica tais instrumentos ('inteligentes') desfalece diante da realidade, embora não se desconsidere a pertinência de seu debate". (FALEIROS JÚNIOR, José Luiz de Moura. Contratos algorítmicos e onerosidade excessiva: as consequências da inflexibilidade. *Civilistica.com*, a.11, n.2. 2022).

70. FALEIROS JÚNIOR, José Luiz de Moura. Contratos algorítmicos e onerosidade excessiva: as consequências da inflexibilidade. *Civilistica.com*, a.11, n.2. 2022 p. 6.

71. "Fatores como explicabilidade e responsabilização dos danos algorítmicos são ainda controversos e dependentes de consideráveis redes de fluxos de poder regulatório e legislativo, então propostas como a de Pasquale ao tratar de intermediários especializados e obrigatórios como uma possibilidade de agir em prol da governança algorítmica através de regulamentação prévia sobre os sistemas com a força de uma 'quarta lei da robótica' (PASQUALE, 2017) parece algo ainda distante. (...) O combate aos danos algorítmicos nas sociedades contemporâneas caracterizadas por oligopólios das plataformas digitais passa necessariamente por problematizar a noção que algoritmos são caixas pretas inescru-

decisões algorítmicas violadoras de direito ou falhas em algoritmos de sistemas computacionais. Ocorreria em diferentes contextos e com variados modelos de Inteligência Artificial, como os de pontuação de crédito, reconhecimento facial, seleção de candidatos, processos de recrutamento, fabricação de veículos autônomos, aplicados a produtos ou serviços no âmbito da Internet das Coisas, entre outras circunstâncias.

A terminologia empregada – "dano algorítmico" – não escapa de críticas. A inovação não reside propriamente nas categorias consagradas de danos, porém no reconhecimento de novas situações jurídicas desencadeadoras do dever de reparar integralmente o lesado. Ante os avanços tecnológicos, proliferam-se eventos lesivos, porém sem justificar – ao menos, não ainda – a elasticidade das classes tradicionais de danos. Urge tratar, com bastante parcimônia, o afã doutrinário de propagação dos "novos danos". Não se está diante, tecnicamente, de um dano autônomo, dissociado da classificação sedimentada de danos patrimoniais e existenciais.

Embora seja aplaudível o alargamento do dever de compensar o ofendido, assegurando proteção às vítimas em uma sociedade cada vez mais exposta a tantos riscos tecnológicos, o aumento das demandas indenizatórias nessa seara não decorre da expansão das modalidades de danos (que seguem restritas à *summa divisio*[72]), mas dos fatos jurídicos lesivos. Parece, portanto, padecer de alicerce técnico-jurídico falar em um novo dano, o "dano algorítmico".

> São tantos os chamados "novos danos" e tão rápida é a sua proliferação que qualquer tentativa de enumerá-los se tornaria rapidamente obsoleta. A inventividade observada nessa seara apenas ratifica (...) [que a] jurisprudência tem sido criativa em diversos setores do Direito, mas em matéria de responsabilidade civil ela é mais notável. (...) essa miríade de danos indenizáveis, que, sob diferentes designações e desígnios, surgem a cada instante, aqui e alhures, pode ser atribuída à interação concomitante de alguns fatores (...) a identificação de novos interesses

táveis." (SILVEIRA, Sergio Amadeu da; SILVA, Tarcizio Roberto. Controvérsias sobre danos algorítmicos: discursos corporativos sobre discriminação codificada. *Revista Observatório*, v.6, n.4, jul.-set./2020).

72. "O progresso científico tem acelerado exponencialmente a expansão de riscos e danos, ampliando consequentemente o dever de reparar. Assiste-se à proliferação dos chamados novos danos ressarcíveis, como reflexo da identificação de novos interesses jurídicos reconhecidos como merecedores de tutela. Desse modo, o reconhecimento dos novos bens jurídicos se associa, em larga medida, à identificação de tais danos (...) o incremento das pretensões indenizatórias não decorre de suposta expansão das espécies de danos (...). Por mais louvável que seja a ampliação do dever de reparar, protegendo-se as vítimas de uma sociedade cada vez mais sujeita a riscos, não se pode desnaturar a finalidade e prescindir dos elementos da responsabilidade civil." (PEREIRA, Caio Mário da Silva. *Responsabilidade Civil*. 13.ed. Rio de Janeiro: Forense, 2022, p. 104. *E-book*).

> juridicamente tutelados, bem como a configuração de novas situações lesivas, muitas delas decorrentes das inovações tecnológicas. (...). Não há que se falar propriamente em (...) expansão das espécies autônomas de danos, que sempre se restringiram – e assim continua a ser – a duas categorias: o dano moral, entendido como a lesão à dignidade da pessoa humana, a abarcar todos os danos extrapatrimoniais; e o dano patrimonial, subdividido em dano emergente (...) e lucro cessante (...) *tertium non datur*: ou a lesão ocorre no patrimônio da vítima, a acarretar dano patrimonial, ou há lesão à dignidade humana, a gerar dano moral. Qualquer lesão, por conseguinte, reconduzir-se-á, necessariamente, a uma dessas duas espécies de dano, e apenas a análise do caso concreto poderá indicar se se trata de uma e/ou outra categoria[73].

Haja vista o justificado repúdio à terminologia "dano algorítmico", também se elide a expressão "responsabilidade algorítmica". Especialistas, como José Faleiros Júnior, optam por abordar a temática como "responsabilidade civil por falhas de algoritmos de Inteligência Artificial", ou simplesmente "falhas algorítmicas"[74], hipóteses em que, nas palavras do autor, emerge "dever reparatório decorrente de eventual falha propiciada por algoritmos complexos – potencializados pelas estruturas preditivas de aprendizagem (*machine learning*), embora parametrizados e adequadamente desenvolvidos no atual estado da técnica", sendo vetores da causação de danos por fatores que não se sabia total ou parcialmente previsíveis[75].

Apesar de dispostos alguns exemplares de derivações da expressão "algoritmo", cujas aplicações, em diferentes disciplinas jurídicas, têm sido difundidas nos Tribunais Brasileiros, é manifesta a impossibilidade de esgotar, nesta seção, o catálogo resultante de inflexões dessa terminologia face à velocidade com que nomenclaturas novas são criadas e outras passam a ser criticadas e descreditadas. Também é inviável explicar, com profundidade, cada uma, de modo que o solo intuito, aqui, foi ilustrar suas aplicações em doutrina e jurisprudência pátrias.

---

73. TEPEDINO, Gustavo; TERRA, Aline de Miranda Valverde; GUEDES, Gisela Sampaio da Cruz. *Fundamentos do Direito Civil*: responsabilidade civil. v.4. 2.ed. Rio de Janeiro: Forense, 2021, p. 60-62. *E-book*.
74. FALEIROS JÚNIOR, José Luiz de Moura. Responsabilidade por falhas de algoritmos de inteligência artificial: ainda distantes da singularidade tecnológica, precisamos de marcos regulatórios para o tema? *Revista de Direito da Responsabilidade*, a.4, 2022, p. 906-933.
75. TEIXEIRA NETO, Felipe; FALEIROS JÚNIOR, José Luiz de Moura. Dano moral coletivo e falhas algorítmicas: breves reflexões. In: BARBOZA, Mafalda Miranda; NETTO, Felipe Braga; SILVA, Michael César; FALEIROS JÚNIOR, José Luiz de Moura (coord.). *Direito Digital e Inteligência Artificial*: diálogos entre Brasil e Europa. Indaiatuba, SP: Foco, 2021, p. 235-260. *E-book*.

1.2.2 Expert Systems, Machine Learning, Deep Learning *e Redes Neurais Artificiais*

Entendida a Inteligência Artificial como "conjunto de técnicas destinadas a aproximar aspecto da cognição humana ou animal usando máquinas"[76], pode ser representada por largo guarda-chuva que abriga variadas técnicas organizadas nos seguintes subcampos: a) sistemas de linguagem natural; b) simulação de sentidos; c) jogos de computador; d) *expert systems*; e) *machine learning*; f) *deep learning* (redes neurais artificiais/*neural networks*); e g) robótica[77].

A ciência de dados (em tradução literal da expressão *data science*) foca estritamente em gerenciamento, processamento e interpretação de *Big Data* para informar, de modo eficaz, a tomada de decisões automatizadas. Baseia-se somente na análise de evidências a partir de dados estruturados e não estruturados, incluindo várias operações informáticas básicas. Se o estudo for direcionado apenas à pesquisa e ao tratamento de dados, trata-se de *data science*. Todavia, se o subcampo da IA envolver desenvolvimento, implementação e uso de modelos inteligentes, como na engenharia da computação, foi ultrapassada a esfera de *data science*, passando-se a adentrar o âmbito de *machine learning*, *deep learning* e Inteligência Artificial.

Os sistemas de processamento de linguagem natural – como, por exemplo, os sistemas de busca por informação em amplas coleções de documentos dispersos na rede mundial de computadores – inserem-se em uma área da ciência da computação que estuda e desenvolve programas que analisam, reconhecem e/ou geram textos em linguagem humana (a linguagem natural), escrita ou falada, permitindo a "comunicação" entre máquinas e humanos[78].

> O Processamento de Linguagem Natural (PLN) é um subcampo da Inteligência Artificial e da Linguística Computacional que se concentra na interação entre computadores e linguagem humana. Envolve o desenvolvimento de algoritmos e técnicas para permitir que os com-

---

76. CALO, Ryan. Artificial intelligence policy: a primer and roadmap. *University of California Davis Law – UCDL Review*, v. 51, 2017, p. 399-435.

77. ČERKA, Paulius; GRIGIENĖ, Jurgita; SIRBIKYTĖ, Gintarė. Liability for damages caused by Artificial Intelligence. *Computer Law & Security Review*, Ensevier, v 31, n. 3, jun. 2015, p. 378.

78. VIEIRA, Renata; LOPES, Lucelene. Processamento de linguagem natural e o tratamento computacional de linguagens científicas. In: PERNA, Cristina Lopes; DELGADO, Heloísa Koch; FINATTO, Maria José (Org.). *Linguagens especializadas em corpora*: modos de dizer e interfaces de pesquisa. Porto Alegre: EdiPUCRS, 2010, p. 183-254.

putadores compreendam, interpretem e gerem a linguagem humana de forma significativa e útil[79].

Por sua vez, projetos computacionais de simulação de sentidos se enquadram em um subcampo da Inteligência Artificial que se concentra em dar sentido ao texto. Por exemplo, uma simulação de sentidos pode ser usada para determinar se um texto é positivo ou negativo, ou a emoção e a intenção por trás dele. Ressalta-se, nesse ponto, a chamada "sociedade da mente", teoria da inteligência natural desenvolvida por Marvin Minsky, cofundador, em 1959, do Laboratório de Inteligência Artificial do *Massachusetts Institute of Technology* (MIT), e estudada na obra "The Society of Mind", na qual assevera que a questão não é se máquinas inteligentes podem ter emoções, mas se as máquinas podem ser inteligentes sem emoções[80].

Sob outro prisma, os *Expert Systems* (sistemas especialistas) utilizam conhecimentos e específicos para realizar tarefas determinadas. São projetados para imitar o raciocínio humano em certa área das ciências. Em geral, usam regras baseadas em "se/então", detalhadas passo a passo, para produzir seus resultados algorítmicos. São mais adequados à tomada de decisões baseadas em lógica e em conhecimento especializado. É recorrente o seu uso para o auxílio em diagnósticos médicos a partir do processamento de múltiplos dados clínicos do paciente. Negnevitsky afirma que "os sistemas especialistas sabem tudo sobre quase nada"[81].

Machine Learning (ML), ou aprendizado de máquina, contudo, afigura termo cunhado por Arthur Lee Samuel, em 1959, inaugurando o subcampo da IA que desenvolve máquinas com habilidades de aprendizado para além da programação. Sua aprendizagem é estimativa, estatística e migratória das observações particulares decorrentes de instruções específicas para as descrições mais genéricas: as inferências[82]. São modelos analíticos cujo aprendizado se dá a partir de dados de amostragem e testagem, em vez de estritamente programados. O ML é adequado a situações em que há muitos dados e os padrões subjacentes não são facilmente identificáveis. São exemplos os sistemas de detecção de fraude e de classificação de imagens.

---

79. HORA, Nina da. *Algoritmos*. My News Explica! São Paulo: Edições 70, 2023, p. 42.

80. MINSKY, Marvin. *The society of mind*. Touchstone: Simon & Schuster, 1988, p. 163. *E-book*. Disponível em: http://www.acad.bg/ebook/ml/Society%20of%20Mind.pdf. Acesso em: 12.05.2023.

81. NEGNEVITSKY, Michael. *Artificial Intelligence*: a guide to intelligent systems. Londres: Pearson, 2002, p. 8.

82. KAUFMAN, Dora. *A inteligência artificial irá suplantar a inteligência humana?* Barueri-SP: Estação das Letras e Cores, 2019, p. 22-23.

> Dentro da ciência da computação, os algoritmos são entendidos como procedimentos codificados para transformar uma entrada de dados em uma saída desejada. (...). Se, na visão original, os algoritmos eram simples instruções executadas mecanicamente, com a técnica de *machine learning* os dados entregues ao sistema são processados para gerar um novo algoritmo, este último surgindo como o resultado da interação entre a programação inicial e a experiência adquirida pelo sistema a partir do tratamento de dados[83].

De acordo com os estudos de Awad e Khanna, decompõe-se em sete etapas o processo de formação algorítmica de ML: (i) coleta e armazenamento de informações que alimentam o sistema; (ii) pré-processamento e tratamento inaugural de dados, subdividindo-se nos estágios de criação da base de dados (*dataset base*), filtragem e amostragem; (iii) transformação do dado específico em uma sequência de instruções através de códigos de programação; (iv) treinamento dos algoritmos, a partir do conjunto de dados selecionados para a extração de informações e conhecimento; (v) avaliação do algoritmo pela testagem da sua efetividade e do seu desempenho na saída de dados do sistema; (vi) aplicação de técnicas de aprendizado por reforço, através de *loops* de *feedback*, com o intuito de maximizar vantagens e corrigir erros; (vii) execução do modelo de ML para desempenhar tarefas concretas de predição[84].

Segundo a cientista da computação brasileira Nina da Hora, são características gerais que embasam o *machine learning*: a) aprendizado com exemplos; b) decisões e previsões; c) adaptabilidade e melhoria contínua; d) automação de tarefas complexas; e) dados complexos; f) aprendizado supervisionado, não supervisionado e por reforço[85].

Por conseguinte, *deep learning* (aprendizado profundo)[86] consiste em técnica avançada de aprendizado de máquina, via redes neurais artifi-

---

83. MEDON, Filipe. *Inteligência artificial e responsabilidade civil*: autonomia, riscos e solidariedade. 1.ed. Salvador: JusPodivm, 2020, p. 62.
84. AWAD, Mariette; KHANNA, Rahul. *Efficient learning machines*: theories, concepts, and applications for engineers and system designers. Apress Open, 2015, p. 5-6.
85. HORA, Nina da. *Algoritmos*. My News Explica! São Paulo: Edições 70, 2023, p. 30-31.
86. No aprendizado supervisionado, a própria rotulagem de dados representa o conhecimento extra que é mais frequentemente fornecido por "um humano no loop", enquanto no aprendizado não supervisionado, um humano não rotulou tal conteúdo. Já os sistemas especialistas têm suas próprias limitações, pois exigem que os humanos construam estruturas de decisão detalhadas para traduzir a complexidade do mundo real e ajudar as máquinas a produzirem suas saídas. (ORGANISATION FOR ECONOMIC CO-OPERATION AND DEVELOPMENT. *OECD framework for the classification of AI systems*. OECD Digital Economy Papers. February 2022, n. 323, p. 47. Disponível em: https://www.

ciais[87] com muitas camadas, para encontrar padrões em variados conjuntos complexos, quantitativa e qualitativamente, de dados rotulados e tomar decisões sem precisar de intervenção humana. As redes neurais artificiais, em vez de tão somente ensinar o computador as regras já compreendidas pelo cérebro humano, almejam reprisar na máquina o funcionamento dinâmico da atividade cerebral em si considerada. O número de camada de nós da rede neural artificial enseja a "profundidade" dessa rede neural, que permite à máquina aprender a reconhecer padrões mais complexos de dados.

Não se trata de mera abordagem baseada em regras, mas de técnica de aprendizado que alimenta o projeto computacional inteligente com milhões de amostras do que se dedica a ensinar, deixando ao sistema de IA aprender por si mesmo quais exemplos de dados rotulados se relacionam com o objetivo pretendido (o resultado, a saída de dados ou o *output* buscado) e quais se distinguem. O aprendizado profundo visa ensinar a máquina a aprender a partir de exemplos inseridos em laboratório no seu bando de dados e de suas interações no campo, assim como os humanos aprendem a partir de exemplos e da própria experiência. Em vez de programar a máquina apenas para realizar tarefas específicas e delimitadas, são fornecidos exemplos para que o modelo computacional inteligente crie padrões e aprenda a partir deles.

Segundo Kai-Fu Lee, o poder do *deep learning* não significa uma "IA Geral". Para ele, a contemporaneidade ainda vivencia a "era da implementação" das *neural networks*[88]. Todavia, "de acordo com a Lei de Moore, o número de transistores dobra a cada 18 meses (...) em 2045 chegaremos a um ponto crítico chamado ´Singularidade Técnica´"[89].

A pioneira referência à "Singularidade" como evento tecnológico futuro é creditada ao gênio da computação John von Neumann na década de 1950. Já em 1965, é atribuída a Irving John Good, ao especular em um

oecd-ilibrary.org/docserver/cb6d9eca-en.pdf?expires=1678977001&id=id&accname=guest&checksum=D2C31C0BFC4D036D108BE8CE6C95A2B2. Acesso em: 18.03.2023).

87. "Alguns experimentos da pesquisa avançada na interação entre seres humanos e computadores dependem do uso de interfaces cerebrais adaptáveis que reconheçam estados mentais em sinais on-line de eletroencefalogramas (EEG) espontâneos, com base na teoria da rede neural artificial." (CASTELLS, Manuel. *A sociedade em rede*. A era da informação: economia, sociedade e cultura. v.1. Tradução de Roneide Venancio Majer. 22.ed. São Paulo: Paz e Terra, 2020, p. 126).

88. LEE, Kai-Fu. *AI super-powers*: China, Silicon Valley, and the new world order. Boston: Houghton Mifflin Harcourt, 2018, p. 6-13.

89. SOUZA, Joyce; AVELINO, Rodolfo; SILVEIRA, Sérgio Amadeu (Org.). *A sociedade de controle*: manipulação e modulação nas redes digitais. São Paulo: Hedra, 2018, p. 77.

artigo científico sobre máquinas ultrainteligentes, a ideia de "Singularidade Tecnológica", antecipando o aprendizado sem constante intervenção humana. Somente no ano de 1993, o cientista Vernon Vinge, ao publicar obra intitulada "The Coming Technological Singularity: How to Survive in the Post-Human Era", cunhou a expressão "Singularidade Técnica" ao descrever os quatro itens tecnológicos que culminarão na superação humana pelas máquinas: (1) a velocidade de aperfeiçoamento da IA; (2) a evolução rumo à autoconsciência dos sistemas de IA; (3) as interfaces cérebro-computador se tornarem tão complexas a ponto de instituírem um novo estágio evolutivo da humanidade; e (4) a ampliação da inteligência humana natural através de aprimoramentos biotecnológicos[90].

> A fase atual é de implementação do processo de *Deep Learning* em variados setores e atividades (e menos de novas descobertas). Não há nenhuma demonstração concreta que tangencie a Inteligência Artificial Geral (*Artificial General Intelligence* – AGI). Como pondera Martin Ford (2015), a busca pela construção de um sistema genuinamente inteligente – uma máquina que pode conceber novas ideias, ter consciência de sua própria existência e manter conversas coerentes – permanece o Santo Graal da IA[91].

As redes neurais de *Deep Learning* (DL) podem realizar representações hierárquicas de dados. Significa que podem extrair características de níveis mais altos e abstratos a partir dos dados analisados[92], capacidade de adaptação tal que pode tornar as aplicações de IA ainda mais poderosas e opacas. São exemplos emblemáticos os veículos (terrestres, marítimos ou aéreos) autônomos, drones e assistentes virtuais, como "Siri" da *Apple*, "Alexa" da

90. SOUZA, Joyce; AVELINO, Rodolfo; SILVEIRA, Sérgio Amadeu (Org.). *A sociedade de controle*: manipulação e modulação nas redes digitais. São Paulo: Hedra, 2018, p. 77.

91. KAUFMAN, Dora. *A inteligência artificial irá suplantar a inteligência humana?* Barueri-SP: Estação das Letras e Cores, 2019, p. 75 *apud* FORD, Martin. *Rise of the robot*: technology and the threat of a jobless future. New York: Basic Book, 2015.

92. "A modelagem cognitiva e as técnicas de racionalização permitem maior flexibilidade e a criação de programas de computador que podem ´compreender´, isto é, que apresentam a capacidade de uma pessoa racional, como num processo da atividade cerebral (...) graças a um algoritmo inspirado no processo por meio do qual o cérebro humano funciona, chamado de *deep learning*, que é uma subdivisão do *machine learning*. Como resultado, tal algoritmo não conhece limitações teóricas sobre o que ele mesmo pode alcançar: quanto mais dados o programa receber, maior será a sua aprendizagem e aptidão para realizar atividades diversas. (...) Por causa da aplicação de *deep learning*, os computadores, atualmente, podem não apenas ouvir, mas escutar e entender o que é ouvido; podem, efetivamente, ver e descrever uma imagem, e aprender conceitos; podem aprender a ler em diferentes idiomas ainda que seus próprios programadores não sejam capazes de fazê-lo. As possibilidades são infinitas." (PIRES, Thatiane Cristina Fontão; SILVA, Rafael Peteffi da. A responsabilidade civil pelos atos autônomos da inteligência artificial: notas iniciais sobre a resolução do Parlamento Europeu. *Revista Brasileira de Políticas Públicas*, Brasília, v. 7, nº 3, 2017, p. 242).

Amazon e "Cortana" da *Microsoft*[93]. Redes neurais artificiais, inspiradas nas estruturas e nos estímulos do cérebro humano, conectam neurônios artificiais uns aos outros em múltiplas camadas que se reconectam e se editam instantaneamente através de *loops* de *feedback* ou retropropagação.

> O treinamento consiste em mostrar exemplos e ajustar gradualmente os parâmetros da rede até obter os resultados requeridos, denominado "aprendizagem supervisionada": são fornecidos os resultados desejados (*output*) e, por "tentativa e erro" através de atualização interativa dos pesos, chega-se ao resultado – meta. A abordagem é chamada de "retropropagação" (*back propagation*).

Embora não caiba afirmar que as redes neurais artificiais reproduzem o funcionamento cerebral, cuja complexidade é em muito desconhecida pelo estado da ciência, é correto dizer que emulam, no "cérebro computacional", inspirado no humano, caminhos que se fortalecem a cada vez que são usados. Tal abordagem permite que o DL encontre padrões em dados não estruturados, a partir dos quais modela suas representações do conhecimento de modo similar ao humano. Programadores humanos contribuem com as regras básicas – os códigos-fonte, mediante uma farta base de dados e uma grande compilação de operações matemáticas[94] –; enquanto o sistema de Inteligência Artificial assume as etapas rumo ao resultado[95].

Enquanto *Expert Systems* são baseados em regras específicas e conhecimento prévio, *Machine Learning* usa novos dados para encontrar padrões e tomar decisões, sendo, portanto, uma categoria de implementação de modelos de IA concentrada em desenvolver algoritmos que aprendem a

---

93. VASCONCELOS, Catarina Maldonado. Siri, Alexa e Cortana: Inteligência Artificial promove estereótipo da mulher submissa. UNESCO alertou para o fato de a assistência digital ser feita por vozes femininas, associadas à ideia de submissão. TSF RÁDIO NOTÍCIAS, 2019. Disponível em: https://www.tsf.pt/futuro/siri-alexa-e-cortana-inteligencia-artificial-promove-estereotipo-da-mulher-submissa-10932935.html. Acesso em: 22.07.2023.

94. "A partir de Stephan Hartmann e Jan Sprenger, Ana Frazão pondera que, ainda que de forma otimista sobre a utilização de métodos matemáticos e estatísticos no âmbito das ciências sociais, seria um erro supervalorizar o papel da matemática, na medida em que se revela apenas como ferramenta que depende das premissas e pressupostos que justificaram a sua utilização: 'A criação de indicadores numéricos depende da especificação de critérios de similaridade entre elementos distintos, ignorando suas particularidades (...) nasce como resultado uma compreensão da realidade que, além de reduzida, é simplificadora e afasta do processo decisório elementos que, de outra forma, seriam considerados essenciais'." (KORKMAZ, Maria Regina Detoni Cavalcanti Rigolon. *Revisão de decisões automatizadas na Lei Geral de Proteção de Dados Pessoais*. Tese (Doutorado em Direito Civil). Faculdade de Direito da Universidade do Estado do Rio de Janeiro (UERJ). Rio de Janeiro, 2022, p.162).

95. TEGMARK, Max. *Life 3.0*: being human in the age of artificial intelligence. New York: Alfred A. Knopf, 2017, p. 33-106.

partir dos dados. Por outro turno, o *Deep Learning* é uma forma avançada de aprendizado de máquina com redes neurais artificiais que aprendem via dados complexos[96].

Por fim, a robótica corresponde a um subcampo da Inteligência Artificial com noções interdisciplinares, combinando engenharia, ciência da computação e outras disciplinas para criar robôs aptos a realizar tarefas em ambientes diversos. Os robôs – enquanto dispositivos fisicamente construídos que interagem com o mundo real através de sensores e atuadores[97] – podem ser controlados por humanos ou programados para funcionar de forma autônoma.

> A Robótica não pode ser vista como uma novidade (...) a Robótica representa uma técnica já incorporada à produção, principalmente no que se refere à realização de tarefas rotineiras. (...) há mais de cinquenta anos, "os robôs já se materializaram como uma máquina reprogramável, operando de maneira semi ou totalmente automática na realização de operações de fabricação e em outras tarefas industriais" (PAGALLO, 2018, p. 02). Embora a Robótica não se confunda com a IA, é inegável que, atualmente, esses campos se entrelaçam (...) em razão (...) da melhoria dos métodos probabilísticos, da disponibilidade crescente de enormes quantidades de dados e do aumento do poder computacional. Não se pode esquecer, também, da transformação mais recente de lugares e espaços em ambientes mais receptíveis à tecnologia de informação, como ocorre com o imaginário de cidades inteligentes[98].

96. Muitos sistemas diferentes estão sob o abrangente guarda-chuva da Inteligência Artificial. Incluem os *Expert Systems*, que são algoritmos detalhados passo a passo, que contêm uma série de regras programadas por humanos para a resolução de problemas. Mais adiante, desenvolve-se o *Machine Learning* (ML), forma avançada de IA que depende menos da programação humana e mais da capacidade dos algoritmos de usarem métodos estatísticos e aprenderem com os dados conforme progridem. ML pode ser supervisionado e treinado por humanos, ou não, significando, neste último caso, que seria autodidata e poderia não haver interferência humana em seus *inputs*. Forma mais intensa de ML é o *Deep Learning* (DL), que usa algoritmos de aprendizado, chamados ´redes neurais artificiais´, vagamente inspiradas nas estruturas do cérebro humano, e que se conectam umas às outras em diversas camadas que se reconectam e se editam instantaneamente por *loops* de *feedback*, denominados ´retropropagação´." (MARRAFON, Marco Aurélio; COUTINHO, Luiza Leite Cabral Loureiro. Princípio da privacidade por design: fundamentos e efetividade regulatória na garantia do direito à proteção de dados. *Revista Eletrônica Direito e Política*, Programa de Pós-Graduação Stricto Sensu em Ciência Jurídica da UNIVALI, Itajaí, v.15, n.3, 3º quadrimestre de 2020, p. 967-968).
97. BROOKS, Rodney. *Robots, AI, and other stuff*. Essays [FoR&AI]. The Origins of Artificial Intelligence. April 27, 2018. Disponível em: https://rodneybrooks.com/forai-the-origins-of-artificial-intelligence/. Acesso em: 10.03.2023.
98. NEGRI, Sérgio Marcos Carvalho Ávila. Robôs como pessoas: a personalidade eletrônica na robótica e na inteligência artificial. Revista Pensar, 2020. Disponível em: https://ojs.unifor.br/rpen/article/view/10178/pdf. Acesso em: 24.06.2023.

Em fevereiro de 2017, o Parlamento Europeu publicou a Resolução A8-0005/2017, segundo a qual o robô será considerado inteligente quando possuir as características a seguir: a) sensores capazes de permitir o compartilhamento de dados com o ambiente externo; b) aptidão de aprendizado a partir de interações e experiências "no campo"; c) presença de um suporte material; d) habilidade de adaptação; e) inexistência de vida na acepção biológica[99].

Frente aos dilemas da responsabilização civil na era robótica, eclodem debates sobre a atribuição de personalidade jurídica aos robôs. Alerta-se que a defesa ou crítica a tal temática pressupõe a compreensão da ficção jurídica que deu ensejo à atribuição de personalidade jurídica às sociedades empresárias, associações e fundações. Se o Direito não se restringiu a reconhecer personalidade jurídica somente aos humanos, cabe estendê-la a artefatos robóticos com alto grau de autonomia? A retórica antropomórfica é uma realidade ou falácia androide? Não segue possível a reparação integral da vítima sem que se atribua personalidade ao robô?

Na Ásia, a tecnolatria (nomenclatura que advém da junção dos vocábulos tecnologia e idolatria) é mais latente e os robôs se tornaram companheiros em potencial. Contudo, no lado ocidental do globo, a tecnofobia (junção de tecnologia e fobia) e a resistência à robótica estão culturalmente enraizadas, e robôs costumam ser vistos como simples máquinas. Não obstante, a robótica tem sido fomentada mundialmente. Conectados à nuvem, os robôs transmutam-se em dispositivos em rede, incorporando experiências e aprendendo com os dados processados.

Nas lições de Dora Kaufman[100], a convergência entre Inteligência Artificial e robótica permite que máquinas executem tarefas mais intrin-

99. PARLAMENTO EUROPEU. Relatório que contém recomendações à Comissão sobre disposições de Direito Civil sobre Robótica (2015/2103(INL)). Disponível em: https://www.europarl.europa.eu/doceo/document/A-8-2017-0005_PT.html. Acesso em: 24.06.2023.

100. "Com 25% da população com mais de 65 anos e projeção de 39% em 2050, o Japão é o centro atual da indústria de robôs cuidadores, com 310 mil das 1,4 milhão de fábricas operando globalmente. ´Assim como as empresas japonesas reinventaram carros na década de 1970 e eletrônicos de consumo na década de 1980, agora estão reinventando a família. Os robôs retratados nos filmes e desenhos animados das décadas de 1960 e 1970 se tornarão a realidade dos anos 2020´, pondera o especialista em política norte-americana de tecnologia Alec Ross, em *The Industries of The Future*. A Honda e a Toyota estão competindo para oferecer a próxima geração de robôs: a Toyota criou a assistente de enfermagem Robina, inspirada na Rosie, empregada doméstica e babá robô dos Jetsons, e a Honda criou o Asimo (*Advanced Step in Innovative Mobility*), humanoide capaz de interpretar emoções humanas, movimentos e conversas. O grau de aceitação dos robôs na vida cotidiana é uma variável cultural. O Japão, por exemplo, tem não só a necessidade econômica e o *know-how* tecnológico para robôs, como também uma predisposição cultural. A antiga religião xintoísta, praticada por 80% dos japoneses, incluía a crença no animismo, que afirma que tanto os objetos quanto os seres humanos

cadas. Exemplos citados pela autora são os de robôs usados em centros de distribuição, cujos dados de localização os permitem navegar pelo armazém com autonomia, e os de *bots* cujos mecanismos de busca rastreiam e examinam *websites* categorizando informações. No combate à Covid-19, robôs inteligentes transitaram por hospitais exercendo atividades de higienização a fim de proteger humanos, assim como foram usados pelas redes sociais para rastrear e analisar postagens diárias relacionadas à pandemia, com o condão de atenuar os danos causados pela desinformação.

1.3 Classificações de Inteligência Artificial

Haja vista a variedade tecnológica da IA e o *boom* de terminologias associadas ao tema, é premente a catalogação de características comuns, ao lado de padrões distintivos, das diversas aplicações de IA existentes. Todavia, ante o volume, velocidade, diversidade e valor agregado aos dados pessoais disponíveis em rede, em um universo de *Big Data Analytics*[101], as classificações a seguir serão insuficientes tão logo este trabalho seja concluído, ou melhor, jamais poderá ser considerado concluído frente ao dinamismo da "modernidade líquida"[102].

Organizar didaticamente as informações sobre fenomenologia inovadora e agudamente ininteligível para alguns, bem como identificar diferentes situações jurídicas, patrimoniais e existenciais, que envolvem as impli-

têm espíritos. Como resultado, a cultura japonesa tende a ser mais permissiva com os robôs, considerando-os como ´máquinas com alma´. A tradição cultural japonesa é representativa da cultura oriental, fator de fomento da indústria de robótica na Ásia." (KAUFMAN, Dora. *Desmistificando a inteligência artificial*. Belo Horizonte: Autêntica, 2022, p. 74).

101. "Uma análise de *Big Data* pode, portanto, afetar diretamente um indivíduo – e produzir resultados discriminatórios que impactem sua vida. De acordo com Mayer-Schönberger e Cukier (2014), não há definição precisa para *Big Data*, mas o fenômeno pode ser caracterizado por três tendências. Em primeiro lugar, a quantidade de dados e informações coletada. As análises de *Big Data* não apenas reúnem mais dados do que nunca, mas buscam juntar todos os dados e informações referentes a uma situação em particular, não somente uma amostra deles (...) ´n = tudo´. Em segundo lugar, devido à grande quantidade de informações disponíveis, os dados podem ser imprecisos. Na medida em que a magnitude aumenta, do mesmo modo elevam-se as chances de equívocos. A terceira propriedade é a de buscar correlações, em vez de causalidades. Isso significa que a relação entre dois fatos ou características é determinada de acordo com uma análise estatística. (...) Com *Big Data*, contudo, a causalidade perde espaço para as correlações. Uma correlação é a probabilidade de um evento ocorrer, caso outro evento também se realize. É uma relação estatística entre tais acontecimentos. Em vez de tentar assimilar os mecanismos internos de um fenômeno, as correlações permitem-nos compreender o mundo por meio de *proxies*." (MENDES, Laura Schertel; MATTIUZZO, Marcela; FUJIMOTO, Mônica Tiemy. Discriminação algorítmica à luz da lei geral de proteção de dados. In: DONEDA, Danilo; SARLET, Ingo Wolfgang; MENDES, Laura Schertel; RODRIGUES JUNIOR, Otavio Luiz; BIONI, Bruno Ricardo (coord.). *Tratado de proteção de dados pessoais*. Rio de Janeiro: Forense, 2021, p. 429-454).

102. BAUMAN, Zygmunt. *Modernidade líquida*. Tradução de Plínio Dentzien. Rio de Janeiro: Jorge Zahar, 2001.

cações, concretas e latentes, das diversificadas tipologias de IA, facilitará a compreensão e a análise técnico-jurídica de seus aspectos mais relevantes. Como somatório, a definição de classes de IA, com seus critérios de referência, contribui para a hermenêutica mais apropriada dos fatos jurídicos decorrentes do seu desenvolvimento e uso.

Ao definir espécies que compõem cada classe, promovem-se parâmetros objetivos ao reconhecimento de cada tipologia por desenvolvedores, programadores, operadores, coletores e processadores de dados, usuários finais e terceiros que possam ser pela IA atingidos direta ou indiretamente, o que pode ser útil para a tomada de decisões jurídicas consistentes e justas. Classificar os sistemas de IA, conforme os estágios do seu ciclo de vida e levando em conta variados pontos referenciais, enseja a adoção de mais balizadas medidas de responsabilização e gestão de riscos e a viabilização da incidência mais eficiente do princípio da precaução.

Desse modo, os "atores da IA"[103] – aqueles que, na qualidade de partes interessadas impactadas, desempenham papeis ativos no ciclo de vida do projeto computacional inteligente – terão acesso a um parâmetro mínimo, estruturado e procedimentalizado, de avaliação dos impactos algorítmicos oriundos de sistemas de Inteligência Artificial, com o condão de dar continuidade à promoção de pesquisa, desenvolvimento e uso de modelos de IA cada vez mais confiáveis e centrados em direitos humanos e em valores sociais e democráticos.

Outrossim, para fins de elaboração de estudos e pesquisas acadêmicas, classificações são inexoravelmente úteis por permitirem uma investigação mais apurada e verticalizada das repercussões jurídicas de um fenômeno, ainda mais quando se trata de tema cujos debates afloraram nas últimas décadas, mas que já acarreta intensas transformações sociais e com a promessa de mudanças cada vez mais contundentes e abrangentes, econômica e socialmente. Ao qualificar os tipos de Inteligência Artificial, é possível identificar lacunas e elementos não adequadamente explorados, possibilitando novas indagações, análises e descobertas.

1.3.1 Classificação conforme as ondas de Inteligência Artificial

Kai-Fu Lee, cientista da computação e escritor especialista em inovação tecnológica, sustenta que a revolução proporcionada pela Inteligência

---

103. ORGANISATION FOR ECONOMIC CO-OPERATION AND DEVELOPMENT. *OECD framework for the classification of AI systems*. OECD Digital Economy Papers. February 2022, n. 323. Disponível em: https://www.oecd-ilibrary.org/docserver/cb6d9eca-en.pdf?expires=1678977001&id=id&accname=guest&checksum=D2C31C0BFC4D036D108BE8CE6C95A2B2. Acesso em: 18.03.2023.

Artificial é gradativa e que a sua completude inundará todo o mundo em uma série de quatro ondas. Cada uma dessas ondas "aproveita o poder da IA de uma maneira diferente, atacando diferentes setores e inserindo a inteligência artificial mais profundamente no tecido de nossa vida diária"[104].

A primeira onda de IA se popularizou em 2012 e é chamada por Kai-Fu Lee de "IA da internet". Tem íntima relação com a engenharia computacional nas fases iniciais de coleta, armazenamento, análise, agrupamento e fusão de dados, dando ensejo ao etiquetamento de algoritmos como *motores de recomendação*, sistemas que, por meio de *Big Data*, aprendem preferências, interesses e gostos pessoais dos titulares de dados e passam a sugerir conteúdos.

Embora haja um grande valor econômico na primeira onda, nesse estágio evolutivo, o poder de otimização decorrente da rotulação dos dados, em atividade de *Big Data Analytics*, ainda estava tolhido ao setor de alta tecnologia, adstrito ao mundo digital, e só foi pulverizado à economia global quando se atingiu a segunda onda da IA, chamada de "IA de negócios". *Big Data* não é uma expressão nova, no entanto, a alavanca analítica efetiva desse massivo conjunto de dados o é, isso porque as organizações que analisam e mineram dados o fazem em níveis sofisticados, voltados ao valor agregado dessas informações na economia de dados.

O que se convencionou chamar de *Big Data* deriva de um volume gigantesco de dados coletado em velocidade nunca antes vista e com uma variedade imensa de fontes. A análise dessa massa de dados deu ensejo ao *Big Data Analytics*, a ser compreendido a partir de quatro fatores (*4Vs*, em inglês, *velocity, volume, variety* e *veracity*): (1) velocidade alta de cumulação e processamento de dados; (2) volume de dados em larga escala; (3) variedade de dados coletados, de diferentes formatos e fontes; (4) veracidade dos dados, de encontro à realidade de suas inconsistências, incertezas e distorções em potencial. A somar, é possível afirmar ainda que existe, à luz do próprio gráfico apresentado pela IBM ao dimensionar os *4Vs* do *Big Data*, um quinto "V", o valor extraído desses dados em uma sociedade informacional[105].

O quinto "V", incorporado posteriormente, se evidencia quando informações pessoais sobre interesses, cliques e rotina passaram a ser co-

104. LEE, Kai-Fu. *Inteligência artificial*: como os robôs estão mudando o mundo, a forma como amamos, nos relacionamos, trabalhamos e vivemos. Tradução de Marcelo Barbão. 1.ed. Rio de Janeiro: Globo Livros, 2019, p. 131-132.

105. INTERNATIONAL BUSINESS MACHINES – IBM. Extracting business value from the four V's of Big Data. IBM, 2019. Disponível em: https://www.researchgate.net/figure/The-Four-Vs-of-Big-Data-and--Its-Value-IBM-2019_fig1_344303432. Acesso em: 12.05.2023.

mercializadas, conferindo maior vantagem competitiva às empresas que detêm esses dados de seu público-alvo. Nesse cenário, emerge a figura dos *data brokers*, cuja atividade consiste propriamente em vender dados alheios como produto de interesse dos agentes que usufruirão de dados agregados e, após, minerados para a lapidação de modelos de negócio mais lucrativos, pois afinados com os desejos de consumo[106].

A análise concreta desse grande conjunto de dados é responsável por firmar padrões, até então ocultos, sobre as informações pessoais coletadas, e é a mineração que transforma os dados brutos em pepitas de ouro, isto é, em conhecimento e poder, daí o uso da expressão *Data Mining*[107]. É a segunda onda, a da "IA de negócios", que realiza a mineração de grandes bancos de dados, separando os que serão efetivamente rentáveis em determinado mercado.

Enquanto isolados, os dados individuais dispersos na rede em milhares de servidores fornecem *insights* limitados de informações, porém tal limitação aparente se resolve com a sua fusão, que mescla, organiza e correlaciona informações. A agregação e coordenação têm o potencial de beneficiar ou prejudicar seus titulares. Por exemplo, dados sensíveis de saúde podem ser utilizados para moldar estatísticas em pesquisas científicas que darão azo à cura de doenças, ou podem desqualificar quem se candidate à percepção de prêmios de seguro.

Ato contínuo, a terceira onda, nomeada "IA de percepção", amplia, exponencialmente, o poder do *Big Data Analytics* em razão da proliferação de sensores e dispositivos inteligentes que captam dados pessoais a todo momento e em todo lugar. Essa terceira onda corporifica o universo *online-merge-offline* (OMO), assim chamado por Lee[108]. Diante desse cenário, não se consegue mais precisar a divisão entre o universo físico e o digital, tendo sido deixada turva a linha tênue que os separa. Tal onda é potencializada pela expansão da "Internet das Coisas" – a ser explicada adiante – e pela compreensão da nossa vivência na Sociedade

---

106. FRAZÃO, Ana. A indústria dos dados pessoais: reflexões sobre os riscos da atuação de tais agentes no mercado de dados pessoais. JOTA, 2019. Disponível em: https://www.jota.info/opiniao-e-analise/colunas/constituicao-empresa-e-mercado/a-industria-dos-dados-pessoais-e-os-data-brokers-20032019. Acesso em: 21.03.2023.

107. RUSSOM, Philip. Big Data Analytics. *TDWI Best Practices Report*. Fourth Quarter 2011. Disponível em: https://vivomente.com/wp-content/uploads/2016/04/big-data-analytics-white-paper.pdf. Acesso em: 12.03.2023.

108. LEE, Kai-Fu. *Inteligência artificial*: como os robôs estão mudando o mundo, a forma como amamos, nos relacionamos, trabalhamos e vivemos. Tradução de Marcelo Barbão. 1.ed. Rio de Janeiro: Globo Livros, 2019, p. 135.

5.0, também chamada *Super Smart Society*[109], e sob um regime de Capitalismo da Vigilância[110].

Lee afirma que, nos próximos anos, a "IA de percepção" transformará *shoppings*, supermercados, as ruas das cidades e nossas casas em ambientes OMO. Nesse processo, essa terceira onda produzirá as primeiras aplicações de Inteligência Artificial que farão o usuário mediano sentir-se num mundo futurista. E, segundo ele, o futuro já estaria presente: uma das filiais do restaurante KFC na China recentemente firmou uma parceria com a Alipay – um braço de finanças do grupo econômico Alibaba – para promover aos clientes a opção "pay-with-your-face" ("pague com o seu rosto"), sem dinheiro, nem cartões de crédito ou débito, nem *smartphone*, mas apenas o seu reconhecimento facial para autorizar o pagamento[111].

Por último, a quarta onda culmina na "IA Autônoma", com aptidão para aprender com os dados minerados e tomar decisões de forma autônoma, sem a necessidade de intervenção humana, o que atualmente é representado, ainda que em fase inaugural, por avançados estudos em robótica, por implantes cérebro-máquina e discussões sobre neurodireitos[112], por

---

109. Uma sociedade centrada no ser humano que equilibra os avanços econômicos em tecnologia com a resolução de problemas sociais por um sistema que integra altamente o ciberespaço e o espaço físico. (TAKAHASHI, Taiki. *Behavioral economics of addiction in the age of a Super Smart Society*: Society 5.0. Oukan – Journal of Transdisciplinary Federation of Science and Technology, v. 12, n. 2, p. 119-122, 2018. Disponível em: https://www.jstage.jst.go.jp/article/trafst/12/2/12_119/_pdf. Acesso em: 22.07.2023).

110. "[A] hipótese de liberdade infinita e anárquica garantida pela Internet entra em conflito com outra realidade que está diante de nossos olhos. Câmeras de vídeo para vigilância, a implacável coleta dos rastros deixados pelo uso do cartão de crédito ou durante a navegação na Internet, a produção e venda de perfis pessoais cada vez mais analíticos, as possibilidades de interconexão entre os mais diversos bancos de dados indicam a expansão progressiva de uma sociedade do controle, da vigilância e da classificação." (RODOTÀ, Stefano. *A vida na sociedade da vigilância*: a privacidade hoje. Maria Celina Bodin de Moraes (org.). Tradução de Danilo Doneda e Luciana Doneda. Rio de Janeiro: Renovar, 2008, p. 145-146).

111. Ainda em livre tradução, Kai-Fu Lee argumenta que a terceira onda de IA estende e expande o poder da IA digitalizando o mundo ao nosso redor, transmutando o ambiente físico em dados no universo digital através da proliferação de sensores e da coleta de dados que podem ser analisados e otimizados por algoritmos de *deep learning*. *Amazon Echo* está digitalizando o ambiente auditivo das casas de seus usuários. *Alibaba´s City Brain* está digitalizando o fluxo de tráfego urbano por meio de modelos de IA que usam câmeras de vigilância e reconhecimento de objetos e detecção de eventos. As câmares dos dispositivos *Apple´s iPhone X* e *Face++* digitalizam e identificam os rostos de seus usuários, usando dispositivos da IA de percepção para resguardar acesso a celulares e a carteiras eletrônicas. (LEE, Kai-Fu. *AI super-powers*: China, Silicon Valley, and the new world order. Boston: Houghton Mifflin Harcourt, 2018, p. 117-118).

112. Tecnologias que registrem ou interfiram na atividade cerebral são definidas como neurotecnologias, com potencial para alterar fundamentalmente a sociedade, especialmente as chamadas "interfaces cérebro-máquina". Nos próximos anos, será possível decodificar o pensamento da atividade neural e aprimorar a capacidade cognitiva ligando o cérebro diretamente às redes digitais. Assim, poderiam os neurodireitos ser definidos como um novo marco para os direitos humanos, principalmente voltados à proteção do usuário frente aos avanços das neurotecnologias. Vem sendo sustentada

veículos autônomos e as repercussões dos níveis de autonomia da máquina na responsabilização por danos causados a terceiros e por drones usados na indústria, a título exemplificativo.

Em suma, a "IA da Internet" inicia-se com os códigos de programação computacional como mecanismos iniciais de coleta, armazenamento, análise e tratamento de dados, para formar o *Big Data*, ao passo que na "IA de negócios" ocorre mineração de grandes bancos de dados (*data mining*), separando aqueles que serão efetivamente lucrativos para os modelos de negócios e passando à criação de perfis (*profiling* ou perfilização) dos titulares desses dados, usuários da internet, para a oferta de produtos e serviços mais personalizados e atrativos. Na sequência, a "IA de percepção" decorre da proliferação de sensores e dispositivos inteligentes que captam dados pessoais dos usuários a qualquer momento e em todo lugar. Finalizando, segundo Lee[113], a "IA autônoma" vem sendo representada por implantes cérebro-computador, veículos autônomos e drones usados na indústria, temáticas a serem ilustradas mais a frente quando dos estudos sobre as matrizes de risco dos sistemas de Inteligência Artificial.

1.3.2 Classificação quanto à supervisão do aprendizado de Inteligência Artificial

Os modelos de Inteligência Artificial podem ser categorizados de três formas no que tange à supervisão do aprendizado: a) aprendizado supervisionado; b) semissupervisionado; c) não supervisionado; d) por reforço. Essa distinção cinge-se à rotulagem dos dados: enquanto o modelo de aprendizado supervisionado faz uso de uma base de dados de entrada e de saída rotulados, um algoritmo de aprendizado não supervisionado não se atém a tal fator.

Afinal, o que se convencionou chamar de "rotulagem de dados" consiste no processo de marcação de amostras de dados que, em geral, requer conhecimento humano para construir os dados de entrada e treinamento. Verifica-se, pois, a necessidade de diversidade de dados na amostragem

a existência de cinco neurodireitos: o livre arbítrio; o igual acesso ao aprimoramento cognitivo; a identidade pessoal; a proteção contra vieses algorítmicos; e a privacidade mental. (BORBÓN, Diego; BORBÓN, Luisa. A critical perspective on neurorights: comments regarding ethics and law. *Frontiers in Human Neuroscience*, vol. 15, 2021, p. 627. Disponível em: https://www.frontiersin.org/article/10.3389/fnhum.2021.703121. Acesso em: 20.05.2023).

113. LEE, Kai-Fu. *Inteligência artificial*: como os robôs estão mudando o mundo, a forma como amamos, nos relacionamos, trabalhamos e vivemos. Tradução de Marcelo Barbão. 1.ed. Rio de Janeiro: Globo Livros, 2019, p. 136.

como mecanismo preventivo de discriminações já na etapa de *input* de dados do modelo e, se for preciso, auditar e reprimir a saída de dados infringentes de direitos humanos.

> Sob essa perspectiva, milhares de bases de dados são criadas e, por vezes, agregadas a outras para identificar uma série de padrões de comportamentos e inferir a sua recorrência no futuro, tais como: i) um provável surto de gripe, com base nos termos de pesquisa de um buscador; ii) o risco de um tomador de crédito ser inadimplente para calibrar a taxa de juros; iii) segurados que tendem a ter maiores riscos de problemas de saúde para daí aumentar o pagamento do prêmio[114].

Sob o parâmetro de aprendizado supervisionado, o algoritmo é treinado a partir de uma gama selecionada de dados rotulados, em que a entrada de dados (*input*) fornecida e a saída (*output*) esperada advêm desde a etapa inaugural de *design* do projeto computacional[115]. Mapeia-se o *input* com vistas ao resultado pretendido, a fim de se fazer previsões sobre os novos dados alcançados. Exemplos de algoritmos de aprendizado supervisionado[116] incluem árvores de decisão e regressões linear e logística[117]. Possui aplicação prática em algoritmos de aprovação de concessão de crédito usados por instituições financeiras, que analisam histórico de crédito de clientes pleiteantes em face dos dados já rotulados para treinar o sistema de IA.

Configura um mecanismo de aprendizado de máquina que infere um relacionamento subjacente entre *inputs* e um alvo variável dependente (*the label* – em livre tradução, o rótulo) que se sujeita à análise preditiva. A tarefa

---

114. BIONI, Bruno Ricardo. *Proteção de Dados Pessoais*. Rio de Janeiro: Forense, 2020, p. 37. *E-book*.

115. MARRAFON, Marco Aurélio; COUTINHO, Luiza Leite Cabral Loureiro. *Privacy by design como princípio do direito à proteção de dados*. CONJUR, 2021. Disponível em: https://www.conjur.com.br/2021-jul-19/privacy-by-design-principio-direito-protecao-dados. Acesso em: 12.05.2023.

116. SIEGEL, Eric. *Análise preditiva*: o poder de prever quem vai clicar, comprar, mentir ou morrer. Tradução de Wendy Campos. Rio de Janeiro: Alta Books, 2017.

117. "Supervised learning can be separated into two types of problems when data mining: classification and regression: [1] Classification problems use an algorithm to accurately assign test data into specific categories, such as separating apples from oranges. Or, in the real world, supervised learning algorithms can be used to classify spam in a separate folder from your inbox. Linear classifiers, support vector machines, decision trees and random forest are all common types of classification algorithms. [2] Regression is another type of supervised learning method that uses an algorithm to understand the relationship between dependent and independent variables. Regression models are helpful for predicting numerical values based on different data points, such as sales revenue projections for a given business. Some popular regression algorithms are linear regression, logistic regression and polynomial regression." (INTERNATIONAL BUSINESS MACHINES – IBM. Supervised vs. unsupervised learning: what's the difference? IBM Analytics, 2021. Disponível em: https://www.ibm.com/cloud/blog/supervised-vs-unsupervised-learning. Acesso em: 12.05.2023).

consiste em usar os dados de treinamento rotulados para sintetizar um modelo de IA que generalize a relação causal entre os vetores de recursos (os *inputs*) e os sinais de supervisão (*outputs* – em livre tradução, as saídas de dados).

Uma aplicação de IA bem treinada com um algoritmo de aprendizado supervisionado pode prever, com acurácia, rótulos de classes variadas de dados para fenômenos ocultos, embutidos em instâncias de dados não analisadas, visando minimizar os erros de determinado grupo de dados de treinamento. No entanto, se o agrupamento de dados de treinamento for de má qualidade, haverá influência sobre a precisão e a versatilidade dos exemplos rotulados nos *inputs*, gerando *overfitting*, isto é, um problema sistêmico que, geralmente, culmina em baixa diversidade e, assim, em classificações errôneas que acarretam discriminações negativas.

A classe supervisionada de aprendizado apresenta técnicas que extraem associações entre atributos independentes e um atributo designado, chamado *rótulo*. A partir de então, a tecnologia de IA poderá fazer previsões de resultados para um novo conjunto de dados. O bom desempenho de modelos desenvolvidos usando aprendizado supervisionado depende do tamanho e da diversidade do *dataset* (conjunto de dados) de treinamento para alcançar melhor generalização e diversidade e maior poder preditivo para novos conjuntos de informações[118].

Por outro turno, o padrão semissupervisionado faz uso da combinação de um pequeno conjunto de dados rotulados somado a um grande número de dados não rotulados para, agrupando-os, criar um modelo de IA. O processo de seleção e rotulagem dos dados gerados requer o trabalho intenso de mão-de-obra humana qualificada, enquanto o custo de acesso aos dados não rotulados costuma ser mais barato. A aprendizagem semissupervisionada destaca-se ainda pela disponibilidade de grandes quantidades de dados não rotulados para diversas aplicações, como as de troca de mensagens, estoque e varejo, imagens *online*, entre outras.

Essa metodologia de aprendizado pode agregar valor à prática e ao significado teórico, mormente em áreas relativas à aprendizagem humana, como a caligrafia, que envolve uma pequena quantidade de instruções diretas e ampla quantidade de experiência não rotulada[119]. Diversamente, nos modelos não supervisionados, o algoritmo é treinado por um conjunto de dados não rotulados, em que tão-somente os *inputs* nutrem o sistema.

118. AWAD, Mariette; KHANNA, Rahul. *Efficient learning machines*: theories, concepts, and applications for engineers and system designers. Apress Open, 2015, p. 4-6.
119. AWAD, Mariette; KHANNA, Rahul. *Efficient learning machines*: theories, concepts, and applications for engineers and system designers. Apress Open, 2015, p. 8.

Destarte, o algoritmo tenta encontrar padrões nos dados de treinamento, buscando categorizá-los em *clusters*[120].

Projetam-se algoritmos de aprendizado não supervisionado[121] para perceber estruturas ocultas em conjuntos de dados não rotulados, nos quais se desconhece o *output*, ou seja, não contêm a previsão de saídas de destino. Tais algoritmos têm encontrado seus principais usos em tecnologias de IA voltadas à compressão de dados. Sua abordagem envolve treinamento mediante dados probabilísticos. Visa hipotetizar representações de *inputs* para uma tomada de decisão eficiente, apoiada em agrupamentos classificatórios e filtragem de informações, nos quais cada fase do processo pode atuar em prol de uma alocação proativa de recursos[122].

> Essa técnica é empregada no reconhecimento e identificação de faces e de vozes, além da criação de sistemas de tomada de decisão em curto espaço de tempo, viabilizando, por exemplo, a construção de carros e drones autônomos. Exemplo de estruturação algorítmica que funciona de forma não supervisionada para atingir determinada finalidade é a rede neural convolucional, utilizada com sucesso no reconhecimento de imagens e processamento de vídeo. Na área da saúde, a técnica é utilizada para o diagnóstico de determinadas doenças, como retinopatia diabética[123].

Em apertada síntese, são tipos comuns de estruturas de dados: a) não estruturados, não pré-definidos ou não organizados e rotulados de maneira

120. "Clustering is a data mining technique for grouping unlabeled data based on their similarities or differences. For example, K-means clustering algorithms assign similar data points into groups, where the K value represents the size of the grouping and granularity (…) is helpful for segmentation". (INTERNATIONAL BUSINESS MACHINES – IBM. Supervised vs. unsupervised learning: what's the difference? IBM Analytics, 2021. Disponível em: https://www.ibm.com/cloud/blog/supervised-vs-unsupervised-learning. Acesso em: 12.05.2023).

121. "O aprendizado pode ser não supervisionado ou supervisionado. No primeiro tipo, existe uma carga de dados e documentos e, a partir disso, a ferramenta já é programada para identificar padrões, correlações e fazer agrupamentos. Já no segundo, essa calibragem é conduzida por um ser humano, que rotula base de treinamento para a máquina, que trabalha sobre essas anotações sobre os dados. O processo de aprendizagem de uma tecnologia envolve, pelo menos, uma dessas categorias, ou as duas combinadas." (PORTO, Fábio Ribeiro. O impacto da utilização da Inteligência Artificial no Executivo Fiscal: estudo de caso do Tribunal de Justiça do Rio de Janeiro. *Revista Direito em Movimento*, Rio de Janeiro, v.17, n.1, p. 142-199, 1º sem. 2019, p. 177).

122. AWAD, Mariette; KHANNA, Rahul. *Efficient learning machines*: theories, concepts, and applications for engineers and system designers. Apress Open, 2015, p. 7.

123. "[O]s dados que alimentam o sistema não são rotulados, deixando o algoritmo de aprendizado encontrar, por conta própria, estrutura nas entradas fornecidas (...) esses algoritmos têm a capacidade de organizar amostras sem que exista uma classe predefinida (...) é útil quando for necessário descobrir padrões em determinado conjunto de dados não rotulados." (FERRARI, Isabela; BECKER, Daniel; WOLKART, Erik Navarro. *Arbitrium ex machina*: panorama, riscos e a necessidade de regulação das decisões informadas por algoritmos. *Revista dos Tribunais*, vol. 995/2018, p. 635-655, set./2018, p. 5).

predeterminada (por exemplo, texto, imagem, áudio, vídeo e outros tipos de dados, como sensores e interligações entre redes de gráficos e mídias sociais); b) não estruturados ou brutos, que podem incluir irregularidades e ambiguidades difíceis de averiguar; c) semiestruturados, considerando que, pragmaticamente, os sistemas de IA combinam dados não estruturados e estruturados (como numa fotografia tirada com o *smartphone* consiste na própria imagem – dado não estruturado – acompanhada de metadados[124] estruturados sobre ela – quando e onde foi tirada a foto, por qual dispositivo, o formato da imagem, a resolução, etc.); d) estruturados, aqueles armazenados em formato[125] predefinido e de fácil análise, cujos rótulos descrevem seus atributos e relacionamentos com outros dados (por exemplo, anúncios personalizados, recomendações de vídeos ou músicas em plataformas de *streaming*, mecanismos de engajamento em *feeds* de redes sociais, etc.)[126].

Finalizando com os modelos de aprendizado por reforço, o algoritmo aprende a partir de suas interações, recebendo recompensas ou penalidades por seu resultado. Busca aprender a tomar melhores decisões automatizadas, que maximizem as recompensas e/ou atenuem as penalidades em um campo específico. Envolve a exploração de uma sequência de condutas por um *re-enforced learning agent*, que desencadeia uma mudança observável num ambiente controlado. Sintetiza um modelo de adaptação por treinamento de dados para um determinado conjunto de ações experimentais, consoante as respostas obtidas[127]. Diferencia-se das espécies anteriores por não se direcionar a *outputs* predeterminados, mas à *performance*.

---

124. Metadados são "dados sobre dados", formulários digitais sobre determinado conteúdo eletrônico, seja ele natodigital ou digitalizado. Fornecem informações sobre outros dados, mas não o seu conteúdo em si. Foram tradicionalmente usados em catálogos de fichamento de livros até que as bibliotecas converteram seus catálogos para bancos de dados digitais. Sua função é resumir aspectos basilares sobre dados para facilitar o rastreamento de informações específicas, como os meios de criação de um dado, sua finalidade, sua hora e data de criação, seu criador ou autor, sua localização de origem, os padrões usados, o tamanho do arquivo, sua qualidade, sua fonte, etc. Existem muitos tipos distintos de metadados, de modo que é inviável a este trabalho se aprofundar.

125. O formato padronizado dos dados facilita sua localização, catalogação, reutilização, interoperabilidade e acessibilidade, além de melhorar a robustez do sistema de IA e ajudar a lidar com vulnerabilidades e incidentes de segurança. Em alguns setores, modelos padronizados para anotar metadados são desenvolvidos com o condão de facilitar e acelerar o compartilhamento de dados de treinamento.

126. "[D]ados estruturados são os dados organizados de alguma forma (banco de dados, planilhas eletrônicas, p.ex.) e dados não-estruturados são os dados não submetidos a uma organização definida (website, mídia, arquivo de texto, p.ex.). Estima-se que apenas 10% dos dados gerados são estruturados." (KAUFMAN, Dora. *A inteligência artificial irá suplantar a inteligência humana?* Barueri-SP: Estação das Letras e Cores, 2019, p. 32).

127. AWAD, Mariette; KHANNA, Rahul. *Efficient learning machines*: theories, concepts, and applications for engineers and system designers. Apress Open, 2015, p. 8.

Pode ser vista como um controle de aprendizado de máquina por tentativa e erro, com recompensas e punições. Caberá ao agente que utiliza essa técnica de aprendizado moldar as políticas de uso da IA com base na experiência positiva ou negativa gerada, focando nas ações pretéritas que resultaram vantajosas e corrigindo eventuais erros, na tentativa de equilibrar a contínua exploração de novas ações possíveis e a probabilidade de falhas resultantes dessas ações em razão do dinamismo das relações sociais e dos avanços tecnológicos em IA.

Ante todo o exposto, é imprescindível frisar que essa classificação das tecnologias de Inteligência Artificial em supervisionados, ou não, relaciona-se à forma como são treinadas e com que operam. A relação entre tal classificação e os graus de risco desses sistemas associa-se às implicações de segurança, controle e previsibilidade que cada abordagem pode trazer.

Em sistemas de IA supervisionados, com dados rotulados, os riscos tendem a ser mais suscetíveis a monitoramento e controle, inclusive *ex ante*, porque o modelo é moldado com base em respostas fornecidas "em laboratório" durante o treinamento do modelo de IA. Ainda assim, existem riscos potenciais, como o *overfitting* – quando o modelo se ajusta tão somente aos dados de treinamento e não consegue generalizar corretamente diante de novos dados ou tem dificuldade de lidar com a diversidade das informações coletadas a partir das interações "no campo" – ou quando forem verificados, *a posteriori* à implementação do sistema de IA, vieses algorítmicos nos dados de treinamento transferidos para as previsões do modelo.

Porém, quando considerados os sistemas de IA com dados não rotulados, que buscam padrões, estruturas ou agrupamentos sem orientação prévia sobre as respostas corretas, usados comumente em tarefas de *clustering* e redução de dimensionalidade, os riscos estarão mais relacionados à interpretação dos *outputs* do sistema não supervisionado e às maiores chances de inferências errôneas. Se um algoritmo de *clusterização* encontrar agrupamentos nos dados, tais agrupamentos podem não ter significado real e levar a decisões algorítmicas incorretas.

Sistemas de IA supervisionados oferecem maior controle sobre as saídas e podem ser mais seguros em termos de previsibilidade e correção, no entanto, ainda há riscos potenciais. Por outro turno, os modelos não supervisionados podem ser mais desafiadores em termos de interpretação, o que pode aumentar os riscos de decisões equivocadas. Independentemente da abordagem quanto à supervisão do modelo de Inteligência Artificial, é essencial considerar questões éticas e jurídicas ao desenvolver, implantar e usar aplicações de IA, pois tais fatores também produzem impacto significativo nos graus de riscos associados a esses sistemas.

1.3.3 Classificação segundo o nível de desenvolvimento da Inteligência Artificial

A construção de aplicações de Inteligência Artificial envolve múltiplas etapas, que podem variar a depender do propósito específico da tecnologia. Embora sejam de toda sorte os tipos de IA, há etapas comuns: (1) definir seu escopo, etapa inaugural na qual os propósitos – desde que legítimos, específicos e explícitos – são informados ao titular de dados, sem que haja tratamento ulterior de maneira incompatível com tais objetivos (por exemplo, o problema que se pretende resolver, os requisitos funcionais ou não, as limitações de recursos e os critérios de avaliação de desempenho); (2) coletar dados e selecionar informações relevantes à resolução do problema, o que costuma envolver dados brutos, na fase de pré-processamento e a subsequente análise, fusão e mineração de dados para torná-los adequados ao treinamento do modelo de IA; (3) treinar o modelo, o que envolve alimentá-lo com os dados coletados, definir o algoritmo de aprendizado e fazê-lo aprender a reconhecer padrões nos dados e traçar previsões mais precisas; (4) avaliar o modelo após o treinamento e determinar se é eficaz na resolução do problema proposto, através da comparação de previsões segundo dados de teste e métricas de desempenho; (5) implantar o modelo de IA para uso prático, integrando-o com outros sistemas e criando interfaces de correção permanente; (6) monitorar continuamente e otimizar a *performance* do sistema após sua implantação, alimentando-o e retreinando-o com novos dados, assim como fazendo constantes atualizações baseadas em *feedback* dos usuários.

Com vistas às etapas mais comuns de construção de um projeto inteligente, estuda-se a classificação "IA fraca", "IA forte" e "Super IA", relativa ao grau de autonomia na tomada de decisão, intensidade do aprendizado e desenvolvimento da aptidão de se adaptar e aperfeiçoar na execução de uma ampla gama de tarefas que tentam imitar a forma humana de executá-las.

> John Searle, em seu artigo "Minds, brains and programs" (...), critica a Inteligência Artificial a qual dividiu em Inteligência Artificial Forte e Inteligência Artificial Fraca (...). Forte é uma IA capaz de simular totalmente a inteligência humana. Já a Inteligência Artificial Fraca se associa a métodos específicos, que dão conta de funções especializadas da inteligência humana (...) não é possível replicar totalmente a mente humana utilizando a lógica binária (0 e 1) dos *softwares* (programas de

> computador) (...) Searle apresentou o argumento do "Quarto Chinês" como crítica à Inteligência Artificial Forte e ao Teste de Turing (...) Neste quarto (computador) a pessoa (programa) não compreende o significado dos símbolos em chinês e mesmo assim consegue responder perguntas em chinês com base em regras definidas[128].

A *Artificial Narrow Intelligence* (ANI), conhecida como "IA fraca", "IA estreita" ou "IA limitada", é aquela projetada para realizar tarefas específicas e limitadas no que concerne ao grau de desenvolvimento da IA, embora o faça com precisão e eficiência, sendo altamente especializada em uma tarefa ou conjunto de tarefas, porém sem habilidade de generalização para outras, não sendo capaz de aprender com experiências anteriores ou com as interações com novos dados, nem tomar decisões independentes ou agir de modo autônomo.

Na era da "IA estreita", programas de computador com fins pré-determinados superam os humanos em atividades específicas, como análise textual e tarefas com habilidade limitada, como os jogos virtuais de xadrez e pôquer. A "IA fraca" inclui computação cognitiva na qual as máquinas auxiliam os humanos na realização de tarefas corriqueiras, como os modelos de Inteligência Artificial que auxiliam radiologistas a lerem exames de raio-X, os corretores de ações na Bolsa de Valores a negociarem, ou os advogados a escreverem petições e contratos.

A próxima geração, a *Artificial General Intelligence* (AGI) ou "IA Forte", também denominada "IA Geral" ou "IA Ampla", possui capacidades que podem se estender para além da solução de um específico e predefinido conjunto de problemas. É possível à "IA forte" executar uma diversidade significativa de tarefas – até mesmo definir novos objetivos, em certos casos – e aprender com as experiências "no campo" para tomar decisões autônomas. Possui capacidade cognitiva similar, ou até superior, a do ser humano, sendo capaz de lidar com informações ambíguas e entender o contexto no qual se insere a atividade que realiza.

Todavia, mesmo a "IA forte" pode se limitar às tarefas para as quais foi projetada, não se habilitando, em regra, a desempenhar tarefas fora do escopo do seu *design*. Existe gradação ascendente de intensidade entre a "IA Forte" e a "Super IA", conforme a sua habilidade de suplantar específicas atividades para as quais foi programada. Pesquisadores e reguladores da IA nem sequer alcançaram consenso sobre questões de curto prazo envolvendo o impacto

128. SOUZA, Joyce; AVELINO, Rodolfo; SILVEIRA, Sérgio Amadeu (Org.). *A sociedade de controle*: manipulação e modulação nas redes digitais. São Paulo: Hedra, 2018, p. 77-78.

legal e militar da IA, porém seus desacordos aumentam quando expandido o horizonte rumo à *Artificial General Intelligence* (AGI), especialmente sobre o seu alcance e possível superação das capacidades humanas. Quando a "Vida Tecnológica 3.0", ou simplesmente "Vida 3.0"[129], (se em algum momento) acontecerá? E se acontecer, o que significará para a humanidade?

Tegmark, ao questionar se a IA poderia superar a humana, classifica as respostas dos especialistas da seguinte forma: a) Utópicos Digitais são os que acreditam que a "Vida 3.0" só aparecerá em um futuro distante, como resposta natural das evoluções positivas de se deixar a IA se desenvolver livremente, entendendo não haver preocupação; b) Céticos Tecnológicos, no entanto, acreditam no futuro da "Vida 3.0", porém não estão preocupados com os avanços da IA em razão da dificuldade de criação dessa forma nova de vida, que acreditam ainda demorar a surgir, não valendo se ocupar com isso agora e defendendo que se preocupar com a "Vida 3.0" agora poderia prejudicar o progresso; c) Adeptos do Movimento IA Benéfica se preocupam, pois acreditam que o seu progresso nesse século é uma possibilidade real e alegam que um cenário favorável não é garantido, assim, o ideal é questioná-la no presente[130].

Por último na escala de intensidade da Inteligência Artificial, compreende-se a noção de "Super IA", aquela que ultrapassará a aptidão cognitiva humana em todas as áreas do conhecimento em que atuar. Será qualificada a concretizar as mais complexas atividades em diversas áreas científicas, como medicina, direito, finanças e engenharia. Poderá aprender "no campo" e se adaptar aos problemas que surjam durante sua atuação com máxima autonomia.

Para o filósofo inglês Nick Bostrom, a superioridade humana – crença alicerçada no fato de sermos supostamente os únicos seres vivos dotados de inteligência – estaria ameaçada com os avanços tecnológicos em IA e o advento da superinteligência ("qualquer intelecto que exceda o desempenho cognitivo humano em praticamente todos os domínios de interesse"[131]). É a superinteligência detentora de vantagem estratégica diante do poder de moldar o futuro da humanidade e que a faz enxergar os seres humanos como um perigo potencial, gerando um "segundo risco existencial" (o primeiro, a bomba atômica, segundo Bostrom), razão

---

129. TEGMARK, Max. *Life 3.0*: being human in the age of Artificial Intelligence. New York: Alfred A. Knopf, 2017.

130. TEGMARK, Max. *Life 3.0*: being human in the age of Artificial Intelligence. Op. cit., p. 45.

131. BOSTROM, Nick. *Superinteligência*: caminhos, perigos e estratégias para um novo mundo. Tradução de Patrícia Jeremias e Clemente Gentil Penna. Rio de Janeiro: Dark Side Books, 2018.

pela qual seremos subjugados ou eliminados. Com alívio, em verdade, tal cenário ainda é mera ficção!

> Enquanto a IA não superar a inteligência humana, continuaremos na era do *Artificial Narrow Intelligence* (ANI), ou IA fraca, na qual, programas de computador com fins especiais superam humanos em tarefas específicas, como jogos de xadrez e análise textual. Já a próxima geração de IA será a *Artificial General Intelligence* (AGI) quando a capacidade da IA ultrapassará a solução de um predefinido conjunto de questões para ser aplicada a qualquer problema. E num futuro ainda distópico, a IA superará de forma autônoma os mais inteligentes seres humanos, alcançando a *Artificial Super Intelligence* (ASI)[132].

Segundo matéria veiculada pelo jornal The New York Times[133] em março de 2023, líderes globais da indústria tecnológica publicaram carta aberta, assinada por 350 executivos, pesquisadores e engenheiros de IA – incluindo o executivo-chefe da *OpenAI*, Sam Altman; o do *DeepMind*, Demis Hassabis e o presidente da *Anthropic*, Dario Amodei –, alertando que os modelos de Inteligência Artificial podem representar uma ameaça existencial à humanidade e devem ser considerados um risco social equivalente às pandemias e às guerras nucleares.

Essa carta aberta busca, de fato, controlar a narrativa e desviar o foco de problemas reais que já assolam a Sociedade em Rede[134], como vieses

132. MARRAFON, Marco Aurélio; COUTINHO, Luiza Leite Cabral Loureiro. Princípio da privacidade por design: fundamentos e efetividade regulatória na garantia do direito à proteção de dados. *Revista Eletrônica Direito e Política*, Programa de Pós-Graduação Stricto Sensu em Ciência Jurídica da UNIVALI, Itajaí, v.15, n.3, 3º quadrimestre de 2020, p. 968.

133. THE NEW YORK TIMES. AI poses 'risk of extinction,' industry leaders warn. 2023. Disponível em: https://www.nytimes.com/2023/05/30/technology/ai-threat-warning.html. Acesso em: 04.06.2023.

134. "[É] tradição em teorias do pós-industrialismo e informacionalismo, começando com os trabalhos clássicos de Alain Touraine e Daniel Bell, situar a distinção entre pré-industrialismo, industrialismo e informacionalismo (ou pós-industrialismo) num eixo diferente daquele em que se opõem capitalismo e estatismo (ou coletivismo, segundo Bell) (...) Embora a reestruturação do capitalismo e a difusão do informacionalismo fossem processos inseparáveis em escala global, as sociedades agiram/reagiram a esses processos de formas diferentes, conforme a especificidade de sua história, cultura e instituições. Consequentemente, até certo ponto, seria impróprio referir-se a uma 'sociedade informacional', o que implicaria a homogeneidade das formas sociais em todos os lugares sob o mesmo sistema (...) o Japão, assim como a Espanha, a China, o Brasil e os EUA são e serão, ainda mais no futuro, sociedades informacionais, pois os principais processos de geração de conhecimentos, produtividade econômica, poder político/militar e a comunicação via mídia já estão profundamente transformados pelo paradigma informacional e conectados às redes globais de riqueza, poder e símbolos que funcionam sob essa lógica." (CASTELLS, Manuel. *A sociedade em rede*. A era da informação: economia, sociedade e cultura. v.1. Tradução de Roneide Venancio Majer. 22.ed. São Paulo: Paz e Terra, 2020, p. 71-72 e 76-77). Em livre tradução, segundo Frank Webster, "esta priorização de informações manteve seu domínio por décadas e há pequeno sinal de perder o controle sobre a imaginação. Somos informados de que

algorítmicos, questões éticas sobre autodeterminação informativa, livre arbítrio e prévio consentimento expresso do usuário de IA, os direitos autorais das criações humano-algorítmicas, a confiabilidade dos sistemas de IA, os fatos de produtos e serviços dotados de IA, entre outros riscos à privacidade, equidade, segurança e autonomia. Afinal, a IA não precisa atingir a superinteligência para causar danos!

Essencial destacar que a classificação da IA em fraca, forte ou super retrata um modo extremamente simplista – e por vezes pouco didático e técnico – de compreender os graus de desenvolvimento das capacidades de um projeto computacional inteligente e o potencial dessa tecnologia para a tomada de decisões autônomas e os riscos de danos. Não se ignora que os estudos acerca dos sistemas de Inteligência Artificial estão em ebulição e sua capacidade pode variar, intensamente, de acordo com o contexto e a tarefa para os quais foi desenhado e se, de fato, foi aplicado aos fins a que se propunha o seu *design* ou a outros não previstos[135].

1.4 Um *framework* de tipologias de Inteligência Artificial, de acordo com a Organização para a Cooperação e o Desenvolvimento Econômico[136]

Segundo a Organização para a Cooperação e o Desenvolvimento Econômico (OCDE), os sistemas de IA, operando com variados níveis de autonomia, baseiam-se em máquinas capazes de influenciar o ambiente produzindo saídas para determinado conjunto de objetivos: (i) perceber ambientes reais e/ou virtuais; (ii) abstrair percepções em modelos, por análise automatizada ou analogicamente; e (iii) usar inferência para formular opções de resultados[137].

---

estamos adentrando uma era da informação, que um novo modo de informação predomina (...) uma 'e-sociedade', que devemos chegar a um acordo com uma 'economia sem peso' impulsionada pela informação, que passamos à 'economia global da informação' (...) Muitos identificam como Sociedades de Informação os Estados Unidos, Grã-Bretanha, Japão, Alemanha". (WEBSTER, Frank. *Theories of the Information Society*. 4.ed. New York: Routledge, 2014, p.1-10).

135. "Não podemos nos limitar a falar da informação como o 'recurso' ou o 'bem' fundamental da sociedade que está se delineando diante dos nossos olhos. As tecnologias interativas criam uma nova 'mercadoria' da qual a legislação tende a se ocupar nas novas disciplinas relativas à 'cable privacy' ou nos sistemas de videotexto." (RODOTÀ, Stefano. *A vida na sociedade da vigilância*: a privacidade hoje. Maria Celina Bodin de Moraes (org.). Tradução de Danilo Doneda e Luciana Doneda. Rio de Janeiro: Renovar, 2008, p. 46).

136. ORGANISATION FOR ECONOMIC CO-OPERATION AND DEVELOPMENT. *OECD framework for the classification of AI systems*. OECD Digital Economy Papers. February 2022, n. 323. Disponível em: https://www.oecd-ilibrary.org/docserver/cb6d9eca-en.pdf?expires=1678977001&id=id&accname=guest&checksum=D2C31C0BFC4D036D108BE8CE6C95A2B2. Acesso em: 18.03.2023.

137. Em livre tradução do seguinte trecho: "An AI system is a machine-based system that is capable of influencing the environment by producing an output (predictions, recommendations or decisions)

A OCDE elaborou minucioso *framework* classificatório das mais diversas aplicações de Inteligência Artificial[138], baseado nos estudos do Grupo de Trabalho de Especialistas em Classificação e Riscos da Inteligência Artificial – com mais de sessenta membros em reuniões regulares realizadas entre fevereiro de 2020 e dezembro de 2022 – e da Secretaria da OCDE, no biênio 2020-2021, sob a égide do Comitê da OCDE para a Política de Economia Digital.

À medida que se alastra pelos vários setores da economia, sua ampla tipologia oferece diferentes vantagens e desvantagens. Ao comparar modelos de assistentes virtuais, veículos autônomos e recomendações de vídeo e música em plataformas de *streaming*, percebe-se que os benefícios e riscos de cada um desses sistemas são muito distintos. As especificidades de cada um exigirão abordagens apropriadas de políticas públicas, boas práticas, governança e regulação, consoante o grau de risco que cada modelo, potencial ou concretamente, apresenta.

Por tal razão, a OCDE desenvolveu uma ferramenta para formuladores de políticas públicas, reguladores, legisladores e pesquisadores da área, que classifica as aplicações IA em contextos particulares, vinculando características de sistemas de IA aos Princípios da IA[139], cujos padrões éticos muitas nações[140] se comprometeram a incorporar na promoção de P&D de IA confiável e responsável. Visando catalogar os tipos de IA segundo variados contextos, a OCDE desenvolveu esse *framework* a ser aplicado a uma abundante variedade de sistemas de IA nas dimensões: a) Pessoas e Planeta; b) Contexto Econômico; c) Dados e Entrada de Dados (*inputs*); d) Tarefas e Saída de Dados (*outputs*); e) Modelos de Inteligência Artificial.

for a given set of objectives. It uses machine and/or human-based data and inputs to (i) perceive real and/or virtual environments; (ii) abstract these perceptions into models through analysis in an automated manner (e.g., with machine learning), or manually; and (iii) use model inference to formulate options for outcomes. AI systems are designed to operate with varying levels of autonomy." (ORGANISATION FOR ECONOMIC CO-OPERATION AND DEVELOPMENT. *OECD AI PRINCIPLES*, 2019. Disponível em: https://oecd.ai/en/ai-principles. Acesso em: 18.03.2023).

138. ORGANISATION FOR ECONOMIC CO-OPERATION AND DEVELOPMENT. *OECD framework for the classification of AI systems*. OECD Digital Economy Papers. February 2022, n. 323. Disponível em: https://www.oecd-ilibrary.org/docserver/cb6d9eca-en.pdf?expires=1678977001&id=id&accname=guest&checksum=D2C31C0BFC4D036D108BE8CE6C95A2B2. Acesso em: 18.03.2023.

139. ORGANISATION FOR ECONOMIC CO-OPERATION AND DEVELOPMENT. *Recommendation of the Council on Artificial Intelligence*. OECD Legal Instruments: OECD/LEGAL/0449. Disponível em: https://legalinstruments.oecd.org/en/instruments/OECD-LEGAL-0449. Acesso em: 18.03.2023.

140. A OCDE e seus especialistas reconheceram as contribuições feitas em junho de 2021 por diversos indivíduos durante a fase de consulta pública sobre a versão preliminar do *framework* e as revisões e melhorias feitas no relatório pautadas no retorno recebido, com a participação de representantes dos governos do Brasil, Canadá, Austrália, Chile, Colômbia, Portugal, Singapura e Reino Unido.

Cada dimensão dessa estrutura possui um subconjunto de propriedades e atributos que se propõe a auxiliar a análise das implicações jurídicas daquele modelo de IA e a orientar uma abordagem inovadora e confiável daquela tecnologia, em conformidade com os princípios da Inteligência Artificial, tais como transparência, explicabilidade, *accountability*, privacidade, robustez, segurança, proteção, equidade, não discriminação e outros valores antropocêntricos.

A dimensão "Pessoas e Planeta", que permeia todas as fases do ciclo da IA, considera a promoção de aplicações de IA confiáveis, que beneficiem pessoas e o planeta, identificando aqueles que interagem ou são afetados por cada sistema. Expõe como critérios: (i) o nível de educação digital dos usuários que interagem com o sistema; (ii) os impactados pelo modelo (por exemplo, consumidores, governos, trabalhadores, etc.); (iii) a possibilidade de o usuário optar por usar o sistema, esclarecendo se há sistemas alternativos; (iv) se os usuários podem questionar os *outputs*, para serem corrigidos, e se eles podem impactar direitos fundamentais; (v) se o modelo pode automatizar tarefas humanas, repercutindo no mercado de trabalho.

Por sua vez, a perspectiva "Contexto Econômico" descreve o tipo econômico, o setor e a área funcional em que um sistema de IA é concretamente aplicado, e não apenas de forma genérica e abstrata. As características exploram: (i) em quais modelos de negócio o sistema de IA foi empregado (por exemplo, vendas, saúde, finanças, atendimento ao cliente, etc.); (ii) sua função, a depender se com ou sem fins lucrativos, ou de serviço público e se a interrupção de suas atividades afeta serviços essenciais; (iii) se a implantação é de um modelo piloto, restrito, amplo ou generalizado; (iv) o quão maduro o sistema de IA é tecnicamente, segundo os níveis de prontidão tecnológica (TRL – *Technology Readiness Level*) e o seu impacto em escala.

A próxima dimensão refere-se a "Dados e *Inputs*" necessários a configurar um sistema de IA, a partir dos quais constrói sua representação da realidade. As características, que se referem a dados usados para treinar a IA ("no laboratório") e também àqueles das aplicações de IA ("no campo"), incluem: a) a proveniência dos *inputs* – se de especialistas ou não; b) o método de coleta de dados – se por humanos, sensores automatizados ou ambos; c) a natureza dos dados – se são dinâmicos, estáticos, dinâmicos atualizados de tempos em tempos ou em tempo real, se são públicos ou privados, anonimizados ou pseudonimizados; d) a estrutura – se os dados são estruturados ou não, semiestruturados ou de estrutura complexa, se são dados ou metadados, se padronizados ou não; e) a escala, qualidade e adequação – se o *dataset* e o tamanho da amostra são adequados ao propósito do modelo e o quão ruidosos[141] são os dados.

Por outro turno, a dimensão "Tarefas e *Outputs*" diz respeito às atividades executadas, como personalização de conteúdo, o reconhecimento de voz e/ou imagens, a previsão e/ou otimização orientada por metas e as ações resultantes que influenciam no contexto. Aborda, então, as seguintes proposições: a) definir as tarefas executadas e se há combinação de várias ações (como nos sistemas autônomos, de controle, de geração de conteúdo, etc.); b) verificar os níveis de autonomia das tarefas executadas pelo modelo de IA e o papel que os humanos desempenham nos *outputs*; c) traçar a área de aplicação central do sistema, como linguagem, visão computacional, automação, otimização ou robótica; d) examinar a existência ou não de padrões ou métodos disponíveis para a avaliação do *output* do sistema de IA.

Por derradeiro, porém de maior importância para os fins deste trabalho, a OCDE dimensiona a categoria "Modelos de Inteligência Artificial", cujos aspectos focais propiciam as seguintes indagações: (i) se existe informação disponível ao usuário humano sobre se tratar de um modelo de IA; (ii) se o modelo é simbólico (com regras geradas apenas por humanos), estatístico (movido apenas por dados) ou híbrido; (iii) se o modelo de IA é de código[142] aberto ou fechado, gerenciado por um proprietário ou não; (iv) se é generativo; (v) se é composto por modelo singular ou por modelos

141. Os autores Daniel Kahneman, Olivier Sibony e Cass R. Sunstein abordam, na obra "Noise: a flaw in human judgment", dois tipos de erros de julgamento que podem interferir negativamente no processo de tomada de decisões, sendo eles: o viés e o ruído. Para superar as falhas no julgamento humano os autores abordam: a causa principal do ruído; como reconhecer e medir o ruído de forma que seja possível superá-lo; como melhorar a qualidade dos julgamentos; e como prevenir erros causados por decisões automatizadas. Kahneman, Sibony e Sustein diferenciam, portanto, ruído e viés, definindo ruído como a variabilidade indesejada no julgamento – este entendido como o resultado final de nossas deliberações – que venha a causar graves perdas econômicas e injustiças, ao passo que o viés deve ser compreendido como uma média dos erros cometidos em determinado julgamento. Assim, ainda que o foco da obra seja o ruído, quando se busca alcançar exatidão no julgamento profissional os ruídos e os vieses possuirão o mesmo peso e a redução dos vieses causa o mesmo impacto que a redução dos ruídos. Concluem, pois, os autores que boas decisões são julgamentos objetivos e precisos que não devem ser afetados por expectativas, medos, preferências e valores. (KAHNEMAN, Daniel; SIBONY, Olivier; SUNSTEIN, Cass. *Noise*: a flaw in human judgment. New York: Little Brown Spark, 2021. *E-book*).

142. "Um elemento cada vez mais importante é o código. No ciberespaço em particular, mas na Internet em geral, o código incorpora valores. Permite, ou não, certo controle. E como tem sido o foco desta parte, é também ferramenta de controle (...). Há regulamentação de comportamento na Internet e no ciberespaço, mas essa regulamentação é imposta principalmente por meio de códigos. As diferenças nas regulamentações efetuadas por meio do código distinguem diferentes partes da Internet e do ciberespaço. Em alguns lugares, a vida é bastante livre; em outros, mais controlada. E a diferença entre esses espaços é simplesmente uma diferença nas arquiteturas de controle – ou seja, uma diferença no código." (LESSIG, Lawrence. *Code*: version 2.0. New York: Basic Books, 2006, p. 114. *E-book*).

interligados; (vi) se aprende com base em regras escritas por humanos, a partir de dados e *inputs*, por meio de aprendizado supervisionado ou por reforço; (vii) se evolui e adquire habilidades ao interagir com dados "no campo"; (viii) se é treinado de modo centralizado, por vários servidores locais ou dispositivos acessórios; (ix) se é universal, personalizável ou adaptado aos dados pessoais do titular; (x) se usado de forma determinística ou probabilística; (xi) se há informações claras ao usuário a permitir que entenda seus *outputs*.

Essa última dimensão é importante para políticas públicas, pois as propriedades dos sistemas de IA – grau de transparência, explicabilidade, robustez, implicações para os direitos humanos, privacidade e justiça – dependem dos processos de *design* do modelo. Por exemplo, ao usar redes neurais artificiais, detêm, em geral, o potencial de fornecer, comparativamente, melhor precisão na saída de dados, porém menor explicabilidade, que costuma estar associada à complexidade: quanto maior a complexidade do modelo de IA, mais difícil será explicá-lo. O grau em que um modelo de IA evolui em resposta aos dados é relevante para os regimes de regulatórios protetivos, especialmente para os sistemas de IA que podem aprender a partir de suas interações, como os de IA forte. Entender como a aplicação de IA foi desenvolvida e é mantida é crucial para atribuir funções e responsabilidades e gerenciar *ex ante* seus impactos.

A OCDE reconhece que não se trata de um *framework* definitivo, mas que poderá ser revisado em intervalos regulares por sua natureza dinâmica e relevância contínua diante dos avanços socioeconômicos, tecnológicos e regulatórios. As dimensões do *framework for the classification of AI systems* da OCDE – projetadas como unidades ortogonais independentes, mas que influenciam umas às outras – devem ser consideradas em qualquer domínio político, econômico e/ou social que possa ser afligido por uma aplicação de Inteligência Artificial.

Os formuladores de políticas públicas trabalhistas devem constatar: 1) na dimensão "Pessoas e Planeta", as alterações no mercado de trabalho devido à substituição de mão de obra humana por máquinas ou a necessidade de acesso à formação técnico-especializada para operar novos modelos; 2) quanto ao "Contexto Econômico", reavaliar políticas de demissões; 3) em "Dados e *Inputs*", verificar a automação do trabalho por sensores, novos empregos em áreas como ciência de dados e mecanismos mais ajustados àquela indústria para a rotulagem de certos dados; 4) na dimensão "Tarefas e *Outputs*", perscrutar a automação de tarefas e os impactos na qualidade e na quantidade do trabalho; e 5) segundo o critério "Modelos de IA", desenvolver parâmetros mínimos de habilidades necessárias ao uso de cada tipo de sistema.

Outra seara de adoção pragmática do *framework* é a saúde e o uso de biotecnologias, em que se deve considerar: 1) na dimensão "Pessoas e Planeta", os pacientes submetidos e os interessados impactados; 2) em termos de "Contexto Econômico", a eficiência tecnológica de um novo modelo de IA na tutela da saúde; 3) no que se refere a "Dados e *Inputs*", os registros clínicos, o sigilo como limite ético e os dados de amostragem e treinamento do sistema de IA; 4) no tocante a "Tarefas e *Outputs*", a descrição da saída de dados, eventuais alterações pós-implantação, o plano de gerenciamento e a supervisão dos resultados do sistema de IA; e 5) quanto ao "Modelo de IA", a observância dos princípios da transparência e explicabilidade.

Passa-se, então, à apreciação ponto a ponto dessas dimensões e suas repercussões para fins de, apresentando múltiplos critérios classificatórios, lograr compreender as diversificadas tipologias e garantir uma melhor gradação dos riscos, latentes e potenciais, desses modelos.

1.4.1 Tipologias de IA com foco na dimensão "Pessoas e Planeta"[143]

Considerando as competências dos usuários, reais e potenciais, para operar um sistema inteligente, frequentemente, não são os mesmos que o desenvolveram e implementaram. Por isso, variam desde usuários amadores (sem treinamento operacional) e praticantes treinados (porém não especialistas em IA), até os especialistas e os desenvolvedores com formação específica e conhecimento de como a aplicação de IA funciona. Ilustrativamente, sistemas de IA implantados em setores de saúde e agricultura são geralmente usados por profissionais que não são especialistas em IA. À luz das possíveis implicações da variedade de compreensão dos usuários, os sistemas podem ser graduados segundo níveis de treinamento especializado necessário a operá-los: se usuários finais amadores, praticantes treinados ou especialistas.

Um dos critérios focais é a relação de opcionalidade ou dependência entre o usuário e o sistema de IA, à medida que o usuário possa, ou não, optar por não receber os efeitos ou a influência do sistema, considerando-se as repercussões disso. Quanto ao grau de escolha que detêm as partes interessadas (os *stakeholders*) sobre se sujeitarem aos efeitos do modelo de IA, com envolvimento ativo ou passivo, verificam-se modos distintos de

143. ORGANISATION FOR ECONOMIC CO-OPERATION AND DEVELOPMENT. OECD framework for the classification of AI systems. OECD Digital Economy Papers. February 2022, n. 323. Op. cit., p. 25-29.

opcionalidade dos usuários: a) não podem cancelar a saída de dados; b) podem desativar resultados do sistema; c) podem desafiar ou corrigir os *outputs*; d) podem reverter *ex post* as saídas do sistema de IA.

Com vistas ao artigo 7º, incisos IX e X, da Lei nº 12.965/2014, popularizada como o Marco Civil da Internet (MCI), entendendo-se o acesso à internet como essencial ao exercício da cidadania, ao usuário deve ser assegurado, entre outros, os direitos ao consentimento expresso sobre todas as etapas do tratamento de seus dados pessoais e à exclusão definitiva de dados pessoais "que tiver fornecido a determinada aplicação de internet, a seu requerimento, ao término da relação entre as partes, ressalvadas as hipóteses de guarda obrigatória de registros previstas nesta Lei e na que dispõe sobre a proteção de dados pessoais".

Portanto, segue-se o padrão europeu quanto à necessidade de autorização expressa do titular para o tratamento de seus dados pessoais, não podendo ser fornecidos a terceiros, salvo consentimento expresso. Adotou-se o modelo *opt-in*, ao contrário daquele *opt-out*, no qual se pode, como regra, utilizar os dados livremente, independentemente de consentimento, mas se o usuário solicitar a exclusão de seus dados do sistema ou o não envio de mensagens e, ainda assim, o remetente insistir, isso poderá até mesmo ser considerado uma conduta criminosa.

Todavia, têm sido tecidas severas críticas à redação dos incisos IX e X explicitados, malgrado versem sobre um modelo *opt-in* e sinalizem medida funcional de concretização do princípio de *privacy by design*. Ao estabelecerem a necessidade de consentimento expresso do titular para as etapas de tratamento de seus dados pessoais e de requerimento para a exclusão definitiva dos dados coletados, não expõem se o consentimento tem que ser prévio à coleta[144].

> Sem dúvida, a norma teria feito melhor se, em vez de prever apenas consentimento expresso, tivesse disposto consentimento prévio e expresso. Com isso, alguns agentes econômicos poderão se utilizar de

144. "Além de conceder direitos amplos aos titulares dos dados, o GDPR apresenta um padrão elevado de consentimento do titular como justificativa para o tratamento de seus dados pessoais. As sociedades empresárias precisam ter embasamento legal ou razão específica, legítima e explícita para processar dados pessoais de terceiros. Para confiar no consentimento, elas têm que demonstrar que ele foi gratuito, específico, informado e inequívoco. Ou seja, a UE emprega a abordagem *opt-in* quanto ao consentimento do titular no tratamento de seus dados pessoais, em contraste com a abordagem *opt-out* adotada pelos EUA. De modo a abordar o efeito de ´caixa preta´ que o uso de dados por IA pode gerar, surgiram outras abordagens, incluindo a ´auditoria algorítmica´." (MARRAFON, Marco Aurélio; COUTINHO, Luiza Leite Cabral Loureiro. Princípio da privacidade por design: fundamentos e efetividade regulatória na garantia do direito à proteção de dados. *Revista Eletrônica Direito e Política*, Programa de Pós-Graduação *Stricto Sensu* em Ciência Jurídica da UNIVALI, Itajaí, v.15, n.3, 3º quadrimestre de 2020).

> ferramentas para obter o consentimento posteriormente, de forma a dificultar a opção do usuário. Quanto à comercialização dos dados coletados, o art. 7º prevê que é direito do usuário o não fornecimento a terceiros de seus dados pessoais, inclusive registros de conexão, e de acesso a aplicações de internet, salvo mediante consentimento livre, expresso e informado ou nas hipóteses previstas em lei. A vedação ao fornecimento de dados é aplicável independentemente de a cessão a terceiro ser a título oneroso ou gratuito[145].

A capacidade de um sistema de IA de automatizar tarefas anteriormente conduzidas por humanos depende de muitos fatores. Historicamente, a automação era limitada a tarefas que requeriam a percepção e manipulação de objetos homogêneos com processos claramente definidos e limitados, conduzidas em ambientes controlados e sem criatividade ou interação. Entretanto, inovações tecnológicas em Inteligência Artificial mudaram tal cenário e cada vez mais tarefas executadas por humanos altamente qualificados são assumidas por máquinas[146].

1.4.2 Tipologias de IA atentas à dimensão "Contexto Econômico"[147]

Diferentes sistemas podem executar a mesma tarefa em diferentes áreas funcionais – como recursos humanos, vendas, *marketing*, planejamento orçamentário ou contabilidade –, com distintas implicações à formulação de políticas de uso. Um algoritmo de previsão usado para otimizar a logística de produção em determinado setor pode ter implicações diferentes se projetado para a tomada de decisões automatizadas de contratação de pessoal no mesmo setor.

---

145. TEIXEIRA, Tarcísio. *Direito digital e processo eletrônico*. 6.ed. São Paulo: Saraiva, 2022, p. 43. *E-book*.

146. Segundo o *framework* da OCDE, tal contexto, embora não signifique necessariamente a perda ou manutenção de empregos em certas áreas, pode ser assim categorizado: a) IA com alto potencial de impacto no mercado de trabalho em tarefas executadas por técnicos de laboratório clínico, engenheiros químicos, atuários, analistas operacionais, contadores, desenhistas mecânicos, balconistas e inspetores de controle de qualidade de produtos; b) baixo potencial de impacto no mercado de trabalho, como sistemas de IA que executam tarefas que exigem raciocínio sobre situações novas, habilidades interpessoais (por exemplo, professores e gerentes), habilidades físicas e ocupações que exigem percepção de múltiplos objetos irregulares em ambientes sem controle ou com espaço limitado para mobilidade (por exemplo, empregadas domésticas, atendentes de refeitório, porteiros, pintores e pedreiros), o que não significa que não se verá automação significativa de suas tarefas-chave; c) atividades laborais sem potencial de deslocamento da mão-de-obra humana pela IA, isso porque alguns sistemas de IA já executam tarefas que não poderiam ser executadas por humanos com a mesma precisão, especificidade ou escala, como, por exemplo, os sistemas de IA usados em cibersegurança e detecção de ameaças à rede. (ORGANISATION FOR ECONOMIC CO-OPERATION AND DEVELOPMENT. OECD framework for the classification of AI systems. OECD Digital Economy Papers. February 2022, n. 323. Op. cit., p. 25-29).

147. ORGANISATION FOR ECONOMIC CO-OPERATION AND DEVELOPMENT. OECD framework for the classification of AI systems. OECD Digital Economy Papers. February 2022, n. 323. Op. cit., p. 30-34.

No que concerne à finalidade lucrativa das mais diversas aplicações de IA inseridas hoje em arrojados modelos de negócios, a classificação apresentada pela OCDE é a seguinte: a) uso do sistema com fins lucrativos, mediante modelos de negócio com taxa de assinatura, modelos de publicidade (via anúncios) ou outros modelos; b) uso do sistema de IA sem fins lucrativos, mediante modelos externos ao controle do setor público (por exemplo, os movidos por doações voluntárias e os comunitários) e os modelos internos do serviço público.

Outra proposta classificatória relevante enfoca os riscos associados às aplicações de IA em funções críticas, que devem ser ponderados frente a possíveis vantagens e requisitos de segurança e precisão de seus resultados. Em alguns setores da economia, as funções críticas são acompanhadas por riscos elevados e vedados, ou riscos altos com exigência de regulação *ex ante*, implicando, em ambos, maior atenção aos princípios da segurança, proteção de dados pessoais e robustez. Porém, nem todo modelo de IA em um setor crítico será crítico por si só.

Outros aspectos essenciais da dimensão "Contexto Econômico", segundo o *framework* da OCDE, é a escala de amplitude da implantação e a maturidade tecnológica do modelo de IA. O impacto socioeconômico do sistema varia de acordo com quatro fatores: (i) a amplitude do modelo de IA e sua escala de implantação; (ii) sua maturidade tecnológica; (iii) as partes impactadas (*stakeholders*) pelo sistema de IA; (iv) o seu uso ter ou não fins lucrativos.

O paradigma da amplitude relaciona-se à escala quantitativa de grupos ou indivíduos afetados pelo sistema, caracterizando-o como projeto: a) piloto; b) de implantação restrita, quando se limita à empresa ou a pequeno negócio regional; c) de implantação ampla, em certo setor e distintos países; d) de implantação generalizada, quando atinge vários países e setores. Já quanto à maturidade tecnológica, indaga-se o quão ponderado tecnicamente foi o sistema, segundo conhecidos níveis de prontidão tecnológica (TRL – *Technology Readiness Level*).

As nove classes baseiam-se em análise feita pelo *Joint Research Center* do Comitê Europeu[148], baseada na estrutura desenvolvida por John Mankins para a *National Aeronautics and Space Administration* (NASA) em documento informativo no qual descreve as principais características

148. O JRC consiste em um centro de pesquisa integrada do Comitê Europeu que busca promover conhecimento científico baseado em evidências e aconselhamento técnico, especialmente através da produção de trabalhos sobre novas tecnologias (atualmente com mais de trinta portfólios publicados), visando apoiar políticas públicas da União Europeia (UE) que impactem positivamente a sociedade.

de cada nível, a fim de oferecer proposta de solução classificatória às diferentes tecnologias[149]. Embora a NASA, pioneira em tecnologia, utilize esse nivelamento desde 1995, os graus de prontidão tecnológica são vistos pela OCDE apenas como medidas aproximadas.

Enumeram-se abaixo os estágios de prontidão tecnológica aplicáveis às tecnologias de IA: TRL1) princípios básicos observados e reportados – consiste no nível mais baixo de prontidão tecnológica e fase inaugural de P&D; TRL2) conceitos e aplicações de tecnologia – prática especulativa, apoiada em suposições não comprovadas; TRL3) função crítica analítica e experimental e/ou prova científica pragmática – retrata a continuidade dos esforços de P&D, inclusive com estudos de laboratório para validar previsões analíticas sobre certa tecnologia; TRL4) componente ou *layout* concebido em ambiente controlado – componentes tecnológicos básicos são integrados para verificar se podem trabalhar em conjunto, de modo relativamente superficial; TRL5) componente ou *layout* validado – a confiabilidade do sistema se amplia, porque os componentes tecnológicos básicos e integrados, com elementos de suporte realistas, são testados em ambiente simulado; TRL6) a criação de protótipo ou modelo representativo, demonstrado em ambiente relevante – uma amostra da saída de dados pode ser testada em ambiente laboratorial realista ou operacional simulado; TRL7) a demonstração do protótipo em espaço operacional – executar experimentos em plataformas de teste operacional; TRL8) sistema ou subsistema completo e qualificado após todas as etapas de teste e demonstração – a tecnologia provou funcionar em sua versão final, atendendo os requisitos e especificações, e nas condições esperadas, o que representa, em geral, a própria conclusão do desenvolvimento do sistema; TRL9) sistema ou subsistema em sua versão final – é aplicado "no campo", com forte monitoramento e constantes correções como pontos críticos à sua contínua lapidação.

A OCDE consigna que o planejamento e o *design* dos sistemas de IA envolvem a definição de objetivos precisos, pressupostos subjacentes e contextos de aplicação. A fase de criação e especificação do projeto computacional é crítica, porque grandes falhas técnicas de concepção e suas eventuais repercussões sociais negativas poderiam ter sido evitadas

149. "Technology Readiness Levels" (TRLs) são níveis de um sistema métrico que comporta avaliações dos estágios de desenvolvimento de determinada tecnologia e proporciona consistente comparação de maturidade entre diferentes tipos de máquinas. A abordagem TRL vem sendo usado internamente no planejamento de tecnologia espacial da NASA por muitos anos, tendo sido, inclusive, incorporado na Instrução de Gerenciamento da NASA (NMI 7100), que aborda o planejamento integrado de tecnologia na NASA. (MANKINS, John. *Technology Readiness Levels*: a white paper. Escrito em 06.04.1995. Editado em 22.12.2004. Disponível em: https://www.researchgate.net/publication/247705707_Technology_Readiness_Level_-_A_White_Paper. Acesso em: 31.03.2023).

se forem abordadas na etapa de idealização e noutros estágios iniciais de pesquisa e desenvolvimento.

Os processos de planejamento e *design* exigem a experiência dos cientistas de dados, em razão de a operação e o monitoramento de sistemas de IA precisaram envolver avaliações contínuas com recomendações para minimizar seus prováveis e/ou efetivos impactos, sejam intencionais ou não, à luz das considerações éticas a serem equalizadas. A identificação de seus aspectos problemáticos demandará ajustes finos a partir de auditorias que apontem para a reversão ou correção de erros em etapas do processo criativo ou, se necessário, da interrupção do desenvolvimento do sistema de IA cujo potencial lesivo seja demasiadamente elevado.

Alcançar, com o uso de determinado modelo de IA, um resultado confiável e ético, isto é, um *output* não discriminatório e atento aos direitos humanos, não significa mitigar os benefícios advindos da tecnologia. É mister uma nova postura frente à origem do problema: o *design* do projeto tecnológico, a concepção da IA, adotando-se o princípio da precaução como instrumento de tutela de direitos fundamentais e de gestão de riscos, podendo ser usadas como paradigma as classificações acima, mormente os aludidos níveis de prontidão tecnológica.

1.4.3 Tipologias de IA voltadas à dimensão "Dados e Inputs*"*[150]

A dimensão "Dados e *Inputs*" concerne, especialmente, aos dados de entrada, tanto os gerados por humanos quanto os por mecanismos automatizados (como algoritmos de *machine learning*), mediante conhecimento humano codificado em linguagem computacional, para construir um sistema de IA como forma de representação de um contexto ou ambiente real. Historicamente, programadores tinham que desenhar estruturas bastante detalhadas de decisão automatizada para traduzir a complexidade do mundo real. Nas últimas décadas, entretanto, os sistemas de IA apresentam-se cada vez mais probabilísticos e alimentados por um volume crescente de tipos distintos de dados, tratados não somente na fase de desenvolvimento da IA "em laboratório", mas também "no campo", na medida em que o sistema se molda e modifica.

Características dessa dimensão incluem proveniência, estrutura, formato e titularidade dos dados e *inputs* e o seu método de coleta, se por

150. ORGANISATION FOR ECONOMIC CO-OPERATION AND DEVELOPMENT. OECD framework for the classification of AI systems. OECD Digital Economy Papers. February 2022, n. 323. Op. cit., p. 35-41.

humano ou máquina. A depender desses parâmetros, averigua-se se os dados e *inputs* são fidedignos e representativos da realidade, avaliando-se, então, os riscos a direitos. Dados gerados sinteticamente para simular um dado cenário (por exemplo, um acidente de trânsito envolvendo veículo autônomo dotado de IA, em que se aprecia o direito ao prêmio de seguro) ou um conjunto de dados suplementares não adequadamente representativo da realidade podem violar direitos humanos fundamentais, gerando discriminações sistêmicas inaceitáveis. Além disso, o grau de dinamismo dos dados é essencial para fins de prestação de contas, principalmente em sistemas de IA que evoluem a partir de interações "no campo" ou cujo comportamento possa se alterar de forma imprevista.

As classificações do *framework* da OCDE podem produzir, ainda que indiretamente, reflexos negativos, a depender da tipologia do modelo de IA, eis que a gradação dos riscos decorrentes de cada modelo dependerá da proveniência, do dinamismo e da estrutura dos dados e *inputs*, da titularidade pública ou particular dos dados usados, se estão anonimizados ou pseudonimizados, se são padronizados ou não, e ainda se os *inputs* para treinar o sistema computacional inteligente foram "produzidos" "em laboratório" ou "no campo".

Investigam-se tais critérios com o objetivo de, diferenciando os dados e *inputs* usados, seja diferenciado também o tipo de modelo de IA e os níveis de riscos que apresenta. No que concerne à proveniência dos dados e *inputs*, quando coletados por humanos, caso em que as informações observadas requerem julgamento subjetivo (como na análise do estado mental de uma pessoa, por exemplo), os riscos podem derivar do baixo espectro de diversidade cultural, socioeconômica, étnica, racial, geracional e de gênero – além de outros aspectos individuais relevantes – na formação da equipe responsável pela análise dos dados da IA, o que poderá gerar a replicação de preconceitos estruturais, arbitrariedades e seletividades reprováveis.

Todavia, caso os dados se originem de coleta via sensores automatizados (dispositivos que monitoram e registram dados automaticamente, como câmeras, microfones, sensores de presença, aparelhos de geolocalização e relógios inteligentes), os riscos mais recorrentes são as falhas sistêmicas lesivas e a invasão danosa da privacidade dos usuários. Ainda quanto à proveniência dos dados e *inputs*, Martin Abrams[151], em trabalho sobre as origens dos dados, afirma que, cada vez mais, os dados não são coletados diretamente

---

151. ABRAMS, Martin. *The origins of personal data and its implications for governance*, 2014. Disponível em: http://ssrn.com/abstract=2510927. Acesso em: 31.03.2023.

do indivíduo, mas sim à distância, sem a ciência do titular quanto à origem e ao subsequente tratamento. Para entender as implicações disso sobre a governança, propõe uma taxonomia baseada em como os dados se originam, classificando-os em: a) fornecidos; b) observados; c) derivados; e d) inferidos.

A partir dessas categorias, Abrams afere os níveis de risco dos dados. Os fornecidos seriam os originados de ações de indivíduos ou organizações cientes dos dados coletados, razão pela qual requereriam maior atenção, com potencial elevado de causar prejuízos a seus titulares. Os principais exemplos são dados pessoais armazenados por aplicações de internet, por registros públicos (de saúde, escolares, de Tribunais, etc.), por compras efetuadas com cartão de crédito e via boleto, ou por postagens e comentários abertos em redes sociais.

Na sequência, Abrams versa sobre os dados observados, sejam engajados, imprevistos ou passivos. São exemplos da primeira subespécie os observados por padrões de navegação na *web*, os disponíveis em cartões de fidelidade e os provenientes de sensores de localização ativados em dispositivos pessoais, como celulares e outros aparelhos próprios da Internet das Coisas[152]. No tocante aos imprevistos, exemplificam aqueles registros de segundos, minutos e horas gastos em uma *webpage* e as pausas em *pixels* no monitor do computador, hipóteses em que Abrams considera que os níveis de alerta ao titular de dados pessoais são medianos. Por fim, são de baixo risco os dados observados passivamente, como as imagens captadas por circuitos internos (como os de condomínios residenciais) de monitoramento televisionado por câmeras.

De risco mediano, constam na taxinomia construída por Abrams os dados derivados, citando o autor as situações envolvendo as pesquisas sobre a média de compras por visita em sites e a classificação dos dados segundo os atributos de seus titulares. E por último, atribui Abrams aos dados inferidos o nível mais baixo de riscos a direitos – circunstância que merece duras críticas, uma vez que predição algorítmica, como se verá adiante, costuma acarretar graves danos aos titulares dos dados submetidos a tal análise, vilipendiando os princípios da privacidade e da não discriminação –, subdividindo-os em estatísticos (por exemplo, *scores* de crédito e de fraude a determinado serviço) e analíticos avançados (como pesquisas analíticas multifatoriais sobre as chances de desenvolvimento de doença ou de sucesso na vida escolar).

A título demonstrativo, os sistemas de pontuação de crédito representam modelo de IA cujas recomendações influenciam o ambiente externo,

152. MAGRANI, Eduardo. *A internet das coisas*. 1.ed. Rio de Janeiro: FGV Editora, 2018. *E-book*.

afetando o acesso de certas pessoas a produtos e serviços, a partir de dados históricos sobre o perfil de consumo e de pagamento de débitos do titular e de insumos baseados em atividade humana (conjunto de regras definido por idealizadores e programadores do sistema). Com esses *inputs*, a IA percebe ambientes reais: se a pessoa já contratou empréstimo em algum momento, se o pagou no prazo fixado, se vem reembolsando-o de forma contínua, se já esteve inadimplente, etc. Tais percepções são convertidas em algoritmos, a fim de gerar uma pontuação para a concessão ou a recusa do crédito pretendido. Os impactos desses sistemas a direitos fundamentais são evidentes!

Nesse diapasão, a OCDE aduz ainda à categoria de dados sintéticos, aqueles, em geral, gerados por simulação computacional, incluindo os coletados por aprendizagem de máquina por reforço. Dados sintéticos permitem a simulação de cenários difíceis de ser observar ou replicar na vida real (por exemplo, um acidente de carro) ou muito dispendiosos para a coleta em escala (por exemplo, milhões de quilômetros de vias públicas e privadas teriam que ser conduzidos para treinar carros autônomos). Malgrado sejam aplicações de modelagem física, como sintetizadores e simuladores, e seus *outputs* muito se aproximem da realidade, seguem pautados em algoritmos, desencadeando uma alta probabilidade de prejuízos a seus usuários.

Dando prosseguimento ao estudo das classes de dados, também poderão ser estáticos ou dinâmicos em vários níveis, atualizados de tempos em tempos ou em tempo real[153]. Dados estáticos, como a nomenclatura já induz, não se alteram após a coleta (por exemplo, latitude e longitude geográficas de um elemento fixo, como um edifício ou uma montanha). Sob outra ótica, os dados dinâmicos sofrem interferência constante após serem registrados e precisarão ser atualizados – de tempos em tempo ou em tempo real – para manterem sua integridade.

Observado o princípio da qualidade dos dados, os modelos de IA que se moldam sobre dados dinâmicos podem alavancar algoritmos que o incrementam e atualizam frequentemente, de forma diferida ou em tempo

153. Considerada a escala de um conjunto de dados como uma variável contínua que retrata um limite máximo cada vez maior, se dinâmico o dado em tempo real, a escala pode ser medida aproximadamente como a ordem de magnitude de *bytes* sobre determinada unidade de tempo ou o número de solicitações ao sistema AI por segundo. Se estático, a unidade de medida é em *bytes*. Assim, a escala de dados pode ser: (i) imensa, como nos casos de *exabytes* (um bilhão de *gigabytes*) ou até maior, alertando para o fato de que volumes extremamente grandes de dados levam mais tempo para serem coletados e exigem sistemas de IA complexos para serem processados; (ii) grande, com milhares de *terabytes* por segundo, se em tempo real; (iii) médio, com o uso de centenas de *gigabytes*; (iv) pequeno, com apenas algumas dezenas de *gigabytes*, ou menos, com apenas *megabytes*.

real, segundo novos dados recebidos. Bons exemplos incluem os dados de horários de voos em quadros eletrônicos de aviso nos aeroportos, da temperatura externa estampada no monitor veicular e do tempo estimado de chegada ao destino.

Haja vista a necessidade de contínua atualização, a fim de representarem a realidade de modo fidedigno, a desatualização de dados dinâmicos pode acarretar falsas impressões do mundo real, violando o direito básico do consumidor de obter informação adequada e clara, positivado no art. 6º, III, da Lei nº 8.078/1990 (Código de Defesa do Consumidor - CDC), e o princípio da transparência, que garante aos titulares informações claras, precisas e facilmente acessíveis sobre o tratamento de seus dados, ressalvado o segredo de negócio, na forma do art. 9º, VI, da Lei nº 13.709/2018 (Lei Geral de Proteção de Dados Pessoais - LGPD).

Com vistas ao princípio da robustez dos sistemas de IA, os pesquisadores descobriram uma íntima relação entre a quantidade de dados e o número de variáveis em um modelo. Um modelo de IA com muitos parâmetros consome mais recursos de entrada (por exemplo, capacidade de computação e *inputs* de dados) do que um mais simples. Em geral, modelos de IA com escalas grandes podem aprender a usar dados de modo mais eficiente, porém são mais suscetíveis à imprevisibilidade de seus *outputs*. A escala também se relaciona a esforços para construir a infraestrutura tecnológica do sistema e transferir grandes volumes de dados à IA.

Também há implicações práticas em razão da titularidade e natureza dos dados: a) são sujeitos à propriedade, industrial ou intelectual, os dados corporativos, tutelados por normas de direitos autorais e segredo de negócio; b) são dados públicos os não protegidos por direitos de propriedade intelectual, que podem ser compartilhados e reutilizados por sistemas abertos; c) são dados pessoais, na forma do art. 5º, I, da LGPD, as informações relacionadas à "pessoa natural identificada ou identificável", e que podem ser anonimizados - relativos a titular não identificado, considerando o uso de meios técnicos razoáveis e disponíveis na ocasião de seu tratamento (art. 5º, III, da LGPD) - ou pseudonimizados, submetidos a tratamento que retira a possibilidade de associação, direta ou indireta, a um indivíduo, senão por referência adicional mantida separadamente pelo controlador em ambiente controlado (art. 13, §4º, da LGPD).

A identificabilidade dos dados serve a avaliar os riscos à privacidade e a necessidade de controle de acesso. Mesmo ausentes certas informações pessoais sobre o titular, sistemas de IA fazem inferências a partir da correlação de variáveis não identificadas (como o histórico de compras em farmácias pode gerar inferências sobre o estado de saúde do consumidor, ou a sua fatura do cartão de crédito ou sua geolocalização podem produzir inferências sobre suas convicções religiosas ou sua orientação sexual), cujas implicações éticas se agravam diante de dados pessoais sensíveis sobre "origem racial ou étnica, convicção religiosa, opinião política, filiação a sindicato ou a organização de caráter religioso, filosófico ou político, dado referente à saúde ou à vida sexual, dado genético ou biométrico", arrolados[154] no art. 5º, II, da LGPD.

1.4.4 Tipologias de IA relacionadas à dimensão "Tarefas e Outputs*"*[155]

Esta dimensão faz referência a: (i) tarefas que o sistema executa, como personalização, reconhecimento (de imagem, voz, biometria), previsão ou otimização orientada por objetivos; (ii) saída de dados; e (iii) ações que influenciam o contexto. Os critérios aqui focados incluem as tarefas do sistema, sua autonomia, a combinação de tarefas e ações (como em veículos autônomos), as áreas de aplicação centrais e os métodos de avaliação dos *outputs* obtidos.

Descreve-se, nesse ponto, a tarefa executada pelo modelo de Inteligência Artificial e a ação que dele deriva. O modelo produz recomendações, previsões e/ou outros resultados para um determinado conjunto de propósitos específicos, e o operador do sistema agirá de acordo com tais finalidades para influenciar o ambiente no qual a IA opera, em níveis variados de autonomia. A tarefa a ser cumprida orienta a escolha do modelo de IA e refere-se à função que executa. A importância dessa análise advém dos riscos de certos sistemas reforçarem preconceitos e agravarem injustiças, além de levantar questões problemáticas sobre possíveis afrontas a direitos humanos e à robustez e segurança do projeto computacional.

De acordo com o *framework* da OCDE, haveria sete categorias alteráveis à medida que as tecnologias de IA evoluem e devem ser revisadas

154. Insta consignar que, em 2023, a 2ª Turma do Superior Tribunal de Justiça (STJ), ao julgar o AREsp 2.130.619/SP, firmou entendimento, nas palavras do relator, o Min. Francisco Falcão, segundo o qual "o artigo 5º, inciso II, da Lei Geral de Proteção de Dados Pessoais (LGPD) traz um rol taxativo dos dados pessoais considerados sensíveis, os quais, segundo o artigo 11, exigem tratamento diferenciado" e, ainda, não foi reconhecido pela Corte Superior o dano moral *in re ipsa*, na hipótese dos autos, por se tratarem de dados pessoais comuns ou gerais, na forma do inciso II do artigo 5º da Lei nº 13.709/2018, e não dados pessoais sensíveis (STJ, AREsp 2.130.619/SP, 2ªT., Rel. Min. Francisco Falcão, julg. 07.03.2023, DJe 13.03.2023).

155. ORGANISATION FOR ECONOMIC CO-OPERATION AND DEVELOPMENT. OECD framework for the classification of AI systems. OECD Digital Economy Papers. February 2022, n. 323. Op. cit., p. 50-54.

regularmente para incluir novos tipos de aplicações: a) reconhecimento (de imagem, vídeo, áudio ou texto), que identifica e categoriza dados, segmenta imagens e detecta objetos e/ou pessoas; b) detecção de eventos, que conecta dados para captar padrões, peculiaridades e anomalias (por exemplo, detectores de plágio em textos); c) previsão, que utiliza comportamentos passados para prever resultados futuros (por exemplo, a predição de reincidência criminal); d) personalização, que desenvolve um perfil de usuário e aprende a adaptar sua produção aos interesses do titular de dados (por exemplo, os anúncios personalizados em redes sociais e as recomendações em plataformas de *streaming*); e) suporte à interação, que interpreta e cria conteúdo para potencializar ações entre máquinas e humanos, envolvendo, em geral, múltiplas mídias, como voz, texto e imagem (por exemplo, assistentes pessoais virtuais e *chatbots*); f) otimização orientada por objetivos, que almeja a solução ótima para um problema a partir de um custo e uma meta predefinidos (por exemplo, leilões e licitações *online*); g) raciocínio estruturado por cognição, que infere novos *outputs* possíveis via modelagem e simulação (por exemplo, sistemas de recrutamento e diagnóstico).

Os sistemas de IA de reconhecimento requerem dados representativos da diversidade humana e da realidade social, sob pena de serem imparciais e discriminativos. Quanto aos de detecção, seus riscos impõem limites à vigilância, sob pena de violarem as liberdades civis. Os modelos de IA preditivos podem conter vieses algorítmicos que geram *outputs* temerários, enquanto a personalização pode afrontar o livre arbítrio e a autodeterminação dos usuários. Os interativos já vêm alterando o mercado de trabalho; os de otimização, quando a especificação do seu propósito for imperfeita, podem se desviar do *output* pretendido, afetando a robustez.

Outra categorização da dimensão "Tarefas e *Outputs*" refere-se à combinação de ações em sistemas de IA multitarefas, nos quais objetivos e dados consistentes estão disponíveis, e que podem gerar resultados específicos que diferem dos produzidos por modelos de tarefa única. Por isso, é complexo antecipar todos os *outputs* e testar modelos compostos de IA, que, como qualquer sistema complexo, terá limites flexíveis e impactos imprevisíveis, sendo difícil encaixá-lo em uma fórmula. Vejam-se, a seguir, exemplos de sistemas compostos de IA ou de áreas de aplicação que combinam várias tarefas, listados exemplificativamente pela OCDE. Ao selecionar o sistema correto, os usuários podem adicionar modelos compostos relevantes.

Existem os modelos de geração de conteúdo, que incluem a geração de novas imagens, vídeos, textos, avaliações e/ou áudios a partir de *dataset* preexistente. Combinam tarefas de previsão e reconhecimento e tendem a usar aprendizagem estruturada. No entanto, o *output* pode combinar vários elementos existentes, como imagem, texto e/ou áudio, para produzir um conteúdo nunca visto. A geração de conteúdo dito inédito inclui tradução automática, obras de arte (retratos e composições musicais), textos criativos – incluindo *fake news*[156] e *spams*[157] – e *deepfakes*[158]. Exemplos concretos são

156. De acordo com o Projeto de Lei nº 2.630/2020, conhecido no Brasil como "PL das *Fake News*", considera-se desinformação o "conteúdo, em parte ou no todo, inequivocamente falso ou enganoso, passível de verificação, colocado fora de contexto, manipulado ou forjado, com potencial de causar danos individuais ou coletivos, ressalvado o ânimo humorístico ou de paródia". (BRASIL. SENADO FEDERAL. Projeto de Lei nº 2.630/2020, que institui a Lei Brasileira de Liberdade, Responsabilidade e Transparência na Internet. Disponível em: https://legis.senado.leg.br/sdleg-getter/documento?dm=8110634&ts=1684358721069&disposition=inline&_gl=1*199z5dh*_ga*ODQ3Nzg0NDY2LjE2MjQ2Mzc4Mzg.*_ga_CW3ZH25XMK*MTY4NDQxNzgxMi4zLjAuMTY4NDQxNzgxMi4wLjAuMA. Acesso em: 12.05.2023).

157. "*Spam* é o termo usado para se referir aos *e-mails* não solicitados, que geralmente são enviados para um grande número de pessoas. Quando este tipo de mensagem possui conteúdo exclusivamente comercial também é referenciado como UCE (*Unsolicited Commercial E-mail*). O *spam* em alguns pontos se assemelha a outras formas de propaganda, como a carta colocada na caixa de correio, o panfleto recebido na esquina e a ligação telefônica ofertando produtos. Porém, o que o difere (...) ao passo que nas demais formas o remetente precisa fazer algum tipo de investimento, o *spammer* necessita investir muito pouco, ou até mesmo nada, para alcançar os mesmos objetivos e em escala muito maior. Desde o primeiro *spam* (...) em 1994, essa prática tem evoluído, acompanhando o desenvolvimento da Internet e de novas aplicações e tecnologias (...) é uma prática que causa preocupação, tanto pelo aumento desenfreado do volume de mensagens na rede, como pela natureza e pelos objetivos destas mensagens (...) diretamente associados a ataques à segurança da Internet e do usuário, sendo um dos grandes responsáveis pela propagação de códigos maliciosos, disseminação de golpes e venda ilegal de produtos." (BRASIL. MINISTÉRIO DA EDUCAÇÃO. FUNAJ. Centrais de Conteúdo. *Spam*. Disponível em: https://www.gov.br/fundaj/pt-br/centrais-de-conteudo/noticias-1/5-spam. Acesso em: 12.05.2023).

158. "Embora o termo original fosse *fakevideo*, o nome *deepfake* se popularizou a partir da história de um usuário do site *Reddit*, que se apelidou de *Deepfake* e, especializado em inteligência artificial, passou a substituir rostos de pessoas em filmes. O termo passou então a ser associado a essa técnica, que opera a fusão de imagens em movimento, gerando um novo vídeo, cujo grau de fidedignidade é elevado a um patamar que somente com muita atenção se consegue notar se tratar de uma montagem." (MEDON, Filipe. O direito à imagem na era das *deepfakes*. *Revista Brasileira de Direito Civil* – RBDCivil, Belo Horizonte, v.27, p. 251-277, jan./mar. 2021). "A responsabilidade civil por difusão de *deepfakes* poderá se verificar ora por meio da responsabilidade civil subjetiva, ora por responsabilidade civil objetiva: impõe-se verificar, no caso concreto, se se está diante de hipóteses de consumo (...), atividades de risco nos moldes previstos pela cláusula geral constante do artigo 927, parágrafo único, do Código Civil, ou, ainda, alguma outra hipótese legalmente prevista (...) que independe de culpa. Fora dessas situações, a responsabilidade por danos causados por *deepfakes* demandará a demonstração de que o agente causador do dano agiu com culpa ou dolo." (SCHREIBER, Anderson; RIBAS, Felipe; MANSUR, Rafael. Deepfakes: regulação e responsabilidade civil. In: TEPEDINO, Gustavo; SILVA, Rodrigo da Guia. *O direito civil na era da inteligência artificial*. 1.ed. São Paulo: Thomson Reuters Brasil, 2020, p. 618).

os populares modelos de IA generativa *ChatGPT*[159], *Midjouney*[160], *Magenta*[161], *Remini*[162], *iFlyTek*[163] e *Lensa*[164].

Entende-se necessária aqui uma breve digressão ao conceito de Inteligência Artificial Generativa. Consiste em uma categoria especial de modelos de IA que gera novos conteúdos, ditos inéditos, a partir de uma base de dados qualificada com a qual foi treinada. Esses dados podem ser textos, imagens, sons, vídeos e códigos. Sua complexa estrutura de redes neurais artificiais proporciona o processamento de vasta quantidade de dados em *deep learning*.

---

159. MUNDO CONECTADO. ChatGPT consegue 'aprovação' em prova da primeira fase da OAB. Disponível em: https://mundoconectado.com.br/noticias/v/31796/chatgpt-consegue-aprovacao-em-prova-da-primeira-fase-da-oab. Acesso em: 15.07.2023. REVISTA EXAME. ChatGPT: inteligência artificial é aprovada em provas para médico, advogado e MBA nos EUA. Disponível em: https://exame.com/future-of-money/chatgpt-inteligencia-artificial-e-aprovada-em-provas-para-medico-advogado-e-mba-nos-eua/. Acesso em: 15.07.2023. GLOBO. G1 PORTAL DE NOTÍCIAS. ChatGPT pode programar e criar chatbots; veja tarefas complexas feitas com a tecnologia. Disponível em: https://g1.globo.com/tecnologia/noticia/2023/05/17/chatgpt-pode-programar-e-criar-chatbots-veja-tarefas-complexas-feitas-com-a-tecnologia.ghtml. Acesso em: 15.07.2023. GLOBO. G1 PORTAL DE NOTÍCIAS. ChatGPT: ferramenta controlada por inteligência artificial gera polêmica ao criar textos, poemas e até letras de músicas. Disponível em: https://g1.globo.com/fantastico/noticia/2023/01/29/chatgpt-ferramenta-controlada-por-inteligencia-artificial-gera-polemica-ao-criar-textos-poemas-e-ate-letras-de-musicas.ghtml. Acesso em: 15.07.2023.

160. MUNDO CONECTADO. *Fake news*: foto do papa usando casaco *fashion* foi criada por inteligência artificial. IA Midjourney também é responsável por imagem de prisão de Donald Trump. Disponível em: https://mundoconectado.com.br/noticias/v/32685/fake-news-foto-do-papa-usando-casaco-fashion-foi-criada-por-inteligencia-artificial. Acesso em: 15.07.2023. BBC SCIENCE FOCUS. Midjourney: the gothic AI image generator challenging the art industry. Disponível em: https://www.sciencefocus.com/future-technology/midjourney/. Acesso em: 13.05.2023.

161. CNN BRASIL. Inteligência artificial cria música inédita do Nirvana. O projeto *Lost Tapes of the 27 Club* (as fitas perdidas do Clube dos 27), criado pela Over The Bridge, usa a tecnologia para homenagear artistas famosos que morreram aos 27 anos. Além do Nirvana, também conta com músicas de Amy Winehouse, Jimi Hendrix e Jim Morrison, mortos aos 27 anos. Disponível em: https://www.cnnbrasil.com.br/entretenimento/inteligencia-artificial-cria-musica-inedita-do-nirvana/. Acesso em: 15.07.2023.

156. JORNAL ESTADÃO. App Remini, que gera fotos de bebês, armazena dados dos usuários por até 10 anos. https://www.estadao.com.br/link/app-remini-que-gera-fotos-de-bebes-armazena-dados-dos-usuarios-por-ate-10-anos/. Acesso em: 15.07.2023.

157. "By training its algorithms on large data samples of President Trump´s speech, iFlyTek created a near-perfect digital model of his voice: intonation, pitch, and pattern of speech. It then recalibrated that vocal model for Mandarin Chinese, showing the world what Donald Trump might sound like if he grew up in a village outside Beijing (...) the ability of AI to decipher overall meaning rather than just words." (LEE, Kai-Fu. *AI super-powers*: China, Silicon Valley, and the new world order. Boston: Houghton Mifflin Harcourt, 2018, p. 104-105).

164. MUNDO CONECTADO. Aplicativo Lensa, que viralizou ao editar fotos com auxílio de IA, é processado por coleta ilegal de dados. Ação foi movida por grupo de cidadãos de Illinois por desrespeito a uma das leis mais severas dos Estados Unidos, que já trouxe problemas até ao Facebook. Disponível em: https://mundoconectado.com.br/noticias/v/32427/aplicativo-lensa-que-viralizou-ao-editar-fotos-com-auxilio-de-ia-e-processado-por-coleta-ilegal-de-dados. Acesso em: 15.07.2023.

A forma como se treina a máquina é o destaque da IA Generativa, sendo os modelos mais usados por desenvolvedores e engenheiros de *software*: (i) os *Large Language Models*, treinados para emular a linguagem natural humana, mediante bases de dados compostas por textos escritos, tendo como exemplos os *chatbots*, os assistentes virtuais e os geradores de texto, como o *ChatGPT*; (ii) as Redes Adversárias Generativas (GAN), que trabalham com duas redes neurais diferentes e complementares entre si – atuando em um círculo virtuoso –, uma geradora (que cria novos dados) e outra discriminadora (que avalia os dados gerados), assim, a geradora aprimora os conteúdos criados a partir do *feedback* da discriminadora, que analisa o conteúdo gerado e sugere melhorias; (iii) os Modelos Baseados em Transformador (*Transformers*), que rastreiam a relação de dados sequenciais com o objetivo de aprender o contexto e o significado, sendo bastante utilizado na tradução automática, no reconhecimento de imagens e na geração de respostas a perguntas e interações humanas (o *GPT-4*, sistema da OpenAI na versão paga do *ChatGPT*, é um bom exemplo do uso de *transformers*)[165].

Na prática, combinação comum de sistemas de IA é a de modelos discriminativos e generativos. Os discriminativos concentram-se em resultados preditivos de rótulos de dados, aprendendo a distinguir diferentes classes dentro de um conjunto de dados. São robustos e capazes de resolver problemas atípicos, entretanto, não geram novos dados. Por outro ângulo, os modelos generativos envolvem a descoberta e o aprendizado de padrões e a distribuição de *inputs*, possibilitando a geração de novos exemplos plausíveis para classificar novos dados.

Pelo ensejo, faz-se necessária abordagem mais específica no que concerne a modelos generativos, frente à significativa controvérsia em torno deles. São sistemas de IA baseados em LLM (*Large Language Model*), com uma bagagem larga de linguagem que os torna aptos a interagir de modo fluido com humanos e a fornecer respostas, sugestões e orientações sobre variados assuntos. A qualidade dos *outputs* impressiona pelo volume, variedade, velocidade e verticalidade do tratamento de informações, em que pese não possuir senso crítico quanto ao conteúdo formado, sendo a combinação convincente de ideias alheias com pseudoineditismo.

Modelos generativos (fundacionais) se sustentam em aplicações de IA que interagem de forma independente entre si, como grandes coleções de modelos que agem juntas e em paralelo para cooperar em prol de uma

165. KLEINA, Olívia. Desvendando a IA generativa. In: *Revista da Pós-graduação da Pontifícia Universidade Católica do Paraná* – PUCPR, 2023. Disponível em: https://posdigital.pucpr.br/blog/ia-generativa. Acesso em: 03.06.2024.

tarefa ou decisão, maximizando a complexidade, mas também, em regra, a precisão. Envolver um alto grau de modelos distintos e interativos pode ser problemático: à medida que vários modelos de IA são combinados, a precisão geralmente melhora, todavia, é alta a probabilidade de falhas sistêmicas se propagarem e multiplicarem, especialmente se caracteres de incerteza não forem avaliados por modelos derivados.

As interfaces amigáveis de fácil interação com a linguagem humana de algumas IAs generativas, ainda que contextual, e sua aptidão de produzir *outputs* ditos inéditos e originais, distinguíveis de produções preexistentes, aumenta o apelo mercadológico desses sistemas em tempos de vida líquida. O *Gartner Emerging Technologies and Trends Impact Radar* 2022[166] publicou um relatório de tendências para tecnologias emergentes, segundo o qual, até o ano de 2025, a expectativa é de que modelos generativos já tenham produzido, aproximadamente, 10% (dez por cento) de todos os dados disponíveis na internet, e até 2027, 30% (trinta por cento) dos fabricantes dessas ferramentas as usarão para aprimorar seus produtos e serviços.

A popularização dos modelos generativos decorre, em muito, do seu uso não limitado a fins específicos para os quais foi desenvolvido originalmente, admitindo uso complementar. Nesse cenário, os modernos modelos que executam tarefas específicas em um único domínio dão lugar aos que aprendem de forma mais geral e trabalham em vários domínios e problemas simultaneamente. Os modelos fundacionais[167], treinados com grandes conjuntos de dados não rotulados e ajustados a uma variedade de

166. GARTNER EMERGING TECHNOLOGIES AND TRENDS IMPACT RADAR 2022. Os espaços inteligentes, a criptografia homomórfica, a IA geradora, as tecnologias gráficas e o metaverso redefinirão conceitos e transformarão mercados inteiros. Disponível em: https://www.gartner.com.br/pt-br/artigos/cinco-tecnologias-impactantes-gartner-emerging-technologies-trends-impact-radar-2022. Acesso em: 28.04.2023.

167. "Os modelos fundacionais devem ser explicáveis, justos, sólidos, transparentes, e priorizar e proteger os direitos de privacidade e de dados dos consumidores para construir confiança. O gerenciamento do ciclo de vida dos dados e da IA desempenha um papel essencial para melhorar o acesso aos dados, aplicar a governança, reduzir os custos e obter modelos de IA em produção, confiáveis e de qualidade, mais rápido. Quanto mais ajustado e personalizado seja um modelo fundacional para as necessidades do negócio, mais única será a criação de valor (...) é essencial (...) customizar o modelo fundacional para uma ampla gama de necessidades específicas de uma organização. A IA é tão boa quanto os dados que foram usados para treiná-la e é crítico ter os conjuntos de dados certos desde o início (...) quais são os seus dados mais críticos e quais dados podem lhe proporcionar a melhor vantagem competitiva para a sua organização? (...) procurando impulsionar a nova geração de modelos fundacionais de negócio, a IBM lançou recentemente *Watsonx*, uma plataforma de desenvolvimento de IA com modelos fundacionais de código aberto, selecionados e treinados pela IBM, com acesso a um armazém de dados para coletar e limpar dados, e um kit de ferramentas de governança de IA". (MARTINS, Tonny. Ingredientes para um futuro impulsionado por Inteligência Artificial. Os modelos de IA devem ser explicáveis, justos, sólidos, transparentes, e proteger os direitos de privacidade e de dados dos consumidores. Forbes, July 2023. Disponível em: https://forbes.com.br/forbes-

ações, impulsionam tal mudança. São de fundação, pois podem ser a base para outras aplicações de IA. Usando aprendizado autosupervisionado e ajustes finos, podem aplicar informações aprendidas de modo genérico a algo específico[168].

Esses modelos impulsionam uma nova etapa da NLP (*Natural Language Processing*) e são treinados, em geral, usando *self-supervision* em escala. Sua principal vantagem é serem adaptáveis e obterem resultados cada vez melhores quando se trata de medir o estado da arte. Porém, visto a sua plasticidade, são também modelos que podem apresentar riscos altíssimos de danos a direitos humanos, uma vez que envolvem discussões sobre os limites de P&D de IA, autonomia do próprio sistema computacional, determinismo tecnológico e meios eficazes de responsabilização civil, questões a serem explanadas em capítulos seguintes deste trabalho.

Seu grau de generalidade refere-se à capacidade de executar várias tarefas, incluindo para as quais não foi inicialmente treinada. Embora não haja indicador único de generalidade, múltiplos critérios combinados podem indicá-la. São cristalinos os seus riscos se usados como base de conhecimento, quando, de fato, são modelos desenvolvidos para conferir a usuários respostas convincentes, porém muitas vezes enviesadas e tendenciosas – a forma de o usuário formular a pergunta pode ensejar *outputs* errôneos, teórica ou pragmaticamente –, o que afeta a transparência, explicabilidade, robustez, confiabilidade e segurança dessas aplicações de IA.

No que concerne à categorização dos riscos a partir de uma avaliação preliminar do sistema de Inteligência Artificial, o PL nº 2.338/2023[169] determina, em seu art. 13, *caput* e §1º, que "previamente a sua colocação no mercado ou utilização em serviço", o modelo de IA generativa, chamado pelo projeto legislativo de "sistema de inteligência artificial de propósito geral", "passará por avaliação preliminar realizada pelo fornecedor para classificação de seu grau de risco", cujo registro considerará as finalidades

---

collab/2023/07/tonny-martins-ingredientes-para-um-futuro-impulsionado-por-inteligencia-artificial/. Acesso em: 15.08.2023).

168. Segundo a IBM, a próxima onda de IA substituirá modelos específicos de tarefas por modelos treinados em um amplo conjunto de dados não rotulados que podem ser usados para diferentes tarefas com o mínimo de ajuste fino. Reduzir o tempo gasto em rotulagem de dados e programação permitirá que mais empresas implantem IA à ampla gama de situações. (INTERNATIONAL BUSINESS MACHINES – IBM. Foundation models. Disponível em: https://research.ibm.com/topics/foundation-models. Acesso em: 15.07.2023).

169. BRASIL. SENADO FEDERAL. Projeto de Lei nº 2.338, de 2023. Atividade Legislativa, 2023. Disponível em: https://www25.senado.leg.br/web/atividade/materias/-/materia/157233?_gl=1*1qw7sar*_ga*ODQ3Nzg0NDY2LjE2MjQ2Mzc4Mzg.*_ga_CW3ZH25XMK*MTY4NDE2Mjk0My4yLjAuMTY4NDE2Mjk0My4wLjAuMA. Acesso em: 28.05.2023

e aplicações indicadas para o modelo funcional nos termos do art. 17 do PL. A problemática fulcral da IA generativa é o fato de não se ajustar tão bem a uma abordagem regulatória contextualizada segundo os riscos que, em regra, se espera do sistema, uma vez que a IA generativa pode ser aplicada "no campo" para uma miltiplicidade de contextos, inclusive para propósitos inimagináveis "em laboratório".

Os perigos a que se sujeitam os direitos fundamentais diante de tecnologias que geram conteúdo inovador são altíssimos, abarcando questões de propriedade intelectual, privacidade e responsabilidade civil. Quanto à propriedade intelectual, questiona-se se as criações geradas por IA seriam, ou não, protegidas por direitos autorais. Isso porque, se a IA for considerada "autora", deverá ser capaz de reivindicar a propriedade, ainda que não detenha personalidade jurídica para tanto. No entanto, caso se entenda que o sistema é só uma ferramenta usada por humanos, a propriedade intelectual criativa deve pertencer a quem estabeleceu os parâmetros – descreveu ao sistema de IA, por exemplo, as palavras-chave – do conteúdo gerado.

No que diz respeito à privacidade, a IA generativa pode ser usada para criar imagens verossímeis, com repercussões ético-jurídicas[170] sobre o uso dessas imagens em campanhas publicitárias ou em situações em que a privacidade de uma pessoa é afetada. Ademais, há preocupações crescentes sobre a responsabilidade civil no caso de ações prejudiciais serem tomadas com base em decisões advindas de uma IA generativa. A quem deve ser imputada a responsabilidade de reparar os danos causados por tal decisão enviesada, mormente quando tomada com base em dados mal interpretados ou viciados desde o seu *input* no sistema de IA?

Outra hipótese factual de sistemas de IA compostos são os veículos autônomos[171], que incorporam diversas tarefas, como otimização orientada a metas; reconhecimento de voz e imagem para ligar e desligar o sistema;

170. CNBC. In generative AI legal Wild West, the courtroom battles are just getting started. Disponível em: https://www.cnbc.com/2023/04/03/in-generative-ai-legal-wild-west-lawsuits-are-just-getting-started.html. Acesso em: 16.05.2023.

171. "O caso dos veículos autônomos parece particularmente explicativo. Carros conectados são "coisas" capazes de gerar quantidades de dados impressionantes a fim de alimentar inteligência artificial de tipo automotivo. Os carros autônomos da Tesla podem ser considerados um exemplo notável de "intranet das coisas", baseada na interconexão no âmbito de uma rede fechada de automóveis que produzem e trocam dados para poder aprimorar continuamente as funções dos veículos. Tal aprimoramento contínuo é possível graças ao *machine learning*, ou aprendizagem por máquina, alimentado pelo processamento de dados coletados por milhares de sensores que se encontram em cada veículo Tesla. Como destaca o CEO da empresa, Elon Musk: 'Toda a frota da Tesla opera como uma rede. Quando um carro aprende algo, todos aprendem'." (BELLI, Luca. Uma perspectiva de direitos humanos para decriptar a ascensão da Internet das Coisas (IoT). *Direitos Fundamentais & Justiça*, Belo Horizonte, ano 13, n. 41, jul./dez. 2019, p. 157-181).

detecção de objetos, como obstáculos na via pública; previsão de acidentes e proposta de rotas alternativas; raciocínio estruturado para emitir alerta sobre problemas mecânicos ou elétricos e propor soluções viáveis, executando tarefas e ações no mundo real. São autônomos por não requererem supervisão humana para atuar, todavia, a forma como executam tarefas não é autônoma, pois depende de aprendizagem supervisionada.

Realçam-se ainda os sistemas de monitoramento, que gerenciam, controlam e regulam o comportamento de outros dispositivos. Compostos por várias tarefas, costumam avaliar os ambientes através de reconhecimento, detecção de eventos e análise preditiva, propondo ação orientada à otimização, por meio de aprendizado por reforço e gerenciamento de processos. São comuns em contextos de robótica e na produção industrial em larga escala. Combinam *Artificial Intelligence* (AI) e *Internet of Things*[172] (IoT), dando azo à nova sigla "IoAI".

Conecta-se à internet um quantitativo crescente de dispositivos e objetos tangíveis, com algoritmos de IA neles inseridos, comercializados no mercado de consumo. Na sequência da convergência entre redes fixas e móveis, e entre telecomunicações e radiodifusão, a IoAI representa o próximo passo na convergência entre Tecnologias de Informação e Comunicação (TICs) e a nova economia movida a dados e IA. A IoAI está se tornando cotidiana, com seus bilhões de dispositivos, equipamentos e máquinas interconectados, criando oportunidades de ações automatizadas por sistemas de IA e sua interação com os usuários em tempo real.

Tais produtos, cuja operabilidade e manuseio são complexos, maximizam as ameaças de fatos do produto ou serviço com graves danos aos consumidores-padrão e às vítimas por equiparação. Outrossim, eventuais vícios, aparentes ou ocultos, de qualidade, quantidade e/ou segurança podem elevar os prejuízos por violações de segurança cibernética, como vazamento de dados e até crimes cibernéticos. Dispositivos IoAI mal protegidos são mais vulneráveis a *hackers*[173], que acessam informações confidenciais e controlam remotamente as máquinas.

A IoAI pode ainda coletar dados pessoais de geolocalização, histórico de navegação e hábitos de consumo, para fins de *marketing* ou compartilhamento com terceiros sem o devido conhecimento do titular, violando sua privacidade. Falhas de *design* em dispositivos de IoAI podem

---

172. MAGRANI, Eduardo. *A internet das coisas*. 1.ed. Rio de Janeiro: FGV Editora, 2018. *E-book*.

173. CNBC CYBER REPORT. The dark web's criminal minds see Internet of Things as next big hacking prize. Disponível em: https://www.cnbc.com/2023/01/09/the-dark-webs-criminal-minds-see-iot-as-the-next-big-hacking-prize.html. Acesso em: 12.05.2023.

apresentar defeitos que causem danos patrimoniais e/ou extrapatrimoniais ao usuário. A somar, questões de interoperabilidade entre dispositivos de IoAI projetados por empresas distintas pode dificultar aos usuários conectá-los e controlá-los, limitando a sua usabilidade e agravando o quadro de "aprisionamento tecnológico", o que tem ocorrido com dispositivos de IoAI usados para simular a realidade só em um dado metaverso, como luvas, óculos e coletes.

Os níveis de dependência funcional e emocional dos usuários em face dos dispositivos de IoAI a que estão seus automóveis, locais de trabalho e casas rotineiramente conectados têm deixado-os vulneráveis – sem alternativas analógicas em muitos casos – a falhas sistêmicas ou à disponibilidade e qualidade da conexão à internet. Os principais impactos da IoAI para os consumidores estão relacionados à segurança, privacidade, interoperabilidade e dependência excessiva. Os usuários precisam estar mais conscientes dos riscos, a fim de sopesar o custo-benefício da sua imersão intensa nesse universo digital e de tomar atitudes mais eficazes que protejam os seus dispositivos, as suas informações pessoais e a sua qualidade de vida.

Na sequência da dimensão "Tarefas e *Outputs*", avaliam-se os níveis de autonomia da IA, quando um "atuador" humano ou autônomo utiliza o resultado do processo de inferência realizado pela IA para conduzir a uma ação que influencia o ambiente onde o sistema opera. A forma como tal ação é realizada define seu grau de autonomia, sem envolvimento humano.

Existem quatro variações no grau de autonomia do sistema de IA, conforme tipologia oriunda do campo da aviação[174]: a) autonomia sem ação e com "suporte humano" – o sistema não pode agir a partir de seus *outputs*, pois o humano pode desconsiderar os resultados do modelo de IA à vontade; b) autonomia de baixa ou média ação ("humano no *loop*") – o sistema avalia os *inputs* e age segundo suas saídas de dados se o humano concordar, ou seja, a menos que haja vetos humanos; c) alta autonomia de ação ("humano fora do circuito") – o sistema avalia a entrada e age sobre os resultados sem envolvimento humano. Deve-se notar que, para certos modelos de IA com nenhuma, baixa ou média autonomia, o usuário ou o operador do sistema de IA pode estar contribuindo para treiná-lo e/ou para validar suas saídas.

---

174. ENDSLEY, Mica R. The application of human factors to the development of expert systems for advanced cockpits. *Proceedings of the Human Factors and Ergonomics Society Annual Meeting*, v.31, Issue 12, 1987, p. 1388-1392. Disponível em: https://journals.sagepub.com/doi/10.1177/154193128703101219. Acesso em: 07.04.2023.

A seguir avaliam-se as áreas de aplicação de IA delineadas pela OCDE de forma não exaustiva: (i) tecnologias de linguagem humana (analisar, produzir, responder a textos e/ou falas humanos e combinar tarefas como reconhecimento, personalização e interação); (ii) visão computacional (treinamento da IA para interpretar o mundo visual); (iii) classificador de IA com aprendizado profundo (identificar e categorizar objetos e reagir a eles, além de tarefas como reconhecer objetos e detectar eventos); (iv) robótica (contribuir à movimentação dos robôs envolvendo aspectos mecânicos e de programação que possibilitem o controle de robôs sobre ações no mundo real); (v) otimização, simulação ou predição por processamento de dados estruturados a partir da padronização, catalogação e mineração de informações.

1.4.5 Tipologias de IA alusivas à dimensão "Modelos de Inteligência Artificial"[175]

Modelos de Inteligência Artificial são a representação computacional de todo ou parte do ambiente externo, englobando processos, objetos, ideias, pessoas e interações. As nodais características incluem: o tipo técnico de IA; como o modelo é construído (*expert AI*, *machine learning* ou ambos); e como é usado (a que objetivos e medidas de desempenho). O grau no qual a IA evolui em resposta a dados é relevante para políticas públicas e regimes de proteção ao consumidor, especialmente para sistemas que podem aprender a partir de suas interações e evoluir com o tempo. Entender como o modelo foi desenvolvido e é usado se torna essencial para atribuir funções, regular deveres e responsabilidades dos agentes e gerenciar seus riscos.

São critérios averiguados nessa dimensão: a disponibilidade de informações sobre a IA; se o modelo é simbólico (com regras geradas apenas por humanos), estatístico (movido por dados) ou híbrido; se a IA é de código aberto ou fechado (quando houver proprietário), e se gerenciado pelo proprietário ou terceiros; se o modelo é discriminatório, generalizador ou ambos; se é composto por um modelo singular ou modelos interligados; se aprende baseado em regras escritas por humanos, a partir de dados e *inputs*, por aprendizado supervisionado ou reforço de aprendizagem; se evolui e adquire novas habilidades ao interagir com novos dados "no campo"; se é treinado de modo centralizado ou em vários dispositivos de

175. ORGANISATION FOR ECONOMIC CO-OPERATION AND DEVELOPMENT. OECD framework for the classification of AI systems. OECD Digital Economy Papers. February 2022, n. 323. Op. cit., p. 41-49.

"borda"; se o modelo de IA é universal, personalizável ou adaptado aos dados pessoais do titular-usuário; se é usado de forma determinística ou probabilística; e se as informações estão disponíveis para os usuários a permitir que entendam os *outputs* do modelo computacional inteligente.

Para examinar as variadas aplicações de IA em cenários diferentes, é mister identificar os elementos a seguir: a) a tipologia do modelo, analisando suas regras e funções analíticas; b) o processo de construção do modelo (a *otimização da IA*), visto o seu desenvolvimento "em laboratório", avaliando a espécie de aprendizado, os propósitos específicos, suas medidas de *performance* e o conjunto de dados de entrada e de treinamento; c) a etapa final de uso "no campo", no qual algoritmos de inferência geram saídas para ações do sistema, cumprindo, ou não, os seus objetivos específicos e produzindo medidas de desempenho.

A quantidade de informações disponíveis sobre os modelos usados no *design* de um sistema de IA pode fornecer indicativo primordial do grau de transparência que se espera, conforme as seguintes categorias: se são vastos e detalhados os dados, ou não há informações sobre os modelos usados para a construção do sistema. Ainda na construção do sistema de IA, verificam-se os licenciamentos associados ao modelo, que pode ter sido disponibilizado sob o regime de código aberto (o *software* é livre, o código-fonte é público e pode ser copiado, compartilhado e modificado) ou fechado (direito de propriedade de determinada pessoa), que visa proteger, parcial ou plenamente, os direitos de propriedade intelectual envoltos em P&D.

Há algumas repercussões fáticas, éticas e legais relativas à escolha entre um sistema de IA de código aberto ou fechado. A primeira refere-se a segredo de negócio garantido tão-só às hipóteses em que o código-fonte for fechado, resguardado por normas concorrenciais e pela LGPD (Lei nº 13.709/2018), que, no art. 6º, VI, elenca o princípio da transparência como regra de garantia, a titulares de dados, de informações claras, precisas e facilmente acessíveis sobre o tratamento e seus respectivos agentes, excepcionando os segredos de negócio, assim como o fazem o art. 9º, II, o art. 18, V, e o art. 20, §§1º e 2º, dentre outros dispositivos da lei.

Assim, um sistema de código aberto pode ser usado livremente por qualquer pessoa ou organização, sem a necessidade do pagamento de *royalties* aos desenvolvedores ou de obter permissão ou licença de uso por parte dos proprietários. A escolha entre um código aberto ou fechado implica em questões jurídicas sobre patentes, licenças de *software*, responsabilização e conformação com as regulamentações cabíveis. Um sistema de IA de código aberto permite a colaboração de vários desenvolvedores que, além de compartilharem a responsabilidade por danos causados pela aplicação de Inteligência Artificial, propiciam o seu aprimoramento mais célere. Por sua vez, em um sistema de código fechado, todo o desenvolvimento, a evolução e a responsabilidade recaem sobre quem o criou, e por ser estritamente privado, sem interação pelos usuários, restará, muitas vezes, inviável a compreensão de seus processos decisórios.

No que concerne à explicabilidade do sistema de IA, categorização crucial refere-se à complexidade do *design*, ou seja, da concepção projetada. Quanto mais complexo o modelo, mais difícil será explicá-lo e fazem com que as pessoas afetadas entendam como o *output* foi alcançado. Nesse contexto, sistemas de IA podem ser simbólicos, estatísticos ou híbridos. O modelo de IA simbólico ou baseado em conhecimento, muito recorrente para otimizar tarefas e planejamento, usa representações matemáticas, lógicas e direcionadas a eventos, geradas por humanos, para inferir conclusões a partir de um conjunto de variáveis – por exemplo, agentes como humanos; entes como fábricas; objetos como máquinas; e outras variáveis de estoque –, que incluem regras e algoritmos, a depender de descrições explícitas e outras inter-relacionais.

Em contrapartida, modelos estatísticos de IA identificam padrões baseados em dados, ao invés de cognição humana especializada. O modelo simbólico é utilizado em julgamentos baseados em princípios, como raciocínio lógico e diagnósticos; enquanto usa-se o estatístico em julgamentos intuitivos, como no reconhecimento de padrões e na classificação de objetos. A primeira equivaleria à "faculdade da razão e do entendimento"; a última à "faculdade de sensibilidade" nos termos da epistemologia kantiana[176].

Por fim, muitos sistemas de IA combinam modelos simbólicos e estatísticos, dando ensejo a sistemas de IA híbridos. Por exemplo, os algoritmos de processamento de linguagem natural (PLN)[177], em geral, combinam

---

176. MARUYAMA, Yoshihiro. Symbolic and statistical theories of cognition: towards integrated artificial intelligence. In: *Software Engineering and Formal Methods* – SEFM 2020 Collocated Workshops. ASYDE, CIFMA, and CoSim-CPS. Amsterdam – The Netherlands, September 14–15, 2020. Revised Selected Papers 18. Springer International Publishing, 2021, p. 129-146.

177. Em livre tradução: "Ensinar computadores a entender a linguagem humana tem sido um objetivo dos cientistas da computação. A linguagem natural das pessoas ao falar umas com as outras é complexa e depende do contexto. Embora humanos possam entender instintivamente que palavras diferentes são faladas em casa, no trabalho, na escola, em uma loja ou em um prédio religioso, nenhuma dessas diferenças é aparente para um algoritmo de computador. Ao longo de décadas de pesquisa, cientistas de Inteligência Artificial (IA) criaram algoritmos que começam a atingir algum nível de compreensão. Embora as máquinas possam não dominar algumas das nuances e múltiplas camadas de significado, elas podem compreender suficientemente os pontos importantes e úteis na prática. Algoritmos que

abordagem estatística, baseada em vasta quantidade de dados matemáticos, e simbólica, que visa fatores como a gramática. Os sistemas híbridos, que combinam modelos baseados em dados e experiência humana, são a alternativa promissora que supera os limites de cada modelo. Podem fornecer visibilidade em situações complexas ou em ambientes com muitas interações e ajudam a prever acontecimentos segundo cálculos preditivos estatísticos e a promover o crescimento e o bem-estar inclusivos e sustentáveis.

Após a análise das regras e funções analíticas de um modelo, passa-se ao processo de construção ou otimização do modelo de IA, visto o seu desenvolvimento computacional "em laboratório" e com foco nos propósitos e medidas de desempenho (por exemplo, precisão, recursos para treinamento e representatividade do conjunto de dados), usados para orientar o *design* do sistema. O aprendizado de máquina contém inúmeras técnicas, desde regressões lineares e logísticas, árvores de decisão e análise de componentes principais até redes neurais profundas. O modelo de IA de aprendizado de máquina – como conjunto de técnicas que permite que as máquinas aprendam de forma automatizada por meio de padrões e inferências ao invés de instruções explícitas de um ser humano – pode ser construído com dados rotulados ou não, resultando em diferentes padrões, que a ensinam a chegar a um resultado, mostrando-lhe uma vasta gama de exemplos de resultados corretos. No entanto, também podem definir um conjunto de regras e deixar a máquina aprender por tentativa e erro.

É possível ainda que sejam grosseiramente agrupados de acordo com a ênfase disposta na ciência codificada ou na aquisição de conhecimento aprendida pela máquina. Diante disso, os modelos podem ser mais dependentes de finalística e detalhada codificação humana passo-a-passo – requerendo que programadores construam estruturas de decisão compreensíveis por humanos para traduzir a complexidade do mundo real e ajudar as máquinas na tomada de decisões automatizadas –, perpassando por aprendizado supervisionado, semi-supervisionado, não supervisionado e por reforço – aspectos tais previamente abordados nesse capítulo –, até os modelos construídos por dados aprimorados por conhecimento codificado por humanos.

---

se enquadram no rótulo "processamento de linguagem natural (NLP)" são implantados em funções industriais e residenciais. (...) Dispositivos de IA de empresas como Google e Amazon rotineiramente ouvem e respondem a perguntas quando abordadas com a palavra de gatilho certa." (VENTURE BEAT. What is natural language processing (NLP)? Definition, examples, techniques and applications. Disponível em: https://venturebeat.com/convo-ai/what-is-natural-language-processing/. Acesso em: 12.05.2023).

Esses últimos, que simbolizam a quarta onda da IA de Kai-Fu Lee, são sistemas híbridos de AI, que combinam conhecimento codificado por humanos com conhecimento adquirido dos dados "no campo". Exemplo comum é o dos carros autônomos, frequentemente construídos usando complexos conjuntos de normas de trânsito e outras regras codificadas "em laboratório" por humanos sobre como conduzir o veículo – definindo as curvas aceitáveis, os limites de velocidade, os aspectos relacionados à tolerância de frenagem, etc. –, então, combinados com sistemas de visão tipicamente baseados em redes neurais artificiais, que adquiriram suas capacidades por meio de aprendizado supervisionado "no campo".

É manifesta a relevância dessa classificação da IA, mormente em face de um caso concreto em que tenham sido verificados danos a terceiros causados pelo desenvolvimento e/ou uso do modelo de IA. Assim como humanos são tão bons quanto os mentores e ídolos que o inspiraram e moldaram, os sistemas de IA são tão bons quanto os dados que os treinaram e o *input* de especialistas que os construíram e os alimentaram de informações[178].

Haja vista as referências às expressões "em laboratório" e "no campo", é oportuna a elaboração, neste ponto, acerca da classificação da Inteligência Artificial quanto à evolução do modelo "no campo". Trata-se de categorização aplicável apenas a sistemas de aprendizado de máquina e aprendizado profundo, uma vez que modelos especialistas (*expert systems*), como já visto, não possuem aptidão para interagir diretamente com os dados, sendo o seu *dataset* estático, não sujeito a mudanças "no campo", ou seja, são modelos que recebem um conjunto de dados de entrada, assumindo padrões e associações somente a partir dele.

Nos modelos com aprendizado de máquina é possível a evolução da sua base de dados e de seus resultados durante a operação, por meio de interação ativa com o ambiente designado, inclusive podendo configurar hipóteses de aprendizado descontrolado. Exemplo disso é o braço robótico que aprende a realizar tarefas, como pegar um copo, repetidamente tentando executá-la e recebendo um *feedback* interativo sobre quais movimentos foram bem-sucedidos e quais não foram. Por outra via, também admitem-se

178. Os sistemas de IA podem fazer previsões sobre dados semelhantes àquelas com os quais foram treinados, dos quais derivam associações e padrões que podem falhar em configurações significativamente distintas daqueles encontrados no treinamento. A rotulagem da amostragem de dados é um processo de marcação de amostras de dados, que requer interferência humana para construir dados de treinamento, tornando-se etapa crítica do design da IA, que pode exigir explicabilidade em contextos como moderação de conteúdo, nos quais a atribuição de um rótulo como "desinformação" ou "violento" terá profundas implicações sociais.

casos em que a evolução, na fase operacional da IA, se dê por interação passiva, quando o modelo recebe o fluxo contínuo de dados "no campo"[179] (por exemplo, as oscilações de preços de ações na Bolsa de Valores), que o sistema não pode afetar, mas aos quais precisa se adaptar constantemente.

A gradação evolutiva de um modelo de IA em resposta às interações ativas e passivas "no campo" é, particularmente, relevante quando averiguadas mudanças de *outputs* sofridas e os comportamentos imprevistos que poderão ser adotados pela máquina ao longo do tempo, repercutindo em fatores de base principiológica da IA como segurança, robustez, prestação de contas e imputação de responsabilidade por prejuízos eventualmente sofridos por terceiros. Assim, modelos que usam dados estáticos são, comparativamente, mais estáveis. Pode haver um *trade-off* entre a natureza adaptável de um sistema de IA (se o modelo evolui "no campo" com base nas interações com o ambiente) e a qualidade de seus resultados. A necessidade de se avaliar tal compensação pode ser mais aguda com dados em tempo real, pois dados mais conflitantes podem chegar mais rápido, criando risco adicional de afetar os *outputs* gerados.

Seguindo essa linha, nos modelos universais de IA, o desenvolvedor fornece a vários atores ou partes interessadas de IA (por exemplo, implantadores, operadores, usuários) o acesso a um único modelo pré-treinado, ao passo que, nos modelos de IA personalizáveis, o desenvolvedor fornece um modelo que pode ter seus dados treinados novamente por outros atores de IA, por exemplo, usando dados diferentes. Nessas hipóteses, compreender como foi desenvolvido e/ou mantido é fundamental para atribuir funções e imputar responsabilidades ao longo do gerenciamento de riscos. Aquele que treinou e manteve o modelo universal terá melhores condições de avaliar aspectos de gestão de riscos do modelo durante seu ciclo de vida. Porém, em sistemas personalizáveis, as principais responsabilidades na gestão de riscos, geralmente, serão imputadas à pessoa ou organização que retreinou ou customizou o modelo.

179. Em livre tradução, "os defensores da visão do mundo Dataísta percebem todo o universo como um fluxo de dados, veem nos organismos algo como algoritmos bioquímicos, e acreditam que a vocação cósmica da humanidade é criar um sistema de processamento de dados abrangente – e depois fundir-se a isto (...). Todos os dias, absorvo inúmeros bits de dados através de e-mails, telefonemas e artigos, processo os dados e transmito de volta novos bits através de mais e-mails, telefonemas e artigos. Eu realmente não sei onde me encaixo no grande esquema das coisas e como meus bits de dados se conectam com os bits produzidos por bilhões de outros seres humanos e computadores. Não tenho tempo para descobrir, porque estou muito ocupado respondendo e-mails. Esse fluxo de dados implacável gera novas invenções e interrupções que ninguém planeja, controla ou compreende." (FT MAGAZINE. Yuval Noah Harari on big data, Google and the end of free will. 2016. Disponível em: https://www.ft.com/content/ 50bb4830-6a4c-11e6-ae5b-a7cc5dd5a28c. Acesso em: 07.01.2023).

Na tentativa de encerrar as classificações, porém, tendo ciência de que tal afirmação é incongruente em seus próprios termos e que é hercúleo o trabalho categorizador desatualizado já em seu nascedouro, perscruta-se, por último, que o impacto mais tormentoso dos modelos de IA é a possibilidade da máquina realizar inferências, através de um treinamento, a partir de dados ou codificado manualmente, do qual deriva previsão, recomendação ou outro *output* baseado em novos dados para que não foi treinado. Diferentes táticas de inferência, projetadas a aprimorar tarefas específicas ou otimizar medidas de desempenho como robustez, precisão, velocidade, métricas de negócios, entre outros, podem ser utilizadas para produzir resultados variados dentro do mesmo modelo. Tal inferência pode ser determinística ou probabilística.

A inferência determinística ocorre quando resultados do modelo podem ser totalmente determinados pelos valores dos parâmetros de treinamento da máquina e a variação aleatória não é admitida. São modelos que seguem regras precisas (na fórmula se/então) e geram um resultado único. Se, "em laboratório", a variação aleatória estiver presente no contexto econômico em que o modelo será operado, então a inferência probabilística se mostrará mais adequada, uma vez que quantificam as incertezas. Deve-se considerar, pois, a variedade de métodos existentes para, então, comparar e selecionar diferentes estratégias de inferência. Além disso, os sistemas de IA podem combinar modelos determinísticos e probabilísticos.

Ante essa miríade classificatória, alguns elementos têm que estar, irremediavelmente, presentes e integrar a conceituação de sistema de Inteligência Artificial, não importando os avanços tecnológicos porvir. Enquanto a ordem jurídica não superar lacunas conceituais ora apresentadas – mormente no que concerne a sistemas de IA e algoritmos – poderá se sujeitar a argumentos falaciosos de inadequação do fato à norma jurídica, deixando a vítima de danos causados por tais sistemas à mercê da assimetria de poder que, inegavelmente, existe entre os usuários finais de tecnologias inteligentes lesados e os fornecedores e operadores da IA.

Tecnicamente, a Inteligência Artificial, em si, consiste em uma área do conhecimento inserida nos estudos da ciência da computação. Todavia, restarão desabrigados do respaldo do Direito os lesados por seus modelos enquanto não enfrentada a árdua tarefa de defini-los, por restar provado que algumas classificações ora explicitadas impactam a disciplina jurídica do tema, e por isso deverão constar do conceito. Haja vista os critérios, tipologias, comparações e correlações já compilados, propõe-se a definição de sistema de Inteligência Artificial a seguir:

É um sistema baseado em máquina, com variados níveis de autonomia e de prontidão tecnológica e diferentes graus de riscos, programado por codificação, aberta ou fechada, para emular aspectos da cognição humana utilizando algoritmos computacionais que o tornam capaz de atingir um conjunto de propósitos específicos, através de lógica, aprendizado de máquina, sensores ou outra forma de captação do meio ou representação do conhecimento, cujos dados e entrada de dados podem ser provenientes de máquinas ou humanos, com o fim de perceber ambientes, reconhecer ou gerar conteúdo, reproduzir linguagem escrita ou falada, detectar eventos e/ou padrões, abstrair percepções em modelos, simbólicos ou estatísticos, simular sentidos, produzir previsões, recomendações e/ou decisões algorítmicas ou fornecer outros resultados, previsíveis ou não, que possam influenciar o ambiente virtual e/ou real.

Além disso, não se confunde com mera automação, nem se resume aos conceitos de *software* e *hardware*. E com os avanços tecnológicos, a autoridade central, periodicamente, deverá atualizar a lista de sistemas que se adéquam a essa definição, sem prejuízo que agência reguladora ou ente público especializado amplie o rol direcionado a um determinado setor.

Encerra-se o primeiro capítulo com a compreensão da importância de se legislar sobre sistemas de Inteligência Artificial e de se estabelecer o objeto dessa regulação jurídica a partir de uma definição dinâmica de sistema de Inteligência Artificial, que faço o uso apropriado de técnicas legislativas que observem a historicidade do Direito. Isso porque o alvo regulatório é indiscutivelmente plástico e variante, além de extremamente disruptivo. No entanto, nem por isso a sua abordagem regulatória poderá se dissociar de uma funcionalização antropocêntrica.

Esse conceito maleável necessita ser pautado no reconhecimento da diversidade de tipologias de modelos de IA e na consequente multiplicidade de benefícios e também níveis de riscos e questões jurídicas problemáticas, em atenção às variadas classificações elucidadas e distinções conceituais entre termos correlatos, que, malgrado estejam interligados dentro do englobante campo científico da Inteligência Artificial, são, tecnicamente, não sinônimos.

Capítulo 2

AS MATRIZES DE RISCO DA INTELIGÊNCIA ARTIFICIAL À LUZ DO MAPEAMENTO DE SUA BASE AXIOLÓGICA

Na Sociedade Informacional, os dados desempenham papel fundamental na tomada de decisões, nos modelos de negócio e na criação de valor. A Internet impulsionou a ascensão da Economia de Dados, do *Big Data* e dos avanços em Inteligência Artificial, que anunciam não só a nova era da computação, mas uma desvalorização profunda de axiomas constitucionais. Outrossim, a IoAI automatizou funções e hoje monitora a vida cotidiana de modo onipresente. Tais ferramentas propiciam mudanças sofisticadas no comportamento individual e coletivo, mormente de grupos vulneráveis e suscetíveis a influências externas, como consumidores e eleitores[1]. Demandam ainda um alto custo social face à erosão da confiança nas instituições democráticas, à falta de controle sobre os próprios dados[2] e à resultante perda de autonomia.

Nos Estados Unidos da América, o centro de pesquisas *Berkman Klein Center for Internet & Society*[3], da Universidade de Harvard, realizou,

1. MANHEIN, Karl M.; KAPLAN, Lyric. Artificial Intelligence: risks to privacy and democracy (October 25, 2018). *21 Yale Journal of Law and Technolog*, v.106 (2019), Loyola Law School, Los Angeles Legal Studies Research Paper n. 2018-37. Disponível em: https://papers.ssrn.com/sol3/papers.cfm?abstract_id=3273016. Acesso em: 19.05.2023.

2. "O sucesso das definições de privacidade baseadas no princípio do *control of information about oneself* se explica justamente pelo fato de que elas colocavam em evidência a novidade representada pela atribuição aos interessados de um poder autônomo de controle. De fato, apesar das críticas as quais foram submetidas, são justamente essas definições que correspondem melhor à técnica usada pelas leis sobre proteção de dados, que ofereceram uma versão dinâmica dos poderes de controle sobre as informações através da previsão de um direito de acesso." (RODOTÀ, Stefano. *A vida na sociedade da vigilância*: a privacidade hoje. Maria Celina Bodin de Moraes (org.). Tradução de Danilo Doneda e Luciana Doneda. Rio de Janeiro: Renovar, 2008, p. 46-47).

3. BERKMAN KLEIN CENTER FOR INTERNET & SOCIETY AT HARVARD UNIVERSITY. *Principled Artificial Intelligence*: mapping consensus in ethical and rights-based approaches to principles for AI. Harvard

no início de 2020, o mapeamento de 36 documentos internacionais para verificar o consenso sobre os princípios da Inteligência Artificial. Além de outros interesses setoriais, foi revelado crescente consenso da comunidade internacional a respeito de oito princípios: (i) *accountability*; (ii) privacidade; (iii) segurança e proteção; (iv) transparência e explicabilidade; (v) justiça, equidade e não discriminação; (vi) controle humano das tecnologias de Inteligência Artificial; (vii) responsabilidade profissional; e (viii) promoção de valores humanos frente aos riscos apresentados por sistemas de IA.

Após aludida base axiológica ter sido discutida no Japão pela primeira vez em 2017, durante a *AI Network Society Conference MIC*[4], os tópicos foram levados a debates mais pungentes junto à Comissão Europeia de Princípios da IA, centrados no ser humano e visando um projeto de diretrizes de P&D de IA para discussões internacionais e o *Draft AI Utilization Principles* (em síntese, um rascunho de princípios para o uso desses modelos).

Foi estabelecido, em 2019, pela OCDE um arcabouço principiológico para pesquisa, desenvolvimento, implantação e uso de sistemas de Inteligência Artificial[5]: a) crescimento inclusivo, desenvolvimento sustentável e bem-estar, com alusão à privacidade, à autonomia e à proteção de dados pessoais; b) valores centrados no ser humano, justiça e equidade; c) transparência e explicabilidade; d) proteção, segurança e robustez; d) *accountability*.

Os princípios de Inteligência Artificial, delineados pela OCDE, dedicam-se a como os os agentes de IA devem moldar a abordagem regulatória centrada no ser humano. Percebido o *OECD AI Principles* como instrumento jurídico, os princípios representam aspiração comum dos países aderentes. Além de fixar base axiológica mundialmente replicada, também define orientações para políticas públicas sobre IA, como a continuidade nos investimentos em P&D de aplicações éticas de IA, a promoção de ecossistema digital compatível com seus distintos tipos, a capacitação humana, a transição do mercado de trabalho e a cooperação internacional.

Publications, Ethics and Governance of AI, 2020. Disponível em: https://cyber.harvard.edu/publication/2020/principled-ai. Acesso em: 08.03.2023.

4. ORGANISATION FOR ECONOMIC CO-OPERATION AND DEVELOPMENT. Japan's AI Utilization Guidelines: an initiative for implementing the OECD AI Principles. Disponível em: https://oecd.ai/en/wonk/japans-ai-utilization-guidelines-an-initiative-for-implementing-the-oecd-ai-principles. Acesso em: 18.03.2023.

5. ORGANISATION FOR ECONOMIC CO-OPERATION AND DEVELOPMENT. *OECD AI PRINCIPLES*, 2019. Disponível em: https://oecd.ai/en/ai-principles. Acesso em: 18.03.2023.

> Os princípios são, portanto, normas que atribuem fundamento a outras normas, por indicarem fins a serem promovidos, sem, no entanto, preverem o meio para a sua realização. Eles apresentam (...) alto grau de indeterminação, não no sentido de mera vagueza, (...) mas no sentido específico de não enumerarem exaustivamente os fatos em presença dos quais produzem a consequência jurídica ou de demandarem a concretização por outra norma, de modos diversos e alternativos[6].

Todavia, não basta que sejam positivados os princípios da IA, é preciso concretude para que se transmutem em direitos com máxima exequibilidade por seus titulares, sob pena do agravamento de justificadas inquietações dos especialistas em IA e das implicações lesivas decorrentes do desenvolvimento e uso de modelos de IA na Sociedade da Vigilância. Assim, esforços regulatórios devem ser exercidos para amparar esse sustentáculo principiológico.

São distintas as matrizes de riscos da Inteligência Artificial conforme a tipologia do modelo de IA, as etapas de desenvolvimento e seus níveis de autonomia, entre outros fatores. Em uma abordagem regulatória antropocêntrica, definir a parametrificação axiológica para a P&D de IA é listar, minimamente, os valores a se proteger prioritariamente. Nesse diapasão, suas matrizes de risco devem se alicerçar nesses princípios. Com vistas ao mapeamento do consenso internacional sobre os princípios da IA, corroborado pelo guia orientativo europeu *OCDE Princípios da IA*, serão abordadas, neste capítulo, as matrizes de risco da IA a partir de um estudo pragmático sobre a importância e os perigos da violação desses pilares axiológicos.

Com relação a tipologias de IA, as matrizes de risco devem ser baseadas em diferentes categorias de sistemas de Inteligência Artificial, aspectos já estudados no capítulo precedente. Cada tipo de IA tem suas próprias características e riscos específicos, que, após classificado, permite a identificação e gradação do risco, a ser demonstrado no capítulo subsequente. Desse modo, as matrizes de risco são ferramentas úteis a avaliar os perigos associados aos modelos de IA e garantir que sejam desenvolvidos e usados de maneira ética, confiável e responsável.

Ao apontar ubiquidade, opacidade, poder de persuasão e influência comportamental propiciados por modelos de IA, será este estudo capaz de demonstrar o quão substancial é a calibragem de riscos de sistemas de IA

6. ÁVILA, Humberto. *Teoria dos princípios*: da definição à aplicação dos princípios jurídicos. 18.ed. São Paulo: Malheiros, 2018, p. 155.

segundo um elenco de matrizes centrado na dignidade humana e fixado sob a égide dos princípios da IA reconhecidos internacionalmente, com o fim de regular adequadamente o regime de responsabilidade civil por danos causados pela IA.

Os princípios da Inteligência Artificial são, então, o assentado caminho sobre o qual as matrizes de riscos serão a seguir explanadas de forma ilustrada por diversificados sistemas de IA e suas repercussões jurídicas na sociedade brasileira e na realidade estrangeira, tendo como destino a gradação dos riscos conforme as diferentes tipologias de tecnologias de IA.

2.1 Privacidade: o controle de dados pessoais como forma de exercício de poder sobre o consumidor de produtos e serviços dotados de IA

Sob a perspectiva grega clássica, a concepção de privacidade e intimidade afigurava-se como condição de privação de vida voltada à satisfação de necessidades básicas, desprovida da liberdade política própria de espaços públicos. Tal entendimento diverge, frontalmente, da visão individualista própria da modernidade, como o direito de ser deixado em paz (*the right to be left alone*), liberto de interferências externas em escolhas existenciais[7]. O paradigma do "zero-relacionamento" como noção hodierna de privacidade surge como a quintessência da ausência de comunicação, mantendo a esfera particular do indivíduo em seu pleno gozo[8].

Em verdade, a privacidade molda-se conforme suas bases culturais, sociais e políticas, razão pela qual deve ser compreendida como uma compreensão cultural induzida no tempo e espaço. Nesse sentido, assume contornos variados a depender do dinamismo das experiências normativas em diferentes lugares do mundo, tornando-se conceito ajustável a particularidades de cada ordenamento jurídico. Sob a ótica da legalidade constitucional, visa-se atender tanto ao perfil estrutural (como é) quanto ao funcional (para que serve)[9] dos fenômenos jurídicos.

Essa ideia de privacidade marcou a história da sociedade burguesa estadunidense com a publicação de Samuel Warren e Louis Brandeis inti-

---

7. DONEDA, Danilo. *Da privacidade à proteção de dados pessoais*: fundamentos da Lei Geral de Proteção de Dados. São Paulo: Thomson Reuters, 2020, p. 18. *E-book*.

8. ROBL FILHO, Ilton Norberto. *Direito, intimidade e vida privada*: paradoxos jurídicos e sociais na sociedade pós-moralista e hipermoderna. Curitiba: Juruá, 2010, p. 57.

9. PERLINGIERI, Pietro. *Perfis do Direito Civil*: introdução ao Direito Civil Constitucional. 23.ed. Rio de Janeiro: Renovar, 2002, p. 94.

tulada "The right to privacy", veiculada em 1890 pela *Harvard Law Review*. Apreensivos com os efeitos jurídicos das tecnologias da época – embora limitados se comparados às atuais –, foram pioneiros ao abordar privacidade associada à inviolabilidade da personalidade (*inviolate personality*), referendando precedente judicial do "direito a ser deixado só", trazido pelo magistrado Thomas McIntyre Cooley[10].

Malgrado alçada a privacidade a um prisma de personalização do direito, a matriz da despatrimonialização não estava assentada. O *right to privacy* ainda possuía um componente individualista, não integrado à solidarização, com um forte viés proprietário entre as situações jurídicas patrimoniais. Enquanto dever geral de abstenção ligado à burguesia e ao apogeu do liberalismo clássico – na segunda metade do século XIX –, exsurge como privilégio adquirido por determinado grupo, em oposição a uma demanda natural inerente a cada indivíduo[11].

Somente em meados do século seguinte à publicação de Warren e Brandeis positivou-se a privacidade no art. 8º da Convenção Europeia de Direitos Humanos[12], o qual prevê o direito à vida privada e familiar e o respeito ao asilo inviolável, às correspondências e aos dados pessoais. Por um ângulo mais abrangente, o art. 12 da Declaração Universal de Direitos Humanos[13], proclamada pela Assembleia Geral das Nações Unidas em dezembro de 1948, também resguarda o indivíduo de intervenções arbitrárias em sua privacidade, família, casa e correspondência, além de salvaguardar seu nome, honra e imagem.

10. WARREN, Samuel D.; BRANDEIS, Louis D. The right to privacy. *Harvard Law Review*, v.4, n.5, 1890, p. 193-220.

11. DONEDA, Danilo. *Da privacidade à proteção de dados pessoais*: fundamentos da Lei Geral de Proteção de Dados. São Paulo: Thomson Reuters, 2020, p. 23. *E-book*.

12. "Artigo 8º (Direito ao respeito pela vida privada e familiar). 1. Qualquer pessoa tem direito ao respeito da sua vida privada e familiar, do seu domicílio e da sua correspondência. 2. Não pode haver ingerência da autoridade pública no exercício deste direito senão quando esta ingerência estiver prevista na lei e constituir uma providência que, numa sociedade democrática, seja necessária para a segurança nacional, para a segurança pública, para o bem-estar económico do país, a defesa da ordem e a prevenção das infracções penais, a proteção da saúde ou da moral, ou a proteção dos direitos e das liberdades de terceiros." (ORGANIZAÇÃO DOS ESTADOS AMERICANOS – OEA. Convenção Europeia de Direitos Humanos. Disponível em: https://www.oas.org/es/cidh/expresion/showarticle.asp?artID=536&lID=4. Acesso em: 21.05.2023).

13. "Artigo 12. Ninguém será sujeito à interferência na sua vida privada, na sua família, no seu lar ou na sua correspondência, nem a ataque à sua honra e reputação. Todo ser humano tem direito à proteção da lei contra tais interferências ou ataques." (FUNDO DAS NAÇÕES UNIDAS PARA A INFÂNCIA – UNICEF. Declaração Universal dos Direitos Humanos. Disponível em: https://www.unicef.org/brazil/declaracao-universal-dos-direitos-humanos. Acesso em: 21.05.2023).

Já em 1960, emergiu inaugural vislumbre da internet por meio de um projeto militar desenvolvido nos Estados Unidos da América. Nas duas décadas seguintes, a internet passou a ser usada em grandes centros de ensino para troca de informações entre seus pesquisadores, via correspondência eletrônica (*e-mail*). E nos anos 1990, a contar do marco inventivo da *World Wide Web* (WWW) por Tim Berners-Lee, os primeiros provedores disponibilizaram acesso à internet para o usuário comum, dando início à difusão de seu uso residencial[14].

Conduzindo no mesmo sentido da conjuntura internacional, a ordem jurídica brasileira consolidou a inviolabilidade da privacidade e da intimidade como um direito fundamental, contemplando-o no inciso X do artigo 5º da Constituição da República de 1988 (CRFB), não sendo considerado um valor meramente individual, mas elemento essencial ao funcionamento do Estado Democrático de Direito e ao livre desenvolvimento da personalidade.

Com o progressivo fluxo informacional na internet, mais traiçoeiros que as formas clássicas de invasão da privacidade, hoje os métodos de intromissão são objeto de controle na palma das mãos dos infratores e sem qualquer conhecimento – e muito menos expresso e prévio consentimento – da pessoa atingida, sendo extraídos seus dados "sem que a lesão cause uma deformidade aparente ou determine um confronto entre o agressor e a vítima"[15].

De acordo com Danilo Doneda, autor-referência sobre privacidade e proteção de dados no Brasil – a quem se presta, aqui, homenagem póstuma – a tecnologia, em confluência com as transformações no tecido social, engendrou o contexto de correlação entre informação pessoal e privacidade. O domínio informacional sempre constituiu elemento de poder no seio da sociedade, entretanto, a intensificação do fluxo de da-

14. "Já na década de 1970, Alvin Tofler apontou o surgimento de uma sociedade derivada da informação, de maneira que a ´sociedade da informação´ seria conduzida por dois relógios, sendo um relógio analógico e outro digital (...) enquanto o relógio analógico é regido pelo ´tempo físico´ – que corresponde às 24 horas do dia e 7 dias por semana e ao nosso cotidiano usual –, o relógio virtual é regido pelo ´tempo virtual´, ou seja, é um tempo que pode ser relativizado, podendo exceder os limites usuais de um dia, já que as ações podem se acumular e se realizar de forma simultânea nesse espaço-tempo (...) a sociedade da informação, que vive no mundo físico e no digital, exige que cada vez mais seus participantes executem mais tarefas, acessem mais informações, rompendo os limites de fusos horários e distâncias físicas; ações que devem ser executadas num tempo paralelo, ou seja, digital." (PINHEIRO, Patrícia Peck. *Direito Digital*. 7.ed. São Paulo: Saraiva Educação, 2021, p. 18. *E-book*).

15. DOTTI, René Ariel. Tutela jurídica da privacidade. In: DOTTI, René Ariel *et al* (org.). *Estudos em homenagem ao professor Washington de Barros Monteiro*. São Paulo: Saraiva, 1982, p. 336.

dos propiciada por Tecnologias da Informação e Comunicação (TICs)[16] e aumento de suas fontes e destinatários, influenciaram quantitativa e qualitativamente as balizas do equilíbrio entre poder, informação e controle[17]. Tal implica em identificar a nova estrutura de poder relativa a essa arquitetura informacional.

Nas últimas décadas, a centralidade da privacidade em pautas jurídicas de interesse social, em especial no universo da hiperexposição, acarretou substanciais alterações em sua concepção. Com efeito, Rodotá questiona se existe espaço para reinvenção afirmativa, ou se uma abordagem defensiva seria a única opção possível e conclui que "os dois objetivos não devem ser separados"[18]. A privacidade não mais se restringe à estrutura "pessoa-informação-segredo", típica do paradigma do *zero relationship*; muito pelo contrário, é verificada a sua reestruturação calcada no eixo "pessoa-informação-circulação-controle".

Para Foucault, em "Vigiar e Punir", são necessários às mutações vários processos que lhe armam uma base, de "modificação no jogo das pressões econômicas, de uma elevação geral do nível de vida, de um vigoroso crescimento demográfico, de uma multiplicação das riquezas e das propriedades e da necessidade de segurança que é uma consequência disso"[19]. A proteção de dados pessoais – cujas raízes se entrelaçam ao direito à privacidade e, em geral, ao fortalecimento dos direitos individuais – estruturou-se, com maior autonomia, quando o processamento de dados passou a representar um fator de risco à sociedade[20]. A privacidade e a tecnologia estabeleceram relação de interdependência ante a aptidão permanente desta de controle,

16. Embora não haja definição universal de Tecnologias da Informação e Comunicação (TICs), o termo tem sido usado para se referir a dispositivos, aplicativos e sistemas que combinados permitem a pessoas e grupos (pessoas jurídicas de direito público ou privado, agências sem fins lucrativos e até organizações criminosas) interagir no mundo digital por meio de uma infraestrutura tecnológica e de seus componentes (acesso à internet, *softwares* e *hardwares*, computação na nuvem, códigos de barra, etc.), que se servem de mecanismos e funcionalidades que otimizam o tratamento dessas informações em diversos segmentos da economia movida a dados.

17. DONEDA, Danilo. *Da privacidade à proteção de dados pessoais*: fundamentos da Lei Geral de Proteção de Dados. São Paulo: Thomson Reuters, 2020, p. 26. *E-book.*

18. RODOTÀ, Stefano. *A vida na sociedade da vigilância*: a privacidade hoje. Maria Celina Bodin de Moraes (org.). Tradução de Danilo Doneda e Luciana Doneda. Rio de Janeiro: Renovar, 2008, p. 81.

19. FOUCAULT, Michel. *Vigiar e punir*. Tradução de Raquel Ramalhete. 42.ed. Petrópolis: Ed. Vozes, 2014, p. 72.

20. DONEDA, Danilo. Panorama histórico da proteção de dados pessoais. In: DONEDA, Danilo; SARLET, Ingo Wolfgang; MENDES, Laura Schertel; RODRIGUES JUNIOR, Otavio Luiz; BIONI, Bruno Ricardo (coord.). *Tratado de proteção de dados pessoais*. Rio de Janeiro: Forense, 2021, p. 22.

direto ou indireto, das informações de todos os cidadãos, segundo sustenta Lessig[21].

Um das pioneiras demonstrações legislativas sobre a importância da relação intrínseca entre privacidade e proteção de dados revelou-se na Lei nº 12.965/2014, o Marco Civil da Internet, quando, em seu art. 3º, arrola, no inciso II, entre os princípios da disciplina do uso da internet no Brasil, a proteção da privacidade e, no inciso seguinte, a de dados pessoais, "na forma da lei" (a Lei nº 13.709/2018). Fundou sua base hermenêutica sobre três princípios – neutralidade da rede, privacidade e liberdade de expressão –, representando iniciativa original a regular os conflitos de interesses oriundos da economia de dados. No campo da privacidade, positivou direitos essenciais ao usuário da rede voltados à autodeterminação informativa[22].

O Marco Civil da Internet (MCI) afigura relevante ponto de partida aos debates sobre proteção de dados pessoais no Brasil e, consequentemente, aos primórdios vislumbres sobre regulação da Inteligência Artificial no país. Malgrado não seja especificamente direcionado à regulação da IA, nas disposições preliminares, alguns dos fundamentos (art. 2º), princípios (art. 3º), objetivos (art. 4º), conceitos (art. 5º) e diretrizes devem ser aplicados a tecnologias de IA, garantindo as bases para que seja desenvolvida e usada de forma ética e responsável.

O Parlamento Europeu, ao elucidar sobre os princípios da Inteligência Artificial[23], fez incluir o respeito à privacidade e à integridade dos dados, que podem ser comprometidos pelo uso de sistemas de IA severamente, sendo a prevenção de danos um comando a se seguir. Outrossim, a governança de dados é fundamental à qualidade, adequação e integridade dos dados, que devem ser significativos ao domínio no qual o sistema inteligente será implantado, além de estar disponíveis estritamente a pessoas autorizadas e ser processados atendendo a protocolos específicos de acesso que estabeleçam finalidades e limites precisos ao seu uso.

Consoante à posição consolidada pela Academia de Inteligência Artificial de Pequim (China), sua pesquisa e desenvolvimento, de modo confiável, devem ter como objetivo fulcral servir à humanidade e estar em conformidade com valores fundamentais e interesses sociais. Destarte, a

---

21. LESSIG, Lawrence. The architecture of privacy. *Vanderbilt Entertainment Law and Practice*. Nashville, v.1, n.1, p.56-65, jan./1999.
22. MORAES, Maria Celina Bodin de; TEFFÉ, Chiara Spadaccini de. Redes sociais virtuais: privacidade e responsabilidade civil – análise a partir do Marco Civil da Internet. *Revista Pensar*, Fortaleza, v. 22, n. 1, p. 108-146, jan.-abr./2017.
23. ORGANISATION FOR ECONOMIC CO-OPERATION AND DEVELOPMENT. *OECD AI PRINCIPLES*, 2019. Disponível em: https://oecd.ai/en/ai-principles. Acesso em: 18.03.2023.

China salvaguarda a dignidade humana e seus consectários, privacidade, liberdade e autonomia durante todo o ciclo de vida da IA e faz crucial que os profissionais envolvidos, nesse ciclo, sejam treinados e incentivados a considerar os impactos sociais e éticos de suas ações, cumprindo diretrizes rigorosas, controladas e centradas na proteção de direitos[24].

À vista da assimetria informacional e de poder entre os titulares de dados pessoais e os agentes de tratamento, apreende-se o deslocamento da inviolabilidade da vida privada rumo à consolidação de um direito fundamental à proteção de dados pessoais e da dimensão coletiva da privacidade[25]. Pasquale[26] leciona que o fenômeno do *one way mirror* é uma das faces do capitalismo movido a dados, eis que um agente sabe tudo sobre o outro e sobre ele o outro nada sabe. Sendo a privacidade e a proteção de dados pessoais direitos fundamentais ligados umbilicalmente, necessitam como base transparência, governança e sindicabilidade de dados.

> Não seria exagero dizer que, na atualidade, todos os aspectos da vida humana, tanto em sua dimensão individual, como em sua dimensão coletiva, são direta ou indiretamente afetados pela coleta e pelo tratamento de dados. Daí a necessidade de um sistema protetivo que, longe de se preocupar apenas com a tutela da privacidade em um sentido mais clássico, vinculado à intimidade, possa compreender a proteção de dados vinculada á autodeterminação informativa e a direitos fundamentais da mais alta importância, tais como a liberdade, a igualdade e a própria cidadania. (...). Logo, longe de se restringir apenas à economia, as discussões sobre o tratamento de dados apresentam importantes consequências também para a política, a sociedade e as próprias dimensões existenciais dos cidadãos, que passam a sofrer riscos cada vez mais graves conforme avança o capitalismo movido a dados[27].

Mais interessantes que os dados de titular único são o volume, a variedade e a massiva coleta permanente de dados de uma vultosa diversidade de

24 CORTIZ, Diogo; BURLE, Caroline. *Mapeamento de princípios de inteligência artificial*. São Paulo: Núcleo de Informação e Coordenação do Ponto BR – NIC.BR, 2020, p. 7. Disponível em: https://acervo.ceweb.br/acervos/conteudo/8d5a37ce-dfa2-47c2-90e1-7a008ec9e051. Acesso em: 12.05.2023.

25. KORKMAZ, Maria Regina Detoni Cavalcanti Rigolon. *Revisão de decisões automatizadas na Lei Geral de Proteção de Dados Pessoais*. Tese (Doutorado em Direito Civil). Faculdade de Direito da Universidade do Estado do Rio de Janeiro (UERJ). Rio de Janeiro, 2022, p. 49-51.

26. PASQUALE, Frank. *The black box society*: the secret algorithms that control money and information. Cambridge: Harvard University Press, 2015, p. 9-10. *E-book*.

27. FRAZÃO, Ana. Propósitos, desafios e parâmetros gerais dos programas de *compliance* e das políticas de proteção de dados. In: FRAZÃO, Ana; CUEVA, Ricardo Villas Bôas (coord.). *Compliance e políticas de proteção de dados*. São Paulo: Revista dos Tribunais, 2021, p. 34-35. *E-book*.

pessoas que, agrupados, minerados e analisados podem influenciar escolhas e até manobrar a opinião pública, produzindo efeitos desconcertantes ao plano existencial individual e à democracia em geral. Diferente do regime disciplinar, "não são *corpos e energias* que são explorados, mas *informações e dados* (...) em capitalismo de vigilância e degrada seres humanos (...) em *animais de consumo e dados*"[28].

Se os dados movem a economia, o seu controle deve ser enxergado como exercício de poder, mormente sobre os sujeitos de direitos mais vulneráveis nessa dinâmica de forças, os consumidores de produtos e serviços dotados de IA, frente a uma sociedade que traça o seu perfil, conhece os seus anseios e lhe sugere, de modo invisível, comportamentos e ideologias. "*Ser agarrado conceitualmente* pelo que se sobrepõe faz com que este se abra naquele. O poder absoluto não necessita de violência (...) está baseado em uma submissão *livre*"[29].

2.1.1 Modelos de negócios na Sociedade Informacional: uma proposta de privacy by design *para desenvolvimento, implementação e uso de IA*

De acordo com a *Harvard Business Review*, um modelo de negócios pode ser referido como "um termo de arte". Para Michael Lewis, na obra "The New, New Thing", as pessoas sentem que podem reconhecer quando o veem, todavia, não conseguem traçar uma definição. O modelo de negócios voltado à internet atrai milhões de acessos ao conteúdo de um *website* e depois vende a fornecedores e comerciantes a chance de anunciar em suas páginas virtuais. Faz-se, como constata Peter Drucker em sua "teoria do negócio", de 1994, suposições sobre como a empresa é paga, malgrado não tenha mencionado o termo "modelo de negócios"[30].

A nova era digital induz o surgimento de modelos de negócios jamais imaginados na era analógica, tanto em vista dos bens e serviços transacionados (marcadamente os intangíveis e de fácil reprodução) quanto em termos de alcance. Exemplo emblemático de sucesso é o das plataformas digitais, entendidas como modelos de negócio que fornecem meios à interação de, ao menos, dois polos, agregando-os, mantendo-os em contato

28. HAN, Byung-Chul. *Infocracia*: digitalização e a crise da democracia. Tradução de Gabriel Salvi Philipson. Petrópolis – RJ: Editora Vozes, 2022, p. 7.
29. HAN, Byung-Chul. *O que é poder?* Tradução de Gabriel Salvi Philipson. Petrópolis – RJ: Editora Vozes, 2019, p. 118.
30. OVANS, Andrea. *What is a business model?* Harvard Business Review, 2015. Disponível em: https://hbr.org/2015/01/what-is-a-business-model. Acesso em: 21.03.2023.

mútuo e criando *networks* escaláveis e com efeitos de rede, em um ambiente globalizado que demanda hiperconexões.

Ante a disparidade de poder entre os modelos de negócios e seus usuários, o horizonte de incertezas e ignorância digital requer mecanismos mais eficazes de tutela da privacidade. É premente proteger o titular de dados pessoais de pressões indesejadas, interferências externas (e até subliminares) e abusos de direito e poder. O titular de dados pessoais é o protagonista nesse cenário, é ele quem deve conduzir a narrativa da proteção de suas próprias informações.

"O comércio de dados pessoais como modelo de negócios está sendo cada vez mais exportado para (...) [a] sociedade da vigilância[31], ou capitalismo de vigilância"[32], transformando cidadãos em usuários. Num Estado Democrático de Direito, não é aceitável que um sistema econômico seja alicerçado sobre a burla de valores fundamentais, como, por exemplo, o rebaixamento da privacidade do usuário como moeda de troca ao acesso liberado de todas as funcionalidades de um sistema de Inteligência Artificial.

Todavia, a realidade é que, no mundo das *smarthouses* (casas inteligentes), ao acordar, o cidadão desliga o despertador em seu *smartwatch* (relógio inteligente) e verifica as horas. E não apenas elas, mas também batimentos cardíacos, pressão arterial, temperatura corporal, controle de calorias, qualidade do sono (a média de horas dormidas e os índices de sono leve e profundo) e outros dados pessoais de saúde dispostos na base de dados desse único *wearable* (tecnologia vestível)[33]. Após se levantar, pede ao assistente virtual que abra as cortinas, ligue a TV, informe as notícias ou toque uma música, e assim começa o dia do nada *smartperson* (pessoa

31. "A técnica digital da informação faz com que a comunicação vire vigilância. Quanto mais geramos dados, quanto mais intensivamente nos comunicamos, mais a vigilância fica eficiente. (...) Paradoxalmente, é o sentimento de liberdade que assegura a dominação (...) *as pessoas estão aprisionadas nas informações* (...). O presídio digital é transparente. A loja modelo da Apple em Nova Iorque é um cubo de vidro." (HAN, Byung-Chul. *Infocracia*: digitalização e a crise da democracia. Tradução de Gabriel Salvi Philipson. Petrópolis – RJ: Editora Vozes, 2022, p. 13-15).

32. VÉLIZ, CARISSA. *Privacidade é poder*: por que e como você deveria retomar o controle de seus dados. Tradução de Samuel Oliveira. 1.ed. São Paulo: Editora Contracorrente, 2021, p. 23.

33. "O *quantified self* também referencia essa crença. O corpo é equipado com sensores que registram dados automaticamente. São medidos a temperatura corporal, os níveis de glicose no sangue, a ingestão e o consumo de calorias, os deslocamentos ou os níveis de gordura corporal. (...) o desempenho e a eficiência (...) [e]stados de ânimo, sensações e atividades cotidianas também são registrados. O desempenho corporal e mental deve ser melhorado através da autoaferição e do autocontrole. (...) O lema do *quantified self* é: *Self knowledge through numbers* (autoconhecimento através dos números)." (HAN, Byung-Chul. *Psicopolítica*: o neoliberalismo e as novas técnicas de poder. Tradução de Maurício Liesen. Belo Horizonte: Âyiné, 2020, p. 83-84).

inteligente), pois, a cada comando, seus dados foram, contratualmente, coletados[34].

No universo da Internet das Coisas, em tradução do anglicano *Internet of Things* (IoT), bilhões de dispositivos físicos coletam, armazenam e compartilham dados pessoais, através da interação entre objetos cotidianos conectados à internet e equipados com sensores que captam aspectos do mundo real, como temperatura, umidade e movimento, enviando informações a empresas que as mineram e usam em seus modelos de negócios[35]. Passar o aspirador de pó em casa pode repercutir em risco à intimidade, como noticiado pelo jornal *Dailymail*: um robô aspirador *iRobot Roomba* fotografou momentos íntimos de uma mulher enquanto estava no banheiro de sua casa, sem que ela notasse, e as imagens foram compartilhadas nas redes sociais *Discord* e *Facebook*, segundo averiguado pelo *MIT Technology Review*[36].

Outro caso inusitado de captura de imagens privadas envolveu os veículos da marca Tesla com várias câmeras instaladas externamente, que objetivam garantir sua dirigibilidade e autonomia. Todavia, as imagens foram usadas para propósito diverso, tendo seus funcionários compartilhado, via sistema interno de troca de mensagens, vídeos de clientes nus abrindo e fechando seus veículos dentro da garagem interna de suas residências, inclusive de seu CEO, Elon Musk, entre outras capturas de imagens, desde acidentes a cenas da vida privada[37].

Ambas são hipóteses de vazamento de dados pessoais por humanos, porém acessados via aplicações de Inteligência Artificial. Destarte, Rodotà,

---

34. "No presídio digital como zona de bem-estar *smart* não se ergue nenhuma oposição contra o regime dominante. O *Like* exclui toda revolução. (...) O poder disciplinar repressivo dá lugar a um poder *smart*, que não dá ordens, mas *sussurra*, que não comanda, mas *nudge*, (...) *dá um toque* com meios sutis para controlar o comportamento. *Vigiar e punir*, características do regime disciplinar de Foucault, dão lugar a *motivar e otimizar*. (...) Os *followers* participam assim de uma *eucaristia digital*. Mídias sociais se assemelham a uma igreja: *Like é amém. Compartilhar é comunicação. Consumo é redenção.* (...) Consumo e identidade se tornam a mesma coisa. A identidade é, ela própria, uma mercadoria. *Big Data* e inteligência artificial constituem uma *lupa digital* que explora o inconsciente (...). *Mídia é dominação. (...) soberano é quem dispõe das informações em rede*." (HAN, Byung-Chul. HAN, BYUNG-CHUL. *Infocracia*: digitalização e a crise da democracia. Tradução de Gabriel Salvi Philipson. Petrópolis – RJ: Editora Vozes, 2022, p. 16-24).

35. MAGRANI, Eduardo. *A internet das coisas*. Rio de Janeiro: FGV Editora, 2018, p. 44.

36. DAILYMAIL. Robot vacuum cleaner took photos of woman on the toilet… and the images ended up being shared on Facebook. Disponível em: https://www.dailymail.co.uk/news/article-11562599/Robot-vacuum-cleaner-took-photos-woman-toilet-images-ended-Facebook.html. Acesso em: 26.05.2023.

37. THE TELEGRAPH. Tesla workers shared footage of naked customers taken from vehicles' cameras. Disponível em: https://www.telegraph.co.uk/world-news/2023/04/06/tesla-elon-musk-workers-videos-naked-customers/. Acesso em: 26.05.2023.

ao tracejar "o primeiro paradoxo da privacidade", assevera que "a tecnologia ajuda a moldar uma esfera privada mais rica, porém mais frágil, cada vez mais exposta a ameaças: daí deriva a necessidade do fortalecimento contínuo de sua proteção jurídica, da ampliação das fronteiras do direito à privacidade"[38].

> Lawrence Lessig faz uma comparação (...) em seu artigo "Privacy as property", publicado em 2002 (...) a Amazon mudou, no ano 2000, sua política de privacidade, de modo que os dados pessoais dos usuários, que não seriam cedidos a terceiro até então, poderiam passar a sê-lo – inclusive com efeito retroativo. Em sua defesa, a Amazon alegou que estava escrito na política de privacidade que ela poderia ser alterada a qualquer momento. Assim foi feito, e os consumidores estavam avisados. Então, Lessig compara essa situação à seguinte hipótese: imagina que você tenha deixado seu carro estacionado em um *shopping center* e recebeu um comprovante do estacionamento, (...) [com] as garantias e as limitações de responsabilidade estabelecidas pela empresa (...) [e] ressalva idêntica àquela da Amazon: "A política de uso do *shopping* pode ser alterada a qualquer tempo". Assim, ao voltar para buscar seu carro, e sendo incapaz de encontrá-lo, você é informado pelo funcionário do *shopping center* que, enquanto fazia compras, a política de uso do estacionamento havia de fato sido alterada (...) o administrador do estacionamento passava a ter o direito de vender o carro a terceiros, e essa era a razão por que ele não estava mais lá. Embora absurda, a história ilustra de modo claro como acabamos nos preocupando menos com nossos bens imateriais do que com os físicos[39].

Adicionalmente, Carissa Véliz alerta, na obra "Privacidade é poder", sobre os *cookies* sonoros, que permitem aos dispositivos instalados em

38. Rodotá afirma a existência de três paradoxos da privacidade – o primeiro no qual a esfera privada se enriquece com as novas tecnologias, mas que também a colocam em risco; o segundo no qual são categorizados certos dados pessoais como sensíveis, todavia sem natural vocação ao sigilo; e o terceiro no qual aponta a incongruência entre o simultâneo fomento ao desenvolvimento de leis para a tutela de dados pessoais e a difusão de leis sobre o acesso à informação. Identifica ainda o autor a existência de quatro tendências ao ambiente no qual se opera a noção de privacidade, sintetizando-as da seguinte forma: 1ª) do direito a ser deixado só ao de manter controle sobre os próprios dados pessoais; 2ª) da tutela da privacidade ao direito à autodeterminação informativa; 3ª) da privacidade a não discriminação; 4ª) do sigilo ao controle das informações que lhe digam respeito. (RODOTÀ, Stefano. *A vida na sociedade da vigilância*: a privacidade hoje. Maria Celina Bodin de Moraes (org.). Tradução de Danilo Doneda e Luciana Doneda. Rio de Janeiro: Renovar, 2008, p. 95-98).
39. LEMOS, Ronaldo; BRANCO, Sérgio. *Privacy by design*: conceito, fundamentos e aplicabilidade na LGPD. In: DONEDA, Danilo; SARLET, Ingo Wolfgang; MENDES, Laura Schertel; RODRIGUES JUNIOR, Otavio Luiz; BIONI, Bruno Ricardo (coord.). *Tratado de proteção de dados pessoais*. Rio de Janeiro: Forense, 2021, p. 447-458.

celulares – em especial aqueles que, por desatenção do usuário, sejam mantidos com a regra de configuração-padrão de rastreamento por localização ativado – o cruzamento de dados sobre hábitos de consumo, opiniões e rotina do usuário. "O dia inteiro você foi rastreado pelos (...) serviços de localização disponíveis para que possa receber notícias locais, o clima local ou outras informações semelhantes (...). A publicidade baseada em localização é um negócio estimado em US$ 21 bilhões"[40].

Os *cookies*[41], como regulados no Brasil, sem impor aos sites ter que fornecer a opção aos titulares de dados de pronta recusa à sua captação, infringem o sétimo fundamento de *privacy by design*. Ensina Ann Cavoukian sobre a centralização regulatória da privacidade em confidencialidade, integridade e segurança dos dados pessoais em garantia de seus titulares, cabendo aos desenvolvedores oferecerem aos usuários, prioritariamente, opções amigáveis de configurações dos *cookies*, por serem notórias ferramentas que auxiliam na formação do perfil psicográfico do usuário a partir da coleta e do processamento de seus dados de navegação.

Na sociedade capitalista nada é verdadeiramente gratuito. No regime do Capitalismo de Vigilância[42], numa economia movida a dados, a afirmação de gratuidade de determinados modelos de negócios é inegavelmente enganosa, frente ao pagamento indireto efetuado pelo titular ao conceder, às vezes voluntariamente, o acesso aos seus dados pessoais para obter, em contrapartida, produto ou serviço, sob pena de, havendo recusa, ser digitalmente excluído[43]. Até que ponto é juridicamente livre a emissão

---

40. VÉLIZ, CARISSA. *Privacidade é poder*: por que e como você deveria retomar o controle de seus dados. Tradução de Samuel Oliveira. 1.ed. São Paulo: Editora Contracorrente, 2021, p. 43-44.

41. "*Cookies* são arquivos criados por *sites* que você acessa [que] salvam informações de navegação para facilitar sua experiência *online*. Com os *cookies*, os sites podem manter seu *login*, lembrar suas preferências do *site* e fornecer conteúdo relevante localmente. Há dois tipos de *cookies*: *cookies* primários: criados pelo site que você acessa [e o] site é mostrado na barra de endereços; *cookies* de terceiros: criados por outros sites que têm uma parte do conteúdo mostrado na página, como anúncios ou imagens." Ajustando as configurações do Chrome às exigências do usuário, é possível bloquear todos os *cookies*, apenas os *cookies* de um site específico ou excluir os *cookies* sempre logo após fechar o Chrome. (GOOGLE CHROME. Central de ajuda: remover, permitir e gerenciar *cookies* no Chrome. Disponível em: https://support.google.com/chrome/answer/95647?hl=pt-BR&co=GENIE.Platform%3DDesktop. Acesso em: 27.05.2023).

42. Shoshana Zuboff, sobre as implicações das Tecnologias da Informação e da Comunicação (TICs) na era do Capitalismo de Vigilância, delineia três leis: (i) tudo o que pode ser automatizado será automatizado; (ii) tudo o que pode ser informatizado será informatizado; (iii) todos os aplicativos digitais que puderem ser usados para vigilância e controle serão usados para tais fins. (ZUBOFF, Shoshana. *The age of surveillance capitalism*: the fight for a human future at the new frontier of power. New York: Publicaffairs, 2019. *E-book*).

43. UNIVERSITY OF SOUTHERN CALIFORNIA. USC NEWS. 'Free' apps may not be so free after all: they take a big toll on your phone. Disponível em: https://news.usc.edu/79081/beware-of-an-ads-hidden-cost-s-in-free-mobile-apps/. Acesso em: 26.05.2023.

de vontade do titular de dados pessoais quando não estiver plenamente informado sobre a tipologia da IA com a qual se depara e seus riscos?

Nick Srnicek[44], ao estudar a *data driven economy*, cunhou a expressão "Capitalismo de Plataforma", em sua obra homônima, cujo desenrolar se compromete a demonstrar como emergiram os correntes modelos de negócios marcados pela exploração de dados pessoais dos usuários disponíveis em plataformas digitais e seus desdobramentos microeconômicos, além de discutir as projeções da dinâmica plataformizada. O Capitalismo de Plataforma centra-se em modelos de negócio que exploram grandes conjuntos de dados pessoais, gerando poder informacional e econômico àquelas empresas que detêm maior variedade e volume de dados.

Do reconhecimento do regime jurídico de bancos de dados, cadastros de consumidores e congêneres como de caráter público[45] até as aprimoradas técnicas de mineração de textos e dados[46], novas dimensões da privacidade necessitaram ser reavaliadas ante o novo cenário de riscos e danos no Capitalismo de Plataforma. A fusão e a mineração lhes conferem real poder! "Enquanto isolados, os conjuntos de dados individuais dispersos na rede em milhares de servidores podem fornecer *insights* limitados de informações, mas tal limitação pode ser resolvida por um processo de fusão de dados, que mescla, analisa, organiza e correlaciona"[47].

Algoritmos de perfilização analisam dados para criar perfis que direcionam conteúdo personalizado ao usuário. Assim, as plataformas exibem anúncios, recomendam conteúdo, sugerem conexões com outras pessoas e manipulam o *feed* do usuário. Quanto mais dados são compartilhados, mais detalhado o *profiling* é e também o seu poder de assédio e manipulação.

---

44. SRNICEK, Nick. *Platform capitalism*. Cambridge: Polity Press, 2017, p. 39.

45. Veja o disposto na Lei nº 8.078/1990 (CDC), Art. 43. (...). "§4°. Os bancos de dados e cadastros relativos a consumidores, os serviços de proteção ao crédito e congêneres são considerados entidades de caráter público."

46. Sobre a mineração de dados, veja o art. 4º, VIII, do PL nº 2.338/2023 (BRASIL. SENADO FEDERAL. Projeto de Lei nº 2.338, de 2023. Atividade Legislativa, 2023. Disponível em: https://www25.senado.leg.br/web/atividade/materias/-/materia/157233?_gl=1*1qw7sar*_ga*ODQ3Nzg0NDY2LjE2MjQ2Mzc4Mzg.*_ga_CW3ZH25XMK*MTY4NDE2Mjk0My4yLjAuMTY4NDE2Mjk0My4wLjAuMA. Acesso em: 28.05.2023).

47. MARRAFON, Marco Aurélio; COUTINHO, Luiza Leite Cabral Loureiro. Princípio da privacidade por *design*: fundamentos e efetividade regulatória na garantia do direito à proteção de dados. *Revista Eletrônica Direito e Política*, Programa de Pós-Graduação *Stricto Sensu* em Ciência Jurídica da UNIVALI, Itajaí, v.15, n.3, 3º quadrimestre de 2020.

> As plataformas foram adquirindo relevância conforme a internet se popularizava, principalmente a partir dos anos 2000 (...) com a explosão do compartilhamento nas chamadas redes P2P (*peer-to-peer*). O sucesso da cultura do compartilhamento foi reconhecido pelo mercado que buscou operar a capitalização desse modelo. (...) Em 2003 é lançado o LinkedIn. Em 2004, o Orkut é inaugurado em janeiro e o Facebook em fevereiro. O Youtube foi criado em 2005 e o Twitter nasceu em 2006. O êxito dessas plataformas incentivou a proliferação de modelos de negócios baseados na intermediação entre ofertantes e demandantes de serviços e mercadorias. O Airbnb surgiu em 2008 e o Uber no ano seguinte. (...) Em outubro de 2008 o Spotify inicia (...). Em 2011, o Netflix já contava com 23 milhões de assinantes apenas nos Estados Unidos. O Instagram começa a operar em 2010 e é adquirido pelo Facebook em 2012. O Waze é lançado em 2008 e adquirido pelo Google em 2013[48].

Reconhece-se que as concepções de privacidade têm sido diariamente – sem hipérbole na expressão – vilipendiadas. A privacidade informacional (*informational privacy*)[49] abarca o direito ao autodomínio sobre o fluxo dos próprios dados, aplicando-se de modo equânime tanto às informações de foro íntimo como às que compartilhamos com outros em confiança. A privacidade decisória (*decisional privacy*), por sua vez, consubstancia o direito de empreender livres escolhas e deliberar sobre elas sem devassa, interferência, intromissão e/ou escrutínio alheio. Já a comportamental (*behavioral privacy*) engendra ser possível agir em consonância com a própria vontade, inteiramente liberto de observações indesejadas e da ingerência de terceiros. A física (*physical privacy*), por fim, abrange um escopo mais amplo, incorporando o direito ao esquecimento e a proteção jurídica contra mandado ilegal de busca e apreensão[50].

Devem ser cegamente confiáveis os supostos propósitos legítimos e os fins informados sobre o tratamento de dados pessoais de bilhões de

---

48. SOUZA, Joyce; AVELINO, Rodolfo; SILVEIRA, Sérgio Amadeu (Org.). *A sociedade de controle*: manipulação e modulação nas redes digitais. São Paulo: Hedra, 2018, p. 32-33.

49. Segundo o cofundador do *Data Privacy Brasil*, Dr. Bruno Ricardo Bioni, se, por um lado, a tecnologia pode ser invasiva à privacidade informacional, por outro "pode ser uma ferramenta para a proteção dos dados pessoais, tal como propõem as denominadas *Privacy Enhancing Technologies* (PETs)", cuja compreensão como tecnologias que reforçam a privacidade denota a grande abrangência de "guarda-chuva" da terminologia, sendo capaz de abarcar toda tecnologia amigável à e promotora da privacidade. (BIONI, Bruno Ricardo. *Proteção de dados pessoais*. Rio de Janeiro: Forense, 2020, p. 176. *E-book*).

50. CASTELLITTO, Anita L. Allen. *Understanding privacy*: the basics. Disponível em: https://www.law.upenn.edu/cf/faculty/aallen/workingpapers/pli2007.pdf. Acesso em: 26.05.2023.

cidadãos em todo o mundo? Malgrado a confiança seja um forçoso valor frente ao desconhecimento de tantas tecnologias existentes, é inviável, pragmaticamente, o controle estatal de todos os perigos aos quais os particulares são submetidos a todo instante, ainda que sejam monitorados por câmeras em todos os cantos do país e que o direito cumpra seu papel de impor sanções à violação dessa confiança. É preciso depositar parte da sobrecarga funcional preventiva da responsabilidade civil sobre os agentes que usam dados pessoais como insumo e na engrenagem de seus modelos de negócio.

É mister inserir, desde a arquitetura da IA, mecanismos que garantam a privacidade, como componentes do *design* do sistema. A perspectiva *privacy by design* (PbD) ensina que "a proteção de dados pessoais deve orientar a concepção de um produto ou serviço, devendo eles ser embarcados com tecnologias que facilitem o controle e a proteção das informações pessoais"[51]. O conceito de privacidade desde a arquitetura do modelo não é uma novidade em tema de proteção de dados pessoais. Ideias embrionárias de *privacy by design*[52] surgiram na década de 1970 e foram incorporadas nos anos 1990 na Diretiva Europeia de Proteção de Dados: a Resolução 95/46/EC. Consoante o seu Considerando nº. 46, as medidas técnicas e organizacionais devem ser tomadas já no planeamento do sistema de tratamento de dados[53].

Trata-se de metodologia acadêmica proposta nos idos de 1990, por Ann Cavoukian, à época comissária de informação e privacidade de Ontario, no Canadá, e hoje mundialmente reconhecida como a criadora dessa ideologia. Cavoukian, em seu artigo intitulado "Privacy by design: the seven foundational principles", aponta os sete princípios norteadores de PbD.

São eles: 1) um projeto proativo (não reativo ou repressivo), com monitoramento constante de riscos e a entrega de funcionalidades novas que excluam riscos identificados, e preventivo, antecipando invasões à privacidade e evitando que os riscos se materializem; 2) a adoção de *privacy*

51. BIONI, Bruno Ricardo. *Proteção de dados pessoais*. Rio de Janeiro: Forense, 2020. *E-book*.

52. Senão vejamos algumas das principais expressões derivadas da terminologia e do conteúdo principiológico de privacidade por *design* (*privacy by design*): a) segurança por *design* (*security by design*); b) ética por *design* (*ethics by design*); c) equidade por *design* (*equity by design*); d) diversidade por *design* (*diversity by design*).

53. MARRAFON, Marco Aurélio; COUTINHO, Luiza Leite Cabral Loureiro. Princípio da privacidade por *design*: fundamentos e efetividade regulatória na garantia do direito à proteção de dados. *Revista Eletrônica Direito e Política*, Programa de Pós-Graduação *Stricto Sensu* em Ciência Jurídica da UNIVALI, Itajaí, v.15, n.3, 3º quadrimestre de 2020.

by default[54], privacidade de dados como configuração-padrão, instituindo medidas de privacidade diretamente em todo sistema de tecnologia da informação e comunicação (TIC) e implementando políticas padronizadas de segurança de dados; 3) a privacidade incorporada à arquitetura do projeto computacional e nas práticas do modelo de negócio, concedendo ao usuário o controle para alterar as configurações-padrão e optar por fornecer seus dados; 4) a funcionalidade completa, de modo que o *output* seja benéfico, uma soma positiva, e não uma soma-zero, sem neutralidade e com opacidade (o produto ou serviço deve ser plenamente utilizável ainda que o usuário opte por não afrouxar as configurações de privacidade); 5) segurança de ponta a ponta, com proteção à privacidade em todas as etapas do ciclo de desenvolvimento tecnológico, por todo o domínio, da coleta até a eliminação dos dados; 6) as garantias de escolha, controle, visibilidade e transparência como essenciais à confiança na proteção de dados e de sua responsabilização, por controle direto ou auditorias independentes; 7) a centralização regulatória da *privacy* em confidencialidade[55], integridade e segurança dos dados em benefício dos titulares, cabendo a *tech designers* (desenvolvedores de tecnologia) oferecerem opções amigáveis de configuração aos usuários[56].

54. Tal princípio determina que, quando um produto ou serviço for lançado, as configurações mais seguras de privacidade serão adotadas como padrão, sem necessidade de qualquer entrada manual pelo usuário final. Assim, os dados pessoais fornecidos pelo usuário para permitir o uso ideal do produto ou serviço serão mantidos somente pelo tempo indispensável para fornecê-lo. Se outras informações, além daquelas estritamente necessárias, forem requeridas, mantidas por mais tempo que o preciso ou forem divulgadas, o usuário terá sofrido violação a seu direito fundamental à privacidade. (MARRAFON, Marco Aurélio; COUTINHO, Luiza Leite Cabral Loureiro. Princípio da privacidade por design: fundamentos e efetividade regulatória na garantia do direito à proteção de dados. *Revista Eletrônica Direito e Política*, Programa de Pós-Graduação *Stricto Sensu* em Ciência Jurídica da UNIVALI, Itajaí, v.15, n.3, 3º quadrimestre de 2020).

55. Sobre privacidade, confidencialidade e eventual abuso do direito, "em setembro, a Terceira Turma do STJ concluiu que a divulgação pública de conversas pelo aplicativo WhatsApp sem autorização de todos os interlocutores é ato ilícito e pode resultar em responsabilização civil por eventuais danos, salvo quando a exposição das mensagens tiver o propósito de resguardar um direito próprio de seu receptor. Para o colegiado, assim como as conversas por telefone, aquelas travadas pelo aplicativo de mensagens são resguardadas pelo sigilo das comunicações, de forma que a divulgação do conteúdo para terceiros depende do consentimento dos participantes ou de autorização judicial. Ao levar a conhecimento público conversa privada, além da quebra da confidencialidade, estará configurada a violação à legítima expectativa, bem como à privacidade e à intimidade do emissor, sendo possível a responsabilização daquele que procedeu à divulgação, se configurado o dano." (NOTÍCIAS STJ. Retrospectiva: Planos de saúde, Airbnb e auxílio emergencial marcaram os julgamentos de direito privado em 2021. Disponível em: https://www.stj.jus.br/sites/portalp/Paginas/Comunicacao/Noticias/17122021-Planos-de-saude--Airbnb-e-auxilio-emergencial-marcaram-os-julgamentos-de-direito-privado-em-2021.aspx. Acesso em: 26.05.2023).

56. CAVOUKIAN, Ann. *Privacy by design*: the 7 foundational principles. Implementation and mapping of fair information practices. Disponível em: https://iapp.org/media/pdf/resource_center/pbd_implement_7found_principles.pdf. Acesso em: 26.05.2023.

> Fazendo referência ao relatório da *European Union Agency for Network and Information Security* (Enisa) sobre *Privacy by Design in Big Data*, Jonas Valente identifica um conjunto de estratégias relacionadas ao conceito (...): a) Minimizar – os dados coletados devem ser reduzidos ao mínimo possível; b) Esconder – os dados e sua interrelação não devem ser publicizados; c) Separar – o processamento dos dados deve se dar em compartimentos separados, sempre que possível; d) Agregar – os dados devem ser processados com alto nível de agregação e com o mínimo de detalhes; e) Informar (transparência) – os sujeitos dos dados devem ser sempre informados dos processamentos de suas informações; f) Controlar – os sujeitos dos dados devem ter controle sobre a coleta e o processamento de seus dados; g) Fiscalizar e aplicar as leis – as políticas de privacidade devem estar em conexão com as exigências legais e devem poder ser fiscalizadas; h) Demonstrar – controladores de dados devem poder demonstrar o respeito às políticas de privacidade e aos requisitos legais. (...) o conceito de *privacy by design* está associado não apenas à ingerência na arquitetura da rede, mas também a condutas preventivas[57].

Consiste na ideologia de que a privacidade deve ser uma prioridade da organização, do desenvolvimento e planejamento das instituições democráticas e parte dos deveres atribuídos a todas as operações de sociedades empresárias que utilizam modelos computacionais. Exige-se que as organizações adotem padrões especiais e medidas técnicas que assegurem que tão somente dados pessoais necessários, adequados e de qualidade sejam processados, desde que em conformidade com cada propósito específico e legítimo interesse expostos a usuários[58].

É requisito do *European Union's General Data Protection Regulation* (GDPR)[59]. Ao incluir a PbD como elemento essencial, a União Europeia demonstra que a proteção de dados é prioritária ao avanço tecnológico. A legislação norteamericana, por outro lado, não impõe que requisitos de

57. LEMOS, Ronaldo; BRANCO, Sérgio. *Privacy by design*: conceito, fundamentos e aplicabilidade na LGPD. In: DONEDA, Danilo; SARLET, Ingo Wolfgang; MENDES, Laura Schertel; RODRIGUES JUNIOR, Otavio Luiz; BIONI, Bruno Ricardo (coord.). *Tratado de proteção de dados pessoais*. Rio de Janeiro: Forense, 2021, p. 447-458.

58. MARRAFON, Marco Aurélio; COUTINHO, Luiza Leite Cabral Loureiro. *Privacy by design como princípio do direito à proteção de dados*. CONJUR, 2021. Disponível em: https://www.conjur.com.br/2021-jul-19/privacy-by-design-principio-direito-protecao-dados. Acesso em: 12.05.2023.

59. EUROPEAN PARLIAMENT. Regulation (EU) 2016/679 of the European Parliament and of the Council of 27 April 2016 on the protection of natural persons with regard to the processing of personal data and on the free movement of such data, and repealing Directive 95/46/EC (General Data Protection Regulation). Disponível em: https://eur-lex.europa.eu/legal-content/EN/TXT/PDF/?uri=CELEX:32016R0679. Acesso em: 27.05.2023.

privacidade sejam cumpridos desde o *design* dos projetos computacionais, nem nas demais etapas de desenvolvimento tecnológico, embora a *Federal Trade Comission* (FTC) incentive as empresas a fazê-lo voluntariamente, por meio de autorregulação[60].

A Lei nº 13.709/2018 (LGPD), inspirada no GDPR[61], introduziu mudança profunda em termos de prestação de contas, com a imposição de deveres para a prevenção de danos. A responsabilização proativa e preventiva encontra-se indicada nos incisos VIII e X do art. 6º da LGPD e no §2º do art. 46, ao versarem sobre medidas de segurança, técnicas e administrativas "aptas a proteger os dados pessoais de acessos não autorizados e de situações acidentais ou ilícitas de destruição, perda, alteração, comunicação ou qualquer forma de tratamento inadequado ou ilícito". Sua observância pelo agente de tratamento desde a fase de concepção do projeto, inclusive os dotados de IA, até sua efetiva execução. Não descumprir frontalmente a lei não é mais suficiente, é preciso ativamente prevenir os eventos lesivos à privacidade[62].

---

60. MARRAFON, Marco Aurélio; COUTINHO, Luiza Leite Cabral Loureiro. Princípio da privacidade por *design*: fundamentos e efetividade regulatória na garantia do direito à proteção de dados. *Revista Eletrônica Direito e Política*, Programa de Pós-Graduação *Stricto Sensu* em Ciência Jurídica da UNIVALI, Itajaí, v.15, n.3, 3º quadrimestre de 2020.

61. O GDPR, no art. 25, incorporou ideias de *privacy by design* e *privacy by default* (em tradução literal, porém imperfeita, a privacidade desde a concepção e a privacidade por defeito): "Artigo 25º (Privacidade de dados desde a concepção e por defeito). 1. Tendo em conta as técnicas mais avançadas, os custos da sua aplicação, e a natureza, o âmbito, o contexto e as finalidades do tratamento dos dados, bem como os riscos decorrentes do tratamento a direitos e liberdades das pessoas singulares, cuja probabilidade e gravidade podem ser variáveis, o responsável pelo tratamento aplica, tanto no momento de definição dos meios de tratamento como no momento do próprio tratamento, as medidas técnicas e organizativas adequadas, como a pseudonimização, destinadas a aplicar com eficácia os princípios da proteção de dados, tais como a minimização, e a incluir as garantias necessárias no tratamento, de uma forma que este cumpra os requisitos do presente regulamento e proteja os direitos dos titulares dos dados. 2. O responsável pelo tratamento aplica medidas técnicas e organizativas para assegurar que, por defeito, só sejam tratados os dados pessoais que forem necessários para cada finalidade específica do tratamento. Essa obrigação aplica-se à quantidade de dados pessoais recolhidos, à extensão do seu tratamento, ao seu prazo de conservação e à sua acessibilidade. Em especial, essas medidas asseguram que, por defeito, os dados pessoais não sejam disponibilizados sem intervenção humana a um número indeterminado de pessoas singulares. 3. Pode ser utilizado como elemento para demonstrar o cumprimento das obrigações estabelecidas nos nºs 1 e 2 do presente artigo, um procedimento de certificação aprovado nos termos do artigo 42º." (EUROPEAN PARLIAMENT. Regulation (EU) 2016/679 of the European Parliament and of the Council of 27 April 2016 on the protection of natural persons with regard to the processing of personal data and on the free movement of such data, and repealing Directive 95/46/EC (General Data Protection Regulation). Disponível em: https://eur-lex.europa.eu/legal-content/EN/TXT/PDF/?uri=CELEX:32016R0679. Acesso em: 27.05.2023).

62. MARRAFON, Marco Aurélio; COUTINHO, Luiza Leite Cabral Loureiro. *Privacy by design como princípio do direito à proteção de dados*. CONJUR, 2021. Disponível em: https://www.conjur.com.br/2021-jul-19/privacy-by-design-principio-direito-protecao-dados. Acesso em: 12.05.2023.

Enfrentando os sistêmicos desafios tecnológicos, a PbD fornece perspectiva protetiva preventiva de dados pessoais e visão holística sobre a privacidade. Perpassa toda a estrutura do negócio, "de ponta a ponta, incluindo informações, práticas e processos de negócios, *design* físico e em rede, e sua infraestrutura, com o objetivo de atingir uma soma positiva na interação, mutuamente benéfica, entre privacidade (como padrão de negócio) e tecnologia"[63].

Propõe-se a observância efetiva do princípio da precaução na avaliação dos riscos desde o *design* da IA e também dos deveres de informação e transparência algorítmica, ativa e passiva, frente à proteção do segredo de negócio. Solidifica-se, pois, a função preventiva da responsabilidade civil na seara dos prováveis prejuízos causados por tipologias diversas de sistemas de IA, com a instrumentalização de um relatório de impacto e periódicas auditorias algorítmicas, como soluções de controle preventivo e repressivo dos *inputs* e *outputs* de dados pessoais dos consumidores. Assim como a diversidade se perfaz na tipologia da IA, também é preciso que a diversidade seja um princípio norteador das boas práticas de governança.

2.1.2 *A formação do corpo eletrônico: a acurácia nos* data inputs, *a qualidade das informações e a idoneidade em todo o ciclo de vida dos dados pessoais*

A formação do corpo eletrônico, como designa Rodotà, reveste de um novo aspecto a pessoa natural, que não mais ostenta apenas um *corpus*, uma massa física, mas também uma dimensão digital composta pelo acervo de suas informações[64]. O fenômeno da "datificação", por meio da qual a

63. São medidas de concretização do princípio *privacy by design*: "a) adotar modelos *opt-in* (ao invés dos ineficazes modelos *opt-out*) para o consentimento e a autorização do uso de dados pessoais, como a União Europeia faz à luz do GDPR; b) apoiar o desenvolvimento de mecanismos de incentivo a serviços favoráveis à promoção da privacidade; c) fomentar maior investimento em engenharia de privacidade, especialmente numa abordagem multidisciplinar por agências de fomento à pesquisa; d) promover os resultados dessas pesquisas por meio de formuladores de políticas públicas, pela mídia e por empresas de tecnologia; e) incluir componentes de suporte à privacidade em projetos de infraestrutura tecnológica; f) exigir transparência sobre os usos posteriores de dados do usuário; g) reforçar mecanismos de responsabilização (civil, administrativa e criminal) por coleta, uso, manipulação e tráfico de dados sem a anuência do titular; e f) reforçar o reconhecimento da propriedade, controle e autonomia sobre os dados pessoais por seus titulares." (MARRAFON, Marco Aurélio; COUTINHO, Luiza Leite Cabral Loureiro. Princípio da privacidade por *design*: fundamentos e efetividade regulatória na garantia do direito à proteção de dados. *Revista Eletrônica Direito e Política*, Programa de Pós-Graduação *Stricto Sensu* em Ciência Jurídica da UNIVALI, Itajaí, v.15, n.3, 3º quadrimestre de 2020).

64. BASAN, Arthur Pinheiro; FALEIROS JÚNIOR, José Luiz de Moura. A tutela do corpo eletrônico como direito básico do consumidor. *Revista dos Tribunais*, v. 1021, p. 133-168, Nov./2020.

exposição de dados pessoais de (quase) toda a vida de seu titular faz com que as esferas informacional e corpórea convirjam para a unidade intangível constituinte do *netcitizen*[65]. Construir uma identidade digital significa descrever uma transformação. "Não muda somente a referência essencial, pois no lugar da *Real Life* encontramos a *Virtual Life*, que para um crescente número de pessoas se apresenta como aquela efetivamente 'real'"[66].

Diversos são os casos concretos em que informações formadoras do corpo eletrônico interferiram no corpo físico, positiva e negativamente. Os modelos de negócio baseados em algoritmos são idealizados para manter o usuário conectado à máquina por mais tempo. Nesse sentido, se um titular de dados pesquisa na *web* sobre suicídio, a regra é que, a cada pesquisa, o algoritmo insira-o em um filtro-bolha que o exporá mais àquele conteúdo, podendo os dados pessoais do corpo eletrônico culminar na causação do dano máximo ao corpo físico: a morte.

Um tribunal britânico decidiu que o falecimento da adolescente Molly Russell, de 14 anos, teve como causa – ainda que se argumente tratar de causa remota, e não direta, imediata e necessária – o conteúdo *online* a que era exposta e a uma câmara de eco – na qual apenas se escuta mais do mesmo – criada por algoritmos de IA cuja promoção à autolesão e ao suicídio, inclusive com ideias de como ceifar a própria vida, a levaram a óbito. Válida a indagação feita pela revista *Wired*[67]: quando algoritmos promovem automutilação, quem é responsabilizado?

O *Bloomberg*[68] publicou, em abril de 2023, notícia que alertava aos danos causados pelo algoritmo do *app TikTok* – popular entre os usuários da geração do milênio (*millennials* ou Geração Y) – à saúde mental de crianças e adolescentes. O algoritmo de impulsionamento de conteúdo do *app* tem sido acusado, em uma enxurrada de demandas judiciais, de

65. "[O] surgimento de um *netcitizen*, que é um navegador feliz, mas socialmente cada vez mais isolado e sem capacidade crítica", favorece um vínculo mais intenso entre fornecedores e consumidores e mais propenso a estratégias que os assediam, ante a ausência de intermediários visíveis e eficazes mecanismos preventivos de controle. (LORENZETTI, Ricardo Luís. *Comércio eletrônico*. São Paulo: Revista dos Tribunais, 2004, p. 45).

66. RODOTÀ, Stefano. *A vida na sociedade da vigilância*: a privacidade hoje. Maria Celina Bodin de Moraes (org.). Tradução de Danilo Doneda e Luciana Doneda. Rio de Janeiro: Renovar, 2008, p. 118.

67. WIRED. When algorithms promote self-harm, who is held responsible? Disponível em: https://www.wired.com/story/molly-russell-suicide-platforms-mental-health/. Acesso em: 26.05.2023.

68. BLOOMBERG. TikTok's algorithm keeps pushing suicide to vulnerable kids. Disponível em: https://www.bloomberg.com/news/features/2023-04-20/tiktok-effects-on-mental-health-in-focus-after-teen-suicide. Acesso em: 26.05.2023.

gerar um fluxo de ansiedade e desespero entre os integrantes desse grupo hipervulnerável. Infelizmente, no Brasil, a proteção de dados pessoais e a privacidade de crianças e adolescentes são bastante deficientes, em que pese o art. 1º da LGPD reafirmar o direito ao livre desenvolvimento da personalidade[69]. Não obstante, um único dispositivo, seu art. 14, mostra-se insuficiente para garantir a absoluta prioridade e o melhor interesse deles como sujeitos de direitos[70].

Ainda que os jovens sejam mais suscetíveis a sofrerem os flagelos de algoritmos que induzem e reafirmam posturas autolesivas, não são o único grupo cujos corpos físicos são afetados por condutas humanas influenciadas pela IA. Noticiou o *New York Post*[71], também em 2023, que uma mulher belga acusa um *chatbot* da *Eleuther AI* de ter induzido o pai de seus filhos a cometer suicídio após intensa conversação a respeito, por mais de seis meses.

Outro exemplo impactante quanto aos riscos de filtros-bolha é o da mulher assassinada por populares no Guarujá, em São Paulo, após ter sido confundida com outra mulher suspeita de prática criminosa, cuja fotografia

69. Consolidou a doutrina no Enunciado nº 677 da IX Jornada de Direito Civil do Conselho da Justiça Federal (CJF) que: "A identidade pessoal também encontra proteção no ambiente digital", sob a justificativa de que "o direito à identidade sob enfoque diverso das conceituações tradicionalmente apresentadas (que conferem ênfase na identificação) e da ressignificação contemporânea, baseada na identidade dinâmica, deve receber abordagem específica e aprofundada pela perspectiva da influência das novas tecnologias no Direito Privado e revela simbiose com a própria concepção da identidade pessoal (...) reflexão a respeito da utilização da internet e do ciberespaço e as inevitáveis influências na livre formação da personalidade e demanda análise aprofundada, de forma mais detida, em relação ao direito fundamental à identidade pessoal e as possíveis influências nas relações no meio virtual. (...). Reconhecida a tutela da pessoa humana em todos os espectros e o correspectivo direito à diferença, e analisando o paralelismo com o conteúdo do direito à igualdade, exsurge, essencialmente, o direito de manifestar a singularidade inata em cada ser humano como valor inerente à personalidade, especialmente nas relações travadas em ambiente digital. O respeito à alteridade e às peculiaridades da relação entre o eu e o outro, exige, agora sob os contornos tecnológicos, tratamento conformado com os valores constitucionais."

70. Vejamos, respectivamente, os enunciados 692, 691 e 682 do CJF na IX Jornada de Direito Civil: "Aplica-se aos conceitos de criança e adolescente, dispostos no art. 14 da Lei Geral de Proteção de Dados, o contido no art. 2º do Estatuto da Criança e do Adolescente."; "A possibilidade de divulgação de dados e imagens de crianças e adolescentes na internet deve atender ao seu melhor interesse e ao respeito aos seus direitos fundamentais, observados os riscos associados à superexposição." [a exposição abusiva de crianças e adolescentes por seus próprios pais é chamada de *sharenting*, a partir da junção dos termos *share* e *parenting*]; "O consentimento do adolescente para o tratamento de dados pessoais, nos termos do art. 14 da LGPD, não afasta a responsabilidade civil dos pais ou responsáveis pelos atos praticados por aquele, inclusive no meio digital."

71. THE NEW YORK POST. *Married father commits suicide after encouragement by AI chatbot*. Disponível em: https://nypost.com/2023/03/30/married-father-commits-suicide-after-encouragement-by-ai-chatbot-widow/. Acesso em: 26.05.2023.

havia sido publicada em jornal local[72]. O caso se tornou tão conhecido que, no Brasil, o Governo Federal lançou campanha de combate às *fake news* em que a filha da mulher assassinada narra, após mais de oito anos da morte de sua mãe, sua história trágica para alertar contra os efeitos nefastos da disseminação de desinformação[73].

Diante disso, é melhor influenciar ou ser influenciado? Há uma dinâmica invisível de poder por trás dos discursos. As câmaras de eco são uma metáfora descritiva dessa situação em que só certas ideias, informações e crenças são compartilhadas. As pessoas dentro dessa bolha social, cunhada por algoritmos que coletam e utilizam o fluxo de dados de seus corpos eletrônicos, escutarão apenas os discursos com os quais já concordam, e por isso o eco[74].

Em todos os casos, evidenciam-se os riscos de danos à privacidade do corpo eletrônico frente à baixa acurácia dos dados disponíveis em rede, a sua má interpretação, à inferência de dados que compõem a "fisiologia" dos corpos eletrônicos de pessoais naturais e à opacidade de algoritmos de IA que induzem e reforçam condutas lesivas. Algumas informações, que os usuários não dividiram com seus melhores amigos, são compartilhadas com as máquinas, que não possuem sensibilidade, linguagem afetiva e capacidade hermenêutica para desvelar, ante os anseios mais íntimos próprios da natureza humana, um pedido velado de ajuda.

Perante tantos fatos lesivos causados por algoritmos de IA e dados coletados e usados por sistemas inteligentes, até a lesão máxima à própria

---

72. GLOBO. G1 PORTAL DE NOTÍCIAS. Oito anos após mulher ser espancada até a morte em SP. Disponível em: https://g1.globo.com/sp/santos-regiao/noticia/2022/06/15/oito-anos-apos-mulher-ser-espancada-ate-a-morte-em-sp-fake-news-segue-fazendo-vitimas-como-o-turista-queimado-vivo-no-mexico.ghtml. Acesso em: 26.05.2023.

73. BRASIL. GOVERNO FEDERAL. Trágica história no Guarujá é retratada em novo episódio da campanha "Brasil contra Fake". Disponível em: https://www.gov.br/secom/pt-br/assuntos/noticias/2023/03/tragica-historia-no-guaruja-e-retratada-em-novo-episodio-da-campanha-brasil-contra-fake. Acesso em: 26.05.2023.

74. Sem a livre circulação de informações de forma responsável, as pessoas dentro da câmara de eco acreditarão que tudo o que escutam é parte do que já acreditam e não se abrirão a novos paradigmas, gerando quadros de ódio e intolerância frente a opiniões contrárias. Nessas circunstâncias, quem discorda está mal informado, é ignorante ou está tentando intencionalmente ludibriá-lo. Sobre a formação constante de *clusters* homogêneos e polarizados, o mundo interconectado, intolerante e avesso ao pluralismo permite que *trolls* e *bots* ativamente envolvidos com os discursos públicos mais controversos, como política, saúde, religião e segurança, semeiem discórdia e hostilidade entre os grupos com visões contrapostas. (COUTINHO, Luiza Leite Cabral Loureiro. Os perigos reais das câmaras de eco na sociedade digital: computação algorítmica persuasiva e manipulação ideológica em um contexto de enfraquecimento da imprensa tradicional. In: TOALDO, Adriane Medianeira; MACIEL, Caroline Stéphanie Francis dos Santos; GIOLO JÚNIOR, Cildo; ALVES, Fabrício Germano (org.). *Tecnologia e Direito*. Rio de Janeiro: Pembroke Collins, 2021, p. 15-31).

vida, destaca-se iniciativa tecnológica aplaudível de P&D de um algoritmo verificador de buscas com persistente viés suicida, gerando um alerta sistêmico que possibilita a adoção de medidas eficazes no auxílio à saúde mental do corpo físico do usuário a partir de dados constantes de seu corpo eletrônico[75]. Ainda na área da saúde, propriamente do corpo físico, um modelo de *deep learning* baseado em reconhecimento de imagens[76] pode sinalizar um câncer de mama até cinco anos antes que inicie a se desenvolver, aumentando, assim, as chances de sucesso no tratamento da paciente.

Outra iniciativa interessante tem sido chamada de *Machine Unlearning*[77], na forma de uma solicitação à máquina para que "se esqueça" de determinados dados do titular, uma vez que acurácia, integridade e atualidade dos dados devem ser apuradas durante todas as etapas do seu ciclo de vida, desde o *design* do projeto computacional com a seleção de *inputs* até a sua eliminação. Pelo primado da técnica, defende-se o dever de desindexação[78] de conteúdos superados, fraudulentos, criminosos ou irrelevantes ao interesse público, casos em que dados não eliminados pela "memória do elefante eletrônico" geram ameaça de lesão ou efetiva lesão a direitos, o que não se confunde, propriamente, com o direito ao esquecimento[79].

75. MORTIER, P.; KIEKENS, G.; AUERBACH, R.P.; CUIJPERS, P.; DEMYTTENAERE, K.; GREEN, J.G.; KESSLER, R.C.; NOCK, M.K.; ZASLAVSKY, A.M.; BRUFFAERTS, R. A risk algorithm for the persistence of suicidal thoughts and behaviors during college. *J. Clin Psychiatry*, July 2017; 78(7):e828-e836. DOI: 10.4088/JCP.17m11485. PMID: 28640991. PMCID: PMC5664942. Disponível em: https://pubmed.ncbi.nlm.nih.gov/28640991/. Acesso em: 26.05.2023.

76. SOCIEDADE BRASILEIRA DE MASTOLOGIA. Inteligência artificial prevê câncer de mama cinco anos antes. Disponível em: https://www.sbmastologia.com.br/inteligencia-artificial-preve-cancer-de-mama-cinco-anos-antes/. Acesso em: 15.07.2023.

77. TOWARDS DATA SCIENCE. *Machine unlearning*: the duty of forgetting. Disponível em: https://towardsdatascience.com/machine-unlearning-the-duty-of-forgetting-3666e5b9f6e5. Acesso em: 26.05.2023.

78. Sobre desindexação e direito ao esquecimento, verificar: LIMA, Marcelo Chiavassa de Melo Paula; SOUZA, Mariana Almirão de; ABADI, Maurício Joseph. Considerações sobre direito ao esquecimento, desindexação e desvinculação de conteúdo na internet. *Revista Forense*, São Paulo, v. 115, n. 428. p. 201-220, jul.-dez./2018.

79. Veja a tese jurídica firmada pelo Supremo Tribunal Federal no sentido de não reconhecer a compatibilidade com a Constituição Federal do "direito ao esquecimento": "MARCO CIVIL DA INTERNET. PROVEDOR DE BUSCAS. INEXISTÊNCIA NO ORDENAMENTO JURÍDICO BRASILEIRO DE DIREITO AO ESQUECIMENTO. TESE FIXADA PELO SUPREMO TRIBUNAL FEDERAL SOB O RITO DA REPERCUSSÃO GERAL. ALEGADO *DISTINGUISHING* QUE NÃO SE SUSTENTA. 1. Controvérsia sobre a legalidade da ordem de abstenção de vinculação do nome do demandante a notícias publicadas em mídia digital do jornal ´O Globo´ como resultado das buscas na ferramenta do Google. 2. Não se demonstra serem falsos os fatos narrados na notícia publicada no jornal digital, limitando-se a manifestar que foram arquivadas as investigações, o que desautoriza a pretensão de desindexação (...) 3. No mês de fevereiro do presente ano, o STF, em recurso extraordinário sob o rito da repercussão geral, rechaçou a existência do direito ao esquecimento, fixando a tese que ora se reproduz: ´É incompatível com a Constituição a ideia de um direito ao esquecimento, assim entendido como o poder de obstar, em razão da pas-

Em busca de conferir efetividade aos direitos de exclusão - direito ao esquecimento (*right to be forgotten*) e direito ao apagamento (*right to erasure*) –, vale mencionar, aqui, o *disgorgement* algorítmico[80] como um remédio preventivo extracompensatório de destruição ou expropriação de um conjunto de dados, algoritmos, modelos e outros produtos de trabalho que tenham sido criados por meios ilícitos, privando os agentes de IA dos benefícios desse ilícito. Objetiva reprimir atitudes ilegítimas de agentes da cadeia de valor da IA exigindo não só que excluam os dados coletados indevidamente, mas também suprimam todos os modelos de IA treinados com esses dados, implicando a reversão de seus modelos para *status quo ante* à introdução dos dados obtidos ilicitamente, devendo treinar novamente o *machine learning*.

A formação do corpo eletrônico necessita respeitar o princípio da qualidade em todo o ciclo de vida do tratamento de dados pessoais usados em modelos de IA, para garantir exatidão, clareza, relevância e atualização dos dados, conforme a necessidade e a finalidade do tratamento (art. 6º, V, da LGPD). Tecnologias inteligentes são tão úteis quanto os dados usados para treiná-las, de modo que dados duvidosos levam a decisões questionáveis. Um projeto computacional munido de algoritmos de Inteligência Artificial deve focar em questões éticas para sua arquitetura - dos *inputs* às etapas finais de processamento –, eis que inúmeras suposições, experiências, preconceitos e hábitos mentais dos seres humanos que categorizam e escolhem os dados de entrada e interpretam cada saída inevitavelmente o informarão. É por essa razão que a IA reflete, como um espelho, os vieses que socialmente se almeja acobertar.

---

sagem do tempo, a divulgação de fatos ou dados verídicos e licitamente obtidos e publicados em meios de comunicação social analógicos ou digitais. Eventuais excessos ou abusos no exercício da liberdade de expressão e de informação devem ser analisados caso a caso, a partir dos parâmetros constitucionais – especialmente os relativos à proteção da honra, da imagem, da privacidade e da personalidade em geral – e as expressas e específicas previsões legais nos âmbitos penal e cível.'." (STF, Tribunal Pleno, RE 1.010.606, Rel. Min. Dias Toffoli, julg. 11.02.2021, DJe 20.05.2021). Em sentido diametralmente oposto, o CJF, aprovou, em sua VI Jornada de Direito Civil, o Enunciado nº 531: "A tutela da dignidade da pessoa humana na sociedade da informação inclui o direito ao esquecimento." Sob a justificativa de: apesar de (...) "sua origem histórica no campo das condenações criminais. Não atribui a ninguém o direito de apagar fatos ou reescrever a própria história, mas apenas assegura a possibilidade de discutir o uso que é dado aos fatos pretéritos, mais especificamente o modo e a finalidade com que são lembrados."

80. ROSENVALD, Nelson. O *disgorgement* algorítmico: um novo remédio na tutela da privacidade digital. Migalhas de Proteção de Dados, 2022. Disponível em: https://www.migalhas.com.br/coluna/migalhas-de-protecao-de-dados/379075/disgorgement-algoritmico-remedio-na-tutela-da-privacidade-digital. Acesso em: 18.03.2023.

Muitas vezes, o real problema não está no algoritmo em si, porém nos dados de má qualidade que alimentam o sistema, mormente quando produto de preconceitos inconscientes, o que dificultará a explicabilidade da máquina. Em curto prazo, prejuízos oriundos de afronta à qualidade dos dados atingirão o grupo diretamente conectado à conclusão equivocada da IA; no entanto, em longo prazo, pode acarretar danos coletivos de proporções inescrutáveis.

Impende a apuração de um padrão de qualidade dos dados. Uma vez inseridos no sistema, o material será processado independentemente de acurácia. A IA não diferencia entre *inputs* bons e ruins, funciona segundo lógica matemática. Além disso, a segurança atribuída ao tratamento de dados limpos, qualitativos e imparciais é a forma mais apropriada de garantir resultados confiáveis e seguros. Para compreender a mineração de dados, que lhes transforma em fonte de lucros para os modelos de negócio e impacta a tomada de decisões dos gestores, é preciso diferenciar as noções de dados, informações e conhecimento, embora conectadas.

> O dado é um fato, um valor documentado ou um resultado de medição. Quando um sentido semântico ou um significado é atribuído aos dados, gera-se informação. Quando estes significados se tornam familiares, ou seja, quando um agente os aprende, este se torna consciente e capaz de tomar decisões a partir deles, e surge o conhecimento[81].

Dados pessoais são espécie de petróleo bruto da Sociedade Informacional[82]. A frase emblemática ilustra sua importância e seu valor, mas também a diversidade de usos possíveis tanto do petróleo quanto dos dados pessoais, por isso se referir a ambos em seu estado bruto, utilizados como fatores de produção ou produtos nas esferas econômica, social, política, etc. Com efeito, os dados superam o petróleo em muitos aspectos: (i) sua fonte é ilimitada; (ii) são produzidos diariamente e a todo segundo; (iii) não requerem perfuração complexa e são fáceis de serem coletados, armazenados e manipulados. No entanto, assim como o petróleo bruto, precisam ser refinados – por *data mining* – para produzir *outputs* algorítmicos de qualidade.

81. SILVA, Leandro Augusto; PERES, Sarajane Marques; BOSCARIOLI. *Introdução à mineração de dados*. Rio de Janeiro: Elsevier, 2016, p. 384-386. *E-book*.

82. WOLFGANG, Hoffmann-Riem. *Teoria geral do direito digital*: transformação digital – desafios para o direito. 2.ed. Rio de Janeiro: Forense, 2022, p. 47-48. *E-book*.

Fatores outros a serem investigados são: 1) a integridade dos dados pessoais, isto é, ao alcance do usuário, os dados deverão oferecer a mesma qualidade como se fossem fisicamente disponíveis; 2) a confidencialidade, no sentido da preservação de seu conteúdo do acesso não autorizado de terceiros; e 3) a idoneidade da metodologia usada em todo o ciclo de tratamento dos dados pessoais para a criação de um determinado modelo de Inteligência Artificial[83].

Entretanto, a escorreita observância de tais fatores requer o sobrejacente respeito aos deveres de informação e transparência no tratamento de dados pessoais, assegurados pelos incisos IV e VI do art. 6º da LGPD, ao garantir ao usuário consulta facilitada e gratuita sobre a forma, duração do tratamento e integralidade de seus dados pessoais, além de informações claras, precisas e de fácil acesso sobre o tratamento e seus respectivos agentes, ressalvados os segredos de negócio. É essa parte final que constrói uma redoma de proteção intransponível de permissibilidade para condutas odiosas pelas *big techs* e agrava a assimetria informacional.

Essa liberdade de autorregulação de suas políticas de privacidade demanda, de forma contundente, uma apreciação da inescusável idoneidade da metodologia para a elaboração de algoritmos de IA, especialmente por plataformas digitais. A ressalva à transparência prevista na LGPD no que concerne aos segredos comercial e industrial[84] jamais poderá implicar em carta branca a abusos de direito, por infringência ao artigo 187 do Código Civil e consequente responsabilização civil dos agentes de tratamento que incorrem em condutas lesivas.

Vale lembrar as repercussões pragmáticas, além de éticas e legais, relativas à escolha entre um sistema de Inteligência Artificial de código aberto ou fechado, uma vez que se o código-fonte for fechado estará resguardado por normas concorrenciais e também pela LGPD nos artigos 6º, VI, 9º, II, 18, V e 20, §§1º e 2º, dentre outros dispositivos. Diferente do sistema

83. COLOMBO, Cristiano; FACCHINI NETO, Eugênio. Mineração de dados e análise preditiva: reflexões sobre possíveis violações ao direito de privacidade na sociedade da informação e critérios para sua adequada implementação à luz do ordenamento brasileiro. *Revista de Direito, Governança e Novas Tecnologias*, Maranhão, v. 3, n.2, p. 59-80, jul.-dez./2017.

84. "O que precisa ser esclarecido, por ora, é que, com exceção daquilo que possa ser considerado como segredo comercial e industrial, todas as demais informações sobre o tratamento de dados devem ser prestadas ao titular, sem o que não restará observado o requisito do consentimento informado." (FRAZÃO, Ana. *Nova LGPD*: a importância do consentimento para o tratamento dos dados pessoais. JOTA, 2018. Disponível em: https://www.jota.info/opiniao-e-analise/colunas/constituicao-empresa-e-mercado/nova-lgpd-a-importancia-do-consentimento-para-o-tratamento-dos-dados-pessoais-12092018. Acesso em: 28.05.2023).

de código aberto, que pode ser usado livremente por qualquer pessoa ou organização, sem o pagamento de *royalties* aos desenvolvedores, ou a emissão de permissão ou licença de uso pelos proprietários. A escolha entre um modelo de IA de código aberto ou fechado reverbera sobre patentes, licenças de *software*, responsabilidade civil e conformação regulatória.

Adicionalmente, o código aberto permite a colaboração de mais desenvolvedores que compartilharão a responsabilidade por danos causados pela aplicação de IA. Por sua vez, em um sistema de código fechado, todo o seu desenvolvimento e evolução estarão nas mãos da organização que o criou, sobre a qual recairá a responsabilidade. Sem que os usuários tenham acesso ao código fechado, tal produzirá ainda impactos na matriz de riscos quanto aos deveres de informação, transparência e explicabilidade para compreender seus processos decisórios.

A liberdade conferida ao setor privado se manifesta, exemplificativamente, na política de privacidade do Google, que coleta todos os dados pessoais sobre aplicações, navegação e dispositivos utilizados pelo usuário para acessar seus serviços, seja quando "instala um *app* da *Play Store* ou quando um serviço verifica se há atualizações automáticas", ou ao usar o seu "dispositivo *Android* com *apps* do Google", sob o argumento de servir ao aprimoramento da "experiência do usuário", à "qualidade geral" de seus serviços e a "fornecer recursos como atualizações automáticas de produtos e diminuir o brilho da tela se a bateria estiver fraca"[85].

Esse é o valor do seu petróleo bruto: um serviço de redução de brilho da tela do seu aparelho se a bateria estiver baixa e outros que permitem ofertar informações para influenciar o seu comportamento. E mais, o *Google Brasil* afirma coletar "informações sobre a interação de *apps*, navegadores e dispositivos com nossos serviços, incluindo endereço IP, relatórios de erros, atividade do sistema, além de data, hora e URL referenciador da sua solicitação"[86].

Deficiências no tratamento de dados pessoais, seja por algoritmos enviesados, falta de acurácia na apuração dos *inputs*, erros na interpretação dos dados disponíveis no sistema e nas predições e/ou inferências deles decorrentes e ausência de métodos apropriados de correção periódica dos dados desatualizados ou incorretos, entre outras circunstâncias, poderão

85. GOOGLE BRASIL. Política de privacidade. Disponível em: https://policies.google.com/privacy?hl=pt-BR. Acesso em: 26.05.2023.

86. GOGGLE BRASIL. Política de privacidade. Disponível em: https://policies.google.com/privacy?hl=pt-BR. Acesso em: 26.05.2023.

ensejar ofensas aos direitos da personalidade e, inclusive, à cláusula geral da dignidade humana.

Aliás, o art. 5º, X, da LGPD considera o tratamento de dados pessoais uma operação realizada com informações pessoais através de atividades que integram o seu ciclo de vida: a "coleta, produção, recepção, classificação, utilização, acesso, reprodução, transmissão, distribuição, processamento, arquivamento, armazenamento, eliminação, avaliação ou controle da informação, modificação, comunicação, transferência, difusão ou extração", que se submetem ao arcabouço principiológico da LGPD, em especial à transparência e qualidade.

O *framework* da OCDE classifica sistemas de IA segundo o dinamismo de seus dados, que podem ser estáticos – não se alteram após a coleta; ou dinâmicos – sofrem interferência constante após serem registrados e devem ser atualizados periodicamente, de tempos em tempo ou em tempo real – para não acarretarem riscos por não serem representativos da realidade e para manterem sua integridade, idoneidade e acurácia. Com relação à proveniência e à governança, a OCDE refere-se aos dados coletados à distância, sem a ciência do titular quanto à origem e aos processamentos subsequentes. A taxonomia proposta por Abrams[87] classifica-os em fornecidos, observados, derivados, inferidos e sintéticos, cujos efeitos à LGPD também interferem nos graus de riscos ao titular. Ainda, na dimensão "Dados e *Inputs*" do *framework* da OCDE, os diferentes níveis de riscos de cada modelo de IA se associam, tanto à proveniência e ao dinamismo, quanto à estrutura dos dados: se de titularidade pública ou particular, se anonimizados ou pseudonimizados, se padronizados ou não, e ainda se os *inputs* para treinar o sistema de IA foram gerados "em laboratório" ou "no campo"[88].

Considerando-se, portanto, que os dados por si só não moveriam a economia, mas o substancial, de fato, são as informações deles extraídas, traz-se a lume o princípio do devido processo informacional, que implica a instituição de instrumentos adequados a minimizar e até rechaçar práticas abusivas que afetam ou potencialmente podem afetar a livre tomada de decisões dos titulares de dados pessoais. Apenas quando plenamente

---

87. ABRAMS, Martin. *The origins of personal data and its implications for governance*, 2014. Disponível em: http://ssrn.com/abstract=2510927. Acesso em: 31.03.2023.

88. ORGANISATION FOR ECONOMIC CO-OPERATION AND DEVELOPMENT. *OECD framework for the classification of AI systems*. OECD Digital Economy Papers. February 2022, n. 323, p. 35-41. Disponível em: https://www.oecd-ilibrary.org/docserver/cb6d9eca-en.pdf?expires=1678977001&id=id&accname=guest&checksum=D2C31C0BFC4D036D108BE8CE6C95A2B2. Acesso em: 18.03.2023.

informado o titular pode validamente deles dispor, inclusive com autonomia para fixar limites à própria privacidade.

2.1.3 *Hiperconectividade e computação persuasiva:* o profiling *como instrumento de personalização de produtos e serviços de IA ofertados em rede*

Navegar é preciso! Porém, na era da hiperconectividade digital, navegar pode ser mais nocivo que o era nas grandes navegações dos séculos XV e XVI. *Digital footprints* (pegadas digitais), deixadas em virtuais caminhos trilhados, são marcadas na memória quase indelével da IA e combinadas com dados pessoais pretéritos, predições e inferências. O armazenamento de dados sobre pesquisas na *web*, a ordem da busca, os sítios eletrônicos visitados, o horário preciso das visitas e o tempo gasto em cada uma delas podem não revelar graves problemas técnicos, mas questões ético-jurídicas alarmantes. Também é problemática a coleta de dados não reativos, através de *cookies*, expressão de baixa compreensão pelos usuários, mas que produz informações úteis à influência *online*[89]. Tais "rastreadores" mantêm intrínseca relação com o conteúdo de anúncios personalizados e a experiência de cada usuário na internet[90].

Profiling consiste em expressão anglicana traduzida ao português como perfilização e também referida como perfil psicográfico. Configura-se no ato ou processo de construção do perfil digital do usuário (*user profile*), gerado por análises computadorizadas de seus dados pessoais disponíveis em rede. A perfilização facilita e maximiza as interferências externas na privacidade do titular de dados e na sua tomada de decisões, comprometendo sua autonomia.

> Consiste, pois, na criação de um perfil digital do usuário, um "corpo eletrônico" associado a sua interação com o mundo virtual, com informações que denotam suas preferências, seus hábitos e seus desejos, dos mais corriqueiros aos mais íntimos. Tais perfis, caso sejam utilizados para fins de consumo, estatísticas de seguros e de planos de saúde, influência comportamental e, até mesmo, manipulação ideológica, podem

89. WIEDMANN, Klaus-Peter; BUXEL, Holger; WALSH, Gianfranco. Customer profiling in e-commerce: methodological aspects and challenges. *Journal of Database Marketing*, v. 9, n. 2, 2002, p. 170–184.

90. MULHOLLAND, Caitlin; KREMER, Bianca. Responsabilidade civil por danos causados pela violação do princípio da igualdade no tratamento de dados pessoais. In: TEPEDINO, Gustavo; SILVA, Rodrigo da Guia. *O direito civil na era da inteligência artificial.* 1.ed. São Paulo: Thomson Reuters Brasil, 2020, p. 565-584.

> ser verdadeiras "armas" na atual sociedade da vigilância, facilitando a personalização de produtos e serviços, a persuasão de determinado público-alvo e a categorização de pessoas em certos grupos[91].

Na criação do perfil psicográfico, costumeiramente extrapola-se a informação que se tem efetivamente sobre determinada pessoa baseando-se em traços outros da personalidade ou de tendências conhecidas, a fim de preencher o máximo de lacunas informacionais sobre o indivíduo e permitir a personalização de conteúdo a que será exposto, consequentemente, com mais chances de influenciá-lo. "Torna possível prever melhor o comportamento de uma pessoa do que um amigo ou parceiro poderia. Com uma quantidade suficiente de dados, é possível até mesmo gerar informações que excedem aquilo que sabemos de nós mesmos"[92].

O perigo maior não é a IA estar equivocada sobre um usuário a partir da análise do seu *profile*, mas, por retroprogramação – técnica científica, própria do campo da psicologia, que permite alterar o pensamento por estímulos cerebrais que induzam a determinado raciocínio –, o convencer sobre aspectos da sua personalidade após tê-la, veladamente, moldado. Diante do panorama tecnológico atual, parece ser positiva a resposta ao questionamento se seria possível a reprogramação neurolinguística do humano pela máquina.

No campo jurídico, uma das *primas* definições de *profiling*, trazida em artigo pelo *Journal of Law and Information Science*, foi redigida em 1993 por Roger Clarke. Trata-se de "uma técnica em que um conjunto de características de uma determinada classe de pessoa é inferido a partir de experiências passadas e, em seguida, dados armazenados são pesquisados para indivíduos com um ajuste quase perfeito a esse conjunto de características"[93].

Mirielle Hildebrandt também contribuiu com os estudos sobre perfilização ao propor catalogação distintiva: a) perfilização orgânica, definida como processos de monitoramento e reconhecimento de padrões por seres vivos em geral; b) perfilização humana, compreendida como a capacidade

91. DANTAS, Carlos Henrique Félix; COUTINHO, Luiza Leite Cabral Loureiro. Contornos da hetero[cis]normatividade na era digital: a vulnerabilidade da população LGBT+ diante de vieses de discriminação algorítmica. In: EHRHARDT JÚNIOR, Marcos (coord.). *Vulnerabilidade e novas tecnologias*. Indaiatuba, SP: Editora Foco, 2023, p. 111-134.

92. HAN, Byung-Chul. *Infocracia*: digitalização e a crise da democracia. Tradução de Gabriel Salvi Philipson. Petrópolis – RJ: Editora Vozes, 2022, p. 38.

93. CLARKE, Roger. *Profiling*: a hidden challenge to the regulation of data surveillance. Journal of Law & Information Science, v. 4, p. 403, 1993. Disponível em: http://classic.austlii.edu.au/au/journals/JlLawInfoSci/1993/26.html. Acesso em: 12.05.2023.

humana de construir estereótipos; e c) perfilização automatizada, quando os algoritmos de aprendizado de máquina são programados para correlacionar em massa os dados pessoais agregados e minerados constantes em vastos bancos cadastrais[94]. É sobre essa última modalidade que as legislações protetivas de dados pessoais, em geral, se debruçam.

Segundo o *General Data Protection Regulation*, legislação europeia na qual se baseou largamente a lei brasileira protetiva de dados[95], o *profiling* abarca qualquer forma de processamento automatizado de dados pessoais consistente no uso de informações individuais para avaliar certos aspectos relativos à pessoa singular, em particular para analisar e/ou prever fatores relacionados ao desempenho da pessoa no mercado de trabalho, econômico, de seguros (verificada sua confiabilidade), publicitário (para fins comportamentais), de consumo (segundo seus interesses, sua geolocalização, suas preferências pessoais, etc.)[96].

A Lei nº 13.709/2018, popularizada no Brasil como LGPD, malgrado não conceitue a perfilização, aborda o assunto no §2º do art. 12 ao estabelecer que "poderão ser igualmente considerados como dados pessoais, para os fins desta Lei, aqueles utilizados para formação do perfil comportamental de determinada pessoa natural, se identificada". Tangencia a temática da perfilização ao resguardar para o titular de dados pessoais, no *caput* do art. 20, o direito a solicitar a revisão de decisões unicamente baseadas em tratamento automatizado de dados pessoais que afetem interesses dos seus titulares, "incluídas as decisões destinadas a definir o seu perfil pessoal, profissional, de consumo e de crédito ou os aspectos de sua personalidade".

Perfilização, seja de indivíduos ou grupos inteiros, afigura-se técnica costumeiramente designada a criar perfis comportamentais mediante informações fornecidas pelo titular *per si*, coletadas a partir de suas interações na rede ou inferidas a partir de outros dados. O *profiling* engloba seis etapas. A primeira delas corresponde ao registro dos dados pessoais; enquanto a segunda, à agregação e mineração de dados. Na terceira, bus-

---

94. HILDEBRANDT, Mireille. *Defining profiling*: a new type of knowledge? In: Profiling the European citizen. Springer, Dordrecht, 2008. Disponível em: https://www.researchgate.net/publication/226744267_Defining_Profiling_A_New_Type_of_Knowledge. Acesso em: 12.05.2023.

95. Caracteriza-se aqui o "Efeito Bruxelas", uma onda de influência que o posicionamento da União Europeia costuma gerar no cenário mundial, o que ocorreu com o GDPR e provavelmente ocorrerá com o *AI Act*.

96. EUROPEAN PARLIAMENT. Regulation (EU) 2016/679 of the European Parliament and of the Council of 27 April 2016 on the protection of natural persons with regard to the processing of personal data and on the free movement of such data, and repealing Directive 95/46/EC (General Data Protection Regulation). Disponível em: https://eur-lex.europa.eu/legal-content/EN/TXT/PDF/?uri=CELEX:32016R0679. Acesso em: 27.05.2023.

ca-se identificar os padrões nos dados coletados. Na quarta etapa, por sua vez, interpretam-se os resultados obtidos, ao passo que o quinto momento envolve o monitoramento desses dados para checagem da acurácia dos resultados obtidos. Por fim, o sexto estágio desse procedimento é o efetivo uso dos perfis[97].

Alerta Pariser[98], na obra "O filtro invisível", que o processo invisível de filtragem de conteúdo, por intermédio da personalização algorítmica dos resultados de buscas e dos *feeds* de notícias e outras publicações gera riscos à privacidade, à segurança e à democracia. Quanto mais se navega virtualmente, mais a *filter bubble* do titular de dados se desenha e preenche informações verossímeis, mas presumidas a seu respeito, mantendo-o em um "*loop*-do-eu"[99].

> Por meio de dados é possível revelar uma infinidade de questões relacionadas à população, desde quais grupos são mais suscetíveis a determinadas doenças até qual é o perfil do cidadão propenso a honrar um empréstimo bancário, até segmentar os consumidores em perfis. Cada um de nós é, simultaneamente, um gerador e um consumidor de dados. Queremos ter produtos e serviços personalizados, atentos a nossas necessidades e interesses; o paradoxo é que, ao mesmo tempo, queremos preservar a privacidade de nossos dados. O desafio colocado é encontrar um equilíbrio entre a abertura de dados, pré-requisito para o avanço da IA; a proteção dos dados pessoais; e a transparência sobre o uso dos dados[100].

Para Bonna, vislumbra-se, na era informacional, para além de uma identidade física da pessoa natural, titular de dados pessoais, também a construção de uma identidade virtual[101], que auxilia na massificação do con-

97. MEDON, Filipe. *Inteligência artificial e responsabilidade civil*: autonomia, riscos e solidariedade. 1.ed. Salvador: JusPodivm, 2020, p. 249-251.
98. PARISER, Eli. *O filtro invisível*: o que a internet está escondendo de você. Tradução de Diego Alfaro. 1.ed. Rio de Janeiro: Zahar, 2012, p. 156. *E-book*.
99. "Máquinas geram prognósticos que projetam e refinam ininterruptamente uma teoria sobre sua personalidade e que preveem o que você quer e fará a seguir. Juntas, essas máquinas produzem um universo de informações completamente próprio para cada um de nós – aquilo que chamo de *Filter Bubble*, filtros-bolhas – e alteram, assim, fundamentalmente como chegamos a informações e ideias." (HAN, Byung-Chul. *Infocracia*: digitalização e a crise da democracia. Tradução de Gabriel Salvi Philipson. Petrópolis – RJ: Editora Vozes, 2022, p. 53-54).
100. KAUFMAN, Dora. *A inteligência artificial irá suplantar a inteligência humana?* Barueri-SP: Estação das Letras e Cores, 2019, p. 34.
101. BONNA, Alexandre Pereira. Dados pessoais, identidade virtual e a projeção da personalidade: profiling, estigmatização e responsabilidade civil. In: MARTINS, Guilherme Magalhães; ROSENVALD, Nelson (coord.). *Responsabilidade civil e novas tecnologias*. Indaiatuba, SP: Editora Foco, 2020, p. 19-38.

sumo e da publicidade a contar de uma falsa impressão de personalização positiva de produtos e serviços, voltada a atingir um público-alvo categorizado algoritmicamente, e com desdobramentos que afligem concepções da privacidade, decisional e comportamental, do titular e contaminam a autonomia e liberdade dos processos de escolha.

O crescimento exponencial de valiosos dados disponíveis *online*, em mídias sociais, na computação em nuvem e em dispositivos móveis, gera um alto valor a ser comercializado. Desde *streamings* suportados por assinantes, como o *Netflix* – que usa uma base de dados gigantesca de usuários para recomendar filmes e séries e mantê-los conectados, gerando mais dados a seu respeito e mais inferências sobre seus cliques futuros – aos *streamings* de música, como o *Spotify* – que usa estratégia híbrida, com assinantes *premium* e outros com acesso remunerado, indiretamente, pela exposição a anúncios –, o *profiling*, como um mecanismo de controle mascarado de "positiva" personalização de conteúdo, têm movimentado altos cifrões.

O principal efeito do microdirecionamento é a concentração de mercado nas mãos dos modelos de negócios que logram, com algoritmos *matchmakers*, a oferta de larga diversidade de opções para o consumo em massa com a ilusão de intimidade com o cliente. A Sociedade da Exposição[102] tem nos consumidores o seu grande objeto de interesse, posto que as redes sociais são estruturadas por uma arquitetura de visibilidade, sob o binômio "ver e ser visto".

Resta instituída a Sociedade da Exposição, explicada por Cris Anderson na obra "A Cauda Longa"[103], na qual cita Tim Wu, professor da *Columbia*

102. "Na sociedade expositiva cada sujeito é seu próprio objeto-propaganda; tudo se mensura em seu valor expositivo. (...) O excesso de exposição transforma tudo em mercadoria que ´está à mercê da corrosão imediata, sem qualquer mistério´. A economia capitalista submete tudo à coação expositiva, é só à encenação expositiva que gera valor, deixando de lado todo e qualquer *crescimento próprio das coisas*." (HAN, Byung-Chul. *Sociedade da transparência*. Tradução de Enio Paulo Giachini. Petrópolis, RJ: Vozes, 2017, p. 31-32).

103. O termo "cauda longa" retrata a ideia de que a demanda por produtos e serviços de nicho é hoje mais atraente se comparada aos produtos populares em massa (...) historicamente, os modelos de negócio se concentraram em atender às demandas dos consumidores por produtos altamente populares, devido às restrições de espaço físico e custos de distribuição. No entanto, a internet ampliou o mercado e gerou a necessidade de atender as demandas de nicho, de produtos e serviços cada vez mais personalizados. A disponibilidade de um catálogo extenso de produtos *online*, a categorização dos consumidores de acordo com seus perfis de consumo e, assim, a possibilidade de realizar recomendações mais individualizadas estão mudando o mercado (...) a soma das vendas de produtos menos populares, que compõem a "cauda longa" do gráfico de demanda de consumo, tem superado as vendas em massa. Através de dados e exemplos de diferentes setores, como música, filmes e livros, Anderson mostra as implicações socioeconômicas e culturais dessa mudança e como se capitaliza sobre os novos modelos de negócio, cunhando o termo "cauda longa" para descrever essa dinâmica

University, por sua "cultura da exposição", que reflete a filosofia do "ser percebido é tudo". Destarte, "os indivíduos, cada vez mais compartilham interesses ou preocupações mútuas a partir de um objeto ou objetivo comum", o que faz conceituar a Sociedade da Exposição como "conjunto de pessoas que se utilizam das redes sociais para manter e ampliar os modos de se comunicar e relacionar"[104].

Criativas são as variadas práticas mercadológicas perfilizadas, como o direcionamento comportamental (*behavioral targeting*) usado pelo *Google Ads* ao segmentar as atividades dos usuários e definir os anúncios que ressoarão melhor, segundo os indicativos de seus próprios *digital footprints*. Os modelos de *targeting* se propõem a ser extremamente individualizados: na *Google Display Network*, com opções de segmentação por localização, grupo demográfico, interesses prévios de consumo, temas pesquisados, palavra-chave, públicos-alvo ideal ou por afinidade. Oferecem muitas categorias de segmentação para restringir quem visualiza a oferta e direcioná-la a quem, estatisticamente, tem mais chances de consumir o produto ou serviço.

> [...] aproveita o comportamento histórico do usuário para selecionar os anúncios mais relevantes para exibição. Um modelo estatístico de BT bem fundamentado prevê taxa de cliques (CTR) de um anúncio a partir do comportamento do usuário, como cliques em anúncios e visualizações, visualizações de página, consultas de pesquisa e cliques. (...) particularmente, o clique no anúncio é evento muito raro (...) cerca de 0,05%. Consequentemente, um preditor de BT com baixo erro de generalização requer grandes quantidades de dados (p. ex., nossos experimentos mostraram que o erro de generalização monotonicamente diminuiu à medida que o tamanho dos dados aumentou para abranger todos os usuários). Na prática, também é desejável atualizar os modelos com frequência e, assim, restringir o tempo de execução do treinamento, dada a dinâmica natureza do comportamento do usuário e a volatilidade dos anúncios e das páginas[105].

---

de mercado. (ANDERSON, Chris. *A cauda longa*. Tradução de Afonso Celso da Cunha Serra. 5.ed. Rio de Janeiro: Elsevier, 2006, p. 72. *E-book*).

104. FREITAS, Cinthia Obladen de Almendra. *A vulnerabilidade do consumidor e a exposição pública na internet*. In: Aires José Rover, Fernando Galindo. (org.). III Encontro de Internacionalização do CONPEDI: Universidad Complutense de Madrid. Madrid: Ediciones Laborum, 2015, v. 9, p. 76-101.

105. CHEN, Ye; PAVLOV, Dmitry; CANNY, John F. *Large-scale behavioral targeting*. Conference Paper, 2009. Work conducted at Yahoo! Labs. Disponível em: https://www.researchgate.net/publication/221653347_Large-scale_behavioral_targeting. Acesso em: 27.05.2023.

Desse modo, o microdirecionamento publicitário (*microtargetting*) se vale do valor agregado ao perfil psicométrico de cada usuário. Outra prática perfilizada recorrente na economia movida a dados são os anúncios obscuros (*dark ads*), cujas ofertas de conteúdos, produtos e/ou serviços otimizadas por *profiling* são visíveis somente para quem os publicou e para aqueles designados como público-alvo. Constituem um perigo à autonomia, à liberdade e à democracia, uma vez que grupos distintos – que podem ser visados com base em seus dados de localização, comportamentais ou ainda de cunho sensível, como filiação partidária e convicção religiosa – são expostos a informações distintas que, não raro, se contradizem[106].

Os anúncios sob medida são mais eficazes quando atingem o público pretendido. Tal foi a constatação de Cris Summer, diretor e cofundador da *Online Privacy Foundation*, e seu núcleo de pesquisa sobre anúncios obscuros ao criarem campanhas publicitárias diferentes – que apoiavam ou se opunham à vigilância em massa pelo Poder Público – e avaliarem, por meio de metodologia de pesquisa empírica, os resultados, demonstrando os efeitos práticos do microdirecionamento comportamental sobre cada grupo de pessoas analisado[107].

Por falar em obscuridade, existem também táticas que exploram os padrões cognitivos e comportamentais dos usuários influenciando suas decisões de maneira não ética, como os *dark patterns*[108]. São estratégias em *design* de interação e usabilidade para interfaces digitais projetadas com o objetivo de influir e manipular o comportamento de seus usuários, levando-os a condutas que podem não ser do seu livre interesse ou não serem desejadas. Em entrevista sobre *dark patterns*[109] e *design ethics*, Brignull explora os tipos de padrões obscuros, destaca suas implicações

106. "A crise da verdade é sempre uma crise da sociedade. Sem verdade, a sociedade rui *internamente*. (...) Não se *ilumina* o mundo só com informações e dados. Sua essência é transparente. *Luz e obscuridade* são propriedades da informação. Originam-se como *o bem e o mal* ou *a verdade e a mentira* no espaço narrativo." (HAN, Byung-Chul. *Infocracia*: digitalização e a crise da democracia. Tradução de Gabriel Salvi Philipson. Petrópolis – RJ: Editora Vozes, 2022, p. 38-40 e 97-98).

107. VÉLIZ, CARISSA. *Privacidade é poder*: por que e como você deveria retomar o controle de seus dados. Tradução de Samuel Oliveira. 1.ed. São Paulo: Editora Contracorrente, 2021, p. 143-144.

108. Referem-se à publicidade com padrões obscuros de persuasão do consumidor frente a sua aptidão de captar a vulnerabilidade cognitiva do recptor e alterar a arquitetura de escolha do consumidor. (RIEGER, Sebastian; SINDERS, Caroline. *Dark patterns*: regulating digital desing. Stiftung Neue Verantwortung, 2020, p. 8-9. Disponível em: https://www.stiftung-nv.de/. Acesso em: 27.05.2023).

109. São interfaces usadas por alguns negócios *online* para levar os consumidores a tomar decisões que eles não teriam tomado se fossem totalmente informados e capazes de selecionar alternativas. Em tradução do seguinte trecho original: "user interfaces used by some online businesses to lead consumers into making decisions that they would not have otherwise made if fully informed and capable of selecting alternatives". (ORGANISATION FOR ECONOMIC CO-OPERATION AND DEVELOPMENT.

negativas à experiência do usuário e propõe diretrizes à conscientização sobre a exigência de um padrão ético desde o *design* dessas interfaces (*ethics by design*)[110].

Nessa linha de ferramentas que fortalecem certos modelos de negócio a criar, instigar, induzir e manipular comportamentos e hábitos de consumo, inserem-se os *nudges*. Como as pessoas atualmente estão, demasiadamente, "ocupadas e dispersas, aceitam passivamente as perguntas feitas em vez de tentar determinar se suas respostas seriam diferentes caso as questões fossem formuladas de outra maneira"[111]. A eficácia dos *nudges* decorre do fato de que as pessoas nem sempre tomam decisões racionais, pois suas escolhas são redirecionadas, de modo sútil, por vieses cognitivos e emoções, intervenções suaves estas que podem influir no seu comportamento sem, necessariamente, lhes impor restrições ou proibições. Os *nudges* são ubíquos, desde a forma como produtos são organizados na prateleira do estabelecimento empresarial até as cores escolhidas para a sua *logo*, de modo a, compreendendo características da *psique*, lograr projetar lembretes visuais, sonoros ou aditivos que ativam gatilhos cerebrais. Além de comprometerem a privacidade dos titulares de dados pessoais em suas dimensões comportamental, informacional e decisória, também é afetada a sua privacidade física.

Para fins de privacidade, é verdade o aforismo "quem não deve não teme"? Edward Snowden, ex-assistente técnico da Agência de Segurança Nacional (CIA) dos EUA, afirmou, em entrevista ao *The Guardian*, após ser o responsável por um dos vazamentos de dados mais significativos da história política dos EUA, que: "As pessoas que dizem que não se importam com a privacidade porque nada têm a esconder não pensaram profundamente sobre a questão (...) quando você diz 'não me importo com o direito à privacidade porque nada tenho a esconder' não é diferente de dizer ´não me importo com a liberdade de expressão porque nada tenho a dizer´ ou ´com a liberdade de imprensa porque nada tenho a escrever´"[112].

OECD Roundtable on Dark Commercial Patterns Online, 2020, p. 4. Disponível em: https://www.oecd.org/. Acesso em: 27.05.2023).

110. UX DESIGN. Ethics in design: an interview with Harry Brignull, from darkpatterns.org, 2017. Disponível em: https://uxdesign.cc/ethics-in-design-an-interview-with-harry-brignull-from-darkpatterns-org-95489057c440. Acesso em: 27.05.2023.

111. THALER, Richard H.; SUNSTEIN, Cass R. *Nudge*: como tomar melhores decisões sobre saúde, dinheiro e felicidade. Tradução de Ângelo Lessa. 1.ed. Rio de Janeiro: Objetiva, 2019, p. 49.

112. Na versão original: "People who say they don't care about privacy because they have nothing to hide haven´t thought too deeply about the issues (...) when you say ´I don´t care about the right to privacy because I have nothing to hide´ is no different than saying ´I don´t care about freedom of speech because I have nothing to say´ or ´freedom of the press because I have nothing to white´."

2.2 Autonomia do usuário frente a aplicações de Inteligência Artificial

Há uma relação intrínseca e circular entre P&D de modelos de IA, proteção de dados pessoais, privacidade, informação, consentimento e autonomia, profundamente interligados aos direitos e às liberdades individuais na era digital. Privacidade, como direito fundamental de ter domínio sobre o acesso e uso de suas informações, abriga a proteção de dados pessoais, de comunicações em geral e da vida privada, constitucionalmente positivados nos incisos LXXIX, XII e X do art. 5º, respectivamente, garantindo que possam estabelecer limitações à divulgação e ao compartilhamento de seus dados e manter um espaço onde se sintam seguros. Nesse espaço íntimo do *ser*, cabe ao titular optar, de forma livre, plenamente informada e inequívoca, por outorgar autorização ao tratamento de seus dados pessoais. O consentimento é parte essencial da proteção à privacidade, implicando dever de informação sobre como os dados serão processados, tornando o titular habilitado a decidir com base nesses fatores[113].

Com efeito, o cumprimento dos deveres de transparência e informação pelos agentes de tratamento de dados pessoais desempenha um papel crucial nesse cenário. O titular tem o direito de receber informações claras, transparentes e precisas sobre o processamento de seus dados, inclusive o propósito, as categorias de dados coletados, seus destinatários e os direitos de terceiros afetados. O acesso a informações adequadas permite a válida tomada de decisões e o exercício da autonomia. Cumpre "reconhecer a centralidade do controle sobre as próprias informações para a proteção da personalidade no contexto do tratamento automatizado"[114].

(THE GUARDIAN. Edward Snowden: a right to privacy is the same as freedom of speech. Interview, 2013. Disponível em: https://www.theguardian.com/us-news/video/2015/may/22/edward-snowden-rights-to-privacy-video. Acesso em: 21.05.2023).

113. "A fundamentação deste consentimento reside na possibilidade de autodeterminação em relação aos dados pessoais, e que (...) deve ser o elemento principal levado em conta para caracterizarmos tanto a natureza jurídica quanto os efeitos deste consentimento (...) o consentimento para o tratamento de dados pessoais toca diretamente elementos da própria personalidade, porém não dispõe destes elementos. Ele assume mais propriamente as vestes de um ato unilateral, cujo efeito é o de autorizar um determinado tratamento para os dados pessoais, sem estar diretamente vinculado a uma estrutura contratual." (DONEDA, Danilo. *Da privacidade à proteção de dados pessoais*: fundamentos da Lei Geral de Proteção de Dados. Rio de Janeiro: Renovar, 2020, p. 377-379. *E-book*).

114. "[V]erifica-se uma notável característica da proteção de dados (...) a de procurar responder a demandas concretas com os instrumentos disponíveis, sem se filiar diretamente a categorias prévias. Seus instrumentos encerram uma boa dose de pragmatismo e de busca de eficiência para tratar de um objeto que não se prestava a ser enquadrado nos institutos jurídicos tradicionais com facilidade. (...) [Para] o filósofo Norberto Bobbio, ´os direitos são produtos históricos, nascem de necessidades, quando emergem historicamente´. (...) Uma decisão de 1983 do Tribunal Constitucional alemão foi

No contexto de privacidade e consentimento, a autonomia significa escolher como e quando suas informações pessoais serão coletadas, utilizadas e compartilhadas. Envolve traçar limites, fazer escolhas conscientes e deter o controle sobre os próprios dados, respeitando valores pessoais e necessidades individuais. Assim, representações incorretas e interpretações equivocadas sobre dados, ou até mesmo a entrada de dados (*inputs*) de má qualidade ou mal selecionados para determinado propósito específico, podem ensejar "a perda de chances e oportunidades do indivíduo na sociedade, dar-se-á uma restrição indevida à sua autonomia, limitando a sua liberdade de ação, suas escolhas econômicas e até mesmo existenciais"[115].

Privacidade, informação e consentimento são os pilares para a proteção da autonomia do titular de dados pessoais – por serem o alicerce à construção de projetos computacionais inteligentes na sociedade informacional – e do usuário de sistemas de Inteligência Artificial. Garantem a liberdade individual necessária ao consentimento para o uso de dados pessoais e a flexibilização autorizada da privacidade de seu titular. As decisões automatizadas, decorrentes da análise e mineração de *Big Data*, podem ser determinantes para abrir ou fechar as portas de acesso a inúmeras oportunidades. Uma representação equivocada em determinados contextos sociais – por falha nos *outputs* ou inadequação dos *inputs* em que o algoritmo se baseou – pode afetar tanto o modo como aquele indivíduo se percebe inserido no mundo como também a maneira como a sociedade o avalia,

---

decisiva para o desenvolvimento desse direito, ao reconhecer uma garantia constitucional específica relacionada à proteção de dados pessoais (...) tratava-se também de um caso referente à atividade estatística: no caso, era contestada uma lei federal que regia o censo alemão de 1982 (...) o Tribunal reconheceu que avanços tecnológicos tornavam possível o processamento de dados em proporção jamais vista, o que demandava que fosse revisitada a interpretação de alguns direitos fundamentais, em razão do surgimento de ameaças e riscos até então impensáveis não somente à privacidade, mas também a diversas liberdades e garantias fundamentais. Assim, a Corte reconheceu a existência de um direito à autodeterminação informacional, formulado a partir do direito geral de personalidade e voltado a garantir ao cidadão o direito de controlar a amplitude da divulgação ou utilização de qualquer aspecto relacionado a sua personalidade por meio de seus dados pessoais." (DONEDA, Danilo. Panorama histórico da proteção de dados pessoais. In: DONEDA, Danilo; SARLET, Ingo Wolfgang; MENDES, Laura Schertel; RODRIGUES JUNIOR, Otavio Luiz; BIONI, Bruno Ricardo (coord.). *Tratado de proteção de dados pessoais*. Rio de Janeiro: Forense, 2021, p. 27).

115. "[...] apesar dos benefícios das decisões automatizadas, como a maior agilidade no processamento de informações e a redução dos custos associados à gestão e à contratação de funcionários, tais decisões podem afetar significativamente os direitos fundamentais do indivíduo, em especial a sua autonomia, personalidade e igualdade. (...) é preciso ir além das regras de privacidade e se construir uma verdadeira agenda relativa aos princípios éticos da inteligência artificial e das decisões automatizadas amparadas no uso de algoritmos." (DONEDA, Danilo Cesar Maganhoto; MENDES, Laura Schertel; SOUZA, Carlos Affonso Pereira; ANDRADE, Norberto Nuno Gomes de. Considerações iniciais sobre inteligência artificial, ética e autonomia pessoal. *Revista Pensar*, Fortaleza, v.23, n.4, p. 1-17, out.-dez./2018).

criando restrição indevida a sua autonomia e limitando a sua liberdade de ação e suas escolhas econômicas, sociais, culturais e até existenciais.

> Relativamente à expropriação da personalidade, como coloca Shoshana Zuboff, o intitulado "capitalismo de vigilância" não consiste em uma nova tecnologia, mas em uma nova forma de mercado que reivindica de maneira unilateral a experiência humana como matéria-prima gratuita para a tradução em dados comportamentais que são disponibilizados no mercado como produtos de predição que antecipam e modelam comportamentos futuros. A visão kantiana do ser humano como fim em si é desvirtuada por um instrumentalismo, cuja base é a expropriação da personalidade em prol de finalidades alheias, pois a própria sociedade se torna objeto de extração e controle (...) [que] converte situações existenciais em uma nova propriedade baseada na despossessão da essência daquilo que nos define, através de uma modificação comportamental (...) [e de] um ataque à consciência. A autonomia é a pedra angular do direito privado, significando a "regulação pelo eu", não apenas na órbita econômica – filtrada pelo conceito de "capacidade" – como pela aptidão da pessoa gerir pensamentos, emoções e desejos. Paradoxalmente, o processo de despossessão do "eu" se dá em dois níveis: não apenas dispensa o consentimento (informado ou não), como a própria consciência quanto à expropriação da experiência humana (...) [pelo] emprego de técnicas que induzem à modificação comportamental, substituindo o imperativo categórico Kantiano por imperativos de predição[116].

A conexão entre P&D de modelos de Inteligência Artificial – por serem nutridos por dados pessoais –, a proteção de dados pessoais e os direitos fundamentais deriva da influência produzida uns sobre os outros de forma concreta e contínua. Pesquisadores e desenvolvedores buscam constantemente melhorar os algoritmos, as técnicas e as arquiteturas de sistemas de IA para alcançar resultados mais úteis e lucrativos, o que alimenta novos modelos que podem impactar significativamente diversas áreas do tecido social, como saúde, transporte, finanças.

A relação entre esses aspectos é circular porque se interferem mutuamente. A pesquisa em IA impulsiona o desenvolvimento de novos modelos, que, por sua vez, podem exigir mais dados para alimentá-los e treiná-los. O seu tratamento aumenta as preocupações éticas com os riscos à privacidade, segurança e não discriminação, demandando medidas de *enforcement*. Por

116. ROSENVALD, Nelson. A LGPD e a despersonalização da personalidade. Migalhas de Proteção de Dados, 2021. Disponível em: https://www.migalhas.com.br/coluna/migalhas-de-protecao-de-dados/350374/a-lgpd-e-a-despersonalizacao-da-personalidade. Acesso em: 24.06.2023.

sua vez, a regulação da proteção de dados pessoais, da privacidade em rede e da própria Inteligência Artificial afeta a P&D na área, impondo limites ao acesso a certos tipos de dados, exigindo abordagens *ex ante* mais diligentes pelos agentes e a sua eventual responsabilização.

Com vistas aos impactos sociais causados por tecnologias de IA, a União Europeia, ao desenhar os Princípios da IA[117] centrando esforços na preservação de direitos humanos frente a tais aplicações, pretende garantir a liberdade, igualdade e autonomia dos seres humanos. Na interação com a IA, é vital resguardar uma autodeterminação informativa hígida e eficaz, sob o risco de o modelo injustificadamente subjugar, enganar, influenciar, condicionar ou agrupar humanos. Todo sistema de IA deve ser projetado para servir aos indivíduos, aprimorando e complementando suas habilidades. A alocação de funções entre humanos e aplicações de IA subordina-se a princípios *by design* antropocêntricos (*human centered design*), garantindo a supervisão humana sobre os seus processos de trabalho, sempre que for necessário.

Resguarda-se a privacidade nas vertentes comportamental, decisória, informacional e física como verdadeiro pressuposto inarredável ao exercício da autodeterminação informativa, eis que os deveres de informação e transparência constituem instrumentos para a formação do consentimento, em toda a sua liberdade para prestá-lo e plena capacidade para concedê-lo.

2.2.1 A autodeterminação informativa como fundamento da proteção de dados pessoais do usuário de tecnologias de IA

Immanuel Kant, tradicionalmente invocado como precursor do termo "autonomia da vontade" em sua obra "Fundamentação da Metafísica dos Costumes", definiu-a como uma "propriedade graças à qual ela é para si mesma a sua lei (independentemente da natureza dos objetos do querer). O princípio da autonomia é, portanto: não escolher senão de modo a que as máximas da escolha estejam incluídas simultaneamente, no querer mesmo, como lei universal"[118]. É a concepção inaugural de autonomia, de cunho subjetivo e individualista.

Por todo o século XX, estigmatizou-se a autonomia da vontade por sua conexão com os princípios contratuais liberais – *pacta sunt servanda*,

117. ORGANISATION FOR ECONOMIC CO-OPERATION AND DEVELOPMENT. *OECD AI PRINCIPLES*, 2019. Disponível em: https://oecd.ai/en/ai-principles. Acesso em: 18.03.2023.

118. KANT, Immanuel. *Fundamentação da metafísica dos costumes*. Tradução de Paulo Quintela. Lisboa: Edições 70, 1997, p. 85.

liberdade para contratar e relatividade da eficácia –, objetos de críticas e deblaterações doutrinárias. Os movimentos ideológicos que sucederam a Revolução Francesa deram ensejo a uma nova visão da autonomia, que repudia o termo "vontade" e evidencia a partícula "privada". Autonomia privada decorre de uma visão italiana consonante com o seu significado etimológico de definir normas para si mesmo[119].

Cabe uma breve incursão terminológica sobre "autonomia" e "autodeterminação". O princípio da autodeterminação obteve "adesão constitucional no art. 4º, III, que o reconhece como um dos primados da República Federativa Brasileira em suas relações exteriores"[120], e nessa linha, configura o "poder de cada indivíduo gerir livremente a sua esfera de interesses, orientando sua vida de acordo com suas preferências"[121]. Porém, como visto, os interesses e preferências individuais dos titulares de dados pessoais estão em perigo e têm sido moldados por modelos de Inteligência Artificial que traçam perfis psicográficos e logram distorcê-los.

Emerge, pois, uma arquitetura da autonomia privada adequada a situações existenciais, com o intuito de balizar a intervenção estatal, de entidades intermediárias e de particulares nas liberdades individuais, à luz de um catálogo de direitos fundamentais, que permitirá escolher segundo o projeto de vida que se constrói para si e os valores pessoais que deseja preservar[122]. Decisões existenciais são legítimas apenas se tomadas pelo próprio titular quando plenamente informado e consciente de seus atos e consequências, sem arbitrárias intervenções externas[123].

Entende-se a autonomia existencial como espécie de autonomia privada, verdadeiro "instrumento da liberdade individual para realização das

119. AZEVEDO, Antonio Junqueira de. Caracterização jurídica da dignidade da pessoa humana. *Revista dos Tribunais*, São Paulo, v. 797, p. 11-26, mar./2002.

120. "Entretanto, prefere-se o termo *autodeterminação*, por seu caráter mais específico e seus vínculos com o Direito Privado, para qualificar o modo de regência humana de suas condutas num plano individual (...) também encontra lastro constitucional (art.1º, inciso III), pois realiza a dignidade da pessoa humana, sob a óptica do personalismo ético-social e adstrita ao reconhecimento do valor absoluto da pessoa humana." (RODRIGUES JÚNIOR, Otávio Luiz. Autonomia da vontade, autonomia privada e autodeterminação: notas sobre a evolução de um conceito na modernidade e na pós-modernidade. *Revista de Informação Legislativa*, Brasília, a. 41, n. 163, p. 113-130, jul.-set./2004).

121. RIBEIRO, Joaquim de Sousa. *O problema do contrato*: as cláusulas contratuais gerais e o princípio da liberdade contratual. Coimbra: Almedina, 1999, p. 22.

122. TEIXEIRA, Ana Carolina Brochado. Autonomia existencial. *Revista Brasileira de Direito Civil – RBDCivil*, Belo Horizonte, v. 16, p. 75-104, abr.-jun./2018.

123. TEIXEIRA, Ana Carolina Brochado. Autonomia existencial. *Revista Brasileira de Direito Civil – RBDCivil*, Belo Horizonte, v. 16, p. 75-104, abr.-jun./2018.

potencialidades da pessoa humana e de seus interesses não patrimoniais"[124], cujos referenciais são a liberdade e a privacidade do para escolher no espaço de livre desenvolvimento da personalidade[125]. Nossa Corte Superior compartilha dessa ótica ao consolidar que "a dignidade humana retrata-se, na visão Kantiana, na autodeterminação; na vontade livre daqueles que usufruem de uma vivência sadia"[126].

Sob a perspectiva civil constitucionalizada[127], a liberdade para escolher os rumos da própria vida é premissa inafastável à realização de interesses existenciais pessoais. Todavia, na qualidade de direito da personalidade, a autonomia existencial pode sofrer limitações, que incidem excepcionalmente quando presentes os requisitos que comprovem concretamente a necessidade restritiva. Por conseguinte, demanda espaços democráticos abertos a experiências intersubjetivas, visão que toma a autodeterminação como artefato de emancipação pessoal.

Segundo Ana Carolina Brocardo Teixeira, o Tribunal Português, em 1997, em julgado relatado pelo Ministro Fernandes Magalhães, posicionou-se reconhecendo que:

> [A]utonomia privada consagra a possibilidade de os sujeitos jurídico-privados livremente governarem a sua esfera jurídica, conformando as suas relações jurídicas e exercendo as suas posições ativas reconhecidas pela ordem jurídica (...) liberdade positiva, entendida, na feliz expressão de Orlando de Carvalho, como o "direito de informar o mundo e conformar-se a si próprio"[128].

---

124. "Trata-se (...) de formulação denominada *teoria tríplice da autonomia privada existencial*, que, através de uma classificação que divide os atos de autonomia em três categorias distintas a depender dos efeitos produzidos e das esferas jurídicas por eles afetadas, permite ao intérprete do direito verificar a necessidade e a legitimidade de intervenções restritivas feitas pela lei ou aplicadas pelo julgador sobre o exercício da autonomia no caso concreto. Em decorrência da aplicação dessa teoria, os atos de autonomia serão classificados em: (I) atos de eficácia pessoal; (II) atos de eficácia interpessoal; e (III) atos de eficácia social." (CASTRO, Thamis Dalsenter Viveiros de. A função da cláusula de bons costumes no Direito Civil e a teoria tríplice da autonomia privada existencial. *Revista Brasileira de Direito Civil – RBDCivil*, Belo Horizonte, v. 14, p. 99-125, out.-dez./2017).

125. Em livre tradução, "[a] livre construção da personalidade é fórmula que não implica a definição de uma área reservada às escolhas individuais privada de qualquer relação com a regra jurídica. Implica, na verdade, um instrumento que torna possível a busca autônoma por uma política de identidade pessoal." (RODOTÀ, Stefano. *La vita e le regole*: tra diritto e non diritto. Milano: Feltrinelli, 2006, p. 22).

126. STJ, 1ªT., REsp 873.039/MS, Rel. Min. Luiz Fux, julg. 18.03.2008, DJe 12.05.2008.

127. PERLINGIERI, Pietro. *Perfis do Direito Civil*: introdução ao Direito Civil Constitucional. 23.ed. Rio de janeiro: Renovar, 2002, p. 280.

128. "Processo nº 97A462. Rel. Fernandes Magalhães, julg. 28.10.1997, STJ, Boletim do Ministério da Justiça, n. 470, p. 597-604, nov./1997." (TEIXEIRA, Ana Carolina Brochado. Autonomia existencial. *Revista Brasileira de Direito Civil – RBDCivil*, Belo Horizonte, v. 16, p. 75-104, abr.-jun./2018).

Consoante o art. 2º, II, da Lei nº 13.709/2018, a disciplina da proteção de dados pessoais no Brasil possui, como fundamento, a autodeterminação informativa. Em que pese haja menção expressa ao princípio, não existe na LGPD uma referência a sua conceituação. A jornada de ajustes à LGPD perpassa a compreensão da autodeterminação informativa como um direito de controle do titular sobre seus dados. Consiste no poder de decidir se e em qual extensão exporá aspectos da sua vida pessoal, consentindo em mitigar a sua privacidade.

Após a conclusão dos debates realizados pela Comissão de Juristas[129] na forma de um substitutivo aos projetos legislativos cunhados como o Marco Legal da Inteligência Artificial, foi, em maio de 2023, submetido ao Senado Federal o PL nº 2.338/2023 por seu então presidente Rodrigo Pacheco[130]. Em seu art. 2º, ao arrolar os fundamentos ao desenvolvimento, implementação e uso de sistemas de IA no Brasil, faz menção, em conjunto no inciso VIII, à privacidade, à proteção de dados pessoais e à autodeterminação informativa. Na sequência, em seu art. 3º, lista a autodeterminação informativa e o livre arbítrio como princípios da IA.

A terminologia não é em vão! Considerada fundamento da proteção de dados pessoais, deve ser adjetivada de um dever de informação cumprido de maneira integral, clara e precisa. Segundo a LGPD, tal dever refere-se à obrigação dos controladores de informar aos titulares sobre como seus dados pessoais são coletados, armazenados, usados e protegidas. Informação a ser apresentada de forma acessível, de modo que o titular possa compreendê-las plenamente.

A ligação entre o dever de informação e a autodeterminação informativa reside no fato de que o titular somente poderá exercer esta se estiver devidamente cumprido aquele dever. Transparência e clareza são elementos essenciais ao consentimento para o tratamento de seus dados de forma esclarecida e não viciada. Tanto é assim que o art. 5º, XII, da LGPD conceitua consentimento como "manifestação livre, informada e inequívoca pela qual o titular concorda com o tratamento de seus dados pessoais para

129. BRASIL. SENADO FEDERAL. Relatório Final da Comissão de Juristas do Marco Legal da Inteligência Artificial, aprovado em 1º de dezembro de 2022. Disponível em: https://legis.senado.leg.br/sdleg-getter/documento?dm=9221643&ts=1670509473310&disposition=inline. Acesso em: 07.01.2023.

130. O relatório final da CJSUBIA, com mais de 900 páginas, incluiu um anteprojeto de lei que, em 03 de maio de 2023, foi convertido no PL nº 2338/2023, apresentado pelo Presidente do Senado Federal, o Senador Rodrigo Pacheco. (BRASIL. SENADO FEDERAL. Projeto de Lei nº 2.338, de 2023. Atividade Legislativa, 2023. Disponível em: https://www25.senado.leg.br/web/atividade/materias/-/materia/157233?_gl=1*1qw7sar*_ga*ODQ3Nzg0NDY2LjE2MjQ2Mzc4Mzg.*_ga_CW3ZH25XMK*MTY4NDE2Mjk0My4yLjAuMTY4NDE2Mjk0My4wLjAuMA. Acesso em: 28.05.2023).

uma finalidade determinada" e, segundo o §3º do art. 8º da lei, "é vedado o tratamento de dados pessoais mediante vício de consentimento".

Outrossim, o art. 2º, VI, da LGPD prevê como fundamento "a defesa do consumidor", razão pela qual, em seu art. 45, disciplina que a violação do direito do titular nas relações de consumo permanece "sujeita às regras de responsabilidade previstas na legislação pertinente". Nesse sentido, a Lei nº 8.078/1990 - Código de Defesa do Consumidor (CDC) - impõe aos fornecedores de produtos e serviços - incluídos os dotados de Inteligência Artificial - o dever de prestar "informações necessárias e adequadas a seu respeito" (art. 8º, *caput*); "informações insuficientes ou inadequadas" sobre seu uso e riscos (art. 12, *caput*); "informações corretas, claras, precisas, ostensivas e em língua portuguesa sobre suas características, qualidades, quantidade, composição, preço, garantia, prazos de validade e origem, entre outros dados" e "riscos que apresentam à saúde e segurança dos consumidores" (art. 31, *caput*); "informações que possam impedir ou dificultar novo acesso ao crédito" (art. 43, §5º); e "informações sobre questões de interesse do consumidor, resguardado o segredo industrial" (art. 55, §4º).

Corroborando tais diretrizes da lei protetiva do consumidor, o §1º do art. 20 da LGPD impõe ao controlador fornecer, quando solicitadas, informações claras e adequadas sobre os critérios e procedimentos usados para a tomada de decisão automatizada, mantidos segredos comercial e industrial. Somando ao diálogo de complementariedade entre LGPD e CDC[131] na fixação de paradigmas à disciplina do dever de informar como requisito de autodeterminação do titular no consentimento para o tratamento de seus dados, que não sendo passíveis de uso em seu prejuízo, por expressa previsão do artigo 21 da LGPD, devem os termos de uso e as políticas de privacidade das plataformas digitais, cujos algoritmos de IA alicerçam os seus modelos de negócio, ser equiparados, para a incidência do CDC, a contratos de adesão.

O códex protetivo do consumidor define os contratos de adesão como aqueles "cujas cláusulas tenham sido aprovadas pela autoridade competente ou estabelecidas unilateralmente pelo fornecedor de produtos ou serviços, sem que o consumidor possa discutir ou modificar substancialmente seu conteúdo", alertando à sua hipervulnerabilidade nesses casos. O CDC, no art. 54, §§3º e 4º, assevera que os "contratos de adesão escritos serão redigidos em termos claros e com caracteres ostensivos e legíveis, cujo tamanho

131. O artigo 7º da legislação especial consumerista, o Código de Defesa do Consumidor (CDC), aduz que os direitos nele previstos não excluem outros decorrentes de legislação interna ordinária com ele compatível e de tratados ou convenções internacionais de que o Brasil seja signatário.

da fonte não será inferior ao corpo doze, de modo a facilitar sua compreensão pelo consumidor" e que as cláusulas limitativas ou excludentes de seus direitos serão redigidas em destaque, com imediata e fácil compreensão.

> "Li e aceito os termos." Ao navegar pela Internet, é bastante comum se deparar com essa frase ao fim de um longo texto, com letras pequenas e linguagem técnica. Não por acaso, estudos têm indicado que muitos usuários não leem esses termos e, quando o fazem, acabam por não os entender ou levam um tempo significativo para tanto. Mais do que isso, caso o usuário não concorde com os termos apresentados, é comum que sua única opção seja a de não desfrutar importantes produtos e serviços on-line. Entretanto, assim fazendo, acaba enfrentando elevados custos sociais na medida em que esses produtos e serviços penetram, cada vez mais, a vida social e as dinâmicas político-econômicas dos cidadãos com o Estado, com empresas privadas e com a comunidade na qual estão inseridos[132].

Tais premissas são, em geral, violadas por diversas aplicações de IA. Os termos de uso e as políticas de privacidade costumam ser escritos em linguagem complexa, além de muitos usuários considerarem os documentos tediosos, de longa extensão e de difícil compreensão. A impressão de gratuidade dos serviços e produtos também minimiza os esforços de leitura por parte do titular de dados pessoais e alguns não se sentem motivados especialmente por não acharem que as informações são relevantes e/ou em razão da ferramenta de leitura – em geral, os monitores de celulares – deixar o tamanho da fonte do texto excessivamente reduzido[133].

Outrossim, nesses casos, fala-se apenas em "adesão rápida"[134], não necessariamente em contrato de adesão. Aderentes, ludibriados pela ideia de aquisição de produtos e serviços "gratuitos", saltam a etapa pré-contratual de leitura dos termos e partem à inconsequente e, de fato, inconsciente

---

132. MENDES, Laura Schertel; FONSECA, Gabriel Campos Soares da. Proteção de dados para além do consentimento: tendências de materialização. In: DONEDA, Danilo; SARLET, Ingo Wolfgang; MENDES, Laura Schertel; RODRIGUES JUNIOR, Otavio Luiz; BIONI, Bruno Ricardo (coord.). *Tratado de proteção de dados pessoais*. Rio de Janeiro: Forense, 2021, p. 90-112.

133. THE WASHINGTON POST. *I tried to read all my app privacy policies. It was 1 million words*. 2022. Disponível em: https://www.washingtonpost.com/technology/2022/05/31/abolish-privacy-policies/. Acesso em: 28.05.2023.

134. Consiste no chamado *click-wrap agreement*, que em muito se aproxima à ideia de "contrato como promessa". O *clickwrap*, também conhecido como "clique em aceitar" ou "clique e assine", é um contrato *online* com o qual os usuários concordam clicando, açodadamente, em um botão ou marcando uma caixa que diz "Li e Concordo". O ato de assinar é substituído pelo de clicar, em acordos que incluem *sign-in-wraps* (em que clicar em "registrar" ou "entrar" constitui aceitação dos termos) ou *browserwraps* (em que o uso do site indica aceitação dos termos), devendo-se fazer uma analogia às hipóteses em que a lei admite o silêncio qualificado, ou seja, como anuência.

celebração do pacto, sob pena de, não aderindo, contratarem com redução de funcionalidades ou até não contratarem. Imagine cláusulas prevendo a alteração unilateral do pacto ou a possibilidade de compartilhamento de dados pessoais do adquirente a qualquer tempo: são casos de renúncia prévia a direitos e de apropriação unilateral de direitos.

Apesar de um CDC de 1990, não se admite a tese de "vácuo legislativo" nesses casos. O exercício hermenêutico conforme a realidade digital dos dispositivos citados demonstra que tais instrumentos são redigidos sem compromisso com a compreensão do sentido e alcance pelo usuário[135], em menosprezo aos princípios da função social dos pactos, boa-fé objetiva e seus deveres anexos – como lealdade, cooperação, confiança, informação e transparência –, vulnerabilidade do consumidor e reparação integral de eventuais danos sofridos. Muitos estão positivados no art. 6º da LGPD e são aplicáveis a todas as etapas do ciclo de vida dos dados.

Para fins ilustrativos, traz-se à baila o caso de grande repercussão envolvendo a *Meta* em junho de 2024. A nova política de privacidade da empresa multinacional, cuja aplicação estendia-se ao *Facebook*, *Instagram* e *Messenger*, autorizava o uso de dados pessoais de seus usuários para o treinamento do seu modelo de Inteligência Artificial, o que ensejou medida administrativa preventiva por parte da Autoridade Nacional de Proteção de Dados (ANPD) que determinou a imediata suspensão do tratamento de dados pessoais para tal finalidade por violação à LGPD, sob pena de multa diária no valor de R$ 50 mil (cinquenta mil reais)[136].

Superado deve ser o argumento da dificuldade de se cumprir, concreta e efetivamente, o dever de informação em prol de consumidores que apresentem limitações para compreensão da complexidade de tecnologias de IA. Ainda que o titular de dados pessoais compreenda minimamente e extraia informações sobre a usabilidade do modelo de IA, tal não lhe garante entender todas as implicações do seu uso, além de ser possível não estar familiarizado com um tipo inovador de IA ou com a versão atualizada de uma aplicação já existente no mercado.

---

135. Deve ser incluído nessa listagem exemplificativa de dispositivos legais a respeito do dever de informação e da autodeterminação informativa o artigo 46 do CDC: "Os contratos que regulam as relações de consumo não obrigarão os consumidores, se não lhes for dada a oportunidade de tomar conhecimento prévio de seu conteúdo, ou se os respectivos instrumentos forem redigidos de modo a dificultar a compreensão de seu sentido e alcance".

136. LIMA, Cintia Rosa Pereira de; LIMA, Tiago Augustini de. O caso ANPD v. Meta: análise do voto que suspendeu o tratamento de dados dos usuários para treinamento de IA generativa. In: Migalhas, 2024. Disponível em: https://www.migalhas.com.br/coluna/migalhas-de-protecao-de-dados/410723/o-caso-anpd-v-meta-analise-do-voto. Acesso em: 06.07.2024.

Nesse contexto, à luz da variedade de especializações que alguns usuários deverão obter para o uso de determinados modelos, o *framework* classificatório da IA formulado pela OCDE[137] gradua os sistemas conforme o treinamento especializado necessário para operá-los. A depender se são usuários finais amadores, praticantes treinados ou especialistas, avalia-se a sua autodeterminação informativa, pois têm que compreender efetivamente as funcionalidades e os resultados do sistema de IA para que seu agir possa ser livre, consentido e autônomo.

Outro critério é a relação de opcionalidade ou dependência entre o usuário e o sistema de IA, à medida que o usuário possa optar por não sofrer a influência da IA, considerando-se as repercussões jurídicas disso no campo da responsabilidade civil. Quanto maior o grau de autonomia das partes interessadas impactadas (os *stakeholders*) sobre estarem ou não sujeitas aos efeitos do sistema de IA, com envolvimento ativo, maior será a liberdade de escolha na adesão ou não ao modelo de IA e maior será sua autonomia, a depender se podem cancelar os *outputs* do sistema; se podem desativá-los; se podem desafiá-los *ex ante*; se podem corrigir as saídas do sistema de IA; ou se é possível reverter *ex post* os resultados do modelo de IA.

A IA é uma área em constante evolução e complexa do ponto de vista técnico e legal. Com o advento da Política Nacional de Educação Digital, firma-se uma carta programática, na forma da Lei nº 14.533/2023, com vistas a potencializar padrões e incrementar resultados de políticas públicas relativas ao acesso dos cidadãos brasileiros aos recursos, ferramentas e práticas digitais, com prioridade para populações mais vulneráveis. Com a educação digital em mente, preservam-se os direitos à informação e à transparência algorítmica no que tange ao desenvolvimento, implementação e uso de sistemas de Inteligência Artificial, assegurando autodeterminação informativa, livre consentimento esclarecido e autonomia privada.

2.2.2 *O livre consentimento informado como processo*

Fervorosos debates sobre a regulação da privacidade e da proteção de dados pessoais destinam seu foco ao livre consentimento expressado pelo titular de dados pessoais frente aos desafios contemporâneos da ascensão

137. ORGANISATION FOR ECONOMIC CO-OPERATION AND DEVELOPMENT. OECD framework for the classification of AI systems. OECD Digital Economy Papers. February 2022, n. 323, p. 25-29. Disponível em: https://www.oecd-ilibrary.org/docserver/cb6d9eca-en.pdf?expires=1678977001&id=id&accname=guest&checksum=D2C31C0BFC4D036D108BE8CE6C95A2B2. Acesso em: 18.03.2023.

do *Big Data*, da difusão de publicidade comportamental e da proliferação de tecnologias inteligentes que rastreiam e monitoram seus usuários.

Nesse universo, o consentimento é figura nuclear da legitimidade prática desse regime protetivo, expressão da autonomia privada e da autodeterminação informativa como forma de controle pelo titular de dados sobre seus direitos da personalidade, porém sem refrear o livre fluxo dessas informações relevante a uma série de atividades econômicas e ainda a políticas públicas. Revisita-se, assim, o protagonismo do consentimento na tutela dos dados pessoais.

O que se entende, então, como "o paradigma do consentimento" a legitimar e justificar o regime jurídico protetivo de dados pessoais? Como traço garantidor da autodeterminação informativa do titular de dados, o consentimento é uma marca da abordagem regulatória da LGPD. Sob tal paradigma, centra-se na pessoa natural o processo decisório sobre o tratamento de seus dados e o consentimento chancela legitimidade aos agentes de tratamento para tanto.

Contudo, o consentimento válido precisa ser esclarecido e livre, além de ser o agente apto a compreender os impactos da concordância exprimida. Desse modo, costuma apresentar insuficiências nos seguintes pontos: (i) limitações cognitivo-decisórias do titular para avaliar o custo-benefício envolvido na autorização para o tratamento de seus dados pessoais; (ii) desconsideração da assimetria de poder entre o agente de tratamento e o titular dos dados, o que compromete a liberdade de escolha deste, especialmente quando houver dependência dos serviços, em circunstâncias caracterizadas por "pegar ou largar" (*take it or leave it*)[138]; e (iii) técnicas avançadas de mineração de dados, análise preditiva e influência comportamental, a partir de *Big Data Analytics*, que impossibilitam mensurar o real valor de mercado desses dados pessoais no exato momento em que o consentimento é expedido[139].

---

138. "Pode-se adotar todos os argumentos historicamente adotados para criticar a 'liberdade' do consentimento, na presença de contextos nos quais existem condicionamentos tais que excluem uma real possibilidade de escolha [...] o condicionamento deriva do fato de que a possibilidade de usufruir de determinados serviços, essenciais ou importantes, ou tidos como tais, depende não somente do fornecimento de determinadas informações por parte do usuário do serviço, mas também do fato de que tais informações (eventualmente com base no consentimento do interessado) podem posteriormente ser submetidas a outras elaborações. Este é o caso de todos os serviços obtidos através das novas mídias interativas, cujos gestores, por evidentes razões de ordem econômica, estão prontos a exercer forte pressão sobre os usuários para que estes autorizem a elaboração (e a eventual transmissão a terceiros) de 'perfis' pessoais ou familiares baseados nas informações coletadas por ocasião do fornecimento dos serviços." (RODOTÀ, Stefano. *A vida na sociedade da vigilância*: a privacidade hoje. Maria Celina Bodin de Moraes (org.). Tradução de Danilo Doneda e Luciana Doneda. Rio de Janeiro: Renovar, 2008, p. 76).

139. MENDES, Laura Schertel; FONSECA, Gabriel Campos Soares da. Proteção de dados para além do consentimento: tendências de materialização. In: DONEDA, Danilo; SARLET, Ingo Wolfgang; MENDES,

O consentimento informado tem sua origem histórica remota na medicina, com sua referência ao Juramento de Hipócrates[140], e continua sendo princípio fundamental para a ética médica e a pesquisa científica, com respeito à autonomia privada na tomada de decisões pelo paciente. A terminologia surgiu em 1957 no julgamento do caso "Salgo *vs.* Leland Stanford Jr. University Board of Trustees", na Califórnia, ocasião na qual a Corte se debruçou sobre o peso da informação para o consentimento do paciente[141]. O consentimento válido é delineado sob dois polos: um dinâmico – que o enxerga como filme – e outro estático – que o vê como fotografia –; o primeiro refere-se ao consentimento como processo e o segundo como um ato.

> [D]elinearam-se duas abordagens à noção de "consentimento informado". A primeira delas compreende sua obtenção como um processo, um verdadeiro diálogo entre os atores capaz de assegurar a troca das informações necessárias para uma autorização qualificada (...) [e] um dever moral de garantir a autodeterminação do indivíduo. Na segunda abordagem, construída pela jurisprudência norte-americana em matéria de responsabilidade civil de assistência médica, a obtenção do consentimento é percebida como um ato estático e delimitado no tempo, no qual há o dever pontual de informação e a (...) assinatura de um termo de consentimento[142].

Numa economia movida a dados pessoais, entendidos como extensão da personalidade do titular e cujo consentimento ao tratamento corporifica livre exercício da autodeterminação informativa, a segunda abordagem mostra-se insubsistente, por seu histórico enraizamento em superadas políticas públicas pró-consumo. A abordagem dinâmica do consentimento faz-se necessária diante de crescentes riscos potenciais e latentes do tratamento de dados pessoais.

O potencial danoso conferido ao tratamento de dados pessoais e seus desdobramentos reacenderam os debates sobre a coleta de consentimento

---

Laura Schertel; RODRIGUES JUNIOR, Otavio Luiz; BIONI, Bruno Ricardo (coord.). *Tratado de proteção de dados pessoais*. Rio de Janeiro: Forense, 2021, p. 90-112.

140. BEAUCHAMP, Tom L. Informed consent: its history, meaning, and present challenges. *Cambridge Quaterly of Healthcare Ethics*, v. 20, 2011, p. 509-522.

141. FADEN, Ruth R.; BEAUCHAMP, Tom L. *A history and theory of informed consent*. New York: Oxford University Press, 1986, p. 126.

142. BIONI, Bruno Ricardo; LUCIANO, Maria. O consentimento como processo: em busca do consentimento válido. In: DONEDA, Danilo; SARLET, Ingo Wolfgang; MENDES, Laura Schertel; RODRIGUES JUNIOR, Otavio Luiz; BIONI, Bruno Ricardo (coord.). *Tratado de proteção de dados pessoais*. Rio de Janeiro: Forense, 2021, p. 163-175.

como um processo. A tal dinamismo, impõe o artigo 107 do Código Civil a regra de que "a validade da declaração de vontade não dependerá de forma especial, senão quando a lei expressamente a exigir". Acentua-se, então, o processo de adjetivação tanto da autodeterminação, que há de ser informativa na esfera protetiva de dados, quanto do consentimento para o tratamento, que, para sua validade como tomada de decisão inequívoca do titular, precisa ser livre, específico, esclarecido e expresso.

> Na hipótese em que o consentimento é requerido, ele será considerado nulo caso as informações fornecidas ao titular tenham conteúdo enganoso ou abusivo ou não tenham sido apresentadas previamente com transparência, de forma clara e inequívoca (...). A manifestação de vontade deve ser também inequívoca, ou seja, não ambígua, evidente, e deve ocorrer de forma clara, sendo relevante analisar o grau e a qualidade de interação entre as partes (...) relevante analisar a expectativa do titular em uma relação específica. Por essa razão, termos de uso e políticas de privacidade pré-aceitas, ou seja, já marcadas, não serão consideradas adequadas perante a LGPD, tendo em vista a inação do titular[143].

Os objetivos fulcrais que justificam um consentimento tão qualificado são louváveis: a redução das desigualdades socioeconômicas no fluxo informacional, o estabelecimento de uma relação transparente entre consumidor e agentes de Inteligência Artificial – fornecedores e operadores de sistemas de IA[144] – e o respeito à privacidade decisional, comportamental e informacional, pelos modelos de negócio monetizados por dados, como acepções do livre arbítrio no Capitalismo de Vigilância. Entretanto, exsurge em contrapartida a essa extremada qualificação do consentimento do titular de dados pessoais, um possível "efeito rebote": o risco de o consentimento ser, raramente, tido como válido diante de tantos pressupostos.

143. TEPEDINO, Gustavo; TEFFÉ, Chiara Spadaccini de. O consentimento na circulação de dados pessoais. *Revista Brasileira de Direito Civil – RBDCivil*, Belo Horizonte, v. 25, p. 83-116, jul.-set./2020.

144. Assim estabelece o PL nº 2.338/2023 em seu art. 4º: "II – fornecedor de sistema de inteligência artificial: pessoa natural ou jurídica, de natureza pública ou privada, que desenvolva um sistema de inteligência artificial, diretamente ou por encomenda, com vistas a sua colocação no mercado ou a sua aplicação em serviço por ela fornecido, sob seu próprio nome ou marca, a título oneroso ou gratuito; III – operador de sistema de inteligência artificial: pessoa natural ou jurídica, de natureza pública ou privada, que empregue ou utilize, em seu nome ou benefício, sistema de inteligência artificial, salvo se o referido sistema for utilizado no âmbito de uma atividade pessoal de caráter não profissional; IV – agentes de inteligência artificial: fornecedores e operadores de sistemas de inteligência artificial; [...]." (BRASIL. SENADO FEDERAL. Projeto de Lei nº 2.338, de 2023. Atividade Legislativa, 2023. Disponível em: https://www25.senado.leg.br/web/atividade/materias/-/materia/157233?_gl=1*1qw7sar*_ga*ODQ3Nzg0NDY2LjE2MjQ2Mzc4Mzg.*_ga_CW3ZH25XMK*MTY4NDE2Mjk0My4yLjAuMTY4NDE2Mjk0My4wLjAuMA. Acesso em: 28.05.2023).

Afirmar que o consentimento deve derivar de declaração de vontade inequívoca requer a observância do princípio da finalidade. Tanto é assim que o art. 5º, XII, da LGPD conceitua-o como uma "manifestação livre, informada e inequívoca pela qual o titular concorda com o tratamento de seus dados pessoais para uma finalidade determinada". A vontade é direcionada a um propósito legítimo a que o tratamento de dados pessoais se submete. Não se admite que o titular de dados consinta de forma genérica, sem informações sobre os propósitos legítimos, específicos e explícitos do tratamento, sendo impossível o tratamento posterior incompatível.

Malgrado seja atualmente a LGPD a legislação especial e mais recente sobre o tema de privacidade e proteção de dados pessoais no Brasil, a Lei nº 12.965/2014 (MCI), ao versar sobre a essencialidade do acesso à internet para o exercício da cidadania, assegura o direito a informações claras e completas constantes dos contratos de prestação de serviços *online*; ao não fornecimento a terceiros de seus dados pessoais, salvo por consentimento livre, expresso e informado ou na forma da lei; a informações completas sobre coleta, uso, armazenamento, tratamento e proteção de seus dados pessoais para fins que justifiquem sua coleta, não sejam vedadas por lei e estejam especificadas nos contratos de prestação de serviços ou em termos de uso; e ao "consentimento expresso sobre coleta, uso, armazenamento e tratamento de dados pessoais, que deverá ocorrer de forma destacada das demais cláusulas contratuais".

O art. 7º, IX e X, do Marco Civil da Internet segue os padrões europeu e argentino quanto à necessidade de autorização expressa do usuário para a coleta de dados, bem como para o uso, armazenamento e tratamento de dados pessoais, não podendo ser fornecidos a terceiros, salvo consentimento expresso. Adotaram, portanto, o modelo *opt-in*[145].

> Para obter o consentimento no ambiente *on-line*, recomenda-se o procedimento de *double opt-in*. Na primeira etapa, o titular dos dados adiciona suas informações nos campos de um site, demonstrando seu

145. "[A] UE emprega a abordagem *opt-in* quanto ao consentimento do titular no tratamento de seus dados pessoais, em contraste com a abordagem *opt-out* adotada pelos EUA (...). O uso distintivo de dados pessoais já era legítimo por força da Lei do Cadastro Positivo (Lei nº 12.414/2011), que autorizava o *credit scoring* para fins de concessão de crédito mediante coleta de dados pessoais. Com o advento da Lei Complementar nº. 116/2019 alterou-se o sistema de consentimento do cadastro positivo: anteriormente vigorava o modelo *opt-in* (a abertura do cadastro positivo requeria autorização prévia do titular) e passou a adotar o modelo *opt-out* (o cadastro é aberto automaticamente e se encerra quando o consumidor solicita expressamente). O formato inicial detinha baixa adesão, por isso (...) tal mudança legislativa." (MARRAFON, Marco Aurélio; COUTINHO, Luiza Leite Cabral Loureiro. Princípio da privacidade por design: fundamentos e efetividade regulatória na garantia do direito à proteção de dados. *Revista Eletrônica Direito e Política*, Programa de Pós-Graduação *Stricto Sensu* em Ciência Jurídica da UNIVALI, Itajaí, v.15, n.3, 3º quadrimestre de 2020).

> interesse em receber *newsletter*, comunicados em geral, realizar compras ou consentir com termos de uso, por exemplo. Na segunda, o participante recebe e-mail de verificação contendo *link* personalizado que precisa seguir para finalizar seu consentimento, reafirmando pela segunda vez seu interesse em receber tais comunicações. Assim, o controlador pode comprovar que obteve o consentimento do titular dos dados[146].

No que tange à prestação de informação clara, precisa e íntegra como elementar à expedição de declaração de vontade válida[147], o novo marco regulatório da IA, que o Projeto de Lei nº 2.338/2023[148], submetido ao Senado Federal em maio de 2023, se propõe a fixar, preconiza que aqueles afetados por sistemas de IA terão o direito à informação prévia quanto às interações com tais sistemas, bem como têm os agentes de IA dever de informar, de forma clara e de fácil acesso, os procedimentos exigidos ao exercício dos direitos do artigo 5º.

Constata-se que a preocupação com a máxima efetividade do direito a informações claras, precisas e completas ultrapassa as barreiras do mundo físico e merece abrigo no meio digital. Desde o MCI, o legislador já pontuava a sua importância em diversos dispositivos, culminando em reprisar sua menção no projeto que pretende firmar o Marco Legal da IA. Nesse ínterim de marcos legais, encontra-se na LGPD uma forte apreensão da norma sobre a participação efetiva do indivíduo no fluxo de suas informações pessoais. "[O] consentimento não é, contudo, a única hipótese

146. TEPEDINO, Gustavo; TEFFÉ, Chiara Spadaccini de. O consentimento na circulação de dados pessoais. *Revista Brasileira de Direito Civil – RBDCivil*, Belo Horizonte, v. 25, p. 83-116, jul.-set./2020.

147. "O vocábulo informado na LGPD significa que o titular do bem tem de ter ao seu dispor as informações necessárias e suficientes para avaliar corretamente a situação e a forma como seus dados serão tratados. A informação é fator determinante para a expressão de um consentimento livre e consciente, circunscrito, portanto, a certo tratamento, para determinado agente e sob determinadas condições. Para diminuir as assimetrias técnica e informacional existentes entre as partes, exige a lei que ao cidadão sejam fornecidas informações transparentes, adequadas, claras e em quantidade satisfatória acerca dos riscos e implicações do tratamento de seus dados. Na lógica do consentimento informado, o art. 9º da LGPD dispõe que o titular tem direito ao acesso facilitado às informações sobre o tratamento de seus dados, que deverão ser disponibilizadas de forma clara, adequada e ostensiva acerca da: (I) finalidade específica do tratamento; (II) forma e duração do tratamento, observados os segredos comercial e industrial; (III) identificação do controlador; (IV) informações de contato do controlador; (V) informações acerca do uso compartilhado de dados pelo controlador e a finalidade; (VI) responsabilidades dos agentes que realizarão o tratamento; (VII) e direitos do titular, com menção explícita aos direitos contidos no art. 18." (TEPEDINO, Gustavo; TEFFÉ, Chiara Spadaccini de. O consentimento na circulação de dados pessoais. *Revista Brasileira de Direito Civil – RBDCivil*, Belo Horizonte, v. 25, p. 83-116, jul.-set./2020).

148. BRASIL. SENADO FEDERAL. Projeto de Lei nº 2.338, de 2023. Atividade Legislativa, 2023. Disponível em: https://www25.senado.leg.br/web/atividade/materias/-/materia/157233?_gl=1*1qw7sar*_ga*ODQ3Nzg0NDY2LjE2MjQ2Mzc4Mzg.*_ga_CW3ZH25XMK*MTY4NDE2Mjk0My4yLjAuMTY4NDE2Mjk0My4wLjAuMA. Acesso em: 28.05.2023.

para o tratamento de dados pessoais nem é hierarquicamente superior às demais bases legais dispostas nos artigos 7º e 11 da Lei nº 13.709/18"[149].

No cenário tecnológico de parca transparência no tratamento de dados pessoais e de sua massiva coleta, análise e mineração, impende a interpretação restritiva das normas que disciplinam o consentimento, cuja excepcional dispensa não desobriga agentes de tratamento de observarem os princípios e obrigações previstos em lei e de não estenderem a autorização concedida pelo titular para propósitos, finalidades ou contextos diversos daqueles pactuados, ou ainda para pessoas distintas daquelas informadas ao tempo de emitido o consentimento[150].

> Sem dúvida, a norma teria feito melhor se, em vez de prever apenas consentimento expresso, tivesse disposto consentimento prévio e expresso. Com isso, alguns agentes econômicos poderão se utilizar de ferramentas para obter o consentimento posteriormente, de forma a dificultar a opção do usuário. Quanto à comercialização dos dados coletados, o art. 7º prevê que é direito do usuário o não fornecimento a terceiros de seus dados pessoais, inclusive registros de conexão, e de acesso a aplicações de internet, salvo mediante consentimento livre, expresso e informado ou nas hipóteses previstas em lei. A vedação ao fornecimento de dados é aplicável independentemente de a cessão a terceiro ser a título oneroso ou gratuito. Vale o mesmo comentário sobre o consentimento prévio[151].

Segundo os parágrafos do artigo 8º da LGPD, o consentimento deve fazer referência a finalidades determinadas, sendo proibidas as autorizações genéricas para o tratamento de dados pessoais, por serem nulas de pleno direito. A finalidade da coleta dos dados deve ser específica e previamente conhecida. Incumbe ao controlador o ônus de provar que obteve o consentimento em conformidade com a lei, o qual "pode ser revogado a qualquer momento mediante manifestação expressa do titular, por procedimento gratuito e facilitado", ratificados os tratamentos amparados em prévio consentimento enquanto não requerida a sua eliminação.

Entretanto, especialmente nas relações jurídicas de consumo, haja vista a assimetria técnica, jurídica e informacional, entre fornecedor e

---

149. TEPEDINO, Gustavo; TEFFÉ, Chiara Spadaccini de. O consentimento na circulação de dados pessoais. *Revista Brasileira de Direito Civil – RBDCivil*, Belo Horizonte, v. 25, p. 83-116, jul.-set./2020.

150. Qual é o poder de barganha do cidadão com relação ao tratamento de seus dados pessoais? Quais são as opções do titular com relação ao tipo de dado coletado até os seus possíveis usos? (BIONI, Bruno Ricardo. *Proteção de dados pessoais*. Rio de Janeiro: Forense, 2020, p. 197. *E-book*).

151. TEIXEIRA, Tarcísio. *Direito digital e processo eletrônico*. 6.ed. São Paulo: Saraiva, 2022, p. 43. *E-book*.

consumidor, além dos valores de ordem pública tutelados pelo CDC, o consentimento do consumidor sofre limitações de validade, havendo hipóteses em que, ainda que o consumidor consinta expressamente com os termos de uso da IA delineados pelo fornecedor, seu consentimento é tido por irrelevante juridicamente.

Isso porque só há, verdadeiramente, liberdade e aptidão para escolher se o consumidor estiver plenamente informado. Trata-se da tese da vontade qualificada (art. 46 do CDC), isto é, sem informação adequada e precisa o consumidor não pode fazer boas escolhas. Ainda que o consumidor consinta com cláusula contratual inválida ou com prática abusiva perpetrada pelo fornecedor, ambas estarão, por si só, eivadas de nulidade absoluta – de pleno direito e que não convalescem – e repugnadas veementemente pelo ordenamento jurídico pátrio.

Sendo assim, em que medida o livre consentimento esclarecido e a autodeterminação informativa podem esbarrar em limites jurídicos protetivos promovidos por normas especiais, como o CDC e a LGPD? O PL nº 2.338/2023[152] preconiza que os direitos e princípios nele expressos não excluem outros previstos na ordem jurídica pátria ou em tratados internacionais em que o Brasil seja parte. Nesse sentido, o projeto, por exemplo, não admite aplicações de IA de risco excessivo, como aquelas que explorem vulnerabilidades de grupos específicos de pessoas naturais, ainda que os usuários consintam. Isso porque são "zona de não transpasse" as aplicações de IA que induzam o usuário a "se comportar de forma prejudicial ou perigosa à sua saúde ou segurança ou contra os fundamentos", na disciplina do art. 2º do projeto de lei.

Nesse sentido, Gustavo Tepedino, no texto "Computador Bisbilhoteiro" – à frente de seu tempo e publicado originalmente em 1989 no *Jornal do Brasil* –, ao apontar antinomias entre o progresso tecnológico e o bem-estar, sustentou, sobre o avançar daquele, que é preciso "contrapor novas formas de controles legais preventivos, que tutelam valores existenciais, como é o caso da intimidade. É razoável estabelecer, de já, que o cruzamento de informações pessoais deva ser subordinado à prévia e expressa autorização do interessado"[153].

152. BRASIL. SENADO FEDERAL. Projeto de Lei nº 2.338, de 2023. Atividade Legislativa, 2023. Disponível em: https://www25.senado.leg.br/web/atividade/materias/-/materia/157233?_gl=1*1qw7sar*_ga*ODQ3Nzg0NDY2LjE2MjQ2Mzc4Mzg.*_ga_CW3ZH25XMK*MTY4NDE2Mjk0My4yLjAuMTY4NDE2Mjk0My4wLjAuMA. Acesso em: 28.05.2023.

153. TEPEDINO, Gustavo. Computador bisbilhoteiro. In: TEPEDINO, Gustavo. *Temas de direito civil*. 4.ed. Rio de Janeiro: Renovar, 2008, p. 563.

2.2.3 *Reconhece-se a autonomia do próprio sistema de Inteligência Artificial?*

Aplicações de IA cujos *outputs* não teriam sido imaginados por seus idealizadores e programadores, ainda que diligentes, são frequentemente reportadas na era informacional. Sedia-se aqui o debate sobre a "autonomia da inteligência artificial", assim denominada por Danilo Doneda ao questionar: "no momento em que o resultado não foi expressamente antevisto, será correto dizer que a máquina tomou uma decisão autônoma?"[154]

Tentar antever todas as consequências de determinada aplicação de IA é tão difícil quanto prever os mais variados caminhos evolutivos que a sociedade contemporânea tomará. A tese da autonomia tecnológica pode gerar um efeito reverso: impedir a análise crítica dos processos tecnológicos, caso passe a servir como regra de isenção de responsabilização para cientistas, engenheiros da computação, políticos, agentes de IA e demais figuras envolvidas em P&D de modelos de Inteligência Artificial, descendendo a uma tecnocracia medíocre[155].

O determinismo tecnológico considera, em geral, a aplicação de Inteligência Artificial "autoevolutiva, seguindo, de forma natural, sua própria inércia e lógica de evolução, desprovida do controle dos seres humanos (...) desenvolvendo-se segundo lógica própria, aparece associada à concepção determinista das relações entre tecnologia e sociedade". São as lições de Estéfano Verazsto[156] ao criticar o determinismo tecnológico, por acarretar perigosa descontextualização da tecnologia e ignorar os interesses sociais

154. "Analisando cada uma das suas vertentes, a ética dos dados se concentra em problemas éticos colocados pela recolha e análise de grandes conjuntos de dados, abordando questões relacionadas à criação de perfis, publicidade, reidentificação de indivíduos, privacidade em grupo, discriminação e transparência, entre outras; já a ética dos algoritmos enfoca questões levantadas pela crescente complexidade e autonomia de algoritmos (incluindo inteligência artificial e agentes artificiais, por exemplo, como ´bots´ de internet e outras aplicações de *machine learning*), ou seja, temas relativos à responsabilidade moral e à responsabilidade de projetistas e cientistas de dados; à análise ética e à auditoria de algoritmos; à avaliação de possíveis resultados indesejáveis resultantes do desenvolvimento de produtos e pesquisas conduzidas por essas tecnologias. Por sua vez, a ´ética das práticas´ (incluindo ética profissional e deontologia) aborda as questões urgentes relativas às responsabilidades das pessoas e das organizações encarregadas de processos, estratégias e políticas de dados, nomeadamente em relação a questões de consentimento, privacidade dos utilizadores e uso secundário (FLORIDI, 2016)." (DONEDA, Danilo Cesar Maganhoto; MENDES, Laura Schertel; SOUZA, Carlos Affonso; ANDRADE, Norberto Nuno Gomes de. Considerações iniciais sobre inteligência artificial, ética e autonomia pessoal. *Revista Pensar*, Fortaleza, v.23, n.4, p. 1-17, out.-dez./2018).

155. MAGRANI, Eduardo. *Entre dados e robôs*: ética e privacidade na era da hiperconectividade. 2. ed. Porto Alegre: Arquipélago Editorial, 2019.

156. VERASZTO, Estéfano Vizconde *et al*. Tecnologia: buscando uma definição para o conceito. *Prisma.com*, n. 7, 2008, p. 60-85.

decisivos que impulsionam, concretamente, a escolha de um e não de outro sistema computacional inteligente.

Ryan Calo[157], ao desenhar os três pilares da robótica – conectividade, colaboração e controle – e vislumbrar um dilema entre a acelerada evolução tecnológica e a morosidade do processo legislativo, designa tal atributo de "comportamento emergente" (*emergence*), ao lado de outros dois aspectos, a materialidade ou *embodiment* (a facilitada percepção de um robô que possua corpo, independentemente do seu formato, humanoide ou não) e a valência social ou *social valence* (rumo à superação da dualidade pessoa-coisa). Aduz que o foco do debate não é a autonomia *per si*, porém a alteração comportamental da IA a partir de suas interações.

Outro exponente pesquisador, referência em lições sobre *Cyber Law*, é Jack Balkin, que discorda de Calo, em especial nos seguintes tópicos: a) como a sociedade é afetada por novas tecnologias e como elas são internalizadas nas relações sociais; b) como as qualidades essenciais de uma tecnologia são mutáveis no tempo, principalmente a partir da interação das pessoas com e mediante a tecnologia (como telefone, e-mail, internet e assim por diante); c) como estabelecer direitos e responsabilidades na era das tecnologias inteligentes, a partir de um "efeito de substituição", através do qual as pessoas trocam o agir humano pela atuação da máquina com funções específicas, sem acarretar conflitos entre o humano e o robótico[158].

À luz de catálogo originário do campo da aviação[159], o *framework* da OCDE[160] sobre classificações da Inteligência Artificial lista quatro variações comuns no grau de autonomia do sistema de IA: a) autonomia sem ação,

157. CALO, Ryan. Robotics and the lessons of cyberlaw. *California Law Review*, Berkeley, v. 103, n. 3, p. 513-563, jun./2015.

158. Segundo Balkin, robôs substituirão pessoas, mas apenas de certas maneiras e para determinados propósitos, uma substituição provavelmente contextual, instável e frequentemente oportunista. O problema da substituição atinge diversas áreas do direito e, segundo ele, a lição do *Cyber Law* para a robótica é a necessidade de atender às relações entre acessibilidade e imaginação, entre ferramentas e relações de poder, entre substrato tecnológico e uso social. O autor tem argumentado ainda contra o essencialismo no encontro do direito com a tecnologia, defendendo, em vez disso, que se deve sempre manter os aspectos sociais da tecnologia em mente. No entanto, as possibilidades e os perigos da robótica parecem mais claros em 2015 que a promessa e a ameaça da internet no início dos anos 1990. (BALKIN, Jack. The path of Robotics Law. *California Law Review*, Forthcoming Yale Law School, Public Law Research Paper No. 536, 2015, p. 45-60. Disponível em: https://papers.ssrn.com/sol3/papers.cfm?abstract_id=2586570. Acesso em: 27.05.2023).

159. ENDSLEY, Mica R. The application of human factors to the development of expert systems for advanced cockpits. *Proceedings of the Human Factors and Ergonomics Society Annual Meeting*, v.31, Issue 12, 1987, p. 1388-1392. Disponível em: https://journals.sagepub.com/doi/10.1177/154193128703101219. Acesso em: 07.04.2023.

160. ORGANISATION FOR ECONOMIC CO-OPERATION AND DEVELOPMENT. *OECD framework for the classification of AI systems*. OECD Digital Economy Papers. February 2022, n. 323, p. 53. Disponível em:

com suporte humano, no qual o humano por trás da máquina usa ou desconsidera à vontade os resultados do sistema de IA; b) autonomia de baixa ação ("humano no *loop*"), no qual o sistema avalia os *inputs* e age conforme recomendações desde que haja anuência humana; c) autonomia de ação média, no qual o sistema de IA age de acordo com os *outputs*, a menos que haja vetos por parte do humano que o monitora; d) alta autonomia de ação, caso de "humano fora do circuito", no qual o sistema age sobre os *outputs* sem envolvimento humano. Para os modelos de IA com nenhuma, baixa ou média autonomia, o usuário ou operador do sistema pode contribuir para os *outputs* e por eles se responsabilizar sem maiores dúvidas. E no caso de "humano fora do circuito", como fica a responsabilização?

Outro fator importante levantado no capítulo antecedente sobre as classificações dos sistemas de IA e que produz repercussões jurídicas no que tange ao reconhecimento de graus de autonomia dos sistemas de IA refere-se à combinação de tarefas e/ou ações em sistemas de IA multitarefas, que podem gerar *outputs* até mesmo imprevisíveis e que se diferem daqueles sistemas de tarefa única. É complicado antecipar e testar os modelos compostos de IA, que, como qualquer sistema complexo, terá limites flexíveis e impactos às vezes imprevisíveis.

Os riscos a direitos fundamentais diante de tecnologias que geram conteúdo inovador são altíssimos, abarcando questões de propriedade intelectual, privacidade, autodeterminação e responsabilidade civil. Os sistemas inteligentes compostos sem um "humano no circuito" são altamente autônomos e não requerem supervisão humana para atuar no ambiente físico e/ou virtual. No entanto, a forma como executam tarefas não é autônoma, pois dependem de aprendizagem supervisionada e, nesse ponto, se insere o elemento de imputação da cadeia de valor da IA, para fins de responsabilização civil. Vejamos, a seguir, exemplos de sistemas compostos de Inteligência Artificial e de áreas de aplicação que combinam várias tarefas.

Muitas questões originam-se do que se popularizou, na ciência da computação, como "Efeito ELIZA". Trata-se de uma tendência de presumir que os comportamentos gerados por sistemas de Inteligência Artificial com alta autonomia seriam análogos a condutas humanas, dando ensejo a argumentos antropomórficos sem embasamento científico. Foi assim nomeado após um *chatbot* chamado Eliza, desenvolvido em 1966 no MIT por Joseph Weizenbaum, ter parodiado um psicoterapeuta, durante conversa com um

https://www.oecd-ilibrary.org/docserver/cb6d9eca-en.pdf?expires=1678977001&id=id&accname=guest&checksum=D2C31C0BFC4D036D108BE8CE6C95A2B2. Acesso em: 18.03.2023.

humano, na qual, em grande parte, reformulava as respostas do paciente como perguntas e assim mantinha a sessão de terapia[161].

Grande caso noticiado sobre tecnologia inteligente que cedeu ao lado sombrio da força foi o do *chatbot* Tay, desenvolvido pela *Microsoft*, projetado para interagir com humanos e coletar dados a partir de suas interações, constituindo um experimento sociocultural e técnico. Todavia, Tay foi silencionado em menos de 24 horas, após proferir ofensas sexistas e racistas e disseminar ideias nazistas. A *Microsoft* relatou ter havido um esforço coordenado de alguns usuários da plataforma de bate-papo na qual Tay foi inserido para deturpar sua *database*[162].

No início dos anos 2000, os *chatbots* representaram um grande avanço no campo da IA e foram programados para realizar tarefas simples usando tecnologia de processamento de linguagem natural, essencialmente mantendo conversas rudimentares com humanos. Todavia, foram os algoritmos de *deep learning* que fizeram dos *chatbots* um produto comercial viável. São usados por grandes empresas, como *Amazon* e *Walmart*, em operações de atendimento ao cliente, em especial no mercado *Amazon Go*[163]. Também são usados no comércio eletrônico para gerar recomendações personalizadas aos clientes, conforme seu histórico de navegação.

A pesquisa do *Google Imagens* foi uma das aplicações mais revolucionárias de IA, também no início dos anos 2000, pois capaz de identificar imagens mediante padrões de cores, formas e texturas. No entanto, era bastante problemático um algoritmo cujas falhas resultavam em erros crassos por desconsiderarem combinações de cores e contextos comuns da fotografia, como a profundidade de campo, identificando erroneamente objetos, como as torres gêmeas do *World Trade Center* – mesmo após o trágico 11 de setembro de 2001 –, e alguns rostos nas ruas, como o do falecido ex-presidente estadunidense Abraham Lincoln[164].

---

161. STANFORD COMPUTACIONAL LAW. ELIZA effect. November, 2019. Disponível em: http://complaw.stanford.edu/readings/elizaeffect.pdf. Acesso em: 08.07.2023.

162. EL PAÍS. O robô racista, sexista e xenofóbico da Microsoft acaba silenciado. Disponível em: https://brasil.elpais.com/brasil/2016/03/24/tecnologia/1458855274_096966.html. Acesso em: 28.05.2023.

163. O modelo de negócios é: ao entrar na loja física da *Amazon Go Grocery* o cliente passa seu cartão de crédito por um sistema integrado com a roleta de acesso ao mercado; ao retirar os itens das prateleiras, os coloca em seu carrinho virtual de compras e depois nas sacolas que usará para levá-los à casa. Entrou, pegou e saiu pela porta, tendo tudo debitado em conta sem filas ou atendentes humanos. (THE NEW YORK TIMES. Inside Amazon Go: a store of the future. 2018. Disponível em: https://www.nytimes.com/2018/01/21/technology/inside-amazon-go-a-store-of-the-future.html. Acesso em: 02.06.2023).

164. AI DATA ANALYTICS. Five of the biggest AI fails: sometimes you need to break a few eggs to make an omelette. Disponível em: https://www.aidataanalytics.network/data-science-ai/articles/five-of-the-biggest-ai-fails. Acesso em: 27.05.2023.

> Um pouco mais antigo, mas com repercussão no Brasil, [foi] o caso da cantora Preta Gil (...). Ao se digitar no *Google* as palavras "atriz e "gorda" conjuntamente, aparecia a sugestão "experimente também: Preta Gil" (...) a plataforma defendeu-se alegando que esse resultado derivaria do que se convencionou chamar de *Google bomb* (...) forma de os usuários manipularem o funcionamento dos algoritmos[165].

Ao contrário do *Google Imagens*, que logrou se recuperar e eventualmente superar as incorreções algorítmicas, o robô Watson da *IBM* ainda sofre duras críticas no meio comercial. Tal se deve, em grande parte, ao fato de não lograr interagir com humanos de modo natural, tendo dificuldade de atender comandos simples do operador humano. Em 2012, por exemplo, os médicos do *Memorial Sloan Kettering Cancer Center*, em parceria com a IBM para treinar Watson a diagnosticar doenças, relataram que frequentemente aconselhava erroneamente a equipe de profissionais de saúde, como quando sugeriu que um paciente oncológico com sangramento grave recebesse medicação que poderia agravar seu quadro e levá-lo à morte[166].

Pouco tempo depois, em 2018, outra ocorrência perturbadora envolvendo a autonomia da IA deu ensejo a resultados de saída com dados equivocados, caso no qual a *Amazon* foi responsável por erro no uso de tecnologia de reconhecimento facial. O sistema de IA havia sido criado para detectar criminosos com base na identificação de rostos. Contudo, quando testado usando fotografias de membros do Congresso dos EUA, provou ser não apenas falho, mas racialmente enviesado. Segundo a *American Civil Liberties Union* (ACLU), quase 40% das correspondências errôneas do *Rekognition* (nome atribuído ao robô) eram de rostos negros e pardos, embora essas pessoas representassem 20% dos congressistas à época[167].

Por fim – porém de forma alguma de somenos importância em demonstrar os desafios das tecnologias "inteligentes" com níveis progressivos de autonomia –, foi noticiado pelo jornal *The Washington Post* que veículos autônomos da marca *Tesla* com o piloto automático acionado se envolveram, entre 2021 e 2022, em cerca de trezentos acidentes de trânsito[168].

---

165. MEDON, Filipe. *Inteligência artificial e responsabilidade civil*: autonomia, riscos e solidariedade. 1.ed. Salvador: JusPodivm, 2020, p. 225.

166. THE VERGE. IBM's Watson gave unsafe recommendations for treating cancer. Disponível em: https://www.theverge.com/2018/7/26/17619382/ibms-watson-cancer-ai-healthcare-science. Acesso em: 27.05.2023.

167. AI DATA ANALYTICS. Five of the biggest AI fails: sometimes you need to break a few eggs to make an omelette. Disponível em: https://www.aidataanalytics.network/data-science-ai/articles/five-of-the-biggest-ai-fails. Acesso em: 27.05.2023.

168. THE WASHINGTON POST. Teslas running Autopilot involved in 273 crashes reported since last year. June 2022. Disponível em: https://www.washingtonpost.com/technology/2022/06/15/tesla-autopilot-crashes/. Acesso em: 27.05.2023.

Além das falhas operacionais que comumente ocorrem em veículos automotores, a inserção no mercado de consumo de carros autônomos traz a lume outros fatores de risco, como erros sistêmicos do *software*, invasão do sistema de IA por *hackers* e a inobservância de atualizações periódicas necessárias à correção de falhas no sistema. Quanto mais alto o grau de autonomia do veículo, maior a imprevisibilidade, que passa a ser característica inarredável do seu processo de aprendizagem. Vale consignar que possuem seis níveis de automação, desde a não automação em nível zero – quando será necessária a presença de um motorista totalmente engajado – até atingir o nível máximo de integral autonomia veicular do modelo de Inteligência Artificial – caso em que não há necessidade de um motorista humano presente[169].

As tecnologias mencionadas atrelam-se à *Internet of Things* e apresentam alarmantes vulnerabilidades. Considerando-se ainda sua complexidade e opacidade, a materialização e o comportamento emergente cada vez mais imprevisível e inexplicável desses robôs – malgrado ainda não caiba aderir à característica de valência ou valor social, na magnitude proposta por Calo – tais circunstâncias demandam mecanismos eficazes de imputação dos eventuais danos causados, para que se responsabilize a cadeia de fornecedores implicados na produção desses artefatos, além de impor maior atenção à função preventiva da responsabilidade civil, focada na auditabilidade algorítmica e na testagem *ex ante* da máquina destinada à comercialização.

Além da autonomia do próprio usuário de sistemas inteligentes, direito fundamental a ser resguardado em todas as etapas do ciclo de vida do tratamento de seus dados pessoais e no uso de tecnologias de IA, atribui-se também níveis de autonomia à máquina. O tema será revisitado e aprofundado no capítulo seguinte sob a alcunha de "determinismo tecnológico".

2.3 Segurança, proteção, confiabilidade e robustez dos sistemas de IA

No ano de 2018, pesquisas apontavam que tão somente 5,2% do total de empregados brasileiros atuavam em regime de *home office*. Todavia, em 2020, o "escritório em casa" se transformou no principal modo de trabalho para 43% dos modelos de negócios desenvolvidos no Brasil, em razão da

169. UNITED STATES DEPARTMENT OF TRANSPORTATION. U.S. Department of Transportation Releases Policy on Automated Vehicle Development. Disponível em: https://www.transportation.gov/briefing-room/us-department-transportation-releases-policy-automated-vehicle-development. Acesso em: 27.05.2023.

eclosão da pandemia do novo coronavírus e do isolamento social como medida de saúde pública[170]. Também em 2018, a Superintendência de Seguros Privados (SUSEP) incluiu o seguro contra riscos cibernéticos no segmento "responsabilidades", ao publicar a Circular SUSEP nº 579/2018, modificando a Circular SUSEP nº 535/2016, que prevê a codificação dos ramos de seguro e as classes de coberturas em planos de seguro[171].

A urgência na adoção da modalidade remota de trabalho pelos empregadores não permitiu que tal medida fosse precedida do necessário planejamento, provocando, assim, o enfraquecimento da segurança de informações transmitidas durante o teletrabalho. Tanto é assim que um relatório publicado pela Europol[172] verificou considerável aumento nos ataques cibernéticos durante a pandemia de Covid-19. Nesse cenário, são cada vez mais diversificadas as ameaças virtuais espalhadas na internet. Uma das mais comuns é o *phishing*, cujo objetivo é "pescar" informações pessoais dos usuários por meio de mensagens, *e-mails*, *links*, *chatbots* ou anúncios falsos, sendo capaz de obter dados de *login* e senha, contas bancárias e cartões de crédito e acesso ao álbum de fotos, aos contatos telefônicos ou ao histórico de mensagens.

> Segundo o relatório de 2019 da Norton Security Report (...), quase 500 milhões de consumidores foram vítimas de um crime cibernético, com 349 milhões apenas no último ano. (...) 67% dos entrevistados afirmam estar mais alarmados do que nunca com sua privacidade, sendo que 66% estão muito preocupados com a possibilidade de sua identidade ser roubada (...) 92% dos entrevistados têm, pelo menos, alguma preocupação com a privacidade das informações. No Brasil, o relatório de 2017 da Norton Security apontou que os consumidores vítimas de crimes cibernéticos perderam US$ 22,5 bilhões. (...) muitas seguradoras estão investindo em produtos que protejam as pessoas contra esses ataques[173].

---

170. REVISTA ÉPOCA NEGÓCIOS. *43% das empresas adotam home office por causa do coronavírus, mostra pesquisa*. Mar./2020. Disponível em: . Acesso em: 28.05.2023.

171. SUPERINTENDÊNCIA DE SEGUROS PRIVADOS DO BRASIL. Circular SUSEP nº 579/2018. Disponível em: https://www2.susep.gov.br/safe/scripts/bnweb/bnmapi.exe?router=upload/20527. Acesso em: 28.05.2023.

172. Trata-se de agência reguladora ligada à União Europeia, cujas missões principais são garantir o cumprimento da lei nos meios digitais e promover segurança aos cidadãos. (EUROPOL. Catching the virus cybercrime, disinformation and the COVID-19 pandemic. Disponível em: https://www.europol.europa.eu/publications-events/publications/catching-virus-cybercrime-disinformation-and-covid-19-pandemic. Acesso em: 28.05.2023).

173. REVISTA APÓLICE. Seguro cibernético gera oportunidades para todo o mercado segurador. Jul./2020. Disponível em: https://www.revistaapolice.com.br/2020/07/seguro-cibernetico-gera-oportunidades-para-todo-o-mercado-segurador/. Acesso em: 28.05.2023.

Frente aos múltiplos e graves impactos emerge a necessidade de mapear o fluxo de informações da atividade empresarial e a sua segurança, a fim de levantar quais dados são coletados, com quais finalidades, de quais formas e por quem. No Brasil, com a LGPD, surgiu mais um ingrediente que concorre à necessidade de prover melhor gerenciamento dos riscos cibernéticos e de mecanismos mais eficazes de prevenção e proteção contra incidentes dessa natureza. As normas principiológicas da LGPD envolvem as áreas de *compliance*, jurídica, de tecnologias da informação e comunicação (TICs), recursos humanos, *marketing* e P&D. A somar, tais ataques cibernéticos também poderão ser objeto de multa pela Agência Nacional de Proteção de Dados (ANPD), nos moldes dos artigos 52 a 54 da LGPD.

A ampliação do volume de dados na rede mundial de computadores e as inovações como arquivos na nuvem, *Internet das Coisas* e Inteligência Artificial são avanços sem volta, desafiando o mapeamento dos riscos dessa exposição, papel que caberá às seguradoras contra os riscos catastróficos de ciberataques[174]. Com o aumento vertiginoso do teletrabalho, também cresceu o volume de crimes cometidos em meio virtual. Assim, o Decreto Federal nº 10.474, de 26 de agosto de 2020, instituiu a ANPD para adotar medidas preventivas, fiscalizar, promover responsabilização e aplicar sanções a quem der causa a tais vazamentos.

Apesar da sua criação em 2020, a ANPD ainda não estava devidamente estruturada para que pudesse exercer suas atribuições com a desejada eficiência. Assim, a Confederação Nacional das Seguradoras (CNseg) publicou, em 2022, pesquisa realizada pela *Kaspersky*, multinacional especializada em segurança cibernética, pela qual "o Brasil é o 3º colocado no *ranking* de países mais atacados por crimes virtuais das mais diferentes formas" e afirmando, ainda, que os ataques cibernéticos contra empresas brasileiras tinham crescido 220%[175].

As falhas em cibersegurança são tão recorrentes no Brasil que vêm atingindo a iniciativa privada[176] – como o caso de *hackers* que publicaram

174. TEGMARK, Max. *Life 3.0*: Being Human in the Age of Artificial Intelligence. New York: Alfred A. Knopf, 2017, p. 33-106.

175. CONFEDERAÇÃO NACIONAL DAS SEGURADORAS – CNseg. Ataques cibernéticos contra empresas brasileiras crescem 220%. 2022. Disponível em: https://cnseg.org.br/noticias/ataques-ciberneticos-contra-empresas-brasileiras-crescem-220.html. Acesso em: 27.05.2023.

176. DEFENSORIA PÚBLICA DO ESTADO DO RIO DE JANEIRO. DPRJ age contra empresas que vendem dados que estão em processos. 2022. Disponível em: https://defensoria.rj.def.br/noticia/detalhes/21678-DPRJ-age-contra-empresas-que-vendem-dados-que-estao-em-processos. Acesso em: 27.05.2023.

os dados de um milhão de IDs de dispositivos da *Apple Inc.*[177] – e também o setor público. Somente entre os anos de 2019 e 2023, foram noticiados vazamentos de dados pessoais pelo Banco Central do Brasil[178], pela Ordem dos Advogados do Brasil[179], pelo Superior Tribunal de Justiça[180], pelo Conselho Nacional de Justiça[181], pela Prefeitura do Rio de Janeiro[182], entre tantos outros registros.

Com vistas aos debates regulatórios sobre Inteligência Artificial, centrados em direitos humanos, que vêm sendo sediados pela Comissão Europeia, é focal evitar que esses sistemas afetem adversamente os humanos, causando ou exacerbando os danos a interesses, individuais ou coletivos, patrimoniais ou existenciais. Os mais variados tipos de modelos de IA e os ambientes nos quais operam devem promover a segurança adequada conforme sua complexidade e opacidade, devendo ser tecnicamente robustos e cerrados para usos maliciosos pelos próprios titulares de dados no sistema ou terceiros, direcionando maior atenção aos grupos vulneráveis em situações de assimetria informacional ou de poder, como entre empregadores e empregados, fornecedores e consumidores ou governos e cidadãos[183].

A coleta de dados pessoais acarreta obrigações éticas e legais de garantia de que as informações estejam devidamente protegidas, com o objetivo

177. REVISTA ÉPOCA NEGÓCIOS. *Hackers* publicam 1 milhão de IDs de dispositivos da Apple. Além de IDs, *hackers* teriam conseguido os endereços dos proprietários e os números de seus telefones celulares. 2012. Disponível em: https://epocanegocios.globo.com/Informacao/Acao/noticia/2012/09/hackers-publicam-1-milhao-de-ids-de-dispositivos-da-apple.html. Acesso em: 27.05.2023.

178. CNN BRASIL. Banco Central anuncia vazamento de dados ligados a mais de 130 mil chaves PIX. Ocorrência é quarta confirmada pela autarquia desde o lançamento do meio de pagamentos, e envolve a empresa Abastece Aí. Disponível em: https://www.cnnbrasil.com.br/economia/banco-central-anuncia-vazamento-de-dados-ligados-a-mais-de-130-mil-chaves-pix/. Acesso em: 27.05.2023.

179. CONSULTOR JURÍDICO. Conselho Federal da OAB é alvo de ataque *hacker* e tira sistemas do ar. CONJUR, 2023. Disponível em: https://www.conjur.com.br/2023-mar-27/ataque-hacker-conselho-federal-oab-tira-sistemas-ar. Acesso em: 27.05.2023.

180. CONSULTOR JURÍDICO. Polícia Federal ainda está investigando ataque *hacker* ao STJ. CONJUR, 2021. Disponível em: https://www.conjur.com.br/2021-jun-09/policia-federal-ainda-investigando-ataque-hacker-stj. Acesso em: 27.05.2023.

181 CONSULTOR JURÍDICO. CNJ sofre ataque de *hacker* e dados de milhares de pessoas são vazados. CONJUR, 2019. Disponível em: https://www.conjur.com.br/2019-abr-01/cnj-sofre-ataque-hacker-dados-milhares-pessoas-vazam. Acesso em: 27.05.2023.

182. JORNAL EXTRA. Dois meses após ataque *hacker*, Prefeitura do Rio tem 37 sistemas fora do ar e sem previsão de retorno. 2022. Disponível em: https://extra.globo.com/economia-e-financas/dois-meses-apos-ataque-hacker-prefeitura-do-rio-tem-37-sistemas-fora-do-ar-sem-previsao-de-retorno-25597156.html. Acesso em: 27.05.2023.

183. CORTIZ, Diogo; BURLE, Caroline. *Mapeamento de princípios de inteligência artificial*. São Paulo: Núcleo de Informação e Coordenação do Ponto BR – NIC.BR, 2020, p. 7. Disponível em: https://acervo.ceweb.br/acervos/conteudo/8d5a37ce-dfa2-47c2-90e1-7a008ec9e051. Acesso em: 12.05.2023.

de proteger direitos e liberdades de seus titulares e minimizar os riscos éticos relacionados com o tratamento desses dados. A legislação europeia protetiva de dados pessoais, o GDPR, exige que todos os controladores e processadores adotem procedimentos técnicos e medidas organizacionais que certifiquem um nível de segurança de dados compatível com os riscos enfrentados pelo uso de determinado modelo algorítmico, especialmente em caso de acesso, uso ou divulgação não autorizado, de exclusão acidental ou de destruição de dados pessoais (art. 32 do GDPR)[184].

Tecnologias de IA necessitam ser projetadas e desenvolvidas em conformidade com as melhores práticas de segurança e *compliance*, devendo ser testadas em ambientes estritamente controlados, além de sua operação "no campo" precisar ser monitorada, tão logo implantado o modelo, para avaliar e gerenciar continuamente os riscos em potencial, corrigir possíveis erros sistêmicos e aprimorar sua base de dados a partir das interações com humanos e com outras máquinas, em busca de um desempenho mais confiável, robusto e seguro e de elidir eventuais resultados, ainda que não intencionais, que possam causar prejuízos a terceiros.

Segundo o Departamento de Defesa Norte-americano (*Defense Advanced Research Projects Agency* – DARPA)[185], que realiza investimentos essenciais ao desenvolvimento de tecnologias para defesa nacional, os sistemas de IA devem possuir domínio de uso explícito, bem definido, seguro e robusto, além de serem projetados para cumprir sua função pretendida com capacidade de detectar e evitar danos ou interrupções não intencionais, serem testados por todo o ciclo de vida e terem a possibilidade de desengajamento ou desativação humana ou automatizada quando demonstrarem comportamento de escala ou outro não intencional[186].

No mesmo sentido cauteloso, a Academia de Inteligência Artificial de Pequim, na China, dispõe que devem ser desprendidos esforços contínuos para a melhoria dos níveis de maturidade, robustez, confiabilidade e con-

184. EUROPEAN COMMISSION. Ethics and data protection. Disponível em: https://ec.europa.eu/info/funding-tenders/opportunities/docs/2021-2027/horizon/guidance/ethics-and-data-protection_he_en.pdf. Acesso em: 27.05.2023.

185. DEFENSE ADVANCED RESEARCH PROJECTS AGENCY – DARPA. Defense Innovation Board. AI Principles: Recommendations on the Ethical Use of Artificial Intelligence by the Department of Defense. Disponível em: https://media.defense.gov/2019/Oct/31/2002204458/-1/-1/0/DIB_AI_PRINCIPLES_PRIMARY_DOCUMENT.PDF. Acesso em: 28.05.2023.

186. CORTIZ, Diogo; BURLE, Caroline. *Mapeamento de princípios de inteligência artificial*. São Paulo: Núcleo de Informação e Coordenação do Ponto BR – NIC.BR, 2020, p. 7. Disponível em: https://acervo.ceweb.br/acervos/conteudo/8d5a37ce-dfa2-47c2-90e1-7a008ec9e051. Acesso em: 12.05.2023.

trolabilidade da IA, de modo a garantir a segurança dos dados de terceiros, de entrada e de saída, a do próprio sistema e a do ambiente externo[187].

Impende reforçar a base principiológica para não deixar ruir o edifício em construção do Marco Legal da Inteligência Artificial. O PL nº 2.338/2023, apresentado em maio de 2023 ao Senado Federal[188], determina, explicitamente no inciso VII de seu artigo 3º, que, para o desenvolvimento, a implementação e o uso de sistemas de IA, serão observados, entre outros, o princípio da confiabilidade e da robustez dos sistemas de IA e a segurança da informação. Com o aumento do grau de sofisticação e do volume de ataques cibernéticos envolvendo IA, como os chamados *flock atacks* (ataques de *malware* em bando) com várias redes distribuídas de sistemas autônomos monitoram e executam ataques rápidos, coordenados e amplificados, a IA pode se apresentar como mais um fator de ameaça, mas também mecanismo de defesa.

2.3.1 Security by design

Privacy by design, *ethics by design* e *security by design* são abordagens associadas por compartilharem uma mentalidade preventiva e proativa, em que considerações de privacidade, ética e segurança são incorporadas desde a arquitetura do projeto computacional, já nas fases iniciais do processo de desenvolvimento de um sistema de IA. Embora sejam aplicadas em áreas distintas e direcionadas a finalidades diversas, muitas vezes estão sobrepostas, porque um modelo computacional inteligente que abarca todas essas abordagens está mais propenso a ser confiável, responsável e hábil a salvaguardar direitos humanos, individuais e coletivos.

O professor da PUC-SP, Diogo Cortiz[189], em texto intitulado "O *Design* pode ajudar na construção de Inteligência Artificial humanística?", sustenta ser crucial voltar-se ao *design* "em todas as fases de um projeto de IA, para que valores humanos culturais possam ser mapeados, entendidos e incorporados (...) técnicas de *design* que possam ser aplicadas para a

187. Ibidem.

188. BRASIL. SENADO FEDERAL. Projeto de Lei nº 2.338, de 2023. Atividade Legislativa, 2023. Disponível em: https://www25.senado.leg.br/web/atividade/materias/-/materia/157233?_gl=1*1qw7sar*_ga*ODQ3Nzg0NDY2LjE2MjQ2Mzc4Mzg.*_ga_CW3ZH25XMK*MTY4NDE2Mjk0My4yLjAuMTY4NDE2Mjk0My4wLjAuMA. Acesso em: 28.05.2023.

189. CORTIZ, Diogo. O *Design* pode ajudar na construção de Inteligência Artificial humanística? 17º *Ergodesign* – Congresso Internacional de Ergonomia e Usabilidade de Interfaces Humano-Computador. Disponível em: http://pdf.blucher.com.br.s3-sa-east-1.amazonaws.com/designproceedings/ergodesign2019/1.02.pdf. Acesso em: 28.05.2023.

criação de métricas para entendimento dos dados [e] propor uma interface mais inclusiva".

Lecionando também sobre a temática, Simon Garfinkel afirma que existe uma crença comumente difundida, embora equivocada, de que segurança e usabilidade são objetivos antagônicos no *design* de sistemas. Todavia, muitas vezes podem ser elevadas sinergicamente, revisando-se a maneira como a funcionalidade específica é implantada no sistema operacional de um modelo de Inteligência Artificial. Em todos os casos avaliados em seu trabalho de pesquisa, o antagonismo aparente entre segurança e usabilidade foi reduzido e até eliminado pela revisão dos projetos subjacentes, nos quais os sistemas modernos foram concebidos, sem necessidade de mudanças significativas de interface para o usuário da tecnologia[190].

À medida que crescem, quantitativa e qualitativamente, os danos e ameaças provindos por novas tecnologias de IA – em especial os modelos de IA generativa[191] –, os profissionais de segurança são cada vez mais instados a pensar em novas e mais eficazes formas de proteger os ativos de dados. A arcaica maneira de simplesmente construir um perímetro defensivo em torno do recurso que se quer proteger não é mais satisfatório, sendo necessário buscar prevenir em vez de só remediar. A segurança precisa abordar as preocupações em torna da segurança das informações como configuração operacional padrão, numa abordagem corporativa de arquitetura baseada em privacidade, ética e segurança desde o *design*. Medidas de segurança eficientes são essenciais para garantir a privacidade dos dados.

Por meio da expressão *security by design*, é retratada uma abordagem à segurança da informação que, semelhante à *privacy by design*, é também holística, criativa, antecipatória, interdisciplinar, robusta, responsável, incorporada em sistemas e está em contraste direto com a "segurança através da obscuridade", que a aborda do ponto de vista de sigilo, complexidade e ininteligibilidade em geral. Ademais, a abordagem de *security by design*

190. GARFINKEL, Simon. Design principles and patterns for computer systems that are simultaneously secure and usable. Thesis (Doctor of Philosophy in Computer Science and Engineering). Department of Electrical Engineering and Computer Science of the Massachusetts Institute of Technology (MIT), Massachusetts, 2005.

191. Segundo o *AI Act*, promovido pelo Parlamento Europeu, os sistemas de IA generativa, como o *ChatGPT*, teriam que cumprir requisitos mais estritos de transparência: a divulgação de que o conteúdo foi gerado por um modelo de IA; a concepção do modelo ter o dever de evitar que gere conteúdo ilegal ou que afronta direitos humanos ou outros valores fundamentais; a publicação de resumos dos dados protegidos por direitos autorais usados para o treinamento do modelo fundacional. (EUROPEAN PARLIAMENT. *EU AI Act*: first regulation on artificial intelligence. Disponível em: https://www.europarl.europa.eu/news/en/headlines/society/20230601STO93804/eu-ai-act-first-regulation-on-artificial-intelligence. Acesso em: 22.07.2023).

detém bastante em comum com a ideia de "engenharia de segurança", segundo afirma Ross Anderson[192]. Em vez de tratar a segurança como um complemento, incorporam-se medidas desde a arquitetura do sistema, ao seu código-fonte, tornando-o mais resistente a vulnerabilidades e ameaças.

O Instituto Nacional de Padronização e Tecnologia dos EUA formulou um glossário de termos, no qual define "segurança da informação"[193] como a proteção aos sistemas contra acesso não autorizado, uso, divulgação, interrupção, modificação ou destruição para fornecer: a) integridade, contra modificação indevida de informações e sua destruição, garantindo o não repúdio de autenticidade; b) confidencialidade, preservando restrições sobre divulgação de e acesso a informações, incluindo meios a proteger a privacidade e as propriedades industrial e intelectual; e c) disponibilidade, garantindo o uso oportuno e confiável das informações[194].

Um caso emblemático envolvendo, primordialmente, o princípio da segurança desde o projeto computacional é o da empresa norte-americana *Ashley Madison*. Em julho de 2015, um grupo, até então desconhecido, que se autodenomina *The Impact Team* anunciou que havia hackeado dados pessoais de milhares de usuários do *Ashley Madison*, um *site* comercial voltado a relacionamentos extraconjugais. Os responsáveis pelo *website* o divulgavam como sendo 100% confiável e seguro. Todavia, houve grave violação de segurança que resultou em massivo vazamento de dados, como nome completo, idade, endereço, diálogos mantidos entre os usuários e pagamentos via cartão de crédito, que, uma vez tornados públicos, diversos cibercriminosos puderam usá-los para extorquir valores dos titulares dessas informações[195].

---

192. CAVOUKIAN, Ann; DIXON, Mark. Privacy and security by design: an enterprise architecture approach. September 2013. Disponível em: https://www.ipc.on.ca/wp-content/uploads/Resources/pbd-privacy-and-security-by-design-oracle.pdf. Acesso em: 27.05.2023.
193. A Associação Brasileira de Normas Técnicas (ABNT) mantém em vigor a norma NBR ISO/IEC 27001:2013, aplicável a nível internacional, que define requisitos para um "Sistema de Gestão de Segurança da Informação" e fornece diretrizes para estabelecer, implementar, operar, monitorar, revisar, manter e melhorar continuamente um SGSI dentro do contexto dos riscos de segurança da informação de uma organização. Também vigora pela ABNT a norma NBR ISO/IEC 27002:2013, conhecida como "Código de Prática para Controles de Segurança da Informação" – frequentemente usada em conjunto com a ISO/IEC 27001 –, que oferece diretrizes detalhadas sobre práticas e controles de segurança da informação que as organizações devem implantar.
194. NATIONAL INSTITUTE OF STANDARDS AND TECHNOLOGY. Glossary of key information security terms, R. Kissel, 2011, p. 93. Disponível em: http://csrc.nist.gov/publications/nistir/ir7298-rev1/nistir-7298-revision1.pdf. Acesso em: 28.05.2023.
195. SILICON TECHNOLOGY POWERING BUSINESS. What does the security industry really think about the Ashley Madison hack? Disponível em: https://www.silicon.co.uk/security/security-management/ashley-madison-hack-industry-view-173111#. Acesso em: 03.06.2024.

A segurança da informação habilita e protege atividades e ativos das pessoas, naturais ou jurídicas. Enquanto a segurança da informação continuar sendo pensada como mecanismo de defesa e repressão tão somente, esquece-se dela como ferramenta promotora dos meios necessários ao sucesso de determinados modelos de negócio, mormente os que desenvolvem e utilizam sistemas de IA numa economia movida a dados; esquece-se da *security by design*.

Problematizando e elaborando, de forma mais aprofundada, sobre segurança desde o projeto computacional, Ann Cavoukian – figura pioneira reconhecida por seus estudos sobre *privacy by design* – e Mark Dixon documentaram, em proposta de abordagem corporativa de uma arquitetura by *desing*, os sete princípios de *security by design*: (i) uma postura orientada à implantação proativa (não reativa) e preventiva (não remediadora) de cibersegurança; (ii) a configuração-padrão mais segura, incluindo menos privilégio e presunções de confiança e maior dever de transparência, controle de acesso obrigatório e distribuição de tarefas; (iii) as boas práticas garantidoras de segurança do *software*, além de soluções de *hardware* como o módulo de plataforma confiável; (iv) conciliar interesses envolvidos e resolver conflitos em busca da soma positiva; (v) confidencialidade, integridade e disponibilidade informacionais a todas as partes interessadas (*stakeholders*) mediante métodos de segurança de ponta-a-ponta; (vi) providenciar segurança por meio de padrões abertos e transparentes e validação externa; (vii) respeitar todas as partes interessadas, devendo o princípio da segurança desde o *design* acomodar a tutela tanto de interesses informacionais particulares quanto os corporativos[196].

Malgrado a Lei 13.709/2018, a legislação brasileira de proteção de dados pessoais, não estabeleça propriamente em que consiste "incidente de segurança", em seus artigos 44 e 46, a LGPD aduz expressamente que o tratamento de dados pessoais será irregular quando não observada a legislação de regência ou quando não fornecida a segurança que o titular poderia esperar, cabendo a responsabilização pelos danos decorrentes da violação à segurança pelos agentes de tratamento, o controlador ou o operador. Ademais, o *caput* e o §2º do artigo 46, em conjunto, pontuam que "medidas de segurança, técnicas e administrativas aptas a proteger os dados pessoais de acessos não autorizados e de situações acidentais ou ilícitas de destruição, perda, alteração, comunicação ou qualquer forma de tratamento

196. CAVOUKIAN, Ann; DIXON, Mark. Privacy and security by design: an enterprise architecture approach. September 2013. Disponível em: https://www.ipc.on.ca/wp-content/uploads/Resources/pbd-privacy-and-security-by-design-oracle.pdf. Acesso em: 27.05.2023.

inadequado ou ilícito" devem ser adotadas "desde a fase de concepção do produto ou do serviço até a sua execução"[197], caracterizando, assim, uma abordagem de *security by design* do tratamento de dados pessoais.

Também é retratada essa perspectiva de segurança *by design* no PL nº 2.338/2023[198], quando, em seu Capítulo IV, ao abordar a governança de sistemas de Inteligência Artificial, o legislador arrola, exemplificativamente, "estruturas de governança e processos internos aptos a garantir a segurança dos sistemas de IA e o atendimento dos direitos de pessoas afetadas", dispondo, no inciso VI, sobre a "adoção de medidas adequadas de segurança da informação desde a concepção até a operação do sistema", e ressaltando-a, na sequência, também no §1º.

É mister fornecer detalhes das medidas organizacionais que serão implementadas para proteger os dados pessoais processados no decorrer do desenvolvimento de um modelo de IA, com alusão à proteção de dados e da segurança da informação. Tais medidas podem incluir pseudonimização, anonimização e criptografia, bem como políticas, termos e procedimentos que garantam confidencialidade, integridade e disponibilidade de sistemas. No processamento de alto risco – por exemplo, envolvendo dados pessoais sensíveis ou os gerais em larga escala –, é indispensável a implantação de métodos de P&D apropriados e eficientes ferramentas de processamento de dados para um nível mais aprimorado de segurança da informação[199].

A segurança *by design*, portanto, se refere à prática de projetar sistemas, aplicativos ou infraestruturas computacionais com segurança incorporada desde as fases inaugurais de sua idealização, em vez de adicioná-la como camada posterior. Envolve considerar a segurança como requisito primordial durante todo o processamento, implementando medidas voltadas a tal finalidade desde o início. Com efeito, técnicas de anonimização, pseudonimização, criptografia e *blockchain* podem ser adotadas para fins de *security by design*, pois objetivam fornecer segurança desde o início, protegendo

---

197. Ressaltar-se-á o disposto, a respeito da responsabilidade civil subjetiva do controlador e/ou do operador por danos decorrentes de incidente de segurança e a necessidade de medidas de segurança desde a concepção do projeto computacional, na Lei nº 13.709/2018 (LGPD), nos artigos 44 a 46, aos quais se direciona atenta leitura.

198. BRASIL. SENADO FEDERAL. Projeto de Lei nº 2.338, de 2023. Atividade Legislativa, 2023. Disponível em: https://www25.senado.leg.br/web/atividade/materias/-/materia/157233?_gl=1*1qw7sar*_ga*ODQ3Nzg0NDY2LjE2MjQ2Mzc4Mzg.*_ga_CW3ZH25XMK*MTY4NDE2Mjk0My4yLjAuMTY4NDE2Mjk0My4wLjAuMA. Acesso em: 28.05.2023

199. EUROPEAN COMMISSION. Ethics and data protection. Disponível em: https://ec.europa.eu/info/funding-tenders/opportunities/docs/2021-2027/horizon/guidance/ethics-and-data-protection_he_en.pdf. Acesso em: 27.05.2023.

dados pessoais, garantindo confidencialidade e integridade e reduzindo riscos de acesso não autorizado ou falsificação de dados.

Anonimização e pseudonimização são usados para proteger a identidade e outras informações pessoais do usuário, visando proteger sua privacidade e reduzir os riscos de correlação entre os dados pessoais. A primeira, conforme previsto no inciso XI do artigo 5º da LGPD, envolve "meios técnicos razoáveis e disponíveis no momento do tratamento, por meio dos quais um dado perde a possibilidade de associação, direta ou indireta, a um indivíduo", fazendo com que o titular não possa ser identificado diante da remoção e/ou da alteração de informações identificáveis, tornando-as não rastreáveis até esse indivíduo específico.

A segunda, por sua vez, substitui informações identificáveis por pseudônimos, o que dificulta a associação direta com uma pessoa específica e, consoante disposto no §4º do artigo 13 da LGPD, a pseudonimização consiste no "tratamento por meio do qual um dado perde a possibilidade de associação, direta ou indireta, a um indivíduo, senão pelo uso de informação adicional mantida separadamente pelo controlador em ambiente controlado e seguro".

Pode, ainda, ser usada, como método de segurança *by design* amplamente garantidor de confidencialidade e integridade de dados, a criptografia[200]. Ao criptografá-los, converte-os em um formato ilegível, a menos que se tenha acesso à chave correta para descriptografá-los, revertendo o método. A criptografia desempenha papel importante na tutela da privacidade e da proteção de dados pessoais em trânsito e em repouso, evitando acessos não autorizados.

> Nada disso se confunde, entretanto, com os contratos inteligentes (*smart contracts*), (...) concebidos por Nick Szabo, em 1996 (...) conceituação expandida desde que se concebeu o algoritmo inicial da rede *blockchain*, em outubro de 2008, pelo qual um pseudônimo, Satoshi Nakamoto – não se sabe se adotado por um único indivíduo ou se por um grupo –, detalhou a estrutura de *non-distributed ledgers* que viabilizaria a criação de um mercado para criptoativos (sendo o *Bitcoin* o primeiro deles)[201].

200. Em termos de criptografia, é muito comum a criação de uma conexão segura por meio de um túnel entre o computador particular e um servidor público, com o objetivo de transmitir dados de forma anônima em redes públicas, mascarando os endereços IP do usuário para torná-los ilegíveis por qualquer pessoa não autorizada a recebê-los. Uma VPN (*Virtual Private Network*) é uma conexão estabelecida sobre uma infraestrutura pública ou compartilhada, usando tecnologias de tunelamento e criptografia para proteger os dados em tráfego e fornecer a confidencialidade, autenticação e integridade necessárias a garantir a privacidade das comunicações na internet.

201. FALEIROS JÚNIOR, José Luiz de Moura. Contratos algorítmicos e onerosidade excessiva: as consequências da inflexibilidade. *Civilistica.com*, a. 11, n. 2, 2022.

Fazendo uso de criptografia avançada, a tecnologia *blockchain* também busca garantir segurança e integridade aos dados pessoais e a transações feitas a partir deles. Trata-se de um registro imutável de transações conectadas em cadeias de blocos, no qual cada bloco contém um *hash* (uma cópia dos dados) criptográfico do bloco anterior, tornando extremamente difícil alterar ou falsificar os dados, pois a cada bloco da sequência há informações resumidas do bloco precedente. Se for o intento corromper esses registros, tal acarretará erro sistêmico em toda a cadeia *blockchain*. O *blockchain* é comumente usado em sistemas de IA que exigem alta segurança, confiança e complexidade, como criptomoedas e *smart contracts*.

A despeito de todos esses mecanismos protetivos da segurança de dados desde as fases iniciais de P&D do modelo de Inteligência Artificial, o ano de 2022 foi noticiado como aquele em que mais houve *cryptohacking*, isto é, vazamentos de dados pessoais sobre criptoativos que ensejaram aos seus investidores um prejuízo de aproximadamente 3.8 bilhões de dólares. Segundo relatado, a maioria dos fundos digitais foi furtada de "aplicativos de ponte cruzada", *softwares* que permitem aos usuários transferir criptomoedas entre diferentes *blockchains*[202].

Nesse sentido, a Comissão Europeia traça orientações de segurança na proteção dos dados pessoais pelos próprios titulares: a) verificar a confiabilidade dos dispositivos usados para coletar, processar e armazenar dados pessoais; b) implementar protocolos de segurança da informação e comunicação, ainda que necessário realizar uma configuração personalizada de segurança da aplicação de IA; c) conhecer os termos de uso e condições dos provedores de serviços (*softwares*, aplicativos, dispositivos de armazenamento); d) verificar se o sistema de IA faz uso de criptografia e garantir que as chaves de acesso e senhas estejam devidamente protegidas; e) consultar especialista devidamente qualificado ao aconselhamento sobre como atingir um nível de segurança de dados que seja proporcional à sensibilidade dos dados armazenados, caso necessário; f) não coletar dados em um dispositivo pessoal, como um *smartphone*, por exemplo, sem garantir que esteja devidamente protegido, considerando, por exemplo, as implicações de *backups* automáticos para a nuvem; g) não usar serviços gratuitos que podem fazer uso dos dados de seus participantes para seus próprios fins em troca do "não pagamento"; h) não usar e-mails não criptografados, SMS ou plataformas inseguras para se

202. CNBC. Crypto investors lost nearly $4 billion to hackers in 2022. Disponível em: https://www.cnbc.com/2023/02/04/crypto-investors-lost-nearly-4-billion-dollars-to-hackers-in-2022.html. Acesso em: 27.05.2023.

comunicar; i) não expor dados pessoais em acessos remotos via conexões de *wi-fi* públicas[203].

Rememorando os princípios de *security by design*, apontados por Dixon e Cavoukian, aquele que visa conciliar os interesses envolvidos e resolver conflitos em busca de uma soma positiva, assume importância na fase preliminar dos contratos quando da adoção de postura de gestão positiva dos riscos[204]. Outra medida que, malgrado não seja propriamente preventiva de danos aos usuários de sistemas inteligentes, também pode ser tomada por operadores de IA[205] à luz do princípio de segurança por *design*, mormente no âmbito de atividades de caráter profissional e de contratos paritários, é a previsão de cláusula expressa de alocação de riscos.

Por outro turno, caracterizada a relação de consumo, incidirá o Código de Defesa do Consumidor (Lei nº 8.078/1990), em especial o art. 54, que repudia as cláusulas excludentes de responsabilidade civil diante da vulnerabilidade *ex lege* do consumidor. É possível extrair "dos artigos 6º, VI, 25, 51, I, [que] *será a cláusula excludente ou limitativa inválida se o consumidor for pessoa física* (...) [se] pessoa jurídica consumidora, será lícita a convenção limitativa do dever de indenizar em situações justificáveis e nulo o pacto excludente"[206].

---

203. EUROPEAN COMMISSION. Ethics and data protection. Disponível em: https://ec.europa.eu/info/funding-tenders/opportunities/docs/2021-2027/horizon/guidance/ethics-and-data-protection_he_en.pdf. Acesso em: 27.05.2023.

204. "[E]xistem, no ordenamento jurídico brasileiro, duas formas voluntárias de gerir a álea normal dos contratos: (i) a gestão positiva, por meio da alocação de riscos econômicos previsíveis segundo as cláusulas contratuais; e (ii) a gestão negativa, por meio do contrato incompleto, no qual, voluntariamente, as partes não alocam *ex ante* o risco econômico superveniente, de natureza previsível, cujas perdas e ganhos econômicos serão distribuídos, portanto, posteriormente, diante da verificação de determinado evento, mediante o preenchimento da lacuna contratual, de acordo com os critérios definidos *ex ante*. Nessa direção, o contrato incompleto, por permitir a gestão *ex post* dos riscos de superveniências, atende aos imperativos da segurança jurídica e da flexibilidade, podendo figurar, no caso concreto, como opção que melhor realiza o interesse das partes." (BANDEIRA, Paula Greco. O contrato como instrumento de gestão de riscos e o princípio do equilíbrio contratual. *Revista dos Tribunais – Revista de Direito Privado*, vol. 65, p. 195-208, jan.-mar./2016).

205. De acordo com o inciso III do artigo 4º do PL nº 2.338/2023, em tramitação no Senado Federal, será considerada operadora de Inteligência Artificial a "pessoa natural ou jurídica, de natureza pública ou privada, que empregue ou utilize, em seu nome ou benefício, sistema de inteligência artificial, salvo se o referido sistema for utilizado no âmbito de uma atividade pessoal de caráter não profissional". (BRASIL. SENADO FEDERAL. Projeto de Lei nº 2.338, de 2023. Atividade Legislativa, 2023. Disponível em: https://www25.senado.leg.br/web/atividade/materias/-/materia/157233?_gl=1*1qw7sar*_ga*ODQ3Nzg0NDY2LjE2MjQ2Mzc4Mzg.*_ga_CW3ZH25XMK*MTY4NDE2Mjk0My4yLjAuMTY4NDE2Mjk0My4wLjAuMA. Acesso em: 28.05.2023).

206. MONTEIRO FILHO, Carlos Edison do Rêgo; CASTRO, Diana Loureiro Paiva de. Proteção de dados pessoais e cláusulas de não indenizar em relações de consumo: tutela da vulnerabilidade do consumidor e teoria dos efeitos da lesão. In: MONTEIRO FILHO, Carlos Edison do Rêgo; MARTINS, Guilherme

> A qualidade dos produtos e serviços, já afirmamos, pode ser maculada de duas formas: através dos vícios de qualidade por inadequação e por intermédio da presença de vícios de qualidade por insegurança. Estes poderiam ser conceituados como a desconformidade de um produto ou serviço com as expectativas legítimas dos consumidores e que têm a capacidade de provocar acidentes de consumo. Logo, no conceito de vício de qualidade por insegurança, encontramos, dois elementos: a desconformidade com uma expectativa legítima e a capacidade de provocar acidentes. Sem que estejam reunidos estes dois elementos não há falar em vício de qualidade por insegurança[207].

Sendo a relação formalmente paritária, incidirá o Código Civil (CC) como lei geral, caso em que, ainda assim, as normas interpretativas favoráveis ao aderente poderão ser insuficientes para tutelar a realidade concreta caso haja comprovadas distorções no processo alocativo de riscos provocadas pelo desequilíbrio de poder entre as partes. E esse quadro de assimetria informacional comprometerá a paridade devida à aplicação do art. 421-A do CC[208].

A supressão da autonomia privada de uma das partes pelo emprego de algoritmos com habilidade preditiva deve ser capaz de reconfigurar, excepcional e concretamente, a categoria de contratos de adesão no caso concreto, ou até mesmo de fazer florescer nova modalidade de vulnerabilidade que não possa ser ignorada pela teoria contratual. Para que sejam hígidos tais contratos com cláusula alocativa de riscos do sistema de Inteligência Artificial, torna-se imprescindível que haja entre as partes contratantes uma compartilhada compreensão mínima de seu teor e suas implicações pragmáticas, sob pena de restar invalidado o próprio requisito da manifestação de vontade livre como forma de autodeterminação informativa[209].

A gestão positiva de riscos por alocação de prejuízos potenciais em cláusula contratual expressa afigura recurso incompatível com a hipótese

Magalhães; ROSENVALD, Nelson; DENSA, Roberta. *Responsabilidade civil nas relações de consumo*. Indaiatuba, SP: Editora Foco, 2022, p. 357-370.

207. BENJAMIN, Antônio Herman V.; MARQUES, Claudia Lima; BESSA, Leonardo Roscoe. *Manual de Direito do Consumidor*. 7.ed. São Paulo: Revista dos Tribunais, 2016, p. 169.

208. Advindo a Lei nº 13.874/2019 (Lei da Liberdade Econômica), previu o CC: "Art. 421-A. Os contratos civis e empresariais presumem-se paritários e simétricos até a presença de elementos concretos que justifiquem o afastamento dessa presunção, ressalvados os regimes jurídicos previstos em leis especiais, garantido também que: I – as partes negociantes poderão estabelecer parâmetros objetivos para a interpretação das cláusulas negociais e de seus pressupostos de revisão ou de resolução; II – a alocação de riscos definida pelas partes deve ser respeitada e observada; e III – a revisão contratual somente ocorrerá de maneira excepcional e limitada."

209. FRAZÃO, Ana; CARVALHO, Angelo Prata de. Economia movida a dados e alocação de riscos nos contratos. In: OLIVA, Milena Donato; ROQUE, André Vasconcelos. *Direito na era digital*: aspectos negociais, processuais e registrais. 1.ed. São Paulo: Juspodivm, 2022, p. 33-54.

em que os riscos fujam à normalidade, ultrapassando a esfera de previsibilidade dos contratantes no caso concreto, consistindo em riscos econômicos imprevisíveis. Tais riscos não podem constituir objeto de gestão contratual positiva pelas partes, ensejando presunção de alocação involuntária do risco. Presentes todos os pressupostos legais, aplica-se a teoria da excessiva onerosidade (artigos 317 e 478 do CC).

Entretanto, é possível – em se tratando de objetos contratuais que envolvam sistemas dotados de algoritmos de Inteligência Artificial é aconselhável –, que os riscos previsíveis, inseridos na álea normal dos novos tempos tecnológicos, sejam disciplinados pelo legislador, antecipando-se às partes e à autonomia privada. É mais uma razão para que se defenda uma abordagem regulatória da IA baseada em riscos e centralizada na tutela de direitos humanos.

2.3.2 Internet das Coisas: os defeitos de segurança no mercado de consumo e o fato de produtos e serviços munidos de Inteligência Artificial

Foi instituído pelo Decreto Federal nº 9.854, de 25 de junho de 2019, o Plano Nacional de Internet das Coisas, cujo objetivo é desenvolver no Brasil uma infraestrutura que integra a prestação de serviços de valor adicionado com interoperabilidade e capacidade de conexão de dispositivos de tecnologia da informação e comunicação (TIC), garantindo livre concorrência, além da circulação e proteção de dados pessoais e segurança da informação[210].

> Existem fortes divergências em relação ao conceito de IoT, não havendo, portanto, um conceito único que possa ser considerado pacífico ou unânime. De maneira geral, pode ser entendido como um ambiente de objetos físicos interconectados com a internet por meio de sensores pequenos e embutidos, criando um ecossistema de computação onipresente (ubíqua), voltado para a facilitação do cotidiano das pessoas, introduzindo soluções funcionais nos processos do dia a dia. O que todas as definições de IoT têm em comum é que elas se concentram em como computadores, sensores e objetos interagem uns com os outros e processam informações/dados em um contexto de hiperconectividade[211].

210. BRASIL. GOVERNO FEDERAL. Plano Nacional de Internet das Coisas. Disponível em: https://www.gov.br/governodigital/pt-br/estrategias-e-politicas-digitais/plano-nacional-de-internet-das-coisas. Acesso em: 02.06.2023.

211. "Sistemas automatizados que acendem as luzes e aquecem o jantar ao perceber que você está retornando do trabalho para casa, pulseiras e palmilhas inteligentes que compartilham com seus amigos o quanto você andou a pé ou de bicicleta durante o dia na cidade ou sensores que avisam

No contexto de hiperconectividade própria da *Internet of Things* (IoT)[212] – que admite a sistemas computacionais se conectarem a uma rede de informações e comunicações, sejam por ela identificados e controlados e assim interajam entre si – são ainda mais recorrentes as falhas de segurança, principalmente na seara de consumo de produtos e serviços dotados de Inteligência Artificial, diante de sua complexidade e opacidade. A caracterização do defeito em tecnologias que empregam IA, seja na etapa de produção ou uso, como em outros casos de responsabilidade civil pelo fato do produto ou serviço, subordina-se aos padrões regulatórios vigentes e ao estado da arte no momento da colocação do produto ou serviço em circulação.

A Lei nº 8.078/1990, conhecida como Código de Defesa do Consumidor (CDC), ao versar sobre sua política nacional, cujo objetivo é primar pelo atendimento das necessidades e dos interesses econômicos dos consumidores, o respeito à "sua dignidade, saúde e segurança, a melhoria da sua qualidade de vida" e a transparência dessas relações, também arrola a "harmonização dos interesses dos participantes das relações de consumo e compatibilização da proteção do consumidor com a necessidade de desenvolvimento econômico e tecnológico (...) sempre com base na boa-fé e equilíbrio nas relações entre consumidores e fornecedores".

De acordo com as lições de Leonardo Bessa, o CDC traça, com clareza, diferentes preocupações relativas aos produtos e serviços postos em circulação no mercado de consumo, ressaltando como pontos nodais: "1) segurança; 2) funcionalidade. Como consequência, de um lado, existe disciplina própria denominada *responsabilidade pelo fato do produto e do serviço* (arts. 8º a 17) e, do outro, a *responsabilidade por vício do produto e do serviço*"[213].

---

automaticamente aos fazendeiros quando um animal está doente ou prenhe. Todos esses exemplos são manifestações consideradas tecnologias inovadoras associadas ao conceito que vem sendo construído de internet das coisas (...). A expressão IoT é utilizada para designar a conectividade e interação entre vários tipos de objetos do dia a dia, sensíveis à internet. Fazem parte desse conceito os dispositivos de nosso cotidiano que são equipados com ´sensores capazes de captar aspectos do mundo real, como por exemplo temperatura, umidade e presença, e enviá-los a centrais que recebem estas informações e as utilizam de forma inteligente´. (...) um mundo onde objetos e pessoas, assim como dados e ambientes virtuais, interagem uns com os outros no espaço e no tempo." (MAGRANI, Eduardo. *A internet das coisas*. Rio de Janeiro: FGV Editora, 2018, p. 44. *E-book*).

212. "A ideia básica desse conceito é a presença generalizada à nossa volta de uma variedade de coisas ou objetos – como tags de identificação por radiofrequência (RFID), sensores, atuadores, telefones celulares, etc. – que, por meio de esquemas de endereçamento exclusivos, são capazes para interagir uns com os outros e cooperar com outros objetos para alcançar objetivos comuns." (ATZORI, L.; IERA, A.; MORABITO, G. The internet of things: a survey. *Computer Networks*, v. 54, n. 15, 2010, p. 2.787. Disponível em: https://doi.org/10.1016/j.comnet.2010.05.010. Acesso em: 18.03.2023).

213. BESSA, Leonardo Roscoe. *Código de defesa do consumidor comentado.* 2.ed. Rio de Janeiro: Forense, 2022, p. 134. *E-book*.

A caracterização de um defeito de segurança no mercado de consumo pressupõe um vício e vai além, causando um dano que atinge o patrimônio jurídico do consumidor, caso em que se configura o acidente de consumo. "Há vício sem defeito, mas não há defeito sem vício. O vício é uma característica inerente, intrínseca do produto ou serviço em si (...) pertence ao próprio produto ou serviço, jamais atingindo a pessoa do consumidor ou outros bens seus"[214].

Em que pese um produto não seja considerado defeituoso tão somente por outro de melhor qualidade ter sido colocado no mercado de consumo e um serviço também não o seja em virtude da adoção de novas técnicas, em ambos os casos, devem sempre atender a segurança legitimamente esperada, consideradas circunstâncias concretas relevantes, como a sua apresentação – no caso de produtos – e o modo de fornecimento – na hipótese de serviços –, o uso, resultados e riscos razoavelmente esperados e a época em que inseridos no mercado.

> Um robô não pode ferir um ser humano ou, por inação, permitir que ele aja de forma a causar dano a si próprio. Essa é a primeira das três leis para a robótica inicialmente desenvolvidas por Isaac Asimov nos anos 40. Mais tarde, o autor introduziu a chamada ´lei zero´: *um robô não pode causar dano para a humanidade ou, por inação, permitir que ela sofra algum mal.* As mencionadas normas, ainda que de inspiração literária, marcam o início da preocupação com o desenvolvimento seguro de inteligências artificiais (IA) e robôs, bem como com as suas interações com os seres humanos[215].

Vale trazer à baila, como exemplo de produtos munidos de IA, as tecnologias vestíveis (*wearables*), cujos defeitos de segurança podem causar graves prejuízos ao usuário. Na última década, sua popularidade cresceu, incluindo os rastreadores de atividade corporal (como os *smartvests*), relógios digitais inteligentes (*smartwatches*) e roupas inteligentes (*smartclothes*). Tanto consumidores quanto fornecedores têm usado esses dispositivos para

214. NUNES, Rizzatto. A distinção entre vício e defeito no Código de Defesa do Consumidor. Migalhas, 2019. Disponível em: https://www.migalhas.com.br/coluna/abc-do-cdc/297238/a-distincao-entre-vicio-e-defeito-no-codigo-de-defesa-do-consumidor. Acesso em: 22.07.2023.

215. Em síntese, são três as leis da robótica, ou simplesmente chamadas de "Leis de Asimov": 1ª) um robô não pode, por conduta comissiva, fazer mal a um ser humano ou, por omissão, permitir que um humano sofra qualquer tipo de lesão; 2ª) um robô deve obedecer as ordens humanas, salvo se em conflito com a primeira lei; 3ª) um robô deve proteger sua própria existência, desde que não contrarie as leis precedentes. (TEFFÉ, Chiara Spadaccini de. *Quem responde pelos danos causados pela IA?* JOTA, 2017. Disponível em: https://www.jota.info/opiniao-e-analise/artigos/quem-responde-pelos-danos-causados-pela-ia-24102017. Acesso em: 02.06.2023).

uma variedade de aplicações. Sem sinais de desaceleração e com impactos na economia, saúde e segurança dos usuários, é indispensável sopesar as vantagens e as desvantagens dos *wearables*.

Face ao consumo automatizado por sistemas de IA, pioneiro foi o mercado autônomo *Amazon Go*[216], no qual é possível aos consumidores que baixarem o aplicativo da loja para *smartphones* terem acesso a uma experiência presencial de compras sem filas ou vendedores, tão só sensores, câmeras e aplicações de IA espalhados por todo o estabelecimento comercial. Aparentemente, a ideia tem sido bem-sucedida, tanto que foi inaugurado, em Curitiba, em novembro de 2022, um supermercado que se propõe a algo semelhante, o *Muffato Go*[217].

Já no início de 2023, foi noticiado[218] um novo registro de patentes da marca *Samsung*, indicando que a fabricante de renome mundial planeja o lançamento de um anel inteligente (*smartring*) que contará com uma gama de sensores habilitados ao monitoramento cardíaco e do fluxo sanguíneo, com o rastreamento preciso de dados pessoais sensíveis (de saúde) do usuário, o que exigirá especial atenção às previsões dos artigos 5º, II, e 11 da Lei Geral de Proteção de Dados, podendo colocar em risco a privacidade, a segurança e o consentimento do titular. A proposta da nova tecnologia de IA é superar o modelo de *smartwatch* da marca.

Porém, além de *smartwatches*, *smartrings*, *headsets*[219], *vests*[220] e outros itens vestíveis que monitoram a saúde, desde atletas olímpicos a amadores, de altos executivos a estudantes do ensino fundamental, a novidade são os chips inteligentes (*smartchips*)[221], as tatuagens inteligentes (*smarttat-*

216. THE NEW YORK TIMES. Inside Amazon Go: a store of the future. 2018. Disponível em: https://www.nytimes.com/2018/01/21/technology/inside-amazon-go-a-store-of-the-future.html. Acesso em: 02.06.2023.

217. TRIBUNA PARANÁ. Rede paranaense de supermercados inaugura 1ª loja autônoma (sem caixas) da América Latina. Disponível em: https://www.tribunapr.com.br/noticias/curitiba-regiao/rede-paranaense-de-supermercados-inaugura-1a-loja-autonoma-sem-caixas-da-america-latina/. Acesso em: 02.06.2023.

218. MUNDO CONECTADO. Anel da Samsung pode ter rastreamento de saúde superior a do Galaxy Watch. Disponível em: https://mundoconectado.com.br/noticias/v/33355/anel-da-samsung-pode-ter-rastreamento-de-saude-superior-a-do-galaxy-watch. Acesso em: 02.06.2023.

219. TECHTUDO. *Headset Modius* usa neurotecnologia para ajudar na perda de peso: dispositivo controlado por smartphone envia estímulos elétricos para o cérebro. Disponível em: https://www.techtudo.com.br/noticias/2018/07/headset-modius-usa-neurotecnologia-para-ajudar-na-perda-de-peso.ghtml. Acesso em: 02.06.2023.

220. REVISTA EXAME. As tecnologias por trás da Olimpíada 2021: como equipamentos ajudam a aumentar a segurança e melhorar a mobilidade, além de auxiliar atletas olímpicos a superar limites. Disponível em: https://exame.com/tecnologia/as-tecnologias-por-tras-da-olimpiada-2021/. Acesso em: 02.06.2023.

221. GLOBO. G1 PORTAL DE NOTÍCIAS. Casal controla casa com chips implantados no corpo e viraliza; entenda a tecnologia. Moradores de casa em Los Angeles (EUA) abrem portas, gavetas e implantaram

toos)[222] e as interfaces cérebro-máquina (*brain-computer interfaces*)[223], cujas falhas de segurança podem gerar danos gravíssimos[224] e inéditos aos consumidores.

Consoante *The Neurorights Foundation*, "nos próximos anos, será possível decodificar o pensamento da atividade neural ou aprimorar a capacidade cognitiva ligando o cérebro diretamente às redes digitais"[225]. É nesse sentido que os neurodireitos têm sido defendidos – por todos, Rafael Yuste[226] – como um novo marco internacional para os direitos

---

os chips até nos pets. Peças ficam entre os dedos indicador e polegar e ainda podem ser usadas para realizar pagamentos e bloquear dispositivos eletrônicos. Disponível em: https://g1.globo.com/tecnologia/noticia/2022/10/19/casal-controla-casa-com-chips-implantados-no-corpo-e-viraliza-entenda-a-tecnologia.ghtml. Acesso em: 02.06.2023.

222. CANAL TECH. "Tatuagem inteligente" pode virar moda entre aparelhos vestíveis. Disponível em: https://canaltech.com.br/inovacao/tatuagem-inteligente-pode-virar-moda-entre-aparelhos-vestiveis-228760/. Acesso em: 02.06.2023.

223. As *brain-computer interfaces* (BCI) podem ser operadas de duas formas: (i) invasivas, com a implantação cirúrgica do dispositivo, como ocorre com os implantes auditivos cocleares subcutâneos; e (ii) não-invasivas, via aparelhos extracorpóreos, como exemplo mais antigo o eletroencefalograma (EEG), que capta a atividade neural mediante eletrodos colocados no couro cabeludo do paciente. Empresas como *Meta*, *Microsoft*, *Neuralink*, *Emotiv* e *Kernel* desenvolvem modelos de negócios focados em neurotecnologias. (NEUROTECHEDU. Intro to brain-computer interface. Disponível em: http://learn.neurotechedu.com/introtobci/. Acesso em: 02.06.2023).

224. Sistemas de IA, além de auxiliarem na comunicação com equipes de saúde sobre monitoramento e tratamento de patologias e realização de cirurgias robóticas, detectam mutações no quadro clínico. Foi o caso de uma menina de 12 anos nos EUA, cujos alertas de alterações nos batimentos cardíacos monitorados por *smartwatch*, levaram a exames de urgência que constataram um carcinoma tratado com sucesso ante a descoberta precoce. (MUNDO CONECTADO. *Apple Watch* ajuda a detectar câncer em menina de 12 anos. Mercado de *wearables* em 2019 faturou US$ 1 bilhão. Disponível em: https://mundoconectado.com.br/noticias/v/29116/apple-watch-ajuda-a-detectar-cancer-em-menina-de-12-anos. Acesso em: 02.06.2023).

225. *The Neurorights Foundation*, inicialmente chamado *Neurorights Initiative*, criado em 2017 e capitaneado pelo neurocientista Dr. Rafael Yuste em *workshop* na Universidade de Columbia, reuniu acadêmicos renomados para discutir questões éticas envolvendo Inteligência Artificial e neurotecnologias. Seu trabalho se concentra em firmar parâmetros ético-jurídicos para profissionais que utilizam neurotecnologias, com o reconhecimento internacional de cinco neurodireitos: (i) identidade mental ou psicológica (*the right to personal identity*); (ii) liberdade cognitiva ou livre arbítrio (*the right to free-will*); (ii) privacidade mental (*the right to mental privacy*); (iii) integridade mental e proteção contra vieses algorítmicos (*the right to protection from algorithmic bias*); e (iv) acesso equitativo às neurotecnologias, em especial as de aprimoramento cognitivo (*the right to equal access to mental augmentation*). (THE NEURORIGHTS FOUNDATION. *New human rights for the age of neurotechnologies*. Disponível em: https://neurorights-initiative.site.drupaldisttest.cc.columbia.edu/sites/default/files/content/The%20Five%20Ethical%20NeuroRights%20updated%20pdf_0.pdf. Acesso em: 02.06.2023).

226. Foi publicado por Rafael Yuste e seu grupo de especialistas, em 2017, o estudo *Altered Cortical Ensembles in Mouse Models of Schizophrenia* em que implantaram no cérebro de ratos imagens nunca vistas e que assumiram como vivências próprias, incorporando em seu comportamento natural. Para ver o resultado do estudo, acesse: https://pubmed.ncbi.nlm.nih.gov/28384469/. (YUSTE, Rafael; GENSER, Jared; HERMANN, Stephanie. *It's time for neurorights*. 18.ed. Horizons, 2021).

humanos[227], voltados a proteger o usuário frente aos avanços de neurotecnologias capazes de registrar ou interferir na atividade neural mediante interfaces cérebro-computador, levando a um atuar não refletido com base em processamento de emoções e da identidade pessoal do usuário.

Diferentemente da regra da responsabilização civil objetiva que permeia as relações jurídicas entre fornecedores e consumidores em face de danos causados por produtos e serviços de IA disponíveis no mercado de consumo, existem também sistemas de Inteligência Artificial que prestam assistência a profissionais liberais na execução de seus serviços, caso em que a responsabilidade será subjetiva, por expressa previsão do §4º do art. 14 do CDC[228].

São exemplos interessantes: os robôs de assistência pessoal (que prestam cuidados a idosos e deficientes ou para o auxílio em tratamentos ortopédicos ou fisioterapêuticos); os robôs-médicos, nos tratamentos da neuroengenharia (como no uso de *microchips* cerebrais para tratar epilepsia e Mal de Parkinson), nos procedimentos autônomos de prescrição e confecção de medicamentos; e os robôs usados em intervenções que promovem reparação ou aperfeiçoamento humano (como as próteses biônicas associadas ao "transumanismo"[229]).

---

227. No Chile, o direito fundamental à proteção dos dados neurais já foi incorporado à Constituição Federal. No Brasil, tramita no Congresso Nacional, atualmente, o Projeto de Lei nº. 522/2022, da Câmara dos Deputados, proposto pelo Deputado Carlos Henrique Gaguim, do partido Republic/TO. (BRASIL. CÂMARA DOS DEPUTADOS. Projeto de Lei nº. 1.229/2021. Modifica a Lei nº. 13.709, de 14 de agosto de 2018 (Lei Geral de Proteção de Dados Pessoais), a fim de conceituar dado neural e regulamentar a sua proteção. Disponível em: https://www.camara.leg.br/propostas-legislativas/2276604. Acesso em: 02.06.2023).

228. "[...] na eventualidade de defeito do próprio robô cirurgião (do *software* ou de qualquer outro componente), responderá o fabricante, independentemente da existência de culpa (art. 14 do CDC), pela reparação dos danos causados ao paciente. O robô será considerado defeituoso quando não oferecer a segurança que legitimamente se espera (art. 12, §1º, do CDC), levando-se em consideração sua apresentação, uso e riscos que dele se esperam e a época em que foi colocado em circulação. (...) o paciente (...) é compreendido como consumidor do robô por equiparação, nos termos do art. 17 do CDC, pois é terceiro atingido pela relação de consumo entre o hospital e o fabricante (...) segundo o art. 18 do CDC, (...) o hospital responde solidariamente pelos danos decorrentes de defeitos do robô cirurgião, (...) assegurado o direito de regresso contra o fabricante (art. 13, parágrafo único, do CDC)". Nesse artigo, a autora diferencia ainda a responsabilidade civil por falha de segurança a depender se o serviço prestado é essencialmente médico, paramédico ou extramédico. (NOGAROLI, Rafaella. Responsabilidade civil nas cirurgias robóticas: breve estudo de Direito Comparado. Migalhas de Responsabilidade Civil, 2021. Disponível em: https://www.migalhas.com.br/coluna/migalhas-deresponsabilidade-civil/339725/responsabilidade-civil-nas-cirurgias-roboticas. Acesso em: 02.06.2023).

229. Transumanismo, Humanismo 2.0 e Pós-humanismo são expressões que retratam movimento desenvolvido, nas últimas décadas, pela promoção interdisciplinar da análise de modos de melhorar a vida humana por meio do acesso às biotecnologias disponíveis e vindouras. O projeto transumanista não se encerra nas codificações do corpo humano ou dos animais em geral, isso porque traz graves repercussões nos campos socioeconômico, institucional, jurídico, bioético e cultural. A doutrina tem

Aspecto central da matéria reside na imputação do dever jurídico de indenizar poder ser extendido aos desenvolvedores de sistemas de IA, e não apenas ao elo final da cadeia de fornecedores. Não se trata, contudo, de conclusão inédita. Consoante os arts. 12 e 14 do CDC, a regra é a solidariedade da cadeia de fornecedores (incluindo o comerciante, guardadas as especificidades do art. 13 do CDC) ao regime de responsabilidade civil objetiva pelos danos causados ao consumidor[230]. O ineditismo não está na solução jurídica, mas nos fatos jurídicos lesivos derivados de produtos e serviços originados de avanços tecnológicos no campo da IA.

Tanto é assim que o PL nº 2.338/2023[231], ao versar, em seu artigo 5º, sobre os direitos das pessoas afetadas por sistemas de IA, explicita, no inciso IV, o "direito à determinação e à participação humana em decisões de sistemas de inteligência artificial, levando-se em conta o contexto e o estado da arte do desenvolvimento tecnológico". Aliás, um dos princípios para o desenvolvimento, implementação e uso de sistemas de Inteligência Artificial, previsto no art. 3º do citado projeto legislativo que marcará sua regulação no Brasil, é o da "não maleficência e proporcionalidade entre os métodos empregados e as finalidades determinadas e legítimas".

O princípio da não maleficência deve ser compreendido como a evitação de riscos, danos específicos e abusos de direito intencionais, incluídas aqui discriminações algorítmicas, violações da privacidade e da proteção de dados e outras afrontas a direitos humanos. A fim de viabilizar a concreta responsabilização daqueles que integram a cadeia de fornecedores de produtos e serviços dotados de algoritmos de IA, o PL nº 2.338/2023 ainda determina, em seu art. 7º, que as pessoas afetadas por sistemas de IA têm o direito de receber, previamente a sua contratação ou uso, informações claras e adequadas quanto à identificação dos operadores do sistema de IA e às medidas de governança adotadas no seu desenvolvimento e emprego.

---

proposto hermenêutica axiológica e sistemática e a ponderação dessas técnicas transumanistas com os princípios fundamentais que permeiam os seus debates: o consentimento livre e informado; o livre desenvolvimento da personalidade; a razoabilidade e proporcionalidade; a igualdade substancial; a privacidade e a autonomia privada. (KONDER, Carlos Nelson; KONDER, Cíntia Munis de Souza. Transumanismo e inteligência artificial. In: TEPEDINO, Gustavo; SILVA, Rodrigo da Guia. *O direito civil na era da inteligência artificial.* 1.ed. São Paulo: Thomson Reuters Brasil, 2020, p. 103-120).

230. MAGRANI, Eduardo. *A internet das coisas*. Rio de Janeiro: FGV Editora, 2018. *E-book*.

231. BRASIL. SENADO FEDERAL. Projeto de Lei nº 2.338, de 2023. Atividade Legislativa, 2023. Disponível em: https://www25.senado.leg.br/web/atividade/materias/-/materia/157233?_gl=1*1qw7sar*_ga*ODQ3Nzg0NDY2LjE2MjQ2Mzc4Mzg.*_ga_CW3ZH25XMK*MTY4NDE2Mjk0My4yLjAuMTY4NDE2Mjk0My4wLjAuMA. Acesso em: 28.05.2023

2.3.3 As funções da boa-fé objetiva como garantidoras da confiabilidade dos sistemas de IA

De pronto, o *caput* do artigo 3º do PL nº 2.338/2023[232] já menciona, expressamente, a necessária observância do princípio da boa-fé para o desenvolvimento, a implementação e o uso de sistemas de Inteligência Artificial. Adicionalmente, em seu artigo 9º, que disciplina o direito de contestar decisões e de solicitar intervenção humana, o §2º prevê que o direito à contestação, previsto no *caput*, abrangerá decisões, recomendações ou previsões amparadas em inferências discriminatórias, irrazoáveis ou que atentem contra a boa-fé objetiva.

Além disso, os artigos 30, §3º, e 36, §1º, II, do projeto legislativo adotam como sinais indicativos de boa-fé dos agentes de IA, considerados pela autoridade central para fins de aplicação proporcional das sanções administrativas, a adesão voluntária a um código de boas práticas e de governança – cabendo premiar a boa-fé dos agentes econômicos que gerenciam de forma eficaz os riscos desde a concepção ao uso de sistemas de IA – e a averiguação da boa-fé na conduta do infrator como critério no procedimento administrativo em contraditório.

Bonifica-se a demonstração por quaisquer daqueles que compõem a cadeia de valor da IA, não só da boa-fé objetiva no desenvolvimento, implementação e uso desses modelos, mas também da adoção de esforços no concreto atendimento dos deveres de cuidado, lealdade, informação, cooperação e transparência perante o usuário final de produto ou serviço dotado de Inteligência Artificial, a ser usado como fator de mitigação da responsabilidade civil.

Em que pese esteja presente explicitamente na norma, bem como poder-se-ia adotar o Código Civil (CC) em diálogo de complementariedade, em especial o disposto nos artigos 422 e 113, impende sedimentar que a boa-fé objetiva corresponde a exigências materiais que decorrem do próprio sistema jurídico brasileiro e se fazem presentes independentemente de sua positivação em lei ou de sua consagração em outras fontes dispersas do direito[233].

---

232. BRASIL. SENADO FEDERAL. Projeto de Lei nº 2.338, de 2023. Atividade Legislativa, 2023. Disponível em: https://www25.senado.leg.br/web/atividade/materias/-/materia/157233?_gl=1*1qw7sar*_ga*ODQ3Nzg0NDY2LjE2MjQ2Mzc4Mzg.*_ga_CW3ZH25XMK*MTY4NDE2Mjk0My4yLjAuMTY4NDE2Mjk0My4wLjAuMA. Acesso em: 13.05.2023.

233. "A boa fé nada teria, numa primeira aproximação a ver com tipologias: abstracta nas fontes, assumiria uma figuração individual na decisão concreta. A dogmatização das soluções particularísticas (...) com abrigo na boa fé, leva, pelo contrário, à sua tipificação. A repetição de julgados (...) permite descobrir

A despeito de parcos os julgados e produções acadêmicas sobre o tema até o advento do Código Civil de 2002, desde 1960, Darcy Bessone[234] já ensinava que a boa-fé mantinha estreita relação com a moralidade e se fazia necessária em todas as relações negociais, em quaisquer de suas fases, estabelecendo *standards* de comportamento, que, inicialmente, eram demandados apenas das partes no contrato até que seus efeitos se tornaram transubjetivos.

> É um dever de agir de acordo com determinados padrões sociais estabelecidos e reconhecidos. As noções de agir corretamente com o próximo, ou seja, de honrar a palavra dada, de não causar prejuízos desnecessários a outrem, de cooperação em relação ao outro contratante, refletem o conceito de norma ética de conduta (...) geradora de um dever de correção que domina o tráfego negocial[235].

Nas lições de Cláudia Lima Marques[236], a boa-fé objetiva enquanto princípio possui três funções: (i) integradora ou criadora de deveres anexos ou colaterais de conduta, tais como cooperação, diligência, informação, transparência, lealdade, entre outros; (ii) hermenêutica ou interpretativa das relações jurídicas; (iii) limitativa do exercício de direitos, com o condão de evitar o abuso[237] (art. 187 do CC). O bem jurídico tutelado pela boa-fé objetiva, em suas três acepções (integradora, interpretativa e limitativa), é a legítima expectativa.

A princípio, uma das funções integrativas da boa-fé objetiva consiste em preencher lacunas contratuais, diante de eventuais omissões e/ou ambiguidades. Incumbe ao intérprete realizar a valoração equitativa da relação

---

a presença de estruturas de decisão, sempre repetidas e o reaparecimento dos mesmos valores e pontos de referência." (MENEZES CORDEIRO, Antonio Manuel da Rocha. *Da boa-fé no Direito Civil*. Coimbra: Almedina, 2015, p. 279 e 1.193).

234. BESSONE, Darcy. *Do contrato*. Rio de Janeiro: Forense, 1960, p. 245.

235. HIRONAKA, Giselda. Principiologia contratual e a valoração ética no Código Civil Brasileiro. *Civilistica.com*. Rio de Janeiro, a. 3, n. 1, jan.-jun./2014.

236. MARQUES, Cláudia Lima. *Contratos no Código de Defesa do Consumidor*: o novo regime das relações contratuais. São Paulo: Revista dos Tribunais, 2011, p. 214.

237. "[O] art. 187 – que trata, efetivamente, da ilicitude no modo de exercício do direito – não se limita à figura do abuso, não requer a intenção emulativa e abarca (i) o exercício contraditório, quando desleal; (ii) o exercício disfuncional (divorciado da função atribuída ao direito subjetivo, potestativo ou faculdade); e (iii) o exercício desmesurado ou desmedido de direito subjetivo, potestativo ou faculdade. É apenas nesse último (...) a fórmula ´abuso de direito´ deve ser tecnicamente empregada, e, ainda assim, desde que desvestida de suas ressonâncias históricas no que tange à exigência do comportamento emulativo para sua caracterização." (MARTINS-COSTA, Judith. *A boa-fé no direito privado*: critérios para a sua aplicação. São Paulo: Saraiva, 2018, p. 669).

jurídica, atribuindo relevância às situações jurídicas internas e previstas, bem como àquelas externas e imprevistas[238]. À luz dos ensinamentos de Karl Larenz[239], a atividade integrativa, via comaltação de incompletudes, deve se embasar na função da relação jurídica, no contexto real em que se insere e em sua natureza jurídica.

Será possível suprir a celeuma da incompletude por norma legal supletiva, extensão analógica de um contrato legalmente típico para outro atípico, cláusulas contratuais gerais, previsões regulamentadoras e/ou regras de *soft law*[240]. Na seara da Inteligência Artificial, não raras vezes o agente de IA não compreende integralmente o funcionamento do algoritmo, ou não consegue precisar como foi alcançado determinado resultado automatizado, casos em que os efeitos desse *output* pode comprometer a esfera de direitos de um indivíduo ou grupo, causando danos patrimoniais ou existenciais, devendo ser garantida a reparação integral.

Em que pese sistemas de IA procurem emular cognição humana com o fim de realizar atividades de forma mais eficiente, ao buscarem tais resultados, podem se distanciar, absoluta ou relativamente, de seus propósitos legítimos, como ocorre com modelos de IA generativa e *chatbots* que se desvirtuam do contexto a que foram desenvolvidos. É irrefutável a existência de deveres de diligência, vigilância e cuidado, anexos à boa-fé objetiva, na escolha pelo uso de sistemas de IA, que exigem que o agente avalie, minimamente, a acurácia e a robustez do sistema, frente aos *outputs* pretendidos e a possíveis riscos. Quando o administrador "delega parte dos processos decisórios da sociedade empresária a um sistema de inteligência artificial, o mínimo que se espera é que tenha agido com prudência e cautela na escolha desse"[241].

Além disso, não se exime de reconhecer que os algoritmos processam informações que alimentam o sistema de Inteligência Artificial e que foram fornecidas por humanos à máquina, portanto, tais dados precisam ser idôneos, testados, atualizados e corrigidos com a apropriada periodicidade. O que remete o intérprete, diante de um caso concreto, aos deveres

238. ROPPO, Enzo. *O contrato*. Tradução de Ana Coimbra e M. Januário C. Gomes. Coimbra: Almedina, 2009, p. 175-176.

239. LARENZ, Karl. *Base del negocio jurídico y cumplimiento de los contratos*. Madrid: Revista de Derecho Privado, 1956, p. 176.

240. MARTINS-COSTA, Judith. *A boa-fé no direito privado*: critérios para a sua aplicação. São Paulo: Saraiva, 2018, p. 566.

241. FRAZÃO, Ana. Responsabilidade civil de administradores de sociedades empresárias. In: FRAZÃO, Ana; MULHOLLAND, Caitlin (coord.). *Inteligência artificial e direito*: ética, regulação e responsabilidade. São Paulo: Thomson Reuters Brasil, 2019, p. 506.

de cooperação e colaboração, instrumentais à boa-fé objetiva. Se o auxílio de um algoritmo servir a aumentar a assimetria de poder entre os sujeitos da relação jurídica, então haveria que ser vislumbrado o uso indevido da tecnologia que também deturpa o dever de cooperação.

É consabido que os deveres de informação e transparência[242] são essenciais quando se revelam os resultados de decisões, recomendações e previsões tomadas por algoritmos de Inteligência Artificial. Com bancos de dados cuja capacidade de coleta e armazenamento de informações supera, em muito, a mente humana, sem falar na aptidão de analisá-las por meio de poderosas redes neurais artificiais, as negociações para celebração contratual ficarão cada vez mais díspares, de modo que os humanos, mais vulneráveis, deverão estar abrigados por condutas e obrigações *ex ante* e *ex post* dos agentes de IA. Tais deveres serão tratados em tópicos específicos adiante, juntamente a noções de explicabilidade, neutralidade, opacidade, "caixa-preta", transparência algorítmica ativa e passiva, dentre outros assuntos correlatos.

Visando evitar ou minimizar abusos nessas relações jurídicas contratuais, com risco de prejudicar interesses de terceiros, a função integrativa da boa-fé objetiva também impõe deveres de proteção. Judith Martins-Costa[243] diferencia deveres de proteção e deveres anexos: estes, como vistos, secundários e instrumentais, relacionados ao dever principal da prestação, ao passo que aqueles transcendem a eficácia *inter partes*, não são uma decorrência direta da autonomia privada e estabelecem uma ordem de proteção entre as partes envolvidas, não apenas de ordem patrimonial, mas também existencial e de solidarização dos riscos.

No tocante à função hermenêutica, a boa-fé objetiva, como norma de ordem pública, impõe ao intérprete buscar a verdadeira intenção do declarante[244], a compreensão do contexto em que a declaração foi proferida,

242. "[A] comunicação e a informação são os sinais mais importantes de nossos tempos pós-modernos, o paradigma atual do direito, visando a proteger equitativamente o mais fraco, deve ser aquele que valoriza a informação declarada, que valoriza o déficit informativo dos leigos, consumidores, sem se importar com sua nacionalidade ou território, que valoriza não somente o ´outro´, mas toda a coletividade que receba informação." (MARQUES, Cláudia Lima. *Contratos no Código de Defesa do Consumidor*: o novo regime das relações contratuais. São Paulo: Revista dos Tribunais, 2011, p. 196).

243. MARTINS-COSTA, Judith. *A boa-fé no direito privado*: critérios para a sua aplicação. São Paulo: Saraiva, 2018, p. 243-244.

244. "Invoca-se a boa-fé quando o intérprete abusa da interpretação, ou pretende sustentar uma interpretação distorcida. A atividade de correção dos negócios jurídicos por meio da interpretação é feita independentemente da existência de normas jurídicas positivadas. Quando esta produzir um significado que viola a boa-fé, não se faz nada além do que se faz em matéria de interpretação. Com efeito, o que ocorre, nesse caso, é a causa do dano por meio da atividade de interpretação, ou, sob a

verificando se é, ou não, condizente com a persecução de seus interesses e sua legítima expectativa. De acordo com Judith Martins-Costa[245], o alcance do art. 112 do CC faz concluir que: a) toda declaração de vontade detém uma pluralidade de sentidos em potencial; b) a vontade pode modelar o conteúdo e a eficácia negociais; e c) a vontade deve ser valorada pelo intérprete segundo os comportamentos exteriorizados pelo declarante no meio social, e não a partir de aspectos psicológicos adstritos à reserva mental.

No caso da confiabilidade das declarações de vontade proferidas por sistemas de Inteligência Artificial, a aplicação do princípio da boa-fé objetiva é relevante à medida que a IA desempenha papel cada vez maior em transações comerciais e negociações, na tomada de decisões algorítmicas sobre a seleção de novos funcionários a serem contratados ou a análise de informações nas hipóteses de fusões e aquisições empresariais, faz-se essencial garantir a confiança e a segurança jurídica das recomendações, decisões e/ou previsões indicadas por essas aplicações de IA, modelando o conteúdo da vontade por trás do *output* e seus efeitos.

A boa-fé objetiva pode ser usada para avaliar a conduta da parte que utiliza a IA e a forma como ela é programada. Significa que desenvolvedores de sistemas de IA devem agir de maneira ética e responsável, projetando sistemas confiáveis e transparentes. Além disso, quando um sistema de IA emite declaração de vontade, é mister analisar se essa declaração atendeu a boa-fé objetiva, considerando fatores como precisão, transparência e confiabilidade do sistema. Frise-se que a aplicação do princípio da boa-fé objetiva no contexto da IA ainda está em desenvolvimento e pode variar em diferentes jurisdições. As leis e regulamentações específicas podem ser necessárias a abordar questões legais e éticas relativas à confiabilidade e responsabilidade das declarações de vontade proferidas como *outputs* de sistemas de IA.

Malgrado determinada declaração de vontade possa apresentar múltiplos significados, o intérprete deve considerar apenas aqueles que estejam alinhados com o propósito específico delineado e os que sejam relevantes para o usuário do algoritmo, devendo ser descartadas quaisquer interpretações – principalmente quando forem amparadas em inferências incorretas – discriminatórias, abusivas, irrazoáveis, que afrontem a boa-fé objetiva

---

desculpa de interpretar o negócio jurídico, o agente pretendeu prejudicar a parte contrária. Ambas as situações são contrárias ao princípio da boa-fé." (TOMASEVICIUS FILHO, Eduardo. *O princípio da boa-fé no direito civil*. São Paulo: Almedina, 2020, p. 100-102).

245. MARTINS-COSTA, Judith. *A boa-fé no direito privado*: critérios para a sua aplicação. São Paulo: Saraiva, 2018, p. 487.

ou que comprometam direitos fundamentais, especialmente de pessoas ou grupos vulneráveis, tendo a parte afetada direito à contestação da decisão, a solicitar sua revisão e a correção de vieses discriminatórios diretos, indiretos, ilegais ou abusivos, conforme prevê o art. 5º do PL nº 2.338/2023[246].

Outrossim, a vontade interna das pessoas expostas ao desenvolvimento e ao uso de modelos de IA não é alcançável pelas máquinas, ainda que se possa dizer atualmente que a análise de uma massiva base de dados a respeito de um indivíduo permita à IA manipular seus comportamentos por meio do emprego de técnicas subliminares. Em se tratando desse caso, e se o objetivo ou o efeito forem fazer com que o indivíduo se porte de forma prejudicial ou perigosa à sua saúde ou segurança ou contra os fundamentos do PL nº 2.338/2023[247], voltar-se-á à vedação expressa em seu art. 14, I, e – enquanto não aprovado e convertido em lei com aplicabilidade após *vacatio legis* – abrigado estará o indivíduo pelo óbice ao abuso de direito.

Todas essas questões também nos remetem ao conceito de *accountability*[248] – que será aprofundado no terceiro capítulo –, uma vez que a boa-fé objetiva estabelece um *standard* de conduta, um código de práticas ajustadas à ética, à lealdade, à probidade. Tal circunstância relaciona-se ao cumprimento de obrigações *ex ante* que façam demonstrar que a empresa de tecnologia e os usuários de aplicações de Inteligência Artificial que tenham causado danos a terceiros atentaram-se a medidas preventivas, a avaliações de impacto algorítmico e até mesmo à ética *by design* – ética desde a concepção do projeto computacional – a fim de minimizar os riscos subjacentes ao sistema de IA. Tal comprovação retratará a sua boa-fé e poderá conduzir a autoridade competente a reduzir, proporcionalmente,

246. BRASIL. SENADO FEDERAL. Projeto de Lei nº 2.338, de 2023. Atividade Legislativa, 2023. Disponível em: https://www25.senado.leg.br/web/atividade/materias/-/materia/157233?_gl=1*1qw7sar*_ga*ODQ3Nzg0NDY2LjE2MjQ2Mzc4Mzg.*_ga_CW3ZH25XMK*MTY4NDE2Mjk0My4yLjAuMTY4NDE2Mjk0My4wLjAuMA. Acesso em: 13.05.2023.

247. BRASIL. SENADO FEDERAL. Projeto de Lei nº 2.338, de 2023. Atividade Legislativa, 2023. Disponível em: https://www25.senado.leg.br/web/atividade/materias/-/materia/157233?_gl=1*1qw7sar*_ga*ODQ3Nzg0NDY2LjE2MjQ2Mzc4Mzg.*_ga_CW3ZH25XMK*MTY4NDE2Mjk0My4yLjAuMTY4NDE2Mjk0My4wLjAuMA. Acesso em: 13.05.2023.

248. "Sem tradução exata para a língua portuguesa, trata-se de um conceito do idioma inglês que abarca práticas que remetem à responsabilidade com ética, à obrigação, à busca por transparência, à prestação de contas. De maneira simplificada, significa que aqueles que desempenham funções relevantes na sociedade deveriam dar transparência ao que estão fazendo, por quais motivos, e como estão fazendo. Remete à necessidade de governança e, em alguns casos, até de responsabilidade civil. Não é à toa que o tema da IA tem chamado a atenção de empresas, governos e organizações nacionais e internacionais." (GUTIERREZ, Andriei. É possível confiar em um sistema de inteligência artificial? Práticas em torno da melhora da sua confiança, segurança e evidências de *accountability*. In: FRAZÃO, Ana; MULHOLLAND, Caitlin (coord.). *Inteligência artificial e direito*: ética, regulação e responsabilidade. São Paulo: Thomson Reuters Brasil, 2019, p. 88).

a sanção aplicável, como mola propulsora da efetivação de reparação pela ofensa a direito não observado.

Os comportamentos individuais podem ser influenciados por recomendações indicadas por um algoritmo para alcançar determinado objetivo de seu usuário com maior "eficiência", como nos casos de sistemas *GPS* que indicam equivocadamente rotas perigosas, embora mais rápidas, ao usuário. Essa simples possibilidade introduz um nível de complexidade na análise do comportamento dos indivíduos em relações privadas, ainda sem abordagem nos cursos de Direito Civil, nem na jurisprudência. No entanto, devido ao crescente potencial de uso desses algoritmos em um mundo hiperconectado, é necessário começar a considerar essas questões.

Ao final, no que concerne à função limitadora de direitos, a mais significativa das três, consoante às lições de Judith Martins-Costa, consiste em intermediar as condutas em uma relação jurídica, desempenhando esse papel por meio da correção do exercício de direitos, faculdades, pretensões, ações, exceções e ônus jurídicos e de ajustes no conteúdo negocial. À luz da primeira vertente da função corretora, apesar dos avanços tecnológicos em Inteligência Artificial, a ordem jurídica brasileira ainda não contempla a possibilidade de tratar algoritmos, mesmo os dotados de IA, como sujeitos de direito, em que as vozes isoladas nesse sentido.

Entretanto, na era tecnológica, admite-se que uma pessoa – sujeito de direitos – possa delegar ao algoritmo orientá-la sobre como exercer direitos, faculdades, pretensões, ações, exceções e ônus. Ante os prejuízos causados pela resposta algorítmica, casos em que se sub-roga o atuar humano por resultados automatizados pela IA, a responsabilidade civil merecerá releitura sob uma perspectiva funcionalizada, avaliando-se o cumprimento de deveres anexos, deveres de proteção e obrigações de correção de vieses algorítmicos e de mitigação e evitação de determinados riscos, a depender da tipologia do modelo de Inteligência Artificial.

2.4 Explicabilidade e transparência: a "caixa-preta" dos algoritmos de IA

O aspecto matemático-probabilístico por trás dos algoritmos de Inteligência Artificial favorece a ideia de neutralidade. Todavia, não é acaso o significado dúplice de *black box*[249] (traduzido como caixa-preta), que se

249. Frank Pasquale, no primeiro capítulo de sua obra intitulada, em livre tradução, "A Sociedade da Caixa-Preta", afirma, ao tratar de sigilo, opacidade e complexidade dos algoritmos, que desconstruir as caixas-pretas do *Big Data* é uma tarefa árdua. Mesmo se as *big techs* estiverem dispostas a expor

refere: (i) a dispositivo de monitoramento, gravação e/ou armazenamento de informações, como em aviões, trens e veículos automotores terrestres; ou (ii) a sistema cujo funcionamento misterioso é complexo demais para que se descrever e causa problemas de opacidade e inexplicabilidade. Considerando a vigilância sobre dados pessoais ser cada vez maior e mais de perto, pelo poder público e privado, os expostos à IA não têm ideia real de quais informações podem "navegar" na rede mundial de computadores, de como são coletadas, armazenadas, mineradas e fundidas com outras e suas consequências danosas.

Uma caixa-preta, em geral, consiste em um sistema impenetrável cujas operações não são visíveis à parte interessada. O viés de opacidade da IA é introduzido em algoritmos como reflexo de preconceitos, conscientes ou não, dos desenvolvedores do seu *design*, ou podem se infiltrar na máquina por erros não detectados, ensejando *outputs* tendenciosos e distorcidos. Para evitar ou, minimamente, atenuar ameaças e danos causados por *outputs* enviesados, urge observar os princípios de segurança *by design*, responsabilização e transparência algorítmica.

> A análise dos benefícios esperados com o sucesso da inovação deve ponderar também os potenciais riscos associados. Tais questões envolvem (...) a transparência e a explicabilidade para entender como a IA chegou a determinado resultado; os potenciais vieses em dados utilizados para treinar e testar os modelos de IA que podem perpetuar desigualdades sociais; as salvaguardas para garantir a preservação da privacidade e o uso adequado dos dados pessoais; a definição de papeis e responsabilidades das equipes envolvidas a fim de viabilizar a prestação de contas; os custos para construção e manutenção da infraestrutura de IA e os eventuais prejuízos causados no caso de falha técnica ou se a implantação da ferramenta falhar; a concentração no desempenho quantitativo dos tribunais em detrimento do qualitativo; a necessidade de preservar o julgamento humano e a autonomia dos juízes; (...) risco de a jurisprudência estagnar e ficar imune a revisões e evoluções[250].

seus métodos ao público, tal exposição apresenta desafios e linguagem difíceis à compreensão da maioria dos usuários. Usabilidade das funcionalidades da máquina e compreensão técnica efetiva de seus algoritmos externam dois níveis de entendimento da IA completamente distintos. As conclusões das gigantes da tecnologia sobre produtividade dos funcionários, relevância de sites, engajamento de páginas virtuais e atratividade de determinados investimentos são aspectos delineados por fórmulas complexas, concebidas por inúmeros engenheiros da computação e protegidas por uma vastidão de advogados especializados. (PASQUALE, Frank. *The black box society*: the secret algorithms that control money and information. Cambridge: Harvard University Press, 2015. *E-book*).

250. TEFFÉ, Chiara Spadaccini de; BRANCO, Sérgio (coord.). Diálogos da pós-graduação em direito digital: Inteligência Artificial e Big Data. CEPED-UERJ e ITS, 2022. Disponível em: https://itsrio.org/wp-content/uploads/2023/03/Livro_P%C3%B3s_ITS-UERJ_COMPLETO-1.pdf. Acesso em: 03.06.2023.

Não existe, em verdade, neutralidade na tomada de decisão automatizada por modelo de Inteligência Artificial. Sua matemática é imbuída de opinião desde a construção do padrão de *machine learning*. A afirmação de neutralidade da máquina compromete frontalmente uma visão realística da IA quanto aos aspectos de subjetividade e parcialidade, que compõem não só *design*, produção, testagem e implementação da IA, como também a interpretação advinda dessas tecnologias. O modelo já começa enviesado desde o momento em que é o norte global, quase unicamente, que o produz e disponibiliza ao restante do mundo, até mesmo a LGPD, a norma protetiva de dados pessoais brasileira, é uma cópia, com raras adaptações, do GDPR[251].

É cediço que a maioria das ferramentas de Inteligência Artificial em território nacional não foi pesquisada e desenvolvida cogitando o contexto brasileiro. Muitos modelos usados pelo povo brasileiro foram importados, assim, seus *inputs*, o treinamento de seus algoritmos e o processo de aprendizagem de máquina não são representativos, tornando-se incoerentes com o panorama nacional: mais um fator dificultador da transparência algorítmica.

Porém reconhece-se que ainda falta ao debate acadêmico sobre Inteligência Artificial realizados no Brasil alcançar o patamar de atenção coletiva desejável a uma injeção de ânimo para compreender a urgência de políticas públicas e parâmetros regulatórios específicos sobre transparência algorítmica e explicabilidade da IA, frente aos dispositivos legais hoje vigentes que resguardam o segredo de negócio em casos de decisões algorítmicas, ainda que causem dano a terceiros. Na relação paradoxal entre os algoritmos e os danos causados por decisões automatizadas, não é possível dialogar com um

---

251. "[O] *General Data Protection Regulation* (GDPR) – Regulamento (UE) 2016/679 do Parlamento Europeu e do Conselho, (...) com vigência em 27 de maio de 2018 –, por sua vez, alude à transparência no art. 39 ao estabelecer que deverá ser transparente para as pessoas singulares (pessoas naturais) que os dados que lhes respeitam são recolhidos, utilizados ou sujeitos a qualquer outro tipo de tratamento bem como a medida em que esses dados são ou virão a ser tratados. Exige, ainda, que informações ou comunicações relacionadas com o tratamento desses dados pessoais sejam de fácil acesso e compreensão e formuladas em linguagem clara e simples. Acrescenta que a transparência alcança, ainda, a identidade do responsável pelo tratamento dos dados e os fins a que se destinam, bem como outras informações ao titular, em norma de larga extensão. No art. 58 o Regulamento europeu enfatiza os elementos que compõem a transparência, exigindo – verbo expresso na norma – que qualquer informação destinada ao público ou ao titular dos dados seja concisa, de fácil acesso e compreensão e formulada em linguagem clara e simples, prevendo, ainda, a visualização. Preocupa-se ainda, com a informação destinada às crianças, que merecem especial atenção (...) requisitos de clareza, precisão, objetividade e acessibilidade de compreensão e de linguagem estão presentes tanto na lei brasileira como no Regulamento europeu." (CHINELLATO, Silmara Juny de Abreu; MORATO, Antonio Carlos. Direitos básicos de proteção de dados pessoais, o princípio da transparência e a proteção dos direitos intelectuais. In: DONEDA, Danilo; SARLET, Ingo Wolfgang; MENDES, Laura Schertel; RODRIGUES JUNIOR, Otavio Luiz; BIONI, Bruno Ricardo (coord.). *Tratado de proteção de dados pessoais*. Rio de Janeiro: Forense, 2021, p. 644-667).

algoritmo, nem com a decisão proferida por ele, porque, em muitos casos, o algoritmo apresenta decisões inflexíveis e inexplicáveis[252].

Consigna-se que, em 2019, ao promover painéis de estudos sobre o futuro das ciências e tecnologias, o *European Parliamentary Research Service* (EPRS)[253], revisando propostas para a governança de sistemas algorítmicos, analisou soluções para políticas de transparência algorítmica e responsabilidade, abordando aspectos como: 1) o aumento de conscientização e educação da população sobre modelos de IA; 2) a prestação de contas e a responsabilização no uso de sistemas de IA para tomada de decisões automatizadas pelo setor público; 3) uma abordagem regulatória fulcrada em supervisão, controle e responsabilização das decisões automatizadas; 4) uma proposta de coordenação global voltada à governança algorítmica.

O Parlamento Europeu, nos considerandos da Resolução A9-0178/2020[254], entende que o simples uso da expressão "tomada de decisões automatizadas" pode ajudar a evitar a ambiguidade do termo "Inteligência Artificial". A expressão implica em haver um usuário da IA a delegando inicialmente uma decisão, parcial ou totalmente, além de a máquina, por sua vez, usar modelos de tomada de decisões executados automaticamente para realizar a ação em nome do usuário, ou informar decisões do usuário no desempenho de uma ação. Para garantir o desenvolvimento ético e responsável e uso de sistemas que salvaguardem direitos humanos e seus benefícios sociais, a transparência algorítmica é a ferramenta indispensável frente aos riscos inerentes aos processos decisórios geridos pela pretensa objetividade dos algoritmos de IA. Se não é possível compreender *outputs* produzidos pela máquina, como responsabilizá-la?

Todavia, não são só *outputs* que demandam transparência algorítmica, outros aspectos também o exigem. O princípio da transparência, com vistas ao art. 6º, VI, da LGPD, retrata garantia a todos os titulares de dados pessoais, de informações precisas, claras e facilmente acessíveis sobre o seu tratamento e respectivos agentes, com base em legítimo interesse e na finalidade específica exposta, observados os segredos de negócio.

---

252. O´NEIL, Cathy. *Algoritmos de destruição em massa*: como o *big data* aumenta a desigualdade e ameaça a democracia. Tradução de Rafael Abraham. 1.ed. Santo André: Ed. Rua do Sabão, 2020, p.10.

253. EUROPEAN PARLIAMENTARY RESEARCH SERVICE – EPRS. A governance framework for algorithmic accountability and transparency. Disponível em: https://www.europarl.europa.eu/RegData/etudes/STUD/2019/624262/EPRS_STU(2019)624262_EN.pdf. Acesso em: 02.05.2023.

254. PARLAMENTO EUROPEU. Resolução A9-0178/2020, de 20 de outubro de 2020, que contém recomendações à Comissão sobre o regime de responsabilidade civil aplicável à Inteligência Artificial. Disponível em: https://www.europarl.europa.eu/doceo/document/TA-9-2020-0276_PT.html#title1. Acesso em: 08.03.2023.

Adicionalmente, o §1º do art. 9º prevê que, se requerido o consentimento, será "considerado nulo caso as informações fornecidas ao titular tenham conteúdo enganoso ou abusivo ou não tenham sido apresentadas previamente com transparência, de forma clara e inequívoca", de modo que a inobservância do dever de informar ensejará a nulidade absoluta do consentimento fornecido.

O binômio informação-transparência deve ser sempre respeitado no uso de qualquer tipologia de IA e no tratamento de dados pessoais que lhe é inerente, visto que se considera tal binômio subjacente ao livre consentimento esclarecido. Segundo Alcides Tomasetti Júnior:

> [T]ransparência significa uma situação informativa favorável à apreensão racional – pelos agentes econômicos que figuram como sujeitos naquelas declarações e decorrentes nexos normativos – dos sentimentos, impulsos e interesses, fatores, conveniências e injunções, todos os quais surgem ou são suscitados para interferir e condicionar as expectativas e o comportamento daqueles mesmos sujeitos, enquanto consumidores e fornecedores conscientes de seus papéis, poderes, deveres e responsabilidades[255].

Malgrado não se trate de lei em sentido estrito, a Resolução nº 332/2020 do Conselho Nacional de Justiça (CNJ), publicada em 24 de agosto de 2020, ao dispor sobre ética, transparência e governança na produção e no uso de aplicações de Inteligência Artificial pelo Judiciário, inovou no ordenamento jurídico pátrio ao definir parâmetros para a transparência:

> Art. 8º. Para os efeitos da presente Resolução, transparência consiste em: I – divulgação responsável, considerando a sensibilidade própria dos dados judiciais; II – indicação dos objetivos e resultados pretendidos pelo modelo de Inteligência Artificial; III – documentação dos riscos identificados e indicação dos instrumentos de segurança da informação e controle para seu enfrentamento; IV – possibilidade de identificação do motivo em caso de dano causado pela ferramenta de Inteligência Artificial; V – apresentação de mecanismos de auditoria e certificação de boas práticas; VI – fornecimento de explicação satisfatória e passível de auditoria por autoridade humana quanto a qualquer proposta de decisão apresentada pelo modelo de Inteligência Artificial, especialmente quando essa for de natureza judicial.

255. TOMASETTI JÚNIOR, Alcides. Transparência e regime da informação do Código de Proteção e Defesa do Consumidor. In: CORREIA, Atalá; CAPUCHO, Fábio Jun (org.). *Direitos da personalidade*: a contribuição de Silmara J. A. Chinellato. Barueri: Manole, 2019, p. 235-255.

Essa conceituação pode ser adaptada a outros fins que impliquem cobrar transparência algorítmica da iniciativa privada e também de órgãos públicos. Tal regulamentação da IA, no âmbito judiciário, dispondo sobre ética, transparência e governança, é seguida pela Portaria CNJ nº 271/2020, "que também aprimora a governança e busca harmonizar as ações como um todo para o desenvolvimento de projetos de IA nos tribunais do país"[256], adotando medidas visando rastreamento e auditabilidade das predições realizadas por sua aplicação.

Segundo as pesquisas realizadas por Diogo Cortiz, existem diferenciados fatores que impactam a transparência e a explicabilidade da IA, que podem variar desde o analfabetismo tecnológico e a ausência de políticas públicas eficazes de educação digital – em que pese a recente publicação, em 11 de janeiro de 2023, da Lei nº 14.533/2023, que instituiu a Política Nacional de Educação Digital – até os diferentes modelos de negócio para os quais um sistema pode ser pensado e a opacidade de correlações em série, inferências não programadas e interações constantes que são estabelecidas por algoritmos de *deep learning*. Cortiz defende ainda a incidência de transparência e equidade no uso ético de tecnologias de IA, visando que os métodos de tratamento de dados sejam compreensíveis e autorizadas auditorias externas[257].

Cabe, nesse ponto, uma breve digressão ao que elucida Kate Crawford a respeito da existência de um caos conceitual significativo em torno da Inteligência Artificial, mormente devido ao distanciamento gerado pela percepção equivocada de que se trata de um campo estritamente técnico e inacessível a indivíduos não versados em computação e linguagem de programação. Ao contrário, segundo a autora, "a IA é fundamentalmente política", visto que o o seu desenvolvimento está intrinsecamente atrelado a recursos naturais e humanos, elidindo a desvinculação da tecnologia do contexto sociopolítico em que se insere. Crawford propõe que se compreenda o campo científico da IA como um atlas, uma representação do mundo em seus aspectos sociais, políticos e econômicos, de forma conjugada[258].

Há que se preservar, todavia, a privacidade dos dados pessoais contra a transparência que possa revelar a identidade de seu titular sem o seu

---

256. TEFFÉ, Chiara Spadaccini de; BRANCO, Sérgio (coord.) Diálogos da pós-graduação em direito digital: Inteligência Artificial e Big Data. CEPED-UERJ e ITS, 2022. Disponível em: https://itsrio.org/wp-content/uploads/2023/03/Livro_P%C3%B3s_ITS-UERJ_COMPLETO-1.pdf. Acesso em: 03.06.2023.

257. CORTIZ, Diogo. Inteligência Artificial: equidade, justiça e consequências. CETIC, 2020. Disponível em: https://cetic.br/media/docs/publicacoes/6/20200626161010/panorama_setorial_ano-xii_n_1_inteligencia_artificial_equidade_justi%C3%A7a.pdf. Acesso em: 03.05.2023.

258. CRAWFORD, Kate. *Atlas of AI*: power, politics, and the planetary costs of artificial intelligence. New Haven: Yale University Press, 2021.

consentimento. Com fulcro na tese de Fulgencio Madrid Conesa[259], aplicável à proteção de dados pessoais, acerca do significado diferenciado da reunião das pedras para formar a imagem em um mosaico, "a junção de dados aparentemente irrelevantes pode levar à identificação do titular, em situação em que ela não foi consentida para tal fim"[260]. Os dados de uma pessoa natural dispersos na rede, uma vez analisados, fundidos e minerados, podem torná-la identificável, sem o seu consentimento para que tal ocorra e ainda que tenham sido aplicadas precedentes técnicas de anonimização.

Os deveres de informação e transparência algorítmica sofrem limitação expressa frente à proteção explícita do segredo industrial e comercial, haja vista os arts. 6º, VI, 9º, I e II, 10, §3º e 20, da LGPD. Nesse sentido, ressalta-se que é gênero o "segredo de negócio", que inclui as espécies segredo industrial – relativa a processos de fabricação – e segredo comercial – na relação entre clientes e fornecedores, nos estudos de viabilidade de comercialização ou ainda pesquisas de mercado –, instituídos como barreiras legais que tutelam não a informação em si, mas certas formas de seu compartilhamento e utilização, mormente no âmbito empresarial.

> São três as características da informação confidencial, tal como relataram Javier Fernandez e Gustavo de Freitas Morais, considerada como passível de proteção em razão de sua relevância econômica como segredo industrial ou comercial: a) que seja secreta; b) que tenham sido tomadas medidas para mantê-las secretas; c) que tenham valor aos seus titulares. A utilização indevida de segredos industriais e comerciais gera sanções civis e penais de acordo com a Constituição da República e com a Lei Federal 9.279/1996 (...) há a possibilidade de eventual revelação de segredo em juízo visando a defesa dos interesses das partes e, em tal hipótese, o magistrado determinará que o processo tramitará em segredo de justiça com a vedação do uso de tais informações à outra parte para finalidade

259. "[E]xisten datos a priori irrelevantes desde el punto de vista del derecho a la intimidad y que, sin embargo, en conexión con otros, quizá también irrelevantes, pueden servir para hacer totalmente transparente la personalidad de un ciudadano ´al igual que ocurre con las pequeñas piedras que forman los mosaicos, que en sí no dicen nada, pero que unidas pueden formar conjuntos plenos de significado´." Em livre tradução: Existem dados que, a princípio, são irrelevantes do ponto de vista do direito à privacidade e que, no entanto, em relação a outros, talvez também irrelevantes, podem servir para tornar totalmente transparente a identidade de um cidadão ´como acontece com as pedrinhas que compõem os mosaicos, que por si só não dizem nada, mas que juntas podem formar conjuntos cheios de significado´. (MIGUEL, Carlos Ruiz. En torno a la protección de los datos personales automatizados. *Revista de Estudios Políticos*, n. 54, p. 242-243, abr.-jun./1994).

260. CHINELLATO, Silmara Juny de Abreu; MORATO, Antonio Carlos. Direitos básicos de proteção de dados pessoais, o princípio da transparência e a proteção dos direitos intelectuais. In: DONEDA, Danilo; SARLET, Ingo Wolfgang; MENDES, Laura Schertel; RODRIGUES JUNIOR, Otavio Luiz; BIONI, Bruno Ricardo (coord.). *Tratado de proteção de dados pessoais*. Rio de Janeiro: Forense, 2021, p. 644-667.

> diversa. (...) sua revelação pode ser sancionada por meio da concorrência desleal em seus aspectos civis e penais, ainda que a autoridade nacional possa realizar – o que constitui uma medida excepcional – auditoria a fim de verificar aspectos discriminatórios em tratamento automatizado de dados pessoais, e uma restrição de tal natureza não apareceu em textos legais anteriores que trataram de questões relevantes (como a proteção ao consumidor), o que denota a relevância que o legislador atribuiu à proteção de dados, pois cabe à Autoridade Nacional de Proteção de Dados garantir a observância dos segredos[261].

Em que pese o destaque da Estratégia Brasileira de Inteligência Artificial à *privacy by design*, *security by design*, *human rights by design* e *ethics by design*, para além da matriz FAT (*Fairness, Accountability and Transparency*), também aduz que a divulgação demasiada de informações algorítmicas pode não apenas gerar confusão e sobrecarga informacional, mas ameaçar os direitos de propriedade industrial e intelectual. Indica ainda, face à opacidade da máquina, principalmente em sistemas algorítmicos fechados, outras medidas promotoras de explicabilidade e informação, como a comunicação transparente sobre as capacidades de dado sistema, a auditabilidade dos resultados algorítmicos e a rastreabilidade da saída de dados [262].

Haja vista a proteção *ad perpetuam* do segredo de negócio, que não vence, nem expira enquanto subsistirem as características da confidencialidade, da adoção de medidas a manter as informações secretas e do valor agregado ao segredo a seus titulares, modelos de negócio baseados em dados pessoais permanecem resguardados diante dessa limitação à transparência algorítmica, que impossibilita ao titular de dados utilizados pelo sistema de IA, efetivamente, conhecer todas as etapas do ciclo de vida da IA, comprometendo sua explicabilidade e, assim, a possibilidade de reverter decisão lesiva que lhe restrinja ou exclua o acesso a direitos.

O *AI Act* Europeu[263] – no qual muito se baseia o PL nº 2.338/2023 – traça obrigações específicas e incisivas de transparência para sistemas de

---

261. CHINELLATO, Silmara Juny de Abreu; MORATO, Antonio Carlos. Direitos básicos de proteção de dados pessoais, o princípio da transparência e a proteção dos direitos intelectuais. In: DONEDA, Danilo; SARLET, Ingo Wolfgang; MENDES, Laura Schertel; RODRIGUES JUNIOR, Otavio Luiz; BIONI, Bruno Ricardo (coord.). *Tratado de proteção de dados pessoais*. Rio de Janeiro: Forense, 2021, p. 644-667.

262. ESTRATÉGIA BRASILEIRA DE INTELIGÊNCIA ARTIFICIAL – EBIA. Portaria GM nº 4.617/2021 do Ministério da Ciência, Tecnologia e Inovações. Disponível em: https://www.gov.br/mcti/pt-br/acompanhe-o-mcti/transformacaodigital/arquivosinteligenciaartificial/ebia-documento_referencia_4-979_2021.pdf. Acesso em: 03.06.2023.

263. PARLAMENTO EUROPEU. *The Artificial Intelligence Act*. Regulamento do Parlamento e Conselho Europeu que estabelece regras em matéria de Inteligência Artificial e altera certos atos legislativos da

IA que devam considerar os altos riscos de manipulação ao interagirem com humanos, que são usados para detectar emoções ou definir associações com categorias sociais a partir de dados pessoais sensíveis e/ou gerarem ou alterarem conteúdo (como *deepfakes*). As pessoas sujeitas a tais sistemas de IA devem ser informadas de tais circunstâncias. Se usado o sistema para gerar ou manipular conteúdo, imagem, áudio e/ou vídeo que se assemelhe significativamente a outro autêntico, há o dever de informar que foi gerado por IA, garantindo a autodeterminação informativa[264].

O PL nº 2.338/2023 arrola, em seu art. 3º, entre os princípios da IA a transparência, a explicabilidade, a inteligibilidade e a auditabilidade, a fim de permitirem a supervisão, estatal ou particular, de decisões, recomendações, previsões e outros *outputs* advindos de algoritmos de Inteligência Artificial. Os arts. 7º e 8º compõem os direitos associados à informação e compreensão das decisões tomadas por aplicações de IA, com fins à procedimentalização do "direito de contestar decisões e de solicitar intervenção humana" e "à não-discriminação e à correção de vieses discriminatórios diretos, indiretos, ilegais ou abusivos" (arts. 9º a 12).

Dispõe ainda o art. 18 que caberá à autoridade competente atualizar a lista de sistemas de IA considerados de risco excessivo ou alto, com base em seu baixo grau de transparência, explicabilidade e auditabilidade que dificulte o controle ou supervisão. Ato contínuo, o art. 19 determina o dever dos agentes de IA de criarem estruturas de governança e processos internos aptos a garantir a segurança desses sistemas e o atendimento de direitos das pessoas afetadas, que incluirão, ao menos, medidas de transparência quanto ao emprego de sistemas de IA na interação com pessoas naturais, inclusive o uso de interface humano-máquina suficientemente informativa, assim como transparência, governança e medidas de gestão de dados adequadas a prevenir e mitigar potenciais vieses discriminatórios, entre outros métodos.

Restam, portanto, imprescindíveis a transparência e a explicabilidade dos algoritmos de Inteligência Artificial. Os agentes de IA, tanto operadores quanto fornecedores, necessitam fornecer informações adequadas e significativas ao contexto do tipo de aplicação e do âmbito de mercado no qual se insere, de modo a permitir que as partes afetadas tenham acesso aos critérios que serviram de base à predição, recomendação ou decisão

União Europeia. Bruxelas, 2021. Disponível em: https://artificialintelligenceact.eu/the-act/. Acesso em: 14.06.2023.

264. PARLAMENTO EUROPEU. *The Artificial Intelligence Act*. Regulamento do Parlamento e Conselho Europeu que estabelece regras em matéria de Inteligência Artificial e altera certos atos legislativos da União Europeia. Bruxelas, 2021. Disponível em: https://artificialintelligenceact.eu/the-act/. Acesso em: 14.06.2023.

algorítmica. No entanto, por meio de quais medidas será concretizada a ideia de explicabilidade dos sistemas de IA?

Existem diversos mecanismos disponíveis, cabendo, a seguir, a indicação de algumas possibilidades: revisão humana da decisão automatizada; medidas técnicas e procedimentais que assegurem privacidade, segurança e ética *by design*; a formação de equipes de P&D de tecnologias de IA seja plural e diversificada em raça, etnia, gênero, orientação sexual e outros fatores relevantes à ampla representatividade social; a regulação de diretrizes de transparência e explicabilidade; a atribuição de certificações de boas práticas por agências reguladoras que fiscalizem tal ramo de atividade; as auditorias por autoridade especializada e independente.

2.4.1 Paradoxos entre a diversidade de tipologias de IA, a complexidade na sua interpretação e a necessidade de transparência algorítmica

Evidente é a importância da transparência e explicabilidade da Inteligência Artificial em razão da necessidade de se verificar a existência de vieses nos dados e nos algoritmos que possam afetar a imparcialidade do sistema, se realiza inferências a partir de dados relevantes e amplamente representativos da realidade e se está devidamente protegido contra a injeção de dados maliciosos. Segundo Cassie Kozyrkov[265], cientista de dados e chefe do *Google Cloud*, projetos inteligentes, em geral, envolvem identificação de padrões nos dados e implementação de algoritmos que possam aprender a partir de suas interações e assim tomar decisões. A qualidade dos *inputs* é também crucial ao sucesso do algoritmo, considerando-se o contexto em que os dados são gerados e coletados e o monitoramento constante de modelos de IA para garantir que continuem a tomar decisões precisas e eficazes conforme o tempo e o espaço.

> Neste cenário, são três as questões essenciais a serem consideradas. Talvez a privacidade esteja morrendo; então, quais são os valores fundantes da presença das pessoas na ordem mundial que está nascendo? Como pode ser regulado esse mundo? E qual é a incidência disso tudo sobre os sistemas políticos? Para responder a tais perguntas, é preciso ir além das habituais dicotomias: transparência contra privacidade, autorregulação contra lei, democracia direta contra democracia representativa[266].

---

265. KOZYRKOV, Cassie. What great data analysts do and why every organization needs them. *Harvard Business Review*. December 4th, 2018. Disponível em: https://hbr.org/2018/12/what-great-data-analysts-do-and-why-every-organization-needs-them. Acesso em: 12.03.2023.

266. RODOTÀ, Stefano. *A vida na sociedade da vigilância*: a privacidade hoje. Maria Celina Bodin de Moraes (org.). Tradução de Danilo Doneda e Luciana Doneda. Rio de Janeiro: Renovar, 2008, p. 142-143.

A Inteligência Artificial envolve disciplinas como matemática, ciência da computação, psicologia cognitiva e neurociência. Combiná-las torna a definição de IA bastante complexa e desafiadora, além de poder ser interpretada de variadas maneiras, em conformidade com o ponto de vista de quem as programa. Seja identificada como tecnologia que imita inteligência humana ou um campo do saber concentrado na resolução de problemas com base em dados e algoritmos, inexorável é o seu dinamismo, com novas técnicas e abordagens desenvolvidas continuamente. Como resultado, sua definição pode mudar à medida que a tecnologia evolui.

Tendo em vista que a IA abrange uma ampla variedade de técnicas, como aprendizado de máquina, redes neurais, entre outras, cada tipologia de IA tem suas próprias características, métodos e modelos subjacentes. Assim, por um lado, a diversidade de tipologias de IA pode dificultar a aplicação de padrão único de transparência algorítmica, porque cada abordagem pode demandar requisitos específicos de transparência. Por outro, a falta de padrão comum de transparência pode dar azo a lacunas na prestação de contas e responsabilização dos agentes de IA, mormente quando suas tipologias forem usadas em conjunto ou de modo combinado.

Nessa linha de raciocínio, exsurge o paradoxo da complexidade na interpretação da IA à medida que evolui e se torna mais sofisticada, com milhões de conexões geradas a partir de intervenções externas. Tal dificulta a compreensão integral de como modelos de IA alcançam determinadas decisões. Por um lado, sua opacidade frustra a obtenção de explicações claras e concisas sobre seu processo de tomada de decisão; por outro, a interpretação inadequada pode acarretar erros e ações injustas e a falta de transparência agravar todos esses problemas.

> Consegue ver o paradoxo? Um algoritmo processa um pântano de números e gera uma probabilidade que uma certa pessoa pode ser uma má contratação, um devedor de risco, um terrorista ou um péssimo professor. Essa probabilidade é destilada numa pontuação, que pode pôr a vida de alguém de ponta-cabeça. E mesmo quando a pessoa reage, evidências "sugestivas" do contrário simplesmente não bastam. O caso precisa ser robusto. As vítimas humanas das ADMs [Algoritmos de Destruição em Massa], veremos vez após outra, são objeto de um padrão muito mais alto de evidências do que os próprios algoritmos[267].

267. O'NEIL, Cathy. *Algoritmos de destruição em massa*: como o *big data* aumenta a desigualdade e ameaça a democracia. Tradução de Rafael Abraham. 1.ed. Santo André: Ed. Rua do Sabão, 2020, p. 19.

Inseridos os algoritmos de IA nesse panorama, afrontas à transparência algorítmica e à explicabilidade podem resultar em múltiplos riscos a direitos fundamentais. Como riscos da IA referentes à habilidade de se compreender e de explicar o seu funcionamento, figuram a discriminação algorítmica (em sistemas de recrutamento automatizado, cujos algoritmos não transparentes podem favorecer certos grupos e reproduzir preconceitos), a manipulação de ideias (em sistemas de recomendação de conteúdo, cujos algoritmos criam câmaras de eco, promovem desinformação, propagam visões extremistas e a polarização), a responsabilização limitada (sem transparência, é difícil responsabilizar os agentes de IA por erros ou resultados indesejados, sendo mais problemáticas as recusas injustas de acesso a serviços financeiros e as recomendações médicas incorretas), a falta de confiança na IA (se as saídas de dados não puderem ser explicadas de modo compreensível, os interessados não confiarão nas decisões tomadas) e a afronta a normas legais (como aquelas de defesa do consumidor e proteção de dados pessoais, que exigem explicações claras e precisas sobre as decisões tomadas).

Segundo os estudos realizados em 2019 sobre o futuro das ciências e tecnologias pelo EPRS[268], destacam-se a transparência e a explicabilidade da IA em sete áreas: (i) nos dados de entrada e de treinamento; (ii) na fase de testes "em laboratório" dos resultados algorítmicos do sistema, com redução de variáveis negativas previsíveis, testando-o com contrafactuais para ver se dados nocivos estão infectando a saída; (iii) na definição de objetivos, prioridades e propósitos específicos, havendo objetivos múltiplos, implicaria em ser transparente sobre suas prioridades; (iv) no dever de informar sobre possíveis resultados enviesados, inclusive a transparência sobre o estado interno do sistema de IA, seus efeitos sobre sistemas externos e prováveis interações com outros sistemas; (v) na redação de relatórios de impactos, boas práticas de governança e *compliance*, publicados periodicamente para o público em geral e inspecionados por reguladores setoriais; (vi) o interesse social em saber se algum elemento do processo de construção e uso da IA foi intencionalmente alterado para favorecer um resultado específico; (vii) a prestação de contas ao usuário do modelo de IA sobre quais dados pessoais são utilizados pelo sistema, como o são, por quais mecanismos e por quanto tempo.

268. EUROPEAN PARLIAMENTARY RESEARCH SERVICE – EPRS. A governance framework for algorithmic accountability and transparency. Disponível em: https://www.europarl.europa.eu/RegData/etudes/STUD/2019/624262/EPRS_STU(2019)624262_EN.pdf. Acesso em: 02.05.2023.

Verificam-se, pois, alguns paradoxos entre a diversidade de tipologias de Inteligência Artificial, a complexidade na interpretação dos resultados extraídos dos algoritmos de IA, mormente em virtude de sua evolução contínua e do dinamismo próprios da contemporânea sociedade informacional, e a necessidade de promover transparência algorítmica ativa e passiva. A partir do exercício do direito à explicabilidade e da efetiva compreensão de todo o ciclo de vida do tratamento de seus dados pessoais, ao titular será possível questionar os resultados eventualmente lesivos gerados por decisões tomadas por sistemas de IA. A falta de informação propicia o uso disfuncional do produto ou serviço dotado de IA pelo consumidor, sendo mais suscetível de gerar danos por insegurança ou inadequação, isso porque eventual vício não exige a sua imperfeição material, podendo se associar a um déficit informacional.

Aliás, a Lei Geral de Proteção de Dados Pessoais (Lei nº 13.709/2018) prescreve mecanismos de transparência ativa, conforme preconiza o §1º do art. 20, por meio dos quais o titular de dados pessoais pode exercer o direito de solicitar "informações claras e adequadas a respeito dos critérios e dos procedimentos utilizados para a decisão automatizada".

Outra legislação pátria que aborda transparência ativa, de forma ainda mais explícita, é a conhecida Lei do Governo Digital, a Lei nº 14.129/2021, segundo a qual, em seu art. 4º, XI, a transparência ativa é definida como a "disponibilização de dados pela administração pública independentemente de solicitações", além de prever que, para a "promoção da transparência ativa de dados, o poder público deverá observar": a publicidade da base de dados não pessoais como regra e o sigilo como exceção; a garantia de acesso irrestrito a dados legíveis e disponíveis em formato aberto e a permissão irrestrita para o seu uso; a descrição de dados com informações suficientes sobre sua estrutura e semântica, inclusive sobre qualidade e integridade; a completude da base de dados e sua atualização periódica, mantido o histórico para a perenidade informacional e a padronização da estrutura para a valoração dos dados na sociedade, entre outros requisitos.

No entanto, falta a previsão na LGPD, e em qualquer outra legislação, da transparência passiva, pela qual o controlador de dados informa o usuário sobre a existência de processos de tomada de decisões automatizadas, quando e como ocorrem e a forma de funcionamento do sistema de IA responsável, além dos prováveis impactos e consequências de tal tratamento para o usuário. Tal deve ser a praxe na moderação de conteúdo nas redes sociais. Afinal, se o titular de dados pessoais não for plenamente informado sobre em quais casos e como as decisões automatizadas a seu respeito são tomadas, como terá a iniciativa de solicitar revisão?

Em sentido oposto, o regulamento europeu (GDPR) consolida regras de transparência passiva. Seus artigos 12 a 14[269] determinam que informações sobre a existência de decisões automatizadas, como são tomadas e suas possíveis implicações têm que ser prestadas *ex ante* pelo controlador, independentemente de requisição do titular dos dados. Outrossim, o art. 22 do GDPR limita as decisões algorítmicas, independentemente de postura ativa do titular em se opor à decisão, com evidentes repercussões práticas. "De maneira diversa, a LGPD não parte da inadmissibilidade de tais decisões, como o faz o GDPR, mas sim de sua admissibilidade *ex ante*, a indicar enfraquecimento da pretensão de proteção da pessoa humana em face de tais decisões"[270], em especial por demandar conduta ativa do titular a exercer prerrogativas legais.

Tanto a transparência algorítmica que envolve a divulgação proativa de informações e detalhes do algoritmo às partes interessadas, quanto à

269. "Artigo 12. Transparência das informações, das comunicações e das regras para exercício dos direitos dos titulares dos dados 1. O responsável pelo tratamento toma as medidas adequadas para fornecer ao titular as informações a que se referem os arts. 13 e 14 e qualquer comunicação prevista nos arts. 15 a 22 e 34 a respeito do tratamento, de forma concisa, transparente, inteligível e de fácil acesso, usando linguagem clara e simples, em especial quando as informações são dirigidas especificamente a crianças. As informações são prestadas por escrito ou por outros meios, incluindo, se for caso disso, por meios eletrônicos. Se o titular dos dados o solicitar, a informação pode ser prestada oralmente, desde que a identidade do titular seja comprovada por outros meios. 2. O responsável pelo tratamento facilita o exercício dos direitos do titular dos dados nos termos dos arts. 15 a 22. Nos casos a que se refere o art. 11, n. 2, o responsável pelo tratamento não pode recusar-se a dar seguimento ao pedido do titular no sentido de exercer os seus direitos ao abrigo dos arts. 15 a 22, exceto se demonstrar que não está em condições de identificar o titular dos dados. (...) informações fornecidas nos termos dos arts. 13 e 14 e quaisquer comunicações e medidas tomadas nos termos dos arts. 15 a 22 e 34 são fornecidas a título gratuito. Se os pedidos apresentados por um titular de dados forem manifestamente infundados ou excessivos, devido ao seu caráter repetitivo, o responsável pelo tratamento pode: a) Exigir o pagamento de uma taxa razoável tendo em conta os custos administrativos do fornecimento das informações ou da comunicação, ou de tomada das medidas solicitadas; ou b) Recusar-se a dar seguimento ao pedido. Cabe ao responsável pelo tratamento demonstrar o caráter manifestamente infundado ou excessivo do pedido. 6. Sem prejuízo do art. 11, quando o responsável pelo tratamento tiver dúvidas razoáveis quanto à identidade da pessoa singular que apresenta o pedido a que se referem os arts. 15 a 21, pode solicitar que lhe sejam fornecidas as informações adicionais que forem necessárias para confirmar a identidade do titular dos dados. 7. As informações a fornecer pelos titulares dos dados nos termos dos arts. 13 e 14 podem ser dadas em combinação com ícones normalizados a fim de dar, de uma forma facilmente visível, inteligível e claramente legível, uma perspectiva geral significativa do tratamento previsto. Se forem apresentados por via eletrônica, os ícones devem ser de leitura automática. [...]."(EUROPEAN PARLIAMENT. Regulation (EU) 2016/679 of the European Parliament and of the Council of 27 April 2016 on the protection of natural persons with regard to the processing of personal data and on the free movement of such data, and repealing Directive 95/46/EC (General Data Protection Regulation). Disponível em: https://eur-lex.europa.eu/legal-content/EN/TXT/PDF/?uri=CELEX:32016R0679. Acesso em: 27.05.2023).

270. KORKMAZ, Maria Regina Detoni Cavalcanti Rigolon. *Revisão de decisões automatizadas na Lei Geral de Proteção de Dados Pessoais*. Tese (Doutorado em Direito Civil). Faculdade de Direito da Universidade do Estado do Rio de Janeiro (UERJ). Rio de Janeiro, 2022, p. 206.

passiva, relativa à aptidão de explicar as decisões tomadas por IA quando solicitado, apresentam desafios, mormente quando a IA for complexa e altamente dinâmica. Afinal, divulgar todos os detalhes do seu funcionamento interno pode ser inviável, expondo informações sensíveis dos titulares de dados ou esbarrando nas fronteiras dos segredos de negócios. Adicionalmente, a transparência passiva pode se mostrar insuficiente para atender as preocupações de equidade, explicabilidade, justiça e responsabilização, pecando em garantir a confiança e a compreensão necessárias.

Para lidar com tantos paradoxos, é mister um equilíbrio cuidadoso entre a divulgação transparente e a proteção adequada de todas as informações usadas e geradas pelo modelo de IA. Abordagens como a interpretabilidade e a ética em IA são áreas de pesquisa em expansão e acalorados debates regulatórios centrados em direitos humanos, visando superar desafios, minimizar riscos e que o uso de Inteligência Artificial seja responsável e confiável.

2.4.2 Decisões automatizadas: a falibilidade da estatística como ciência exata e a transferência de processos decisórios humanizados às máquinas

Visando celeridade e economia, sistemas de IA vêm sendo usados para o processo de tomada de decisões, nos setores público e privado, cujos resultados impactam indivíduos, organizações e toda a sociedade. Fator significativo na adoção de sistemas algorítmicos[271] é a sua capacidade de processar grandes volumes de dados, de forma qualitativa e quantitativa,

271. "Os algoritmos nunca são totalmente neutros, pois foram imbuídos de valores (...) as ontologias não nascem do nada, mas são formadas por práticas ativas, abertas e cotidianas das ontologias do mundo que se destinam a descrever e classificar. Os próprios algoritmos podem ser classificados em neutros em relação a políticas e direcionados a políticas, o que (para tornar o assunto ainda mais complicado) não é uma dicotomia clara, mas um espectro. Mesmo os algoritmos direcionados a políticas podem trabalhar para suprimir a discriminação, que é um objetivo que geralmente não está conectado a eles, mas aos neutros em termos de política. O que é, portanto, primordial neste contexto, é tanto a transparência de propósitos, quanto a respectiva prestação de contas." Em livre tradução do seguinte trecho: "Algorithms are never totally neutral, as they have been imbued with values, given that ontologies are not born out of nothing, but are formed by active, open and everyday practices of the world ontologies that they are destined to describe and classify. Algorithms may themselves be classified into policy-neutral and policy-directed, this (to make the matter even more complicated) being not a clear dichotomy, but a spectrum. Even policy-directed algorithms can work towards suppressing discrimination, which is a goal not usually connected to them, but to the policy-neutral ones. What is, therefore, paramount in this context, is both transparency of purposes, as well as the relevant accountability." (CANELLOPOULOU-BOTTIS, Maria; PANAGOPOULOU, Fereniki; MICHAILAKI, Anastasia; NIKITA, Maria. The Right to Human Intervention: law, ethics and artificial intelligence. *SSRN Electronic Journal*, [S.L.], Elsevier BV, 2019).

através de modelos estatísticos. Essas propriedades de escala, complexidade e autonomia, no entanto, associam-se a preocupações crescentes sobre a opacidade dos *outputs*, que carecem de explicações claras aos destinatários dessas decisões automatizadas. A falta de transparência pode minar o escrutínio decisório da máquina e afetar consideravelmente direitos humanos[272].

Essa suposição equivocada de que sistemas algorítmicos são neutros por empregarem modelos matemáticos e que seus *outputs*, estritamente, resultariam de técnicas atuariais, leva à falaciosa crença de que sua infalibilidade é inquestionável, o chamado *mathwashing*. Medon denomina essa situação de "paradigma de Pôncio Pilatos", na qual se entrega a decisão para o algoritmo e lavam-se as mãos. Segundo suas lições, "os agentes se esconderiam por trás da aparente neutralidade dos processos decisórios algorítmicos, reforçando mais uma vez a ideia de que a matemática supriminia a subjetividade inerente às decisões humanas"[273].

Em todas as hipóteses averiguadas a seguir ressalta-se que análises preditivas foram a razão direta do viés na tomada de decisões automatizadas. Há um elo de causalidade entre predição e decisão automatizada, o que significa dizer que existe uma relação intrínseca de causa-efeito entre o uso de um vasto conjunto de dados para a previsão estatística de um resultado e a prognose realizada por uma máquina munida de IA na sua tomada de decisão.

Um dos mais debatidos processadores algorítmicos de decisões automatizadas foi o sistema COMPAS (*Correctional Ofender Management Profiling for Alternative Sanctions*), o questionário que gradua, através de um modelo matemático probabilístico, a periculosidade do réu na seara criminal e as chances de voltar a delinquir, tendo sido usado por magistrados no Estado de Wisconsin, EUA, com o fim de minimizar subjetivismos dos juízes humanos na fixação da pena em condenações criminais e fazer previsões sobre reincidência. Averígua-se, "por exemplo, se mais alguém na família fora preso, o histórico profissional e escolar da pessoa, se ela vive numa área com alto índice de criminalidade, bem como se tem amigos que integram gangues. Por fim, pergunta-se sobre os chamados pensamentos criminosos"[274].

272. EUROPEAN PARLIAMENTARY RESEARCH SERVICE – EPRS. A governance framework for algorithmic accountability and transparency. Disponível em: https://www.europarl.europa.eu/RegData/etudes/STUD/2019/624262/EPRS_STU(2019)624262_EN.pdf. Acesso em: 02.05.2023.

273. MEDON, Filipe. *Inteligência artificial e responsabilidade civil*: autonomia, riscos e solidariedade. 1.ed. Salvador: JusPodivm, 2020, p. 266-267.

274. MEDON, Filipe. *Inteligência artificial e responsabilidade civil*: autonomia, riscos e solidariedade. 1.ed. Salvador: JusPodivm, 2020, p. 225.

Em 2013, nos EUA, Eric Loomis foi preso em flagrante após furtar um veículo, fugir de agente de trânsito e se envolver em um tiroteio. Em juízo, foi determinado, *a priori*, que responderia ao processo em liberdade, no entanto, foi condenado a seis anos de prisão. O caso tornou-se mundialmente conhecido, porque tanto a negativa ao pedido de liberdade provisória quanto o patamar de agravamento da pena foram taxados por algoritmos de IA que fixaram, automaticamente, os altos riscos de violência, reincidência e evasão de Loomis, avaliação do *software* a qual aderiu o magistrado sem questionar, revisar ou fazer análise própria[275].

Eric Loomis recorreu da decisão à Suprema Corte de Wisconsin, requerendo acesso aos critérios que o classificaram como criminoso de alto risco. O Procurador-Geral do Estado foi contrário ao pleito, sustentando que o uso de algoritmos para a tomada de decisões não era questão madura para julgamento, além de alegar que Loomis poderia questionar o resultado da sua avaliação e possíveis falhas sem necessariamente acessar o código-fonte do *software*, protegido por segredo de negócio, um argumento desprovido de técnica e tendencioso[276].

Também nos EUA, no Estado do Kansas, o acusado John Walls foi avaliado pela ferramenta LSI-R (*Level of Service Inventory Revised*) desenvolvida pela canadense *Multi-Health Systems*. Ao solicitar transparência algorítmica, teve acesso a um resumo genérico de sua pontuação de risco. Face explicações nada específicas, recorreu à Corte de Apelações do Kansas, cuja decisão entendeu que negar acesso à avaliação completa do LSI-R impossibilita o exercício do direito ao contraditório e à ampla defesa na contestação de dados a seu respeito e à decisão tomada. Segundo relatório da *Eletronic Privacy Information Center*, algoritmos da justiça criminal são voltados a "avaliações de risco baseado em evidências", cujo objetivo é

275. "Talvez o caso mais famoso nesse sentido seja o do *Correctional Offender Management Profiling for Alternative Sanctions* (COMPAS) (...) ferramenta pensada originalmente para o gerenciamento de penitenciárias a partir de 'informações sobre gestão de detentos críticos', passando desde a triagem de saúde mental dos detentos até o rastreamento de gangues. Como afirma a Equivant, desenvolvedora do COMPAS, a ferramenta funciona a partir de uma árvore decisória, que classifica os detentos em um espectro de risco que varia de um a nove (...). Embora tenha sido projetado originalmente para o monitoramento de penitenciárias, o algoritmo tem sido usado para outros propósitos nos Estados Unidos, especialmente para avaliação do risco de reincidência (SUPREME COURT OF THE UNITED STATES, 2016)." (MENDES, Laura Schertel; MATTIUZZO, Marcela; FUJIMOTO, Mônica Tiemy. Discriminação algorítmica à luz da lei geral de proteção de dados. In: DONEDA, Danilo; SARLET, Ingo Wolfgang; MENDES, Laura Schertel; RODRIGUES JUNIOR, Otavio Luiz; BIONI, Bruno Ricardo (coord.). *Tratado de proteção de dados pessoais*. Rio de Janeiro: Forense, 2021, p. 429-454).

276. FERRARI, Isabela. *Accountability* de algoritmos: a falácia do acesso ao código e caminhos para uma explicabilidade efetiva. Instituto Tecnologia e Sociedade – ITS, 2019. Disponível em: https://itsrio.org/wp-content/uploads/2019/03/Isabela-Ferrari.pdf. Acesso em: 04.06.2023.

prever o futuro de réus e pessoas encarceradas, pautando suas estimativas na probabilidade de reincidirem antes do julgamento e/ou de deixarem de comparecer ao julgamento[277].

Na prevenção de crimes – em muito rememorando o famoso filme de ficção científica "Minority Report: a nova lei", estrelado por Tom Cruise em 2002 –, reporta-se a um sistema proativo avançado de gerenciamento de patrulhas policiais em áreas de alto e médio risco, denominado *Hunchlab*. Trata-se de um laboratório de análises criminológicas para verificação probabilística da consumação de infrações penais sobre as quais haja fortes indícios. Em síntese atécnica, visa prever quando, onde e como determinada infração penal será cometida, prevenindo-a, avaliando o melhor modo de enfrentar a criminalidade naquele local e evitando o mau direcionamento e a má distribuição do policiamento na área avaliada.

HunchLab, produzido pela *startup Azavea*, sediada na Filadélfia, EUA, representou a novidade no policiamento preditivo, um método de análise de dados criminais e identificação de padrões pró-futuro. Foram investigados pelo *HunchLab* diversos fatores, como densidade populacional; dados de censo; a localização de bares, igrejas, escolas e centros de transporte; horários para jogos em casa e até mesmo fases da lua. Algumas correlações descobertas eram óbvias, como a redução da criminalidade em dias de nevasca; outros eram mais misteriosos, como taxas de agressão em Chicago diminuírem em dias mais ventosos, enquanto aumentavam os furtos de carros estacionados próximos às escolas na Filadélfia[278].

> Outro exemplo é o chamado *CrimeRadar*, uma ferramenta criada no Brasil e voltada para a previsão de taxas e padrões de criminalidade na cidade do Rio de Janeiro. Até o presente momento, não há informações de que ela tenha sido utilizada pelas autoridades públicas no combate ao crime (...). Algoritmos semelhantes, como o chamado *PredPol*, estão em uso pela polícia em diversos estados estadunidenses e mudaram o modo pelo qual tais departamentos operam[279].

277. MARTINS, Thiago Souza. Análise sobre os algoritmos de avaliação de risco: falta de transparência e possibilidades de enviesamento são alguns dos principais problemas apresentados. JOTA, 2020. Disponível em: https://www.jota.info/coberturas-especiais/inova-e-acao/analise-sobre-os-algoritmos-de-avaliacao-de-risco-12052020. Acesso em: 04.06.2023.

278. CHAMMAH, Maurice. Policing the Future: in the aftermath of Michael Brown's death, St. Louis cops embrace crime-predicting software. *The Marshall Project*: nonprofit journalism about criminal justice, 2016. Disponível em: https://www.themarshallproject.org/2016/02/03/policing-the-future. Acesso em: 06.05.2023.

279. MENDES, Laura Schertel; MATTIUZZO, Marcela; FUJIMOTO, Mônica Tiemy. Discriminação algorítmica à luz da lei geral de proteção de dados. In: DONEDA, Danilo; SARLET, Ingo Wolfgang; MENDES, Laura

Porém, o sistema de policiamento preditivo é falho. Essas táticas podem até ajudar a reduzir as taxas de criminalidade, como algumas políticas públicas também já o fizeram anteriormente, todavia, elas também contribuíram para o direcionamento da força policial contra minorias sociais, principalmente pessoas negras e de baixa renda, fomentando ações agressivas contra cidadãos inocentes, a marginalização de determinados grupos – em sua maioria, já vulneráveis – e o ressentimento contra a polícia em muitas comunidades.

Com vistas à Resolução nº 332 do CNJ, que disciplina sobre a governança, ética e transparência algorítmica no âmbito do Poder Judiciário, traz-se à baila os §§1º e 2º do art. 23, nos quais são descritos limites ao uso de modelos de IA em matéria penal, desestimulando-a, sobretudo para a realização de análises preditivas e outras soluções computacionais destinadas ao oferecimento de subsídios, ao cálculo de pena e prescrição, à verificação de reincidência e a mapeamentos, classificações e triagem dos autos para o gerenciamento de acervos[280].

Preconiza ainda que "os modelos de Inteligência Artificial destinados à verificação de reincidência penal não devem indicar conclusão mais prejudicial ao réu do que aquela a que o magistrado chegaria sem sua utilização". E mais, o artigo 24 da citada resolução dispõe que os modelos de IA preditivos sejam criados preferencialmente com *softwares* de código aberto, conferindo maior transparência e proporcionando o seu desenvolvimento colaborativo com a cooperação entre segmentos diversificados, além do setor público e da sociedade civil[281].

Onde existir julgamento, haverá ruído. Os autores Daniel Ahneman, Olivier Sibony e Cass Sunstein, na obra intitulada "Noise", definem o ruído como a variabilidade indesejada no julgamento – este entendido como o resultado final das deliberações – que venha a causar graves perdas econômicas e/ou injustiças. Logo, afirmam que numa empresa cujas diretrizes são bem embasadas não deveria haver ruídos, nem vieses, consignando

Schertel; RODRIGUES JUNIOR, Otavio Luiz; BIONI, Bruno Ricardo (coord.). *Tratado de proteção de dados pessoais*. Rio de Janeiro: Forense, 2021, p. 429-454.

280 CONSULTOR JURÍDICO. Judiciário quer uso de inteligência artificial com ética e transparência. CONJUR, 2020. Disponível em: https://www.conjur.com.br/2020-ago-31/judiciario-uso-inteligencia-artificial--transparencia. Acesso em: 22.07.2023.

281. TEIXEIRA, Lucas de Barros. Transparência algorítmica em soluções utilizadas por governos. *Revista Internacional de Debates da Administração e Públicas*, São Paulo, v.6, CP, pp.1-10, jan./dez., 2021. *Apud* PACITTI, Tércio. Paradigmas do software aberto. 1.ed. Editora LTC, 2006.

que viés deve ser definido como uma média dos erros cometidos em determinado julgamento[282].

Vieses algorítmicos são recorrentes em sistemas de pontuação de crédito. O modelo matemático FICO® (*Fair Isaac Corporation*) [283], usado para análises de crédito por diversas agências como Serasa e Equipax, avalia, estatisticamente, a propensão de inadimplência de uma pessoa física ou jurídica, com base em seu histórico de crédito. De uma base de dados financeiros, são aferidos os seguintes fatores com pesos distintos: histórico de pagamentos, tempo de crédito, tipos de crédito (e novas solicitações) e dívidas em aberto, entre outros, que permitem ao sistema de IA formular uma pontuação indicativa de risco, que varia de 300 a 850 pontos: quanto maior a pontuação, menor o risco de concessão do crédito[284].

Vem utilizando o sistema de *credit score* FICO® a *ELO*, que realiza provisão de pagamentos via cartões de crédito e débito e passou a captar 15% da participação do mercado por fornecer proteção baseada em nuvem contra fraudes. Também a mundial prestadora de serviços de solução de pagamento via cartão *MASTERCARD* desenvolveu junto a FICO® uma plataforma de proteção contra golpistas a fim de aprimorar a experiência de comunicação com o cliente e evitar milhões em perdas por fraudes para seus credores institucionais.

Assim, o uso de modelos inteligentes tornou-se uma estratégia de base em operações bancárias. Prever cenários futuros de riscos pela identificação de padrões comportamentais, com previsões assertivas e decisões automatizadas mais qualificadas e bem fundamentadas em processamento de um vasto conjunto de dados reduz os gastos das instituições financeiras com segurança e privacidade, maximiza a eficiência de seus processos e fornece ao cliente a impressão de obter um serviço de atendimento mais atento às suas necessidades pessoais.

---

282. KAHNEMAN, Daniel; SIBONY, Olivier; SUNSTEIN, Cass. *Noise*: a flaw in human judgement. New York: Little Brown Spark, 2021. *E-book*.

283. "O FICO® *Score* é usado por financiadores para ajudá-los a tomar decisões de risco de crédito mais precisas, confiáveis e rápidas por todo o ciclo de vida do cliente (...) classifica os consumidores de acordo com a probabilidade de pagarem suas obrigações de crédito conforme acordado (...) ajudam os financiadores a tomar decisões consistentes e imparciais sobre riscos, e a manter o *compliance* com exigências regulatórias nacionais, locais e globais (...) oferece códigos de motivo que indicam por que o *score* não foi mais alto (...) garantir o *compliance* normativo e a comunicação com clientes para que estes possam melhorar sua qualidade de crédito com o tempo." (FICO® SCORE. Disponível em: https://www.fico.com/en/customers. Acesso em: 06.05.2023).

284. KAUFMAN, Dora. *A inteligência artificial irá suplantar a inteligência humana?* Barueri-SP: Estação das Letras e Cores, 2019, p. 41.

> Também ficou famoso o programa de classificação de desempregados por grupos na Polônia, que acabou discriminando as pessoas com base em critérios inicialmente pouco claros. Em síntese, dividiram-se os desempregados em três grupos, com base num questionário respondido pelas pessoas, sem que elas soubessem o peso de cada resposta. Como consequência, as pessoas classificadas no grupo com maior pontuação acabaram conseguindo maior acesso a oportunidades[285].

Como o departamento de recursos humanos pressupõe rotineiramente o potencial de novas contratações frente ao efetivo desempenho dos funcionários da empresa? As previsões se comprovam na medida em que os contratados, cujo potencial foi classificado como alto, recebem boas avaliações por seu trabalho. Uma medida que capta tal proposta é o *Percentual Concordante*, segundo os autores Ahneman, Sibony e Sunstein[286], que responde uma pergunta mais específica: avaliando dois funcionários aleatoriamente, qual a probabilidade de aquele que pontuou mais alto na avaliação de potencial ter melhor desempenho no trabalho?

---

285. MEDON, Filipe. *Inteligência artificial e responsabilidade civil*: autonomia, riscos e solidariedade. 1.ed. Salvador: JusPodivm, 2020, p. 228-229.

286. Em um dos exemplos trazidos na obra, os autores consideram duas hipotéticas candidatas a uma vaga de emprego, Monica e Nathalie, avaliadas por empresa de consultoria especializada e classificadas, na escala de 1 a 10, quanto à liderança, comunicação, habilidades interpessoais, aptidões técnicas relacionadas ao trabalho e motivação para futura promoção. A tarefa era prever as avaliações de desempenho dois anos após a contratação, na mesma escala de 1 a 10. A maioria das pessoas, quando confrontada com problema assim, simplesmente mira um dos cinco critérios e produz um julgamento rápido após computar mentalmente a média das pontuações, ou seja, soma os valores atribuídos à candidata para cada um dos cinco critérios e divide pela quantidade total de critérios de avaliação, a fim de concluir que a maior soma alcançada será a da candidata mais forte. Dessa forma, prima-se pelo julgamento ou pela fórmula? Esse é o "julgamento clínico", no qual se consideram as informações, faz-se rápida computação matemática, consulta-se a intuição e define-se o julgamento. Trata-se de um processo descrito simplesmente como julgamento no livro. Agora, suponha que você executou a tarefa de previsão e que Monica e Nathalie foram extraídas de um banco de dados de centenas de gerentes contratados há alguns anos e que receberam classificações em cinco dimensões distintas. Você usou tais classificações para prever os gerentes bem sucedidos no trabalho. Quão próximas essas avaliações estariam alinhadas com o julgamento clínico de seu potencial? O quão útil são as informações preditivas que as classificações das candidatas contêm? Como podem ser combinadas em pontuação preditiva com maior correlação possível com o futuro desempenho? A técnica é chamada "regressão múltipla" e produz uma pontuação presumida: a média ponderada dos preditivos. Encontra-se o conjunto ideal de pesos para os preditivos, escolhidos para maximizar a correlação entre previsão e objetivo variável. O estudo ilustrado pelo exemplo das candidatas Monica e Nathalie é uma das muitas comparações de previsões clínicas e mecânicas que compartilham uma estrutura simples: a) um conjunto de variáveis preditivas (no exemplo, os critérios de avaliações das candidatas) é usado para prever um resultado (as avaliações de trabalho futuro); b) juízes humanos fazem predições clínicas; c) uma regra (como a regressão múltipla) usa os mesmos preditivos para produzir previsões mecânicas dos mesmos resultados; d) em geral, a precisão dos julgamentos clínicos e dos mecânicos decorre de método comparativo. (KAHNEMAN, Daniel; SIBONY, Olivier; SUNSTEIN, Cass. *Noise*: a flaw in human judgment. New York: Little Brown Spark, 2021. *E-book*).

As "contratações algorítmicas", realizadas por *Human Resources Technologies* (*HR Techs*) que substituem as tradicionais seleções de recursos humanos pelo uso de modelos de IA para análise de currículos e recrutamento dos melhores candidatos para determinado cargo, já são uma realidade para muitas empresas que estão interessadas em prever o desempenho de seus funcionários no trabalho, um exemplo útil de julgamento profissional preditivo.

Segundo Cathy O´neil, na obra "Algoritmos de Destruição em Massa", se um modelo matemático é capaz de crescer de forma exponencial é porque ele ganhou escala, segundo os estudos em estatística. Considerada a escala um dos elementos dos algoritmos de Inteligência Artificial que os tornaram ADMs, ou seja, algoritmos destruidores da humanidade, os outros dois seriam a opacidade e o dano. Segundo O´neil, modelos matemáticos mal concebidos microgerenciam a economia de dados, desde o direcionamento publicitário comportamental até as decisões judiciais tomadas na execução de sanções penitenciárias[287].

> Brynjolfsson e McAfee (2017) admitem que existem riscos na decisão automatizada, mas ponderam que, embora todos os riscos dos algoritmos de IA sejam reais, o padrão de referência adequado não é a perfeição, mas sim a melhor alternativa possível. É certo que os humanos têm vieses (preconceitos), cometem erros e têm dificuldade para explicar, de fato, como chegaram a determinada decisão. Por outra linha de raciocínio, pode-se argumentar que esses modelos são simples referências no processo de tomada de decisão. Ou ainda, que no estágio atual, em que as máquinas ainda dependem da supervisão humana, cabe aos profissionais da computação inserir nas máquinas os parâmetros corretos, ou seja, a responsabilidade sobre o processo[288].

Para além das iniciativas privadas, a adoção de tecnologias de vigilância no setor público é também uma realidade e seu exemplo mais emblemático é o sistema de crédito social chinês (*China´s Social Credit*

287. Um modelo é uma "representação abstrata de algum processo, seja um jogo de beisebol [vide o exemplo do *Moneyball*], a cadeia logística de uma petroleira, as ações de um governo estrangeiro, ou o público de um cinema. Esteja ele rodando dentro de um computador ou na nossa cabeça, o modelo pega o que sabemos e usa isso para prever respostas em situações variadas (...) atualizações e ajustes fazem (...) [um] ´modelo dinâmico´." (O´NEIL, Cathy. *Algoritmos de destruição em massa*: como o *big data* aumenta a desigualdade e ameaça a democracia. Tradução de Rafael Abraham. 1.ed. Santo André: Ed. Rua do Sabão, 2020, p. 21-31 e 48-49).

288. KAUFMAN, Dora, *A inteligência artificial irá suplantar a inteligência humana?* Barueri-SP: Estação das Letras e Cores, 2019, p. 42 *apud* BRYNJOLFSSON, E.; MCAFEE, A. *The Second Machine Age*: work, progress and prosperity in a time of brilliant technologies. New York: W.W. Norton&Company, 2017, p.14.

System), que atrai considerável atenção acadêmica, não só por implementar classificação de crédito comercial tradicional a comportamentos sociais dos cidadãos, mas também por envolver a construção de complexas infraestruturas de coleta, análise e mineração de dados por intermédio de variadas tecnologias de monitoramento em tempo real. Até 2020, o governo chinês já havia pontuado, algoritmicamente por IA, a "credibilidade" e a "confiabilidade" de cada ator nacional, individual e empresarial, com base em suas atividades sociais, políticas e econômicas, de modo histórico e contínuo, e tais pontuações de crédito determinam se deverão obter benefícios ou punições[289].

A vastidão de exemplos demandaria um trabalho específico sobre o tema. Portanto, a finalidade desta seção não é – nem poderia ser – esgotar um exame empírico sobre as decisões automatizadas, mas sim ilustrar os impactos positivos e negativos da tomada de decisões por máquinas dotadas de Inteligência Artificial. As decisões automatizadas integram até mesmo modelos de negócio de provedores de redes sociais para o direcionamento e a moderação de conteúdo a que têm acesso os usuários, o que ocorre, como regra, de maneira invisível a eles.

Muitas análises preditivas são superestimadas, visto que os sistemas de IA ainda não alcançaram a complexa compreensão hermenêutica dos dados de entrada carregados em sua base e das saídas resultantes do processo de aprendizado de máquina, restando incapaz de formar senso intuitivo e conceitos abstratos e fazer analogias e generalizações não enviesadas.

Programas de reconhecimento de palavras em documentos que respondem a perguntas sobre eles podem facilmente ser enganados a fornecer respostas erradas quando trechos curtos e irrelevantes do texto são anexados. Da mesma forma, modelos de IA que reconhecem rostos e objetos, um grande triunfo do aprendizado profundo, podem falhar drasticamente quando a entrada de dados for modificada, mesmo que minimamente, em sua iluminação, filtros de imagem e outras alterações que não afetariam a aptidão de reconhecimento humano em geral.

O ruído é um produto não de diferenças de nível, mas de interações: como diferentes juízes lidam com réus em particular, como professores lidam com alunos específicos, como assistentes sociais lidam com famílias específicas, como líderes lidam com visões particulares do futuro. O ruído é um subproduto da singularidade humana, de nossa "personalidade de

289. LIANG, Fan; DAS, Vishnupriya; KOSTYUK, Nadiya; HUSSAIN, Muzammil M. Constructing a data-driven society: China's social credit system as a state surveillance infrastructure. *Policy & Internet*, v. 10, n. 4, 2018.

julgamento". Reduzir o nível de ruído através da IA é um objetivo válido, mas atingir apenas essa finalidade deixaria questões éticas do problema dos ruídos sem solução[290].

A cientista da computação Melanie Mitchell, em artigo para The New York Times, após relembrar a pergunta do filósofo matemático Gian-Carlo Rota sobre se e quando a IA quebrará a barreira do significado, aduziu que: "por trás da fachada de habilidades visuais semelhantes a humanos, da fluência linguística e da aptidão de jogar (...) a ausência de tal entendimento torna os sistemas suscetíveis a erros inesperados e a ataques indetectáveis"[291].

2.4.3 Direito à explicação e à revisão no GDPR e na LGPD

Os contornos do direito à explicação das decisões automatizadas constituem temática de profunda indagação frente ao alto grau de abstração da definição de sistema de Inteligência Artificial e da dificuldade de compreensão de como são desenvolvidos seus algoritmos e da explicabilidade do aprendizado mediante interações por modelos computacionais inteligentes, além da irrefratável opacidade de como os *outputs* dessas ferramentas são alcançados.

Embora sejam fatores determinantes de eficiência e ganho de tempo na atual economia movida a dados, permanecem invisíveis aos titulares de dados em geral. A partir da busca por padrões estatísticos existentes nos conjuntos de dados usados como base, é da natureza das ferramentas de Inteligência Artificial realizar associações, inferências, predições e correlações inesperadas, sem vincular-se a uma lógica causal ou explicação humanamente plausível[292].

290. KAHNEMAN, Daniel; SIBONY, Olivier; SUNSTEIN, Cass. *Noise*: a flaw in human judgment. New York: Little Brown Spark, 2021. *E-book*.

291. Em livre tradução do seguinte trecho: "[…] behind the facade of humanlike visual abilities, linguistic fluency, and game-playing prowess, these programs do not – in any humanlike way – understand the inputs they process or the outputs they produce. The lack of such understanding renders these programs susceptible to unexpected errors and undetectable attacks." (MITCHELL, Melanie. Artificial intelligence hits the barrier of meaning. *The New York Times*, 2018. Disponível em: https://www.nytimes.com/2018/11/05/opinion/artificial-intelligence-machine-learning.html. Acesso em: 06.05.2023).

292. "Dessa forma, ao usar algoritmos mais complexos, os resultados apresentados e as ações tomadas podem ser influenciados pelos fatores que vão além dos dados (pessoais ou não) que servem de *input*. Tomemos o exemplo de um algoritmo para selecionar bons engenheiros. Se treinado com conjuntos de dados que significantemente sugerem que a maioria dos engenheiros são homens, ele pode tender a excluir mulheres da seleção porque, estatisticamente, elas apareceriam como candidatas mais fracas. (...) o algoritmo não foi criado com o intuito de excluir candidatas. Também não necessariamente havia algo nos dados delas que informasse a exclusão. Menos ainda elas poderiam saber os fatores que motivaram a sua não seleção. Quem utiliza o aplicativo também pode não estar

A Diretiva Europeia de Proteção de Dados 95/46/CE[293], nos anos 1990, disciplinava, no art. 15, que decisões *significativas* não deviam ser tomadas tendo como único fundamento o tratamento completamente automatizado de dados. O art. 22 do GDPR, reprisando tal ponto de partida, traça regra proibitiva de submissão dos titulares de dados pessoais às decisões automatizadas cujos efeitos jurídicos comprometam significativamente direitos fundamentais.

> Art. 22. Decisões individuais automatizadas, incluindo definição de perfis. 1. O titular dos dados tem o direito de não ficar sujeito a nenhuma decisão tomada exclusivamente com base no tratamento automatizado, incluindo a definição de perfis, que produza efeitos na sua esfera jurídica ou que o afete significativamente de forma similar. 2. O n.º 1 não se aplica se a decisão: a) for necessária para a celebração ou a execução de um contrato entre o titular dos dados e um responsável pelo tratamento; b) for autorizada pelo direito da União ou do Estado-Membro a que o responsável pelo tratamento estiver sujeito, e na qual estejam igualmente previstas medidas adequadas para salvaguardar os direitos e liberdades e os legítimos interesses do titular dos dados; ou c) for baseada no consentimento explícito do titular dos dados. (...) o responsável pelo tratamento aplica medidas adequadas para salvaguardar os direitos e liberdades e legítimos interesses do titular dos dados, designadamente o direito de, pelo menos, obter intervenção humana por parte do responsável, manifestar o seu ponto de vista e contestar a decisão[294].

---

ciente, nem mesmo os engenheiros e programadores. É nesse contexto de opacidade que tomamos ou somos afetados por decisões automatizadas. Se não sabemos quais fatores são determinantes para uma decisão, que controle podemos ter sobre ela? Estamos fadados a não mais poder intervir nas decisões que nos impactam?" (SOUZA, Carlos Affonso; PERRONE, Christian; MAGRANI, Eduardo. O direito à explicação entre a experiência europeia e a sua positivação na LGPD. In: DONEDA, Danilo; SARLET, Ingo Wolfgang; MENDES, Laura Schertel; RODRIGUES JUNIOR, Otavio Luiz; BIONI, Bruno Ricardo (coord.). *Tratado de proteção de dados pessoais*. Rio de Janeiro: Forense, 2021, p. 254-281).

293. Veja o que dispõe a versão em português da Diretiva 95/46/CE sobre Proteção de Dados Pessoais: "Artigo 15.º Decisões individuais automatizadas 1. Os Estados-membros reconhecerão a qualquer pessoa o direito de não ficar sujeita a uma decisão que produza efeitos na sua esfera jurídica ou que a afete de modo significativo, tomada exclusivamente com base num tratamento automatizado de dados destinado a avaliar determinados aspectos da sua personalidade, como por exemplo a sua capacidade profissional, o seu crédito, confiança de que é merecedora, comportamento." (PARLAMENTO EUROPEU. Diretiva 95/46/CE do Parlamento Europeu e do Conselho, de 24 de Outubro de 1995, relativa à proteção das pessoas singulares no que diz respeito ao tratamento de dados pessoais e à livre circulação desses dados. Disponível em: https://eur-lex.europa.eu/legal-content/PT/TXT/?uri=celex%3A31995L0046. Acesso em: 04.03.2023).

294. EUROPEAN PARLIAMENT. Regulation (EU) 2016/679 of the European Parliament and of the Council of 27 April 2016 on the protection of natural persons with regard to the processing of personal data and on the free movement of such data, and repealing Directive 95/46/EC (General Data Protection Regulation). Disponível em: https://eur-lex.europa.eu/legal-content/EN/TXT/PDF/?uri=CELEX:32016R0679. Acesso em: 27.05.2023.

A redação do art. 22 do GDPR é problemática, uma vez que não explicita a explicação das decisões automatizadas como um direito autônomo – malgrado preveja "o direito de, pelo menos, obter intervenção humana[295] por parte do responsável, manifestar o seu ponto de vista e contestar a decisão" –, situação que poderia ser interpretada como silêncio eloquente, a fim de abrigar, de forma prejudicial ao titular de dados afetado por tais decisões, os casos em que seja tarefa árdua para o agente de IA a explicação sobre determinado resultado algorítmico.

Com efeito, ateve-se tão só aos Considerandos do GDPR – espécie de justificativa da lei sem força vinculativa – a expressa menção à explicação das decisões. O Considerando nº 71 dispõe que, em qualquer caso, terá que ser acompanhado o tratamento de dados pessoais "das garantias adequadas, que deverão incluir a informação específica ao titular dos dados e o direito de obter a intervenção humana, de manifestar o seu ponto de vista, de obter uma explicação sobre a decisão tomada na sequência dessa avaliação e de contestar a decisão".

> Na visão de Floridi *et al.*, (...) o uso de decisões automatizadas não estaria circunscrito pela necessidade de explicação de uma decisão individualizada, pelo menos, não no sentido de uma salvaguarda. (...) Propõem um marco analítico para a compreensão de como tratar situações em que se utilizam decisões automatizadas. De um lado, distinguem uma explicação sobre a funcionalidade do sistema, da explicação sobre uma decisão específica, e, de outro, o momento em que a explicação é dada, se antes da decisão (*ex ante*) ou após, mediante um "pedido de explicação" (*ex post*) (...) o GDPR não estabelece um direito de ser informado sobre os processos específicos relacionados à tomada de uma decisão individual, relativa a um indivíduo em particular, nem de ter uma explicação após a decisão ser tomada. (...) Selbst e Powles apresentam importantes oposições ao argumento apresentado por Floridi *et al.* (...) negar a existência de um direito à explicação levaria a uma má compreensão da visão dos

295. No final de 2021, foi aprovada pela Organização das Nações Unidas para a Educação, a Ciência e a Cultura (UNESCO) uma recomendação sobre ética da Inteligência Artificial, na qual se estabeleceu que a determinação humana final deve estar presente em situações nas quais decisões automatizadas tomadas por sistemas de IA podem produzir impactos irreversíveis ou de difícil reversão, bem como se envolverem decisões de vida ou morte. Em sua principiologia, a recomendação apresenta o imperativo de *human oversight and determination*, a partir do qual é estabelecido que a supervisão humana não se restringe apenas a uma supervisão individual, mas abrangeria a supervisão pública inclusiva, como for apropriado, além de que um sistema de inteligência artificial nunca poderia substituir a responsabilidade e accountability humanos, em última instância. (UNITED NATIONS EDUCATIONAL, SCIENTIFIC AND CULTURAL ORGANIZATION – UNESCO. Recommendation on the Ethics of Artificial Intelligence. Conferência Geral da Unesco, em 24 de novembro de 2021. Disponível em: https://en.unesco.org/artificial-intelligence/ethics#recommendation. Acesso em: 23.06.2023).

> autores sobre o GDPR, já que não discordam que exista uma obrigação de prestar informações suficientes para a explicação dos sistemas de tomada de decisão. Pelo contrário, defendem que exista um "right to be informed" (...) uma versão limitada do direito à explicação. Selbst e Powels explicam, então, que a discussão sobre a existência de um direito à explicação não se limita a uma análise do texto do art. 22 (...) um direito à explicação pode encontrar fundamento em outros artigos da normativa. Margot Kaminski, igualmente, entende que seria um equívoco não compreender que existe um direito à explicação meramente por uma análise simples do texto do art. 22 [o que] (...) [p]ode, no seu ponto de vista, gerar confusão e encobrir a existência de um sistema robusto de responsabilidade e prestação de contas relacionado ao uso de algoritmos para decisões automatizadas. Os autores propõem que o direito à explicação seria um direito independente derivado do princípio da transparência, seria um direito derivado dos direitos de acesso à informação presentes nos arts. 13 a 15, ou seria um pressuposto para o exercício dos direitos e das salvaguardas presentes no art. 22(3)[296].

A autonomia dos algoritmos dotados de Inteligência Artificial faz com que as tarefas desempenhadas sejam difíceis de serem antevistas e explicadas, em linguagem natural, até por seus idealizadores e programadores. Mesmo os algoritmos mais simples dos *Expert Systems* não facilitam a compreensão do seu funcionamento pelo usuário mediano – muito menos diante do déficit de educação digital no Brasil –, a menos que sejam estruturados para tanto.

Fato é que o cumprimento dos deveres de informação e transparência enseja um ônus aos titulares de dados pessoais para o qual, em regra, não estão tecnicamente preparados ou qualificados: o encargo de requerer a tutela de seus direitos diante de decisões equivocadas ou não devidamente justificadas. Todavia, tal não significa que a transparência passiva não deva ser um princípio salvaguardado pela norma jurídica. Ainda que não se tenha alcançado o nível ideal de educação digital e que sejam dispendiosos aos agentes de IA os ajustes necessários à efetiva explicabilidade das decisões automatizadas, tais não são motivos suficientes a elidir um sistema robusto e auditável de monitoramento e supervisão dessas decisões.

Tanto na LGPD quanto na GDPR, desde o consentimento para fornecer seus dados até o término do tratamento deles, as informações acerca desse processo necessitam de clareza, precisão e adequação à compreensão

296. SOUZA, Carlos Affonso; PERRONE, Christian; MAGRANI, Eduardo. O direito à explicação entre a experiência europeia e a sua positivação na LGPD. In: DONEDA, Danilo; SARLET, Ingo Wolfgang; MENDES, Laura Schertel; RODRIGUES JUNIOR, Otavio Luiz; BIONI, Bruno Ricardo (coord.). *Tratado de proteção de dados pessoais*. Rio de Janeiro: Forense, 2021, p. 254-281.

do titular de dados, podendo seu consentimento, sempre livre e expresso, ser revogado a qualquer momento. Além disso, o consentimento do titular no tratamento de seus dados deve ser intencional, ciente para quais finalidades específicas serão tratados, devendo ser ineficazes autorizações tácitas e/ou para finalidades genéricas[297].

> Em um incidente de notoriedade ainda anterior, em 2004, o(s) algoritmo(s) de busca do *Google* colocaram o site *Jew Watch* no topo do *ranking* para muitas pessoas que buscavam a palavra *Jew*. O *Google*, em contraste com atitudes mais recentes, se recusou a alterar manualmente sua classificação e alegou (...) que as preferências de um determinado grupo de pesquisadores colocaram o *Jew Watch* no topo (...) [que] a palavra ´judeu' é frequentemente usada em contexto antissemita, isso fez com que o sistema de classificação automática do *Google* classificasse o *Jew Watch* como aparentemente o site antissemita ´número um para a consulta' (...) recusou-se a remover o site das classificações, mas o esforço coletivo foi incentivado entre os usuários para aumentar as classificações de outros sites não ofensivos e (...) o site desapareceu da Internet (...) No exemplo do *Jew Watch*, é ainda mais difícil dizer que uma decisão foi tomada afetando significativamente qualquer indivíduo. Dada a complexidade dos algoritmos de busca envolvidos, dependentes não apenas de variáveis derivadas do pesquisador, mas também do ambiente geral de busca, é muito difícil prever uma classificação específica de sites sendo mostrada a um usuário específico com antecedência[298].

Durante a vigência da Diretiva Europeia 95/46/CE, prévia ao GDPR, alguns países adotaram a possibilidade de intervenção humana para a revi-

297. AUTORIDADE NACIONAL DE PROTEÇÃO DE DADOS – ANPD. Guia orientativo: tratamento de dados pessoais pelo Poder Público. Versão 1.0. Jan./2022. Disponível em: https://www.gov.br/anpd/pt-br/documentos-epublicacoes/guia-poder-publico-anpd-versao-final.pdf. Acesso em: 04.06.2023.

298. Tradução do seguinte trecho original em língua inglesa: "In an even earlier incident of notoriety in 2004, the Google search algorithm(s) placed a site ´Jew Watch' at the top of the rankings for many people who searched for the word ´Jew.' Google (in stark contrast to its more recent attitudes) refused to manually alter their ratings and claimed instead that the preferences of a particular group of searchers had put Jew Watch to the top rather than any normative ranking by Google. It was stated that (…) [B] ecause the word ´Jew' is often used in an anti-Semitic context, this had caused Google's automated ranking system to rank Jew Watch – apparently an anti-Semitic web site – number one for the query (…) refused to remove the site from the rankings but collective effort was encouraged among users to push up the rankings of other non-offensive sites, and eventually, the site itself disappeared from the Internet (…) In the Jew Watch example, it is even harder to say a ´decision' was made affecting any one individual significantly. Given the complexity of the search algorithms involved, dependent not only on variables derived from the searcher but also the general search environment, it is very hard to predict a particular ranking of sites being shown to a particular user in advance." (EDWARDS, Lilian; VEALE, Michael. Slave to the algorithm: why a 'right to an explanation' is probably not the remedy you are looking for. *Duke Law and Technology Review*, v. 16, n. 1, p. 18-84, 2017. p. 47-48).

são de decisões automatizadas que produzissem efeitos jurídicos negativos ou afetassem o titular de dados de modo significativo. Todavia, no Brasil, o artigo 20, *caput* e §1º, da LGPD garante tão somente ao titular solicitar a revisão de decisões baseadas unicamente em tratamento automatizado de seus dados pessoais, que afetem seus interesses, inclusive as destinadas ao *profiling*, profissional, de consumo e de crédito ou outros aspectos de sua personalidade, e o fornecimento pelo controlador de informações claras e adequadas a respeito dos critérios e procedimentos usados para a decisão automatizada, observados os segredos industrial e comercial, porém foi vetado o §3º que fazia menção expressa ao direito à revisão da decisão por pessoa natural[299].

Com vistas ao art. 20, a LGPD traz conceito jurídico indeterminado do termo "perfil", diferentemente do modelo europeu, autorizando maior abrangência da norma nesse campo, o que se infere também pela adoção de rol exemplificativo e expressões vagas como "interesses dos titulares", demandando aproximação casuística para determinar quais decisões terão o condão de afetá-los. Assim, de forma *ex ante*, competirá ao agente de tratamento avaliar se as decisões automatizadas, usadas no exercício de dada atividade, inserir-se-ão no escopo do art. 20 da LGPD[300], "com repercussões nos interesses dos titulares, o que demandará, por certo, o endereçamento da questão por intermédio de instrumentos de *accountability*"[301].

299. MARRAFON, Marco Aurélio; MEDON, Filipe. Importância da revisão humana das decisões automatizadas na Lei Geral de Proteção de Dados. CONJUR, 2019. Disponível em: https://www.conjur.com.br/2019-set-09/constituicao-poder-importancia-revisao-humana-decisoes-automatizadas-lgpd. Acesso em: 08.06.2023.

300. "Merecem ser feitas duas notas importantes sobre este artigo. A primeira refere-se ao fato de que a lei autoriza o pedido de revisão, mas isto não significa que, após a análise pelo controlador, o resultado final necessariamente será alterado. A segunda reconhece, à primeira vista, a discricionariedade da autoridade nacional para realizar a auditoria apenas quando o controlador se negar a fornecer as informações elencadas no parágrafo primeiro. A existência desta condição pode dar margem para que o controlador se negue a exercer a explicação com base em uma simples alegação de que seu código estaria protegido pelo segredo comercial ou industrial, pois sabe que a atuação da autoridade em auditar seu algoritmo será optativa. Por sua vez, caso a explicação concedida ao titular não seja suficientemente clara – impedindo que a pessoa seja capaz de compreender se houve ou não um tratamento discriminatório, ou o motivo pelo qual o algoritmo decidiu de uma maneira e não de outra –, parece que o titular de dados terá menos garantias do que se o controlador de dados tivesse meramente alegado a proteção do sigilo do seu algoritmo." (MULHOLLAND, Caitlin; FRAJHOF, Isabella. Inteligência artificial e a lei geral de proteção de dados pessoais: breves anotações sobre o direito à explicação perante a tomada de decisões por meio de machinelearning. In: FRAZÃO, Ana; MULHOLLAND, Caitlin (coord.). *Inteligência artificial e direito*: ética, regulação e responsabilidade. São Paulo: Thomson Reuters Brasil, 2019, p. 272. *E-book*).

301. KORKMAZ, Maria Regina Detoni Cavalcanti Rigolon. *Revisão de decisões automatizadas na Lei Geral de Proteção de Dados Pessoais*. Tese (Doutorado em Direito Civil). Faculdade de Direito da Universidade do Estado do Rio de Janeiro (UERJ). Rio de Janeiro, 2022, p. 209.

Exige-se atenta calibragem entre o grau de envolvimento humano e o direito à revisão da decisão automatizada. Previamente à manifestação favorável ao veto do §3º[302], emitida por Ministérios da Economia, Ciência, Tecnologia, Inovações e Comunicações, Controladoria-Geral da União e Banco Central do Brasil, aduzia o dispositivo sobre a revisão de que trata o *caput* que: "deverá ser realizada por pessoa natural, conforme previsto em regulamentação da autoridade nacional, que levará em consideração a natureza e o porte da entidade ou o volume de operações de tratamento de dados", tendo sido reportadas como razões do veto:

> A propositura legislativa, ao dispor que toda e qualquer decisão baseada unicamente no tratamento automatizado seja suscetível de revisão humana, contraria o interesse público (...) tal exigência inviabilizará os modelos atuais de planos de negócios de muitas empresas, notadamente das startups, bem como impacta na análise de risco de crédito e novos modelos de negócios de instituições financeiras, gerando efeito negativo na oferta de crédito aos consumidores, tanto no que diz respeito à qualidade das garantias, ao volume de crédito contratado e à composição de preços, com reflexos, ainda, nos índices de inflação e na condução da política monetária[303].

302. As aproximações da LGPD com o GDPR devem se dar por meio de uma apreensão qualitativa e se orientar por buscar a racionalidade regulatória que estrutura o corpo normativo. Bruno Bioni e Laura Schertel Mendes sustentam que, mesmo com o veto, a principiologia da LGPD autoriza "que a intervenção humana continue a ser uma exigência em alguma fase do processo de contestação da decisão automatizada, ainda que não no primeiro pedido de revisão". (BIONI, Bruno Ricardo; MENDES, Laura Schertel. Regulamento Europeu de Proteção de Dados Pessoais e a Lei Geral brasileira de Proteção de dados: mapeando convergências na direção de um nível de equivalência. In: TEPEDINO, Gustavo; FRAZÃO, Ana; OLIVA, Milena Donato. *Lei Geral de Proteção de Dados Pessoais e suas repercussões no direito brasileiro*. São Paulo: Thomson Reuters Brasil, 2019, p. 797-820). Ademais, manifestam-se Carlos Affonso Souza, Christian Perrone e Eduardo Magrani pela possibilidade de a ANPD delimitar a necessidade da intervenção humana na esfera da revisão das decisões inseridas no escopo do art. 20 da LGPD, senão vejamos: "[a] LGPD, então, criou um direito de revisão e nada no texto impede que seja estabelecido que a revisão com intervenção humana seja o padrão a ser utilizado em casos concretos. Justamente o contrário, nos casos em que caiba, o arcabouço geral de proteção da lei parece acomodar a visão de que a inserção de um humano na revisão pode tornar o processo mais plural e acessível. A intervenção humana reforçaria, assim, a confiança do usuário, que tenderia a acreditar ainda mais no processo, aumentando a percepção de transparência. Igualmente, nada impede que a ANPD teça recomendações específicas sobre como deve se dar a revisão. O simples fato de não ser determinada legalmente a intervenção humana na revisão não impede que a autoridade de proteção estabeleça casos em que, para dar vazão aos objetivos gerais da lei e melhor concretude a seus princípios, dita intervenção (por pessoa natural) seja recomendada." (SOUZA, Carlos Affonso; PERRONE, Christian; MAGRANI, Eduardo. O direito à explicação entre a experiência europeia e a sua positivação na LGPD. In: SOUZA, Carlos Affonso; PERRONE, Christian; MAGRANI, Eduardo. O direito à explicação entre a experiência europeia e a sua positivação na LGPD. In: DONEDA, Danilo; SARLET, Ingo Wolfgang; MENDES, Laura Schertel; RODRIGUES JUNIOR, Otavio Luiz; BIONI, Bruno Ricardo (coord.). *Tratado de proteção de dados pessoais*. Rio de Janeiro: Forense, 2021, p. 243-270).

303. BRASIL. SUBCHEFIA PARA ASSUNTOS JURÍDICOS DA SECRETARIA GERAL DA PRESIDÊNCIA DA REPÚBLICA. Mensagem nº 288, de 08 de julho de 2019. Disponível em: https://www.planalto.gov.br/ccivil_03/_Ato2019-2022/2019/Msg/VEP/VEP-288.htm. Acesso em: 04.06.2023.

A Estratégia Brasileira de Inteligência Artificial (EBIA), ao avaliar, em tese, decisões automatizadas de alto risco aos direitos dos titulares de dados, apontou como importante fator de mitigação dos riscos a intervenção humana[304]. Contudo, ao abordar a dinâmica revisional dessas decisões, trazendo o exemplo das técnicas de reconhecimento facial por companhias aéreas para verificar a identidade dos usuários de cartões de embarque[305], verificados os riscos à liberdade de locomoção, apontou a intervenção humana como um elemento crítico à função reparatória da responsabilidade civil, padecendo atentar-se à função preventiva de danos.

---

304. "Doneda e Wimmer se referem ao imperativo de suprir o chamado "déficit de humanidade" próprio desses sistemas, tanto no resultado da decisão automatizada, quanto em seus aspectos procedimentais, a demandar a inserção do elemento remedial consistente na intervenção humana. Os autores não desconsideram que outros parâmetros de legitimação poderiam ser admitidos, mesmo para relativizar a forma e a intensidade da intervenção humana nos processos decisórios automatizados, podendo-se, a partir da conjugação de diferentes instrumentos de "humanização", como o princípio da transparência ou os sistemas interativos com o design centralizado no usuário, dispensar a revisão humana; todavia, os exemplos utilizados apontam não, a rigor, para decisões importantes e unicamente automatizadas, que poderiam representar risco à tutela de direitos fundamentais". (KORKMAZ, Maria Regina Detoni Cavalcanti Rigolon. *Revisão de decisões automatizadas na Lei Geral de Proteção de Dados Pessoais*. Tese (Doutorado em Direito Civil). Faculdade de Direito da Universidade do Estado do Rio de Janeiro (UERJ). Rio de Janeiro, 2022, p. 270).

305. O aeroporto de Dubai, há muito, faz uso de *eGates* e instituiu o *Aquarium Tunnel*. Trata-se de um túnel pelo qual atravessará o passageiro enquanto é submetido à varredura de um programa de reconhecimento facial por câmeras ocultas em movimento. O túnel, que exibe imagens em alta qualidade, foi equipado com cerca de 80 câmeras instaladas. A nova medida de segurança, tomada por oficiais da aviação de Dubai, substitui também os *scanners* de detecção de explosivos, que podem detectar uma gama maior desses materiais. Ao final do túnel, se o viajante estiver cadastrado, receberá mensagem verde e prosseguirá ao embarque; mas se for procurado por algum motivo, um sinal vermelho alertará os operadores da IA e o passageiro será direcionado ao departamento responsável (COYNE, John. Dubai airport's new virtual aquarium tunnel and what it means for the future of border security. ASPI, 2017. Disponível em: https://www.aspi.org.au/opinion/dubai-airports-new-virtual-aquarium-tunnel-and-what-it-means-future-border-security. Acesso em: 18.06.2023). A ideia de empreender o *Aquarium Tunnel* em outros países é estudada principalmente por países da União Europeia, que instituíram o *Personna Project*, cujo objetivo é elaborar *Data Protection Impact Assessments* para avaliar riscos éticos, técnicos e regulatórios no uso de tecnologias de reconhecimento facial em aeroportos. Já no Brasil, em meados de junho de 2021, a *Infraero* iniciou os primeiros testes com tecnologia de biometria facial para a ponte aérea entre os aeroportos de Congonhas em São Paulo e Santos Dumont no Rio de Janeiro, como parte do Projeto "Embarque + Seguro 100% Digital", com o fim de reduzir a espera em filas de embarque de passageiros, pois dispensa a apresentação do cartão de embarque e do documento oficial de identidade. Problemática comum a todos esses casos, além do aumento da desconfiança da população em geral nas instituições que devem prover segurança pública, do reforço de estereótipos preconceituosos e de recorrentes notícias de vazamentos de dados pessoais das plataformas de armazenamento, é a insuficiente ou ausente transparência quanto à origem dos dados coletados, à finalidade específica e limites do seu tratamento, à identificação dos órgãos públicos, agências e/ou empresas privadas que terão acesso a tais informações, etc. (SERVIÇO FEDERAL DE PROCESSAMENTO DE DADOS. Brasil testa primeira ponte aérea com reconhecimento facial do mundo. SERPRO Notícias, 2021. Disponível em: https://www.serpro.gov.br/menu/noticias/noticias-2021/embarque-seguro-congonhas. Acesso em: 18.06.2023).

Maria Regina Korkmaz[306], em sua tese, tece importante ressalva. Segundo a autora, ainda que pessoa humana tenha realizado o *input* de dados e que seja compreendido o *output* apresentado pelo sistema de IA, tal circunstância não teria o condão de desnaturar a decisão como automatizada. Todavia, alerta que, se um ser humano interpretar e avaliar a pertinência dos resultados dessa decisão antes de aplicá-la, a decisão não será totalmente automatizada. Para que se evita a "fabricação de intervenção humana" e que uma decisão perca o caráter de totalmente automatizada, a revisão humana deve ser consistente e apta a alterar o resultado.

Apesar do retrocesso representado pelo veto ao §3º do art. 20 da LGPD[307], o PL nº 2.338/2023[308], que se dispõe a deflagrar o Marco Legal da Inteligência Artificial no Brasil, prevê como princípios, respectivamente nos incisos III, VIII, IX e X do art. 3º, a participação humana em todo o ciclo da IA e a supervisão humana efetiva, o devido processo legal, a contestabilidade e o contraditório, a rastreabilidade das decisões durante todo o ciclo de vida dos modelos de IA como forma de prestar contas e atribuir responsabilidades a uma pessoa natural ou jurídica e a reparação integral dos danos causados a quem couber a imputação no regime compensatório. Ademais, o art. 5º, IV, do PL nº 2.338/2023 estabelece expressamente "o direito à determinação e à participação humana em decisões de sistemas de inteligência artificial, levando-se em conta o contexto e o estado da arte do desenvolvimento tecnológico".

---

306. KORKMAZ, Maria Regina Detoni Cavalcanti Rigolon. *Revisão de decisões automatizadas na Lei Geral de Proteção de Dados Pessoais*. Tese (Doutorado em Direito Civil). Faculdade de Direito da Universidade do Estado do Rio de Janeiro (UERJ). Rio de Janeiro, 2022, p. 210.

307. "No estágio atual das IAs, porém, a retirada da necessidade de revisão humana demonstra-se particularmente temerária. Sem deixar de reconhecer que o tema comporta inúmeras particularidades e promete calorosos debates, convém, nesta sede, apenas registrada a expectativa de que a ANPD, via regulamentação própria, imponha a necessidade de interferência humana na revisão de decisões automatizadas tomadas em setores que utilizam dados pessoais capazes de conceder ou negar um bem de destacada importância social, como o seguro." (JUNQUEIRA, Thiago Villela. Diferenciação admissível e discriminação inadmissível no contrato de seguro privado: exame da precificação com base no gênero e em variáveis que causem impacto desproporcional nos indivíduos negros. Tese (Doutorado em Direito Civil). Faculdade de Direito da Universidade do Estado do Rio de Janeiro (UERJ). Rio de Janeiro, 2020). Por seu turno, Marco Aurélio Marrafon e Filipe Medon defendem que a revisão humana assume o papel de salvaguarda constitucional e democrática, sobretudo para evitar danos a cidadãos mais vulneráveis e dependentes de análises do sistema. (MARRAFON, Marco Aurélio; MEDON, Filipe. Importância da revisão humana das decisões automatizadas na Lei Geral de Proteção de Dados. CONJUR, 2019. Disponível em: https://www.conjur.com.br/2019-set-09/constituicao-poder-importancia-revisao-humana-decisoes-automatizadas-lgpd. Acesso em: 08.06.2023).

308. BRASIL. SENADO FEDERAL. Projeto de Lei nº 2.338, de 2023. Atividade Legislativa, 2023. Disponível em: https://www25.senado.leg.br/web/atividade/materias/-/materia/157233?_gl=1*1qw7sar*_ga*ODQ3Nzg0NDY2LjE2MjQ2Mzc4Mzg.*_ga_CW3ZH25XMK*MTY4NDE2Mjk0My4yLjAuMTY4NDE2Mjk0My4wLjAuMA. Acesso em: 28.05.2023.

No que se refere ao devido processo legal, contestabilidade e contraditório, salienta-se que o que tem sido chamado de "devido processo informacional" – para além do disposto no inciso LIV do artigo 5º da Constituição da República Brasileira de 1988 –, que poderia ser sintetizado, em brevíssimas linhas, pela seguinte indagação: como saberá o usuário que está diante de uma decisão algorítmica tomada por sistema de Inteligência Artificial senão quando plenamente cumpridos os deveres – anexos à boa-fé objetiva – de informação e transparência? Uma solução fundada em precaução seria implementar no ordenamento jurídico brasileiro a obrigatoriedade de o controlador de dados executar *ex ante* relatórios de impacto à proteção de dados pessoais (RIPDP), documentos que registram os processos de tratamento de dados e as respectivas medidas adotadas para mitigar os riscos gerados aos seus titulares[309].

A Resolução nº 332 do Conselho Nacional de Justiça (CNJ) determina, no artigo 5º, inciso VI, o "fornecimento de explicação satisfatória e passível de auditoria por autoridade humana", consolidando, pois, a explicabilidade como elemento de transparência dos sistemas de IA. Com o fim de confrontar a opacidade dos algoritmos de IA, almeja-se explicabilidade e, para a compreensão da "caixa-preta" algorítmica, é mister a educação digital como base ao exercício dos direitos à transparência e ao devido processo informacional pelo usuário do modelo de IA. Nesse contexto, cunhou David Gunning, pesquisador e ex-diretor da *Defense Advanced Research Projects Agency* (DARPA), o termo *Explainable Artificial Intelligence*, que pode ser traduzido, literalmente, como "Inteligência Artificial Explicável"[310].

> [N]ão se deve confundir e intercambiar os termos "interpretabilidade" e "explicabilidade". A primeira tem a ver com "transparência", e diz respeito a uma característica "passiva" de um sistema, referindo-se ao nível no qual determinado modelo faz sentido para um observador humano. A última, em contraste, deve ser vista como uma característica ativa do modelo, revelando um processo realizado intencionalmente para esclarecer ou detalhar as funções de seu algoritmo. Ou seja, enquanto a interpretabilidade seria a capacidade de um sistema ser compreendido, a explicabilidade está ligada a uma noção de fornecer, ativamente, uma

309. BIONI, Bruno Ricardo; LUCIANO, Maria. O princípio da precaução na regulação de inteligência artificial: seriam as leis de proteção de dados o seu portal de entrada? In: FRAZÃO, Ana; MULHOLLAND, Caitlin. *Inteligência artificial e direito*: ética, regulação e responsabilidade. São Paulo: Thomson Reuters Brasil, 2019, p. 207-231.

310. GUNNING, David; AHA, David W. DARPA's Explainable Artificial Intelligence (XAI) Program. AI Magazine, v. 40 n. 2, Summer 2019. Disponível em: https://ojs.aaai.org/aimagazine/index.php/aimagazine/article/view/2850. Acesso em: 08.06.2023.

> interface através da qual o raciocínio de um sistema é compreendido pelo ser humano. Nos últimos anos, a necessidade de se interpretar as ações dos sistemas de inteligência artificial tem ficado cada vez mais evidente (...) a alta performance e as "façanhas" das mais diversas IAs têm suscitado preocupações sobre transparência e a confiabilidade destes sistemas. Tais preocupações são potencializadas pela detecção de vieses e preconceitos em alguns algoritmos, no contexto de uma sociedade cada vez mais preocupada com questões raciais, igualdade de gênero e diversidade[311].

Diante desse cenário, assiste razão a Frank Pasquale[312] ao afirmar que o termo "caixa-preta" é uma metáfora útil na medida em que os sistemas funcionam de formas misteriosas, sendo possível observar os dados de entrada (*inputs*) e os de saída (*outputs*), mas sem lograr precisar como um se torna o outro. O uso de algoritmos de IA para a tomada de decisões automatizadas decorre de um processo de metrificação da realidade, apoiado na premissa de que os julgamentos humanos, em diversos campos da análise atuarial, podem ser substituídos, de modo mais vantajoso e imparcial, por indicadores numéricos de pretensa objetividade.

Segundo as lições de Ana Frazão, são sistematizados três elementos desse processo de metrificação da realidade por algoritmos que afetam a razão jurídica: o reducionismo, a presunção de racionalidade estatística e a autoexecutividade das decisões automatizadas. Mesmo quando declarados os critérios decisórios, a avaliação de conformidade jurídica do sistema de IA dependerá ainda da "construção de uma ponte entre o sistema linguístico, que dá sustentação ao direito, e a infraestrutura matemática intrínseca às decisões automatizadas", o que supera o adimplemento dos deveres de informação e transparência algorítmica[313].

Alguns escritórios de advocacia no Brasil e no mundo, em especial aqueles de trato de litigância massiva, utilizam sistemas de "IA Fraca", como o *IA Watson*, capazes de sugerir a redação de petições, recursos e contratos, realizar pesquisas jurídicas, analisar documentos e prever resultados dos

---

311. NUNES, Dierle; MORATO, Otávio. A explicabilidade da inteligência artificial e o devido processo tecnológico. Consultor Jurídico (Conjur), 2021. Disponível em: https://www.conjur.com.br/2021-jul-07/opiniao-explicabilidade-ia-devido-processo-tecnologico. Acesso em: 08.06.2023.

312. PASQUALE, Frank. *The black box society*: the secret algorithms that control money and information. Cambridge: Harvard University Press, 2015, p. 3. *E-book*.

313. FRAZÃO, Ana; GOETTENAUER, Carlos. O jogo da imitação jurídica: o direito à revisão de decisões algorítmicas como um mecanismo para a necessária conciliação entre linguagem natural e infraestrutura matemática. In: TEPEDINO, Gustavo; SILVA, Rodrigo da Guia. *O direito civil na era da inteligência artificial*. 1.ed. São Paulo: Thomson Reuters Brasil, 2020.

votos de desembargados e ministros em *hard cases*, em um verdadeiro exercício de convergência entre estatística e direito, o que se tem chamado de "jurimetria". As vantagens do uso dessas tecnologias, que proporcionam agilidade e reduzem os custos desses trabalhos repetitivos e maçantes, têm feito com que mais escritórios invistam nesses modelos.

Outro exemplo é o *Luminance*[314], criado pela Universidade de Cambridge, no Reino Unido, e usado em mais de 60 países, cuja proposta é acelerar a auditoria em processos de fusões e aquisições, substituindo uma grande equipe de advogados na análise de inúmeros documentos complexos e definindo a viabilidade do negócio. Outras iniciativas lucrativas de modelos de IA tomadores de decisões vêm ganhando espaço. Foi noticiado[315], no Brasil, o caso concreto de um escritório de advocacia com 420 advogados que atua em mais de 360 mil processos concomitantemente, uma conta que só fecha em razão do uso de sistemas de IA.

Segundo análise realizada por agência de consultoria de gestão corporativa conhecida mundialmente, a CBRE[316], cerca de 48% dos escritórios advocatícios londrinos fazem uso de sistemas de IA e 41% pretendem implantá-los, em especial para *Eletronic Discovery* e *Due Diligence*, isto é, a investigação prévia de outras companhias antes da realização de negócios.

2.5 Justiça, equidade, inclusão e vedação à discriminação algorítmica

Embora a lei protetiva de dados pessoais pátria, distintamente da legislação europeia de referência, não preveja recomendações específicas, nem vedações ao tratamento de dados pessoais por meio do uso de algoritmos dotados de Inteligência Artificial, é inexorável que há regras na LGPD aplicáveis à automação de processos decisórios, que necessitam ser debatidas para esclarecer precisamente quais são os limites autorizados pela legislação até o momento e sob quais parâmetros, na medida em que o art. 6º, IX, da LGPD obsta o tratamento de dados pessoais para fins discriminatórios, ilícitos ou abusivos.

314. LUMINANCE. AI-Powered Legal Process Automation. Disponível em: https://www.luminance.com/. Acesso em: 04.06.2023.

315. CARDOSO, Maurício; VASCONCELLOS, Marcos. Com robôs, escritório atua em mais de 360 mil processos com 420 advogados. Consultor Jurídico (CONJUR), 2016. Disponível em: https://www.conjur.com.br/2016-mar-05/robos-escritorio-atua-360-mil-processos-420-advogados. Acesso em: 04.06.2023.

316. CRBE NEWS. London law firms embrace artificial intelligence. Disponível em: https://news.cbre.co.uk/london-law-firms-embrace-artificial-intelligence/. Acesso em: 04.06.2023.

Outrossim, o PL nº 2.338/2023[317], ao dispor sobre o alicerce axiológico para o desenvolvimento, da implementação e do uso de sistemas de IA no país, estabelece, em seu art. 3º, IV e V, a observância dos princípios da não discriminação, da justiça, da equidade e da inclusão. São valores fundamentais a assegurar que as tecnologias inteligentes sejam éticas, confiáveis e não maléficas a indivíduos e grupos sociais, especialmente os mais vulneráveis.

Justiça é um pressuposto moral, enquanto o Direito a realiza no tecido social. O princípio da justiça refere-se à busca de tratamento imparcial e isonômico para todas as partes interessadas afetadas pelo sistema de IA, fazendo com que deva ser desenvolvida e aplicada de modo a não praticar discriminações raciais, etárias, de gênero, de orientação sexual, entre outras, contra grupos ou indivíduos. Requer a atenuação e eliminação de preconceitos e vieses injustos desde a concepção dos algoritmos de IA, para expurgar *outputs* discriminatórios.

> Para esclarecer (...) discriminação algorítmica, utilizamos três fontes principais. Primeiro, os trabalhos de Schauer (2006), especialmente seu livro *Profiles, probabilities and stereotypes*; segundo, a teoria econômica de discriminação estatística; e, finalmente, a obra de Britz (2008). (...) o termo "discriminação algorítmica" é utilizado (...) para englobar tanto cenários que envolvem afirmações estatisticamente inconsistentes quanto cenários em que as afirmações, embora estatisticamente lógicas, de alguma forma tomam os indivíduos que dela são objeto não de maneira efetivamente individualizada, mas apenas como parte de um grupo. Isto porque (...) uma classificação, ainda que consistente sob o ponto de vista estatístico, pode em alguns casos se mostrar injusta[318].

A equidade, por sua vez, envolve garantir que os modelos de Inteligência Artificial considerem as discrepâncias entre certos grupos e indivíduos para a promoção da igualdade substancial de oportunidades e resultados. Reconhece que diferentes grupos têm necessidades distintas, razão pela qual a IA deverá tratar os desiguais na medida de suas desigualdades e

317. BRASIL. SENADO FEDERAL. Projeto de Lei nº 2.338, de 2023. Atividade Legislativa, 2023. Disponível em: https://www25.senado.leg.br/web/atividade/materias/-/materia/157233?_gl=1*1qw7sar*_ga*ODQ3Nzg0NDY2LjE2MjQ2Mzc4Mzg.*_ga_CW3ZH25XMK*MTY4NDE2Mjk0My4yLjAuMTY4NDE2Mjk0My4wLjAuMA. Acesso em: 28.05.2023.

318. MENDES, Laura Schertel; MATTIUZZO, Marcela; FUJIMOTO, Mônica Tiemy. Discriminação algorítmica à luz da lei geral de proteção de dados. In: DONEDA, Danilo; SARLET, Ingo Wolfgang; MENDES, Laura Schertel; RODRIGUES JUNIOR, Otavio Luiz; BIONI, Bruno Ricardo (coord.). *Tratado de proteção de dados pessoais*. Rio de Janeiro: Forense, 2021, p. 429-454.

priorizar medidas especiais para grupos historicamente subrepresentados ou marginalizados.

Uma abordagem equânime e responsiva desde o *design* também tem aplicação nesse ponto. A *equity by design* pode ser extraída, sobretudo, do §2º do art. 46, e a não discriminação do art. 6º, ambos da LGPD. Salienta-se, porém, que não há noção definitiva sobre o que configuraria um tratamento equitativo ou qual seria a adaptação razoável do algoritmo exigível para afastar a discriminação indireta[319], ainda que a arquitetura do sistema de IA seja concebida para privilegiar a equidade e haja a devida atenção a medidas corretivas no seu desenvolvimento.

Nesse diapasão, o art. 4º, VII, do PL nº 2.338/2023 reconhece haver "discriminação indireta"[320] quando uma normativa, prática ou critério aparentemente neutro for capaz de "acarretar desvantagem para pessoas pertencentes a grupo específico, ou as coloquem em desvantagem", a menos que essa normativa, prática ou critério tenha "objetivo ou justificativa razoável e legítima à luz do direito à igualdade e dos demais direitos fundamentais". Muitos preconceitos estruturais foram abordados no projeto demonstrando a preocupação do legislador com a realidade social brasileira, em que pese

319. "[A]s medidas analisadas não esgotam os esforços necessários para o endereçamento do problema e devem ser realizadas valendo-se também das ferramentas da LGPD (...) dos direitos individuais do titular dos dados pessoais – e.g., direito de acesso aos dados tratados (art. 9º c/c arts. 18 e 19) e o direito à explicação e à revisão das decisões automatizadas (art. 20) –, as imposições legais de transparência, prevenção, não discriminação e *accountability* dos agentes de tratamento (art. 6º, incisos VI, VIII, IX, X), bem como a possibilidade de exigência, pela ANPD, de confecção de um relatório de impacto à proteção de dados pessoais (arts. 5º, inc. XVII, 10, §3º, e 38) (...) e de realização de auditoria para verificação de aspectos discriminatórios no seu tratamento de dados (art. 20, §2º)." (JUNQUEIRA, Thiago Villela. Diferenciação admissível e discriminação inadmissível no contrato de seguro privado: exame da precificação com base no gênero e em variáveis que causem impacto desproporcional nos indivíduos negros. Tese (Doutorado em Direito Civil). Faculdade de Direito da Universidade do Estado do Rio de Janeiro (UERJ). Rio de Janeiro, 2020, p. 214-216).

320. Tal conceito faz alusão ao já previsto na Convenção Interamericana contra o Racismo, a Discriminação Racial e Formas Correlatas de Intolerância, firmado pela República Federativa do Brasil, na Guatemala, em 5 de junho de 2013, internalizada no Brasil através do Decreto Federal nº 10.932/2022, senão vejamos: "Artigo 1. Para os efeitos desta Convenção: 1. Discriminação racial é qualquer distinção, exclusão, restrição ou preferência, em qualquer área da vida pública ou privada, cujo propósito ou efeito seja anular ou restringir o reconhecimento, gozo ou exercício, em condições de igualdade, de um ou mais direitos humanos e liberdades fundamentais consagrados nos instrumentos internacionais aplicáveis aos Estados Partes. A discriminação racial pode basear-se em raça, cor, ascendência ou origem nacional ou étnica. 2. Discriminação racial indireta é aquela que ocorre, em qualquer esfera da vida pública ou privada, quando um dispositivo, prática ou critério aparentemente neutro tem a capacidade de acarretar uma desvantagem particular para pessoas pertencentes a um grupo específico, com base nas razões estabelecidas no Artigo 1.1, ou as coloca em desvantagem, a menos que esse dispositivo, prática ou critério tenha um objetivo ou justificativa razoável e legítima à luz do Direito Internacional dos Direitos Humanos. (...) Artigo 8. Os Estados Partes comprometem-se a garantir que a adoção de medidas de qualquer natureza, inclusive aquelas em matéria de segurança, não discrimine direta ou indiretamente pessoas ou grupos com base em qualquer critério mencionado no Artigo 1.1 desta Convenção [...]."

muito tenha sido extraído do *AI Act*[321], norma europeia. Tanto é assim que a alínea "f" do §1º do art. 24, que versa sobre a metodologia da avaliação de impacto algorítmico (AIAg), destaca os "potenciais impactos discriminatórios" em testes e as medidas de mitigação caso verificados riscos a direitos (vide art. 18, "c" e "d").

Adicionalmente, o princípio da inclusão impõe a acessibilidade e usabilidade da IA por todos, independentemente de aptidão específica, origem ou circunstância individual. Demanda o desenvolvimento de interfaces e interações de IA compreensíveis, adaptáveis e respeitosas da diversidade humana. Implica considerar os contextos culturais, linguísticos e socioeconômicos, evitando excluir determinadas comunidades frente a barreiras tecnológicas.

São a justiça, a equidade, a inclusão e a não discriminação princípios orientadores de pesquisa, desenvolvimento e uso responsável, acessível, ético e igualitário da IA, garantindo que se beneficie a sociedade como um todo. Impõe-se, assim, contextualizar a discriminação algorítmica no Brasil, em um cenário de extrema, e muitas vezes velada, desigualdade racial, étnica, de classes e de gênero, malgrado possa parecer – de certo, por utopia – que a profusão de casos concretos de discriminação algorítmica seja mais comum em países estrangeiros.

Em território nacional, lamentavelmente, vê-se a proliferação de notícias de prisões injustas baseadas em tecnologias de reconhecimento facial[322], de moderação injustificada de conteúdo em redes sociais[323], situações envolvendo Inteligência Arrtificial Generativa que oferece, em seus *outputs*, informações equivocadas que podem reafirmar e favorecer alguma narrativa estrangeira específica[324] e os sistemas de IA aplicados para a odiosa

---

321. PARLAMENTO EUROPEU. *The Artificial Intelligence Act*. Regulamento do Parlamento Europeu e do Conselho que estabelece regras harmonizadas em matéria de Inteligência Artificial e altera determinados atos legislativos da União Europeia. Bruxelas, 2021. Disponível em: https://artificialintelligenceact.eu/the-act/. Acesso em: 14.06.2023.

322. GLOBO. G1 PORTAL DE NOTÍCIAS. 'Medo, frustrado e constrangido', diz homem detido por engano em estádio após erro do sistema de reconhecimento facial. O Estado de Pernambuco realiza a primeira prisão por reconhecimento facial em estádio de futebol. Disponível em: https://g1.globo.com/fantastico/noticia/2024/04/21/medo-frustrado-e-constrangido-diz-homem-detido-por-engano-em-estadio-apos-erro-do-sistema-de-reconhecimento-facial.ghtml. Acesso em: 03.06.2024.

323. ESTARQUE, Mariana; ARCHEGAS, João Victor. Relatório sobre redes sociais e moderação de conteúdo: criando regras para o debate público a partir da esfera privada. Instituto de Tecnologia & Sociedade do Rio – ITS RIO. Disponível em: https://d26k070p771odc.cloudfront.net/wp-content/uploads/2021/04/Relatorio_RedesSociaisModeracaoDeConteudo.pdf. Acesso em: 03.06.2024.

324. REDE DE JORNALISTAS INTERNACIONAIS. IA generativa e seus efeitos na desinformação. In: IJNET, 20.12.2023. Disponível em: https://ijnet.org/pt-br/story/ia-generativa-e-seus-efeitos-na-desinforma%C3%A7%C3%A3o. Acesso em: 03.06.2024.

segregação das concessões de serviços públicos e de benefícios sociais e em políticas de emprego[325].

> Com a IA, os dados desempenham três funções. Primeiro, a de *dados de entrada*, que são fornecidos ao algoritmo e usados para gerar uma predição. Segundo, a de *dados de treinamento*, usados para gerar o algoritmo em primeiro lugar. Os dados de treinamento são usados para treinar a IA para se tornar boa o suficiente para prever no mundo real. Por fim, há a função de *dados de feedback*, que são usados para melhorar o desempenho do algoritmo através da experiência. Em algumas situações, existe uma sobreposição considerável, de modo que os mesmos dados desempenhem as três funções. Mas os dados podem ser caros de adquirir. Assim, o investimento envolve um dilema entre o benefício de mais dados e o custo de adquiri-los[326].

Nesse contexto de *inputs* equivocados, dados de treinamento pobres em diversidade, *outputs* enviesados e parco *feedback*, a discriminação algorítmica torna-se temática em voga ao se abordar vigilância, supervisão e controle sociais de aplicações de IA em uma sociedade marcada por opressões interseccionais. É preciso assumir compromissos antidiscriminatórios com foco em políticas públicas que atendam, com isonomia, a população. As disparidades individuais e comunitárias têm que ser ponderadas tanto no âmbito regulatório, com larga representação social em debates legislativos e de políticas públicas, quanto no campo de P&D de tecnologias munidas de IA, a contar do *design* do projeto computacional.

Malgrado legítimo o discurso de que a Inteligência Artificial tem produzido resultados algorítmicos preconceituosos e lesivos, mormente a grupos vulneráveis, é inócua tal assertiva enquanto não se estipularem medidas jurídicas eficazes e criteriosas de prevenção, mitigação e reparação. Devem ser delineados guias objetivos e regras claras – e não mais meramente proforma – para que as adversidades sejam enfrentadas em cada fase do ciclo de vida da IA.

> [S]istemas estatísticos demandam retorno, ou *feedback* – algo que os diga quando saíram dos trilhos. Estatísticos usam erros para treinar

325. AGÊNCIA BRASIL. Riscos da inteligência artificial levantam alerta e suscitam respostas: privacidade, ameaças ao trabalho e discriminação levantam debates. In: Repórter Agência Brasil, 01.09.2020. Disponível em: https://agenciabrasil.ebc.com.br/geral/noticia/2020-08/riscos-da-inteligencia-artificial-levantam-alerta-e-suscitam-respostas. Acesso em: 03.06.2024.

326. AGRAWAL, Ajay; GANS, Joshua; GOLDFARB, Avi. *Máquinas preditivas*: a simples economia da Inteligência Artificial. Rio de Janeiro: Alta Books, 2019, p. 43-44.

> seus modelos e fazê-los mais inteligentes. Sem *feedback*, no entanto, um mecanismo estatístico pode continuar fazendo análises ruins e danosas sem nunca aprender com seus erros[327].

O tratamento de dados pessoais coletados legitimamente para a entrada, o treinamento e o *feedback* de modelos de IA, acrescido do seu entrecruzamento com diversos outros bancos de dados, tem potencial de gerar consideráveis vantagens em termos de eficiência e qualidade de produtos oferecidos e serviços prestados no mercado de consumo. No entanto, ao mesmo tempo, tais circunstâncias ensejam odiosa discriminação silenciosa, facilmente mascarada por algoritmos obscuros. Toda essa conjectura demonstra que será insuficiente concentrarem-se os esforços na restrição à coleta e utilização de determinados dados, ainda que sejam comuns, quando deles se puder extrair informações sensíveis por inferência ou predição[328].

Consoante o art. 7º da Resolução nº 332/2020 do Conselho Nacional de Justiça (CNJ), todas as decisões judiciais apoiadas em ferramentas de Inteligência Artificial devem preservar os princípios da igualdade, não discriminação, pluralidade e solidariedade, ser centrados em direitos humanos e auxiliar um julgamento justo que vise "eliminar ou minimizar a opressão, a marginalização do ser humano e os erros de julgamento decorrentes de preconceitos".

Além disso, prevê essa regulamentação do uso de IA pelo Poder Judiciário que, antes de iniciada a sua produção, o sistema de IA, a ser homologado, deverá indicar a influência de preconceitos ou generalizações em seu desenvolvimento com tendências discriminatórias no seu funcionamento, casos em que serão adotadas medidas corretivas do "viés discriminatório de qualquer natureza ou incompatibilidade do modelo de

327. O´NEIL, Cathy. *Algoritmos de destruição em massa*: como o big data aumenta a desigualdade e ameaça a democracia. Tradução de Rafael Abraham. 1.ed. Santo André: Ed. Rua do Sabão, 2020.

328. "Nesse novo cenário de tomada de decisões automatizadas, repita-se, a estratégia de prevenção à discriminação há de ser reformulada. Para além do controle dos dados que alimentarão o sistema de IA (inputs) e da forma do seu treinamento, as inferências que se farão a partir deles e os resultados do tratamento (outputs) também deverão ser avaliados em um dificultoso processo de averiguação de ocorrência de uma das modalidades de discriminação. (...) caberia ao agente de tratamento, proativamente, desde a fase de modelagem e treinamento do sistema de IA até a verificação dos seus *outputs*, tentar diminuir os enviesamentos, conjugando, para tanto, métricas tradicionais de exame de *performance* dos algoritmos com outras de equidade (p. ex., mediante a análise das taxas de falso positivo e falso negativo entre grupos demográficos distintos)." (JUNQUEIRA, Thiago Villela. Diferenciação admissível e discriminação inadmissível no contrato de seguro privado: exame da precificação com base no gênero e em variáveis que causem impacto desproporcional nos indivíduos negros. Tese (Doutorado em Direito Civil). Faculdade de Direito da Universidade do Estado do Rio de Janeiro (UERJ). Rio de Janeiro, 2020, p. 212-213).

Inteligência Artificial com os princípios previstos na resolução", sendo a não discriminação expressamente um deles. Se houver impossibilidade de eliminação do viés discriminatório do sistema de IA, tal implicará na descontinuidade do seu uso, com o consequente registro do projeto e as razões da decisão.

O princípio da não discriminação está intrinsicamente relacionado à isonomia. Maria Celina Bodin identifica o princípio da igualdade como um direito fundamental previsto pelo artigo 5º, *caput*, da CRFB e também como substrato axiológico da cláusula geral da dignidade humana. O respeito às diferenças e ao tratamento igualitário, sem qualquer discriminação odiosa, são formas de materialização da dignidade humana, um dos fundamentos do Estado Democrático de Direito explicitado no inciso III do artigo 3º da Carta Magna[329].

Na Diretiva 2000/43/CE[330] – sobre a igualdade de tratamento sem distinção de origem racial ou étnica, relativa à proteção das pessoas singulares no que diz respeito ao tratamento e à livre circulação de seus dados pessoais – e na Diretiva 2000/78/CE[331] – sobre igualdade de tratamento no emprego e na atividade profissional – o Conselho Europeu ressalta maior importância à aplicação do valor da igualdade no tratamento de dados relativo a aspectos raciais e étnicos, frente a outras formas de discriminação, por exigirem diretivas específicas.

No contexto histórico-social brasileiro, a violação à igualdade no tratamento de dados pessoais pode acarretar graves danos à dimensão coletiva da privacidade e à proteção de dados pessoais, ambos direitos constitucionalmente positivados, tendo-se inserido este último no inovador inciso LXXIX do art. 5º da Lei Maior. À vista das lições de Danilo Doneda, "um dado, em si, não é perigoso ou discriminatório – mas o uso que dele se faz, pode sê-lo"[332].

329. MORAES, Maria Celina Bodin de. *Danos à pessoa humana*: uma leitura civil-constitucional dos danos morais. Rio de Janeiro: Renovar, 2003, p. 84.

330. JORNAL OFICIAL DAS COMUNIDADES EUROPEIAS. Diretiva 2000/43/CE do Conselho, de 29 de junho de 2000, que aplica o princípio da igualdade de tratamento entre as pessoas, sem distinção de origem racial ou étnica, relativa à proteção das pessoas singulares no que diz respeito ao tratamento de dados pessoais e à livre circulação desses dados. Disponível em: https://eur-lex.europa.eu/legal-content/PT/TXT/?uri=celex%3A32000L0043. Acesso em: 03.06.2023.

331. JORNAL OFICIAL DAS COMUNIDADES EUROPEIAS. Diretiva 2000/78/CE do Conselho, de 27 de novembro de 2000, que estabelece um quadro geral de igualdade de tratamento no emprego e na atividade profissional. Disponível em: https://eur-lex.europa.eu/legal-content/PT/TXT/PDF/?uri=CELEX:32000L0078. Acesso em: 03.06.2023.

332. DONEDA, Danilo. *Da privacidade à proteção de dados pessoais*. Fundamentos da Lei Geral de Proteção de Dados. São Paulo: Thomson Reuters, 2020, p. 162. *E-book*.

Nesse sentido, Bruno Bioni[333] sustenta que um dado pessoal comum ou geral pode se "transmudar em um dado sensível; particularmente, quando se têm disponíveis tecnologias (...) que permitem correlacionar uma série de dados para prever comportamentos e acontecimentos". Desse modo, é premente impor medidas de prevenção ao processamento invasivo, discriminatório e lesivo de dados de integrantes de grupos sociais mais vulneráveis.

> Existe crescente consenso de que a distinção entre discriminação direta e indireta está se tornando (...) mais difícil de ser definida. A personalização desvia a atenção do consumidor e do regulador da participação em grupos socialmente salientes, por exemplo, sexo ou raça. As decisões são cada vez mais tomadas com base em características preditivas que não são socialmente suspeitas, como medir o estilo de direção do veículo, ou decisões sobre o estilo de vida, tais quais ingressar em uma academia de ginástica. Isso torna a avaliação de riscos menos problemática do ponto de vista da discriminação (...). Ao mesmo tempo, traços não socialmente salientes (por exemplo, o uso de academia) costumam ser significativamente correlacionados com a participação de grupos socialmente salientes – e essas correlações podem refletir práticas discriminatórias passadas ou atuais[334].

Com relação às diferentes formas pelas quais os algoritmos podem resultar em práticas discriminatórias, admite-se, como dito, classificá-las em diretas e indiretas. A discriminação algorítmica direta ocorre quando um algoritmo é projetado, desde o seu *design*, para tomar decisões preconceituosas. Imagine um algoritmo de triagem curricular que exclua, de pronto, os candidatos com sobrenomes associados a determinados grupos raciais ou étnicos[335].

> Experimentos de campo (...) mostram discriminação racial na entrega de anúncios com base em pesquisas de 2.200 nomes pessoais em dois sites. Primeiros nomes, documentados como atribuídos principalmente a bebês negros, como Tyrone, Darnell, Ebony e Latisha, geraram anúncios sugestivos de prisão em 75% a 96% das vezes, e com o primeiro nome documentados como atribuídos no nascimento principalmente

333. BIONI, Bruno Ricardo. *Proteção de dados pessoais*. Rio de Janeiro: Forense, 2020, p. 86. *E-book*.

334. THE NATIONAL RESEARCH PROGRAMME 75 "BIG DATA". *Big Data Ethics Recommendations for the Insurance Industry*. Berne: Swiss National Science Foundation, 2019, p. 8.

335. PONCE, Paula Pedigone. Direct and indirect discrimination applied to algorithmic systems: reflections to Brazil. Computer Law & Security Review, Science Direct, Elsevier, v. 48, April 2023. Disponível em: https://www.sciencedirect.com/science/article/abs/pii/S0267364922001091. Acesso em: 04.06.2023.

> a bebês brancos, como Geoffrey, Brett, Kristen e Anne, geraram uma cópia mais neutra: a palavra "prisão" apareceu de 0 a 9% do tempo. (...) os anúncios retornam resultados para indivíduos reais e os anúncios sugestivos são exibidos independentemente de os sujeitos terem um registro de prisão no banco de dados da empresa. Não obstante (...) a empresa afirma que o Google recebeu a mesma cópia de anúncios para grupos de sobrenomes (não nomes próprios), levantando questões sobre se o algoritmo do Google expõe preconceito racial na sociedade[336].

Por outra via, configura-se a discriminação algorítmica indireta quando um algoritmo produz resultados cujos impactos discriminatórios não se poderia prever. Ante a variedade baixa de dados de entrada (*inputs*) e da insuficiência de dados de treinamento diversificados, com base em características vastas de raça, gênero, religião, etc., o algoritmo é treinado por *dataset* que reflete disparidades existentes na sociedade. Ao aprender a partir desses dados, reproduz e amplia os vieses neles presentes, fazendo previsões desfavoráveis a determinados grupos, vulnerando-os ainda mais, mesmo que não haja intenção explícita nesse sentido[337].

São deveras alarmantes ambas as formas de discriminação algorítmica, pois podem perpetuar e agravar injustiças sociais. Desenvolvedores e programadores de algoritmos e os demais agentes da IA precisam estar conscientes dessas questões e adotar medidas eficazes que corrijam *by design* e, se for preciso, que mitiguem e reprimam vieses discriminatórios em seus sistemas. Para além dessa classificação da discriminação algorítmica em direta e indireta, Laura Schertel Mendes e Marcela Mattiuzzo introduzem outras espécies:

> [...] sistematizamos, a seguir, quatro tipos principais de discriminação algorítmica que auxiliam na compreensão do cenário: Discriminação por erro estatístico – todo e qualquer erro genuinamente estatístico, abrangendo desde dados incorretamente coletados, até problemas no código do algoritmo, de forma que ele falhe em contabilizar parte dos dados disponíveis, contabilize-os de forma incorreta, (...) discriminação que decorre de um erro cometido pelos engenheiros ou cientistas de dados responsáveis pelo desenho do algoritmo; Discriminação por

336. SWEENEY, Latanya. Racial discrimination in online ad delivery. Berkeley Law Review. January 28th, 2013. Disponível em: https://sites.law.berkeley.edu/privacylaw/2013/05/28/latanya-sweeney-racial-discrimination-in-online-ad-delivery/. Acesso em: 04.06.2023.

337. PONCE, Paula Pedigone. Direct and indirect discrimination applied to algorithmic systems: reflections to Brazil. Computer Law & Security Review, Science Direct, Elsevier, v. 48, April 2023. Disponível em: https://www.sciencedirect.com/science/article/abs/pii/S0267364922001091. Acesso em: 04.06.2023.

> generalização – embora o modelo funcione bem e seja estatisticamente correto, leva a uma situação na qual algumas pessoas são equivocadamente classificadas em certos grupos. Por exemplo, se uma pessoa mora em uma vizinhança comumente associada à pobreza e o modelo não possui nenhuma outra informação além de seu endereço para decidir se ela é ou não uma boa candidata para um empréstimo (...); Discriminação pelo uso de informações sensíveis – a razão pela qual consideramos esta categoria como discriminatória, embora muitas vezes seja estatisticamente correta, é porque ela se baseia em dados ou proxies legalmente protegidos. É o que ocorre, por exemplo, quando um algoritmo utiliza informações sobre identificação religiosa de um indivíduo para designar seu credit score no Brasil (...); Discriminação limitadora do exercício de direitos (...) apresentar resultados estaticamente corretos e relevantes, mas que ainda assim consideramos discriminatória (...) o problema advém não do tipo de dado utilizado, mas da relação entre a informação utilizada pelo algoritmo e a realização de um direito. Se há uma conexão estrita entre ambos e se o direito em questão é demasiadamente afetado, provável que o uso seja discriminatório[338].

Apesar das catalogações de discriminação algorítmica transcritas, o presente trabalho passa a ser dividido considerando os seguintes critérios de categorização: a) os preconceitos em razão da pessoa, que avaliam as discriminações algorítmicas motivadas por questões de gênero, raciais, étnicas e orientação sexual; b) os preconceitos em razão do espaço, abordando exemplos de *geopricing* e *geoblocking*; c) os preconceitos em razão do tempo, por análises prognósticas e predições algorítmicas enviesadas geradas por modelos "inteligentes".

2.5.1 Preconceitos em razão da pessoa: motivadas por questões de gênero, raciais, étnicas e de orientação sexual

Embora longa, ainda está distante do final – muito menos feliz – a história da prática socioeconômica contumaz de classificar pessoas, compilando-as em imagens estereotipadas segundo sexo, idade, raça, etnia e renda. A ameaça imposta pela vigilância institucionalizada é comum às obras ficcionais "1984"[339], de George Orwell, e "Admirável Mundo

338. MENDES, Laura Schertel; MATTIUZZO, Marcela. Discriminação algorítmica: conceito, fundamento Legal e tipologia. *Revista Direito Público*, Porto Alegre, v.16, n.90, 2019, p. 39-64, nov.-dez./2019.

339. O futuro simbolizado pelo ano de 1984 retrata uma sociedade completamente autômata, onde não existe livre arbítrio. Os indivíduos são monitorados e controlados de modo absoluto e em tempo integral. É retratada uma sociedade disciplinar, na qual ninguém escapa do controle do Grande

Novo"[340], de Aldous Huxley, e também o é na realidade contemporânea, sob premissas de defesa nacional e segurança pública que mascaram o controle que as aplicações de IA efetivamente exercem.

Além de questões éticas, verifica-se uma dicotomia entre a explicabilidade da decisão automatizada e o segredo de negócio. Caso emblemático foi o do *Apple Card*, desenvolvido em parceria com o *Goldman Sachs*, que, no final de 2022, sofreu acusações de sexismo após usuários do sexo masculino relatarem a aprovação de limite de crédito muito superior ao de suas esposas, ainda que com as mesmas condições financeiras. Um dos usuários a declarar publicamente seu inconformismo foi Steve Wozniak, um dos fundadores da *Apple Inc.*, após ter recebido crédito dez vezes superior ao de sua esposa e, assim, a notícia se espalhou[341].

> Trazemos um exemplo prático identificado no ano de 2019. Após uma investigação sobre representatividade e gênero em sistemas de processamento de linguagem natural e tradução, foi identificado que a aplicação de tradução do *Google* (*Google Translator*) apresentava um viés de gênero ao traduzir do inglês para o português as palavras "doctor" e "nurse". O sistema traduzia de uma forma automática a palavra "doctor" como "médico" e "nurse" como "enfermeira". (...) o problema não estava apenas nas interfaces do sistema de tradução, porque apenas exibiam o que o modelo determinava. (...) o próprio modelo não foi desenvolvido propositalmente para se comportar assim, mas ele aprendeu a partir de exemplos – textos disponíveis na internet e livros (...) – que existiam mais mulheres enfermeiras do que homens enfermeiros, assim como existiam mais homens médicos do que mulheres médicas. Essa é uma explicação simples e resumida de como o algoritmo na área de processamento de linguagem natural aprende (...) ao adotar essa regra, o sistema ignorava a possibilidade de existência de uma mulher médica e de um homem enfermeiro. (...) A partir de maio de 2019, identificamos que uma nova interface ajudou a solucionar esse problema. O sistema passou a exibir

Irmão (o *Big Brother*). A mídia, a cultura e a ciência servem para alimentar o poder de quem domina e a alienação de quem é dominado. (ORWELL, George. *1984*. Tradução de Heloísa Jahn e Alexandre Hubner. Rio de Janeiro: Companhia das Letras, 2009).

340. A clássica obra de Husley retrata a história insidiosa e perturbadora de um Estado Mundial futurista no qual os cidadãos são geneticamente modificados, moldados em uma hierarquia social rígida, submetidos à lavagem cerebral para, assim, amarem sua própria servidão ao governo e serem forçados à adulterada noção de felicidade, sintetizada por uma droga. Liderado por um controlador ditatorial, chamado Mustapha Mond, o Estado Mundial totalitário é um lugar inquietante, dotado de visões distorcidas de uma sociedade ideal, destinada a alienar os seus cidadãos. (HUSLEY, Aldous. *Admirável mundo novo*. Rio de Janeiro: Biblioteca Azul, 2004).

341. FEBRABAN. Transparência do algoritmo: decisões automatizadas e direito à explicação. 2020. Disponível em: https://febrabantech.febraban.org.br/especialista/patricia-peck-pinheiro/transparencia-do-algoritmo-decisoes-automatizadas-e-direito-a-explicacao. Acesso em: 03.06.2023.

> ambas opções para o usuário. Não é possível saber se também houve alteração nos modelos de aprendizado de máquina, mas a nova versão da interface (...) é mais adequada para um sistema de tradução que deseja evitar perpetuar vieses e discriminações[342].

Na gestão de recursos humanos, a despeito da importância dos algoritmos para auxiliar na eficiência administrativa para a seleção, o recrutamento e a avaliação de funcionários, seu uso pode levar a práticas discriminatórias vedadas. É a hipótese da discriminação algorítmica de gênero pelo uso de dados pessoais que possam indicar gravidez no âmbito de contratações de funcionárias e na análise de continuidade do vínculo trabalhista. A Lei nº 9.025/1995 "proíbe a exigência de atestados de gravidez e esterilização, e outras práticas discriminatórias, para efeitos admissionais ou de permanência da relação jurídica de trabalho"[343].

Na obra "Mulheres Invisíveis", Perez aduz que há uma lacuna de dados referentes a mulheres, não só por ausente a preocupação em colhê-los adequadamente, porém também por serem coletados e não diferenciados daqueles de homens. Em estatísticas sobre representação, desde os cargos acadêmicos aos papéis em filmes, dados sobre minorias étnicas, deficiência e orientação sexual são amontoados no mesmo agrupamento, afetando as ações afirmativas em prol de cada um desses grupos vulneráveis, por apresentarem uma falsa noção da realidade[344].

Em seus estudos sobre as tecnologias de Inteligência Artificial, as discriminações de seu uso decorrentes e os vieses algorítmicos, a fundadora da *Algorithmic Justice League*, Joy Buolamwini[345], segue afirmando que o

---

342. CORTIZ, Diogo. O *Design* pode ajudar na construção de Inteligência Artificial humanística? 17° *Ergodesign* – Congresso Internacional de Ergonomia e Usabilidade de Interfaces Humano-Computador. Disponível em: http://pdf.blucher.com.br.s3-sa-east-1.amazonaws.com/designproceedings/ergodesign2019/1.02.pdf. Acesso em: 28.05.2023.

343. Senão vejamos o disposto na Lei nº 9.025/1995: "Art. 1º. É proibida a adoção de qualquer prática discriminatória e limitativa para efeito de acesso à relação de trabalho, ou de sua manutenção, por motivo de sexo, origem, raça, cor, estado civil, situação familiar, deficiência, reabilitação profissional, idade, entre outros, ressalvadas, nesse caso, as hipóteses de proteção à criança e ao adolescente previstas no inciso XXXIII do art. 7.º da Constituição Federal. Art. 2º. Constituem crime as seguintes práticas discriminatórias: I – a exigência de teste, exame, perícia, laudo, atestado, declaração ou qualquer outro procedimento relativo à esterilização ou a estado de gravidez; II – a adoção de quaisquer medidas, de iniciativa do empregador, que configurem; a) indução ou instigamento à esterilização genética; b) promoção do controle de natalidade, assim não considerado o oferecimento de serviços e de aconselhamento ou planejamento familiar, realizados através de instituições públicas ou privadas, submetidas às normas do Sistema Único de Saúde (SUS)."

344. PEREZ, Caroline Criado. *Mulheres invisíveis*: o viés dos dados em um mundo projetado para homens. Tradução de Renata Guerra. 1.ed. Rio de Janeiro: Intrínseca, 2022.

345. São alguns dos principais impactos negativos do uso de tecnologias de reconhecimento facial: a) a vigilância em massa por meio de dados pessoais biométricos ocorre, muitas vezes, de forma irres-

preconceito dos algoritmos é seletivo: "as taxas de erros não passavam de 1% no caso de homens com pele branca, enquanto para mulheres negras os erros aumentavam para 35%", inclusive para Michelle Obama e Serena Williams[346].

Apesar da crença de neutralidade de modelos algorítmicos, por registrarem, por sua natureza, simplificações matemáticas, o fato de não compreenderem toda a complexidade do mundo real faz com que suas saídas de dados possam retratar severos preconceitos estruturais. Imbuída dessa constatação de falsa ausência de ambiguidades nos resultados da IA, O´neil[347] questiona quem desenhou o modelo operacional do aparato tecnológico e os objetivos que buscava alcançar, de modo a reconhecer que deve ser diversificada amplamente e atualizada periodicamente a sua base de dados, além de treinados constantemente seus algoritmos, sob pena de sistemas de Inteligência Artificial replicarem padrões sociais racistas e homofóbicos.

Um exemplo interessante sobre preconceitos encrustados em sistemas de IA ocorre com modelos que interpretam a linguagem natural e são aptos a dialogar com seres humanos, respondendo a questionamentos, indicando percursos, realizando pesquisas, ativando o uso de eletrodomésticos, entre outros comandos. Para tanto, assistentes virtuais, *chatbots* e outros *large language models* (LLMs) têm que coletar uma vastidão de dados pessoais de escolhas, hábitos, preferências, biometria, geolocalização, além de informações "paralinguísticas", não verbalizadas, como o tom da voz, que permitem captar estados emocionais, sotaques, a idade e o gênero de seus interlocutores e, assim, obterem ainda mais informações a respeito deles[348].

---

trita, sem definição prévia de alvo específico e sem prazo determinado; b) pode afrontar direitos fundamentais, como a privacidade, a liberdade de locomoção e de reunião, a segurança de dados sensíveis e a presunção de inocência, já que permite o monitoramento de pessoas em espaços públicos como se fossem suspeitas, com o especial agravante nos casos de crianças e adolescentes e outras pessoas em situação de vulnerabilidade social; c) a classificação automatizada – e muitas vezes discriminatória – de raça, etnia, gênero e outros fatores demográficos, reforçando preconceitos enraizados na sociedade, acirrando a violência contra aqueles mais vulneráveis, alimentando a intolerância e cerceando direitos. (BUOLAMWINI, Joy; GEBRU; Timmit. *Gender shades*: intersectional accuracy disparities in commercial gender classification. Conference on Fairness, Accountability, and Transparency. In: *Proceedings of Machine Learning Research*, n. 81, 2018, p. 1-15. Disponível em: http://proceedings.mlr.press/v81/buolamwini18a/buolamwini18a.pdf. Acesso em: 03.06.2023).

346. MEDON, Filipe. *Inteligência artificial e responsabilidade civil*: autonomia, riscos e solidariedade. 1.ed. Salvador: JusPodivm, 2020, p. 223.

347. O´NEIL, Cathy. *Algoritmos de destruição em massa*: como o *big data* aumenta a desigualdade e ameaça a democracia. Tradução de Rafael Abraham. 1.ed. Santo André: Ed. Rua do Sabão, 2020, p. 37.

348. Métodos assim são adotados "para implementar produtos no mercado como a possibilidade de troca de correspondência com pessoas famosas, construção de *chatbots*, jogos virtuais e até mesmo por grandes empresas como a Microsoft, inclusive, para a sua utilização em assistentes virtuais. A própria empresa que lançou o produto reconheceu os preconceitos e demonstrou preocupação com o potencial prejuízo de pessoas pertencentes a grupos protegidos (...) consolidando e potencializando os estereótipos existentes, além de produzir retratos degradantes entre outros danos potenciais (...)

Nesse sentido, em estudo conduzido por Floridi e Chiriatti, demonstrou-se que os dados de entrada e treinamento do algoritmo, nesses modelos de IA, são textos produzidos por humanos, que, portanto, refletem seus pensamentos sobre raça, etnia, gênero, religião, entre outras discriminações. Por conseguinte, concluíram os autores que sistemas como o *ChatGPT* são "uma peça extraordinária de tecnologia, mas tão inteligente, consciente, esperta, atenta, perceptiva, perspicaz, sensitiva e sensível (etc.) como uma velha máquina de escrever"[349].

A classificação automatizada de imagens também é conhecida por produzir muitos resultados discriminatórios, como ocorre em sistemas de reconhecimento facial. Muitas vezes não detectam a pele escura e não reconhecem mulheres fora de padrões estéticos tradicionais, demonstrando que sua programação pode ter sido racista e sexista. Russel e Norvig[350] alertam para o binômio "possibilidade-necessidade" no desenvolvimento de tecnologias de IA. Se os efeitos de uma nova aplicação trouxerem fortes impactos negativos, os agentes de IA devem adotar uma postura preventiva (de responsabilidade *ex ante*) redirecionando esse projeto.

> É no mínimo curioso pensar que uma máquina fotográfica como a *Nikon* reproduza vieses raciais perante traços orientais, quando se trata de uma empresa japonesa. Ou mesmo que uma empresa norte-americana como a *Google* tenha desenvolvido um *software* que reconheceu pessoas de cor preta como gorilas, já que a população negra nos Estados Unidos corresponde a não menos que 42 milhões de pessoas (13% da população). Isso acontece porque inteligência artificial é, ao mesmo tempo, uma tecnologia e uma indústria, e gravita em direção a monopólios (*Big Techs*) que dependem de dados para seu aprimoramento (*Big Data*)[351].

---

[e] que os vieses observados estão relacionados à raça, gênero e religião, mas (...) ´não reflete todos os vieses mesmo dentro das categorias estudadas´." (COLOMBO, Cristiano; SOUZA, Maique Barbosa de. GPT-3 aplicada em assistentes virtuais e potencialização dos preconceitos: primeiras linhas jurisprudenciais acerca de responsabilidade civil sobre inteligência artificial no Brasil e perspectivas sobre solidariedade à luz da teoria do *deep pocket*. In: PARENTONI, Leonardo (coord.). FERRARI, Giovanni Carlo Batista; FALEIROS JÚNIOR, José Luiz de Moura; ALVES, Tárik César Oliveira e (org.). *Direito, tecnologia e inovação*. v.4: estudos de casos. Belo Horizonte: DTIBR, 2022, p. 61).

349. FLORIDI, Luciano; CHIRIATTI, Massimo. GPT-3: its nature, scope, limits, and consequences. Minds and Machines, n. 30, 2020, p. 667-690.

350. RUSSELL, Stuart; NORVIG, Peter. *Inteligência artificial*: uma abordagem moderna. 3.ed. Rio de Janeiro: Elsevier, 2013.

351. MULHOLLAND, Caitlin; KREMER, Bianca. Responsabilidade civil por danos causados pela violação do princípio da igualdade no tratamento de dados pessoais. In: TEPEDINO, Gustavo; SILVA, Rodrigo da Guia. *O direito civil na era da inteligência artificial*. 1.ed. São Paulo: Thomson Reuters Brasil, 2020, p. 565-584.

Modelos de IA que tratam dados pessoais sensíveis relativos à identidade de gênero e à expressão da sexualidade contribuem para mais resultados discriminatórios, decorrentes de decisões automatizadas, de padrões hetero[cis]normativos, importando em vulnerabilidade agravada da população LGBT+ (simbolizando o "+" todas as letras representativas de seus membros, que foram ou venham a ser adicionadas) frente à discriminação algorítmica[352].

O uso de reconhecimento facial para fins de vigilância pública impacta negativamente o princípio da presunção de inocência[353], mesmo que, em um cenário ideal, funcionasse sem vieses. Isso porque a tecnologia inverte a lógica do direito penal em um Estado Democrático de Direito em que toda investigação que impacte direitos (no caso, direito à intimidade, privacidade e proteção de dados pessoais) deve partir de uma suspeita fundada. Isso porque as *Facial Recognition Techonologies* (FRT) estabelecem a vigilância *a priori* de todos os cidadãos de modo geral, onipresente e remoto, isto é, sem controle e percepção do cidadão[354].

Embora o uso de técnicas de reconhecimento facial seja uma realidade social, como se ilustrará adiante, há mundialmente forte inclinação à defesa do seu banimento, como ocorreu na Escócia[355] e nos EUA[356-357], e nos

352. DANTAS, Carlos Henrique Félix; COUTINHO, Luiza Leite Cabral Loureiro. Contornos da hetero[cis]normatividade na era digital: a vulnerabilidade da população LGBT+ diante de vieses de discriminação algorítmica. In: EHRHARDT JÚNIOR, Marcos (coord.). *Vulnerabilidade e novas tecnologias*. Indaiatuba, SP: Editora Foco, 2023, p. 111-134.

353. THE NEW YORK TIMES. Eight months pregnant and arrested after false facial recognition match. August 6th, 2023. Disponível em: https://www.nytimes.com/2023/08/06/business/facial-recognition-false-arrest.html. Acesso em: 22.08.2023.

354. Nos negócios, o reconhecimento facial se tornou uma escolha popular em serviços eletrônicos de pagamento pelo consumo de produtos ou serviços, eis que maximiza a segurança das transações e minimiza as fraudes. Na seara do transporte de passageiros, o reconhecimento facial foi implantado em aeroportos e estações de metrô e de trem com o propósito de agilizar o embarque e desembarque. No âmbito educacional, o monitoramento por câmeras e reconhecimento facial tem buscado promover maior segurança aos alunos e professores em escolas e universidades, tornando obsoletas as antigas "carteirinhas" de estudantes e os crachás de funcionários.

355. BIG BROTHER WATCH. Stop facial recognition. Police and private companies in the UK have been quietly rolling out facial recognition surveillance cameras, taking 'faceprints' of millions of people – often without you knowing about it. This is an enormous expansion of the surveillance state – and it sets a dangerous precedent worldwide. We must stop this dangerously authoritarian surveillance now. Disponível em: https://bigbrotherwatch.org.uk/campaigns/stop-facial-recognition/. Acesso em: 08.07.2023.

356. THE NEW YORK TIMES. San Francisco bans facial recognition technology. May 14th, 2019. Disponível em: https://www.nytimes.com/2019/05/14/us/facial-recognition-ban-san-francisco.html. Acesso em: 08.07.2023.

357. BOSTON CITY COUNCIL. Report of the Committee Chair on Government Operations. June 24th, 2020. Disponível em: https://www.boston.gov/sites/default/files/file/2021/02/Boston-City-Council-face-surveillance-ban.pdf. Acesso em: 08.07.2023.

movimentos *AI Now*[358] e *Fight for the Future*[359]. Nessa guinada ideológica, o Parlamento Europeu, responsável por deliberações de interesse de toda a União Europeia, requisitou, em 2021, a proibição do uso por agentes policiais de aplicações de reconhecimento facial em locais públicos como mecanismo de policiamento preventivo.

Em resolução que obteve aprovação esmagadora do Parlamento Europeu[360], foi ainda debatido o óbice normativo às bases de dados privadas de reconhecimento facial, como as da *Clearview AI*[361], que avaliam a confiabilidade dos cidadãos com base em seu comportamento. A abordagem europeia contrasta com a das agências reguladoras norte-americanas[362], que continuam a permitir largamente o uso de IA para reconhecimento facial, mesmo ante tantos estudos que demonstram, empiricamente, o seu potencial de discriminação racial e de gênero.

No Brasil, é duramente criticado o "Projeto Smart Sampa", que pretende fazer uso de tecnologias de reconhecimento facial para fins de monitoramento e controle, em tempo real, de pessoas que transitam diariamente em todas as estações de trem da capital de São Paulo, através da instalação de 20 mil câmeras até o ano de 2024 e com um investimento de R$ 70 milhões por ano. Esse sistema de monitoramento eletrônico[363] utilizará

---

358. AI NOW INSTITUTE. Confronting tech power. Disponível em: https://ainowinstitute.org/. Acesso em: 08.07.2023.

359. FIGHT FOR THE FUTURE. We are a group of artists, engineers, activists, and technologists who have been behind the largest online protests in human history, channeling Internet outrage into political power to win public interest victories previously thought to be impossible. We fight for a future where technology is a force for liberation – not oppression. Disponível em: https://www.fightforthefuture.org/. Acesso em: 08.07.2023.

360. PARLAMENTO EUROPEU. Resolução P9-TA(2021)0405, de 06 de outubro de 2021, sobre a inteligência artificial no direito penal e a sua utilização pelas autoridades policiais e judiciárias em casos penais (2020/2016(INI)). Disponível em: https://www.europarl.europa.eu/doceo/document/TA-9-2021-0405_PT.pdf. Acesso em: 02.06.2023.

361. Sua base de dados é questionada por ser obscura, constituída por fotos e vídeos disponíveis publicamente na *web*. Sobre o serviço que desempenha, a empresa alega ser uma "tecnologia de ponta para a aplicação da lei para investigar crimes, aumentar a segurança pública e proporcionar justiça às vítimas". (https://www.clearview.ai/).

362. A *Amazon*, cujo *software Rekognition* era usado por departamentos de polícia nos EUA, é uma das maiores do ramo, porém há uma série de outras menores, como a *Facewatch*, que opera no Reino Unido, e a *Clearview AI*, que usa imagens armazenadas pelas plataformas digitais *Twitter, Facebook* e *YouTube*, e chegou a vender seu *software* às forças policiais dos EUA. (BBC NEWS. IBM abandons 'biased' facial recognition tech. BBC Tech News, 2020. Disponível em: https://www.bbc.com/news/technology-52978191. Acesso em: 03.06.2023).

363. Remete-se aqui às lições de Foucault sobre a sociedade disciplinar: "O Panóptico é um local privilegiado para tornar possível a experiência com homens, e para analisar com toda certeza as transformações que se pode obter neles (...) pode até se construir em aparelho de controle sobre seus próprios mecanismos. Em sua torre de controle, o diretor pode espionar todos os empregados que

modelos de IA com câmeras de vídeo acopladas, responsáveis por emitir alertas nas situações em que os usuários do metrô acessam áreas proibidas pela Companhia Paulista de Trens Metropolitanos.

Além da intenção de localizar pessoas desaparecidas e procuradas pelo Judiciário, planeja retirar câmeras analógicas das estações e integrar o sistema a um centro de controle e transmissão, "que conta com *software* de análise de imagens e memória 6,5Pb (*petabyte*) (...) [e] armazenamento (...) por 30 dias"[364]. Contudo, por pressão da sociedade civil, o Ministério Público Estadual abriu um inquérito para investigar possíveis violações de direitos humanos, razão pela qual a Prefeitura de São Paulo decidiu suspender o edital do projeto para correções.

> A vigilância por meio de câmeras de vídeo, como qualquer tecnologia de controle, deve ser circunscrita, severamente regulamentada, submetida a controle. De outra forma, não é capaz de captar a realidade e de mostrá-la. Obscurece-a. Oferece desta somente uma única dimensão, distorcida. Traduz esta realidade somente na lógica da ordem pública, e assim ameaça atribuir às organizações públicas o caráter de um Estado de polícia, induzindo também as organizações privadas e os cidadãos a tornarem-se prisioneiros desta mesma lógica[365].

Fez-se premente, então, uma espécie de moratória ao uso de reconhecimento facial para fins de segurança pública, ficando estabelecida a necessidade de lei em sentido estrito para regular o tema, dada à problemática social por ameaça a direitos fundamentais. O futuro dessas tecnologias não depende apenas de encaixar a natureza de seus riscos e dos prejuízos sofridos em parâmetros objetivos para efeito de reparação integral dos danos, mas também de fornecer, em perspectiva preventiva, princípios, regras e políticas públicas que as regulem.

O Capítulo III do Projeto de Lei nº 2.338/2023, nos artigos 14 a 16, que busca fincar a bandeira do Marco Legal da Inteligência Artificial no país, ao versar sobre gradação de riscos dos sistemas de IA, prevê óbice à

tem a seu serviço (...) poderá julgá-los continuamente, modificar seu comportamento, impor-lhes métodos que considerar melhores; e ele mesmo, por sua vez, poderá ser facilmente observado (...) funciona como uma espécie de laboratório de poder." (FOUCAULT, Michel. *Vigiar e punir*: nascimento da prisão. Tradução de Raquel Ramalhete. 42.ed. Petrópolis: Vozes, 2014, p. 198).

364. OLHAR DIGITAL. "Smart Sampa": entenda a polêmica do edital de monitoramento facial em São Paulo. Disponível em: https://olhardigital.com.br/2022/11/30/pro/smart-sampa-entenda-a-polemica-do-edital-de-monitoramento-facial-em-sao-paulo/. Acesso em: 06.05.2023.

365. RODOTÁ, Stefano. *A vida na sociedade da vigilância*: a privacidade hoje. Maria Celina Bodin de Moraes (org.). Tradução de Danilo Doneda e Luciana Doneda. Rio de Janeiro: Renovar, 2008, p. 195.

implementação e ao uso de tecnologias inteligentes de risco excessivo[366]. Além disso, algumas normas já publicadas são de extrema relevância a atenuar a discriminação algorítmica: a) a Resolução nº 332/2020 do CNJ, sobre ética, transparência e governança na produção e no uso de Inteligência Artificial no Judiciário e, no art. 20, retrata aplaudível tentativa de trazer diversidade de pessoal na composição de equipes para P&D e implantação de soluções computacionais de IA pelo Judiciário, trazendo a diversidade como norteadora de boas práticas; b) o art. 24 da Lei nº 12.965/2014 (Marco Civil da Internet), ao direcionar a atuação do Poder Público no uso da internet no Brasil; c) os arts. 7º, III, e 23 a 30 da LGPD quanto ao uso de reconhecimento facial no setor público; d) a normativa de cunho principiológico conhecida como Estratégia Brasileira de Inteligência Artificial (EBIA).

Devem ser rechaçadas ferramentas de IA usadas para reconhecimento facial que não observem a transparência, a equidade e a não discriminação, quando não houver indícios de cuidados na minimização dos riscos que precisam ser adotados para treinar e usar algoritmos. Ainda que as atividades de segurança pública tenham sido excluídas de aplicação da LGPD, devem respeitar o direito fundamental à proteção de dados pessoais, mormente os biométricos por serem sensíveis, além de o art. 4º da LGPD prever a exigência de lei regulando a questão.

> Partindo dessa leitura, (...) quaisquer decisões algorítmicas que se baseiem nas informações caracterizadas como ilícitas pela Lei 7.716/1989 (raça ou cor, descendência ou origem nacional ou étnica) (...) utilizadas para as finalidades vedadas pelo referido diploma também são passíveis de punição pela autoridade de proteção de dados na esfera administrativa: i. impedir ou obstar o acesso de alguém, devidamente habilitado, a qualquer cargo da Administração Direta ou Indireta, bem como das concessionárias de serviços público (art. 3.º); ii. negar ou obstar emprego em empresa privada (art. 4.º); iii. recusar ou impedir acesso a estabelecimento comercial, negando-se a servir, atender ou receber cliente ou comprador (art. 5.º); iv. recusar, negar ou impedir a inscrição ou ingresso de aluno em estabelecimento de ensino público ou privado de qualquer grau (art. 6.º); v. impedir o acesso ou recusar hospedagem em hotel, pensão, estalagem, ou qualquer estabelecimento similar (art. 7.º); vi. impedir o acesso ou recusar atendimento em restaurantes, bares, confeitarias, ou locais semelhantes abertos ao público, estabelecimentos

366. BRASIL. SENADO FEDERAL. Projeto de Lei nº 2.338, de 2023. Atividade Legislativa, 2023. Disponível em: https://www25.senado.leg.br/web/atividade/materias/-/materia/157233?_gl=1*1qw7sar*_ga*ODQ3Nzg0NDY2LjE2MjQ2Mzc4Mzg.*_ga_CW3ZH25XMK*MTY4NDE2Mjk0My4yLjAuMTY4NDE2Mjk0My4wLjAuMA. Acesso em: 28.05.2023.

> esportivos, casas de diversões, ou clubes sociais abertos ao público, salões de cabeleireiros, barbearias, termas ou casas de massagem ou estabelecimento com as mesmas finalidades (arts. 8.º, 9.º, 10); vii. impedir o acesso às entradas sociais em edifícios públicos ou residenciais e elevadores ou escada de acesso a eles (art. 11); viii. impedir o acesso ou uso de transportes públicos, como aviões, navios barcas, barcos, ônibus, trens, metrô ou qualquer outro meio de transporte concedido (art. 12); ix. impedir ou obstar o acesso de alguém ao serviço em qualquer ramo das Forças Armadas (art. 13); x. impedir ou obstar, por qualquer meio ou forma, o casamento ou convivência familiar e social (art. 14) (...) na medida em que existe determinação legal expressa que proíbe esse tipo de conduta (art. 5.º da Lei 7.716/1989), é irrelevante a eventual correção estatística da informação – ainda que seja altamente questionável qualquer análise estatística que atinja esse resultado, por variados motivos, entre eles por problemas de amostragem[367].

Nesse diapasão, o Estatuto da Igualdade Racial (Lei nº 12.288/2010) objetiva garantir à população negra igualdade de oportunidades e direitos individuais, coletivos e difusos, além de combater a intolerância étnica. Tal lei especial considera discriminação racial ou étnico-racial "toda distinção, exclusão, restrição ou preferência baseada em raça, cor, descendência ou origem nacional ou étnica" cujo fim seja anular ou restringir o gozo, reconhecimento ou exercício, em iguais condições, de direitos fundamentais "nos campos político, econômico, social, cultural ou em qualquer outro campo da vida pública ou privada".

Ao conceituar desigualdade racial, explicita, de forma abrangente, ser "toda situação injustificada de diferenciação de acesso e fruição de bens, serviços e oportunidades, nas esferas pública e privada, em virtude de raça, cor, descendência, origem nacional ou étnica". E disciplina desigualdade de gênero racial como "assimetria existente no âmbito da sociedade que acentua a distância social entre mulheres negras e os demais segmentos sociais".

Ainda segundo o Estatuto, é dever do Estado e da sociedade a garantia de igualdade de oportunidades, independentemente de etnia ou cor da pele, e de participação na comunidade, em atividades políticas, socioeconômicas, culturais, empresariais, educacionais e esportivas, defendendo a dignidade e seus valores. Há, inclusive, fortes iniciativas privadas de resistência à dis-

367. MENDES, Laura Schertel; MATTIUZZO, Marcela; FUJIMOTO, Mônica Tiemy. Discriminação algorítmica à luz da lei geral de proteção de dados. In: DONEDA, Danilo; SARLET, Ingo Wolfgang; MENDES, Laura Schertel; RODRIGUES JUNIOR, Otavio Luiz; BIONI, Bruno Ricardo (coord.). *Tratado de proteção de dados pessoais*. Rio de Janeiro: Forense, 2021, p. 429-454.

criminação algorítmica racial gerada por decisões automatizadas tomadas por sistemas de IA, como o AKOBEN, que vislumbra a exclusão como decorrência do racismo estrutural[368].

Em outro caso concreto, anunciantes do *Facebook* usaram modelagem algorítmica dissimulada, denominada com eufemismo de "afiliação sociocultural", para excluir latinos, negros e asiáticos do acesso à publicidade sobre programas habitacionais governamentais nos EUA, sem usar diretamente os dados pessoais da categoria racial de perfis da plataforma[369]. À vista de situações assim, as lacunas de representatividade demográfica nas áreas de tecnologia devem ser examinadas nos diferentes setores. São cruciais ações afirmativas que fomentem a participação diversificada e interseccionalizada no campo de aplicações de IA[370].

Em 2021, a Organização das Nações Unidas publicou relatório sobre discriminação racial e tecnologias digitais emergentes, perfazendo análise robusta sobre direitos humanos, racismo sistêmico e violência policial. Segundo Michelle Bachelet, "o movimento *Black Lives Matter* [Vidas Negras Importam] e outros grupos da sociedade civil liderados por pessoas afrodescendentes tem proporcionado liderança de base através da escuta das comunidades"[371].

Não é suficiente eliminar a possibilidade de serem utilizados dados pessoais sensíveis e marcadores sociais de gênero, raça e afins para o treinamento de sistemas de Inteligência Artificial, porque há inferências decorrentes de correlações entre outras informações difusas, que também podem levar a discriminações raciais, de gênero e interseccionais[372]. Dados

368. AKOBEN – ANTIRRACISMO NA ORGANIZAÇÃO DE EVENTOS. *Aqualtune Lab*, 2022. Disponível em: https://aqualtunelab.com.br/cartilha/. Acesso em: 06.05.2023.

369. ANGWIN, Julia; TOBIN, Ariana; VARNER, Madeleine. Facebook (still) letting housing advertisers exclude users by race. ProPublica, 2017. Disponível em: https://www.propublica.org/article/facebook-advertising-discrimination-housing-race-sex-national-origin. Acesso em: 06.05.2023.

370. Vide a declaração "MOZILLA IA CONFIÁVEL", redigida pelo grupo desenvolvedor do provedor Mozilla Firefox, cujo grande idealizador é o ativista pela igualdade racial, o Dr. Tarcízio Silva. Disponível em: https://foundation.mozilla.org/pt-BR/internet-health/trustworthy-artificial-intelligence/. Acesso em: 06.05.2023.

371. ORGANIZAÇÃO DAS NAÇÕES UNIDAS. ONU Direitos Humanos lança relatório sobre racismo sistêmico e pede fim de violência policial. Disponível em: https://brasil.un.org/pt-br/133502-onu-direitos-humanos-lan%C3%A7a-relat%C3%B3rio-sobre-racismo-sist%C3%AAmico-e-pede-fim-de-viol%C3%AAncia. Acesso em: 03.06.2023.

372. "Objetiva-se propor soluções ético-jurídicas que minimizem os preconceitos humanos transportados para o aprendizado de máquina, tais como: a pluralidade dos dados de entrada, de treinamento e de *feedback* que sejam representativos de todos os grupos sociais (...) composição de (...) soluções computacionais, orientada pelo mais amplo espectro de diversidade, como forma de prevenir a discriminação algorítmica; a condução de auditorias de dados e a instrução dos titulares de dados pessoais

e informações detidos por agentes da IA são fontes de suposições e presunções acerca de outros elementos não conhecidos suficientemente, ou simplesmente desconhecidos[373], como uma forma de simplificar a tomada de decisões automatizadas em ambientes caracterizados por deficiência de informação mascarada pela fraudulenta premissa de neutralidade da IA[374].

Com efeito, ainda possível conferir a autonomia absoluta dos sistemas de Inteligência Artificial "de interferências humanas – o que não se reconhece na atualidade –, num momento original de determinação dos objetivos do sistema de IA, dados e fórmulas matemáticas foram selecionados por humanos"[375], razão pela qual incorrem em atecnia afirmações de que os modelos de IA são sempre neutros, imparciais e explicáveis. É inegável que não há aplicações de IA, como os provedores de busca, por exemplo, que sejam unificados para toda e qualquer pessoa: eles são personalizados e ainda mais lapidados a cada interação.

2.5.2 Preconceitos em razão do espaço: geopricing *e* geoblocking

A utilização de ferramentas digitais inovadoras encurta distâncias e facilita o acesso à ampla variedade de conteúdos com um simples toque, resultando no surgimento de novos modelos de negócio no comércio eletrônico. Pode-se definir *e-commerce* como modalidade de contratação não presencial ou à distância, por via eletrônica. Em termos gerais, trata-se de um novo método de realizar transações comerciais utilizando sistemas e redes eletrônicas[376].

Em um contexto de perfilização, é possível que sejam fixados preços distintos para diferentes consumidores, ou ainda que lhes seja negado acesso

---

sensíveis quanto a hipóteses de aplicabilidade, ou não, dos direitos à revisão e à explicação como mecanismos de controle das decisões automatizadas." (DANTAS, Carlos Henrique Félix; COUTINHO, Luiza Leite Cabral Loureiro. Contornos da hétero[cis]normatividade na era digital: a vulnerabilidade da população LGBT+ diante de vieses de discriminação algorítmica. In: EHRHARDT JÚNIOR, Marcos (coord.). *Vulnerabilidade e novas tecnologias*. Indaiatuba, SP: Foco, 2023, p. 111-131).

373. MENDES, Laura Schertel; MATTIUZZO, Marcela. Discriminação algorítmica: conceito, fundamento Legal e tipologia. Revista Direito Público, Porto Alegre, v.16, n.90, 2019, 39-64, nov.-dez./2019, p. 40.

374. PARENTONI, Leonardo. Network neutrality: what is internet made of, how is it changing and how does it affect your life? *Revista da Faculdade de Direito da UFMG*, Belo Horizonte, nº Especial, 2nd Conference Brazil-Italy, 2017, p. 195-243.

375. MULHOLLAND, Caitlin; KREMER, Bianca. Responsabilidade civil por danos causados pela violação do princípio da igualdade no tratamento de dados pessoais. In: TEPEDINO, Gustavo; SILVA, Rodrigo da Guia. *O direito civil na era da inteligência artificial*. 1.ed. São Paulo: Thomson Reuters Brasil, 2020, p. 565-584.

376. BENJAMIN, Antônio Herman V.; MARQUES, Claudia Lima; BESSA, Leonardo Roscoe. *Manual de Direito do Consumidor*. 7.ed. São Paulo: Revista dos Tribunais, 2016, p. 1.086.

a produto ou serviço com foco em sua localização. Quando tal prática abusiva de precificação é realizada mediante o uso de dados de geolocalização, podem se configurar as espécies de *geopricing* e *geoblocking*, cada qual com suas próprias características e consequências jurídicas. Adicionalmente, são práticas facilitadas, em muitos países, pela livre comercialização de dados de localização geográfica.

> [...] obter atualizações em tempo real sobre localização de qualquer telefone celular custa certa de US$ 12,95. Enquanto esse mercado clandestino de dados de localização só foi confirmado nos Estados Unidos com relação a T-Mobile, Sprint e AT&T, ele pode (...) estar acontecendo com outras empresas de telecomunicação e em outras partes do mundo[377].

Esse quadro torna-se agravado quando, juntamente com os dados cadastrais do cliente em potencial do sítio eletrônico, capturam-se dados de navegação robustecidos por metadados (como os *cookies*), coletados para traçar o seu perfil de consumo - como um consumidor com maior ou menor potencial aquisitivo - e articular a possibilidade de elevar ou reduzir o preço final do produto e/ou serviço ofertado. O objetivo é maximizar os lucros do fornecedor e concretizar a aquisição do produto ou serviço, a partir do potencial - contido nos algoritmos dotados de Inteligência Artificial - de discriminar preços, condições contratuais (como forma de pagamento), qualidade e quantidade de opções disponíveis e outras informações de relevo.

Geoblocking se perfaz com manipulação da disponibilidade de ofertas ao consumidor, quando a empresa promove o bloqueio de ofertas para determinado grupo de consumidores, enquanto a disponibiliza a outros em razão da localização de sua conexão. Essa prática é viabilizada por tecnologia de IA que coleta e analisa dados GPS (*Global Positioning System*) de localização do consumidor em transações realizadas no comércio eletrônico de consumo.

Por outra ótica, o *geopricing* ocorre quando o fornecedor, também considerando a posição geográfica do consumidor, promove discriminação de preços para um mesmo produto ou serviço. Seja por *geoblocking* ou *geopricing*, fornecedores praticam, total ou parcialmente, recusa injustificada a acesso de bens ou prestação de serviços em detrimento de consumidores geograficamente classificados. Coloca-se em foco o valor da economia de

377. VÉLIZ, CARISSA. *Privacidade é poder*: por que e como você deveria retomar o controle de seus dados. Tradução de Samuel Oliveira. 1.ed. São Paulo: Editora Contracorrente, 2021, p. 44.

dados, propiciando uma nova compreensão dos impactos de um mercado rico em dados (*data-rich market*).

Caso emblemático, iniciado com a instauração de inquérito civil pela 5ª Promotoria de Justiça de Tutela Coletiva de Defesa do Consumidor e do Contribuinte do Ministério Público do Estado do Rio de Janeiro, firmou precedente no Brasil após comprovadas as práticas de *geopricing* e *geoblocking* por um dos maiores *websites* de comércio eletrônico especializado no fornecimento de passagens aéreas, reservas em hotéis, pacotes de viagem e serviços afins.

Por intermédio do Departamento de Proteção e Defesa do Consumidor, o Ministério da Justiça condenou a "Decolar.com" à sanção administrativa de pagamento de multa no valor de R$ 7.500.000,00 (sete milhões e quinhentos mil reais) por precificação discriminatória de acomodações e por negativa de oferta de vagas em serviços de hospedagem, baseando-se na localização geográfica do potencial consumidor que realizava a pesquisa em seu *website*[378].

> Desse modo, ainda que se possa discutir a precificação diferenciada para quartos de maiores dimensões ou com comodidades adicionais, ou mesmo para passagens aéreas de "classes" melhores e que ofereçam maior conforto, (...) será justa a diferenciação de preço em razão do objeto que, mesmo possuindo múltiplas categorias, continuará sendo lícito, possível, determinado ou determinável (art. 104, II, do Código Civil). O que se repudia – e que se tornou objeto da veemente reação no Brasil – é a discriminação de preços de caráter subjetivo, isto é, que leva em conta elementos que permitam traçar o perfil pessoal, profissional ou de consumo do potencial consumidor. Na hipótese, o mesmo objeto (seja um quarto de hotel ou um assento em aeronave) será comercializado para consumidores diferentes por preços diferentes e em função de decisão automatizada (art. 20, caput, LGPD), gerando um vício de forma, porquanto defesa, em lei, a perfilização discriminatória nesse contexto específico (art. 20, §2º, LGPD)[379].

378. Assim consta em trecho da decisão: "[A Decolar.com] sancionada por conta da prática aqui apontada, qual seja, a diferenciação de preço de acomodações e negativa de oferta de vagas, quando existentes, de acordo com a localização geográfica do consumidor, sendo considerada uma prática abusiva e discriminatória, a empresa deve cessar imediatamente a prática, sob pena de suspensão da atividade, bem como a retirada do site do ar [...]." (BRASIL. Secretaria Nacional do Consumidor. Departamento Nacional de Proteção e Defesa do Consumidor. Despacho nº 299/2018. Decisão de Aplicação de Sanção Administrativa. Processo nº 08012.002116/2016-21. Representada: Decolar.com Ltda. DOU de 18.06.2018).

379. FALEIROS JÚNIOR, José Luiz de Moura. Precificação personalizada vs. precificação dinâmica. In: PARENTONI, Leonardo (coord.). FERRARI, Giovanni Carlo Batista; FALEIROS JÚNIOR, José Luiz de Moura; ALVES,

Em cumprimento aos objetivos fundamentais da Constituição da República de 1988, em especial, "promover o bem de todos, sem preconceitos de origem, raça, sexo, cor, idade e quaisquer outras formas de discriminação", o CDC consagra o direito básico do consumidor de liberdade de escolha e de igualdade na aquisição de bens e serviços. No mesmo sentido dispõe o art. 2º da Declaração Universal de Direitos Humanos, da qual é signatário o Brasil:

> Não será também feita nenhuma distinção fundada na condição política, jurídica ou internacional do país ou território a que pertença uma pessoa, quer se trate de um território independente, sob tutela, sem governo próprio, quer sujeito a qualquer outra limitação de soberania[380].

Não basta a aparência de respeito às normas do Código de Defesa do Consumidor (CDC), exige-se efetiva proteção material do consumidor, o qual não pode ser alvo de práticas abusivas – ainda que a discriminação seja algorítmica –, e ao qual devem ser asseguradas informações claras e precisas. Isso porque "os fornecedores que conduzem negócios por meio eletrônico na Internet devem esclarecer como coletam e usam os dados dos consumidores, em face do direito de informação por estes titularizado (art. 6º, III, da Lei 8.078/1990)"[381].

O CDC demanda um dever de transparência do fornecedor referente à quantidade e à qualidade da informação prestada, consoante seus artigos 8º, parágrafo único, 30, 36, 39, II e IX, 46, 52 e 54, §4º, deveres a serem cumpridos desde a fase pré-contratual – com a proibição de publicidade enganosa e abusiva – até a pós-contratual, conforme artigo 10, §1º, do códex consumerista. O princípio da transparência também consta, juntamente com a explicabilidade, inteligibilidade e auditabilidade, no inciso VI do artigo 3º do PL nº 2.338/2023[382], que se ocupa de dispor sobre desenvolvimento, implementação e uso de sistemas de IA no Brasil.

Tárik César Oliveira e (org.). *Direito, tecnologia e inovação*. Vol. 4: estudos de casos. Belo Horizonte: DTIBR, 2022, p. 71-99. p. 84.

380. ORGANIZAÇÃO DAS NAÇÕES UNIDAS. *Declaração Universal de Direitos Humanos*. Paris, dez./1948. Disponível em: https://nacoesunidas.org/wp-content/uploads/2018/10/DUDH.pdf. Acesso em: 08.07.2023.

381. MARTINS, Guilherme Magalhães. O *geopricing* e *geoblocking* e seus efeitos nas relações de consumo. In: FRAZÃO, Ana; MULHOLLAND, Caitlin (coord.). *Inteligência artificial e direito*: ética, regulação e responsabilidade. São Paulo: Thomson Reuters Brasil, 2019.

382. BRASIL. SENADO FEDERAL. Projeto de Lei nº 2.338, de 2023. Atividade Legislativa, 2023. Disponível em: https://www25.senado.leg.br/web/atividade/materias/-/materia/157233?_gl=1*1qw7sar*_ga*ODQ

A vedação à discriminação é expressa no inciso IV do art. 3º do PL nº 2.338/2023, fazendo ainda alusão ao conceito abrangente de "discriminação", constante do inciso VI do art. 4º do referido projeto legislativo. É discriminatória qualquer distinção, exclusão, restrição ou preferência, seja em área da vida pública ou privada, "cujo propósito ou efeito seja anular ou restringir o reconhecimento, gozo ou exercício, em condições de igualdade, de um ou mais direitos ou liberdades" da ordem jurídica brasileira, devido a características como origem, cor, raça, etnia, gênero, orientação sexual, classe, idade, deficiência, religião ou opinião política.

Tais mecanismos algorítmicos discriminatórios configuram práticas abusivas, vedadas pelo CDC no rol exemplificativo do artigo 39, corroborado pelo artigo 31 do mesmo códex, no sentido de que as ofertas de produtos ou serviços, ainda que por meio eletrônico, devem garantir "informações corretas, precisas, ostensivas e em língua portuguesa sobre qualidades, quantidade, composição, preço, garantia, prazos de validade e origem, entre outros dados, bem como sobre os riscos que apresentam à saúde e à segurança dos consumidores". O óbice à discriminação é de tamanha relevância jurídica que pode, inclusive, configurar crime contra as relações de consumo, haja vista os tipos penais dispostos no art. 7º da Lei nº 8.137/1990.

Geoblocking e *geopricing* são, ainda, práticas que geram inarredável violação ao art. 9º da Lei nº 12.965/2014 – o Marco Civil da Internet –, que aborda a neutralidade da rede, e também aos artigos 12, §2º, 20 e 46 da Lei nº 13.709/2018 – denominada, brevemente, de LGPD –, sendo de rigor a observância pelos fornecedores, além dos parâmetros dispostos no CDC, de critérios específicos e adequados à gravidade de práticas discriminatórias dessa estirpe, inclusive à luz das funções preventiva e compensatória da responsabilidade civil[383].

Especialmente no que tange ao art. 46 da Lei Geral de Proteção de Dados, consagra-se um dever de natureza abrangente sobre o imperativo primordial da segurança da informação, estabelecendo uma norma de responsabilização civil em virtude dos prejuízos decorrentes da violação dos deveres de proteção dos dados pessoais. Delineia, destarte, um critério de imputação ancorado na comprovação de falha na prestação do serviço

---

3Nzg0NDY2LjE2MjQ2Mzc4Mzg.*_ga_CW3ZH25XMK*MTY4NDE2Mjk0My4yLjAuMTY4NDE2Mjk0My4wLjAuMA. Acesso em: 28.05.2023.

383. FALEIROS JÚNIOR, José Luiz de Moura; BASAN, Arthur Pinheiro. Discriminação algorítmica, profiling e geolocalização: uma análise dos impactos jurídicos do *geo-pricing* e *geo-blocking*. *Revista Meritum*, v. 16, n. 3, p. 302-320, set.-dez./2021.

por parte do provedor, alicerçado na ruptura de uma legítima expectativa do consumidor quanto à segurança de todos os procedimentos envolvidos nas etapas de tratamento de suas informações pessoais.

2.5.3 Preconceitos em razão do tempo: as predições algorítmicas

Porque tratar de preconceitos em razão do tempo? Fazer uma predição significa fazer uma estimativa ou suposição sobre um evento futuro ou um resultado desconhecido com base em informações históricas disponíveis no presente e padrões identificados, ou seja, levando em consideração desde a concepção do modelo de Inteligência Artificial até os dados que advêm de sua implementação e seu uso e aqueles decorrentes de suas interações "no campo".

Consiste em antever o provável com base em padrões, tendências, estatísticas, dados históricos ou conhecimentos preexistentes, e por isso deve estar imune aos preconceitos em razão do tempo, seja porque seus dados estão desatualizados, ou porque suas inferências retratam visão antiquada e/ou de baixa representatividade, ou porque suas previsões não se ajustam à dinâmica social, podendo, em quaisquer dos casos, ensejar resultados enviesados.

> Em qualquer organização, um modelo preditivo desempenha, essencialmente, a mesma função que uma abordagem *atuarial* de uma companhia de seguros: classificando indivíduos pela probabilidade de um resultado negativo. (...) [trata-se de] tecnologia que aprende a partir da experiência (dados) para prever o comportamento futuro de indivíduos a fim de orientar melhores decisões (...) [e] administrar o microrrisco[384].

Pode ser aplicado em uma ampla variedade de situações concretas, como: a) previsão comportamental por fornecedores que utilizam predições algorítmicas para compreender como consumidores podem se comportar no futuro com base em seu histórico de compras, preferências, curtidas, cliques *online*, etc., auxiliando em estratégias de *marketing* direcionado e personalizado; b) no campo da saúde, algoritmos são usados para prever a probabilidade de um paciente desenvolver determinada condição baseada em seus dados históricos de saúde; c) previsão de risco de crédito por instituições financeiras que usam predições algorítmicas para avaliar o risco

384. SIEGEL, Eric. *Análise preditiva*: o poder de prever quem vai clicar, comprar, mentir ou morrer. Tradução de Wendy Campos. Rio de Janeiro: Alta Books, 2017, p. 128-129.

de crédito de um indivíduo ou uma empresa, a partir de cálculos atuariais que demonstrem se pagarão ou não seus empréstimos; d) personalização de serviços, em especial por plataformas de *streaming* de música e filmes que fazem uso de algoritmos para prever qual conteúdo um usuário pode gostar com base em seu histórico de interações e, assim, realizar recomendações mais personalizadas; e) previsão, por determinados setores industriais, sobre os prazos de manutenção periódica de certas máquinas com base em dados pretéritos de desempenho, permitindo realizar a manutenção proativa, evitar falhas e reduzir prejuízos.

Se um algoritmo que serve a prever o sucesso dos candidatos a um cargo de emprego for treinado com amostras de promoções anteriores, claramente replicará os preconceitos dos processos seletivos precedentes. Construir um algoritmo que perpetua disparidades raciais ou de gênero é preocupante, não? Todavia, como funciona o modelo de "predição algorítmica"? Sua característica definidora é que a mesma regra é aplicada a todos os casos. Cada preditivo tem um peso, e esse peso não varia de um caso para outro, no entanto, essa restrição severa não coloca esses modelos de IA em desvantagem em relação aos juízes humanos. Isso porque as comuns especulações clínicas, ainda que consideradas plausíveis, atribuem pesos diferentes a iguais preditivos, uma sutileza fora de cogitação em modelos preditivos de IA[385].

A ilusão de validade é encontrada sempre que julgamentos preditivos são feitos, por causa de uma falha comum em distinguir entre dois estágios da tarefa de predição: avaliar casos com base em evidências já disponíveis e prever resultados reais. O motivo é simples: ainda que o julgador humano saiba muito para avaliar dois casos ou dois candidatos à vaga de emprego, olhar para o futuro e tentar prever qual deles se amolda melhor é bastante incerto.

Predições são comumente usadas em diversas áreas, como ciência, negócios, esportes, economia e meteorologia. Podem ser fundadas em modelos matemáticos, análise estatística, técnicas de aprendizado de máquina e até em julgamentos subjetivos de especialistas. No entanto, predições não são garantias absolutas de eventos futuros, pois sujeitas a incertezas e imprevistos. Representam apenas a probabilidade ou possibilidade do que pode ocorrer com base nas informações disponíveis no momento da predição. À medida que novas informações são disponibilizadas, as predições podem ser ajustadas a fornecer estimativas mais precisas.

---

385. KAHNEMAN, Daniel; SIBONY, Olivier; SUNSTEIN, Cass. *Noise*: a flaw in human judgment. New York: Little Brown Spark, 2021. *E-book*.

O refinamento da predição depende da qualidade dos dados utilizados pelo modelo de IA. Segundo o PL nº 2.338/2023[386], em seu art. 9º, a pessoa afetada pela aplicação de IA terá o direito de contestar e pedir revisão de decisões, recomendações ou previsões automatizadas que produzam efeitos jurídicos relevantes ou impactem, significativamente, seus interesses, além dos direitos de "correção de dados incompletos, inexatos ou desatualizados" usados – uma vez que a acurácia e a atualização dos dados afetarão diretamente os *outputs* do sistema de IA – e de "solicitar a anonimização, bloqueio ou eliminação de dados desnecessários, excessivos ou tratados em desconformidade com a legislação", na forma do art. 18 da LGPD.

Tanto é assim que o art. 21 do PL nº 2.338/2023[387] adiciona às medidas de governança a obrigação de que órgãos e entes públicos da União, Estados, Distrito Federal e Municípios, ao contratar, desenvolver ou utilizar sistemas de IA de alto risco, adotem dados provenientes de fontes seguras e cujas informações sejam exatas, relevantes, atualizadas e representativas das populações afetadas e testadas contra vieses algorítmicos discriminatórios, haja vista a Seção IV do Capítulo II do PL nº 2.338/2023[388] tratar, especificamente, sobre o direito a não discriminação e à correção de vieses discriminatórios diretos, indiretos, ilegais ou abusivos.

Nesse sentido, o direito do titular de dados à contestação de decisões, recomendações ou previsões automatizadas por sistemas de IA que produzam efeitos jurídicos relevantes ou que impactem, significativamente, os seus interesses abrange também aquelas amparadas em inferências

386. BRASIL. SENADO FEDERAL. Projeto de Lei nº 2.338, de 2023. Atividade Legislativa, 2023. Disponível em: https://www25.senado.leg.br/web/atividade/materias/-/materia/157233?_gl=1*1qw7sar*_ga*ODQ3Nzg0NDY2LjE2MjQ2Mzc4Mzg.*_ga_CW3ZH25XMK*MTY4NDE2Mjk0My4yLjAuMTY4NDE2Mjk0My4wLjAuMA. Acesso em: 28.05.2023.

387. Ibidem.

388. "Art. 12. As pessoas afetadas por decisões, previsões ou recomendações de sistemas de inteligência artificial têm direito a tratamento justo e isonômico, sendo vedadas a implementação e o uso de sistemas de inteligência artificial que possam acarretar discriminação direta, indireta, ilegal ou abusiva, inclusive: I – em decorrência do uso de dados pessoais sensíveis ou de impactos desproporcionais em razão de características pessoais como origem geográfica, raça, cor ou etnia, gênero, orientação sexual, classe socioeconômica, idade, deficiência, religião ou opiniões políticas; ou II – em função do estabelecimento de desvantagens ou agravamento da situação de vulnerabilidade de pessoas pertencentes a um grupo específico, ainda que se utilizem critérios aparentemente neutros. Parágrafo único. A vedação prevista no caput não impede a adoção de critérios de diferenciação entre indivíduos ou grupos quando tal diferenciação se dê em função de objetivos ou justificativas demonstradas, razoáveis e legítimas à luz do direito à igualdade e dos demais direitos fundamentais." (BRASIL. SENADO FEDERAL. Projeto de Lei nº 2.338, de 2023. Atividade Legislativa, 2023. Disponível em: https://www25.senado.leg.br/web/atividade/materias/-/materia/157233?_gl=1*1qw7sar*_ga*ODQ3Nzg0NDY2LjE2MjQ2Mzc4Mzg.*_ga_CW3ZH25XMK*MTY4NDE2Mjk0My4yLjAuMTY4NDE2Mjk0My4wLjAuMA. Acesso em: 28.05.2023).

discriminatórias, irrazoáveis ou que afrontem a boa-fé objetiva, ou seja, fundadas em dados inadequados ou abusivos às finalidades do tratamento ou em métodos imprecisos ou estatisticamente não confiáveis, ou quando não considerem, de forma apropriada, a individualidade e as características particulares das pessoas naturais.

Nesses casos, o artigo 10 do PL nº 2.338/2023[389] prevê expressamente a possibilidade de o titular afetado pelo sistema de IA solicitar a intervenção ou revisão humana da decisão, previsão ou recomendação automatizada. Porém, não se exige intervenção ou revisão humana se comprovadamente impossível a sua implementação, caso em que o responsável por operar o sistema de IA "implementará medidas alternativas eficazes, a fim de assegurar a reanálise da decisão contestada, levando em consideração os argumentos suscitados pela pessoa afetada, assim como a reparação de eventuais danos gerados".

Caso, no entanto, as decisões, previsões ou recomendações geradas pelo sistema de IA impactem direitos fundamentais de forma irreversível ou de difícil reversão – circunstância prevista no inciso V do artigo 18 do PL como um dos fatores de identificação de modelos de IA de alto risco e até de risco excessivo –, ou possam gerar riscos à vida ou integridade física individual, o envolvimento humano significativo no processo decisório e a determinação humana final tornar-se-ão imperativos legais, nos termos do artigo 11 do PL nº 2.338/2023[390].

> Destaca-se, finalmente, que a predição comportamental a partir de algoritmos desafia o *jus imperii* estatal, uma vez que o controle sobre as plataformas resta, ao fim e ao cabo, sob o poder das corporações que delas se valem para impor métricas dedicadas à otimização de seus resultados comerciais. Nessa linha, a proliferação de uma cultura de prevenção, baseada em uma função revigorante da responsabilidade civil catalisada por instrumentais ex ante, aparece como um saudável novo filtro para a imposição de deveres que fazem ressurgir a teoria do risco, sob viés aprimorado e adequado à sociedade da informação[391].

O operador do direito precisa, então, criar mecanismos para lidar com tantas métricas preditivas enviesadas, cabendo-lhe sopesar as vanta-

389. Ibidem.

390. Ibidem.

391. FALEIROS JÚNIOR, José Luiz de Moura; BASAN, Arthur Pinheiro. Desafios da predição algorítmica na tutela jurídica dos contratos eletrônicos de consumo. *Revista da Faculdade de Direito da UFRGS*, Porto Alegre, n. 44, p. 131-153, dez./2020.

gens e os impactos algorítmicos dos sistemas de IA a serem desenvolvidos, implementados e usados, a partir do minucioso exame da mineração de dados pessoais dos usuários e da capacidade de predição comportamental dada à perfilização, "com vistas a assegurar o necessário equilíbrio entre os poderes dos fornecedores e os direitos dos consumidores em uma sociedade capitalista-hiperconectada"[392].

> A qualidade da decisão automatizada (*output*), baseada em um algoritmo, tem uma correlação direta com a qualidade dos dados que ele processa (*input*). Por isso, se o algoritmo se baseia em dados históricos repletos de preconceitos, ele reproduzirá de forma automatizada os mesmos padrões preconceituosos utilizados como base de seu processamento[393].

A suposta imparcialidade de um algoritmo é assegurada tanto quanto sejam imparciais – e o mais desprovido de preconceitos enraizados na sociedade – os dados coletados, armazenados e utilizados como *inputs* na atividade de programação do sistema. Diversidade é a chave mestra! Caso se verifique a imperfeição algorítmica, ela terá sido herdada – se considerarmos o hodierno estado da arte da Inteligência Artificial – de vieses discriminatórios intrínsecos aos próprios tomadores de decisão anteriores.

A temática de *accountability* pode se dedicar tanto aos danos causados por aplicações autônomas de Inteligência Artificial como aos prejuízos decorrentes do desenvolvimento, da implementação e do uso de sistemas de IA que oferecem suporte à tomada de decisão humana, presentes na maioria das atividades rotineiramente executados por computadores pessoais e dispositivos de Internet das Coisas usados pelos titulares de dados conectados hoje à internet. Isso porque seus desafios perpassam os erros e danos imprevisíveis, o surgimento de novas vulnerabilidades no tratamento de dados pessoais, os debates sobre violações de privacidade, cibersegurança e outros princípios éticos por sistemas "inteligentes"[394].

---

392. OLIVA, Milena Donato; COUTINHO, Luiza Leite Cabral Loureiro. A prática abusiva do "preço por inbox" e a responsabilidade civil do fornecedor por precificação discriminatória. *Revista de Direito do Consumidor*, vol. 143, p. 349-372, set.-out./2022.

393. DONEDA, Danilo Cesar Maganhoto; MENDES, Laura Schertel; SOUZA, Carlos Affonso; ANDRADE, Norberto Nuno Gomes de. Considerações iniciais sobre inteligência artificial, ética e autonomia pessoal. *Revista Pensar*, Fortaleza, v.23, n.4, p. 1-17, out.-dez./2018.

394. "Todos esses temas jogam luz sobre a conduta humana que, por vezes, parece assumir um papel secundário, dado o fascínio com as implementações de inteligência artificial, especialmente quando se trata de IA físicas e robôs antropomórficos, que aqui chamamos de ´novos turcos´. De olho no presente, e no componente humano existente nas relações mediadas por inteligência artificial, será possível construir uma análise mais próxima das situações que progressivamente se popularizam e

Faz-se, aqui, um gancho para o próximo capítulo, a respeito da última matriz de risco a ser analisada: o sentido e o alcance de *accountability* na seara da Inteligência Artificial, após ter restado, neste, demonstrada a importância da observância de direitos e deveres humanos frente aos impactos latentes e potenciais dessas tecnologias.

que demandam uma solução jurídica que não esteja olhando para o lugar errado, como a encantada plateia do velho Turco." (SOUZA, Carlos Affonso; PADRÃO, Vinícius. Responsabilidade civil e os "novos turcos": o papel da conduta humana nos danos relacionados à inteligência artificial. In: TEPEDINO, Gustavo; SILVA, Rodrigo da Guia. *O direito civil na era da inteligência artificial*. 1.ed. São Paulo: Thomson Reuters Brasil, 2020, p. 663-683).

Capítulo 3

EM BUSCA DA CALIBRAGEM IDEAL ENTRE DIREITOS HUMANOS, DESENVOLVIMENTO TECNOLÓGICO E GRADAÇÃO DOS RISCOS: UMA ABORDAGEM REGULATÓRIA HÍBRIDA DA INTELIGÊNCIA ARTIFICIAL

3.1 O significado de *accountability*: o "núcleo duro" de princípios da Inteligência Artificial e sua íntima relação com as matrizes de risco da IA

De pronto, o primeiro impasse é de cunho etimológico. Refere-se à origem, formação, evolução e tradução do inglês ao português do termo *accountability*, replicado em diversos documentos internacionais sobre proteção de dados pessoais e acerca da base principiológica da Inteligência Artificial. Segundo o *Collins Dictionary*[1], *accountability* significa, em língua portuguesa, "responsabilidade". No entanto, para o *Cambridge Dictionary*[2], consiste em ser responsável pelo que se faz e capaz de dar razão satisfatória ao grau com que isso acontece, traduzindo-o como "responsabilidade, prestação de contas".

A Lei Geral de Proteção de Dados Brasileira, no inciso X de seu artigo 6º, parece definir, em verdade, *accountability*, ao arrolar os princípios a serem observados no tratamento de dados pessoais: "X – responsabilização e prestação de contas: demonstração, pelo agente, da adoção de medidas eficazes e capazes de comprovar a observância e o cumprimento das normas de proteção de dados pessoais e, inclusive, da eficácia dessas medidas."

1. COLLINS DICTIONARY. *Portuguese translation of accountability*. Disponível em: https://www.collinsdictionary.com/dictionary/english-portuguese/accountability. Acesso em: 08.06.2023.
2. CAMBRIDGE DICTIONARY. *Accountability*: the fact of being responsible for what you do and able to give a satisfactory reason for it, or the degree to which this happens. Responsabilidade, prestação de contas. Disponível em: https://dictionary.cambridge.org/pt/dicionario/ingles-portugues/accountability. Acesso em: 08.06.2023.

Expressão utilizada com escopo semelhante é "responsividade"[3], sinalizando para a elaboração de respostas de forma responsável e proativa, ao invés de perdurar o agente de modo passivo e evadir-se de responder por suas condutas, sejam comissivas ou omissivas.

> Desde a introdução do conceito nos debates acadêmicos brasileiros, no começo da década de 1990, até hoje, ainda não se chegou a um acordo sobre a expressão que melhor traduza o conceito em português. Encontram-se, na literatura brasileira, uma variedade de vocábulos que buscam traduzir *accountability*: controle, fiscalização, prestação de contas, responsabilização, entre outros. A escolha por um equivalente em português não é, portanto, aleatória e revela o significado e os limites atribuídos (...) *accountability* apresenta um caráter polissêmico e evolutivo intrínseco que dificulta sua tradução não só para português, mas para vários idiomas[4].

O caráter polissêmico da expressão *accountability*, não só da tradução, mas até mesmo do uso no idioma de origem, produz indeterminação conceitual ensejadora de tensões quanto a seus elementos constitutivos. Inegável é a difusão do termo, usado por instituições públicas e privadas, jornalistas, ativistas, gestores e pesquisadores. Embora seu alcance permaneça subexplorado, mormente na esfera jurídica, seu significado ainda é demasiadamente evasivo.

Adicionalmente, a terminologia pode ser endereçada sob três modalidades distintas. A *accountability* vertical se refere à prestação de contas e responsabilização nas relações entre o particular e Administração Pública,

---

3. "Três locuções aparecem com maior frequência: *Accountability* Governamental, *Accountability* Contábil e *Accountability* Pessoal ou Individual. (...) A *Accountability* Pessoal é a postura ética ativa de uma pessoa com relação a outras. Tal habilidade leva essa pessoa a crescer acima e além das circunstâncias, fazendo tudo o que está ao seu alcance para atingir os melhores resultados, principalmente no que se refere às responsabilidades do dia a dia, tanto no ambiente familiar quanto no profissional. (...) Em inglês, é comum encontrar em uma mesma frase as palavras *Responsibility* e *Accountability*. (...) São conceitos próximos, mas diferentes (...) [para] distinguir um conceito do outro (...). Imaginem que uma jovem mãe precise deixar o filho pequeno aos cuidados de sua irmã. A primeira pergunta que faço é: a tia tem responsabilidade suficiente para tomar conta da criança? Com raras exceções, a resposta será: ´Definitivamente, sim!´ Mas não seria bom se ela recebesse da mãe um bilhete com orientações? (...) a tia atua em um nível básico de responsabilidade, enquanto a mãe atua em um nível superior. A tia é responsável, a mãe é *Accountable*. Falta em nosso idioma uma palavra que indique esse nível superior de Responsabilidade. A *Accountability* é, por definição, a atitude de *pegar a responsabilidade para si e gerar respostas com resultados*." (CORDEIRO, João. *Accountability*: a evolução da responsabilidade pessoal, o caminho da revolução eficaz. Rio de Janeiro: Alta Books, 2023, p. 24-28. *E-book*).
4. HOMERIN, Janaína Camelo. A impossível tradução do conceito de *accountability* para português. Dissertação (Mestrado em Gestão e Políticas Públicas). Escola de Administração de Empresas da Fundação Getulio Vargas (FGV). São Paulo, 2016, p. 3.

sob uma perspectiva de soberania, ao passo que o tipo horizontal está relacionado às relações entre os órgãos ou entes públicos em geral. E por fim, a classe da *accountability* social está associada à atuação de organismos de representatividade social, sindicatos, mídias informacionais e/ou entidades afins que investiguem e notificiem os abusos do poder-dever de prestação de contas e os danos suscetíveis de responsabilização[5].

Jørgensen e Sørensen sustentam ainda a possibilidade de se destrinchar a terminologia sob três contextos: (1) como capacidade – pressupõe um conjunto normativo de deveres atribuídos a um determinado sujeito como os limites legais para as suas ações; (2) como responsabilidade e prestação de contas – relaciona-se à obrigação que certos agentes têm de prestar informações à autoridade superior, interna ou externa, por seus atos no desempenho de suas funções; (3) em sentido estrito ou como *liability* – refere-se aos efeitos jurídicos dos próprios atos e, às vezes, de atos praticados por terceiro subordinado, podendo implicar em sanção (renúncia, demissão, pena disciplinar, etc.) e reparação integral dos danos causados[6].

A expressão *liability*, como regra, está associada à responsabilidade legal, enquanto o termo *responsibility* pode abranger uma gama mais ampla de obrigações, incluindo aquelas não estritamente legais, mas de ordem moral e autorregulada. Por sua vez, *accountability* vai além de *responsibility*, implicando não apenas em realizar uma tarefa, mas também em prestar contas, abrangendo deveres de transparência e explicabilidade sobre decisões e resultados. Cada vocábulo destaca uma dimensão distinta de obrigações e deveres em contextos variados.

Imbuído do intuito de preservar a abrangência do conceito, Schedler[7] propõe uma abordagem bidimensional à compreensão de *accountability*,

5. JUNQUILHO, Tainá Aguiar; SALDANHA, Paloma Mendes. O pioneirismo regulatório europeu. CONJUR, 2023. Disponível em: https://www.conjur.com.br/2022-mai-26/junquilho-saldanha-pioneirismo-regulatorio-europeu/. Acesso em: 08.06.2023.

6. FALEIROS JÚNIOR, José Luiz de Moura. Perspectivas terminológicas da *accountability* no governo digital: uma abordagem das dimensões política, administrativa, profissional e democrática. *Revista EJEF*, Belo Horizonte, a. 2, n. 2, jan.-jun./2023.

7. Na versão original: "In experiences of political accountability, usually all three dimensions – information, justification, and punishment – are present. However, they do not form a core of binary "defining characteristics" that are either present or absent and that must be present in all instances we describe as exercises of accountability. They are continuous variables that show up to different degrees, with varying mixes and emphases. Furthermore, even if one or two of them are missing we may still legitimately speak of acts of accountability. (...) it is possible, in principle, to find instances where the idea of accountability is dissociated from one of its core dimensions-be it enforcement or answerability-without necessarily creating ´diminished subtypes´ of a accountability as a result. I conclude accordingly that accountability does not represent a ´classical´ concept displaying a hard core of invariable basic characteristics. Instead, it must be regarded as a ´radial´ concept whose ´subtypes´

segundo características essenciais de informação, justificação e sanção, a saber: (i) *answerability*, consubstanciada nos deveres de informação, transparência e prestação de contas; e (ii) *enforcement*, isto é, a capacidade de controle e de responsabilização, impondo sanções aos agentes que descumpram tais deveres.

Sob a égide das matrizes de risco da IA, seja sob a ótica de deveres anexos à boa-fé objetiva, de prestação de contas ou de medida de *enforcement* para a salvaguarda do perfil funcional da responsabilidade civil, *accountability* retrata uma expressão com amplo alcance semântico, a ser observada em todo o ciclo de vida dos sistemas de IA e atingindo toda sua cadeia de valor. Sob tais parâmetros, Parsons[8] propõe que as medidas de governança, boas práticas e a racionalização de programas de *compliance* por agentes de IA se ressignifiquem à luz de quatro critérios: (i) *accountability*; (ii) *legality*; (iii) *integrity*; (iv) *responsiveness*.

Não basta ser responsável perante os humanos, é indispensável que, desde o projeto da IA, sejam oferecidos mecanismos apropriados de testagem, *feedback*, explicação e correção de vieses algorítmicos, como medidas de direção e controle humanos, que permanecem sendo responsáveis pelo desenvolvimento, implantação, uso e resultados dos sistemas de IA. De acordo com a Academia de Inteligência Artificial de Pequim, na China, pesquisadores e desenvolvedores de IA devem sempre ponderar possíveis impactos e riscos éticos, legais e sociais trazidos por produtos e serviços e adotar ações concretas para atenuá-los e evitá-los[9].

Frente às recomendações do Parlamento Europeu sobre o regime de responsabilidade aplicável à Inteligência Artificial, os considerandos do Relatório A9-0178/2020, de 20 de outubro de 2020, referem-se ao duplo papel da noção de *accountability*, orientada ao futuro da Inteligência Artificial, a garantir que, por um lado, a pessoa afetada, a que sofreu prejuízos, "tenha o direito de exigir e receber uma indenização da parte comprovadamente responsável por esses danos ou prejuízos e, por outro, proporciona incen-

---

or ´secondary´ expressions do not share a common core but lack one or more elements that characterize the prototypical ´primary´ category." (SCHEDLER, Andreas. Conceptualizing accountability. In: SCHEDLER, A.; DIAMOND, L.; PLATTNER, M. F. (eds.). *The self-restraing state*: power and accountability in new democracies. Boulder and London: Lynne Rienner Publishers, 1999, p. 17-18).

8. PARSONS, Tarcott. Evolutionary universals in society. *American Sociological Review*, Chicago, volume 29, issue 3, jun./1964, p. 339-357. Disponível em: https://www.d.umn.edu/cla/faculty/jhamlin/4111/Readings/ParsonsUniversals.pdf. Acesso em: 02.07.2023.

9. CORTIZ, Diogo; BURLE, Caroline. *Mapeamento de princípios de inteligência artificial*. São Paulo: Núcleo de Informação e Coordenação do Ponto BR – NIC.BR, 2020, p. 7. Disponível em: https://acervo.ceweb.br/acervos/conteudo/8d5a37ce-dfa2-47c2-90e1-7a008ec9e051. Acesso em: 12.05.2023.

tivos econômicos para que as pessoas singulares e coletivas evitem, desde logo, causar danos ou prejuízos"[10] a terceiros.

O Parlamento Europeu, em maio de 2022, publicou a Resolução nº 2020/2266(INI) sobre Inteligência Artificial na era digital, e ao definir que a IA deve ser apreendida como uma tecnologia antropocêntrica, dispôs que não poderá substituir a autonomia humana, nem acarretar perda da liberdade individual. Em adição, destacou o incentivo a:

> [...] explorar o enorme potencial da IA com base nos valores europeus fundamentais,nos princípios da transparência, da explicabilidade, equidade, responsabilização, responsabilidade e fiabilidade, bem como o princípio de que a IA e a robótica devem estar centradas no ser humano e ser desenvolvidas para complementar os seres humanos; salienta que, num número significativo de domínios da vida humana, da sustentabilidade aos cuidados de saúde, a IA deve ser vista como uma ferramenta auxiliar para utilizadores e profissionais, aumentando as capacidades dos humanos sem os impedir de agir e de decidir livremente; sublinha que os princípios e os requisitos éticos decididos em matéria de IA devem funcionar em todos os domínios de aplicação da IA, com base nas salvaguardas necessárias, o que aumentará a confiança dos cidadãos, fazendo com que estes tirem partido dos benefícios da IA[11].

---

10. "[...]. B. Considerando que qualquer quadro jurídico de responsabilidade civil orientado para o futuro deve criar confiança na segurança, fiabilidade e coerência dos produtos e serviços, nomeadamente na tecnologia digital, a fim de estabelecer um equilíbrio entre a proteção eficiente e justa das eventuais vítimas de danos ou prejuízos e, ao mesmo tempo, proporcionar margem de manobra suficiente para permitir que as empresas (...) desenvolvam novas tecnologias, produtos ou serviços; considerando que tal contribuirá para reforçar a confiança e criar estabilidade para o investimento; considerando que, em última análise, o objetivo de um quadro de responsabilidade deve ser proporcionar segurança jurídica para todas as partes, quer se trate do produtor, do operador, da pessoa lesada ou de terceiros; C. Considerando que (...) que, em muitas leis nacionais em matéria de responsabilidade civil, se considera que o demandado tem responsabilidade objetiva se o risco que criou para o público, por exemplo, sob a forma de automóveis ou atividades perigosas, ou um risco que não pode controlar, como os animais, resultar em danos ou prejuízos; D. Considerando que qualquer legislação futura da União, que tenha como objetivo a atribuição explícita de responsabilidade no que diz respeito aos sistemas de inteligência artificial (IA), deve ser precedido por análise e consulta com os Estados-Membros sobre a conformidade do ato legislativo proposto com as condições econômicas, jurídicas e sociais; E. Considerando que a questão de um regime de responsabilidade civil para a IA deve ser objeto de um amplo debate público, (...) especialmente os aspetos éticos, jurídicos, económicos e sociais, a fim de evitar mal-entendidos e receios injustificados (...) [com] análise cuidadosa das consequências de qualquer novo quadro regulamentar para as partes interessadas, através de uma avaliação de impacto, deve ser uma condição prévia para a adoção de novas medidas legislativas." (PARLAMENTO EUROPEU. Resolução A9-0178/2020, de 20 de outubro de 2020, que contém recomendações à Comissão sobre o regime de responsabilidade civil aplicável à Inteligência Artificial. Disponível em: https://www.europarl.europa.eu/doceo/document/TA-9-2020-0276_PT.html#title1. Acesso em: 08.03.2023).

11. A resolução europeia aduz que, para aprimorar a segurança de produtos e identificar falhas, os desenvolvedores de IA de alto risco devem conservar, de forma segura, os registos acessíveis da

Já nos Estados Unidos da América, o centro de pesquisas *Berkman Klein Center for Internet & Society*[12], na Universidade de Harvard, realizou, no início de 2020, o mapeamento do consenso internacional sobre os princípios da Inteligência Artificial e suas abordagens regulatórias baseadas em direitos humanos. Após a análise de aproximadamente quarenta documentos sobre o tema, foi apontada a maior recorrência – em mais de 90% dos arquivos examinados – dos princípios da justiça, equidade, inclusão, não discriminação, privacidade, transparência, explicabilidade e *accountability*, embora houvesse outros princípios setoriais.

A pesquisa revelou a tendência de consenso da comunidade internacional em torno de um "núcleo duro" de princípios da IA: (i) *accountability*; (ii) privacidade; (iii) segurança e proteção; (iv) transparência e explicabilidade; (v) justiça, equidade e não discriminação; (vi) controle humano de tecnologias de IA; (vii) responsabilidade profissional; e (viii) promoção de valores humanos frente aos riscos da IA. Sobre essa base principiológica, os formuladores de políticas públicas, desenvolvedores, fornecedores, acadêmicos e todos aqueles que desprendem esforços para maximizar benefícios e minimizar danos potenciais dos sistemas de Inteligência Artificial estejam melhor posicionados para aproveitar impulsionar a conversa global sobre os rumos da IA e o futuro dos humanos em um mundo artificialmente inteligente.

Os Princípios da Inteligência Artificial, definidos pela OCDE, visando promover inovação centrada em direitos humanos e valores democráticos, foram objeto de adesão pelo Brasil. Na Declaração de Osaka dos Líderes do G20, datada de junho de 2019, consta o compromisso de desenvolvimento e uso responsável de Inteligência Artificial, com referência expressa às recomendações da OCDE[13]. Em 2021, o G20 divulgou docu-

atividade algorítmica e até conceber sistemas de IA de alto risco com mecanismos incorporados ("interruptores de pausa"), permitindo que, a qualquer momento, uma intervenção humana possa pôr termo, de modo eficaz, às atividades automatizadas, respeitando o princípio da intervenção humana: os resultados produzidos pelo sistema de IA e o seu raciocínio devem ser sempre compreensíveis para os seres humanos. (PARLAMENTO EUROPEU. Resolução 2020/2266(INI), de 03 de maio de 2022, sobre Inteligência Artificial na era digital. Disponível em: https://www.europarl.europa.eu/doceo/document/TA-9-2022- 0140_PT.html. Acesso em: 23.06.2023).

12. BERKMAN KLEIN CENTER FOR INTERNET & SOCIETY AT HARVARD UNIVERSITY. *Principled Artificial Intelligence*: mapping consensus in ethical and rights-based approaches to principles for AI. Harvard Publications, Ethics and Governance of AI, 2020. Disponível em: https://cyber.harvard.edu/publication/2020/principled-ai. Acesso em: 08.03.2023.
13. BRASIL. GOVERNO FEDERAL. Declaração de Osaka dos Líderes do G20. Disponível em: https://www.gov.br/mre/pt-br/canais_atendimento/imprensa/notas-a-imprensa/2019/declaracao-de-osaka-dos-lideres-do-g20. Acesso em: 23.06.2023.

mento identificando doze ações para acelerar as transformações digitais, dentre elas, a promoção de *startups* que fomentem avanços tecnológicos no uso responsável de aplicações de IA. Nessa toada, Danilo Doneda e Miriam Wimmer expressam a importância de uma avaliação antropocêntrica dos perigos de computadores inteligentes, baseada em matrizes de risco aos direitos fundamentais:

> [P]ode-se trabalhar com uma matriz de risco na qual as decisões automatizadas podem ser classificadas em torno dos seus impactos potenciais aos direitos fundamentais, pela qual aquelas com menor potencial de impacto podem, em conjunto com outros fatores, justificar modelos mais genéricos de intervenção humana ou mesmo permitir que outros elementos, tal como a transparência, uma vez verificados a contento, possam mesmo eximir a necessidade de que esta intervenção seja direta. A partir desta métrica, o aumento potencial dos impactos aos direitos fundamentais presentes em decisões automatizadas pode ensejar a necessidade de que formas mais específicas de intervenção humana sejam observadas, compreendendo, inclusive, hipóteses nas quais o recurso às decisões automatizadas seja desaconselhado de todo[14].

As matrizes de risco desempenham papel fundamental na formação da principiologia aplicável a P&D, implementação e uso de sistemas de IA. Um alicerce axiológico sólido permite a avaliação sistemática e abrangente dos riscos associados a sistemas de IA[15], identificando áreas problemáticas e orientando a mitigação de eventuais ameaças aos direitos humanos. Por meio da definição das principais matrizes de riscos subjacentes às diferentes tipologias de IA, é possível criar mecanismos que garantam que sistemas de IA sejam projetados, de forma responsável, conforme os princípios éticos relevantes, prevenindo danos e, caso ocorram, promovendo *accountability* dos envolvidos.

---

14. DONEDA, Danilo; WIMMER, Miriam. "Falhas de IA" e a intervenção humana em decisões automatizadas: parâmetros para a legitimação pela humanização. *Revista Direito Público*, Brasília, v. 18, n. 100, p. 374-404, out./dez. 2021. Assunto Especial, Dossiê "Inteligência Artificial, Ética e Epistemologia", p. 397.

15. Vale ressaltar a existência de padrões institucionais regulamentares de avaliação de riscos de sistemas de Inteligência Artificial já em desenvolvimento tanto pelo *Institute of Electrical and Electronics Engineers Standards Association* (IEEE) quanto pelo *International Standardization Organization* (ISO) e *International Electrotechnical Commission* (IEC), tais como IEEE 7010:2020 sobre *Recommended Practice for Assessing the Impact of Autonomous and Intelligent Systems on Human Well-Being*; IEEE 7000:2021 sobre *Model Process for Adressing Ethical Concerns During System Design*; ISO/IEC 38507:2022 sobre *Governance Implications of the Use of Artificial Intelligence by Organisations*; ISO/IEC 23.894:2023 sobre *Artificial Intelligence and Risk Management*; ISO/IEC 42001:2023 sobre *Artificial Intelligence Management System*; entre outros.

3.1.1 Mas de qual regime de responsabilidade se está falando?

Em outubro de 2021, foi publicada uma carta aberta[16] por um grupo de especialistas e pesquisadores na área de Direito e Novas Tecnologias, na qual foi criticado o art. 6º, VI, do, então em tramitação, PL nº 21/2020[17]. Dispunha que as normas relativas aos "agentes que atuam na cadeia de desenvolvimento e operação de sistemas de inteligência artificial devem, salvo disposição legal em contrário, se pautar na responsabilidade subjetiva". Veja na íntegra:

> Nós, civilistas e juristas brasileiros, subescrevemos a presente carta aberta ao Senado Federal para manifestar profunda preocupação com o artigo 6º, inciso VI do Projeto de Lei 21-A/2020, que cria o Marco Legal da Inteligência Artificial no Brasil, estabelecendo a responsabilidade civil subjetiva como o regime padrão aplicável aos danos causados por sistemas de Inteligência Artificial.
>
> A referida norma contraria entendimento que vem sendo construído pela doutrina jurídica, estudos e propostas nacionais e internacionais a respeito da matéria, colocando em sério risco a possibilidade das vítimas de danos causados por Inteligências Artificiais obterem a devida reparação integral e, por consequência, comprometendo a garantia dos direitos fundamentais previstos pelos incisos V e X do artigo 5º da Constituição da República.
>
> A Inteligência Artificial é tema fundamental para o desenvolvimento social e econômico do país. Ao mesmo tempo, é tecnologia que, com sua complexidade inaudita e pelo próprio fato de estar ainda em pleno desenvolvimento, fase em que não é possível alcançar um nível satisfatório de previsibilidade sobre os efeitos de sua utilização, deve ser empregada em contextos que garantam um grau mínimo de risco à pessoa, garantida a reparabilidade quando necessário.
>
> A proposta, ao contrário, ao privilegiar o regime da responsabilidade subjetiva, não somente impõe os custos do desenvolvimento de aplicações de Inteligência Artificial ao cidadão – em inversão patente da tábua de valores constitucional – como não fomenta os necessários incentivos para que as devidas medidas de precaução sejam tomadas quando do seu emprego.

16. CONSULTOR JURÍDICO. Especialistas criticam responsabilidade subjetiva prevista no PL do marco da IA. CONJUR, 2021. Disponível em: https://www.conjur.com.br/2021-out-27/especialistas-questionam-artigo-pl-marco-legal-ia. Acesso em: 08.06.2023.
17. BRASIL. CÂMARA DOS DEPUTADOS. Projeto de Lei nº 21, de 2020. Atividade Legislativa, 2021. Disponível em: https://www.camara.leg.br/propostas-legislativas/2236340. Acesso em: 30.06.2023.

Ainda, a eleição do regime de natureza subjetiva como prioritário, em abstrato, ao contrário do que se tem defendido, não favorece o ecossistema de investimentos no Brasil. A norma cria, antes, um cenário de irresponsabilização generalizada, na medida em que torna praticamente impossível a prova pelas vítimas da culpa dos agentes que atuam na cadeia de desenvolvimento e operação de sistemas de Inteligência Artificial.

Além disso, a inclusão no Projeto de Lei do §3º do artigo 6º, que prevê o regime de responsabilidade civil objetiva para os danos causados no âmbito de relações de consumo, em nada inova no ordenamento e não é capaz de atenuar o grave entrave gerado pelo inc. VI do mesmo artigo. Diante disso, sugerimos a alteração da redação do dispositivo, nos seguintes termos:

Onde atualmente consta: "Artigo 6º: VI – responsabilidade: normas sobre responsabilidade dos agentes que atuam na cadeia de desenvolvimento e operação de sistemas de inteligência artificial devem, salvo disposição legal em contrário, se pautar na responsabilidade subjetiva, levar em consideração a efetiva participação desses agentes, os danos específicos que se deseja evitar ou remediar, e como esses agentes podem demonstrar adequação às normas aplicáveis por meio de esforços razoáveis compatíveis com padrões internacionais e melhores práticas de mercado."

Sugerimos que passe a constar: "Artigo 6º: VI – responsabilidade: normas sobre responsabilidade dos agentes que atuam na cadeia de desenvolvimento e operação de sistemas de inteligência artificial devem, salvo disposição legal em contrário, levar em consideração a tipologia da inteligência artificial, o risco gerado e seu grau de autonomia em relação ao ser humano, além da natureza dos agentes envolvidos, a fim de se determinar, em concreto, o regime de responsabilidade civil aplicável."

Assinam esta carta, em ordem alfabética:

Ana Frazão

Anderson Schreiber

Bruno Ricardo Bioni

Bruno Miragem

Caitlin Sampaio Mulholland

Carlos Edison do Rêgo Monteiro Filho

Cristiano Chaves de Farias

Danilo Doneda

Dierle Nunes

Estela Aranha

Fabiano Menke

Filipe José Medon Affonso

Gustavo Tepedino

Guilherme Damasio Goulart

Guilherme Calmon Nogueira da Gama
Guilherme Magalhães Martins
Ingo Wolfgang Sarlet
Juliano Madalena
Laura Schertel Mendes
Lucia Maria Teixeira Ferreira
Marcos Ehrhardt Júnior
Maria Celina Bodin de Moraes
Milena Donato Oliva
Nelson Rosenvald
Rafael Zanatta

A crítica tecida pelos subscritores da carta aberta foi certeira! De fato, malgrado o §3º do art. 6º do PL nº 21/2020[18] trouxesse previsão expressa de aplicação do regime objetivo de responsabilidade civil aos danos causados no âmbito das relações jurídicas consumeristas, tal já decorreria da regra adotada pelo Código de Defesa do Consumidor (CDC), a Lei nº 8.078/1990, nos artigos 12, *caput*, e 14, *caput*, por ingerência do princípio da especialidade.

Todavia, o art. 6º, VI, desse projeto de lei disciplinava, de forma temerária, a adoção da responsabilidade subjetiva como regra à imputação dos danos causados por tecnologias de Inteligência Artificial aos agentes da cadeia de desenvolvimento e uso desses sistemas, considerando sua efetiva participação, os danos específicos a serem evitados ou remediados, e "como esses agentes podem demonstrar adequação às normas aplicáveis por meio de esforços razoáveis compatíveis com padrões internacionais e melhores práticas de mercado".

Ante a preocupante redação do inciso VI, o grupo de juristas sugeriu, em seu abaixo-assinado, que a norma sobre a responsabilização dos agentes da cadeia de desenvolvimento e operação dos variados sistemas de IA deveria, salvo disposição em contrário, considerar a tipologia da IA, o risco por ela gerado, seu grau de autonomia com relação ao usuário humano e a natureza dos agentes envolvidos, para delinear, em concreto, o regime de responsabilidade civil aplicável. Tais considerações relativas à tipologia, aos diferentes níveis de autonomia da IA e à gradação dos riscos são pontos nodais do presente trabalho de pesquisa.

18. BRASIL. CÂMARA DOS DEPUTADOS. Projeto de Lei nº 21, de 2020. Atividade Legislativa, 2021. Disponível em: https://www.camara.leg.br/propostas-legislativas/2236340. Acesso em: 30.06.2023.

Embora tal projeto legislativo não tenha dado azo ao Marco Legal da IA no Brasil, foi largamente debatido pela comissão de especialistas formada no Senado Federal que redigiu a proposta de seu substitutivo, cujo relatório foi aprovado em 1º de dezembro de 2022[19] por unanimidade e inspirou o PL nº 2.338/2023, proposto pelo Senador Rodrigo Pacheco[20], hoje em andamento. O texto do PL nº 2.338/2023 concentra a discussão em substituição ao PL nº 5.051/2019, do Sen. Styvenson Valentim (Podemos-RN), ao PL nº 21/2020, do Dep. Eduardo Bismarck (PDT-CE) e ao PL nº 872/2021, do Sen. Veneziano Vital do Rêgo (MDB-PB).

A determinação do regime subjetivo de responsabilização civil é problemática, caso o arranjo tecnológico tenha vicissitudes que exsurjam tão só da experiência concreta do usuário com o modelo de IA. Isso porque, não só o desenvolvimento de cada tecnologia se dá de maneira distinta, mas os riscos poderão ainda variar a depender da tipologia da IA, do estado da arte e dos diferentes níveis de autonomia que cada sistema apresenta, além de a análise do caso concreto ser crucial à escorreita imputação da responsabilização civil aos diversos atores envolvidos na cadeia de produção da IA e no processo de causação do dano indenizável.

> De acordo com Anderson Schreiber, a opção pela responsabilidade civil subjetiva "não faz sentido", pois a doutrina, a jurisprudência, o Código Civil e a legislação consumerista adotam o regime de responsabilidade objetiva. (...) estabelecer, em lei ordinária, uma simples "preferência por um certo regime de responsabilidade civil" seria desnecessário, por exigir uma outra norma para especificar a questão. Destacou ainda que "eleger um regime único para todos os usos de IA é um equívoco", tendo em vista a variedade de situações possíveis. Por fim, ressaltou que "as normas gerais de responsabilidade civil já encontradas no nosso sistema jurídico dão conta, a princípio, de novos usos que começam a ser introduzidos com a IA, ainda que a questão possa ser um pouco mais detalhada em norma específica"[21].

19. BRASIL. SENADO FEDERAL. Relatório Final da Comissão de Juristas do Marco Legal da Inteligência Artificial, aprovado em 1º de dezembro de 2022. Disponível em: https://legis.senado.leg.br/sdleg-getter/documento?dm=9221643&ts=1670509473310&disposition=inline. Acesso em: 07.01.2023.

20. BRASIL. SENADO FEDERAL. Projeto de Lei nº 2.338, de 2023. Atividade Legislativa, 2023. Disponível em: https://www25.senado.leg.br/web/atividade/materias/-/materia/157233?_gl=1*1qw7sar*_ga*ODQ3Nzg0NDY2LjE2MjQ2Mzc4Mzg.*_ga_CW3ZH25XMK*MTY4NDE2Mjk0My4yLjAuMTY4NDE2Mjk0My4wLjAuMA. Acesso em: 28.05.2023.

21. Ainda segundo Anderson Schreiber, "(...) não faz sentido que um projeto de lei sobre IA contenha um dispositivo que prevê que as normas sobre responsabilidade civil dos agentes que atuam no desenvolvimento e operação dos sistemas de IA devam se pautar pela responsabilidade civil subjetiva. Em primeiro lugar, não faz muito sentido que uma lei ordinária crie uma norma dizendo que há preferência

No que concerne às hipóteses de fato do produto ou do serviço dotado de Inteligência Artificial, segue inarredável a incidência dos arts. 12 e 14 do CDC, ambos na forma do *caput*. A responsabilidade civil por danos causados a consumidores por falhas de projeto, fabricação, construção, montagem, manipulação, fórmulas, apresentação ou acondicionamento de seus produtos ou da prestação de serviços, assim como por descumprimento do dever de informar de forma suficiente e adequada sobre seu uso, fruição e riscos, não dependerá de prova da culpa do fornecedor, conceito este que abrange fabricante, produtor, construtor e importador.

O termo "fornecedor", para os fins da Lei nº 8.078/1990 (CDC), não se confunde com a definição de "fornecedor de sistema de Inteligência Artificial" – ainda que se trate de fornecimento de produtos ou serviços dotados de IA –, prevista no inciso II do artigo 4º do PL nº 2.338/2023, segundo o qual é fornecedor de sistema de IA qualquer pessoa, seja natural ou jurídica, "de natureza pública ou privada, que desenvolva um sistema de inteligência artificial, diretamente ou por encomenda, com vistas a sua colocação no mercado ou a sua aplicação em serviço por ela fornecido, sob seu próprio nome ou marca, a título oneroso ou gratuito"[22].

Sobre "cadeia" e "fornecedores", durante participação em painel do seminário "Marco Legal da Inteligência Artificial", promovido pela Fundação Getúlio Vargas (FGV Direito Rio) no Centro de Inovação, Administração e Pesquisa do Judiciário, em 20 de março de 2023, o professor Luca Belli[23] destacou a "cadeia de valor da Inteligência Artificial", na forma

por um certo regime de responsabilidade civil, porque uma lei ordinária posterior naturalmente teria que especificar, concretizar essa preferência – isso tornaria o dispositivo anterior totalmente desnecessário. Segundo, se houvesse alguma preferência dentro do ordenamento brasileiro, (…) de acordo com a nossa doutrina, com a nossa jurisprudência, inclusive o Código Civil, de que a preferência seria pela responsabilidade civil objetiva (…). A legislação consumerista também adota o regime de responsabilidade objetiva, embora com algumas peculiaridades, de maneira que a introdução de uma nova tecnologia, como é a IA, sem dúvida alguma, se enquadraria dentro desse conjunto de hipóteses (...) o fato de que a IA é utilizada para determinadas atividades faz com que, no fundo, nosso ordenamento já contenha normas que podem ser aplicadas aos usos da IA. O advento da IA por si só não produz um *gap*, uma omissão, um buraco negro de aplicação da responsabilidade civil. As normas gerais de responsabilidade civil já encontradas no nosso sistema jurídico dão conta, a princípio, de novos usos (...) é interessante que a gente tenha norma detalhando um pouco mais isso, mas sempre a partir das hipóteses de uso da IA." (BRASIL. SENADO FEDERAL. Relatório Final da Comissão de Juristas do Marco Legal da Inteligência Artificial, aprovado em 1º de dezembro de 2022. Disponível em: https://legis.senado.leg.br/sdleg-getter/documento?dm=9221643&ts=1670509473310&disposition=inline. Acesso em: 08.06.2023).

22. BRASIL. SENADO FEDERAL. Projeto de Lei nº 2.338, de 2023. Atividade Legislativa, 2023. Disponível em: https://www25.senado.leg.br/web/atividade/materias/-/materia/157233?_gl=1*1qw7sar*_ga*ODQ3Nzg0NDY2LjE2MjQ2Mzc4Mzg.*_ga_CW3ZH25XMK*MTY4NDE2Mjk0My4yLjAuMTY4NDE2Mjk0My4wLjAuMA. Acesso em: 28.05.2023.

23. BELLI, Luca. Painel II: categorização dos riscos e repercussões regulatórias. In: Seminário FGV Direito Rio sobre o "Marco Legal da Inteligência Artificial", Rio de Janeiro, em 20.03.2023.

de um processo organizacional pelo qual a aplicação de IA é desenvolvida, implementada e usada.

Segundo ele, é necessário, para qualificar os responsáveis por danos causados pela IA, considerar quem executa quais elos da "cadeia de valor da IA", sendo eles: 1) a definição do problema que se pretende resolver; 2) a coleta e a análise de dados e o seu pré-processamento; 3) os dados de treinamento e correção do modelo; 4) testes e avaliações do sistema de IA; 5) a integração em código de programação; 6) efetiva implantação da tecnologia. Belli listou ainda as partes envolvidas na cadeia de valor da IA: a) os fornecedores de dados que alimentam e treinam a IA; b) os desenvolvedores de algoritmos; c) os fabricantes de *hardware* e *software*; d) os integradores do sistema de IA; e) os usuários finais; f) os reguladores governamentais.

Foram definidos pelo Parlamento Europeu, no *AI Act*[24], como participantes essenciais da cadeia de valor no domínio de sistemas de Inteligência Artificial os fornecedores (art. 16), os mandatários (art. 25), os importadores (art. 26), os distribuidores (art. 27) e os utilizadores (art. 29), abrangendo os agentes públicos e privados, de modo que assegurem condições de concorrência equitativa. Essas classes de agentes da cadeia de valor da IA são os operadores.

Assim também já foi sustentado por Kaufman[25] ao sugerir a qualificação e repartição da responsabilidade civil, conforme a cadeia de valor da IA, entre as figuras de fornecedores e desenvolvedores e entre as de usuário intermediário e usuário final. Na mesma linha, Gustavo Camargo expõe a "ideia de divisão das responsabilidades pelos atores na cadeia de valor da IA", ao considerar as proporções distintas de responsabilidade civil entre um *player* e outro, a partir da granulação regulada de obrigações entre os corresponsáveis pelo sistema de IA[26].

---

24. PARLAMENTO EUROPEU. *The Artificial Intelligence Act*. Regulamento do Parlamento e Conselho Europeu que estabelece regras em matéria de Inteligência Artificial e altera certos atos legislativos da União Europeia. Bruxelas, 2021. Disponível em: https://artificialintelligenceact.eu/the-act/. Acesso em: 14.06.2023.

25. KAUFMAN, Dora. *A inteligência artificial irá suplantar a inteligência humana?* Barueri-SP: Estação das Letras e Cores, 2019.

26. "Outro ponto bastante relevante (...) está na ideia de divisão das responsabilidades pelos atores na cadeia de valor da IA (...). No processo de fiscalização e de sanção (...) precisa levar em consideração exatamente esse fluxo, essa cadeia, que muitas vezes é muito complexa, de fornecedores que compõem uma determinada solução específica, sob o risco de termos uma situação regulatória que possa prejudicar as pontas mais frágeis do processo de fornecimento (...) a proporção de responsabilidade de um *player* é muito diferente da de outro." (BRASIL. SENADO FEDERAL. Relatório Final da Comissão de Juristas do Marco Legal da Inteligência Artificial, aprovado em 1º de dezembro de 2022. Disponível em: https://legis.senado.leg.br/sdleg-getter/documento?dm=9221643&ts=1670509473310&disposition=inline. Acesso em: 08.06.2023).

Em busca de critérios mais objetivos que delimitem a cadeia de valor da IA, ou seja, dos responsáveis pelo evento danoso causado por um sistema de IA e tendo em vista as lições de Luca Belli[27], mostra-se acentuada a necessidade de responsabilização solidária da cadeia de valor da IA, sob a tese do nexo causal plúrimo. Destarte, segundo o *caput* do art. 942 do CC, os bens do responsável pela violação do direito alheio ficam sujeitos à reparação do dano; e, havendo mais de um autor, todos responderão solidariamente pela reparação, na medida da contribuição de cada um para o resultado lesivo, considerada toda a sua extensão. Outrossim, o parágrafo único dispõe que "são solidariamente responsáveis com os autores os coautores e as pessoas designadas no art. 932", versando sobre a responsabilidade civil objetiva e indireta.

> No Brasil de hoje, a construção de um Direito Privado com função social, proposta por Jhering e Gierke, e o futuro da Justiça para os mais fracos (...) [depende] do grau de domínio, que os aplicadores da lei conseguirem alcançar neste momento, sobre o sistema de coexistência do Direito do Consumidor, presente no CDC, e do Direito Civil e Direito Comercial (...), presente no CC/2002. A tarefa de especialização e de excelência no uso das normas de direito do consumidor renova-se[28].

Sob uma perspectiva funcionalizada da responsabilidade civil, vislumbra-se a dupla função do nexo causal, sob o prisma do CDC e do CC. Por um lado, o liame de causa e efeito entre o resultado gerado pelo sistema de IA e o prejuízo dele decorrente ao usuário – na forma de afronta à privacidade, à proteção de seus dados pessoais, à autodeterminação informativa, à transparência algorítmica, a não discriminação e a outros princípios da IA – determina a quem se deve atribuir a lesão ao direito. Por outro lado, também é indispensável o nexo causal como elemento de verificação da extensão do prejuízo a ser indenizado, nos termos do art. 944 do CC, por servir como

27. BELLI, Luca; CURZI, Yasmin; GASPAR, Walter B. AI regulation in Brazil: advancements, flows, and need to learn from the data protection experience. *Computer Law & Security Review*, Elsevier, v. 48, April/2023.

28. MARQUES, Cláudia Lima. Superação das antinomias pelo diálogo das fontes: o modelo brasileiro de coexistência entre o Código de Defesa do Consumidor e o Código Civil de 2002. *Revista da Escola Superior da Magistratura de Sergipe (ESMESE)*, n. 7, 2004. O trabalho também foi publicado na Revista de Direito do Consumidor (RT, São Paulo), v. 51, jul.-set. 2004, p. 34-67. O texto aprofunda ideias apresentadas no artigo científico "Diálogo das fontes no combate às cláusulas abusivas" (Revista de Direito do Consumidor, v. 45, p. 71-99), e consolidadas em "Comentários ao Código de Defesa do Consumidor: art. 1° a 74 – aspectos materiais" (São Paulo: Revista dos Tribunais, 2004, em conjunto com Antônio Herman Benjamin e Bruno Miragem).

medida do *quantum* na reparação integral[29]. "É, portanto, o nexo causal que determina até onde vai a responsabilidade do autor do dano, e não a culpa"[30].

Afastada a imprescindibilidade de prova da culpa para configurar o dever de indenizar nos casos de danos causados por sistemas de IA, ainda que o art. 6º, VI, do PL nº 21/2020[31] trouxesse a expressão "responsabilidade subjetiva", a doutrina mais balizada[32] passou a sustentar que tratar-se-ia de responsabilização por violação positiva do contrato[33], por burla a deveres colaterais ou instrumentais à boa-fé objetiva, como os de diligência, transparência, informação, colaboração e probidade, exigíveis durante todo o ciclo de vida da IA.

> O outro caminho diz respeito à responsabilidade subjetiva por violação ao dever de diligência e cuidado dos gestores. Imagine-se o caso de um cartel implementado pelos algoritmos utilizados pelos diversos agentes econômicos de determinado mercado. Seria razoável considerar pelo menos culposa a conduta do agente que se utiliza, voluntariamente e sem os cuidados devidos, de mecanismos de tomada de decisão (como a precificação) que podem levar a práticas concertadas ou outros tipos de ilícito antitruste (...) é possível falar em ato ilícito, ainda que não doloso, quando a empresa (i) adota algoritmo sem saber como ele age – violação

29. A medida da extensão do dano, e não a gradação da culpa do agente, é critério fundamental para a fixação do *quantum* indenizatório, "deixando claro a prevalência do dano sobre a culpabilidade na fixação da indenização correspondente aos prejuízos ensejados pelo ato ilícito." (SANSEVERINO, Paulo de Tarso Vieira. *Princípio da reparação integral*: indenização no Código Civil. São Paulo: Saraiva, 2010, p. 50).

30. SILVA, Caio Mário Pereira da. *Responsabilidade Civil*. 13.ed. Rio de Janeiro: Forense, 2022, p. 129. *E-book*.

31. BRASIL. CÂMARA DOS DEPUTADOS. Projeto de Lei nº 21, de 2020. Atividade Legislativa, 2021. Disponível em: https://www.camara.leg.br/propostas-legislativas/2236340. Acesso em: 30.06.2023.

32. "Gisela Sampaio da Cruz Guedes corroborou esses posicionamentos [de Anderson Schreiber e Caitlin Mulholland] e reiterou que adotar um regime único de responsabilidade civil não seria a melhor opção. (...) Nelson Rosenvald destacou que o projeto, ´quando traz a responsabilidade subjetiva para os agentes que atuam nessa cadeia, infelizmente trouxe uma grande simplificação que contradiz a própria complexidade do que se quer regular (…)´ e destacou a existência de diversos outros regimes possíveis. (...) Dora Kaufman ressaltou que a ´discussão sobre responsabilidades objetiva e subjetiva tem que levar em conta a lógica da IA´." (BRASIL. SENADO FEDERAL. Relatório Final da Comissão de Juristas do Marco Legal da Inteligência Artificial, aprovado em 1º de dezembro de 2022. Disponível em: https://legis.senado.leg.br/sdleg-getter/documento?dm=9221643&ts=1670509473310&disposition=inline. Acesso em: 08.06.2023).

33. "A doutrina mais recente vem apontando outra hipótese em que não se verifica propriamente a inexecução da obrigação, e sim seu cumprimento defeituoso. Denomina-se violação positiva do contrato em que o devedor cumpre a obrigação, realizando-a de maneira defeituosa, ao violar deveres instrumentais decorrentes do princípio da boa-fé objetiva (...). Nesses casos, além da indenização dos prejuízos sofridos, poderá o prejudicado se socorrer da exceção do contrato não cumprido ou do direito à resolução do contrato por inadimplemento." (PEREIRA, Caio Mário da Silva. *Instituições de Direito Civil*: teoria geral das obrigações. Atualizador e colaborador: Guilherme Calmon Nogueira da Gama. 33.ed. Rio de Janeiro: Forense, 2022, p. 320. *E-book*).

> ao dever de diligência por tomar decisão não informada –; ou (ii) não toma as providências necessárias para, a partir do monitoramento dos resultados práticos da utilização dos algoritmos, evitar a colusão ou outros tipos de conduta anticoncorrencial – violação ao dever de diligência por ausência de controle de risco (...) possível se cogitar da responsabilidade tanto da pessoa jurídica, como dos gestores. Na verdade, o próprio defeito de organização pode ser visto como uma violação ao dever de diligência[34].

Desde a entrada em vigor do Código Civil, o Conselho da Justiça Federal (CJF) já reconhece, no Enunciado nº 24 de sua I Jornada de Direito Civil, que "em virtude do princípio da boa-fé, positivado no art. 422 (...), a violação dos deveres anexos constitui espécie de inadimplemento, independentemente de culpa", situada entre o inadimplemento absoluto e o relativo. Entre as funções da boa-fé objetiva, além da interpretativa e da limitadora, destaca-se aqui a criadora de deveres anexos (a função integrativa), como os de informação, cuidado e equidade: "em toda e qualquer relação contratual esses deveres estarão presentes, ainda que não escritos expressamente no instrumento contratual. Quem contrata não contrata apenas a prestação principal; contrata também cooperação, lealdade, respeito e transparência"[35].

Nelson Rosenvald, em trabalhos desenvolvidos no Instituto Brasileiro de Estudos em Responsabilidade Civil (IBERC), vem buscando trilhas intermediárias entre responsabilidade civil subjetiva e objetiva – em que pese sejam doutrinariamente isoladas[36] –, entendendo indesejável o uso

34. FRAZÃO, Ana. Algoritmos e inteligência artificial: repercussões da sua utilização sobre a responsabilidade civil e punitiva das empresas. Disponível em: http://professoraanafrazao.com.br/files/publicacoes/2018-05-16-Algoritmos_e_inteligencia_artificial.pdf. Acesso em: 08.06.2023.

35. "A teoria da violação positiva do contrato teve origem nos estudos de Hermann Staub ao verificar que o BGB (Código Civil alemão), ao tratar dos casos de impossibilidade da prestação e da mora, deixou de regular várias hipóteses de incumprimento do contrato, como atos positivos contrários ao contrato e atos de cumprimento defeituoso, causadores de danos pela ofensa ao dever de cuidado ou de proteção (...) que não estão vinculados diretamente à ausência da prestação, nem à forma defeituosa como a prestação foi eventualmente prestada, mas ao modo como são ou não cumpridos os deveres de proteção, de cuidado e de lealdade, em vista da finalidade da obrigação para a qual estão instrumentalizados, todos derivados do princípio da boa-fé objetiva." (CAVALIERI FILHO, Sérgio. *Programa de Responsabilidade Civil*. 9.ed. São Paulo: Atlas, 2010, p. 331). "Parte da doutrina brasileira enxerga, ao lado do inadimplemento absoluto e do (...) relativo, um *tertium genus* (...) [pois] associa a violação positiva do contrato ao ´descumprimento culposo de dever lateral´ imposto pela boa-fé objetiva (...) revisitado o conceito de adimplemento, de modo a corroborar a necessidade de exame que abarque o cumprimento da prestação contratada também sob o prisma funcional". (TEPEDINO, Gustavo; SCHREIBER, Anderson. *Fundamentos do Direito Civil*: obrigações. 3.ed. Rio de Janeiro: Forense, 2022, p. 329. *E-book*).

36. "Historicamente erigida em torno da noção de ato ilícito e, em especial, do seu elemento subjetivo (culpa), a responsabilidade civil era compreendida como um mecanismo de sanção àquilo que Paul Esmein chegou a definir como ´péché juridique´ (´pecado jurídico´). (...) Nesse contexto, em que os

daquele regime sem que se especifique de qual responsabilidade subjetiva se está tratando[37]. Aparentemente com o mesmo intuito, também em posição minoritária, Galindo e Yemaji destacam a incidência de uma espécie de responsabilidade civil subjetiva imprópria, na forma do disposto nos artigos 42 e 46 da Lei nº 13.709/2018 (LGPD), aos danos causados por sistemas de Inteligência Artificial, com ônus da prova *sui generis*[38].

---

danos vinham como uma espécie de efeito colateral inevitável de inovações bem-vindas, tornava-se necessário desenhar um novo regime de responsabilidade civil, calcado não já na culpa – cuja demonstração tornava-se cada vez mais difícil diante da impessoalidade inerente ao funcionamento das novas tecnologias –, mas sim no risco. Hoje, na maior parte dos ordenamentos jurídicos, ambos os regimes convivem, competindo ao legislador ou ao próprio juiz definir quais atividades se encontram sob a (...) responsabilidade objetiva (independentemente de culpa). Em perfeita sintonia com essa trajetória histórica da responsabilidade civil [está] a LGPD (...) a esfera de incidência do regime de responsabilidade civil da LGPD não é demarcada pelo interesse lesado, ou por uma especial condição do sujeito que sofre a lesão (e.g., titular dos dados pessoais), mas sim pela atividade lesiva: incide a LGPD sobre qualquer dano decorrente do exercício da atividade de tratamento de dados pessoais (...) convivem na LGPD dois regimes distintos (...) a responsabilidade subjetiva e a (...) objetiva (...) o que ocorre no Código Civil, no qual convivem as cláusulas gerais de responsabilidade subjetiva (art. 186 c/c art. 927, *caput*) e objetiva (art. 927, parágrafo único), bem como no Código de Defesa do Consumidor (responsabilidade objetiva nos arts. 12, *caput*, e 14, *caput*, por exemplo; e responsabilidade subjetiva no art. 14, §4º) (...) esses dois diplomas legislativos parecem ter guiado, acertadamente, as opções do legislador especial na disciplina do tratamento de dados pessoais (...) a responsabilidade objetiva dispensa a culpa do agente, mas não dispensa a aferição do nexo de causalidade." (SCHREIBER, Anderson. Responsabilidade civil na lei geral de proteção de dados pessoais. In: DONEDA, Danilo; SARLET, Ingo Wolfgang; MENDES, Laura Schertel; RODRIGUES JUNIOR, Otavio Luiz; BIONI, Bruno Ricardo (coord.). *Tratado de proteção de dados pessoais*. Rio de Janeiro: Forense, 2021, p. 330-349).

37. Segundo Rosenvald, "a expressão responsabilidade subjetiva, apesar de ser tradicional, é indesejável. Ela traz uma insegurança jurídica, porque qual responsabilidade subjetiva é essa de que estamos falando? Alguns doutrinadores trabalham com a ideia de culpa (…). Eu prefiro trabalhar com a noção (…) de que o núcleo da responsabilidade subjetiva está no ilícito. (…) existem caminhos intermediários entre a responsabilidade subjetiva e objetiva." (BRASIL. SENADO FEDERAL. Relatório Final da Comissão de Juristas do Marco Legal da Inteligência Artificial, aprovado em 1º de dezembro de 2022. Disponível em: https://legis.senado.leg.br/sdleg-getter/documento?dm=9221643&ts=1670509473310&disposition=inline. Acesso em: 08.06.2023).

38. "Antonio Freitas, conselheiro da Associação dos Advogados de São Paulo (AASP), defende na legislação de proteção de dados (...) [que] é contraditória a aplicação da responsabilidade objetiva sendo que há uma série de dispositivos na LGPD regulando boas práticas e medidas de adequação. Se a responsabilização independe de culpa, qual o sentido de cumpri-las? O advogado ressaltou ainda que o art. 45 da lei já estabelece que, na esfera consumerista, as hipóteses permanecem sujeitas ao CDC. Em vista disso, no restante da lei deveria ser aplicada a lógica subjetiva. (...) Em contraposição, Marcelo Cárgano (...) argumentou (...) reconhecendo o risco intrínseco da atividade (...) [que] seria necessário adotar medidas específicas de segurança. (...) O entendimento de Cárgano dialoga com a proposição de Maria Celina Moraes e João Quinelato de Queiroz, segundo os quais o regime de responsabilidade na LGPD não se trata mais de aplicação das regras da teoria clássica, mas de uma responsabilidade ativa. Nesse novo regime, não seria suficiente apenas o cumprimento dos artigos da lei. O agente deveria comprovar que está em conformidade com a norma e que suas medidas são eficazes (...) [vide] precedente nesse sentido no Tribunal de Justiça do Estado de São Paulo, sob o nº 1008308-35.2020.8.26.0704. Para Laura Schertel Mendes, professora de Direito Civil do IDP, a LGPD traz, em realidade, mais de um tipo de responsabilidade, mas sua aplicação na lei não dependeria dos debates doutrinários entre subjetivistas e objetivistas. Isso porque não caberia à vítima provar

> [De acordo com Sérgio Paulo Galindo] a LGPD consagrou um novo regime de responsabilidade civil para a parte de proteção de dados pessoais no art. 4º (...) essa responsabilidade civil não é uma dicotomia; é uma responsabilidade civil acolhida pela doutrina e também é acolhida pelo STJ, sendo uma responsabilidade subjetiva imprópria. (...) [Corroborando tal entendimento, Crisleine Yemaji acredita que] a responsabilidade civil seja subjetiva, eventualmente com inversão aqui do ônus da prova, como é colocado na União Europeia (...). Então, falando da responsabilidade civil, só para concordar com os colegas que estabelecem aqui a sua visão de responsabilidade civil subjetiva imprópria ou subjetiva com o ônus da prova *sui generis*, como gostam de falar alguns, mas sem limitá-la a riscos baixos, e sim com adoção de medidas adequadas para as mitigações de risco que se apresentam[39].

As querelas sobre o regime de responsabilidade civil cabível a "lesões algorítmicas"[40] permeiam os estudos de Direito Digital há anos e já foram levantadas nos debates sobre o Marco Civil da Internet – MCI (Lei nº 12.965/2014), que culminou determinando a "exclusão completa da responsabilidade dos provedores de conexão e o afastamento da responsabilidade solidária dos provedores de aplicação, incorrendo apenas

a ilicitude do tratamento, por força do texto literal dos arts. 42 e 43. Antes, compete aos agentes a comprovação que a atividade não aconteceu ou que era lícita. ´A responsabilidade civil na LGPD pressupõe o reconhecimento do risco no tratamento de dados pessoais (...) pouco importa na prática se qualificarmos a responsabilidade da LGPD como objetiva ou como subjetiva com culpa presumida (...) o dever de indenizar surge quando houver o dano, a violação à norma e o nexo causal, podendo os agentes de tratamento provarem que não houve violação à norma, que a atividade não se realizou ou que o dano decorre de culpa exclusiva de titular ou de terceiro´." (GUIMARÃES, Arthur. Responsabilidade civil na LGPD: não há consenso entre especialistas. JOTA, 2022. Disponível em: https://www.jota.info/coberturas-especiais/protecao-de-dados/responsabilidade-civil-na-lgpd-e-bola-dividida-e-nao-ha-consenso-entre-especialistas-24062022. Acesso em: 02.07.2023).

39. BRASIL. SENADO FEDERAL. Relatório Final da Comissão de Juristas do Marco Legal da Inteligência Artificial, aprovado em 1º de dezembro de 2022. Disponível em: https://legis.senado.leg.br/sdleg-getter/documento?dm=9221643&ts=1670509473310&disposition=inline. Acesso em: 08.06.2023

40. Assim como padece de técnica jurídica falar em "responsabilidade civil algorítmica" ou "responsabilidade civil por falha algorítmica", variadas são as tentativas doutrinárias de cunhar novas terminologias, compreensível para os que se debruçam sobre as repercussões jurídicas de temas tão inovadores e disruptivos. Também pecam por atecnia os termos "lesão algorítmica" e "dano algorítmico", sob pena de gerar uma falsa ideia de criação de dano autônomo ou alargamento da categoria dos "novos danos". Não houve expansão das espécies autônomas de danos, que sempre se restringem a duas categorias: o dano moral, entendido como a lesão à dignidade humana, a abarcar a extrapatrimonialidade; e o dano patrimonial, subdividido em dano emergente e lucro cessante. *Tertium non datur*: ou a lesão ocorre no patrimônio da vítima e há dano patrimonial; ou há lesão à dignidade humana, a gerar dano moral. Qualquer lesão reconduzir-se-á a uma dessas espécies de dano, patrimonial ou existencial. (TEPEDINO, Gustavo; TERRA, Aline de Miranda Valverde; GUEDES, Gisela Sampaio da Cruz. *Fundamentos do Direito Civil*: responsabilidade civil. v.4. 2.ed. Rio de Janeiro: Forense, 2021, p. 62. *E-book*).

em responsabilidade subsidiária" se, após ciência por ordem judicial do conteúdo infringente, permanecer omisso ou inerte[41].

Antes da entrada em vigor do MCI, em abril de 2014, o Superior Tribunal de Justiça sopesava explicitamente o adimplemento, ou não, no caso concreto, dos deveres anexos à boa-fé objetiva pelo provedor, de modo a respaldar a tese da responsabilidade civil subjetiva por violação positiva do contrato. Tanto é assim que a Corte Superior amparava suas decisões num critério de "diligência média que se espera do provedor de internet", senão vejamos:

> Sob a ótica da diligência média que se espera do provedor de internet, deve este adotar as providências que, conforme as circunstâncias específicas em cada caso, estiverem ao seu alcance para a individualização dos usuários do site, sob pena de responsabilização subjetiva por culpa *in omittend* (...). Ao ser comunicado de que determinado texto ou imagem possui conteúdo ilícito, deve o provedor agir de forma enérgica, retirando o material do ar imediatamente, sob pena de responder solidariamente com o autor direto do dano, em virtude da omissão praticada[42].

Não resta pacificado o posicionamento quanto ao regime de responsabilidade civil no Marco Civil da Internet, apesar das normas dos arts. 18 a 21, inseridas em seção específica sobre "responsabilidade por canos decorrentes de conteúdo gerado por terceiros", produzirem efeitos desde 2014. Ainda ressoam relevantes os questionamentos sobre a constitucionalidade do artigo 19 do MCI, em debate na Suprema Corte Brasileira[43] acerca da proteção de direitos dos usuários da rede e da manutenção de uma internet livre, aberta e democrática.

Persistem diversas indagações relativas à qualificação das plataformas como espécies de provedores de aplicações de internet; se o artigo 19 do

41. "No Direito Digital, a responsabilidade civil tem relação direta com o grau de conhecimento requerido de cada prestador de serviço e do consumidor-usuário (...) é [a] responsabilidade pelo conteúdo (...) o principal fator que atrai as pessoas para a Internet (...) submetido aos valores morais da sociedade e (...) critérios de veracidade, é importante determinar os limites de responsabilidade dos provedores, dos donos de *websites*, das produtoras de conteúdo, dos usuários de *e-mail* e de todos os que tenham de algum modo participação, seja em sua produção, seja em sua publicação ou compartilhamento. Deveriam os provedores de conexão responder pelo conteúdo que trafega em suas redes? Ou (...) os provedores de aplicação deveriam responder por conteúdo do qual não tinham prévio conhecimento?" (PECK, Patrícia. *Direito digital*. 7.ed. São Paulo: Saraiva, 2021, p. 181. *E-book*).

42. STJ, REsp 1193764/SP, Rel. Min. Nancy Andrighi, julg. 14.12.2010. STJ, Agr. Reg. REsp 1309891/MG, Rel. Min. Sidnei Beneti, julg. 26.06.2012.

43. STF, Tribunal Pleno, RE 1.037.396, Repercussão Geral, Tema 987, Rel. Min. Dias Toffoli, julg. 1º.03.2018, DJe 04.04.2018.

MCI traz norma prioritariamente estruturada para tutelar as redes sociais virtuais e seus usuários; "em que medida a estrutura do provedor de aplicações, sua influência sobre o discurso público e seu controle prévio sobre os conteúdos postados pelos usuários podem impactar o tratamento legal a ele conferido"; como devem ser desenhados os deveres dos provedores; se a análise, edição e moderação do conteúdo de terceiro por algoritmos de IA da plataforma digital poderia tornar o provedor de aplicações corresponsável em caso de danos; quais exceções ao art. 18 do MCI são legítimas na ordem jurídica brasileira, para além dos artigos 19 e 21 do MCI; como tornar objetiva e contextual a moderação de conteúdo em caso de disseminação em massa de desinformação[44].

Se ainda está longe de se pacificar a questão da responsabilização civil dos provedores por conteúdo publicado pelo usuário em suas plataformas digitais, quiçá estaria sedimentada a discussão sobre o regime – se subjetivo ou objetivo – de responsabilidade civil por resultados lesivos, aos titulares de dados, atribuídos a algoritmos de Inteligência Artificial. Tal se comprova ao se analisar o relatório final da Comissão de Juristas do Marco Legal da IA, no qual constam os debates levantados durante as audiências públicas por ela realizadas.

Frente a tantas variáveis, é objetivo ou subjetivo o regime de responsabilidade civil do fornecedor por desenvolvimento, implementação e utilização de algoritmos de Inteligência Artificial? É possível eleger um regime único para todos os usos e níveis de autonomia dos sistemas de IA? Um regime objetivo de responsabilidade civil, de fato, promove a sensação de maior confiança da população diante do que é verdadeiramente inovador, uma vez que se sente resguardada em seus direitos sem que, tendo sido vitimado o consumidor, precise ele comprovar a culpa do agente causador do dano, prova esta, muitas vezes, diabólica. No percurso da história, assim ocorreu com as fábricas após a Revolução Industrial, também com o comércio eletrônico e agora a tendência é adotar raciocínio semelhante aos modelos de IA.

Não se concebe a privatização dos proveitos da atividade tecnológica e a solidarização dos riscos[45] do seu desenvolvimento e uso no mercado.

---

44. TEFFÉ, Chiara Spadaccini de. *Questões acerca do sistema de responsabilidade civil do Marco Civil da Internet: análise do artigo 19*. Migalhas, 2023. Disponível em: https://www.migalhas.com.br/coluna/migalhas-de-responsabilidade-civil/383291/o-sistema-de-responsabilidade-civil-do-marco-civil-da-internet. Acesso em: 08.06.2023.

45. "A solidariedade social atuaria concretamente objetivando a distribuição dos riscos derivados da atuação ou da atividade geradora de danos injustos, impondo a responsabilidade àquele que teria a melhor condição ou posição de evitar o dano. Em segundo lugar, o solidarismo social imporia a obrigação de

Com o fim de proteger a vítima, especialmente quando em posição de vulnerabilidade – como o empregado diante de seu empregador no mercado de trabalho e os consumidores frente aos fornecedores no mercado de consumo – atribui-se responsabilidade civil objetiva, independentemente de aferição de culpa, ao agente causador do dano que retirou proveito da atividade geradora de risco. Quem aufere lucro com a atividade deve assumir os riscos a ela inerentes e arcar com os prejuízos.

Uma leitura objetiva da responsabilização civil é benéfica tanto em prol da tutela dos mais vulneráveis quanto ao mercado como um todo. Fornecedores de produtos e/ou serviços munidos de IA que se empenharem em desenvolver aplicações mais seguras colherão frutos reputacionais, protegendo suas práticas econômicas, e pouparão recursos financeiros, optando por um atuar preventivo em vez de uma função meramente reparatória dos danos já causados.

> Caitlin Mulholland ressaltou que, para se reconhecer o regime de responsabilização a ser aplicado, é necessário identificar que tipo de IA está envolvida e que tipos de danos foram provocados e que, em geral, a responsabilidade seria objetiva, enfatizando a dificuldade de se comprovar a conduta culposa do desenvolvedor da IA (...) tem que responder três perguntas fundamentais (...) diante da aplicação de sistemas de IA para que a gente alcance efetivamente o reconhecimento do regime que seria ou que será aplicado (…). A primeira pergunta é justamente identificar que IA a gente está mencionando. (…) sistemas diferenciados vão gerar também formas de olhar para a responsabilidade civil de maneira diversa. A segunda pergunta é: a que danos nós estamos nos referindo? (…) considerando principalmente o fato de que o sistema de IA trabalha com meio de uso massivo de dados. E, uma vez ocasionado um dano decorrente da aplicação de um sistema de IA (...) terá natureza evidentemente coletiva. E a terceira pergunta (…) é: qual o regime aplicável a esse tipo de responsabilidade civil? A IA, de fato, é uma aplicação, uma tecnologia que impõe, por sua natureza, habitualmente, na sua aplicação, riscos. Portanto, através da análise desse risco (…) identificar, via de regra ou regra geral, a responsabilidade objetiva como sendo a preferencial a ser aplicada. (…). Se nós pensarmos que a responsabilidade subjetiva seria a preferencial, como previsto no projeto de lei de forma bastante equivocada (...) traríamos

---

indenizar os danos causados por determinada atividade ainda quando não seja possível à vítima do dano fazer a prova irrefutável da existência de um liame de causalidade, por conta da situação peculiar em torno da situação danosa (causalidade múltipla ou dano difuso)." (MULHOLLAND, Caitlin Sampaio. *A responsabilidade civil por presunção de causalidade*. Rio de Janeiro: GZ editora, 2010, p. 80).

> um problema evidente na responsabilidade civil, que é o fato de que a vítima do dano seria obrigada a identificar a conduta culposa, ainda que objetivamente considerada, do agente desenvolvedor da IA, algo que seria demasiadamente gravoso ou pesado para essa vítima. (...) ou bem nós já utilizamos os sistemas, as regras de responsabilidade civil já identificadas no nosso ordenamento, que é o posicionamento que eu acho o mais adequado[46].

Segundo concepção clássica da culpa, a vítima somente obteria a reparação do dano se provasse a culpa do agente, todavia, isso nem sempre é possível na sociedade contemporânea, o que colocaria sobrepeso nos ombros da vítima, já vulnerada, em regra, na qualidade de consumidora. O desenvolvimento industrial e tecnológico, além do crescimento populacional, geraram novas situações jurídicas que não puderam ser amparadas pelo conceito tradicional de culpa[47] e fizeram emergir o conceito de solidarização social dos riscos, segundo o qual "distribuem-se e socializam-se as perdas e estendem-se o mais amplamente possível as garantias à integridade psicofísica e material de cada pessoa humana"[48].

Adicionalmente, a prova da culpa do agente da cadeia de valor da IA que tenha dado causa ao dano pode ser extremamente difícil, configurando um ônus pesado demais à vítima, ainda mais diante de uma Inteligência Artificial, sobre a qual muito se fala, porém pouco se tem conhecimento técnico.

46. BRASIL. SENADO FEDERAL. Relatório Final da Comissão de Juristas do Marco Legal da Inteligência Artificial, aprovado em 1º de dezembro de 2022. Disponível em: https://legis.senado.leg.br/sdleg-getter/documento?dm=9221643&ts=1670509473310&disposition=inline. Acesso em: 08.06.2023

47. "A ideia de culpa está visceralmente ligada à responsabilidade, por isso que, de regra, ninguém pode merecer censura ou juízo de reprovação sem que tenha faltado com o dever de cautela em seu agir. Daí ser a culpa, de acordo com a teoria clássica, o principal pressuposto da responsabilidade civil subjetiva. O Código Civil de 2002, em seu art. 186 (...), manteve a culpa como fundamento da responsabilidade subjetiva. A palavra culpa está sendo aqui empregada em sentido amplo, *lato sensu*, para indicar não só a culpa *stricto sensu*, como também o dolo. Por essa concepção clássica, todavia, a vítima só obterá a reparação do dano se provar a culpa do agente, o que nem sempre é possível na sociedade moderna. O desenvolvimento industrial, proporcionado pelo advento do maquinismo e outros inventos tecnológicos, bem como o crescimento populacional geraram novas situações que não podiam ser amparadas pelo conceito tradicional de culpa." (CAVALIERI FILHO, Sergio. *Programa de responsabilidade civil*. 9.ed. São Paulo: Atlas, 2010, p. 16).

48. "Esta é a razão justificativa (...) ética e jurídica, do deslocamento dos custos do dano (injusto ou injustificado) da vítima para os responsáveis pelo ato ou atividade, bem como para os pais, tutores e curadores, empregadores etc. (...) o que não causa risco? Partindo do princípio de que o sistema inteiro não pode ter se tornado objetivo, estando a responsabilidade subjetiva consagrada ao art. 927, *caput*, será necessário circunscrever as atividades cujos danos, decorrentes de seus riscos, deverão ser indenizados e diferenciá-las daquelas atividades (não consideradas de risco) que, não obstante tenham causado danos, estes só serão indenizados se tiver havido, por parte do responsável, conduta culposa ou dolosa." (MORAES, Maria Celina Bodin de. Risco, solidariedade e responsabilidade objetiva. *Revista dos Tribunais*, a. 95, v. 854, dez./2006, p. 26).

Afinal, a quem deve ser imputada a responsabilidade civil e o conseguinte dever de reparação integral por eventuais danos causados por tais sistemas?

Como delimitar a contribuição causal dos diversos agentes da cadeia de valor da IA potencialmente envolvidos (pense-se, entre outros, no vendedor final de um dispositivo tecnológico, no desenvolvedor do *software* de coleta e tratamento de dados ou do *software* de comunicação, o proprietário, o prestador de internet para acesso remoto ao aparelho)? É tarefa árdua a identificação dos agentes responsáveis pela produção do dano e, por conseguinte, de demonstrar o nexo causal e de qual teria sido a causa direta, imediata e necessária do dano (artigo 403 do Código Civil) a qual deverá ser imputado o dever de reparação.

É possível perquirir se uma máquina poderia saltar do mundo do *logos* apofântico (o discurso enunciativo, que abriga a possibilidade de verdade ou falsidade) ao do *logos* hermenêutico (o discurso interpretativo). No atual estado da arte, tal não parece possível, uma vez que os *inputs* recebidos se transformam em variáveis de cálculo, sem haver consciência hermenêutica, ficando a aplicação de Inteligência Artificial adstrita ao *logos* apofântico. O *logos* hermenêutico é muito mais complexo e envolve o universo cognitivo existencial humano, ainda não aferível por tecnologias de IA. Por isso, sem consciência hermenêutica, a IA não compreende seu atuar e não poderia ser jurídica, nem eticamente, responsabilizada[49].

Malgrado persistam os debates sobre o regime de responsabilização civil por danos causados pelo desenvolvimento, implementação e uso de sistemas de Inteligência Artificial, o PL nº 21/2020[50], que trazia expressamente a regra da responsabilidade subjetiva, já caducou, bem como caducou o *Algorithmic Accountability Act of 2019*[51], nos EUA. Todavia, segue hígido e salutar, como parâmetro de recomendação sobre a responsabilidade civil aplicável à Inteligência Artificial, o Relatório A9-0178/2020 do Parlamento Europeu, segundo o qual:

> Responsabilidade e inteligência artificial 6. Considera que não é necessário rever completamente os regimes de responsabilidade que funcionam bem, mas que a complexidade, conectividade, opacidade, vulnerabili-

49. MARRAFON, Marco Aurélio. *Filosofia da linguagem e limites da IA na interpretação jurídica*. CONJUR, 2019. Disponível em: https://www.conjur.com.br/2019-jul-22/constituicao-poder-filosofia-linguagem-limites-ia-interpretacao-juridica. Acesso em: 11.03.2023.
50. BRASIL. CÂMARA DOS DEPUTADOS. Projeto de Lei nº 21, de 2020. Atividade Legislativa, 2021. Disponível em: https://www.camara.leg.br/propostas-legislativas/2236340. Acesso em: 30.06.2023.
51. UNITED STATES OF AMERICA. CONGRESS.GOV. H.R.2231 – Algorithmic Accountability Act of 2019. 116th Congress (2019/2020). Disponível em: https://www.congress.gov/bill/116th-congress/house-bill/2231/all-info. Acesso em: 30.06.2023.

dade, capacidade de alteração através de atualizações, capacidade de autoaprendizagem, potencial autonomia dos sistemas de IA, multiplicidade de intervenientes envolvidos, representam, contudo, um desafio significativo à eficácia das disposições do quadro de responsabilidade da União e dos Estados-Membros; (...) são necessários ajustamentos específicos e coordenados aos regimes de responsabilidade para evitar situações em que aquele que sofre danos ou prejuízos patrimoniais não receba uma indenização; 7. Observa que todas as atividades, dispositivos ou processos físicos ou virtuais operados por sistemas de IA podem, do ponto de vista técnico, ser a causa direta ou indireta de danos ou prejuízos, contudo, são quase sempre o resultado de alguém que construiu, utilizou ou interferiu nesses sistemas; (...) não é necessário conferir personalidade jurídica aos sistemas de IA; defende que a opacidade, a conectividade e a autonomia dos sistemas de IA podem, na prática, tornar muito difícil, ou mesmo impossível, identificar se determinadas ações danosas dos sistemas de IA tiveram origem numa intervenção humana específica ou em decisões de concepção; (...) se pode contornar esse obstáculo atribuindo a responsabilidade às diferentes pessoas da cadeia de valor que criam, fazem a manutenção ou controlam os riscos associados ao sistema de IA; 8. (...) a Diretiva relativa à responsabilidade decorrente dos produtos (DRP) tem, há mais de 30 anos, provado ser um meio eficaz de indenização pelos danos causados por um produto defeituoso, mas deve, no entanto, ser revista para ser adaptada ao mundo digital e dar resposta a desafios postos por tecnologias digitais emergentes, garantindo, assim, elevado nível de proteção eficaz dos consumidores, bem como segurança jurídica aos consumidores e às empresas, evitando simultaneamente custos e riscos elevados às PME e empresas em fase de arranque; insta a Comissão a avaliar se a DRP deve ser transformada num regulamento, para esclarecer a definição de "produtos", determinando se os conteúdos digitais e os serviços digitais são abrangidos pelo seu âmbito de aplicação e ponderar a adaptação de conceitos como "danos", "defeito", "produtor"; (...) para efeitos de segurança jurídica (...), o conceito de "produtor" deve incluir fabricantes, criadores, programadores, prestadores de serviços e operadores de *backend*; insta a Comissão a ponderar inverter as regras que regem o ônus da prova em relação aos danos causados pelas tecnologias digitais emergentes em casos bem definidos, e após uma avaliação adequada; (...) limitar-se aos problemas claramente identificados para os quais já existem soluções viáveis e, ao mesmo tempo, permitir a cobertura de futuros desenvolvimentos tecnológicos, incluindo desenvolvimentos baseados em *software* gratuito e de fonte aberta; observa que a DRP deve continuar a ser utilizada em relação às ações de responsabilidade civil contra o produtor de um sistema de IA defeituoso, se o sistema de IA puder ser considerado como um produto ao abrigo dessa diretiva;

> (...) qualquer atualização do quadro de responsabilidade dos produtos deve ser acompanhada pela atualização da Diretiva 2001/95/CE do Parlamento Europeu e do Conselho, de dezembro de 2001, relativa à segurança geral dos produtos, a fim de garantir que os sistemas de IA integram os princípios de proteção e de segurança desde a concepção; 9. (...) os atuais regimes nacionais em matéria de responsabilidade culposa oferecem, na maioria dos casos, um nível de proteção suficiente para as pessoas que sofrem danos causados por um terceiro interveniente, como um pirata informático, ou para as pessoas cuja propriedade é danificada por terceiros, uma vez que a interferência geralmente constitui uma ação culposa; refere que apenas em casos específicos, nomeadamente aqueles em que é impossível identificar o terceiro ou este é impecunioso, se afigura necessário acrescentar regras de responsabilidade para complementar a legislação nacional em vigor em matéria de responsabilidade civil; 10. Considera (...) adequado que o relatório se concentre nas ações de responsabilidade civil movidas contra o operador de um sistema de IA; afirma que a responsabilidade do operador se justifica pelo facto de controlar um risco associado ao sistema de IA, comparável ao proprietário de um automóvel; considera que, devido à complexidade e conectividade do sistema de IA, o operador será, em muitos casos, o primeiro ponto de contato visível para a pessoa lesada[52].

Na esteira das recomendações acima, propostas pelo Parlamento Europeu em outubro de 2020, e ante o relatório publicado em dezembro de 2022, na forma de substitutivo redigido por comissão de especialistas[53] em Inteligência Artificial, dirigida ao Senado Federal, adveio o PL nº 2.338/2023[54], cujo art. 3º, ao arrolar os princípios a se observar no desenvolvimento, na implementação e no uso de sistemas de IA, além da boa-fé objetiva, dispõe também sobre a: "IX – rastreabilidade das decisões durante o ciclo de vida de sistemas de inteligência artificial como meio de prestação de contas e atribuição de responsabilidades a uma pessoa natural ou jurídica; X – prestação de contas, responsabilização e reparação integral de danos".

---

52. PARLAMENTO EUROPEU. Resolução A9-0178/2020, de 20 de outubro de 2020, que contém recomendações à Comissão sobre o regime de responsabilidade civil aplicável à Inteligência Artificial. Disponível em: https://www.europarl.europa.eu/doceo/document/TA-9-2020-0276_PT.html#title1. Acesso em: 08.03.2023.

53. BRASIL. SENADO FEDERAL. Relatório Final da Comissão de Juristas do Marco Legal da Inteligência Artificial, aprovado em 1º de dezembro de 2022. Disponível em: https://legis.senado.leg.br/sdleg-getter/documento?dm=9221643&ts=1670509473310&disposition=inline. Acesso em: 07.01.2023.

54. BRASIL. SENADO FEDERAL. Projeto de Lei nº 2.338, de 2023. Atividade Legislativa, 2023. Disponível em: https://www25.senado.leg.br/web/atividade/materias/-/materia/157233?_gl=1*1qw7sar*_ga*ODQ3Nzg0NDY2LjE2MjQ2Mzc4Mzg.*_ga_CW3ZH25XMK*MTY4NDE2Mjk0My4yLjAuMTY4NDE2Mjk0My4wLjAuMA. Acesso em: 28.05.2023.

Na sequência, o PL nº 2.338/2023, no Capítulo V, passa, especificamente, a abordar o efeito de reparação integral da responsabilidade civil dos agentes de IA, seja ele fornecedor ou operador, por dano patrimonial ou existencial, individual ou coletivo, causado por sistema de IA, independentemente do seu grau de autonomia. Nos parágrafos do artigo 27, o projeto legislativo firma a regra da responsabilidade civil subjetiva por culpa presumida do agente lesante, com a inversão do ônus da prova em favor da vítima diante de danos causados por sistemas de IA em geral. E diferencia os modelos de IA comuns daqueles de alto risco ou risco excessivo, afirmando que, nesses casos, excepcionalmente, o regime de responsabilidade civil do fornecedor ou operador será objetivo, na medida de sua participação no dano.

3.2 O Marco Legal da Inteligência Artificial no Brasil como garantidor de segurança jurídica e balizador entre riscos e direitos

Ainda que tenham sido iniciados os debates legislativos sobre Inteligência Artificial no Brasil desde 2020 e que haja crescente constatação internacional sobre a necessidade de regular os usos de sistemas de Inteligência Artificial, considerando suas distintas tipologias e os diferentes níveis de autonomia e riscos, para que se possa extrair o máximo de benefícios, simultaneamente à mitigação e prevenção de danos, a regulação da IA ainda é tema sensível. Aos setores da sociedade que defendem uma regulação flexível, seja mediante a manutenção do *status quo* com estratégias de autorregulação ou pela aprovação de um modelo regulatório puramente principiológico e pouco eficaz, tais posturas se equiparam à ausência de regulação.

Argumentos que defendem que um instrumento regulatório prescritivo importaria em entraves a avanços tecnológicos e investimentos em pesquisa e desenvolvimento de modelos de Inteligência Artificial no Brasil, ou que o assunto ainda não está maduro, ou até mesmo a parca discussão e compreensão social sobre a temática, são narrativas que, pragmaticamente, não se comprovam e são sustentadas por aqueles que se beneficiam do cenário de incertezas, insuficiência de regras harmonizadas e fragilidade em termos de transparência, segurança e previsibilidade jurídica, em detrimento da tutela de direitos humanos e interesses sociais.

Uma pesquisa quantitativa realizada e divulgada em 2024 pelo Instituto IDEIA, em colaboração com o *Brazil Forum UK 2024*[55], acerca da

55. BRAZIL FORUM UK 2024. Relatório de pesquisa, maio de 2024. Disponível em: https://brazilforum.org/pesquisa/. Acesso em: 30.06.2024.

percepção da população brasileira sobre os avanços em aplicações de Inteligência Artificial revela informações relevantes para o debate regulatório sobre Inteligência Artificial:

> De acordo com a pesquisa, para 73% dos entrevistados há a necessidade de criação de regras para o uso de IA no Brasil, ressaltando que a urgência de se estabelecer regras vinculantes para o bom uso da IA no país não é apenas uma preocupação de governos e da sociedade civil que buscam a proteção de direitos fundamentais, mas também uma demanda social.
>
> Somado à importância de se regular, o governo aparece como o principal agente responsável pela regulação, segundo 21% dos respondentes. Outra parcela da sociedade ou não soube informar (29%) ou indicou outros atores (24%). Interessante destacar que apenas 2% dos entrevistados apontaram que não deveria haver um ente responsável pela regulação e 1% que essa regulação deveria ser feita via empresas privadas.
>
> (...)
>
> Outro dado interessante diz respeito ao nível de conforto do brasileiro com o uso de IA para certas atividades, que foi avaliado em uma escala de 1 (muito alto) a 5 (muito baixo). No que diz respeito ao uso de reconhecimento facial, somando os que se sentem muito desconfortáveis e desconfortáveis, o número é de 47% em comparação com 25% que sentem alto ou muito alto conforto. Especificamente sobre o uso de reconhecimento facial pelo governo para identificar crimes e suspeitos, o número de desconforto sobe para 55% em comparação com os 20% que se sentem confortáveis em um nível alto ou muito alto. Tal percepção assemelha-se à Campanha Tire Meu Rosto da sua Mira, mobilização da sociedade civil que pede pelo banimento total do uso de tecologias de reconhecimento facial na segurança pública no Brasil[56].

Mantendo em mente o panorama social brasileiro acerca da importância de se regular a Inteligência Artificial – em que pese os enganosos discursos apoiados por lobistas das *big techs* que lucram com seus modelos de negócios baseados em aplicações de IA, e por isso bradam que regular a Inteligência Artificial seria sinônimo de censura aos usuários desses modelos computacionais e também um retrocesso econômico aos investimentos em avanços tecnológicos no país –, passa-se à análise dos mais tendenciosos pedidos de moratória da IA no mundo e dos contemporâneos cenários internacional e pátrio de regulação desses sistemas.

56. DESINFORMANTE. O que os brasileiros querem ver na regulação de IA? In: Pontos de vista, 24.06.2024. Disponível em: https://desinformante.com.br/brasileiros-regulacao-ia/. Acesso em: 30.06.2024.

3.2.1 Os pedidos de moratória da Inteligência Artificial

Em 2014, com o sucesso de bilheteria do filme hollywoodiano *Transcendence*, que descarta a noção de máquinas altamente inteligentes como mera ficção científica, as mentes brilhantes de Stephen Hawking[57], Stuart Russell, Max Tegmark e Frank Wilczek se reuniram para um alerta global[58]: "*Transcendence* analisa implicações da Inteligência Artificial – mas será que estamos levando a IA a sério o suficiente?" Não se sabe se movidos por medo frente às incertezas científicas, por cautela (excessiva, para alguns, à época) e insegurança pela falta de políticas públicas ou por especulação midiática, afirmaram que o mal poderia ser fruto das próprias criações humanas, como poderia ser o caso de sistemas de Inteligência Artificial.

Na sequência, o multibilionário e grande investidor em tecnologias inteligentes Elon Musk argumentou, em entrevista ao *The Guardian*, que deveria haver regulamentação sobre a questão, a nível nacional e internacional, para certificar as empresas de que não farão algo que ponha a existência humana em perigo quando da P&D de novos modelos de IA[59]. Em 2015, o magnata da tecnologia Bill Gates declarou, ao *BBC News*, ser preocupante o fato de a população mundial, em geral, não estar mobilizada frente ao potencial lesivo da Inteligência Artificial e que deveria ser vislumbrada como uma grave ameaça à existência humana[60].

A inquietação persistiu até que, em setembro de 2019, a alta-comissária da ONU para Direitos Humanos Michelle Bachelet, constatando os riscos representados pela Inteligência Artificial aos direitos humanos e o "impacto

57. INDEPENDENT UK EDITION. Stephen Hawking: Artificial intelligence could wipe out humanity when it gets too clever as humans will be like ants. AI is likely to be 'either the best or worst thing ever to happen to humanity,' Hawking said, 'so there's huge value in getting it right'. October 8th, 2015. Disponível em: https://www.independent.co.uk/tech/stephen-hawking-artificial-intelligence-could-wipe-out-humanity-when-it-gets-too-clever-as-humans-could-become-like-ants-being-stepped-on-a6686496.html. Acesso em: 23.06.2023.

58. INDEPENDENT UK EDITION. Stephen Hawking: 'Transcendence looks at the implications of artificial intelligence – but are we taking AI seriously enough?' Success in creating AI would be the biggest event in human history. Unfortunately, it might also be the last, unless we learn how to avoid the risks, says a group of leading scientists. Stephen Hawking, Stuart Russell, Max Tegmark e Frank Wilczek. May 1st, 2014. Disponível em: https://www.independent.co.uk/news/science/stephen-hawking-transcendence-looks-at-the-implications-of-artificial-intelligence-but-are-we-taking-ai-seriously-enough-9313474.html. Acesso em: 23.06.2023.

59. THE GUARDIAN. Elon Musk: artificial intelligence is our biggest existential threat. Disponível em: https://www.theguardian.com/technology/2014/oct/27/elon-musk-artificial-intelligence-ai-biggest-existential-threat. October 27th, 2014. Acesso em: 23.06.2023.

60. BBC NEWS. Microsoft's Bill Gates insists AI is a threat. January 29th, 2015. Disponível em: https://www.bbc.com/news/31047780. Acesso em: 23.06.2023.

negativo e até catastrófico se for utilizada sem levar em consideração como afetam os direitos das pessoas"[61], recomendou a proibição de aplicações de IA usadas em desacordo com normas internacionais humanitárias e defendeu a pausa no uso e na comercialização dessas tecnologias – em uma proposta de moratória da IA – até que adequadas políticas protetivas das partes interessadas (*stakeholders*) passem a viger.

As tensões ganharam fôlego após vir à tona o uso em larga escala de modelos de IA generativa[62], após o lançamento e popularização do gerador de imagens *Dall-E*[63] e de textos *ChatGPT*[64], desenvolvidos pela *Open AI*. Em março de 2023, uma carta aberta assinada pelo chefe executivo do Twitter (o novo "X") e da Tesla, Elon Musk, pelo cofundador da Apple, Steve Wozniak, entre outros luminares, como o autor de *best sellers* sobre IA, Yuval Noah Harari, clamou aos laboratórios que interrompam a P&D de modelos de IA por alguns meses.

> Laboratórios de IA e especialistas independentes devem usar essa pausa para desenvolver e implementar, em parceria, um conjunto de protocolos de segurança compartilhados para o *design* e desenvolvimento avançados de sistemas de IA que sejam rigorosamente auditados e supervisionados por especialistas externos independentes. Esses protocolos devem garantir que os sistemas que aderem a eles sejam seguros além de qualquer dúvida razoável (...) um retrocesso

61. ORGANIZAÇÃO DAS NAÇÕES UNIDAS. Chefe de Direitos Humanos da ONU pede moratória para inteligência artificial. Nações Unidas Brasil, 16 de setembro de 2021. Disponível em: https://brasil.un.org/pt-br/144671-chefe-de-direitos-humanos-da-onu-pede-morat%C3%B3ria-para-intelig%C3%AAncia-artificial. Acesso em: 23.06.2023.

62. "A China publicou novas regras para inteligência artificial generativa, tornando-se um dos primeiros países do mundo a regular a tecnologia (...). A Administração do Ciberespaço da China, o principal órgão fiscalizador da Internet do país, divulgou um conjunto de diretrizes (...) para gerenciar a indústria em expansão (...). As regras estão definidas para entrar em vigor em 15 de agosto [de 2023] (...) [e] parece ter flexibilizado várias disposições anunciadas anteriormente, sugerindo que Pequim vê oportunidade na indústria nascente (...) gigantes da tecnologia (...) Alibaba, Baidu e JD.com – estão agora em processo de lançamento de suas próprias versões de *chatbots* de IA. As regras agora se aplicam apenas a serviços disponíveis ao público em geral na China. Estão isentas as tecnologias desenvolvidas em instituições de pesquisa ou destinadas a usuários no exterior. (...) As regras serão supervisionadas por sete agências nacionais, incluindo a vigilância do ciberespaço, a Comissão Nacional de Desenvolvimento e Reforma e o Ministério da Educação." (CNN BRASIL. China aprova novas regras de regulamentação de IA generativa. Disponível em: https://www.cnnbrasil.com.br/economia/china-aprova-novas-regras-de-regulamentacao-de-ia-generativo-como-o-chatgpt/. Acesso em: 15.07.2023).

63. OPEN AI. DALL·E: creating images from text. Disponível em: https://openai.com/research/dall-e. Acesso em: 22.07.2023.

64. REVISTA EXAME. ChatGPT foi banido na Itália e passa a ser investigado por autoridades do país. O governo italiano alega que a ferramenta de IA não respeita a legislação de privacidade do país. Disponível em: https://exame.com/tecnologia/chatgpt-foi-banido-na-italia-e-sera-investigado-por-autoridades-do-pais/. Acesso em: 15.07.2023.

> na corrida perigosa para modelos de caixa preta cada vez maiores e imprevisíveis[65].

"Nos últimos dois anos, surgiram novas ferramentas de IA que ameaçam a sobrevivência da civilização humana. A IA ganhou habilidades notáveis para manipular e gerar linguagem (...) [e] invadiu o sistema operacional da nossa civilização", escreveu Harari em fevereiro de 2023. Nas palavras de Musk, se "só dispusermos regulação após algo terrível acontecer, pode ser tarde demais para realmente colocarmos a regulação em vigor. É possível que a IA esteja no controle nesse ponto. O processo de politização pode já ter começado"[66]. Todavia, o modo como questões importantes são cooptadas pela mídia e tornadas partidárias, para muito além de serem políticas como o são, prejudica os debates pró-regulamentação.

> Apesar de a carta resgatar argumentos válidos de preocupações passadas, ela tem sido vista como polêmica por alguns, principalmente devido a dois pontos: 1. Possíveis intenções não declaradas: (...) é uma iniciativa do *Future of Life Institute*, organização que tem como um de seus consultores externos o bilionário Elon Musk. Além de já haver doado milhões de dólares para fins de pesquisa, o próprio Musk tem demonstrado interesse em investir no desenvolvimento da IA. Para muitos, esse fato por si só tornaria o pedido da carta suspeito. Ainda, Musk criou uma empresa de inteligência artificial denominada X.AI, para competir com a OpenAI por meio de um sistema concorrente já batizado de TruthGPT. Segundo o bilionário, o objetivo é uma IA que busque ao máximo a verdade e entenda a natureza do universo.

65. Na versão original: "´The letter calls on all AI labs to agree to use the proposed six-month pause to continue with safety research. AI labs and independent experts should use this pause to jointly develop and implement a set of shared safety protocols for advanced AI design and development that are rigorously audited and overseen by independent outside experts´, it says. ´These protocols should ensure that systems adhering to them are safe beyond a reasonable doubt. Those behind the letter note that they are not calling for a AI development in general to be paused, rather ´a stepping back from the dangerous race to ever-larger unpredictable black-box models with emergent capabilities´." (TIME MAGAZINE. Elon musk signs open letter urging AI labs to pump the brakes. Disponível em: https://time.com/6266679/musk-ai-open-letter/. Acesso em: 19.05.2023).

66. Na versão original: "It was signed by Elon Musk, Apple co-founder Steve Wozniak and, among other tech and academic luminaries, Yuval Noah Harari, the author of the book Sapiens. ´Over the past couple of years, new AI tools have emerged that threaten the survival of human civilization". Harari wrote last month. "AI has gained some remarkable abilities to manipulate and generate language. (…) AI has thereby hacked the operating system of our civilization.´ Some alarming words from the guy who literally wrote the book on the human race. The open letter argues that now's the time to put guardrails in place because AI will soon be too intelligent to constrain. Or in the words of Musk, if we ´only put in regulations after something terrible has happened, it may be too late to actually put the regulations in place. The AI may be in control at that point´." (CNET TECH. Elon Musk is right: we need to regulate AI now. Disponível em: https://www.cnet.com/tech/elon-musk-is-right-we-need-to-regulate-ai-now/. Acesso em: 19.05.2023).

> 2. Prazo arbitrário: Não se sabe os motivos pelos quais a carta estipula um prazo de seis meses de pausa no desenvolvimento de IAs. O receio do desenvolvimento e uso da IA sem parâmetros regulatórios é real (e de certa forma antigo). Contudo, o prazo indicado na carta parece insuficiente para sanar a questão regulatória. Não sendo suficiente para melhor regular o desenvolvimento de IAs (...) poderia o discurso de cautela (que é válido e necessário) estar sendo utilizado para alcançar concorrentes que, hoje, estão em vantagem na corrida mercadológica? Uma conclusão, contudo, é clara: a tendência mundial em prol da regulamentação da inteligência artificial torna-se cada vez mais necessária. Pausar por completo o desenvolvimento de sistemas de IA parece impossível, mas há maneiras de mitigar riscos. Para amenizar os possíveis danos e consequências de sistemas de IA uma medida necessária é não nos demorarmos mais que o necessário na regulamentação da matéria[67].

Defender a moratória da Inteligência Artificial como um todo é medida insubsistente e ineficaz. Primeiramente, porque a Inteligência Artificial não é unitária, nem estática, havendo uma ampla variedade de modelos inteligentes já em franca utilização no mercado e muitos outros sendo desenvolvidos. O alerta a suas ameaças persiste e é ainda mais latente hoje, porém deve-se primar pela técnica jurídica e calibrar deveres e direitos segundo os níveis de autonomia, intensidade, desenvolvimento e riscos de cada tipo de IA. É nesse sentido que se deve defender a urgente regulamentação antropocêntrica da IA baseada nas matrizes de riscos elencadas no capítulo precedente e em conformidade com as diferentes tipologias de IA.

Com efeito, o PL nº 2.338/2023[68] veda a implementação e o uso de sistemas de IA de risco excessivo e os define, no art. 14, como os que empreguem técnicas subliminares que objetivem ou gerem a indução de pessoa natural a se portar de forma prejudicial ou perigosa à sua saúde ou segurança ou contra as bases da lei. São também de risco excessivo e proibidos aqueles que explorem vulnerabilidades de grupos humanos específicos, "como as associadas a sua idade ou deficiência física ou mental, de modo a induzi-las a se comportar de forma prejudicial a sua saúde ou segurança ou contra os fundamentos desta Lei", bem como os usados pelo

67. FELIPE, Bruno Farage da Costa; FICO, Bernardo de Souza Dantas. *IA generativa*: do pedido de moratória à urgência de regulamentação. CONJUR, 30 de maio de 2023. Disponível em: https://www.conjur.com.br/2023-mai-30/direito-digital-ia-generativa-pedido-moratoria-urgencia-regulamentacao. Acesso em: 23.06.2023.

68. BRASIL. SENADO FEDERAL. Projeto de Lei nº 2.338, de 2023. Atividade Legislativa, 2023. Disponível em: https://www25.senado.leg.br/web/atividade/materias/-/materia/157233?_gl=1*1qw7sar*_ga*ODQ3Nzg0NDY2LjE2MjQ2Mzc4Mzg.*_ga_CW3ZH25XMK*MTY4NDE2Mjk0My4yLjAuMTY4NDE2Mjk0My4wLjAuMA. Acesso em: 28.05.2023.

Poder Público para avaliar, classificar ou ranquear as pessoas naturais, com base em comportamento social ou atributos da sua personalidade, por uma pontuação universal, para acessar bens, serviços e políticas públicas, de forma ilegítima ou desproporcional.

As hipóteses arroladas no art. 14 – exaustivamente, por se tratar de norma de exceção – retratam tecnologias de Inteligência Artificial que apresentam risco excessivo aos direitos humanos, e por isso estabelecido expressamente o banimento dessas aplicações. O banimento e a instituição de moratórias para determinadas tecnologias de IA não devem ser, de pronto, medidas descartadas, desde que adotadas abordagens *top bottom* ou *top down*, que, em regra, são mais adequadas a tecnologias com nível mais elevado de risco.

O paradigma descendente descreve uma estratégia envolvendo vasta quantidade de dados para criar ferramenta, método ou algoritmo de uso geral, que seja versátil – tal como ocorre com sistema de IA generativa e outros de alto risco[69], usados para propósitos diversos daqueles para o qual foram criados –, o que significa que podem ser mais bem ajustados para atender às necessidades não especificadas precedentemente. O processamento ordenado da informação "de cima para baixo" caracteriza-se pela fragmentação do modelo para entender a composição dos subsistemas decompostos passo-a-passo. Cada nível do modelo é detalhado, do mais alto até as mais básicas especificações do projeto computacional. Embora possa haver limitações, ele oferece benefícios significativos, inclusive a visão holística do sistema de IA e a possibilidade de identificar problemas *ex ante*, isto é, antes que se tornem críticos[70].

Por outro lado, uma abordagem "de baixo para cima" (*bottom up*) caracteriza-se pela construção do sistema a partir de elementos mais básicos. Nesse paradigma ascendente, cada elemento é gradualmente combinado para formar subsistemas mais complexos, até que se chegue ao *design* completo da IA. Refere-se a quando a ferramenta computacional, método ou algoritmo é treinado do zero especificamente para abordar uma questão de pesquisa específica envolvendo apenas um subconjunto dos dados (*small*

69. Destaca-se o rol taxativo de sistemas de IA de alto risco previsto no art. 17 do PL nº 2.338/2023. (BRASIL. SENADO FEDERAL. Projeto de Lei nº 2.338, de 2023. Atividade Legislativa, 2023. Disponível em: https://www25.senado.leg.br/web/atividade/materias/-/materia/157233?_gl=1*1qw7sar*_ga*ODQ3Nzg-0NDY2LjE2MjQ2Mzc4Mzg.*_ga_CW3ZH25XMK*MTY4NDE2Mjk0My4yLjAuMTY4NDE2Mjk0My4wL-jAuMA. Acesso em: 28.05.2023).

70. WANG, Michelle; SUSHIL, Madhumita; MIAO, Brenda Y.; BUTTE, Atul J. Bottom-up and top-down paradigms of artificial intelligence research approaches to healthcare data science using growing real-world big data. *Journal of the American Medical Informatics Association*, 2023, 30(7), p. 1323–1332.

data), ou seja, uma parte de todo o *Big Data*. Por isso, não costumam envolver pré-treinamento ou processos de ajuste fino durante o treinamento do modelo, sendo essa abordagem particularmente útil quando forem limitados os recursos computacionais ou quando envolver a realização de tarefas mais simples.

Malgrado as abordagens descendente e ascendente de aprendizado de máquina tragam cada qual vantagens e desvantagens, são ambas relevantes na solução de questões difíceis e na concepção de sistemas de IA eficazes. Com efeito, a escolha de uma em detrimento da outra dependerá das necessidades especiais de cada modelo de IA e da experiência de *stakeholders*.

Existem campanhas, como a "Tire o meu rosto da sua mira"[71], que vêm reunindo centenas de cidadãos e representantes da sociedade civil brasileira em prol da solicitação de restrições legais e até o banimento do uso de tecnologias de reconhecimento facial e outros mecanismos de identificação e monitoramento biométrico em massa por meio de sistemas de Inteligência Artificial – listados pelo artigo 17, inciso X, do PL nº 2.338/2023 como sistemas de alto risco –, por relatarem fatos jurídicos lesivos, discriminatórios e vulnerabilizantes, derivados do uso desses modelos no atual estado da arte e ante o cenário regulatório vigente.

Não há mais tempo para pedidos de moratória – até porque eles são irreais frente aos altíssimos proveitos auferidos com P&D de IA –, é tempo de arregaçar as mangas e enfrentar a real ameaça de lesão que os modelos de Inteligência Artificial representam à humanidade se não forem adequadamente regulados por aqueles que detêm *logos* apofântico e hermenêutico, em que pese muitos ainda pequem – e alguns tenham motivos velados para assim pretender atuar – em reconhecer o senso de urgência que a temática demanda.

3.2.2 O cenário internacional de regulação da Inteligência Artificial

Como demonstrado, a premência de um marco regulatório da Inteligência Artificial é assunto disputado por autoridades mundiais. Durante a convenção multisetorial *The Future of AI: Opportunities and Challenges*, promovida em Porto Rico em 2015, firmou-se a ideia de uma abordagem centrada nos riscos a direitos humanos. Outra lição sedimentada foi a de que as questões levantadas pelo sucesso da IA não são somente inte-

71. CAMPANHA "TIRE O MEU ROSTO DA SUA MIRA". Pelo banimento total do uso das tecnologias digitais de reconhecimento facial na segurança pública. Disponível em: https://tiremeurostodasuamira.org.br/. Acesso em: 06.05.2023.

lectualmente fascinantes, mas moralmente cruciais: as presentes escolhas regulatórias afetarão o futuro da humanidade[72].

Segundo informações da OCDE[73], ao menos sessenta países possuem uma estratégia nacional voltada à Inteligência Artificial. Apesar dos esforços de padronização capitaneados por organizações internacionais e dos francos debates em fóruns internacionais, o temor de impactar negativamente a P&D mostra o quanto a IA é indicativa de poder geopolítico. Nessa mesma linha, o Comitê Internacional da Cruz Vermelha, em publicação intitulada "Artificial Intelligence and machine learning in armed conflict: a human-centred approach", reconheceu os riscos inerentes a tais sistemas e a necessidade de regulação antropocêntrica, a saber:

> Como uma organização humanitária que trabalha para proteger e assistir as pessoas afetadas por conflitos armados e outras situações de violência, derivando seu mandato do Direito Internacional Humanitário e guiado pelo princípio fundamental da humanidade, o CICV acredita ser crucial garantir uma abordagem genuinamente centrada no ser humano para o desenvolvimento e uso de IA e aprendizado de máquina. Isso começa com a consideração das obrigações e responsabilidades dos seres humanos e o necessário para garantir que o uso dessas tecnologias seja compatível com o direito internacional, bem como com os valores sociais e éticos. (...) Um princípio geral de controle e julgamento humano é componente essencial, todavia, não é suficiente por si só para proteção contra os riscos potenciais de IA e aprendizado de máquina em conflito. Outros aspectos (...) [são] previsibilidade e confiabilidade – ou segurança – na operação do sistema e nas consequências que daí resultam; transparência – ou explicabilidade – em como o sistema funciona e por que atinge certa saída; e falta de viés – ou justiça – no *design* e uso do sistema[74].

---

72. Em síntese do Fórum Econômico Mundial, nove questões éticas são subjacentes ao desenvolvimento da IA. Em primeiro lugar, a questão de desemprego, considerando diferenças geracionais, reciclagem e problema de requalificação. Em segundo, a desigualdade, (...) como distribuir a riqueza criada pelas máquinas. Terceiro, (...) como as máquinas afetam nosso comportamento e nossa interação. A quarta (...) relacionada à 'estupidez artificial' (...) como nos protegeríamos contra os erros desses sistemas. Em quinto, (...) [os] vieses da tomada de decisão por sistemas de IA. Em sexto, um problema de segurança. Em sétimo (...) a problemática dos "gênios do mal", sobre como se proteger contra efeitos não intencionais da implementação desses sistemas. Em oitavo, está o aspecto da singularidade (...) sobre como mantermos o controle de um sistema inteligente complexo. Por fim, (...) a questão sobre direitos de robôs, questionando como se definir o tratamento humano da IA em termos de direitos e deveres. (WORLD ECONOMIC FORUM. *Emerging technologies*: top 9 ethical issues in Artificial Intelligence. October 21th, 2016. Disponível em: https://www.weforum.org/agenda/2016/10/top-10-ethical-issues-in-artificial-intelligence/. Acesso em: 11.06.2023).

73. ORGANISATION FOR ECONOMIC CO-OPERATION AND DEVELOPMENT. OECD AI Database of National AI Policies (2021). Disponível em: https://futureoflife.org/ai-policy/. Acesso em: 13.05.2023.

74. Na versão original: "As a humanitarian organization working to protect and assist people affected by armed conflict and other situations of violence, deriving its mandate from international humanitarian

Em dezembro de 2022, o instituto Escola Nacional da Administração Pública (ENAP) formulou um relatório sobre regulação de Inteligência Artificial em países selecionados[75], considerando os diferentes estágios de implantação de suas estratégias nacionais de regulação da IA – o que torna o estudo realizado pela ENAP ainda mais relevante –, sendo eles Reino Unido, Austrália, Japão, Estados Unidos da América (EUA) e União Europeia (UE).

O Reino Unido, um dos pioneiros a desenvolver estratégias nacionais de IA, publicou, em julho de 2020, pelo *Information Commissioner's Office* (ICO), suas metas, orientações e alocação de orçamento sobre IA e Proteção de Dados, para auxiliar as organizações a mitigar os riscos da IA sob a perspectiva de proteção de dados. Entretanto, limitou-se às implicações de modelos de IA voltadas à proteção de dados pessoais, face às competências específicas da ICO, não sendo suas recomendações extensivas às áreas de saúde e finanças, por exemplo[76].

Em março de 2023, o ICO renovou seu guia orientativo sobre IA e proteção de dados, após solicitações da indústria do Reino Unido, para esclarecer os requisitos de justiça na IA e cumprir o compromisso do ICO25 de auxiliar as organizações a adotarem novas tecnologias enquanto protegem grupos mais vulneráveis. Essa atualização apoia a visão governamental britânica pró-inovação, mais especificamente o propósito de incorporar os princípios da IA[77].

---

law and guided by the Fundamental Principle of humanity, the ICRC believes it is critical to ensure a genuinely human-centred approach to the development and use of AI and machine learning. This starts with consideration of the obligations and responsibilities of humans and what is required to ensure that the use of these technologies is compatible with international law, as well as societal and ethical values. (...) An overall principle of human control and judgment is an essential component, but it is not sufficient in itself to guard against the potential risks of AI and machine learning in armed conflict. Other related aspects (...) [are]: predictability and reliability – or safety – in the operation of the system and the consequences that result; transparency – or explainability – in how the system functions and why it reaches a particular output; and lack of bias – or fairness – in the design and use of the system." (THE INTERNATIONAL COMMITTEE OF THE RED CROSS. Artificial intelligence and machine learning in armed conflict: a human-centred approach. *International Review of the Red Cross*, Digital technologies and war: reports and documents, p. 463–479, 102 (913), 2020, p.478. Disponível em: https://international-review.icrc.org/sites/default/files/reviews-pdf/2021-03/ai-and-machine-learning-in-armed-conflict-a-human-centred-approach-913.pdf. Acesso em: 13.05.2023).

75. ESCOLA NACIONAL DA ADMINISTRAÇÃO PÚBLICA – ENAP. Regulação da Inteligência Artificial: *benchmarking* de países selecionados. Disponível em: https://repositorio.enap.gov.br/bitstream/1/7419/1/2022.12.08%20-%20Regula%C3%A7%C3%A3o%20da%20Intelig%C3%AAncia%20Artificial.pdf. Acesso em: 23.04.2023.

76. UNITED KINGDOM NATIONAL AI STRATEGY. UK Office for Artificial Intelligence. September, 2021. Disponível em: https://assets.publishing.service.gov.uk/government/uploads/system/uploads/attachment_data/file/1020402/National_AI_Strategy_-_PDF_version.pdf. Acesso em: 23.04.2023.

77. INFORMATION COMMISSIONER'S OFFICE. Guidance on AI and Data Protection. Disponível em: https://ico.org.uk/for-organisations/uk-gdpr-guidance-and-resources/artificial-intelligence/guidance-on-ai-and-data-protection/. Acesso em: 23.06.2023.

Por tal razão, em julho de 2022, foi lançado o *National AI Strategy* ou *AI Action Plan*. Propõe um marco regulatório da IA e traz como parâmetros ao seu uso e seu impacto sobre indivíduos, grupos e empresas uma métrica voltada ao desenvolvimento econômico nacional e à inovação tecnológica. Visa traçar um complexo de princípios da IA setorizados e adaptados às distintas características desses sistemas, delegar aos reguladores a atribuição de projetar respostas proporcionais à ameaça a direitos, focar em questões com evidências de riscos reais ou oportunidades perdidas, em vez de riscos hipotéticos ou baixos associados à IA, e adotar, *a priori*, intervenções mais leves, como advertências e medidas de governança corporativa[78].

Sob esse quadro, a regulação da IA no Reino Unido é específica no desenvolvimento de estratégias de fiscalização delegadas a cada regulador setorial apropriado. O governo não definiu IA de forma abrangente, deixando os reguladores sem direção terminológica alguma, todavia, se propõe a adotar, como princípios fundamentais da IA, transparência, equidade, segurança, proteção, privacidade, *accountability* e mecanismos reparatórios ou contestatórios.

A partir de 31 de julho de 2023, as empresas de varejo do Reino Unido terão que cumprir o *New Consumer Duty Rules*, devendo adotar medidas para entregar bons resultados e evitar danos previsíveis a seus clientes[79]. No entanto, sem uma abordagem regulatória geral e abrangente da IA, o governo acabara por permitir que os reguladores definam Inteligência Artificial conforme cada domínio e setor. Outrossim, segundo a *UK National AI Strategy*, o *Office for AI* – escritório com atribuição para lidar com os efeitos de P&D de IA no Reino Unido – coordenará processos intergovernamentais para averiguar os perigos da aplicação de IA a longo prazo, avaliar a experiência técnica governamental e o valor da infraestrutura de P&D, considerar a velocidade com que os avanços em IA impactam a vida da população, monitorar o seu progresso e apoiar medidas de segurança no uso ético dessas tecnologias.

---

78. Após o BREXIT, com a saída do Reino Unido da União Europeia, houve um acelerado processo de reforço de autonomia legislativa, socioeconômica e política. Nessa toada, adveio a Estratégia Nacional de IA, que busca representar o início de uma mudança radical para a IA no Reino Unido, reconhecendo o poder da IA para aumentar a resiliência, produtividade, crescimento e inovação nos setores público e privado. (UNITED KINGDOM. GOV.UK. Guidance: National AI Strategy. Disponível em: https://www.gov.uk/government/publications/national-ai-strategy. Acesso em: 23.06.2023).

79. HOLISTIC AI E-BOOK. The state of global AI regulations in 2023. Disponível em: https://uploads-ssl.webflow.com/6305e5d52c28356b4fe71bac/64356aa81ecc5f03d47d9310_Holistic-AI-E-Book-AI-Regulation-in-2023-Compressed.pdf. Acesso em: 23.06.2023.

Não há no Reino Unido leis escritas propriamente ditas regulando tecnologias de IA, mas uma "colcha de retalhos"[80] de requisitos regulatórios criados a outros fins que também repercutiam no uso da IA. Um dos objetivos de médio prazo – em seis meses a contar de julho de 2022, portanto já deveria ter sido implantado – do *National AI Strategy* é a criação do *AI Standards Hub*, projeto liderado pelo *Alan Turing Institute*, que busca ampliar o compromisso com a criação de padrões técnicos globais para modelos de IA com transparência algorítmica, instituir ferramentas de governança e reunir as *Standards Development Organisations*[81].

Em novembro de 2023 foi sediado em Londres o *AI Safety Summit*[82], conferência internacional com a presença de representantes e governantes de 28 países, inclusive o Brasil, para assinar uma declaração que contenha a compreensão partilhada dos riscos colocados por sistemas de IA e a necessidade de ações coordenadas de colaboração internacional em matéria de segurança e confiabilidade de sistemas de IA cujos impactos sejam transfronteiriços.

A Austrália, país membro da *Commonwealth*, participante de seus programas e suas organizações há mais de 60 anos, além de estar entre os quatro maiores contribuintes de seu orçamento, sofre uma forte influência das regulações do Reino Unido e da União Europeia, principalmente antes do BREXIT, a saída daquele deste conglomerado. Tanto é assim que, após lançado o *Ethics Guidelines on Artificial Intelligence* pelo Parlamento Europeu, em 2019, a Comissão Australiana de Direitos Humanos (*Australian Human Rights Commission* – AHRC)[83] publicou o *Human Rights and Technology Discussion Paper*, cujas propostas abrangentes tinham o condão de assegurar que o governo e a iniciativa privada protegessem os direitos humanos ao projetar, desenvolver, implantar e utilizar tecnologias munidas de IA.

Na Austrália, ainda não há leis eficazes sobre o uso da IA, situando-a em um estágio evolutivo ainda inaugural no tocante à regulação de siste-

80. No Reino Unido, a IA é regulada por uma legislação intersetorial que advém de diferentes fontes reguladoras. Assim como são cobertos temas como proteção de dados pelo *Information Commissioner's Office*, concorrência pelo *Competition Markets Authority* e direitos humanos pela *Equality Human Rights Commission*, também há legislação setorial mais específica, como aquelas para serviços financeiros, formulada pela *Financial Conduct Authority*, e para produtos médicos, fornecida pela *Medicines and Healthcare Products Regulatory Agency*.

81. As SDOs são organizações focadas no desenvolvimento, publicação ou divulgação de padrões técnicos para atender às necessidades de determinado ramo da indústria, do comércio ou do campo.

82. UK AI SAFETY SUMMIT. Disponível em: https://www.aisafetysummit.gov.uk/. Acesso em: 11.11.2023.

83. AUSTRALIAN HUMAN RIGHTS COMMISSION – AHRC. Human rights and technology: discussion paper, 2019. Disponível em: https://humanrights.gov.au/our-work/rights-and-freedoms/publications/human-rights-and-technology-discussion-paper-2019. Acesso em: 23.04.2023.

mas inteligentes. Todavia, o governo australiano tem se mostrado focado em debater a criação de arcabouço legal e de governança necessários a perseguir o objetivo de posicionar a Austrália como um líder global em IA. Suas iniciativas incluem a *Australia's AI Action Plan*[84], a *Australia´s AI Technology Roadmap*[85] e a *Australia´s AI Ethics Framework*[86], que abarcam os pilares axiológicos a uma IA segura, robusta e confiável. O *Action Plan*

84. Publicado em junho de 2021, o relatório elenca quatro pontos focais: (i) desenvolver e adotar IA para transformar empresas australianas a criar mais vagas de emprego e aumentar sua produtividade e competitividade; (ii) instituir um ambiente que atraia os melhores talentos de IA do mundo, para garantir que os negócios tenham acesso a conhecimentos técnicos de classe mundial; (iii) o uso de tecnologias de IA de ponta para resolver os desafios nacionais da Austrália, aproveitando-se dos recursos de pesquisa em IA de líderes mundiais para resolver desafios nacionais e garantir que todos os australianos tenham a oportunidade de se beneficiar da IA; (iv) tornar a Austrália uma líder global em IA responsável e inclusiva, eis que as tecnologias devem ser desenvolvidas para refletirem os valores da sociedade australiana. Além disso, o plano de ação australiano conceitua a Inteligência Artificial como um complexo de tecnologias inter-relacionadas que pode ser usado para resolver problemas autonomamente e realizar tarefas para alcançar objetivos definidos. Em alguns casos, pode fazer isso sem orientação humana explícita, sendo mais que apenas os algoritmos matemáticos que permitem que um computador aprenda com textos, imagens e/ou sons. É a capacidade de o sistema computacional "sentir" o ambiente, aprender, prever e tomar medidas independentes para controlar, virtual ou fisicamente, seus resultados. (DEPARTMENT OF INDUSTRY, SCIENCE, ENERGY AND RESOURCES – DISER. Australia's AI Action Plan. Disponível em: https://webarchive.nla.gov.au/awa/20220816053410/https://www.industry.gov.au/data-and-publications/australias-artificial-intelligence-action-plan. Acesso em: 23.04.2023).
85. Publicado pelo governo australiano em novembro de 2019 e codesenvolvido pela *Commonwealth Scientific and Industrial Research Organisation* (CSIRO) e pelo Departamento de Indústria, Inovação e Ciência, o relatório "Australia's AI Technology Roadmap" identifica estratégias para auxiliar a capacitação nacional para a IA, aumentando a produtividade da indústria australiana, criando empregos e crescimento econômico e melhorando a qualidade de vida das gerações atuais e futuras. (COMMONWEALTH SCIENTIFIC AND INDUSTRIAL RESEARCH ORGANISATION – CSIRO. Australia's AI Technology Roadmap. Disponível em: https://www.csiro.au/en/research/technology-space/ai/artificial-intelligence-roadmap. Acesso em: 23.04.2023).
86. Conforme relatório publicado pelo Departamento de Indústria, Ciência, Energia e Recursos do Governo Australiano, são princípios éticos da IA: a) bem-estar humano, social e ambiental – os sistemas de IA devem beneficiar os indivíduos, a sociedade e o meio ambiente; b) base em valores antropocêntricos – os sistemas de IA devem respeitar os direitos humanos, a diversidade e a autonomia dos indivíduos; c) justiça – os sistemas de IA devem ser inclusivos e acessíveis e não devem envolver ou resultar em discriminação injusta contra indivíduos, comunidades ou grupos; d) privacidade e segurança – os sistemas de IA devem observar os direitos à privacidade e à proteção de dados e garantir a segurança dos dados; e) confiabilidade – os sistemas de IA devem operar de forma confiável de acordo com a finalidade pretendida; f) transparência e explicabilidade – deve haver divulgação responsável para que as pessoas possam entender quando estão sendo significativamente impactadas pela IA; g) direito à revisão – quando um sistema de IA impacta significativamente uma pessoa, comunidade, grupo e/ou ambiente, deve haver um processo oportuno para permitir que seu uso ou seus resultados sejam desafiados; h) responsabilidade – os responsáveis pelas diferentes fases do ciclo de vida do sistema de IA devem ser identificáveis e responsabilizados pelos resultados dos sistemas de IA, e a supervisão humana dos sistemas deve ser habilitada. (DEPARTMENT OF INDUSTRY, SCIENCE, ENERGY AND RESOURCES – DISER. Australia's AI Ethics Framework. Disponível em: https://www.industry.gov.au/publications/australias-artificial-intelligence-ethics-framework/australias-ai-ethics-principles. Acesso em: 23.04.2023).

australiano, em muito, se assemelha à regulação europeia sobre o tema e o *Australia´s AI Ethics Framework* traz a listagem de princípios éticos da IA no mesmo sentido do *OECD AI Principles*[87]. Portanto, a Austrália, embora se mostre atenta aos riscos da IA e à demanda por uma abordagem regulatória eficaz na tutela dos direitos humanos, não inovou a nível mundial e para tanto ainda não serve de paradigma ao Brasil.

Diferentemente da fase regulatória inaugural em que se encontra hoje a Austrália, o Japão foi o segundo país a desenvolver estratégias para a IA, definir metas e alocar orçamento para o enfrentamento do tema. As agências governamentais japonesas vêm adotando uma abordagem de *soft law*[88] para lidar com os possíveis vieses das aplicações de IA, em busca de uma governança robusta, porém ágil, com o objetivo de não prejudicar a continuidade dos investimentos em P&D de IA em seu território e de não refrear a inovação tecnológica.

A despeito de não haver uma regulação abrangente da IA no Japão, o governo japonês oferece diretrizes que incentivam o uso da IA de forma responsável. Desde 2019, vem sendo formulada uma estratégia governamental de IA, cuja competência colaborativa é dividida pelos Ministérios da Administração Interna e Comunicação, responsável pelo impacto social da IA; da Economia, Comércio e Indústria, cuja incumbência refere-se à regulação setorial e fiscalização; e da Educação, Cultura, Desporto, Ciência

87. ORGANISATION FOR ECONOMIC CO-OPERATION AND DEVELOPMENT. OECD AI PRINCIPLES, 2019. Disponível em: https://oecd.ai/en/ai-principles. Acesso em: 18.03.2023.

88. *Soft law* é um termo usado para denotar acordos, princípios e declarações não legalmente vinculantes. São iniciativas que incluem molduras éticas, códigos de boas práticas, padrões técnicos e parâmetros normativos de conduta. As resoluções da Assembleia Geral da ONU são exemplo de *soft law*. Por outra via, *hard law* refere-se, em geral, a obrigações que são impostas por lei às partes envolvidas e que podem ser executadas como norma cogente. "Assim, os instrumentos de *soft law* e *hard law* podem gerar dois efeitos positivos na formação de um direito, pois (i) têm o potencial de evitar o anacronismo do direito nacional frente à evolução do cenário externo, especialmente considerando o tema de tecnologia, que avança rapidamente e (ii) podem uniformizar a proteção de dados de maneira transversal, protegendo os usuários independentemente de sua localização geográfica, como ocorre na União Europeia. Desse modo, o *soft law* pode ser visto como uma vantagem jurídica ao permitir a transformação da ordem interna por meio de discussões e orientações não vinculativas internacionais. Em tais casos, mesmo que não se trate propriamente de norma positivada e vinculativa, a partir da experiência internacional observada, surge como instrumento para que o direito evolua mais rapidamente, especialmente em função da demora do direito frente às transformações sociais. Embora o Marco Civil seja visto como um avanço que não teria em outros países, os países-membros da União Europeia tinham de certa forma assegurado o direito à proteção de dados por meio do *soft law* e *hard law* ou, no caso dos Estados Unidos, por meio da sistemática do *common law*." (AYRES BRITTO CONSULTORIA JURÍDICA E ADVOCACIA. *Soft law* e *hard law* como caminho para afirmação do direito à proteção de dados. Disponível em: https://ayresbritto.adv.br/soft-law-e-hard-law-como-caminho-para-afirmacao-do-direito-a-protecao-de-dados/. Acesso em: 23.06.2023).

e Tecnologia, cuja atribuição atém-se a aspectos educacionais e de pesquisa face à escassez de recursos humanos especializados.

Em 2022, sua Estratégia de IA[89] arrolou cinco objetivos a integrarem o plano tático de ação: (i) estabelecer uma infraestrutura técnica, adequada e operacional, capaz de proteger a vida e a propriedade privada contra crises iminentes, como pandemias e outros desastres de larga escala, principalmente com apoio a pequenas empresas e municípios que já usam IA; (ii) promover P&D de novas tecnologias, capacitando recursos humanos e atraindo novos talentos em todo o mundo; (iii) tornar-se precursor em aplicativos de IA em indústrias mundiais, com prioridade nas áreas de agricultura, infraestrutura, transporte, desenvolvimento regional e saúde; (iv) criar um conjunto de técnicas pró-sustentabilidade, englobando a diversidade, a construção de uma infraestrutura de dados e a observância de princípios da IA; (v) consolidar uma rede internacional de P&D e treinamento especializado em IA sob liderança do Japão[90].

> Ao estabelecer as suas estratégias nacionais sobre inteligência artificial, diversos países comentam sobre a necessidade de a população se acostumar a se relacionar com (e através de) máquinas cada vez mais inteligentes. No caso do Japão, por exemplo, o plano nacional de robótica menciona, explicitamente, como objetivo a criação de uma "sociedade livre de barreiras para robôs". Essa rápida inserção de robôs nos relacionamentos sociais, naturalmente, aciona uma série de questionamentos jurídicos. Qual é a natureza jurídica dos robôs inteligentes? Teriam eles direitos próprios? Seriam dotados de personalidade jurídica?[91]

Também em 2022, os EUA, através do Escritório de Políticas Públicas para Ciência e Tecnologia da Casa Branca (*The White House Office of Science and Technology Policy*) apresentaram um plano declaratório de direitos da Inteligência Artificial, o *Blueprint for an AI Bill of Rights*[92]. Frente a esse

89. JAPAN'S SECRETARIAT OF SCIENCE, TECHNOLOGY AND INNOVATION POLICY CABINET OFFICE. AI Strategy 2022. Disponível em: https://www8.cao.go.jp/cstp/ai/aistratagy2022en_ov.pdf. Acesso em: 23.04.2023.

90. SUDOH, OSAMU. Japan's AI Utilization Guidelines: an initiative for implementing the OECD AI Principles. *OECD.AI Policy Observatory*. June, 2020. Disponível em: https://oecd.ai/en/wonk/japans-ai-utilization-guidelines-an-initiative-for-implementing-the-oecd-ai-principles. Acesso em: 23.04.2023.

91. DONEDA, Danilo Cesar Maganhoto; MENDES, Laura Schertel; SOUZA, Carlos Affonso; ANDRADE, Norberto Nuno Gomes de. Considerações iniciais sobre inteligência artificial, ética e autonomia pessoal. *Revista Pensar*, Fortaleza, v.23, n.4, p. 1-17, out.-dez./2018.

92. UNITED STATES OF AMERICA. WHITE HOUSE. Blueprint for na AI Bill of Rights: making automated systems work for the american people. Disponível em: https://www.whitehouse.gov/wp-content/uploads/2022/10/Blueprint-for-an-AI-Bill-of-Rights.pdf. Acesso em: 17.04.2023.

panorama, órgãos governamentais como o *National Institute of Standards and Technology* (NIST)[93] e o *Federal Trade Comission* (FTC)[94] servirão como os principais atores para definir padrões de desenvolvimento e uso de sistemas de IA nos EUA.

Trata-se, ainda, de desenho arquitetônico de uma futura legislação sobre IA, uma carta de recomendações, com ampla consulta pública, contendo os princípios e práticas destinados a orientar o *design* e a implantação de sistemas de IA, cujo condão é proteger os direitos dos cidadãos estadunidenses frente a modelos inteligentes. Consiste em um conjunto de diretrizes não vinculativas – mais uma medida de *soft law* – que fornece os "valores nacionais" e um aglomerado de ferramentas para amparar legisladores e a iniciativa privada a incorporarem as proteções propostas em suas políticas e seus produtos. A Casa Branca elaborou o projeto após anual processo de análise de informações pessoais sobre danos algorítmicos em todo o país.

O *blueprint* apresenta abordagem abrangente para combater possíveis danos oriundos de P&D de IA, relatando preocupações sobre preconceitos, vigilância, decisões automatizadas injustas, segurança de dados e muito mais. O prefácio do projeto afirma que, entre os grandes desafios da era digital, está o uso de tecnologia, dados pessoais e sistemas automatizados dotados de IA, de modo a ameaçar direitos dos cidadãos norte-americanos, pois podem ser usadas tais ferramentas para limitar oportunidades e impedir o acesso a recursos e serviços[95].

Essa carta de intenções é composta por cinco princípios formulados pelo Escritório da Casa Branca: a) segurança e eficácia dos sistemas de IA,

93. O Instituto Nacional de Padrões e Tecnologia dos EUA é uma agência governamental que trabalha com pesquisas tecnológicas e sua padronização à medida que se relaciona ao uso e à implantação de IA no país. O NIST desempenha um papel crucial no estabelecimento de *benchmarks* e padrões seguros e confiáveis de IA. Em 2021, o documento intitulado *US National AI Iniciative Act* definiu como obrigação do NIST desenvolver padrões seguros e confiáveis de avaliação de impactos de sistemas de Inteligência Artificial. Inclusive, o NIST, em 2023, lançou o *Trustworthy and Responsible AI Resource Center* e publicou um relatório chamado *AI Risk Management Framework* nesse sentido. (NATIONAL INSTITUTE OF STANDARDS AND TECHNOLOGY. Launch of the NIST AI Risk Management Framework. January 26th, 2023. Disponível em: https://www.nist.gov/itl/ai-risk-management-framework. Acesso em: 15.07.2023).

94. Nos EUA, a missão da FTC é proteger o público de práticas comerciais enganosas ou injustas e de métodos de concorrência desleal. Com foco em privacidade de dados, a FTC também deve dobrar em sua segmentação os *dark pattens*, abordando a legalidade de tecnologias escusas e protegendo os consumidores. Recentemente, o FTC aplicou penalidade de multa ao *Facebook* após ter sido comprovado que sua tecnologia de reconhecimento facial estava sendo utilizada sem consentimento expresso (modelo *opt-in*) dos usuários da plataforma digital.

95. ROBERTS, Huw *et al.* Achieving a "Good AI Society": comparing the aims and progress of the EU and the US. *Science and engineering ethics*, v.27, n.68, nov./2021. Disponível em: https://link.springer.com/article/10.1007/s11948-021-00340-7. Acesso em: 23.04.2023.

que enfatiza a participação social na avaliação de impactos e proteção contra modelos inseguros; b) garantias contra discriminação algorítmica, como a implantação de modelos de IA de forma equânime; c) privacidade de dados pessoais e recomendações de preservação da autonomia de seus titulares; d) notificação e explicabilidade, o que significa que os usuários devem saber como e porque o sistema de IA alcançou dado resultado; e) reconsideração e revisão humanas, garantindo a não sujeição a decisões automatizadas e o acesso ao julgamento por um humano no caso de erros da IA.

O *Blueprint* vem acompanhado de um manual técnico de apoio à implementação dos princípios da IA. Seu documento adicional *From Principles to Practice* é baseado em *insights* de tecnólogos e formuladores de políticas e dá exemplos de como as orientações devem ser aplicadas a diferentes tecnologias de IA. No entanto, enquanto sinalização significativa de *hard law* não advenha, é improvável que seja mais que um quadro de observância voluntária.

O *Blueprint for an AI Bill of Rights* não caracteriza uma política concreta do governo estadunidense, eis que não impõe normas regulatórias de Inteligência Artificial e lhe faltam métodos coercitivos efetivos. Consequentemente, sua regulamentação nos EUA continuava a ser conduzida de modo fragmentado, com ações pontuais de agências reguladoras e Estados da Federação. Apesar disso, a publicação do documento aponta tendências de fortalecimento da responsabilização, em especial no que se refere à atuação da Administração Pública e das corporações do Vale do Silício. A Casa Branca afirmou que "onde a lei ou política existente – como leis de privacidade setoriais e requisitos de supervisão – ainda não fornece orientação, a Declaração de Direitos da IA deve servir a informar as decisões políticas sobre o tema"[96].

Introduzido nos EUA pela primeira vez em 2019, o *Algorithmic Accountability Act*[97] foi modificado e novamente submetido às casas parlamentares estadunidenses em fevereiro de 2022[98]. Caso aprovado, tornará

96. JOHNSON, Khari. Biden's AI Bill of Rights is toothless against big tech: the draft's tenets include allowing citizens to opt out of algorithmic decision making, which could reshape federal government – but not the private sector. *Wired Magazine*, October 2022. Disponível em: https://www.wired.com/story/bidens-ai-bill-of-rights-is-toothless-against-big-tech/. Acesso em: 23.04.2023.

97. UNITED STATES OF AMERICA. CONGRESS.GOV. H.R.2231 – Algorithmic Accountability Act of 2019. 116th Congress (2019/2020). Disponível em: https://www.congress.gov/bill/116th-congress/house-bill/2231/all-info. Acesso em: 30.06.2023.

98. UNITED STATES OF AMERICA. CONGRESS.GOV. H.R.6580 – Algorithmic Accountability Act of 2022. 117th Congress (2021-2022). Disponível em: https://www.congress.gov/bill/117th-congress/house-bill/6580/text. Acesso em: 23.06.2023.

compulsórias as avaliações periódicas de riscos, a adoção de medidas de aprimoramento dos sistemas e a realização de um relatório de impacto algorítmico para todos os sistemas de IA que tomem decisões automatizadas, a ser enviado ao FTC. As empresas com mais de US$ 50 milhões em receita anual também serão obrigadas a serem mais transparentes sobre quando e como seus sistemas automatizados são utilizados.

O FTC desenvolverá avaliações, traçará diretrizes, fornecerá guias e informes anuais sobre tendências para sistemas mais confiáveis e éticos e instituir um repositório de informações no qual os consumidores poderão revisar quais decisões foram automatizadas e tomar conhecimento sobre fontes de dados, métricas de IA de alto nível e informações sobre em quais casos e como contestar decisões automatizadas, além de deter o poder de conduzir auditorias sobre sistemas de IA e estabelecer um *Bureau of Technology* que empregará, com diversidade, funcionários que deem suporte a tudo isso[99].

Em janeiro de 2023, o Departamento de Justiça e o de Habitação e Desenvolvimento Urbano dos EUA anunciaram o arquivamento da declaração de interesse no processo "Louis *et al. vs.* Saferent *et al.*", originário do Estado de Massachusetts. Alegava-se que o uso pelos réus de uma aplicação de IA de pontuação baseada em algoritmos para rastrear inquilinos discrimina pedidos de aluguel de negros e hispânicos em violação do direito à moradia digna. Infelizmente, um precedente como este desempenharia um importante papel na formação da abordagem regulatória dos EUA para a IA face a tantos casos de discriminação algorítmica[100].

Em outubro de 2023, o presidente norte-americano aprovou a política nacional de Inteligência Artificial, em histórica guinada na fixação de parâmetros federais de privacidade, segurança e proteção frente à IA. A nova ordem regulatória da IA nos EUA prevê a criação de ferramentas e testes que garantam sistemas éticos e confiáveis, exigindo a notificação aos órgãos governamentais sobre os resultados das avaliações de segurança conduzidas[101].

---

99. UNITED STATES OF AMERICA. CONGRESS.GOV. H.R.6580 – Algorithmic Accountability Act of 2022. 117th Congress (2021-2022). Disponível em: https://www.congress.gov/bill/117th-congress/house-bill/6580/text. Acesso em: 23.06.2023.

100. HOLISTIC AI E-BOOK. The state of global AI regulations in 2023. Disponível em: https://uploads-ssl.webflow.com/6305e5d52c28356b4fe71bac/64356aa81ecc5f03d47d9310_Holistic-AI-E-Book-AI-Regulation-in-2023-Compressed.pdf. Acesso em: 23.06.2023.

101. ROSENVALD, Nelson. A ordem executiva de inteligência artificial: um significativo passo dos EUA na governança pública e gestão de riscos. Migalhas, Direito Privado no *Common Law*, 2023. Disponível em: https://www.migalhas.com.br/coluna/direito-privado-no-common-law/396436/a-ordem-executiva-de-inteligencia-artificial. Acesso em: 11.11.2023.

Ainda com foco no Norte Global, a *soft law* canadense *Building a Risk Management Framework for Trustworthy AI*[102] defende a incorporação dos seguintes conceitos em prol de sistemas de IA confiáveis: a) precisão – uma IA confiável deve tomar decisões corretas; b) explicabilidade – todo processo de tomada de decisões automatizadas deve ser documentado, compreendido e replicado por humanos; c) resiliência – quando novos dados ou a interação e experimentação "no campo" fazem com que o sistema de IA opere de forma "imprevisível", fora dos limites planejados, ele deve ser capaz de se adaptar às novas condições ou de alertar seus desenvolvedores a respeito disso, a fim de evitar falhas que causem danos a terceiros; d) segurança – os sistemas de IA não devem criar riscos à saúde ou segurança de humanos ou do meio ambiente; e) confiabilidade – tais sistemas devem ser projetados para operar contínua e consistentemente; f) objetividade – eles devem ser desprovidos de vieses algorítmicos; g) inclusão no crescimento, desenvolvimento sustentável e bem-estar – devem gerar resultados benéficos às pessoas e ao planeta, incluindo valores democráticos, justiça e privacidade.

Outro aspecto que torna a abordagem canadense interessante são os métodos propostos para o gerenciamento de aplicações de IA de alto risco, tais como: a implementação de um *framework* de *accountability* durante todo o ciclo de vida da IA; usar avaliações de impactos e padrões já conhecidos de gerenciamento de qualidade, como as normas de padronização ISO (*International Organization for Standardization*) para produtos e serviços, com o objetivo de rastrear e relatar modelos de IA confiáveis; criar e manter um inventário dos sistemas de IA atualmente em operação e aqueles em fase de P&D; a previsão de revisão e supervisão por humanos de decisões automatizadas; classificar os sistemas de IA por graus de riscos; etc.

Em outro giro, com uma visão militarizada, a Rússia estabeleceu uma estratégia de IA com metas bem delineadas a serem cumpridas em intervalos de cinco a dez anos, em prol da construção de *expertise* nacional em IA, através da instituição de programas educacionais, infraestrutura governamental e sistemas jurídicos regulatórios, incluindo a IA em sua agenda programática de modernização da defesa nacional, a fim de implantar tecnologia robótica, até 2025, em 30% de seus equipamentos e dispositivos militares para o fortalecimento bélico[103].

102. CHARTERED PROFESSIONAL ACCOUNTANTS CANADA. *Building a Risk Management Framework for Trustworthy AI*. CPA Canada Foresight, January 2022. Disponível em: file:///C:/Users/loure/Downloads/02976-RG-Building-Risk-Management-Framework-Trustworthy-AI%20(1).pdf. Acesso em: 02.07.2023.

103. RUSSIAN FEDERATION PRESIDENTIAL OFFICE. Decree of the President of the Russian Federation on the development of Artificial Intelligence in the Russian Federation (Center for Security and Emerging Technology), October 10th, 2019. Disponível em: https://cset.georgetown.edu/publication/decree-of

Distanciando-se de interferências externas, a China deixa sua marca no manual da IA em 2022, aprovando e impondo três medidas regulatórias distintas. Em 10 de janeiro de 2023, o regulamento *China's Deep Synthesis Provisions* entrou em vigor. Tal regulamento faz parte dos esforços do governo chinês para fortalecer sua fiscalização sobre tecnologias de IA em produtos e serviços. Suas provisões centralizam-se em quatro pontos: (i) proteção de dados e segurança da informação, com foco em revisão algorítmica; (ii) transparência na detecção de dados não fidedignos ou insuficientes que possam causar lesões a direitos; (iii) gerenciamento e rotulagem de conteúdo pelas autoridades designadas; (iv) medidas técnicas que garantam periódicos reexames dos algoritmos de IA e a condução de prévios relatórios de segurança[104].

A título de encerramento deste subcapítulo, diferenciada do cenário chinês e, em parte, também das demais diretrizes expostas, nenhuma tem sido mais impactante que a *AI Act*[105], firmada pelo Parlamento Europeu. Em junho de 2023, a União Europeia (UE) consolidou a intenção de regular P&D dos sistemas de Inteligência Artificial, adotando posição de aberta negociação e amplo debate sobre a temática com todos os países do bloco econômico.

> A iniciativa europeia é mais um importante acontecimento para aprofundar as discussões a respeito do tema no Brasil, ocasião em que se deve aprofundar o debate, evitando polarizações e maniqueísmos superficiais, tais como o de que a regulação será um freio intransponível para a inovação[106].

-the-president-of-the-russian-federation-on-the-development-of-artificial-intelligence-in-the-russian-federation/. Acesso em: 13.05.2023.

104. HOLISTIC AI E-BOOK. The state of global AI regulations in 2023. Disponível em: https://uploads-ssl.webflow.com/6305e5d52c28356b4fe71bac/64356aa81ecc5f03d47d9310_Holistic-AI-E-Book-AI-Regulation-in-2023-Compressed.pdf. Acesso em: 23.06.2023.

105. EUROPEAN COMMISSION. Proposal for a regulation of the European Parliament and of the Council laying down harmonised rules on Artificial Intelligence – Artificial Intelligence Act – and amending certain union legislative acts. Proposal 2021/0106, Brussels, April/2021. Disponível em: https://artificialintelligenceact.eu/the-act/. Acesso em: 23.04.2023.

106. "Dentre as hipóteses previstas no *AI Act*, estão os sistemas de inteligência artificial [de alto risco] utilizados para a fabricação de produtos já sujeitos à legislação de segurança de produtos na Europa (como brinquedos, aviação, carros, equipamentos médicos e elevadores, assim como as seguintes aplicações: 1) identificação biométrica e categorização de pessoas naturais, 2) gerenciamento e operação de infraestruturas críticas, 3) educação e treinamento vocacional, 4) emprego, gerenciamento de trabalhadores e acesso a empregos, 5) acesso e fruição de serviços privados essenciais, assim como de serviços públicos e benefícios, 6) aplicação e enforcement do direito, 7) migração, asilo e controle de fronteiras e 8) assistência em interpretação jurídica e aplicação do direito." (FRAZÃO, Ana. Mais um passo em direção à regulação da inteligência artificial. JOTA, 2023. Disponível em: https://www.jota.

A iniciativa europeia não se reduz à calibragem de riscos da IA, mas é inegavelmente o elemento mais influente do *AI Act* ao atribuir quatro categorias de riscos às aplicações de IA: (1) os sistemas cujos riscos são inaceitáveis, a serem banidos da União Europeia por oferecerem perigos significativos a direitos humanos, ainda que desconhecida a sua extensão, sem medidas apropriadas de mitigação e/ou evitação dos riscos nas estruturas legais vigentes, como nos sistemas de pontuação social, de manipulação comportamental cognitiva de pessoas ou grupos vulneráveis e de identificação biométrica remota e em tempo real (como as técnicas de reconhecimento facial, embora haja exceção à identificação biométrica para ulterior apuração de crimes graves e somente mediante ordem judicial); (2) as aplicações de IA de alto risco, cujos perigos significativos aos direitos fundamentais e ao Estado Democrático de Direito, possam ser gerenciados, como nas ferramentas de análise de concessão de crédito e as de digitalização de currículos que classificam candidatos a vagas de emprego e se sujeitam a requisitos legais especiais e a obrigações *ex ante*; (3) as tecnologias de risco moderado (ou limitado), como, por exemplo, os *chatbots*; e (4) as de risco baixo (ou mínimo) podem ser implantadas sem restrições severas ou exigência de medidas adicionais, sendo recomendáveis os códigos de boas práticas para garantir que permaneçam seguras e confiáveis, como no exemplo dos jogos de computador com funções desempenhadas por modelos de IA, como a renderização de imagens e a reprodução de linguagem natural[107].

As gradações de riscos são formas de mensuração dos variáveis perigos decorrentes do desenvolvimento, implementação e uso de sistemas de Inteligência conforme um referencial. Aplicações de IA não explicitamente banidas ou listadas como de alto risco serão, por ora, deixadas sem regulamentação, sem prejuízo do advento de regulação setorial pertinente. Não se admite que um sistema de IA seja avaliado como de "risco zero", isso porque, ainda que os riscos sejam meramente residuais, não significativos aos direitos fundamentais, eles ainda existirão e serão manejados por requisitos legais para o seu uso e fiscalizados na forma da lei.

Portanto, resta demonstrada pelo *AI Act* a necessidade de uma calibragem dinâmica do peso da regulação em conformidade com os diferentes graus de riscos apresentados por distintas aplicações de Inteligência

info/opiniao-e-analise/colunas/constituicao-empresa-e-mercado/mais-um-passo-em-direcao-a-regulacao-da-inteligencia-artificial-21062023. Acesso em: 23.06.2023).

107. EUROPEAN COMMISSION. Proposal for a regulation of the European Parliament and of the Council laying down harmonised rules on Artificial Intelligence – Artificial Intelligence Act – and amending certain union legislative acts. Proposal 2021/0106, Brussels, April/2021. Disponível em: https://artificialintelligenceact.eu/the-act/. Acesso em: 23.04.2023.

Artificial, com o objetivo de assegurar direitos humanos sem esfriar os investimentos em inovação tecnológica e crescimento econômico. Ademais, não se observam apenas as diferentes tipologias de técnicas utilizadas para a P&D do sistema de IA – com vistas às variadas funcionalidades da IA abordadas no primeiro capítulo, como regressão logística, processamento de linguagem natural, detecção de eventos, etc. –, mas volta-se um olhar atento às particularidades de seus propósitos e a seu efetivo uso contextual.

Seu impacto mundial é notório, uma vez que os modelos de IA influenciam escolhas, opiniões e comportamentos, fazem análises preditivas das quais emergem preconceitos sociais estruturais, capturam dados pessoais comuns e sensíveis e personalizam conteúdos filtrando a bolha a que é exposto cada usuário. Em outras palavras, a IA afeta, direta e indiretamente, a vida cotidiana de bilhões de pessoais. No Brasil, a repercussão é ainda mais evidente, visto que, assim como o *General Data Protection Regulation* (GDPR)[108] – que serviu de matriz à lei de proteção de dados pessoais brasileira –, o *AI Act*[109] também será o padrão a ser seguido.

A Comissão Europeia apresentou como garantias específicas da proposta regulamentar da Inteligência Artificial a de que os sistemas de IA colocados no mercado europeu sejam seguros e baseados em direitos humanos e valores resguardados por toda a União Europeia; a de segurança jurídica para facilitar o investimento e a inovação em IA; a de governança e aplicação efetiva das leis existentes sobre os requisitos especiais de segurança aplicáveis aos sistemas de IA; a de edificação de mercado único para modelos de IA seguros e confiáveis[110].

A proposta considera quadros normativos existentes e segue abordagem baseada em riscos, impondo ônus regulatórios somente quando provável que o sistema de IA apresente altos riscos aos direitos fundamentais e à segurança, impondo-lhe requisitos de dados de alta qualidade, documentados, rastreáveis, transparentes, precisos, robustos, sujeitos à supervisão

108. EUROPEAN PARLIAMENT. Regulation (EU) 2016/679 of the European Parliament and of the Council of 27 April 2016 on the protection of natural persons with regard to the processing of personal data and on the free movement of such data, and repealing Directive 95/46/EC (General Data Protection Regulation). Disponível em: https://eur-lex.europa.eu/legal-content/EN/TXT/PDF/?uri=CELEX:32016R0679. Acesso em: 27.05.2023.

109. PARLAMENTO EUROPEU. *The Artificial Intelligence Act*. Regulamento do Parlamento e Conselho Europeu que estabelece regras em matéria de Inteligência Artificial e altera certos atos legislativos da União Europeia. Bruxelas, 2021. Disponível em: https://artificialintelligenceact.eu/the-act/. Acesso em: 14.06.2023.

110. EUROPEAN COMMISSION. Ethics and data protection. Disponível em: https://ec.europa.eu/info/funding-tenders/opportunities/docs/2021-2027/horizon/guidance/ethics-and-data-protection_he_en.pdf. Acesso em: 27.05.2023.

humana e estritamente necessários a mitigar os riscos a ele inerentes, além de ferramentas de suporte, orientação e conformidade aos provedores e usuários. Aos demais sistemas que não apresentem alto risco, obrigações de transparência limitadas serão impostas, como exemplo, o fornecimento de informações que sinalizem o uso de IA quando interagir com humanos.

Adicionalmente, durante os debates acerca da proposta regulatória europeia da IA, as partes interessadas (*stakeholders*) solicitaram, em especial, uma definição clara e precisa de sistema de Inteligência Artificial. Destacaram que, além de clarificar tal aspecto, é importante dissipar dúvidas quanto aos conceitos de alto risco, de risco excessivo e de dano, uma vez que a proposta traz uma abordagem regulatória baseada em riscos. Destarte, os tipos de riscos e ameaças deve se pautar em uma perspectiva setorial e mais casuística, sob a premissa de que deverão ser calculados conforme os efeitos de certo tipo de IA sobre os direitos humanos. Obrigações de testagem *ex ante*, gestão de riscos e supervisão humana facilitarão o respeito a direitos fundamentais, minimizando o risco de decisões errôneas ou tendenciosas, assistidas por IA em áreas críticas, como educação, emprego, serviços essenciais, a lei e o Judiciário.[111].

111. Em livre tradução: o uso de IA com suas características específicas (por ex., opacidade, complexidade, dependência de dados, autonomia comportamental) pode afetar negativamente vários direitos fundamentais consagrados na Carta de Direitos Fundamentais da UE. A presente proposta procura garantir um elevado nível de proteção de direitos fundamentais e aborda diversas fontes de riscos. Com um conjunto de requisitos para uma IA confiável e obrigações proporcionais a todos os participantes da cadeia de valor, a proposta reforça e promove a proteção dos direitos protegidos pela Carta: o direito à dignidade humana (art. 1º), o respeito pela vida privada e a proteção de dados pessoais (arts. 7º e 8º), não discriminação (art. 21) e igualdade de gênero (art. 23). Visa evitar um efeito inibidor sobre a liberdade de expressão (artigo 11.º) e a liberdade de reunião (art. 12), assegurar a proteção do direito a um recurso efetivo e a julgamento justo, os direitos de defesa e a presunção de inocência (arts. 47 e 48) (...) afetará positivamente os direitos de vários grupos vulneráveis, como o direito dos trabalhadores a condições de trabalho justas e equitativas (art. 31), um elevado nível de proteção do consumidor (art. 28), os direitos das crianças (art. 24), a integração das pessoas com deficiência (art. 26), o direito a um elevado nível de proteção ambiental e à melhoria da qualidade do meio ambiente (art. 37), inclusive em relação à saúde e segurança das pessoas. (...) Caso ainda haja violações de direitos fundamentais, será possível reparação efetiva aos afetados, garantindo transparência e rastreabilidade dos sistemas de IA, juntamente com forte controle *ex post*. Impõem-se restrições à liberdade de empresa (art. 16) e à de arte e ciência (art. 13) para garantir o interesse público, como saúde, segurança, defesa do consumidor e proteção de outros direitos fundamentais ("inovação responsável") quando a tecnologia de IA de alto risco for desenvolvida e usada. Tais restrições são proporcionais e limitadas ao mínimo necessário para prevenir e mitigar riscos graves de segurança e prováveis violações de direitos humanos. A obrigação de transparência não afetará desproporcionalmente a proteção da propriedade intelectual (art. 17, n.2), uma vez que serão limitadas à informação mínima necessária a que os indivíduos exerçam o direito a um recurso efetivo e à necessária transparência perante autoridades de supervisão e execução, conforme seus mandatos. Qualquer divulgação de informações será realizada segundo a legislação de regência, inclusive a Diretiva nº 2016/943 sobre proteção de *know-how* e segredos comerciais não divulgados contra aquisição e uso ilegais. Quando autoridades públicas e órgãos notificados

Vale lembrar que o Conselho Europeu, desde 2019, empreende reiterados esforços regulatórios. Logo em janeiro de 2019, foi publicado o *Guidelines on Artificial Intelligence and Data Protection*, visando uma abordagem orientativa e preventiva dos impactos da IA, considerando os riscos do desenvolvimento e uso dessas aplicações[112]. No ano seguinte, foi publicado o *Ad Hoc Committee on Artificial Intelligence*, no qual se propõe que a regulação do tema seja baseada nos riscos que sistemas de IA apresentam em contextos específicos[113].

> Veja-se, assim, que falar apenas em regulações específicas de IA que orbitam em torno de classificações de risco é confundir a árvore com a floresta. Isso se deve, em parte, ao que Anu Bradford chamou de "Efeito Bruxelas", destacando a influência sem precedentes das políticas públicas europeias em outros países, especialmente aquelas que envolvem a regulação de novas tecnologias. A discussão que segue, assim, é uma primeira tentativa de indicar possíveis alternativas que não podem ser desconsideradas de bate-pronto, trazendo uma maior nuance ao debate regulatório nacional[114].

O *AI Act*[115] é parte integrante de um pacote regulatório da Inteligência Artificial mais amplo, que inclui um plano coordenado de IA atualizado. Corroborados, o marco regulatório e o plano coordenado garantirão os direitos fundamentais de pessoas, físicas e jurídicas, frente aos riscos do desenvolvimento, implantação e utilização de sistemas de Inteligência Artificial, fortalecendo os investimentos na área na UE e a promoção de guia

precisarem de acesso a dados confidenciais ou ao código-fonte para examinar a conformidade com obrigações substanciais, serão confrontados diante de confidencialidades obrigatórias. (EUROPEAN COMMISSION. Proposal for a regulation of the European Parliament and of the Council laying down harmonised rules on Artificial Intelligence – Artificial Intelligence Act – and amending certain union legislative acts. Proposal 2021/0106, Brussels, April/2021, p. 11).

112. COUNCIL OF EUROPE. Consultative Committee of the Convention for the Protection of Individuals with Regard to Automatic Processing of Personal Data. Guidelines on Artificial Intelligence and Data Protection. Disponível em: https://rm.coe.int/guidelines-on-artificial-intelligence-and-data-protection/168091f9d8. Acesso em: 15.07.2023.

113. COUNCIL OF EUROPE. Ad Hoc Committee on Artificial Intelligence – CAHAI. Disponível em: https://www.coe.int/en/web/artificial-intelligence/cahai. Acesso em: 15.07.2023.

114. INSTITUTO DE TECNOLOGIA & SOCIEDADE DO RIO. Como regular a inteligência artificial? Expandindo os horizontes de análise para além da União Europeia. Disponível em: https://d26k070p771odc.cloudfront.net/wp-content/uploads/2016/12/20240705_Relatorio_Microsoft_Como-Regular-IA.pdf. Acesso em: 30.06.2024.

115. PARLAMENTO EUROPEU. *The Artificial Intelligence Act*. Regulamento do Parlamento e Conselho Europeu que estabelece regras em matéria de Inteligência Artificial e altera certos atos legislativos da União Europeia. Bruxelas, 2021. Disponível em: https://artificialintelligenceact.eu/the-act/. Acesso em: 14.06.2023.

orientativo com requisitos e obrigações específicas sobre as aplicações de IA a ser seguido por todos os agentes de IA.

3.2.3 O cenário regulatório nacional e a (in)suficiência do diálogo entre Código Civil, Código de Defesa do Consumidor, Marco Civil da Internet e Lei Geral de Proteção de Dados Pessoais

É cediço que o Marco Legal da Inteligência Artificial não será instituído em completo vácuo legislativo. Pelo contrário, será adicionado a um diálogo de fontes já institucionalizado, que abriga legislações federais consolidadas, como o Código Civil (CC), o Código de Defesa do Consumidor (CDC), a Lei de Acesso à Informação (LAI), o Marco Civil da Internet (MCI) e a Lei Geral de Proteção de Dados Pessoais (LGPD), entre outras.

Questionamento que precisa ser levantado é se a estrutura de direitos ora positivada, através de uma coordenação casuística de normas jurídicas preexistentes, seria bastante frente aos desafios trazidos por aplicações de Inteligência Artificial. Todas essas normas constituem peças de um mesmo quebra-cabeça protetivo do titular de dados na era da informação, uma a uma formando, de modo complementar e sistêmico, um mosaico regulatório indispensável.

Superadas avaliações ficcionais expostas por alguns pontos de vistas mais alarmistas e pouco técnicos, inexiste vácuo jurídico. Em análise micro, existem certificações expedidas por agências reguladoras e também requisitos setoriais de segurança da informação há muito consolidados. Em análise macro, normas abrangentes, porém balizadoras, serão ajustadas *in casu*, à luz do CC, CDC, LAI, MCI, LGPD e do norte supremo da CRFB de 1988[116].

Em que pese as mencionadas normativas não terem sido concebidas – até mesmo por questões cronológicas – para lidar com as características específicas dos atuais modelos de IA disponíveis na era da economia de

116. "O cenário social da pós-modernidade, caracterizado pela pluralidade e pela fragmentação, reflete-se na produção legislativa, cada vez mais setorial e especializada. Nesse contexto, a efetiva proteção dos direitos fundamentais, entre os quais a tutela do consumidor, apenas se torna alcançável mediante a recondução, pelo intérprete, da miríade de fontes normativas à tábua axiológica da Constituição da República, de maneira a reconstruir, interpretativamente, a unidade do sistema. (...) Deve-se conceber a constitucionalização do direito civil não como o deslocamento topográfico de normas de direito privado para a Constituição, mas como procedimento metodológico em que os valores constitucionais informam todos os institutos jurídicos e a legislação infraconstitucional (...) não pode o intérprete levar em conta uma regra isoladamente considerada, ainda que apropriada para a hipótese, mas o conjunto das normas inserido no ordenamento." (OLIVA, Milena Donato. Desafios contemporâneos da proteção do consumidor: codificação e pluralidade de fontes normativas. *Revista Brasileira de Direito Civil – RBDCivil*, Belo Horizonte, v. 16, p. 15-33, abr.-jun./2018).

dados, admite-se a sua incidência desde que o intérprete esteja premido de uma visão tecnologicamente sensível e digitalmente educada. Ao intérprete cabe aderir a uma visão holística diante do amplo escopo da IA, cujos impactos podem atingir diversos campos do direito: consumerista, concorrencial, trabalhista, cível, entre outros.

A Lei nº 12.527/2011, a Lei de Acesso à Informação (LAI)[117], prescreve o direito dos cidadãos de acessar informações públicas, sendo relevante à implementação de sistemas de IA por órgãos governamentais ou em contextos nos quais a IA afete direitos humanos e/ou o interesse público[118]. O acesso à informação pública é uma obrigação constitucional e o direito fundamental à proteção de dados pessoais não constitui óbice ao cumprimento desse dever estatal. Trata-se de lei complementar à LGPD: ainda que ambas regulamentem o tratamento de dados, servem a funções distintas, a exemplo do art. 31 da LAI e do art. 23 da LGPD, que observam, cada qual no seu âmbito de atuação, a privacidade e a publicidade informacional.

O uso de Inteligência Artificial pela Administração Pública Judiciária é uma realidade. No Supremo Tribunal Federal (STF), o robô Victor, nomeado em homenagem ao ex-Ministro Victor Nunes Leal, é ferramenta que averigua a existência de repercussão geral em recursos interpostos à Corte Constitucional. Já no Superior Tribunal de Justiça, o Projeto Sócrates, desenvolvido pela Assessoria de Inteligência Artificial do STJ, é capaz de examinar recursos especiais que chegam à Corte para fornecer informações relevantes aos relatores de recursos especiais, tais como se o caso se enquadra na categoria de demandas repetitivas, as referências legislativas e jurisprudenciais pertinentes, a aplicação da Teoria dos Precedentes Judicias, a lista de processos semelhantes julgados e as decisões tomadas em casos análogos.

117. É interessante aqui o disposto no Enunciado nº 688 da IX Jornada de Direito Civil do CJF: "A Lei de Acesso à Informação (LAI) e a Lei Geral de Proteção de Dados Pessoais (LGPD) estabelecem sistemas compatíveis de gestão e proteção de dados. A LGPD não afasta a publicidade e o acesso à informação nos termos da LAI, amparando-se nas bases legais do art. 7º, II ou III, e art. 11, II, a ou b, da Lei Geral de Proteção de Dados."

118. PL nº 2.338/2023, "Art. 2º. O desenvolvimento, a implementação e o uso de sistemas de inteligência artificial no Brasil têm como fundamentos: (...); X – o acesso à informação e à educação, e a conscientização sobre os sistemas de inteligência artificial e suas aplicações (...) Art. 5º. Pessoas afetadas por sistemas de inteligência artificial têm os seguintes direitos, a serem exercidos na forma e nas condições descritas neste Capítulo: I – direito à informação prévia quanto às suas interações com sistemas de inteligência artificial (...) Art. 43. Cabe à autoridade competente a criação e manutenção de base de dados de inteligência artificial de alto risco, acessível ao público, que contenha os documentos públicos das avaliações de impacto, respeitados os segredos comercial e industrial, nos termos do regulamento." (BRASIL. SENADO FEDERAL. Projeto de Lei nº 2.338, de 2023. Atividade Legislativa, 2023. Disponível em: https://www25.senado.leg.br/web/atividade/materias/-/materia/157233?_gl=1*1qw7sar*_ga*ODQ3Nzg0NDY2LjE2MjQ2Mzc4Mzg.*_ga_CW3ZH25XMK*MTY4NDE2Mjk0My4yLjAuMTY4NDE2Mjk0My4wLjAuMA. Acesso em: 28.05.2023).

Também o Poder Legislativo, a exemplo do Tribunal de Contas da União, utiliza IA para a tomada de decisões automatizadas, através dos robôs ADELE (Análise de Disputa em Licitações Eletrônicas), ÁGATA (Aplicação Geradora de Análise Textual com Aprendizado), ALICE (Análise de Licitações e Editais), CARINA (*Crawler* Analisador de Registros da Imprensa Nacional), MONICA (Monitoramento Integrado para o Controle de Aquisições) e SOFIA (Sistema de Orientação sobre Fatos e Indícios ao Auditor). As decisões tomadas, de forma automatizada, por esses e outros sistemas de IA incorporados às dinâmicas diárias dos serviços públicos precisam observar uma base principiológica típica e detalhada, o que a Lei de Acesso à Informação não supre, adequadamente, para melhor proteger os cidadãos[119].

Assim como a LAI, embora a Lei nº 12.965/2014 (MCI) seja um marco relevante para os usuários da internet, suas normas também são insuficientes para lidar com tantos desafios éticos, a complexidade e os riscos específicos apresentados por aplicações de IA. É necessária uma abordagem mais direcionada à tutela dos usuários desses sistemas, avaliando questões como transparência e discriminação algorítmicas, *accountability* e proteção de dados pessoais.

Sobre os dados pessoais, a Inteligência Artificial precisa, como a inteligência humana, de informações para realizar tarefas. Por isso, a IA processa enormes quantidades de dados pessoais, comuns e sensíveis, para treinar seus modelos, tomar decisões e executar atividades automatizadas. É fundamental a adequada proteção desses dados para preservar a privacidade, a segurança e os direitos individuais. O perfil da proteção de dados no Brasil está vinculado intrinsicamente a marcos regulatórios europeus, a ponto de a LGPD ser, por diversas vezes, referida como "tipicamente europeia", assim como o será o PL nº 2.338/2023[120], se aprovado.

119. COSTA, Marcos Bemquerer; BASTOS, Patrícia Reis Leitão. Alice, Monica, Adele, Sofia, Carina e Ágata: o uso da inteligência artificial pelo Tribunal de Contas da União. *Revista do Tribunal de Contas do Estado de Goiás*, ano 2, n. 3, p. 11-34, jan./jun. 2020. Disponível em: file:///C:/Users/loure/Downloads/59-Texto%20do%20artigo-344-1-10-20210105.pdf. Acesso em: 02.07.2023.

120. De acordo com o PL nº 2.338/2023: Art. 32. O Poder Executivo designará autoridade competente para zelar pela implementação e fiscalização da presente Lei. Parágrafo único. Cabe à autoridade competente: I – zelar pela proteção a direitos fundamentais e a demais direitos afetados pela utilização de sistemas de inteligência artificial; II – promover a elaboração, atualização e implementação da Estratégia Brasileira de Inteligência Artificial junto aos órgãos de competência correlata; III – promover e elaborar estudos sobre boas práticas no desenvolvimento e utilização de sistemas de inteligência artificial; IV – estimular a adoção de boas práticas, inclusive códigos de conduta, no desenvolvimento e utilização de sistemas de inteligência artificial; V – promover ações de cooperação com autoridades de proteção e de fomento ao desenvolvimento e à utilização dos sistemas de inteligência artificial de outros países, de natureza internacional ou transnacional; (...) X – solicitar, a qualquer momento, às entidades do poder público que desenvolvam ou utilizem sistemas de inteligência artificial, informe

No entanto, Doneda, ao avaliar o panorama histórico da LGPD, aduz que "a gênese de alguns de seus institutos mais característicos não se deu na Europa", mas nos EUA, além de o "núcleo duro" do corpo doutrinário ser resultado da dinâmica de mútuas influências entre vários sistemas jurídicos, mormente na Europa e nos EUA. Segundo Doneda, tal decorre de o intenso desenvolvimento econômico e tecnológico mais cedo nessas regiões ter promovido condições a que "problemas especificamente ligados à privacidade e a dados pessoais fossem levados em consideração antes e, a partir daí, fossem estabelecidos instrumentos regulatórios e jurídicos de tutela às liberdades individuais afetadas, incluindo o direito à privacidade"[121].

Se considerarmos que a Lei nº 13.709/2018 (LGPD) é a norma brasileira protetiva de dados de pessoas naturais identificadas ou identificáveis, conforme prevê seu artigo 5º, I, e que as tecnologias algorítmicas, como os sistemas de Inteligência Artificial, são alimentadas por dados, em sua imensa maioria pessoais, explana-se sua contribuição essencial, mormente em termos principiológicos, no auxílio à regulação da IA. Ponderando ainda que a base para a operacionalização de tecnologias de Inteligência Artificial envolve o tratamento massivo de dados pessoais, é vital que os princípios da IA sejam alinhados com os da LGPD.

Nesse sentido expressou-se a Autoridade Nacional de Proteção de Dados (ANPD). Em 06 de julho de 2023, foi publicada pela ANPD uma "Análise Preliminar do Projeto de Lei nº 2.338/2023", como iniciativa institucional a contribuir com o tema da Inteligência Artificial no Brasil, focando: (i) nos pontos de convergência entre o PL e a LGPD, mormente quanto à tutela de direitos humanos (*rights-based approach*), à classificação baseada em riscos (*risk-based approach*) e a medidas de governança (como, respectivamente, a avaliação de impacto algorítmico e o relatório de impacto à proteção de dados); (ii) em apoiar investimentos em tecnologias confiáveis e responsáveis, com a criação de ambientes de regulação experimental (como os *sandboxes* regulatórios); (iii) em figurar como a autoridade-chave na regulação de IA no país, devido à função da ANPD de guardiã dos direitos à privacidade e

específico sobre o âmbito, a natureza dos dados e os demais detalhes do tratamento realizado, com a possibilidade de emitir parecer técnico complementar para garantir o cumprimento desta Lei [...]." (BRASIL. SENADO FEDERAL. Projeto de Lei nº 2.338, de 2023. Atividade Legislativa, 2023. Disponível em: https://www25.senado.leg.br/web/atividade/materias/-/materia/157233?_gl=1*1qw7sar*_ga*ODQ3Nzg0NDY2LjE2MjQ2Mzc4Mzg.*_ga_CW3ZH25XMK*MTY4NDE2Mjk0My4yLjAuMTY4NDE2Mjk0My4wLjAuMA. Acesso em: 28.05.2023).

121. DONEDA, Danilo. Panorama histórico da proteção de dados pessoais. In: DONEDA, Danilo; SARLET, Ingo Wolfgang; MENDES, Laura Schertel; RODRIGUES JUNIOR, Otavio Luiz; BIONI, Bruno Ricardo (coord.). *Tratado de proteção de dados pessoais*. Rio de Janeiro: Forense, 2021, p. 24.

à proteção de dados pessoais[122], em especial na comunicação de incidentes de segurança e na aplicação de sanções administrativas (vide arts. 48 a 50 da LGPD e arts. 30 a 32 do PL nº 2.338/2023[123]).

O artigo 9º da LGPD mantém estreita relação com os arts. 5º e 7º do PL nº 2.338/2023, que abordam direitos das pessoas afetadas por sistemas de Inteligência Artificial, e aquele, nos incisos I a III, estabelece o direito à informação prévia quanto às interações com sistemas de IA, o de explicação sobre decisão, recomendação ou previsão tomada por sistemas de IA e o de contestar decisões ou previsões de sistemas de IA que produzam efeitos jurídicos ou impactem de modo significativo os interesses do sujeito afetado. Percebe-se, ainda, evidente convergência quanto ao direito à contestação e revisão (art. 20, §1º, da LGPD e art. 8º do PL).

Adicionalmente, tanto o PL nº 2.338/2023, em seu art. 3º, IV, quanto a LGPD, em seu art. 6º, IX, obstam a discriminação, associando eventuais efeitos discriminatórios aos usos ilegítimos e abusivos de dados pessoais sensíveis, definidos no art. 5º, II, da LGPD. No PL, há menção a não discriminação também como fundamento (art. 2º, V) e direito (art. 5º, V) em matéria de desenvolvimento, implantação e utilização de aplicações de IA. Dentre os critérios estabelecidos pelo PL para que a autoridade competente atualize o rol de sistemas de IA de risco excessivo e de alto risco, dois deles (art. 18, VIII e IX) remetem à LGPD ao envolverem diretamente o uso de dados pessoais: 1) o alto nível de identificabilidade do titular de dados; 2) quando houver expectativas razoáveis do afetado quanto ao uso de seus dados pessoais[124].

Ressaltar-se-á que a criação ou designação de uma autoridade central competente para lidar com os efeitos de P&D de tecnologias de IA não pode

---

122. "Sendo assim, três campos de correspondência entre o PL e a LGPD devem ser destacados, dada a possibilidade de eventuais convergências, sobreposições e conflitos com as atribuições legais da ANPD quando sistemas de IA realizarem tratamento de dados pessoais: (i) direitos da pessoa afetada por sistema de IA e os direitos dos titulares; (ii) a correlação entre sistemas de IA de alto risco e o tratamento de dados pessoais; e (iii) mecanismos de governança." (AUTORIDADE NACIONAL DE PROTEÇÃO DE DADOS – ANPD. Análise preliminar do Projeto de Lei nº 2.338/2023, que dispõe sobre o uso da Inteligência Artificial. Disponível em: https://www.gov.br/anpd/pt-br/assuntos/noticias/analise-preliminar-do-pl-2338_2023-formatado-ascom.pdf. Acesso em: 08.07.2023).

123. BRASIL. SENADO FEDERAL. Projeto de Lei nº 2.338, de 2023. Atividade Legislativa, 2023. Disponível em: https://www25.senado.leg.br/web/atividade/materias/-/materia/157233?_gl=1*1qw7sar*_ga*ODQ3Nzg0NDY2LjE2MjQ2Mzc4Mzg.*_ga_CW3ZH25XMK*MTY4NDE2Mjk0My4yLjAuMTY4NDE2Mjk0My4wLjAuMA. Acesso em: 28.05.2023.

124. MEDON, Filipe. O anteprojeto de Marco Legal da Inteligência Artificial elaborado pela comissão de juristas do Senado Federal e os impactos para a responsabilidade civil. Migalhas de Responsabilidade Civil, 2022. Disponível em: https://www.migalhas.com.br/coluna/migalhas-de-responsabilidade-civil/378241/o-anteprojeto-de-marco-legal-da-inteligencia-artificial. Acesso em: 22.07.2023.

ensejar fragmentação regulatória, nem acarretar sobreposição de competências deste ente com a ANPD, eis que a aplicação de sanções referente à proteção de dados pessoais segue competindo à ANPD, e suas atribuições prevalecerão, no que tange à proteção de dados pessoais, sobre as correlatas cabíveis a outras entidades ou órgãos públicos. Ademais, "a ANPD já tem atuado em sistemas que possuem IA que tratam dados pessoais de forma a garantir proteção de direitos fundamentais"[125].

Insta consignar que o *framework* da OCDE[126], além de outras tipologias de sistemas de IA, reconheceu a importância – frente às implicações práticas decorrentes da natureza dos dados – de classificar modelos de Inteligência Artificial, quanto à titularidade de seus dados, em: a) dados de proprietário, de natureza industrial ou intelectual, que submetem-se a regras de direitos autorais; b) dados públicos, em muitos casos, livremente usados, compartilhados, modificados e reutilizados por qualquer pessoa em regime de dados abertos[127], conceituados pelo art. 4º, IV, da Lei nº 14.129/2021 (Lei do Governo Digital); c) dados pessoais comuns, na forma do art. 5º, I, da LGPD, relacionados à "pessoa natural identificada ou identificável".

125. "É imprescindível a compatibilização das sobreposições e conflitos existentes entre o PL e a LGPD, em especial no que concerne às atribuições legais da ANPD, inclusive as de caráter fiscalizatório (...) destacam-se situações em que sistemas de IA realizam tratamento de dados pessoais, notadamente em matérias como os direitos da pessoa afetada por sistema de IA e os direitos dos titulares; a correlação entre sistemas de IA de alto risco e o tratamento de dados pessoais; e os mecanismos de governança de IA e de proteção de dados pessoais (...) A fim de garantir segurança jurídica e convergência regulatória, é fundamental garantir o papel da ANPD como autoridade-chave no que se refere à regulação e à governança da IA no Brasil." (AUTORIDADE NACIONAL DE PROTEÇÃO DE DADOS – ANPD. Análise preliminar do Projeto de Lei nº 2.338/2023, que dispõe sobre o uso da Inteligência Artificial. Disponível em: https://www.gov.br/anpd/pt-br/assuntos/noticias/analise-preliminar-do-pl-2338_2023-formatado-ascom.pdf. Acesso em: 08.07.2023).

126. ORGANISATION FOR ECONOMIC CO-OPERATION AND DEVELOPMENT. *OECD framework for the classification of AI systems*. OECD Digital Economy Papers. February 2022, n. 323, p. 39. Disponível em: https://www.oecd-ilibrary.org/docserver/cb6d9eca-en.pdf?expires=1678977001&id=id&accname=guest&checksum=D2C31C0BFC4D036D108BE8CE6C95A2B2. Acesso em: 18.03.2023.

127. Veja o que dispõe a Lei nº 12.527/2011 (LAI): "Art. 8º. É dever dos órgãos e entidades públicas promover, independentemente de requerimentos, a divulgação em local de fácil acesso, no âmbito de suas competências, de informações de interesse coletivo ou geral por eles produzidas ou custodiadas. (...) §3º. Os sítios de que trata o §2º deverão, na forma de regulamento, atender, entre outros, aos seguintes requisitos: I – conter ferramenta de pesquisa de conteúdo que permita o acesso à informação de forma objetiva, transparente, clara e em linguagem de fácil compreensão; II – possibilitar a gravação de relatórios em diversos formatos eletrônicos, inclusive abertos e não proprietários, tais como planilhas e texto, de modo a facilitar a análise das informações; III – possibilitar o acesso automatizado por sistemas externos em formatos abertos, estruturados e legíveis por máquina; [...]." Portanto, não poderão ser abertos os dados sujeitos às hipóteses legais "de sigilo e de segredo de justiça nem as hipóteses de segredo industrial decorrentes da exploração direta de atividade econômica pelo Estado ou por pessoa física ou entidade privada que tenha qualquer vínculo com o poder público" (art. 22). Para mais informações sobre dados abertos, em especial os governamentais: OPEN KNOWLEDGE BRASIL. *Open Data Index*. Disponível em: https://ok.org.br/projetos/open-data-index/. Acesso em: 18.03.2023.

Além de os dados poderem ser categorizados como pessoais comuns ou sensíveis, de treinamento (ou teste), de entrada (*input*) ou de saída (*output*), informações também podem ser classificadas como dados qualitativos – referentes à qualidade de algo e representados, em geral, com palavras ou conceitos, como nacionalidade, nome, gênero, etc. – ou quantitativos – aqueles mensuráveis, como tamanho, preço, idade, etc. Compreender a classificação implicará na aplicação ou não da LGPD, a depender do tipo de dados usados no sistema de IA.

É cediça a correlação entre a proteção de dados pessoais e o uso de modelos de IA[128]. Todavia, o arcabouço regulatório da LGPD mostra-se insuficiente para respaldar *stakeholders* diante de prejuízos causados por tais tecnologias, por não trazer parâmetros adicionais mais precisos, voltados às características peculiares de cada IA. Além disso, a LGPD é adstrita à proteção de dados de pessoas naturais, inaplicável tecnicamente, por exemplo, ao vazamento de dados de pessoas jurídicas por falha de segurança em projetos computacionais inteligentes.

Outro problema é que a LGPD, nos termos do art. 4º, não tem aplicação ao tratamento de dados pessoais realizado por pessoa natural para fins exclusivamente particulares; ou quando realizado, por pessoa natural ou jurídica, para estritos fins artísticos, jornalísticos ou acadêmicos; ou apenas para fins de segurança pública ou estatal, atividades de investigação, defesa nacional e repressão à infração penal; ou quando os dados pessoais provierem de fora do território nacional e não sejam objeto de comunicação, uso compartilhado com agentes de tratamento brasileiros ou objeto de transferência internacional de dados com país diverso de onde provêm, quando o país de procedência proporcione grau de proteção adequado à LGPD.

Contudo, a partir de interpretação sistemática, axiológica e funcionalizada da norma do art. 4º da LGPD, a doutrina consolidou, no Enunciado nº 678 da IX Jornada de Direito Civil do CJF, em 2022, o entendimento – extraído do direito fundamental positivado no art. 5º, LXXIX, da CRFB, após o advento da Emenda Constitucional nº 115/2022 – de que os princípios derivados da proteção de dados pessoais aplicam-se a todos os ramos do direito[129].

---

128. KUNER, Christopher; CATE, Fred H.; LYNSKEY, Orla; MILLARD, Christopher; LOIDEAIN, Nora Ni; SVANTESSON, Dan Jerker B. Expanding the artificial intelligence-data protection debate. *International Data Privacy Law*, v. 8, n. 4, p. 289–292, nov./2018.

129. Assim preconiza o Enunciado nº 678 da IX Jornada de Direito Civil do Conselho da Justiça Federal (CJF): "Ao tratamento de dados realizado para os fins exclusivos elencados no inciso III do art. 4º da

Nas hipóteses de eventos lesivos envolvendo o usuário de sistemas de IA, poderia ser demandada a reparação integral com o abrigo das normas da Lei nº 8.078/1990 (CDC)[130]. No entanto, nem todos os prejuízos e as ameaças de lesão a direitos pelo uso da IA se perfazem dentro de relações jurídicas consumeristas, suplantando o âmbito de incidência dessa norma. Nesse sentido, Cláudia Lima Marques[131] sustenta a superação de antinomias entre o CDC e o CC por meio de um diálogo das fontes, havendo uma troca sistêmica de complementariedade entre as normativas. Em perspectiva crítica à mera subsunção, ensina Gustavo Tepedino que:

> [C]ada regra deve ser interpretada e aplicada em conjunto com a totalidade do ordenamento, refletindo a integralidade das normas em vigor. A norma do caso concreto é definida pelas circunstâncias fáticas nas quais incide, sendo extraída do complexo de textos normativos em que se constitui o ordenamento. O objeto da interpretação são as disposições infraconstitucionais integradas visceralmente às normas constitucionais, sendo certo que cada decisão abrange a totalidade do ordenamento, complexo e unitário. Cada decisão judicial, nessa perspectiva, é um ordenamento singular extraído da mesma tábua axiológica[132].

Outrossim, o PL nº 2.338/2023, cuja proposta é fixar marco regulatório da Inteligência Artificial no Brasil, aponta nessa direção em suas

Lei Geral de Proteção de Dados (segurança pública, defesa nacional; segurança do Estado e atividades de investigação e repressão de infrações penais), aplicam-se o devido processo legal, os princípios gerais de proteção e os direitos do titular previstos na LGPD, sem prejuízo de edição de legislação específica futura."

130. Veja-se o que dispõe o PL nº 2.338/2023: "Art. 29. As hipóteses de responsabilização civil decorrentes de danos causados por sistemas de inteligência artificial no âmbito das relações de consumo permanecem sujeitas às regras previstas na Lei nº 8.078, de 11 de setembro de 1990 (Código de Defesa do Consumidor), sem prejuízo da aplicação das demais normas desta Lei." (BRASIL. SENADO FEDERAL. Projeto de Lei nº 2.338, de 2023. Atividade Legislativa, 2023. Disponível em: https://www25.senado.leg.br/web/atividade/materias/-/materia/157233?_gl=1*1qw7sar*_ga*ODQ3Nzg0NDY2LjE2MjQ2Mzc4Mzg.*_ga_CW3ZH25XMK*MTY4NDE2Mjk0My4yLjAuMTY4NDE2Mjk0My4wLjAuMA. Acesso em: 28.05.2023).

131. "Diálogo pressupõe o efeito útil de dois (*di*) e uma lógica ou fala (*logos*), enquanto o conflito leva à exclusão de uma das leis e bem expressa a mono-solução ou o monólogo de uma só lei. Este esforço para procurar novas soluções plurais está visando justamente evitar-se a antinomia (conflitos pontuais da convergência eventual e parcial do campo de aplicação de duas normas no caso concreto) pela correta definição dos campos de aplicação. Evitar, assim, a incompatibilidade total (conflitos de normas ou conflitos entre normas de duas leis, conflitos reais ou aparentes), que leve a retirada de uma lei do sistema, a qual levaria a não-coerência do sistema plural brasileiro, que deixaria desprotegido os sujeitos mais fracos, que a Constituição Federal de 1988 visou proteger de forma especial, os consumidores." (MARQUES, Claudia Lima. Superação das antinomias pelo diálogo das fontes: o modelo brasileiro de coexistência entre o Código de Defesa do Consumidor e o Código Civil de 2002. *Revista da Escola Superior da Magistratura de Sergipe (ESMESE)*, Sergipe, n. 7, 2004).

132. TEPEDINO, Gustavo. Liberdades, tecnologia e teoria da interpretação. *Revista Forense*, Rio de Janeiro, v. 419, 2014, p. 82-83.

disposições finais: "Art. 44. Os direitos e princípios expressos nesta Lei não excluem outros previstos no ordenamento jurídico pátrio ou nos tratados internacionais em que a República Federativa do Brasil seja parte"[133].

Sempre que enfrentar o usuário de sistemas de Inteligência Artificial os prejuízos por seus *outputs* causados, deverá valer de todo o arcabouço normativo existente para, em diálogo das fontes, interpretar funcionalmente os institutos na busca pela mais adequada tutela de seus direitos. Todavia, caso o conjunto de normas se mostre insuficiente à reparação integral dos danos comprovadamente sofridos, apesar de se admitir a analogia e outros meios integrativos, fica ainda mais irredutível a necessidade de uma abordagem regulatória própria – tipicamente brasileira – para o responsável desenvolvimento, implantação e uso de IA no Brasil.

Sua publicação em nada abalará a indispensabilidade de uma interpretação sistemática e unitária das normas jurídicas à luz da Constituição Federal de 1988 (CRFB), em verdadeira perspectiva de Constitucionalismo Digital[134]. Sem prejuízo da demonstrada necessidade de uma abordagem regulatória típica, qualificada e densa sobre a Inteligência Artificial no país, segue mister o cotejo do tema com as lições civilísticas sob perspectiva constitucionalizada. Malgrado os modelos de IA sejam tecnologicamente inovadores, suas repercussões já estão amparadas pela hermenêutica sistemática, unitária e axiológica da ordem jurídica pátria.

O senso de urgência na formulação de um marco regulatório da Inteligência Artificial alcançou – não de repente, como parece aos mais

---

133. BRASIL. SENADO FEDERAL. Projeto de Lei nº 2.338, de 2023. Atividade Legislativa, 2023. Disponível em: https://www25.senado.leg.br/web/atividade/materias/-/materia/157233?_gl=1*1qw7sar*_ga*ODQ3Nzg0NDY2LjE2MjQ2Mzc4Mzg.*_ga_CW3ZH25XMK*MTY4NDE2Mjk0My4yLjAuMTY4NDE2Mjk0My4wLjAuMA. Acesso em: 28.05.2023.

134. Buscando suprir a exigência contemporânea de instituir contramedidas constitucionais para assegurar direitos frente aos novos fatos jurídicos gerados pelo uso das Tecnologias da Informação e da Comunicação (TIC), surgiu o Constitucionalismo Digital. Trata-se de conceito jurídico em construção e a abordagem acadêmica atual ainda não nos oferece uma imagem unitária, pois não existe um consenso na doutrina brasileira se os direitos fundamentais que se pretende proteger com o Constitucionalismo Digital integrariam a 4ª ou a 5ª dimensão. O Constitucionalismo Digital se divide em sete categorias: 1) os direitos humanos e as liberdades fundamentais; 2) as limitações impostas ao Poder Público; 3) governança corporativa e participação civil na internet; 4) equilíbrio entre o direito à privacidade e o capitalismo de vigilância; 5) igualdade no acesso às Tecnologias da Informação e da Comunicação (TICs) e educação digital no ciberespaço; 6) a abertura e a estabilidade na rede mundial de computadores; 7) responsabilização por danos a direitos tutelados pela ordem econômica. Tais categorias são a base estrutural sobre a qual se sustenta o Constitucionalismo Digital, que emerge atrelado à globalização da Economia de Dados e sob o fundamento do Capitalismo Informacional e de Vigilância, que elegem as TICs como marco derradeiro das mudanças ocorridas na passagem do século XX para o século XXI. (GILL, Lex; REDEKER, Dennis; GASSER., Urs. Towards Digital Constitutionalism? Mapping attempts to craft an internet Bill of Rights. November 9, 2015. *Berkman Center Research Publication* n. 15/2015. Disponível em: http://dx.doi.org/10.2139/ssrn.2687120. Acesso em: 08.07.2023).

desavisados – o mundo inteiro. O termo *Artificial Intelligence*, como dito sobre a expressão *accountability*, ingressou, definitivamente, no vocabulário planetário! Não se trata de um assunto secundário, mas central à vida de todos os cidadãos, que direta ou indiretamente são ou serão afetados pelos riscos dessas tecnologias.

A existência humana tem sido intermediada por *big techs*, desde a maneira como se socializa e se comunica, pessoal e profissionalmente, na vida cotidiana até a forma como se "desconecta", lendo um livro eletrônico, assistindo um filme ou série nas plataformas digitais ou brincando com os filhos de jogos *online*. As gigantes da tecnologia, como *Google*, *Apple*, *Microsoft*, *Amazon* e *IBM*, com bilhões de usuários – números que hoje, somados, superam a quantidade de seres humanos no mundo –, são transnacionais, expandindo-se para além de fronteiras visíveis e tornando-se onipresentes, além de atraírem investimentos e lucros que superam o tangível e concentrarem poder que pode vir a exceder o estatal.

Dentre os desafios das políticas públicas voltadas à Inteligência Artificial, afigura-se eminente o laborioso intento de identificar meticulosamente os âmbitos de aplicação desse vanguardista domínio do conhecimento e as áreas de mercado nas quais os aportes financeiros se desdobrarão em resultados mais proveitosos. Além de alçarem o país a patamar de distinção internacional, tais áreas têm o potencial de fomentar a geração de empregos qualificados, propiciar a gestação de produtos que atendam às heterogêneas necessidades que permeiam os setores público e privado brasileiros, atrair ao território nacional as corporações do ramo das TICs e promover soluções tecnológicas de inquestionável relevo e efeito jurídico.

Inserido no âmago do processo de implantação da IA nos setores produtivos, a sua concepção impõe a necessidade imperiosa de contemplar, simultaneamente, o contexto tecnológico e social no qual se insere. Nesse espectro, há elementos que assumem papel de destaque: (i) a proeminência vital dos dados no desenvolvimento e na evolução dos modelos de IA; (ii) a relevância ímpar do emprego de tecnologias coadjuvantes, como, *exempli gratia*, os sensores e a "Internet das Coisas"; (iii) a imprescindibilidade de dotar a IA de capacidades computacionais avançadas; e (iv) a urgência de estabelecer modelos de negócio que se pautem na rastreabilidade das ações humanas e na transparência e explicabilidade das máquinas, viabilizando a coleta de dados de forma ética e escorreita, mitigando práticas indesejáveis de captação inadequada de informações e minimizando os riscos a direitos humanos inerente às mais diferenciadas tipologias de sistemas de Inteligência Artificial.

Caso ainda não tenha sido suficientemente explorada a imprescindibilidade de regular a IA, apontam-se, a seguir, ilustrações paradigmáticas do emprego da IA no país em múltiplos setores produtivos[135]. O primeiro deles é a esfera logística, na qual os sistemas de IA se tornam cúmplices na otimização da utilização de vastos galpões, arquitetando previsões de demanda e orquestrando a organização dos estoques com requintada precisão, ensejando aprimoramento de eficiência das intricadas cadeias de distribuição de suprimentos e insumos.

Adicionalmente, no setor de transportes, a onipresença dos sistemas de IA assume contornos apoteóticos na essência dos veículos autônomos, utilizando-se de complexos arranjos de aprendizado de máquina para decodificar os enigmas dos sinais de trânsito, desvelar os segredos cartográficos, reconhecer situações fáticas e reagir ante os flagelos da insegurança viária, embora seja evidente que são ainda fabricados no exterior e não atendem aos padrões de segurança necessários para as estradas brasileiras. Seu *software* de navegação, embasado em dados de tráfego em tempo real e informações históricas, busca antecipar, com precisão, opções mais convenientes de rota a serem ofertadas aos usuários da malha viária.

Nos meandros do setor financeiro, desponta a presença dos sistemas de Inteligência Artificial que reverberam, *a priori*, no aprimoramento de decisões automatizadas voltadas à avaliação creditícia, à detecção aguçada de fraudes e à redução dos ônus concernentes ao atendimento ao cliente. Ademais, adentrando os serviços fornecidos por profissionais liberais, como advogados, engenheiros e arquitetos, mostra-se proveito o uso dos sistemas de IA para edificar sua eficiência laborativa. É no viés jurídico que os juristas, por exemplo, se veem munidos de uma ferramenta prodigiosa, apta a perscrutar os intrincados volumes de jurisprudência, poupar tempo e incrementar, de forma inconteste, sua produtividade.

Assistentes virtuais, por sua vez, também são animados por sistemas de IA e comuns ao âmbito empresarial. Detentores de um processamento de linguagem natural apurado, eles respondem a comandos e questionamentos, verbais ou escritos, insurgindo-se como recurso capaz de reduzir custos operacionais nos serviços de atendimento ao consumidor, maximizar as vendas de produtos *online* e elevar o patamar de personalização dos serviços ofertados. No âmbito de *marketing* e publicidade microdirecionados, os

---

135. BRASIL. ESTRATÉGIA BRASILEIRA DE INTELIGÊNCIA ARTIFICIAL – EBIA. Portaria GM nº 4.617/2021 do Ministério da Ciência, Tecnologia e Inovações. Disponível em: https://www.gov.br/mcti/pt-br/acompanhe-o-mcti/transformacaodigital/arquivosinteligenciaartificial/ebia-documento_referencia_4-979_2021.pdf. Acesso em: 13.05.2023

sistemas de IA também evidenciam ser valiosos aliados no aprimoramento da experiência do consumidor, na personalização de conteúdo e na análise preditiva de comportamentos do usuário-consumidor, o que garante mais engajamento – mais acessos e mais vendas –, mais anunciantes e, consequentemente, mais lucros auferidos. Ademais, delineando com maestria as estratégias publicitárias dirigidas à oferta de bens e serviços, as empresas que mais crescem são as que fazem uso de IA.

Abraçando a imponente vastidão dos campos agrícolas, os sistemas de IA se erigem como importantes auxiliares na análise em tempo real dos dados do campo, prognosticando as reverberações advindas das condições climáticas, do manejo da água, da saúde do solo e de outras variáveis, gerando incremento no rendimento, na qualidade e na identificação precisa do que, como e onde plantar, alçando o produtor rural a um novo patamar de prosperidade.

Na seara da assistência médica, encerra-se esse intrincado panorama de realizações, no qual os sistemas de IA se revelam como poderosas ferramentas nos diagnósticos médicos, na prevenção de surtos epidêmicos e no desenvolvimento de fármacos, dentre outras aplicações que impulsionam a evolução científica e humanitária. São inúmeras as aplicações de IA para exames de radiologia automatizados; análises patológicas; robôs assistentes e *chatbots* que coletam os sintomas e fornecem prováveis diagnósticos médicos; cirurgia robótica; imagens e microscópios de capacidade microcelular; drones usados para a entrega de medicamentos.

Embora tecnicamente sejam diferenciadas, há inegável interligação entre os conceitos de automação e Inteligência Artificial, por isso entende-se que Frank Pasquale tenha pontuado favoravelmente à regulação da Inteligência Artificial quando aduz que "retardar a automação que controla, estigmatiza e engana pessoas inocentes é um papel vital para os reguladores do século XXI. Não precisamos simplesmente de mais IA; precisamos de IA melhor"[136].

A IA não só desafia as perguntas postas, mas exige reformular as perguntas propostas. É crucial o avanço de debates legislativos com maior participação de representantes dos mais diversos ramos da indústria e também da sociedade civil, visando o tracejar de balizas morais e de medidas de *enforcement* eficazes, sob pena de restar comprometida a legitimidade, a sofisticação, a robustez e o grau necessário de complexidade do texto legal regulatório da IA. A abundante colaboração dos principais atores do universo da IA nesse debate é imperiosa.

136. PASQUALE, Frank. *New laws of robotics*: defending human expertise in the age of AI. Cambridge: Harvard University Press, 2020, p. 198. *E-Book*.

Eventuais equívocos terminológicos e imprecisões conceituais serão extremamente nocivas em um cenário de tamanhas incertezas diante da opacidade de muitos sistemas de IA. As inconsistências no uso de certos termos podem dar abertura a diferentes interpretações acerca da *mens legis*, ou seja, do que é pretendido pelo legislador, gerando ambiguidade, incerteza jurídica e injustiça. Acelerar demais o processo legislativo sem antes escutar os especialistas e deixar, assim, com que o texto recaia em atecnias fará com que o tiro – que poderia ser certeiro na tutela de direitos fundamentais ante os riscos da IA – saia pela culatra!

Ainda que pareça se justificar, à primeira vista, o argumento, levantado por vozes da iniciativa privada, de que a regulação da IA precisaria ser mais generalista e deontológica, tal merece ser confrontado com o princípio da segurança jurídica. A persistente ausência de definições detalhadas e de uma análise pormenorizada dos riscos inerentes aos diferentes tipos de modelos de IA, lamentavelmente, poderá relegar a abordagem regulatória da IA ao posto de *soft law*, de mera carta de intenções, como ocorre com diversas diretrizes propostas por organismos internacionais, que apenas cumprem um papel orientador e pedagógico.

Em que pese arranjos de boas práticas e governanças previamente fixados sejam primordiais, um amontoado legislativo excessivamente principiológico também não servirá de salvaguarda efetiva aos direitos humanos que já vem sendo vilipendiados por aplicações de Inteligência Artificial. É indubitável a insuficiência de meras estratégias, como a EBIA[137], para alcançar o equilíbrio necessário entre afirmação protetiva de direitos e desenvolvimento econômico-tecnológico. Se a máquina já supera os humanos em muitas tarefas, a de decidir a respeito das normas que regerão os novos rumos da vida humana não pode ser uma delas.

A fixação do regime de responsabilidade civil por danos causados por P&D, implementação e uso de sistemas de IA precisa ser objeto de um amplo debate público, considerando todos os interesses em jogo, mormente aspetos éticos, jurídicos, econômicos e sociais. Evitar os mal-entendidos e receios injustificados decorrerá da análise cuidadosa dos efeitos de um novo quadro regulamentar para as partes interessadas, devendo ser as avaliações de impacto uma condição impositiva prévia para a adoção de novas medidas legislativas.

137. ESTRATÉGIA BRASILEIRA DE INTELIGÊNCIA ARTIFICIAL – EBIA. Portaria GM nº 4.617/2021 do Ministério da Ciência, Tecnologia e Inovações. Disponível em: https://www.gov.br/mcti/pt-br/acompanhe-o-mcti/transformacaodigital/arquivosinteligenciaartificial/ebia-documento_referencia_4-979_2021.pdf. Acesso em: 13.05.2023

Outrossim, uma abordagem regulatória da IA que peque em especificidade também não sanará os prejuízos decorrentes de falhas, sejam de programação ou de operabilidade, em algoritmos dotados de Inteligência Artificial, cujas decisões automatizadas podem dar ensejo a sérias violações de direitos fundamentais, individuais e coletivos. Em vista desses casos, serão mecanismos como as requisições de auditabilidade e a delimitação de critérios objetivos de explicabilidade da IA, por exemplo, que darão concretude à base principiológica. Sem tais métricas, uma redação normativa puramente encorajadora de comportamentos éticos revelar-se-á abstrata, fictícia e vazia, apenas uma replicação de anseios literários alheios.

Sob a ótica da continuidade do fomento à inovação tecnológica, mostra-se genuína a preocupação de uma regulamentação da IA demasiadamente extensiva e restritiva acarretar prejuízos à P&D de novas tecnologias no país. É inegável que o Direito não dará – talvez o termo "jamais", aqui, nem seja um exagero – conta de acompanhar a velocidade com que as tecnologias avançam, porém, de outro lado, deve-se atentar à frívola obsolescência de normas demasiadamente rígidas e estar premido da intenção de sintetizar premissas de um ambiente jurídico favorável a uma disciplina adequada à proteção dos mais vulneráveis à IA.

Não se admite mais a isolada autorregulamentação sobre parâmetros éticos privados, unilaterais, monopolizados. Face à flexibilização normativa e à ausência de coercibilidade de padrões éticos por alguns governos mundo afora, vê-se a inexiguidade da autorregulação. Tal também não significa que não se recomende dar espaço às empresas de tecnologia para que complementem preceitos legais e infralegais do setor que se inserem ou para que prescrevam padrões de boas práticas, *compliance* e governança corporativa como regras suplementares internas, sujeitas a controle externo, sob pena de "lavagem ética" (*ethics washing*)[138] do tema.

Os chamados "códigos de conduta", ou seja, a "netiqueta" – as regras de etiqueta na internet, adotadas contratualmente entre provedores e usuários –, ante a heterogeneidade dos internautas, agrupados sem coesão, arriscaria a "democracia informática", relegando a corporações multinacionais a imposição do direito no espaço cibernético, agravando a vulnerabilidade dos consumidores. Nesse sentido, afirma Caitlin Mulholland que "somente

138. "Ethics washing, like greenwashing in some respects, is the practice of feigning ethical consideration to improve how a person or organization is socially perceived." Em livre tradução: A "lavagem ética", como a "lavagem verde" em alguns aspectos, é a prática de fingir consideração ética para melhorar a forma como uma pessoa ou organização é socialmente percebida. (CARNEGIE COUNCIL. Ethics washing. Disponível em: https://www.carnegiecouncil.org/explore-engage/key-terms/ethics-washing. Acesso em: 08.07.2023).

os Estados gozam do atributo da soberania, pois da soberania deriva o direito exclusivo de legislar, de produzir normas jurídicas com caráter geral, reguladoras da realidade social"[139].

Compreendendo-se que a lei específica sobre a IA tem que ser potente no resguardo de direitos humanos frente aos riscos dos arranjos tecnológicos, para que, assim, se considere um instrumento democrático ideal e pragmático para a governança de comportamentos, não basta que seja uma lista de recomendações, precisa reger posturas e cultivar, inclusive sob sanções efetivas, condutas que criem um ambiente digital menos lesivo. Existem, ainda, conflitos entre a concretude e a segurança jurídica que se espera da regulação da IA no país, para além de bases principiológicas e das recomendações de boas práticas e governança de dados, e a premência de mecanismos de "enforcement" e de detalhamento de direitos e riscos.

Há ainda que se vislumbrar o *Pacing Problem*[140] – qual é o momento correto para se regular a Inteligência Artificial no Brasil? –, eis que o país não se encontra mais na etapa em que apenas se debatem padrões éticos de uso da IA. Transposta essa fase, as discussões acerca do Marco Legal da IA[141] caminham a um segundo momento, no qual se debatem legislações que traduzam normas jurídicas, princípios e regras vinculantes, que sejam objetos eficazes de "enforcement" por parte de órgãos estatais e da própria sociedade. Se a intervenção do legislador for açodada, corre-se o risco de prejudicar o desenvolvimento tecnológico em IA; por sua vez, se a intervenção for tardia, pode-se deparar com situações jurídicas irreversíveis.

A regulação deve encontrar os meios técnicos ideais que a tornem mais adaptável e à prova dos efeitos deletérios do tempo, para ser possível mantê-la viva, aplicável, atualizável e confiável na medida em que a tecnologia se modifica e avança. É preciso executar uma árdua tarefa de antecipação mínima das consequências de determinadas tecnologias munidas de Inteligência Artificial, a partir da análise daquelas já existentes, ou até sendo testadas, sem que se recaia em meros danos hipotéticos ou em exercícios inaceitáveis de futurologia.

---

139. MULHOLLAND, Caitlin. *Internet e contratação*: panorama das relações contratuais eletrônicas de consumo. Rio de Janeiro: Renovar, 2006, p. 143.

140. Tese sustentada por Andrea Renda, professor da Escola Transnacional de Governança do European University Institute e Diretor do CEPS Global Governance, Regulation, Innovation & Digital Economy, durante sua participação remota no Seminário "A Construção do Marco Regulatório da Inteligência Artificial no Brasil", sediado em Brasília, capital do Brasil, e promovido em 17 de abril de 2023 pelo Conselho da Justiça Federal (CJF) junto ao Superior Tribunal de Justiça (STJ).

141. BRASIL. SENADO FEDERAL. Relatório Final da Comissão de Juristas do Marco Legal da Inteligência Artificial, aprovado em 1º de dezembro de 2022. Disponível em: https://legis.senado.leg.br/sdleg-getter/documento?dm=9221643&ts=1670509473310&disposition=inline. Acesso em: 08.06.2023.

Precisam ser superadas questões problemáticas como o ritmo acelerado, irrefreável e globalizado dos avanços tecnológicos em IA e a eventual obsolescência da norma jurídica protetiva, bem como a exigência de eficaz atuação coordenada entre órgãos governamentais, especialistas, representantes da sociedade civil e os mais diferenciados setores da indústria frente à dificuldade de delinear níveis ideais de responsabilização em casos de prejuízos humanos causados pela IA, tanto em termos de abrangência quanto de efetividade.

Consideram-se decisões-chave na condução dos trabalhos regulatórios os seguintes aspectos: (i) regular as aplicações das tecnologias de IA, porém não propriamente a IA em si, porque a IA pode ser programada para os mais variados propósitos e usada em diferentes contextos; (ii) regular casos específicos e certos setores, que apresentem maiores ameaças e prováveis lesões a direitos humanos, mas não todos os setores, o que não seria factível; (iii) regular a IA baseada nos direitos que se pretende tutelar e na graduação de riscos que cada tecnologia apresenta; (iv) correlacionar a regulação da IA a normas protetivas do consumidor, sempre que cabível; (v) regular, em pontos mais divergentes, conforme a base principiológica.

Em tese, a legislação precisa estar sempre correndo atrás da tecnologia. Todavia, uma abordagem regulatória ajustável às evoluções tecnológicas pode superar o desgaste do tempo, tornando a corrida tecnológico-regulatória mais assemelhada à fábula de Esopo sobre a lebre e a tartaruga[142], na qual os passos lentos, porém consistentes e resistentes, da tartaruga a fizeram vencedora ao competir contra a presunçosa – embora, em tese, mais veloz – lebre.

3.3 A escolha de uma abordagem regulatória híbrida da Inteligência Artificial: uma taxonomia baseada em riscos e centrada na tutela de direitos humanos

Do ponto de vista da eleição de estratégias regulatórias, dúvida não há do acúmulo teórico sobre as múltiplas alternativas normativas para ambientes globalizados e complexos, marcados por incertezas geradas por revoluções tecnológicas, mormente a revolução causada por aplicações de Inteligência Artificial, objeto deste estudo e de vasta pesquisa.

Pesquisas, como a realizada em 2024 pelo Instituto de Tecnologia & Sociedade do Rio (ITS), apontam a identificação de três macromodelos

142. BENNETT, William J. *O livro das virtudes para crianças*. 2.ed. Rio de Janeiro: Nova Fronteira, 2021, p. 19.

de regulação da Inteligência Artificial: (1) o modelo de incorporação ou subsunção, baseado em normas jurídicas já existentes que podem ser interpretadas para disciplinar, direta ou indiretamente, aplicações específicas de IA, evitando, assim, sobreposição e redundância regulatória nos espaços em que a ordem jurídica vigente já se mostrar suficiente; (2) o modelo emergente, baseado na criação de novas normas para disciplinar de forma específica a IA, considera que os efeitos únicos da IA na sociedade acarreta a premência de regulação especial na área de Direito Digital, permitindo ao regulador que se baseie no estado da arte da tecnologia e em suas implicações jurídicas; (3) o modelo ético, baseado na articulação de princípios para informar a pesquisa, desenvolvimento e uso da IA, evitando normas especiais e rígicas que sofram os efeitos deletérios do tempo.

Esses modelos, ao seu turno, dependem do funcionamento de diferentes ferramentas regulatórias que podem ser combinadas, de diversas formas. Sem buscar esgotar a discussão, o relatório de pesquisa do ITS foca em ferramentas de maior proeminência: a investigação de algoritmos, a auditoria externa, a análise de risco, os *sandboxes* regulatórios, as requisições de transparência, os direitos dos usuários, a cooperação multissetorial e os códigos de conduta[143].

Outro catálogo conhecido de estratégias regulatórias muito difundidas é o exposto a seguir: a) baseada em riscos (*risk-based*); b) baseada em direitos humanos (*rights-based*); c) híbrida – antropocêntrica e classificatória de riscos; d) horizontal[144] (*standards* mínimos[145] previstos em normas

143. INSTITUTO DE TECNOLOGIA & SOCIEDADE DO RIO. Como regular a inteligência artificial? Expandindo os horizontes de análise para além da União Europeia. Disponível em: https://d26k070p771odc.cloudfront.net/wp-content/uploads/2016/12/20240705_Relatorio_Microsoft_Como-Regular-IA.pdf. Acesso em: 30.06.2024.

144. "Irina Orssich defendeu ´um ato horizontal´ que ´aplica-se igualmente a todos os setores´, explicando que ´Não há nenhuma regra específica de um setor, mas algo que é para toda IA que consideramos ser de alto risco´. Para Jake Okechukwu Effoduh, a ´rede complexa de medidas *top-down* ou iniciativas deveria ser banida, deveria ser horizontal ou setorial. Esses são pontos vitais no que tange à regulamentação da IA´ defendendo a supervisão setorial das aplicações de IA. A seu turno, Teki Akuetteh, ao tratar das regulações setoriais, apontou que existe uma tendência de ´multiplicidade de regulamentação´ e enfatizou que ´qualquer estrutura que seja construída deve observar esses outros aspectos e fatores, incluindo reguladores que estejam propensos a serem afetados, e daí elaborar um mecanismo que compreenda uma cooperação de todos os aspectos complexos para fazer com que a IA funcione´." (BRASIL. SENADO FEDERAL. Relatório Final da Comissão de Juristas do Marco Legal da Inteligência Artificial, aprovado em 1º de dezembro de 2022. Disponível em: https://legis.senado.leg.br/sdleg-getter/documento?dm=9221643&ts=1670509473310&disposition=inline. Acesso em: 07.01.2023).

145. "Estamos falando de questões de alta complexidade (...) não só jurídica, mas também técnica. É por essa razão que a própria ideia de uma autorregulação regulada parte da premissa de que há vários riscos que não devem ser assumidos, e há uma série de danos que podem e devem ser evitados.

abrangentes para variados setores econômicos, como na UE); e) setorial ou vertical (como nos EUA)[146]; f) multicamadas ou multisetorial (como na China)[147]. Não se trata mais de um "se" é urgente regular a IA, mas sim "como" se deve fazê-lo. Porque, então, o Brasil adota uma abordagem regulatória híbrida, nos termos do PL nº 2.338/2023[148]?

Qual é o formato regulamentar mais apropriado às particularidades da ordem jurídica brasileira? Inicialmente, o PL nº 21/2020[149] passou a ser discutido no Congresso Nacional de modo acelerado – inclusive, em regime de urgência – e, a princípio, sem muito compromisso com medidas de governança efetivas, normas pragmáticas de procedimentalização e fixação de obrigações aos agentes de IA. Também não primou pelo debate multisetorial essencial à conformidade de uma abordagem regulatória complexa com repercussões socioeconômicas grandiosas, haja vista a natureza transversal da Inteligência Artificial como matéria a legislar.

É válido consignar que, no dia 18 de junho de 2024, a Comissão Temporária sobre Inteligência Artificial do Senado Federal – criada devido à significativa transversalidade e complexidade do tema – adiou, mais uma vez, a votação do PL nº 2.338/2023, agora relatado pelo Senador Eduardo

---

Consequentemente, se assim for, nem mesmo surgirão os conflitos que eventualmente exigiriam ser levados ao Poder Judiciário. A ideia é a de que um ambiente de corregulação ou autorregulação regulada que funcione bem, desonere o Poder Judiciário, no sentido de que a própria regulação já seria suficiente para evitar e prevenir uma série de danos e conflitos." (FRAZÃO, Ana. Proteção de dados e inteligência artificial: diálogos sobre regulação. Entrevista concedida ao Conselho Nacional de Justiça em 13 de junho de 2023. *Revista CNJ*, v. 7, n. 1, jan.-jun./2023).

146. "Courtney Lang manifestou apoio à abordagem adotada pela União Europeia (...) ´não há uma legislação horizontal para regulamentar a IA nos Estados Unidos (...). Há propostas no Congresso americano sobre alguns aspectos da IA (...) no sentido de responsabilidade de algoritmos, etc. (...) Eike Gräf apontou para ´uma lei horizontal, que pode ser utilizada em situações muito diferentes´, abordando ´diferentes tecnologias e diferentes situações´." (BRASIL. SENADO FEDERAL. Relatório Final da Comissão de Juristas do Marco Legal da Inteligência Artificial, aprovado em 1º de dezembro de 2022. Disponível em: https://legis.senado.leg.br/sdleg-getter/documento?dm=9221643&ts=1670509473310&disposition=inline. Acesso em: 07.01.2023).

147. BERKMAN KLEIN CENTER FOR INTERNET & SOCIETY AT HARVARD UNIVERSITY. *Principled Artificial Intelligence*: mapping consensus in ethical and rights-based approaches to principles for AI. Harvard Publications, Ethics and Governance of AI, 2020. Disponível em: https://cyber.harvard.edu/publication/2020/principled-ai. Acesso em: 08.03.2023.

148. BRASIL. SENADO FEDERAL. Projeto de Lei nº 2.338, de 2023. Atividade Legislativa, 2023. Disponível em: https://www25.senado.leg.br/web/atividade/materias/-/materia/157233?_gl=1*1qw7sar*_ga*ODQ3Nzg0NDY2LjE2MjQ2Mzc4Mzg.*_ga_CW3ZH25XMK*MTY4NDE2Mjk0My4yLjAuMTY4NDE2Mjk0My4wLjAuMA. Acesso em: 28.05.2023.

149. BRASIL. CÂMARA DOS DEPUTADOS. Projeto de Lei nº 21, de 2020. Atividade Legislativa, 2021. Disponível em: https://www.camara.leg.br/propostas-legislativas/2236340. Acesso em: 30.06.2023.

Gomes, que, provavelmente, virá a instituir o Marco Legal da IA no Brasil[150]. Em razão de múltiplas disputas setoriais que pressionam por ajustes no conteúdo da referida lei, seu texto vem sendo submetido a sucessivas alterações e emendas. Em sua versão mais recente, houve mudanças em temas relativos a direitos autorais, proteção ao trabalho, sustentabilidade, governança de dados e Inteligência Artificial Generativa, além de severas discussões sobre a permissão ou o banimento do uso de armas autônomas no país.

No que concerne aos direitos e deveres no ciclo de vida dos sistemas de IA, há que se adotar uma visão antropocêntrica, voltada à proteção das partes afetadas por esses modelos, e não à própria tecnologia, haja vista ainda distante a adoção de uma solução extremada – por ora defendida, de forma bastante isolada, na doutrina especializada[151] – de reconhecimento da personalidade jurídica robótica, alçando a aplicação de IA ao patamar de *e-person*[152]. É ainda tão isolada essa visão antropomórfica da Inteligência

150. Na véspera da votação do PL nº 2.338/2023, alguns desenvolvedores de *software* emitiram uma carta aberta criticando o projeto de lei. O Senador Marcos Pontes, do PL-SP, solicitou então o agendamento de cinco novas audiências públicas. Nessas audiências compareceram representantes das gigantes da tecnologia, como Open AI, iFood Brasil, IBM Brasil, Microsoft Brasil, Amazon Brasil e Google Brasil. Segundo a Coalização "Direitos na Rede", integrada por 55 organizações de Direito Digital, as empresas estão se apropriando de um argumento válido da sociedade civil – a necessidade de mais debate sobre o tema – para defender a sua desregulamentação no Brasil. (INTERCEPT BRASIL. Os 3 passos das *big techs* para travar a regulação de inteligência artificial. Disponível em: https://x.com/TheInterceptBr/status/1808132711271252458. Acesso em: 02.07.2024).

151. "A metáfora antropomórfica não se restringe ao imaginário mítico ou religioso. Sophia, um robô humanoide com inteligência artificial (IA) desenvolvido pela empresa Hanson Robotics, recebeu cidadania da Arábia Saudita em 2017. Embora vários entrevistadores tenham ficado impressionados com a sofisticação de suas respostas, o robô segue um algoritmo simples e a maior parte de suas declarações são creditadas a um texto previamente elaborado. (...) na última década, (...) [c]omo acompanhantes de idosos – e até mesmo de crianças com autismo –, artefatos cirúrgicos, entregadores ou seguranças, os robôs já começaram a entrar nos lares e nas vidas das pessoas. (...) Em 2017, o Parlamento Europeu apresentou uma resolução com orientações sobre Robótica, com uma proposta da criação de uma personalidade eletrônica para artefatos robóticos ´inteligentes´ (UNIÃO EUROPEIA, 2017)." (NEGRI, Sérgio Marcos Carvalho Ávila. Robôs como pessoas: a personalidade eletrônica na robótica e na inteligência artificial. *Revista Pensar*, 2020. Disponível em: https://ojs.unifor.br/rpen/article/view/10178/pdf. Acesso em: 24.06.2023).

152. "Vários são os argumentos que se têm avançado para sustentar a atribuição de personalidade jurídica aos mecanismos dotados de inteligência artificial (...) as características dos robôs: autonomia, autoaprendizagem, adaptação do comportamento ao meio ambiente, para, com base nelas, se sustentar que alguns apresentam um nível de inteligência superior a alguns seres humanos, tais como crianças, pessoas em coma, fetos, entre outros. Por outro lado, (...) também às pessoas coletivas é atribuída personalidade jurídica, embora não se confundam com os humanos. (...), assim, fundamentais determinados princípios, como (...) [o] da precaução, o princípio da reversibilidade, o princípio da segurança e da responsabilidade. (...) está em causa o potencial agressivo que os robôs poderão ter em relação aos seres humanos, a impor cautelas especiais em matéria de segurança. Mas está também em causa a possível desdignificação do ser humano pela atuação da inteligência artificial ao nível do seu corpo e da sua mente (...), sob pena de nos aproximarmos largamente de práticas eugénicas e do domínio da mente alheia, aptas a destruir a própria humanidade (...), por exemplo, na anunciada possibilidade

Artificial que o *AI Act*[153] é expresso em desaconselhar o reconhecimento de personalidade jurídica às máquinas, assim como em estimular a presença humana em todo o ciclo de vida dos sistemas de Inteligência Artificial.

Entendendo que não haveria uma cadeia de valor da IA sem que a economia atual fosse movida a dados, Stefano Rodotà, com o condão de propor ambiente jurídico favorável a uma disciplina normativa adequada à circulação de informações, consolidou cinco elementos necessários: (1) uma disciplina legislativa de base, constituída por cláusulas gerais e normas processuais; (2) normas para os casos específicos, possivelmente em legislação autônoma; (3) uma autoridade administrativa independente; (4) uma ordem legal de recurso à autoridade judiciária; (5) a previsão de um controle difuso, confiado a indivíduos e grupos[154].

Por se reconhecer a inviabilidade prática de se debater sobre todos os riscos, concretos e prováveis, advindos da ampla variedade de sistemas de IA, existentes e por vir, a proposta regulatória deve priorizar técnicas legislativas que admitam à hermenêutica conformar, axiologicamente, a norma à realidade social, ajustando-a no tempo e no espaço. Foi com esse pensamento que se sugeriu, no primeiro capítulo deste trabalho, uma definição "dinâmica" de sistema de IA. Que se faça uso, então, de técnicas como cláusulas gerais, conceitos jurídicos indeterminados e/ou listagens legais que contenham fórmula exemplificativa acompanhada de cláusula genérica, para não se afligir a eficácia e a aplicabilidade dessas normas jurídicas.

Propõe-se, então, uma listagem exemplificativa de riscos que arrola desde os sistemas de IA usados para gestão de recursos críticos, como energia elétrica, até o desenvolvimento de modelos inteligentes na administração da justiça. Além de uma abertura ao reposicionamento de determinadas categorias de IA de acordo com o seu treinamento e o restabelecimento de sua acurácia ao longo do tempo e pelo uso de técnicas que permitam, *in casu*, a correção de resultados enviesados, o aprimoramento dos algoritmos e a readequação de sua base de dados.

---

de introdução de chips de controlo de dados biométricos ou de leitura do pensamento, com todos os problemas éticos (...). Por último, (...) a miscigenação (...) pela conjugação dos dados neuronais humanos com dados computacionais (...), proibindo todas as práticas que conduzam à perda de dignidade do ser humano." (BARBOSA, Mafalda Miranda. Inteligência Artificial, "E-persons" e Direito: desafios e perspectivas. *Revista Jurídica Luso-Brasileira – RJLB*, a.3, n.6, 2017, p. 1481 e 1502).

153. EUROPEAN COMMISSION. Proposal for a regulation of the European Parliament and of the Council laying down harmonised rules on Artificial Intelligence – Artificial Intelligence Act – and amending certain union legislative acts. Proposal 2021/0106, Brussels, April/2021. Disponível em: https://artificialintelligenceact.eu/the-act/. Acesso em: 23.04.2023.

154. RODOTÁ, Stefano. *A vida na sociedade da vigilância*: a privacidade hoje. Maria Celina Bodin de Moraes (org.). Tradução de Danilo Doneda e Luciana Doneda. Rio de Janeiro: Renovar, 2008, p. 87-88.

Ao se distinguir sistemas automatizados com recursos avançados de processamento de dados para tomada de decisão daqueles que não se enquadram nessa categoria, identificam-se quais devem ser regulados de maneira mais restritiva, quais medidas de proteção devem ser aplicadas conforme uma gradação de riscos aos humanos e quais ramos jurídicos são afetados (responsabilidade civil, proteção de dados, propriedade intelectual, direitos humanos, etc.). Se nem mesmo souber o operador do direito o que se entende por aplicação de IA, como poderá aplicar a norma jurídica mais adequada à casuística e ponderar os princípios em concreto?

Discutir Inteligência Artificial indefinidamente não é uma opção, e não há, na verdade, mais tempo! Os riscos da IA são tão variados quanto sua tipologia, com consequências graves aos usuários, além de as causas de falhas algorítmicas serem, em geral, pouco transparentes, quando não inexplicáveis. Com vista a tais fatores, questões regulatórias mais aprofundadas e envoltas em especificidades de ramo da indústria ou comércio serão resolvidas setorialmente.

O Marco Legal da IA deve se propor não somente a delinear parâmetros éticos, mas também a fixar conceitos, objetivos e diretrizes, graduar riscos de acordo com classificações basilares da IA, imputando responsabilidades e ônus e traçando as medidas preventivas e repressivas de danos e de *enforcement* das suas regras, com condão de rascunhar os caminhos ideais para que as normas infralegais, de agências reguladoras e/ou de órgãos governamentais, regulamentem setorialmente a matéria de forma mais pontual, operacionalizada e fiscalizável.

Não haverá um *trade-off* – uma escolha mutuamente excludente – entre a proteção de direitos e os riscos do desenvolvimento tecnológico e sua contínua evolução, sendo viável perseguir ambos os objetivos e também possível a complementariedade entre uma abordagem regulatória baseada em riscos e uma modelagem fundada em direitos humanos, como a visão adotada pela CJSUBIA ao aprovar unanimemente um relatório final sobre IA no Brasil.

A concomitância de uma normatização infralegal não afastará a importância da criação de um Conselho Nacional Multisetorial, quiçá um Comitê de Assessoramento Interministerial caso se entenda mais adequado ao planejamento e à organização institucional de governo, com o intuito de não criar desincentivos ou insegurança jurídica para empresas que atuem em vários setores, nem fragmentar, de modo desmedido, determinados aspectos regulamentares.

Em junho de 2023, o Senado Federal aprovou o Projeto de Resolução (PRS) nº 63, cujas alterações no regimento interno promoveram a criação da Comissão de Comunicação e Direito Digital. A CCDD, com *status* de comissão permanente, regulará a política nacional de comunicação social – envolvendo redes sociais, "imprensa, radiodifusão, televisão, internet, outorga e renovação de concessão, permissão e autorização para serviços de radiodifusão sonora e de sons e imagens", entre outros –, o regime jurídico tecnológico, o direito digital e seus conceitos em formação e o controle ético sobre assuntos correlatos. "A comissão nasce no ambiente onde a publicidade das palavras possui um sentido obrigatório, sobretudo quando se dirige à toda a sociedade brasileira, às funções do estado, à aplicação do direito"[155].

No entendimento de Rodotà, ao propor um ambiente jurídico favorável à disciplina normativa adequada à circulação de informações, além de uma legislação de base, normas para casos específicos em regulações suplementares, a previsão de ação e recurso à autoridade judiciária e de um controle difuso, outro elemento premente é a instituição de uma autoridade independente. No Brasil, o recente PL nº 2.338/2023, em seu art. 4º, conceitua "autoridade competente" como um "órgão ou entidade da Administração Pública Federal responsável por zelar, implementar e fiscalizar o cumprimento desta Lei em todo o território nacional"[156].

Dentre as suas atribuições, além de poder determinar a reclassificação do sistema de IA, mediante notificação prévia, e determinar avaliação de impacto algorítmico para instrução de investigação em curso (art. 13, §3º), também incumbir-lhe-á regular os sistemas de IA de risco excessivo (art. 16); atualizar a lista dos modelos de risco excessivo ou alto risco – desde que precedida de consulta ao órgão regulador setorial competente, se houver, assim como de consulta, audiência públicas e análise de impacto regulatório –; identificar novas hipóteses, com base nos critérios elencados no art. 18; ser notificada sobre os sistemas de alto risco, via compartilhamento de avaliação preliminar de impacto algorítmico (arts. 22, parágrafo único, e 43); regular os casos em que tal avaliação seja necessariamente conduzida por profissional ou equipe de profissionais externos ao fornecedor de IA (arts. 23, parágrafo único, e 24, §§3º e 4º); receber comunicação pelos agentes de IA sobre graves incidentes de segurança; zelar pela supervisão e fiscalização dos sistemas de IA (art. 32, parágrafo único), em coordenação com entes

155. SOARES, Fabiana de Menezes. Comissão de Comunicação e Direito Digital: publicidade e inteligibilidade das leis. CONJUR, 2023. Disponível em: https://www.conjur.com.br/2023-jun-13/fabrica-leis-comissao-comunicacao-direito-digital-senado-federal. Acesso em: 24.06.2023.

156. BRASIL. SENADO FEDERAL. Projeto de Lei nº 2.338, de 2023. Atividade Legislativa, 2023. Disponível em: https://www25.senado.leg.br/web/atividade/materias/-/materia/157233?_gl=1*1qw7sar*_ga*ODQ3Nzg0NDY2LjE2MjQ2Mzc4Mzg.*_ga_CW3ZH25XMK*MTY4NDE2Mjk0My4yLjAuMTY4NDE2Mjk0My4wLjAuMA. Acesso em: 28.05.2023.

públicos responsáveis pela regulação do setor; aplicar sanções administrativas previstas no art. 36; e autorizar o funcionamento de ambiente regulatório experimental para a inovação em IA (*sandbox* regulatório) a entidades que o requeiram por meio de apresentação de projeto (art. 39) e preencham os requisitos especificados por esta Lei e em regulamentação (art. 38).

Além de uma abordagem híbrida, outro grande desafio à CJSUBIA foi a necessidade de tornar o marco legal brasileiro da IA imune ao tempo, sob o receio de sua obsolescência, mesclando elementos quantitativos e qualitativos para que, sob contínuo processo de correção de vieses e incorreções do sistema de IA, ele possa ser realocado conforme o seu novo grau de acurácia, sendo esta uma atribuição a ser exercida por futura autoridade reguladora geral da IA[157] ou mesmo por avaliações de risco *ex ante* e *ex post* por órgãos regulatórios setoriais[158].

A proposta brasileira busca trazer uma calibragem entre os níveis de riscos a direitos fundamentais e o peso da responsabilização civil e do sancionamento administrativo em caso de danos a terceiros. Isso porque uma regulação transversal é premente frente à insuficiência de soluções padronizadas para a tamanha variedade de propósitos de desenvolvimento de uma tecnologia de IA, os diversos contextos de sua utilização e as finalidades distintas as quais a criatividade humana submeterá um sistema de IA. Assim, o calibre da resposta regulatória da IA, inclusive de sistemas usados para propósitos mais flexíveis, será diretamente proporcional ao risco que, a depender da sua tipologia, o sistema provoca em determinado cenário fático.

Segundo o Parlamento Europeu[159], "a noção de sistemas de IA abarca um grande grupo de tecnologias distintas, incluindo estatísticas simples,

157. Os critérios fixados pelo PL nº 2.338/2023 para a atualização da lista de sistemas de IA de alto risco e de risco excessivo estão especialmente delineados nos artigos 18, 24, §4º, 25 e 30, §4º. (BRASIL. SENADO FEDERAL. Projeto de Lei nº 2.338, de 2023. Atividade Legislativa, 2023. Disponível em: https://www25.senado.leg.br/web/atividade/materias/-/materia/157233?_gl=1*1qw7sar*_ga*ODQ3Nzg0NDY2LjE2MjQ2Mzc4Mzg.*_ga_CW3ZH25XMK*MTY4NDE2Mjk0My4yLjAuMTY4NDE2Mjk0My4wLjAuMA. Acesso em: 28.05.2023).

158. "São também previstas medidas para fomentar a inovação da inteligência artificial, destacando-se o ambiente regulatório experimental (*sandbox* regulatório). Com isso, a partir de uma abordagem mista de disposições *ex ante* e *ex post*, a proposição traça critérios para fins de avaliação e desencadeamento de quais tipos de ações devem ser tomadas para mitigação dos riscos em jogo, envolvendo também os setores interessados no processo regulatório, por meio da corregulação." (BRASIL. SENADO FEDERAL. Projeto de Lei nº 2.338, de 2023. Atividade Legislativa, 2023. Disponível em: https://www25.senado.leg.br/web/atividade/materias/-/materia/157233?_gl=1*1qw7sar*_ga*ODQ3Nzg0NDY2LjE2MjQ2Mzc4Mzg.*_ga_CW3ZH25XMK*MTY4NDE2Mjk0My4yLjAuMTY4NDE2Mjk0My4wLjAuMA. Acesso em: 28.05.2023).

159. "AI Act, Article 7, Amendments to Annex III, item 1. The Commission is empowered to adopt delegated acts in accordance with Article 73 to update the list in Annex III by adding high-risk AI systems where

aprendizagem automática e aprendizagem profunda"[160]. Classificar o modelo de IA a fim de, categorizando-o, permitir inclui-lo em uma gradação de riscos própria daquela tipologia de IA pode ser desafiador quando se constata, pragmaticamente, que a maioria dos sistemas de IA implantados faz uso de uma ampla variedade de submodelos de Inteligência Artificial interligados e derivados de diferentes fontes, trabalhando conjuntamente para um propósito específico – e, em alguns casos, projetados "em laboratório" para determinado propósito, porém com usos "no campo" que vão além daqueles imaginados ou idealizados por seus programadores e desenvolvedores.

Por exemplo, o Google Fotos – aplicativo para *smartphones* que armazena e pesquisa fotos – consiste na composição de vários subsistemas de IA, inclusive para armazenamento de dados (das fotografias) e metadados (datas, locais, identificação das pessoas retratadas, etc.), busca de dados por meio de palavras que o usuário especifica e interpreta os termos de pesquisa que alavancam sistemas adicionais, alguns dos quais também são, por si só, modelos completos de IA. Quando um usuário pesquisa as fotos por data, um sistema projetado por humanos procura uma data de *upload* da foto ou a data codificada nos metadados da imagem. Quando um usuário procura fotos por um conceito como "flores", um modelo de

---

both of the following conditions are fulfilled: (a) the AI systems are intended to be used in any of the areas listed in points 1 to 8 of Annex III; (b) the AI systems pose a risk of harm to the health and safety, or a risk of adverse impact on fundamental rights, that is, in respect of its severity and probability of occurrence, equivalent to or greater than the risk of harm or of adverse impact posed by the high-risk AI systems already referred to in Annex III." (EUROPEAN COMMISSION. Proposal for a regulation of the European Parliament and of the Council laying down harmonised rules on Artificial Intelligence – Artificial Intelligence Act – and amending certain union legislative acts. Proposal 2021/0106, Brussels, April/2021. Disponível em: https://artificialintelligenceact.eu/the-act/. Acesso em: 23.04.2023).

160. "[...] I. Considerando que os desafios jurídicos também são o resultado da conectividade entre um sistema de IA e outros sistemas, envolvendo IA ou não, da sua dependência de dados externos, da sua vulnerabilidade a violações da cibersegurança, bem como da concepção de sistemas de IA cada vez mais autónomos que utilizam, nomeadamente, técnicas de aprendizagem automática e de aprendizagem profunda; (...); K. Considerando que a segurança jurídica também é uma condição essencial para a inovação e o desenvolvimento dinâmicos da tecnologia baseada em IA, nomeadamente para as empresas em fase de arranque, as micro, pequenas e médias empresas e a sua aplicação prática no dia a dia; considerando que o papel essencial dessas empresas, sobretudo para a economia europeia, justifica uma abordagem estritamente proporcional que permita que se desenvolvam e inovem. L. Considerando que a diversidade dos sistemas de IA e a gama diversificada de riscos que a tecnologia representa dificulta os esforços destinados a encontrar uma solução única, adequada a todos os riscos possíveis; considerando que, a esse respeito, deve ser adotada uma abordagem em que são utilizadas experiências, projetos-piloto e ambientes de teste da regulamentação para encontrar soluções proporcionais e baseadas em dados concretos que se adaptem a situações e setores específicos, sempre que necessário." (PARLAMENTO EUROPEU. Resolução A9-0178/2020, de 20 de outubro de 2020, que contém recomendações à Comissão sobre o regime de responsabilidade civil aplicável à Inteligência Artificial. Disponível em: https://www.europarl.europa.eu/doceo/document/TA-9-2020-0276_PT.html#title1. Acesso em: 08.03.2023).

Inteligência Artificial realiza uma função de reconhecimento de imagem para combinar com a consulta.

Com vista a tecnologias de Inteligência Artificial Generativas, que admitem aplicações diferenciadas daquelas para o qual foi originalmente desenvolvida, a taxonomia de riscos já estaria defasada? Os propósitos a que tais modelos fundacionais são concretamente utilizados podem ser extremamente generalizados: tal inviabiliza a inclusão dessas tecnologias em uma listagem categorizadora de riscos? O operador, ao empregar essas ferramentas, deverá adotar medidas de governança, *compliance* e boas práticas apropriadas aos modelos de IA de alto risco e supervisionadas por equipe multidisciplinar inclusiva, além de prévias avaliações de impacto algorítmico e avaliações de conformidade e auditorias por todo o ciclo de vida da IA.

Ante todas as repercussões, a grande problemática que se apresenta é vislumbrar se a proposta brasileira para o Marco Legal da Inteligência Artificial reflete, ou não, experiências lesivas vivenciadas por nosso tecido social – ou se seria uma mera réplica europeia – que não remedia as carências econômicas, políticas e sociais dos *netcitizens* brasileiros. Debater uma legislação vindoura que poderá já nascer obsoleta e ineficaz é, de fato, o maior dos riscos!

3.3.1 Repercussões jurídicas dos riscos da Inteligência Artificial na responsabilidade civil, o determinismo tecnológico e a imputação do dano indenizável

Diante da determinação de uma abordagem regulatória híbrida, centrada em direitos humanos e baseada em uma gradação de riscos conforme as diferentes tipologias de sistemas de Inteligência Artificial, impende o resgate da doutrina do risco e de suas teorias, analisadas nos estudos de responsabilidade civil. Enquanto não advir uma abordagem regulatória própria da IA, "a enunciação de supostos vazios normativos representa problema muito mais grave do que o mero abalo à dogmática consolidada na tradição jurídica (...) melhores resultados se haverão de alcançar pelo esforço de releitura dos institutos já conhecidos pela civilística"[161].

---

161. "Os fundamentos para a tutela das vítimas de danos injustos não devem ser buscados em novos e esparsos diplomas normativos, mas sim – e sempre – no ordenamento jurídico em sua unidade e complexidade. A disciplina ordinária da responsabilidade civil – tanto em relações paritárias quanto em relações de consumo –, embasada na tábua axiológica constitucional, serve de fundamento suficiente para o equacionamento dos problemas referentes aos danos causados por sistemas autônomos (...) deve levar em consideração o ordenamento jurídico em sua unidade e complexidade, sem se cair na armadilha da enunciação de um (mais um chamado *micro*) sistema próprio de valores da *lex*

Com a aprovação do PL nº 2.338/2023[162], sua conversão em lei e o decurso do prazo de um ano de *vacatio legis* (art. 45), indaga-se: a responsabilidade civil será *ex ante* ou *ex post* pelos danos causados por tecnologias de IA? Durante as audiências públicas organizadas pela CJSUBIA[163], Ig Bittencourt defendeu que a cadeia de valor da IA deve ser avaliada somente após a efetiva ocorrência do evento lesivo envolvendo a tecnologia inteligente. Por outro lado, Hartmann argumentou que apostar em sistema unicamente de responsabilização posterior, no cenário brasileiro, não é a melhor opção, devendo ser reguladas obrigações *ex ante*, que se inobservadas gerarão responsabilização, inclusive com obrigações de licenciamento prévio[164].

De fato, o PL disciplina tanto obrigações *ex ante*, que serão impostas ao agente de IA a depender da gradação de riscos subjacentes ao modelo de Inteligência Artificial, bem como preconiza a responsabilidade civil *ex post* nos casos em que os danos já não estejam mais na esfera do provável, da potencialidade lesiva, da periculosidade, da nocividade abstratamente considerada, mas quando já houver lesado interesses alheios, que merecerão ser integralmente reparados, casos em que, também a depender da tipologia de IA e dos diferentes níveis de riscos, será a hipótese adequada ao regime objetivo ou subjetivo de responsabilidade civil.

Com vistas à responsabilidade civil *ex post*, os artigos 27 a 29 do PL nº 2.338/2023[165] abordam o tema sob os seguintes parâmetros: (1) o dever de reparação integral será assumido pelo agente de IA, fornecedor ou

robótica (...) ao ineditismo das questões suscitadas pelas novas tecnologias não há de corresponder necessariamente o ineditismo das soluções jurídicas." (TEPEDINO, Gustavo; SILVA, Rodrigo da Guia. Desafios da inteligência artificial em matéria de responsabilidade civil. *Revista Brasileira de Direito Civil – RBDCivil*, Belo Horizonte, v.21, p. 61-86, jul.-set./2019).

162. BRASIL. SENADO FEDERAL. Projeto de Lei nº 2.338, de 2023. Atividade Legislativa, 2023. Disponível em: https://www25.senado.leg.br/web/atividade/materias/-/materia/157233?_gl=1*1qw7sar*_ga*ODQ3Nzg0NDY2LjE2MjQ2Mzc4Mzg.*_ga_CW3ZH25XMK*MTY4NDE2Mjk0My4yLjAuMTY4NDE2Mjk0My4wLjAuMA. Acesso em: 28.05.2023.

163. BRASIL. SENADO FEDERAL. Relatório Final da Comissão de Juristas do Marco Legal da Inteligência Artificial, aprovado em 1º de dezembro de 2022. Disponível em: https://legis.senado.leg.br/sdleg-getter/documento?dm=9221643&ts=1670509473310&disposition=inline. Acesso em: 08.06.2023

164. "[A] cadeia de responsabilização deve ser trabalhada e questionada depois de uma implicação sobre um determinado comportamento de máquina, e aí a importância da transparência, considerando como aquela tecnologia foi desenvolvida, como aquela tecnologia evoluiu, como ela tomou uma decisão e qual foi a implicação que ela teve na sociedade." (BRASIL. SENADO FEDERAL. Relatório Final da Comissão de Juristas do Marco Legal da Inteligência Artificial, aprovado em 1º de dezembro de 2022. Disponível em: https://legis.senado.leg.br/sdleg-getter/documento?dm=9221643&ts=1670509473310&disposition=inline. Acesso em: 08.06.2023).

165. BRASIL. SENADO FEDERAL. Projeto de Lei nº 2.338, de 2023. Atividade Legislativa, 2023. Disponível em: https://www25.senado.leg.br/web/atividade/materias/-/materia/157233?_gl=1*1qw7sar*_

operador, que cause dano patrimonial e/ou extrapatrimonial, individual ou coletivo, independente do grau de autonomia do sistema; (2) será objetiva a responsabilidade civil do agente nas aplicações de IA de alto risco (arts. 17 e 18) ou de risco excessivo (arts. 14 a 16), "na medida de sua participação no dano"; (3) nos demais casos, em que os riscos forem medianos ou mínimos, a responsabilidade civil será subjetiva por culpa presumida do agente lesante, com a inversão *ope legis* do ônus da prova em favor da vítima; (4) exclui-se o nexo causal quando o agente de IA comprovar que não colocou em circulação o sistema, ou não empregou ou tirou proveito da aplicação de IA, ou quando comprovar que o dano decorre de fato exclusivo da vítima ou de terceiro, fortuito externo ou força maior.

Enfrenta-se, a seguir, cada um desses parâmetros de responsabilização civil, definidos pela CJSUBIA[166] e reproduzidos no PL nº 2.338. O primeiro ponto refere-se às alegações de elevado "grau de autonomia do sistema", sustentadas por agentes de IA com o propósito de se eximirem do dever de reparar integralmente os prejuízos causados a terceiros. Consoante às lições de Frazão, deve-se evitar o "determinismo tecnológico"[167], usado com o solo condão de elidir a responsabilidade civil dos agentes de IA quando transferirem determinadas decisões às máquinas. "[S]e assim fosse, haveria verdadeiro convite à irresponsabilidade organizada, o que obviamente não pode ser admitido (...) há que se pensar na responsabilidade dos agentes empresariais pelas tecnologias que adotam e por meio das quais auferem lucros"[168].

Embora indubitável que as novas tecnologias venham executando tarefas com escasso e até nenhum controle externo ou supervisão huma-

---

ga*ODQ3Nzg0NDY2LjE2MjQ2Mzc4Mzg.*_ga_CW3ZH25XMK*MTY4NDE2Mjk0My4yLjAuMTY4NDE2Mjk0My4wLjAuMA. Acesso em: 28.05.2023.

166. BRASIL. SENADO FEDERAL. Relatório Final da Comissão de Juristas do Marco Legal da Inteligência Artificial, aprovado em 1º de dezembro de 2022. Disponível em: https://legis.senado.leg.br/sdleg-getter/documento?dm=9221643&ts=1670509473310&disposition=inline. Acesso em: 07.01.2023.

167. "Melvin Kranzberg1 afirmou que ´a tecnologia não é boa nem má; bem como não é neutra´, em pouco tempo, levou a um afastamento tanto do determinismo tecnológico quanto da visão instrumentalista da neutralidade dos artefatos tecnológicos. Resta a conclusão de que uma implementação sustentável e justa de novas tecnologias só pode ser realizada por meio de regulações específicas que definam de forma clara e objetiva as metodologias de implantação, as restrições de uso, o nível de risco e relação às finalidades esperadas e, por fim, a responsabilização por meio de sanções justas e cabíveis para as partes envolvidas." (PAPP, Marco Borges; OLIVEIRA, Cristina Godoy Bernardo de. A Inteligência Artificial no Brasil: o relatório de impacto como abordagem regulatória preventiva. Migalhas de Proteção de Dados, 2023. Disponível em: https://www.migalhas.com.br/coluna/migalhas-de-protecao-de-dados/383129/o-relatorio-de-impacto-como-abordagem-regulatoria-preventiva. Acesso em: 24.06.2023).

168. FRAZÃO, Ana. Algoritmos e inteligência artificial: repercussões da sua utilização sobre a responsabilidade civil e punitiva das empresas. JOTA, 2018. Disponível em: https://www.jota.info/opiniao-eanalise/colunas/constituicao-empresa-e-mercado/algoritmos-e-inteligenciaartificial-16052018. Acesso em: 24.06.2023.

na, partindo de dados ou casos precedentes que a capacitam a enfrentar circunstâncias ou interações a partir do aprendizado "no campo", podendo levar a comportamentos emergentes[169] imprevisíveis, admitem-se causas excludentes de responsabilidade na hipótese de o dano ter sido causado diretamente por um sistema de Inteligência Artificial sob a alegação de fato de terceiro, ainda que consabido que o artefato autônomo em si não possui personalidade jurídica, e que por isso não poderia ser imputável?

Magrani[170], ao analisar algoritmos avançados e robôs dotados de IA, aduz que o maior potencial lesivo desses artefatos autônomos é adotarem comportamentos imprevisíveis. Por tal desiderato, no que se refere aos danos indenizáveis causados por condutas praticadas por artefatos autônomos, indaga-se: o proprietário de veículo autônomo com grau de autonomia 4 ou 5 na escala atual de níveis 0 a 5, por exemplo – ou o seu programador – pode se isentar de responsabilidade por danos causados por tal artefato ao argumento de que o sistema autônomo adotou comportamentos imprevisíveis, alegando a ausência de culpa na conduta humana?

A atuação de sistemas autônomos não rompe o liame causal entre a conduta do usuário (ou a dos agentes da cadeia de valor da Inteligência Artificial) e o dano reparável sofrido pela vítima. No hodierno estágio evolutivo da IA, como máquinas semiautônomas que ainda são, a atuação humana em seu *design* e manejo segue nítida e o dever jurídico de indenizar os danos causados por seu desenvolvimento, implementação e uso se sustenta na individualização da conduta lesiva, segundo critérios de imputação objetiva ou subjetiva, além de haver um rol de responsáveis a serem demandados conforme as particularidades de cada tipologia de IA.

Desponta a importância de o operador do direito conhecer as diferentes tipologias de Inteligência Artificial, a fim de compreender suas repercussões e a disciplina jurídica cabível: a) quanto à supervisão do aprendizado de máquina (no padrão de aprendizado supervisionado, o algoritmo de IA é treinado a partir de uma gama selecionada de dados rotulados, razão pela qual a transparência algorítmica permitirá apontar falhas que possam ensejar comportamento emergente lesivo à vítima); b) ao nível de autonomia, desenvolvimento e intensidade da IA (quanto maior a autonomia e complexidade do sistema, maior será o grau de compromisso obrigacional *ex ante* dos agentes de IA, razão pela qual descumpridos deveres de di-

169. CALO, Ryan. Robotics and the lessons of cyberlaw. *California Law Review*, Berkeley, v. 103, n. 3, p. 513-563, jun./2015.

170. MAGRANI, Eduardo. *Entre dados e robôs*: ética e privacidade na era da hiperconectividade. 2.ed. Porto Alegre: Arquipélago Editorial, 2019. *E-book*.

ligência, serão responsabilizados pelos danos); c) a suas funcionalidades (quando se tratar de modelo de IA generativa, por exemplo, usada para propósitos diversos daqueles para o qual foi criada, tal circunstância servirá ao intérprete como fator a sopesar na liquidação dos danos); d) aos níveis de treinamento especializado necessário para operar o sistema de IA (caso consista em modelo que requeira capacitação, qualificação ou atualização periódica, a inobservância pela vítima poderá acarretar excludente do nexo causal por parte do restante da cadeira de IA ou, ainda, concorrência de causas); e) ao método de coleta de dados, se por humano ou máquina (uma classificação insubsistente frente à previsão do art. 27, *caput*, do PL nº 2.338/2023[171], eis que, ainda que a coleta de dados seja por máquina, não se exime de responsabilidade o agente humano da cadeia de valor da IA); f) à estrutura e ao formato dos dados e *inputs* e à titularidade desses dados (no que tange à natureza e à titularidade dos dados, aplicável será a LGPD quando se tratar de pessoa natural, sejam os dados comuns ou sensíveis; g) ao grau de maturidade ou de prontidão tecnológica do modelo de IA (nesse ponto, questiona-se se são os comportamentos emergentes adotados por modelos de IA imprevisíveis e capazes, ou não, de transmutá-los em produto de periculosidade inerente[172], sob a égide do art. 8º do CDC).

Devem ser correlacionadas as controvérsias sobre resultados de dados imprevisíveis e a problemática atinente aos danos imprevisíveis. Mais opacas ainda são as situações em que os danos tiverem sido causados por uma pluralidade de intervenientes robôs – um conjunto de diferentes tipologias de IA reunidas em um único produto – e for complexo em demasia identificar o interveniente humano responsável pela lesão. A questão da imprevisibilidade dos comportamentos adotados por sistemas de IA pode afigurar pro-

171. BRASIL. SENADO FEDERAL. Projeto de Lei nº 2.338, de 2023. Atividade Legislativa, 2023. Disponível em: https://www25.senado.leg.br/web/atividade/materias/-/materia/157233?_gl=1*1qw7sar*_ga*ODQ3Nzg0NDY2LjE2MjQ2Mzc4Mzg.*_ga_CW3ZH25XMK*MTY4NDE2Mjk0My4yLjAuMTY4NDE2MjkOMy4wLjAuMA. Acesso em: 28.05.2023.

172. "Em matéria de proteção da saúde e segurança dos consumidores vige a noção geral da expectativa legítima. Isto é, a ideia de que os produtos e serviços colocados no mercado devem atender as expectativas de segurança que deles legitimamente se espera. As expectativas são legítimas quando, confrontadas com o estágio técnico e as condições econômicas da época, mostram-se plausíveis, justificadas e reais. É basicamente o desvio deste parâmetro que transforma a periculosidade inerente de um produto ou serviço em periculosidade adquirida. A periculosidade integra a zona da expectativa legítima (periculosidade inerente) com o preenchimento de dois requisitos, um objetivo e outro subjetivo. Em primeiro lugar, exige-se que a existência da periculosidade esteja em acordo com o tipo específico de produto ou serviço (critério objetivo). Em segundo lugar, o consumidor deve estar total e perfeitamente apto a prevê-la, ou seja, o risco não o surpreende (critério subjetivo). Presentes esses dois requisitos, a periculosidade, embora dotada de capacidade para provocar acidentes de consumo, qualifica-se como inerente e, por isso mesmo, recebe tratamento benevolente do direito. Vale dizer: inexiste vício de qualidade por insegurança". (BENJAMIN, Antônio Herman V.; MARQUES, Claudia Lima; BESSA, Leonardo Roscoe. *Manual de Direito do Consumidor*. 7.ed. São Paulo: Revista dos Tribunais, 2016, p. 171).

blema meramente aparente. Independentemente da previsibilidade dos atos autônomos praticados por robôs, a reparação integral dos danos deve ser solucionada na esfera do nexo de causalidade e da imputabilidade, a partir da alocação e gradação de riscos devidamente regulada pelo ordenamento jurídico, ou eventualmente, no caso de gestão positiva dos riscos[173] em contrato, pela iniciativa privada.

Em relações jurídicas paritárias, como quando grandes corporações negociam sobre a contratação, para P&D, implantação e/ou efetivo uso de um sistema de Inteligência Artificial, caberá à legislação empresarial, como a de concorrência desleal, além da norma material geral do Código Civil, suprirem a necessidade regulatória. Por outro turno, quando comprovado o desequilíbrio de poder entre as partes inseridas na economia de dados, o quadro de assimetria informacional comprometerá a paridade devida à aplicação do art. 421-A do CC, e nesse caso, poderá ser perquirida a validade da cláusula de gestão positiva de riscos firmada, sob pena de afronta ao princípio da autodeterminação informativa, aspecto já tratado no capítulo anterior.

Por sua vez, quando configurada a relação de consumo, incidirá o Código de Defesa do Consumidor, em especial o art. 54, que repudia cláusulas excludentes de responsabilidade civil frente à vulnerabilidade *ex lege* do consumidor. Extrai-se da interpretação dos artigos 6º, VI, 25, 51, I, do CDC, que a cláusula excludente ou limitativa será considerada inválida se o consumidor for pessoa física; todavia, se for uma pessoa jurídica consumidora, será lícita a cláusula limitativa do dever de indenizar quando justificável e nula a cláusula excludente[174].

3.3.2 *Riscos altos e excessivos: o princípio da proteção prioritária da vítima do dano e o regime objetivo de responsabilidade civil*

Ato contínuo, não sendo possível que se exclua consensualmente a responsabilidade civil por não se tratar de relação jurídica paritária travada entre o agente humano causador do dano e a vítima, ou, ainda que possível, tenham as partes optado pela gestão negativa de riscos, o foco deve

173. Sobre o tema, veja: BANDEIRA, Paula Greco. O contrato como instrumento de gestão de riscos e o princípio do equilíbrio contratual. *Revista dos Tribunais – Revista de Direito Privado*, vol. 65, p. 195-208, jan.-mar./2016.

174. MONTEIRO FILHO, Carlos Edison do Rêgo; CASTRO, Diana Loureiro Paiva de. Proteção de dados pessoais e cláusulas de não indenizar em relações de consumo: tutela da vulnerabilidade do consumidor e teoria dos efeitos da lesão. In: MONTEIRO FILHO, Carlos Edison do Rêgo; MARTINS, Guilherme Magalhães; ROSENVALD, Nelson; DENSA, Roberta. *Responsabilidade civil nas relações de consumo*. Indaiatuba, SP: Editora Foco, 2022, p. 357-370.

se voltar aos §§1º e 2º do art. 27 do PL nº 2.338/2023[175], que distinguem o fundamento do regime de responsabilidade civil, objetivo pela teoria do risco ou subjetivo por culpa presumida, a depender da gradação de riscos da tecnologia de Inteligência Artificial.

> A mais profunda controvérsia e a mais viva polêmica vigem em torno da determinação do fundamento da responsabilidade civil (...) por que é responsável o causador do dano? (...) de um lado, a doutrina subjetiva ou teoria da culpa, e, de outro lado, a doutrina objetiva, que faz abstração da culpa (responsabilidade sem culpa) e se concentra mais precisamente na teoria do risco (...) A doutrina da culpa assume todas as veras de uma fundamentação ostensiva e franca com o Código de Napoleão (...) O mesmo aconteceu no direito brasileiro, assentado na disposição do art. 159 do Código Civil de 1916, e, mais recentemente, no art. 186 do Código Civil de 2002 (...) Resume, então, a doutrina do risco, desvestida das restrições de ordem técnica, nesta fórmula: ´Todo prejuízo deve ser atribuído ao seu autor e reparado por quem o causou´ (...) todo problema de responsabilidade civil resolve-se num problema de causalidade (...) como Carbonnier, a responsabilidade objetiva "não importa em nenhum julgamento de valor sobre os atos do responsável. Basta que o dano se relacione materialmente com estes atos, porque aquele que exerce uma atividade deve-lhe assumir os riscos". O surgimento da teoria do risco, em todos os estágios, procura inspirar-se em razões de ordem prática e de ordem social[176].

Frente à assustadora possibilidade de "irresponsabilidade organizada" ante a alegações frívolas de comportamento emergente e imprevisível da máquina pelos agentes da IA, a CJSUBIA[177] fez um movimento, em sentido contrário, focado na imputação de *accountability* sobre aquele(s) com o controle sobre os riscos e a quem são imputados os prejuízos[178]. Nesse diapasão, em casos mais graves, como quando os riscos do sistema de IA forem altos ou em excesso, a responsabilização civil da sua cadeia de

---

175. BRASIL. SENADO FEDERAL. Projeto de Lei nº 2.338, de 2023. Atividade Legislativa, 2023. Disponível em: https://www25.senado.leg.br/web/atividade/materias/-/materia/157233?_gl=1*1qw7sar*_ga*ODQ3Nzg0NDY2LjE2MjQ2Mzc4Mzg.*_ga_CW3ZH25XMK*MTY4NDE2Mjk0My4yLjAuMTY4NDE2Mjk0My4wLjAuMA. Acesso em: 28.05.2023.

176. PEREIRA, Caio Mário da Silva. *Responsabilidade Civil*. 13.ed. Rio de Janeiro: Forense, 2022, p. 42-45. *E-book*.

177. BRASIL. SENADO FEDERAL. Relatório Final da Comissão de Juristas do Marco Legal da Inteligência Artificial, aprovado em 1º de dezembro de 2022. Disponível em: https://legis.senado.leg.br/sdleg-getter/documento?dm=9221643&ts=1670509473310&disposition=inline. Acesso em: 07.01.2023.

178. MONTEIRO FILHO, Carlos Edison do Rêgo; ROSENVALD, Nelson. Riscos e responsabilidades na inteligência artificial e noutras tecnologias digitais emergentes. In: TEPEDINO, Gustavo; SILVA, Rodrigo da Guia. *O direito civil na era da inteligência artificial*. 1.ed. São Paulo: Thomson Reuters Brasil, 2020, p. 543-564.

fornecedores e operadores será de ordem objetiva, sem a necessidade de análise da culpa, o que, por vezes, é prova diabólica à vítima.

> [É] preciso delimitar o rol de responsáveis que poderão ser demandados com base nas peculiaridades dos distintos tipos de robôs: os programadores de *software* da IA; o fabricante ou produtor pelo defeito do produto ou pela informação deficiente sobre os seus riscos; o sujeito que o maneja ou o supervisiona; a pessoa natural ou jurídica proprietária; ou, no alvorecer da era da singularidade tecnológica, poder-se-ia questionar sobre a responsabilidade do próprio robô, agora autônomo. Alguns cenários ilustram essa variedade de possibilidades: a) quem opera tecnologia permitida, mas que acarrete agravamento de risco de violação da esfera de outras pessoas – v.g., robôs movidos por IA em espaços públicos – sujeitar-se-á à responsabilidade objetiva por danos resultantes de sua operação; b) nas situações em que um fornecedor de serviços garanta a estrutura técnica necessária e tenha um grau de controle mais alto do que o real proprietário ou usuário de um produto/serviço equipado com IA, (...) em consideração na determinação de quem primariamente opera a tecnologia e, consequentemente, na responsabilização; c) quem utiliza tecnologia que possui um certo grau de autonomia não deve ser menos responsável pelos danos daí resultantes, em comparação com a tradicional casuística de danos causados por auxiliares humanos; d) fabricantes de produtos ou conteúdo digital que incorporam tecnologias digitais emergentes devem ser responsáveis por danos causados por defeitos em seus produtos, mesmo que o defeito tenha sido causado pela alterações feitas no produto sob o controle do fornecedor após ter sido colocado no mercado; e) nas situações que exponham terceiros a um risco aumentado de dano, o seguro obrigatório de responsabilidade civil oferece às vítimas um efetivo acesso à compensação e, simultaneamente, protege possíveis infratores contra o risco de responsabilidade; f) vítimas devem contar com normas de facilitação de prova, sendo apropriado que as tecnologias digitais emergentes possuam recursos de registro do fabricante, titular, características técnicas e as atividades que o robô realiza, consistindo a falha no acesso razoável aos dados registrados um dado objetivo que aponte para a inversão do ônus da prova; g) a destruição dos dados da vítima resultará em um dano compensável sob condições específicas; h) (...) em futuro próximo, será necessário atribuir personalidade jurídica a dispositivos ou sistemas autônomos, ou os danos que eles eventualmente causem podem e devem ser atribuídos a pessoas ou organismos existentes?

O artigo 14 do PL nº 2.338/2023[179] veda a implementação e o uso de tecnologias de IA que apresentem risco excessivo, listando-as como as que

179. BRASIL. SENADO FEDERAL. Projeto de Lei nº 2.338, de 2023. Atividade Legislativa, 2023. Disponível em: https://www25.senado.leg.br/web/atividade/materias/-/materia/157233?_gl=1*1qw7sar*_

empreguem técnicas subliminares cujo objetivo ou efeito seja "induzir a pessoa natural a se comportar de forma prejudicial ou perigosa à sua saúde ou segurança ou contra os fundamentos" do artigo 2º do PL, bem como as que explorem as "vulnerabilidades de grupos específicos de pessoas naturais, tais como as associadas a sua idade ou deficiência física ou mental, de modo a induzi-las a se comportar de forma prejudicial a sua saúde ou segurança ou contra os fundamentos" do PL, além daquelas empregadas pelo Poder Público[180], para avaliar, classificar ou ranquear pessoas naturais, com base em comportamento social ou atributos da personalidade, via "pontuação universal, para o acesso a bens, serviços e políticas públicas, de forma ilegítima ou desproporcional".

Porque, nesses casos, a implementação e o uso de aplicações de Inteligência Artificial são terminantemente proibidos pelo projeto legislativo, replicando a postura adotada pelo Parlamento Europeu no *AI Act*[181]? As tecnologias arroladas no art. 14 incorporam técnicas de influência comportamental de usuários de IA induzindo-os a se portarem de modo prejudicial ou com riscos à sua saúde ou segurança ou contra os fundamentos de privacidade, proteção de dados pessoais, acesso à informação, autodeterminação informativa, igualdade, democracia, entre outros valores, sendo tal circunstância mais gravosa quando a parte afetada pelo sistema integrar grupo vulnerável – como crianças, adolescentes, idosos e pessoas com deficiência – ou quando o Estado utilizar pontuação social para controlar o acesso a bens e direitos[182].

---

ga*ODQ3Nzg0NDY2LjE2MjQ2Mzc4Mzg.*_ga_CW3ZH25XMK*MTY4NDE2Mjk0My4yLjAuMTY4NDE2Mjk0My4wLjAuMA. Acesso em: 28.05.2023.

180. Veja o que dispõem os arts. 15 e 16 do PL nº 2.338/2023. (BRASIL. SENADO FEDERAL. Projeto de Lei nº 2.338, de 2023. Atividade Legislativa, 2023. Disponível em: https://www25.senado.leg.br/web/atividade/materias/-/materia/157233?_gl=1*1qw7sar*_ga*ODQ3Nzg0NDY2LjE2MjQ2Mzc4Mzg.*_ga_CW3ZH25XMK*MTY4NDE2Mjk0My4yLjAuMTY4NDE2Mjk0My4wLjAuMA. Acesso em: 28.05.2023).

181. PARLAMENTO EUROPEU. *The Artificial Intelligence Act*. Regulamento do Parlamento Europeu e do Conselho que estabelece regras harmonizadas em matéria de Inteligência Artificial e altera determinados atos legislativos da União Europeia. Bruxelas, 2021. Disponível em: https://artificialintelligenceact.eu/the-act/. Acesso em: 14.06.2023.

182. "Uma expressão consagrada em nosso direito civil constitucional é a ´personalização do direito privado´ (...) uma ideia persuasiva que pode ser compreendida de várias formas (...) [como] a da funcionalização das situações patrimoniais às existenciais, vale dizer, a repressão às iniciativas econômicas que desconsiderem a pessoa como fundamento e fonte da ordem jurídica. (...) Entretanto, o cenário tecnológico disruptivo rapidamente erode os dois referidos muros de contenção que sustentam as colunas antropocêntricas daquilo que se convencionou chamar de ´personalização do direito privado´. Principiando pela afirmação dos direitos da personalidade em nível constitucional e legislativo, passando por um segundo momento de sua adaptação a economia de mercado – no qual a precificação de emanações comportamentais ainda encontra limites bem definidos – alcançamos um terceiro estágio (...) [a] ´despersonalização da personalidade´, materializável em três movimentos

Inseridas numa "economia das emoções", as mentes inconscientes são ferramentas de modulação da autonomia privada e de predição comportamental. Não basta ter formalmente vontade, é preciso que haja autoconsciência ("regulação do eu") e imperativo categórico. Por sua vez, não são proibidos pelo projeto legislativo os sistemas de IA de alto risco – embora se submetam ao regime objetivo de responsabilidade civil e à atualização da listagem legal pela autoridade competente com base nos critérios do art. 18 do aludido projeto de lei.

Além disso, estão arrolados no art. 17 do PL nº 2.338/2023 tais sistemas de IA de alto risco, em conformidade com suas finalidades de implementação e uso, como recrutamento, triagem, filtragem, avaliação e tomada de decisões sobre relações trabalhistas; avaliação de critérios de acesso, elegibilidade, concessão, revisão, redução e revogação de serviço privado e público de natureza essencial; classificações de crédito e de endividamento; estabelecimento de prioridade para serviços emergenciais de bombeiros e assistência médica; administração da justiça; aplicações na área da saúde; sistemas biométricos de identificação; investigação criminal e segurança pública; educação e formação profissional; etc.

O PL nº 2.338/2023 apresenta, portanto, uma lista de finalidades de uso categorizadas como de alto risco, delegando o processo contínuo de atualização dessa listagem, por meio de critérios legais específicos e direcionadores, à autoridade competente. O legislador buscou percorrer variados caminhos diante do desafio de entender as repercussões jurídicas que a transferência de decisões para os algoritmos apresentam no âmbito da responsabilidade civil.

Entendeu o PL, assim, que quanto maior a gravidade dos riscos aos direitos humanos inerentes a um sistema de Inteligência Artificial – classificando-o como de alto risco ou risco excessivo –, mais protetivo ao lesado será o regime de responsabilidade civil, motivo pelo qual optou por retirar da vítima o penoso fardo de provar a culpa do agente de IA. Incide, por conseguinte, a responsabilidade civil independente de culpa, de cunho objetivo[183].

que subvertem as premissas humanistas do direito civil constitucional: a expropriação da personalidade; a ameaça à autonomia humana através de um ataque à consciência e a conversão do ser humano em um projeto de personalização. (...) Nesta inédita forma de mercado a pessoa se atomiza no individuo, mero conjunto de algoritmos passíveis de comercialização." (ROSENVALD, Nelson. *A LGPD e a despersonalização da personalidade*. Migalhas de Proteção de Dados, 2021. Disponível em: https://www.migalhas.com.br/coluna/migalhas-de-protecao-de-dados/350374/a-lgpd-e-a-despersonalizacao-da-personalidade. Acesso em: 24.06.2023).

183. "A ascensão da responsabilidade objetiva, posto tenha conduzido à retração da responsabilidade subjetiva, não a eliminou ou a substituiu. Culpa e risco encerram, contemporaneamente, dois paradigmas

No sistema jurídico brasileiro, a responsabilidade civil percorreu trajetória notável em direção ao princípio da proteção prioritária da vítima[184], ao se verificar a expansão dos danos passíveis de indenização e a identificação de novos interesses jurídicos a serem tutelados. A somar, viu-se a mitigação do liame de causalidade com a segmentação do fortuito em interno e externo e a busca por facilitar a imputação da responsabilidade civil ao agente lesante por meio da superação da ideia de culpa subjetiva[185] em prol da culpa normativa[186], assim como a ampliação das circunstâncias submetidas à responsabilidade civil objetiva.

sobre os quais se erguem, de um lado, a responsabilidade subjetiva, tendo por fonte o ato ilícito, e, de outro, a responsabilidade objetiva, mediante opção legislativa de alocação de riscos a certos agentes econômicos ou a certas atividades. (...) [Por] muito tempo, reservou-se a responsabilidade objetiva para as relações em que o desequilíbrio entre as partes era flagrante (como nas relações de consumo) ou em que a atividade exercida por uma das partes tinha elevado potencial lesivo (como a exploração de energia nuclear e o transporte aéreo). O Código Civil rompeu com essa lógica e, inspirado nos princípios constitucionais da solidariedade social e da justiça distributiva, instituiu, no parágrafo único do art. 927, a cláusula geral de responsabilidade objetiva para atividades de risco." (TEPEDINO, Gustavo; TERRA, Aline de Miranda Valverde; GUEDES, Gisela Sampaio da Cruz. *Fundamentos do Direito Civil*: responsabilidade civil. v.4. 2.ed. Rio de Janeiro: Forense, 2021, p. 131. *E-book*).

184. TERRA, Aline de Miranda Valverde. *Enriquecimento sem causa por lucro da intervenção e responsabilidade civil: funções distintas, mas complementares*. AGIRE – Direito Privado em Ação, 2022. Disponível em: https://agiredireitoprivado.substack.com/p/enriquecimento-sem-causa-por-lucro. Acesso em: 24.06.2023.

185. "Em concepção clássica, culpa é violação de dever preexistente, para cuja configuração se exige o elemento subjetivo, identificado na manifestação volitiva livre e consciente do agente, bem como na previsibilidade do resultado. Caracteriza-se (...) pela voluntariedade da conduta, entendida como a consciência do comportamento. Pouco importa a intenção do agente quanto à produção do resultado danoso: haja ou não o propósito de causar prejuízo, há culpa *lato sensu* se presentes, na violação do dever preexistente, a vontade de agir e a previsibilidade do resultado. A culpa [subjetiva] encerra (...) nexo psíquico entre o autor e o resultado (...) [um dos] importantes elementos deflagradores da responsabilidade civil: à imputação do dever de ressarcir não basta a simples ocorrência do dano; requer-se da vítima a prova da violação de dever preexistente perpetrada por conduta voluntária." (TEPEDINO, Gustavo; TERRA, Aline de Miranda Valverde; GUEDES, Gisela Sampaio da Cruz. *Fundamentos do Direito Civil*: responsabilidade civil. v. 4. 2.ed. Rio de Janeiro: Forense, 2021, p. 122. *E-book*).

186. "[C]ríticas à noção clássica conduziram à elaboração de conceito objetivado de culpa (...) [que] desconsidera a análise do perfil subjetivo do agente que se pretende responsabilizar, mas leva em conta o comportamento exigível diante das especiais circunstâncias do caso concreto (...) a aferição da culpa é realizada por meio da comparação entre o arquétipo de conduta esperado diante da específica situação delineada, e o comportamento efetivamente adotado pelo agente (...) basta à vítima demonstrar a inadequação da conduta do ofensor ao padrão de comportamento relativo à atividade desempenhada *in concreto*, isto é, ao *standard* de conduta esperado para casos semelhantes (...) comparar, em juízo valorativo, a conduta adotada no caso concreto com o modelo abstrato de comportamento em iguais circunstâncias, a fim de verificar a coincidência ou discrepância entre elas, prescindindo-se de quaisquer investigações acerca do estado anímico do agente (...) a culpa se afasta, finalmente, da aferição, por vezes moralista, das expectativas idealizadas de comportamento a partir de hipóteses fáticas abstratas. (TEPEDINO, Gustavo; TERRA, Aline de Miranda Valverde; GUEDES, Gisela Sampaio da Cruz. *Fundamentos do Direito Civil*: responsabilidade civil. v. 4. 2.ed. Rio de Janeiro: Forense, 2021, p. 125. *E-book*).

Os eventos lesivos a que deram causa modelos de Inteligência Artificial de excessivo risco – vedadas pelo art. 14 do PL nº 2.338/2023[187], por isso nem poderiam ter sido inseridas na economia de dados – fazem rememorar a teoria do risco excepcional, que versa sobre o risco advindo de atividades que, por natureza, apresentem risco exacerbado, como reconhece a norma pátria, nos termos da Lei nº 6.453/1977, acerca da exploração de energia nuclear.

Desta feita, traz-se a lume as principais teorias do risco adotadas pelas variadas fontes do direito brasileiro[188], de modo a melhor compreender quando cada tese deverá ser aplicada a depender da tipologia de Inteligência Artificial e da gradação de riscos que ela apresenta.

3.3.3 Risco como fundamento da responsabilidade objetiva: qual é a teoria do risco adotada quando o dano envolver aplicação de IA de alto ou excessivo risco?

Não obstante se reconheça a existência de diferentes fundamentos à responsabilização civil objetiva, o foco do presente trabalho será no regime objetivo fundado no risco, cuja definição elástica, sujeita à ação legislativa, jurisdicional e doutrinária, passa-se a examinar.

A expressão "risco" exsurge no vocábulo jurídico de forma polivalente, cujas variadas acepções não elidem a sua compreensão, em termos gerais, como a colocação em perigo do sujeito ou do objeto da relação jurídica. É estudada em âmbito obrigacional a teoria do risco ao versar o Código Civil sobre os riscos do inadimplemento e seus consectários legais, ou sobre os riscos do objeto de uma obrigação perecer ou deteriorar-se, ou sobre a

187. BRASIL. SENADO FEDERAL. Projeto de Lei nº 2.338, de 2023. Atividade Legislativa, 2023. Disponível em: https://www25.senado.leg.br/web/atividade/materias/-/materia/157233?_gl=1*1qw7sar*_ga*ODQ3Nzg0NDY2LjE2MjQ2Mzc4Mzg.*_ga_CW3ZH25XMK*MTY4NDE2Mjk0My4yLjAuMTY4NDE2Mjk0My4wLjAuMA. Acesso em: 28.05.2023.

188. "[...] com a cláusula geral de responsabilidade objetiva por atividades de risco contida no parágrafo único do artigo 927, o legislador de 2002 espancou definitivamente a ideia de prevalência da culpa no sistema brasileiro. Ao exigir a participação da discricionariedade jurisdicional na ampla tarefa de definir as atividades sujeitas a sua incidência, (...) retirou (...) a condição excepcional e o caráter *ex lege* atribuídos à responsabilidade objetiva (...) a cláusula geral de responsabilidade objetiva dirige-se simplesmente às atividades perigosas, (...) que apresentam grau de risco elevado seja porque se centram sobre bens intrinsicamente danosos (como material radioativo, explosivos, armas de fogo etc.), seja porque empregam métodos de alto potencial lesivo (como o controle de recursos hídricos, manipulação de energia nuclear etc.) (...) a definição, embora elástica, de um rol de atividades compreendidas no (...) parágrafo único do art. 927 é tarefa a depender (...) de atuação jurisprudencial e da investigação doutrinária." (SCHREIBER, Anderson. *Novos paradigmas da responsabilidade civil*: da erosão dos filtros da reparação à diluição dos danos. 6.ed. São Paulo: Atlas, 2015, p. 23-26).

eventualidade de caso fortuito ou força maior que atribua ao devedor os riscos que incidem sobre a coisa até a tradição. Em outro turno, o risco também pode ser um elemento essencial, seja na distinção entre contrato aleatório e comutativo, definido como o pacto no qual a prestação inicial não é conhecida precisamente, depende de estimativa e não há equivalência com a contraprestação.

No entanto, "no que tange à responsabilidade civil, risco tem sentido especial, e sobre ele a doutrina civilista, desde o século passado vem-se projetando, com o objetivo de erigi-lo em fundamento do dever de reparar"[189]. Isso porque o intérprete do direito, ao se dedicar aos estudos da responsabilidade civil, deve estar atento a duas fontes: (i) a legislativa, pois que o dever ressarcitório se funda na norma definida no direito positivo; e (ii) a jurisprudencial, pois que nela encontrar-se-ão os elementos que concorrem a atualizar a hermenêutica das normas aplicáveis e adminículos seguros e úteis a acompanhar o desenvolvimento dos princípios[190].

Nesses casos, verificada a relação jurídica consumerista, enquanto ainda não viger um Marco Legal da Inteligência Artificial, pelo princípio da especialidade, aplicar-se-á a regra do CDC. Todavia, caso não se configure a relação vulnerabilizante de consumo[191], tratando-se, por exemplo, de um contrato paritário entre duas empresas – uma fornecedora do modelo de IA e a outra que fará uso do sistema computacional em prol de sua atividade econômica – far-se-á incidir o parágrafo único do art. 927 do CC quando a hipótese concreta se enquadrar na *mens legis* de "atividade normalmente desenvolvida pelo autor do dano implicar, por sua natureza, risco para os direitos de outrem". Em geral, "quem exerce determinadas atividades deve ser responsável também por seus riscos, independentemente de quaisquer considerações em torno do seu comportamento pessoal"[192]. Mas o que se entende por atividade de risco?

Torna-se válida, aqui, breve explanação sobre as teorias do risco[193]: a) do risco criado, dispondo que, independente de lucro, o desenvolvedor

---

189. PEREIRA, Caio Mário da Silva. *Responsabilidade Civil*. 13.ed. Rio de Janeiro: Forense, 2022, p. 395. *E-book*.
190. Ibidem.
191. No agir algorítmico, ao expor o consumidor a perigo ou reproduzir comportamento preconceituoso, a cadeia de fornecedores do sistema de IA será responsabilizada, civilmente, pelos danos comprovadamente causados, uma vez que o CDC visa "eliminar ou, ao menos, reduzir essas distorções e mal-entendidos discriminatórios inclusos na linguagem natural para que a IA atue de forma equânime e garanta a igualdade material aos consumidores". (DIVINO, Stéphano Bruno Santos. Desafios e benefícios da inteligência artificial para o direito do consumidor. *Revista Brasileira de Políticas Públicas*, v. 11, n. 1, 2021, p. 660).
192. TEPEDINO, Gustavo; BARBOZA, Heloísa Helena; MORAES, Maria Celina Bodin de. *Código Civil interpretado conforme a Constituição da República*. v.2. 2.ed. Rio de Janeiro: Renovar, 2012, p. 808.
193. Sob o ideal da Justiça Distributiva, o desenvolvimento da doutrina do risco criado ensejou a formação de subespécies que, por muitas vezes na doutrina – e aqui se adotará essa postura –, são intituladas

da atividade que exponha terceiro a riscos responderá pelos danos dela decorrentes; b) do risco da atividade[194], segundo a qual incorre na obrigação de indenizar, independente de culpa, aquele que produzir danos no curso de atividades determinadas; c) do risco do desenvolvimento, que responsabiliza civilmente o empreendedor pelos riscos cognoscíveis pelo atual estado da ciência, e que, na seara da IA, não seja, de fato, capaz de prever quais avanços poderiam evitar os danos atuais; d) do risco-proveito, que determina o ônus de arcar com os riscos a quem aufere benefícios econômicos da atividade; e) do risco integral, que afunila as causas excludentes do nexo causal, mantendo o dever de indenizar, inclusive nas hipóteses de fortuito externo ou força maior, atrelando-se tal teoria tradicionalmente a atividades nucleares e danos ambientais; f) do risco excepcional, que defende que somente riscos anormais serão aptos a atrair o regime objetivo (lembre-se o quão dificultoso é o exame de anormalidade em projetos inéditos de P&D no campo da IA)[195].

Considerado o idealizador da cláusula geral de responsabilidade civil objetiva, Caio Mário aduz que quem põe em funcionamento uma atividade econômica responde por eventos lesivos que tal atividade gerar a terceiros, internalizando, assim, os custos do risco criado e preservando a posição da vítima, em atenção ao princípio da solidariedade social. Em suas palavras, a tese do risco criado foi "adotada pelo parágrafo único do art. 927 do Código Civil, atribuindo-se àquele que cria risco elevado de dano com sua atividade o ônus de arcar com os prejuízos por ela causados, independentemente de ter incorrido ou não em culpa"[196].

No mesmo sentido é o posicionamento sustentado por Caitlin Mulholland e Bianca Kremer, em artigo científico sobre a responsabilidade civil por danos causados pela violação do princípio da igualdade no tratamento de dados pessoais, ao refletirem sobre a melhor solução jurídica a atender aos interesses não somente do lesado, mas de toda a coletividade,

como se fossem teorias autônomas, tais como o risco integral, o risco profissional, o risco proveito e o risco do desenvolvimento. (PEREIRA, Caio Mário da Silva. *Responsabilidade Civil*. 13.ed. Rio de Janeiro: Forense, 2022, p. 371. *E-book*).

194. Traz-se à baila a redação do entendimento aprovado, desde 2003, pelo CJF em sua I Jornada de Direito Civil: "Enunciado nº 38. A responsabilidade fundada no risco da atividade, como prevista na segunda parte do parágrafo único do art. 927 do novo Código Civil, configura-se quando a atividade normalmente desenvolvida pelo autor do dano causar a pessoa determinada um ônus maior do que aos demais membros da coletividade."

195. QUEIROZ, João Quinelato. Responsabilidade civil no uso da inteligência artificial: imputação, culpa e risco. In: TEPEDINO, Gustavo; SILVA, Rodrigo da Guia. *O direito civil na era da inteligência artificial*. 1.ed. São Paulo: Thomson Reuters Brasil, 2020, p. 594-597.

196. PEREIRA, Caio Mário da Silva. *Responsabilidade Civil*. 13.ed. Rio de Janeiro: Forense, 2022, p. 400. *E-book*.

e defenderem "a adoção da responsabilidade civil da pessoa – física ou jurídica – que utiliza, beneficia-se ou aufere lucros através da exploração da IA, objetivamente, por risco criado"[197].

Por sua vez, em uma economia movida a dados, no que tange aos danos causados por aplicações de IA, resta imperiosa a alusão à teoria do risco proveito[198], que impõe um ônus pelo proveito econômico derivado da atividade desenvolvida com propósito lucrativo. Alvino Lima, seu defensor no Brasil, aduz que "a teoria do risco não se justifica desde que não haja proveito para o agente causador do dano, porquanto, se o proveito é a razão de ser justificativa de arcar o agente com os riscos, na sua ausência deixa de ter fundamento a teoria"[199].

Concentra-se a responsabilização civil na imputação de quem era capaz de minimizar riscos e lidar com impactos negativos, porém não o faz. A tese do *deep pocket* (em tradução literal, "bolso profundo"), cunhada no direito estadunidense, prescreve que toda a cadeia de fornecedores envolvida na atividade que gere riscos sociais e, concomitantemente, lucros, deve compensar os danos causados pelos proveitos obtidos. Seja o criador da IA, o fabricante do produto que a emprega, a empresa ou o profissional que – embora não esteja na cadeia de produção da IA, mas sim na sua cadeia de valor, um conceito mais amplo –, utiliza-a em sua atividade. É como a drogaria que usa drones para *delivery* de medicamentos, isto é, todos os que aproveitam os bônus da tecnologia também devem ser garantidores dos riscos inerentes.

Segundo os autores Čerka, Grigienė e Sirbikytė[200], a responsabilidade civil sem culpa se baseia no risco, no fato de que é responsável aquele que

---

197. "Nesse sentido, uma interpretação possível do artigo 927, parágrafo único, do Código Civil, é de quando o legislador se refere à atividade que, pela sua natureza, implica risco aos direitos de outrem, poder-se-ia interpretar extensivamente o conceito de atividade para qualificar os sistemas de IA como bens perigosos – por gerarem, potencialmente, danos qualitativamente graves e quantitativamente numerosos –, o que justificaria a responsabilidade por risco." (MULHOLLAND, Caitlin; KREMER, Bianca. Responsabilidade civil por danos causados pela violação do princípio da igualdade no tratamento de dados pessoais. In: TEPEDINO, Gustavo; SILVA, Rodrigo da Guia. *O direito civil na era da inteligência artificial*. 1.ed. São Paulo: Thomson Reuters Brasil, 2020, p. 565-584, p. 579).

198. "[A] teoria do risco de Saleilles tem como foco a responsabilidade dos patrões e empresários, procurando romper com a causalidade em prol de uma relação subjetiva de imputação, sob o fundamento de que a assunção voluntária dos negócios e dos seus proveitos tem como consequência necessária a responsabilidade pelos riscos correspondentes. É por essa razão que a sua opinião passou a ser conhecida como 'teoria do risco proveito' (*risque profit*)." (FRAZÃO, Ana. Risco da empresa e caso fortuito externo. *Civilistica.com*, a.5, n.1, 2016).

199. LIMA, Alvino. *Culpa e risco*. 2.ed. São Paulo: Revista dos Tribunais, 1999, p. 198.

200. ČERKA, Paulius; GRIGIENĖ, Jurgita; SIRBIKYTĖ, Gintarė. Liability for damages caused by Artificial Intelligence. *Computer Law & Security Review*, Ensevier, v 31, n. 3, jun./2015, p. 386.

realizada atividade que não pode controlar totalmente, ainda que cumpridos os regulamentos de segurança, quando persistir o perigo de dano, de modo que seria útil empregar a teoria do *deep pocket*. Assim, uma pessoa, física ou jurídica, envolvida em atividades perigosas, embora proveitosas e úteis à sociedade, deve compensar os danos causados à coletividade com o lucro auferido. Seja o produtor ou o programador, caracterizado o "bolso profundo", deve prestar garantia de atividades perigosas que executa, exigindo-se a instituição de fundo compensatório ou seguro obrigatório[201]. Outra solução intermediária razoável é a do patrimônio de afetação[202], porém descabe adentrar essas temáticas por transbordarem o escopo do presente trabalho.

> [A]s pessoas que estão envolvidas, de alguma forma, em atividades consideradas perigosas e que, ao mesmo tempo, produzem algum tipo de proveito, devem compensar o dano causado, sendo atribuída a obrigação de indenizar àquele que tem a melhor capacidade de financeira de garantir e gerir os riscos e perigos da atividade, adotando preferencialmente a solução do seguro contra danos. De outro lado, Vladeck propõe uma solução intermediária (...) a única abordagem possível para se atribuir a obrigação de indenizar danos causados por IA autônoma seria a do fato do produto, por meio da presunção de existência de defeito na IA, comprovada pela própria ocorrência do dano (...) tanto a IA era defeituosa que o dano ocorreu (...) o fornecedor de IA – no caso, o agente que explora a tecnologia – seria obrigado a reparar o dano, pois estaria

201. A Resolução do Parlamento Europeu (2015/2103 INL), de 16 de fevereiro de 2017, propõe, como medidas para dotar o sistema jurídico de novos instrumentos para lidar com os danos causados por IA a criação de um regime de seguros obrigatórios para categorias específicas de robôs e a garantia de que fundos compensatórios não servirão apenas à compensação no caso de os danos causados por um robô munido de IA não serem cobertos pelo seguro. Sobre o tema, indica-se: MULHOLLAND, Caitlin; KREMER, Bianca. Responsabilidade civil por danos causados pela violação do princípio da igualdade no tratamento de dados pessoais. In: TEPEDINO, Gustavo; SILVA, Rodrigo da Guia. *O direito civil na era da inteligência artificial*. 1.ed. São Paulo: Thomson Reuters Brasil, 2020, p. 565-584, p. 580. MEDON, Filipe. *Inteligência artificial e responsabilidade civil*: autonomia, riscos e solidariedade. 1.ed. Salvador: Editora Juspodivm, 2020, p. 378-401. Sobre o seguro obrigatório, vide a Lei nº 6.194/1974, que dispõe sobre danos por veículos automotores de via terrestre. Sobre a constituição de fundos de defesa de direitos difusos, vide a Lei nº 7.347/1985, em especial o seu artigo 13.

202. Trata-se de solução adicional de harmonização de interesses proposta aos empreendedores do segmento de P&D de tecnologias de Inteligência Artificial. Consiste em uma universalidade de direito, constituída para fim específico e submetida a regime de incomunicabilidade de receitas e responsabilidade limitada às suas próprias obrigações. Por aliar a segregação de riscos com a flexibilidade na gestão dos bens que o integram, o patrimônio de afetação tem sido expediente valioso à limitação de riscos e à blindagem patrimonial. (OLIVA, Milena Donato; CORTAZIO, Renan Soares. Desafios da responsabilidade civil no contexto da inteligência artificial e o debate em torno da utilidade do patrimônio de afetação. In: TEPEDINO, Gustavo; SILVA, Rodrigo da Guia. *O direito civil na era da inteligência artificial*. 1.ed. São Paulo: Thomson Reuters Brasil, 2020, p. 721-738).

> na melhor posição para arcar com as perdas, (...) [com] argumento no princípio da solidariedade social e do risco da atividade[203].

Por derradeiro, porém não de somenos importância devido aos calorosos debates que enseja, há muitos desafios à aplicação das teorias do risco diante dos danos causados por IA. Sabe-se que a doutrina, encabeçada por Caio Mário, afirma que o CC adotou a teoria do risco criado. Mas e o CDC acolheu expressamente a teoria do risco-proveito, a do risco criado ou a do risco do desenvolvimento[204]? Toda atividade envolvendo tecnologias de IA deve ser, por si só, considerada de risco? Veja-se, respectivamente, a lição sufragada por Bodin e Mulholland:

> Partindo do princípio de que o sistema inteiro não pode ter se tornado objetivo, estando a responsabilidade subjetiva consagrada ao art. 927, caput, será necessário circunscrever as atividades cujos danos, decorrentes de seus riscos, deverão ser indenizados e diferenciá-las daquelas atividades (não consideradas de risco) que, não obstante tenham causado danos, estes só serão indenizados se tiver havido, por parte do responsável, conduta culposa ou dolosa[205].
>
> A solidariedade social atuaria concretamente objetivando a distribuição dos riscos derivados da atuação ou da atividade geradora de danos injustos, impondo a responsabilidade àquele que teria a melhor condição ou posição de evitar o dano (...) o solidarismo social imporia a obrigação de indenizar os danos causados por determinada atividade ainda quando não seja possível à vítima do dano fazer a prova irrefutável da

---

203. MULHOLLAND, Caitlin; KREMER, Bianca. Responsabilidade civil por danos causados pela violação do princípio da igualdade no tratamento de dados pessoais. In: TEPEDINO, Gustavo; SILVA, Rodrigo da Guia. *O direito civil na era da inteligência artificial*. 1.ed. São Paulo: Thomson Reuters Brasil, 2020, p. 565-584.

204. "São elementos do risco de desenvolvimento (i) o dano causado por um produto – que não é, em tese, defeituoso; (ii) a impossibilidade técnica objetiva de reconhecimento, por parte tanto do fornecedor quanto do consumidor, da defeituosidade e da potencialidade danosa do produto, no tempo da ocasião do dano; e (iii) o desenvolvimento tecnológico que identifica, posteriormente, um defeito do produto, gerador do dano. Esses requisitos, se aplicados às hipóteses de danos causados por IA autônoma (...): (i) o dano é casualmente ligado a um sistema da IA; (ii) é virtualmente impossível identificar, no momento inicial de programação da IA, a previsibilidade e potencialidade danosa (...); e (iii) o desenvolvimento da aprendizagem autônoma pela IA, que independe de interferência humana, causa efetivamente o dano a uma pessoa. A esses três elementos soma-se (...) (iv) a decisão autônoma geradora do resultado danoso, na medida em que esses processos de aprendizagem e decisão independem da atuação e da racionalidade humana." (MULHOLLAND, Caitlin. Responsabilidade civil e processos decisórios autônomos. In: FRAZÃO, Ana; MULHOLLAND, Caitlin (coord.). *Inteligência artificial e direito*: ética, regulação e responsabilidade. São Paulo: Thomson Reuters Brasil, 2019, p. 335).

205. MORAES, Maria Celina Bodin de. Risco, solidariedade e responsabilidade objetiva. *Revista dos Tribunais*, a. 95, v. 854, dez./2006, p. 26.

> existência de um liame de causalidade, por conta da situação peculiar em torno da situação danosa (causalidade múltipla ou dano difuso)[206].

Insta consignar que o art. 931 do CC, em diálogo das fontes com o CDC nesse ponto, determina que: "ressalvados outros casos previstos em lei especial, os empresários individuais e as empresas respondem independentemente de culpa pelos danos causados pelos produtos postos em circulação". O Enunciado nº 43 da I Jornada de Direito Civil do CJF prevê que "a responsabilidade civil por fato do produto, prevista no art. 931 (...) também inclui os riscos do desenvolvimento", o que parece concluir que a cadeia de valor da IA também responde por danos tardios, que não existiam ao tempo em que o produto foi desenvolvido, implementado ou colocado no mercado e que se tornaram evidentes e cognoscíveis ao acarretar prejuízos[207].

Embora o PL nº 2.338/2023 não faça menção expressa a uma abordagem regulatória baseada em riscos, tal se supõe a partir da leitura do Capítulo III, que aborda explicitamente a categorização dos riscos, e de diversos outros dispositivos do projeto. Ademais, no art. 30, ao versar sobre boas práticas e governança, faz-se expressa alusão a padrões técnicos, obrigações específicas para cada contexto de implementação e uso da IA, ações educativas, mecanismos internos de supervisão, mitigação de riscos e segurança técnica e organizacional apropriados à gestão de riscos oriundos da aplicação de sistemas de Inteligência Artificial.

Malgrado o PL nº 2.338/2023[208] vise aprimorar as abordagens precedentes, suprir suas lacunas e atender aos anseios da sociedade civil e dos especialistas na temática, após amplas audiências públicas com tais fins, vale expor trecho expressivo do caduco PL nº 21/2020:

206. MULHOLLAND, Caitlin Sampaio. *A responsabilidade civil por presunção de causalidade*. Rio de Janeiro: GZ editora, 2010, p. 80.

207. "[P]oderia ser considerada a aplicação do Código de Defesa do Consumidor, aplicando-se a responsabilidade civil ao fornecedor – no caso, aquele que insere o sistema de IA no mercado de consumo – pelo fato do produto ou do serviço, amparada na presunção da existência de um defeito que ocasionou o dano, ainda que esse defeito fosse desconhecido no momento em que o sistema de IA iniciou seu (...) desenvolvimento e autoaprendizagem (...) [é] a teoria do risco do desenvolvimento como embasamento da obrigação de reparar." (MULHOLLAND, Caitlin; KREMER, Bianca. Responsabilidade civil por danos causados pela violação do princípio da igualdade no tratamento de dados pessoais. In: TEPEDINO, Gustavo; SILVA, Rodrigo da Guia. *O direito civil na era da inteligência artificial*. 1.ed. São Paulo: Thomson Reuters Brasil, 2020, p. 565-584, p. 580).

208. BRASIL. SENADO FEDERAL. Projeto de Lei nº 2.338, de 2023. Atividade Legislativa, 2023. Disponível em: https://www25.senado.leg.br/web/atividade/materias/-/materia/157233?_gl=1*1qw7sar*_ga*ODQ3Nzg0NDY2LjE2MjQ2Mzc4Mzg.*_ga_CW3ZH25XMK*MTY4NDE2Mjk0My4yLjAuMTY4NDE2Mjk0My4wLjAuMA. Acesso em: 28.05.2023.

> Art. 6º. (...); III – gestão baseada em risco: o desenvolvimento e uso dos sistemas de inteligência artificial deverão considerar os riscos concretos e as definições sobre a necessidade de regulação dos sistemas de inteligência artificial e sobre o respectivo grau de intervenção devem ser sempre proporcionais aos riscos concretos oferecidos por cada sistema e à probabilidade de ocorrência desses riscos, avaliados sempre em comparação com: a) os potenciais benefícios sociais e econômicos oferecidos por aquele sistema de inteligência artificial; e b) os riscos apresentados por sistemas similares que não envolvam inteligência artificial, nos termos do inciso V; (...). §1º. Na gestão com base em risco presente no inciso III acima, nos casos de baixo risco, a administração pública deve incentivar a inovação responsável com a utilização de técnicas regulatórias flexíveis. §2º, Na gestão com base em risco presente no inciso III acima, nos casos concretos em que se constatar alto risco, a administração pública, poderá, no âmbito da sua competência, requerer informações sobre as medidas de segurança e prevenção enumeradas no inciso VI do artigo 5º, e respectivas salvaguardas, nos termos e limites de transparência estabelecidos por esta lei, observados os segredos comercial e industrial[209].

Nesse cenário, emerge entre países europeus – entre eles, Áustria, Inglaterra, Irlanda, Grécia, Portugal, Suíça, Holanda e Dinamarca[210] – a exclusão da responsabilidade civil quando suscitados riscos não cognoscíveis pelos mais avançados estudos no estado da técnica e da ciência, à época em que o produto foi testado e introduzido no mercado de consumo e passou a causar danos aos consumidores em decorrência de seu uso após um dado período de tempo. Tal entendimento também tem sido sustentado por pequeníssima fração da doutrina brasileira que amolda a natureza jurídica do risco do desenvolvimento como causa excludente da responsabilidade civil. Rui Stoco, principal exponente dessa corrente minoritária, leciona que:

> [O] legislador reconheceu a possibilidade de o produto, após desenvolvido e introduzido no mercado de consumo, apresentar perigo para o consumidor. Não obstante, preferiu não responsabilizar pelo risco do desenvolvimento, mas apenas impor a comunicação às autoridades e ao consumidor através de anúncios. Para o autor, o CDC admite o risco do desenvolvimento como causa excludente de responsabilidade da mesma forma que admite o caso fortuito e a força maior, que também

209. BRASIL. CÂMARA DOS DEPUTADOS. Projeto de Lei nº 21, de 2020. Atividade Legislativa, 2021. Disponível em: https://www.camara.leg.br/propostas-legislativas/2236340. Acesso em: 30.06.2023.

210. CALIXTO, Marcelo Junqueira. *A responsabilidade civil do fornecedor de produtos pelos riscos do desenvolvimento*. Rio de Janeiro: Renovar, 2004, p. 183-190.

não estão expressamente previstos no CDC (...) esse é o posicionamento minoritário e não adotado pelo ordenamento jurídico pátrio vigente[211].

Sobre a responsabilidade civil objetiva de empresários individuais e empresas pelos produtos postos em circulação, alerta Marcelo Calixto[212], em artigo intitulado "O art. 931 do Código Civil de 2002 e os riscos do desenvolvimento", que quando o produto não oferece a segurança que legitimamente dele se esperava, consideradas circunstâncias relevantes como a sua apresentação, uso e riscos dele razoavelmente esperados e a época em que foi colocado em circulação, constantes expressamente do artigo 12, §1º, do CDC, não há espaço para que se invoque o risco do desenvolvimento como causa excludente da responsabilidade civil.

> [E]xcluir a responsabilidade do fabricante implica "baixar o patamar de proteção do consumidor". Assim, a posição favorável à responsabilização do fabricante pelos riscos do desenvolvimento é de que as vítimas dos efeitos adversos de um produto não podem ficar desprotegidas e que os riscos podem ser assumidos, a custos razoáveis, pelo fabricante. Além disso, cabe esboçar a advertência feita pela doutrina de que a exclusão da responsabilidade do produtor pelos riscos do desenvolvimento só tem lugar em um ordenamento que adote um sistema de responsabilidade subjetiva baseado na culpa e não em um sistema de responsabilidade baseado no risco, no qual aquele que cria o risco deve responder pelo perigo colocado por si, não sendo plausível que os riscos do desenvolvimento sejam suportados pelos lesados. (...) Colocar o risco do desenvolvimento a cargo das vítimas não cumpre com o princípio da equidade, pois deve-se imputar a responsabilidade àquele que tomou a iniciativa de colocar o produto em circulação no intuito de obter lucro (...) a responsabilidade civil pelos produtos defeituosos permite a indenização das vítimas e conduz à coletivização dos riscos (...) o risco

211. STOCO, Rui. Defesa do Consumidor e responsabilidade pelo risco do desenvolvimento. *Revista dos Tribunais*, vol. 855, p. 46-53, jan./2007.

212. CALIXTO, Marcelo Junqueira. O art. 931 do código civil de 2002 e os riscos do desenvolvimento. *Revista Trimestral de Direito Civil – RTDC*, vol. 21, Rio de Janeiro, Padma, 2005, p. 53-93. Nesse sentido, sobre o risco do desenvolvimento, indica-se também a leitura de: CATALAN, Marcos. Notas acerca do desenvolvimento tecnológico e do dever de reparar danos ignorados no desvelar do processo produtivo. In: STAUT JÚNIOR, Sérgio Said (org.). *Estudos em Direito Privado*: uma homenagem ao prof. Luiz Carlos Souza de Oliveira. Curitiba: Luiz Carlos Centro de Estudos Jurídicos, 2014. KROETZ, Maria Cândida; SILVA, Luiz Augusto da. Um Prometeu 'Pós-Moderno?' Sobre desenvolvimento, riscos e a responsabilidade civil nas relações de consumo. *Revista Brasileira de Direito Civil*, vol. 09, jul./set. 2016. MILANI, Juliane Teixeira; GLITZ, Frederico Eduardo. Anotações sobre o risco de desenvolvimento: análise do caso da Talidomida. *Revista Luso-Brasileira de Direito do Consumo*, vol. V, n. 17, mar./2015, p. 177-205.

corrido por cada produtor é integrado por ele nos seus preços, que dessa forma repercute na massa de consumidores[213].

Em sua obra "A responsabilidade civil do fornecedor de produtos pelos riscos do desenvolvimento"[214], Calixto elucida a questão ilustrando-a com numerosos casos de danos provocados por produtos, em tese, seguros à época do seu lançamento no mercado de consumo. Cita o especialista no tema, como exemplos, o câncer de pulmão causado pelo tabaco dos cigarros, alguns tipos de silicone implantado em cirurgias plásticas estéticas e reparadoras, o talco *Morhange* que levou crianças na França a óbito e o uso de *Talidomida* por gestantes que ensejou o nascimento de diversas crianças fisicamente deformadas, além de outras hipóteses devastadoras já registradas e aquelas que não tardarão a surgir com tantos açodados lançamentos de aplicações de Inteligência Artificial ainda no atual estado da arte.

Assim se posiciona o Superior Tribunal de Justiça sobre os riscos do desenvolvimento de determinados medicamentos, malgrado não haja tratamento específico sobre os riscos do desenvolvimento no Código de Defesa do Consumidor brasileiro[215]. Todavia, transportando as conclusões

213. WESENDONCK, Tula. A responsabilidade civil pelos riscos do desenvolvimento: evolução histórica e disciplina no Direito Comparado. *Direito e Justiça – Revista de Direito da PUC/RS*, v. 38, Porto Alegre, jul.-dez./2012, p. 213-227.

214. CALIXTO, Marcelo Junqueira. *A responsabilidade civil do fornecedor de produtos pelos riscos do desenvolvimento*. Rio de Janeiro: Renovar, 2004, p. 176-179.

215. O caso versava sobre uma consumidora do Rio Grande do Sul que, em 1997, foi diagnosticada com Mal de Parkinson e, como forma de tratamento, foi indicado o medicamento SIFROL, fabricado e comercializado, com exclusividade, pela Boehringer Ingelheim do Brasil Química e Farmacêutica Ltda. Veja a ementa do julgado: "[...] 5. O risco inerente ao medicamento impõe ao fabricante um dever de informar qualificado (art. 9º do CDC), cuja violação está prevista no §1º, II, do art. 12 do CDC como hipótese de defeito do produto, que enseja a responsabilidade objetiva do fornecedor pelo evento danoso dele decorrente. 6. O ordenamento jurídico não exige que os medicamentos sejam fabricados com garantia de segurança absoluta, até porque se trata de uma atividade de risco permitido, mas exige que garantam a segurança legitimamente esperável, tolerando os riscos considerados normais e previsíveis em decorrência de sua natureza e fruição, desde que o consumidor receba as informações necessárias e adequadas a seu respeito (art. 8º do CDC). 7. O fato de o uso de um medicamento causar efeitos colaterais ou reações adversas, por si só, não configura defeito do produto se o usuário foi prévia e devidamente informado e advertido sobre tais riscos inerentes, de modo a poder decidir, de forma livre, refletida e consciente, sobre o tratamento que lhe é prescrito, além de ter a possibilidade de mitigar eventuais danos que venham a ocorrer em função dele. 8. O risco do desenvolvimento, entendido como aquele que não podia ser conhecido ou evitado no momento em que o medicamento foi colocado em circulação, constitui defeito existente desde o momento da concepção do produto, embora não perceptível *a priori*, caracterizando, pois, hipótese de fortuito interno. 9. Embora a bula seja o mais importante documento sanitário de veiculação de informações técnico-científicas e orientadoras sobre um medicamento, não pode o fabricante se aproveitar da tramitação administrativa do pedido de atualização junto a Anvisa para se eximir do dever de dar, prontamente, amplo conhecimento ao público – pacientes e profissionais da área de saúde –, por qualquer outro meio de comunicação, dos riscos inerentes ao uso do remédio que fez circular no mercado de consumo.

de Calixto e do STJ ao campo dos possíveis danos causados por sistemas de Inteligência Artificial, caso configurado o defeito de determinada tecnologia de IA, os riscos do desenvolvimento devem ser vistos como fortuito interno, que não elidem responsabilidade.

Segundo Cavalieri Filho[216], os riscos do desenvolvimento, verificado o defeito de concepção ou o de evolução técnico-científico, devem ser enquadrados como fortuito interno, um risco integrante da própria atividade do fornecedor sob a égide do risco-proveito. Para o autor, o argumento de fomento à pesquisa e ao desenvolvimento tecnológico deve ceder ante a injustiça de se financiar o progresso às custas da segurança do consumidor, o que implicaria em um efeito *cliquet*, ou seja, em retrocesso social e afronta à especial tutela do consumidor. Ademais, o princípio da precaução diante de incertezas científicas impõe a consideração de deveres ex ante a serem observados para o lançamento de determinados produtos e serviços.

> Outro autor nacional que defende a responsabilidade do fornecedor, fundando-a nos princípios jurídicos, é Adalberto Pasqualotto, que entende que o princípio da solidariedade, ao fundamentar a obrigação de indenizar, leva a que os consumidores sejam "garantidos contra qualquer espécie de dano" (...) nada obstante a inexistência de previsão legal específica, "os direitos do consumidor à proteção da vida, da saúde e da segurança, bem como à reparação de todos os danos"[217].

Caracterizado o caráter defeituoso do sistema de Inteligência Artificial, seja porque assim foi comprovado por avaliação de impacto algorítmico, *sandboxes* regulatórios ou outro método de testagem que já indicava implicações negativas do modelo de IA – obrigações *ex ante* necessárias ao desencadeamento dos tipos de ações a serem tomadas para mitigação dos riscos em jogo –, seja por infração dos deveres de informação, transparência, explicabilidade, cuidado ou cooperação, anexos à boa-fé objetiva,

---

10. Hipótese em que o desconhecimento (...) subtraiu da paciente a capacidade de relacionar, de imediato, o transtorno mental e comportamental de controle do impulso ao tratamento médico ao qual estava sendo submetida, sobretudo por se tratar de efeito absolutamente anormal e imprevisível para a consumidora leiga e desinformada, especialmente para a consumidora portadora de doença de Parkinson, como na espécie. 11. De um lado, a culpa concorrente do consumidor não está elencada dentre as hipóteses que excluem a responsabilidade do fabricante, previstas no rol do §3º do art. 12 do CDC; de outro, a responsabilidade por eventual superdosagem ou interação medicamentosa não pode recair sobre o paciente que ingere a dose prescrita por seu médico, considerando, sobretudo, a sua vulnerabilidade técnica enquanto consumidor." (STJ, REsp 1.774.372/RS, Rel. Min. Nancy Andrighi, julg. 05.05.2020, DJe 18.05.2020, RT vol. 1018 p. 431).

216. CAVALIERI FILHO, Sergio. *Programa de responsabilidade civil*. 9.ed. São Paulo: Atlas, 2010, p. 438.

217. CALIXTO, Marcelo Junqueira. *A responsabilidade civil do fornecedor de produtos pelos riscos do desenvolvimento*. Rio de Janeiro: Renovar, 2004, p. 215-216.

incumbirá a responsabilização civil da cadeia de valor da IA, na medida do liame causal de cada conduta frente à causação da lesão.

O risco inerente, por exemplo, a produtos e serviços munidos de Inteligência Artificial que se enquadrem na categoria de sistemas de risco excessivo – nos moldes do art. 14 do PL nº 2.338/2023, ou em versão atualizada dessa listagem, na forma do art. 18 do mesmo PL – impõe à cadeia de valor da IA um dever de informar qualificado, tal como preconiza o art. 9º do CDC, cuja violação dá azo à configuração de um defeito do sistema de IA, que enseja a responsabilidade civil objetiva do agente de IA pelo evento danoso a terceiro(s).

Frente a tal cenário, Calixto leciona que os riscos do desenvolvimento – riscos do produto ou serviço que o desenvolvimento técnico-científico permite descobrir – podem ser definidos como "riscos desconhecidos pelo mais avançado estado da ciência e da técnica, no momento da prestação do serviço, ou da introdução do produto no mercado, e que só vêm a ser descobertos mais tarde". Sustenta ainda dois requisitos para a configuração dos riscos do desenvolvimento: um de ordem temporal e outro científico. O primeiro torna indispensável o decurso de um prazo, mais ou menos longo, porém necessário para que se observe o segundo requisito: novas descobertas científicas que demonstrem um risco antes desconhecido[218].

Por isso, é comum afirmar que os riscos do desenvolvimento demonstram a ocorrência de danos tardios[219]. Apenas em momento posterior, com novas descobertas e aprofundamento de conhecimentos técnicos e científicos, verifica-se que o produto é defeituoso. São riscos que são constatados "apenas após o ingresso do produto ou do serviço no mercado de consumo em face de melhorias ou avanços científicos ou técnicos que permitem a identificação do defeito já existente do produto ou do serviço, não identificável pelo fornecedor"[220], sendo o "estado de conhecimento da ciência e da técnica critério básico para que se considere que um defeito é identificável pelo fornecedor", quando uma prévia avaliação de impacto já a atestou.

É importante ressalvar que se, após as devidas avaliações, não houver evidências, nem mesmo especulativas, quanto aos riscos do desenvolvimen-

---

218. CALIXTO, Marcelo Junqueira. *A responsabilidade civil do fornecedor de produtos pelos riscos do desenvolvimento*. Rio de Janeiro: Renovar, 2004.

219. REINIG, Guilherme Henrique Lima; CARNAÚBA, Daniel Amaral. Responsabilidade civil e novas tecnologias: riscos do desenvolvimento retornam à pauta. CONJUR, 2019. Disponível em: https://www.conjur.com.br/2019-nov-25/direito-civil-atual-riscos-novas-tecnologias-retornam-pauta. Acesso em: 22.07.2023.

220. MIRAGEM, Bruno. *Direito do consumidor*. São Paulo: Revista dos Tribunais, 2008, p. 289.

to, implantação e uso de um modelo de IA, caracterizam-se as incertezas radicais sobre o seu potencial danoso, e por isso não caberia a responsabilização civil dos agentes de IA, nem com fundamento na culpa sob o regime subjetivo, nem com fundamento no risco sob o regime objetivo, salvo se comprovada a inobservância de deveres preliminares de cuidado pelo agente de IA e configurada violação à boa-fé objetiva, princípio da IA ressaltado no *caput* do art. 3º do PL nº 2.338/2023[221].

Os problemas de risco podem ser distinguidos dos problemas de incerteza, a partir das investigações do economista Frank H. Knight[222], que descreveu tal ambiguidade. Problemas de risco são quantificáveis para os quais um conjunto de opções de decisão pode ser definido. Não só devem ser conhecidas todas as consequências potenciais de seguir as diversas opções de decisão, mas também a sua probabilidade de ocorrência. Exemplos claros são os jogos de póquer, as *slot machines* e a roleta, nos quais é possível calcular antecipadamente os efeitos e a probabilidade. Assim, a estratégia ótima pode ser calculada. O treinamento em compreensão estatística pode levar a melhores decisões frente aos riscos e a comunicação científica das evidências sobre esses riscos e os danos em potencial pode levar a melhores decisões.

Os problemas de incerteza, por outra via, são problemas quantificáveis limitados. Nem todas as consequências potenciais das diversas opções de decisão são previstas. Dificilmente é possível calcular antecipadamente suas consequências pragmáticas e com qual probabilidade. Uma estratégia óptima dificilmente poderá ser calculada e os efeitos úteis da comunicação científica da falta de evidências e dos problemas de incerteza costumam ser limitados.

A questão que ascende nesse ponto é justamente a responsabilidade civil como meio de controle dos efeitos nocivos de um produto ou serviço munido de IA, cuja falha pode dar azo a graves danos patrimoniais e existenciais, individuais ou coletivos. Assim como a escala de riscos disposta nos artigos 8º a 10 do CDC, aquela do PL nº 2.338/2023[223] também intenta fornecer referenciais adequados ao hermeneuta para prevenir e mitigar os prejuízos oriundos da IA, mas também para sua reparação integral, princípio não elidido pelo enquadramento da hipótese ao risco do desenvolvimento, sob pena de vilipêndio à proteção prioritária da vítima.

---

221. BRASIL. SENADO FEDERAL. Projeto de Lei nº 2.338, de 2023. Atividade Legislativa, 2023. Disponível em: https://www25.senado.leg.br/web/atividade/materias/-/materia/157233?_gl=1*1qw7sar*_ga*ODQ3Nzg0NDY2LjE2MjQ2Mzc4Mzg.*_ga_CW3ZH25XMK*MTY4NDE2Mjk0My4yLjAuMTY4NDE2Mjk0My4wLjAuMA. Acesso em: 28.05.2023.

222. KNIGHT, Frank H. *Risk, uncertainty and profit*: the economic theory of uncertainty in business enterprise, and its connection to profit and prosperity in society. Adansonia Press, 2018.

223. Ibidem.

3.3.4 Os riscos de danos por sistemas de IA e as causas de rompimento do nexo causal

O PL nº 2.338/2023[224] abre o Capítulo V, especificamente, para estabelecer o regime de responsabilidade civil por danos – patrimoniais ou existenciais, individuais ou coletivos – causados por agentes da cadeia de valor da Inteligência Artificial. Em seu artigo 28, o projeto legislativo exime de responsabilidade civil os agentes de IA (art. 4º, IV) quando comprovarem que não colocaram em circulação, empregaram ou tiraram proveito do sistema de IA, ou que o dano decorreu de fato exclusivo da vítima, fato exclusivo de terceiro ou fortuito externo. Insta consignar que as causas excludentes do nexo de causalidade previstas no art. 28 do PL nº 2.338/2023 são semelhantes àquelas do §3º dos arts. 12 (produtos) e 14 (serviços) do CDC.

Em geral, não caberá a responsabilização civil, sendo dispensado o dever de indenizar, quando vislumbrada uma dessas excludentes de responsabilidade civil: a) cláusula contratual excludente do dever de indenizar (ou cláusula de não indenizar)[225]; b) excludentes da ilicitude – legítima defesa, estado de necessidade ou remoção de perigo eminente e exercício regular de direito ou das próprias funções; c) excludentes do nexo causal[226] – fato exclusivo da vítima ou de terceiro[227], fortuito externo e força maior[228]. As

224. Ibidem.

225. A título de instigação ao debate, vale trazer, neste ponto, alguns questionamentos. É abusiva eventual cláusula contratual excludente de responsabilidade do programador e/ou fornecedor de artefato de Inteligência Artificial a ser anuída pelo consumidor e a validade do seu consentimento estaria comprometida? Em se tratando de relação jurídica paritária, é válida e eficaz a cláusula de não indenizar considerada apenas abstratamente ou é necessário avaliar a eventual vulnerabilidade técnica, por exemplo, da parte contratante do modelo de IA?

226. Força maior, fortuito externo, fato exclusivo da vítima ou de terceiro têm sido elencadas por parte da doutrina nacional como excludentes de responsabilidade, e não do nexo causal, quando atingirem o elemento "risco" como fundamento da responsabilidade civil objetiva, e não necessariamente a causalidade. São adeptos dessa corrente minoritária: AGUIAR DIAS, José. *Da responsabilidade civil*. Rio de Janeiro: Forense, 1944, p. 249-270; PEREIRA, Caio Mário da Silva. *Responsabilidade civil*, 13.ed. Rio de Janeiro: Forense, 2022, p. 391-302. *E-book*; SERPA LOPES, Miguel Maria. *Curso de Direito Civil*. v.2. Rio de Janeiro: Freitas Bastos, 1961, p. 456-466; SCHREIBER, Anderson. *Novos paradigmas da responsabilidade civil*: da erosão dos filtros da reparação à diluição dos danos. 6.ed. São Paulo: Atlas, 2015, p. 64).

227. "[São] excludentes de responsabilidade (...) a força maior e o caso fortuito externo – (...) utilizados como sinônimos –, bem como o fato da vítima ou o fato de terceiro. As duas últimas hipóteses serão equiparadas ao fortuito externo quando puderem afastar a imputação do dano ao empresário por serem igualmente consideradas exteriores ao risco." (FRAZÃO, Ana. Risco da empresa e caso fortuito externo. *Civilistica.com*, a.5, n.1, 2016).

228. Nos termos do *caput* do artigo 393 do Código Civil, "o devedor não responde pelos prejuízos resultantes de caso fortuito ou força maior, se expressamente não se houver por eles responsabilizado", acrescentando ainda o seu parágrafo único que o caso fortuito ou de força maior "verifica-se no fato necessário, cujos efeitos não era possível evitar ou impedir". Como se pode observar o legislador não fez distinção entre tais figuras, sendo ambas excludentes do nexo causal associadas a fatos

primeiras são vedadas em contratos de adesão não paritários, em que se reconhece a vulnerabilidade de uma das partes, ao passo que as segundas incidem tão somente quando a ilicitude na conduta for indispensável à imputação do agente lesante. Por fim, as terceiras são disciplinadas pelo art. 28 do PL nº 2.338/2023[229].

"As discussões sobre a força maior e o caso fortuito, que sempre foram centrais para o sistema de responsabilidade civil subjetiva, foram ampliadas com a chamada responsabilidade objetiva, cujo advento exigiu novas reflexões sobre o nexo causal e o risco"[230]. Nessa toada, segundo tese aprovada pelo CJF no Enunciado nº 443 da V Jornada de Direito Civil, "[o] caso fortuito e a força maior somente serão considerados como excludentes da responsabilidade civil quando o fato gerador do dano não for conexo à atividade desenvolvida".

Portanto, o fortuito interno é inerente ao risco, enquanto o externo – ou fato exclusivo de terceiro – é alheio ao risco e, por conseguinte, suscetível de elidir a responsabilidade. À exoneração da responsabilidade pelo rompimento do nexo causal pouco importa a análise se o ato foi doloso ou culposo, sendo imprescindível apenas que tenha sido a única e exclusiva causa daquele evento lesivo. Isso porque o fortuito externo retrata o conceito clássico de caso fortuito: um fato inevitável e imprevisível que causa prejuízo a terceiro(s) e que não guarda qualquer conexidade com a atividade desenvolvida no caso concreto, rompendo o nexo de causalidade que levaria à imputação da conduta danosa ao agente e configurando uma causa absolutamente independente da relação causal estabelecida entre o dano e o risco da atividade.

> [A] doutrina e a jurisprudência são unânimes no sentido de reconhecer o rompimento do nexo causal quando a conduta praticada pelo terceiro, desde que a causa única do evento danoso, não apresente qualquer relação com a organização do negócio e os riscos da atividade desenvolvida (...) o fato de terceiro se equipara ao fortuito externo, apto a elidir a responsabilidade[231].

cujos efeitos são necessários e inevitáveis, e cuja aplicação é genérica, podem incidir tanto quando a responsabilidade civil for contratual ou aquiliana, subjetiva ou objetiva.

229. BRASIL. SENADO FEDERAL. Projeto de Lei nº 2.338, de 2023. Atividade Legislativa, 2023. Disponível em: https://www25.senado.leg.br/web/atividade/materias/-/materia/157233?_gl=1*1qw7sar*_ga*ODQ3Nzg0NDY2LjE2MjQ2Mzc4Mzg.*_ga_CW3ZH25XMK*MTY4NDE2Mjk0My4yLjAuMTY4NDE2Mjk0My4wLjAuMA. Acesso em: 28.05.2023.

230. FRAZÃO, Ana. Risco da empresa e caso fortuito externo. *Civilistica.com*, a.5, n.1, 2016.

231. STJ, 3ª T., REsp 1.749.941/PR, Rel. Min. Nancy Andrighi, unanimidade, informativo 630, DJe 07/12/2018.

Fortuito interno, contudo, não caracteriza excludente da responsabilidade civil. É um evento que, ainda que relativamente imprevisível, é inerente à atividade desenvolvida pelo agente, e por isso deveria e poderia ser evitado. Por isso, um veículo autônomo munido de Inteligência Artificial que, por falha sistêmica – seja de ordem algorítmica, mecânica, elétrica ou outra –, acarrete acidente na via pública causando lesão a passageiro ou terceiro transeunte, não se insere em exclusão de responsabilidade da cadeia de fornecedores do sistema de IA.

Constitui evento inerente à dinâmica da atividade, e embora imprevisível quando isso acontecerá, é previsível que eventualmente ocorra – e por isso não incorre em rompimento do liame causal, haja vista a previsibilidade relativa e a correlação de causa-efeito entre o fato do produto de IA e o dano indenizável. Por tal razão, os custos operacionais de fortuitos internos devem ser considerados gastos próprios da atividade empresarial organizada, acautelados pela instituição de seguros obrigatórios, fundos compensatórios ou de um patrimônio de afetação.

> Responsabilidade civil objetiva. Art. 734 do CC/2002. Teoria do risco criado. Art. 927, parágrafo único, do CC/2002. (...) Rompimento do nexo causal. Inocorrência. Padrões mínimos de qualidade no exercício da atividade de risco. Fortuito interno. (...) Na responsabilidade civil objetiva, os danos deixam de ser considerados acontecimentos extraordinários, ocorrências inesperadas e atribuíveis unicamente à fatalidade ou à conduta (necessariamente no mínimo) culposa de alguém, para se tornarem consequências, na medida do possível, previsíveis e até mesmo naturais do exercício de atividades inerentemente geradoras de perigo, cujos danos demandam, por imperativo de solidariedade e justiça social, a adequada reparação. Para a responsabilidade objetiva da teoria do risco criado, adotada pelo art. 927, parágrafo único, do CC/2002, o dever de reparar exsurge da materialização do risco – da inerente e inexorável potencialidade de qualquer atividade lesionar interesses alheios – em um dano; da conversão do perigo genérico e abstrato em um prejuízo concreto e individual. Assim, o exercício de uma atividade obriga a reparar um dano, não na medida em que tenha sido culposa (ou dolosa), porém na medida em que tenha sido causal. (...) na teoria do risco criado, somente o fortuito externo, impossibilidade absoluta – em qualquer contexto abstrato, e não unicamente em uma situação fática específica – de que o risco inerente à atividade tenha se concretizado no dano, é capaz de romper o nexo de causalidade, isentando, com isso, aquele que exerce a atividade da obrigação de indenizar. Registra-se que o conceito de fortuito interno reflete um padrão de comportamento, um *standard* de atuação, que nada mais representa que a fixação de um quadrante à luz das condições mínimas esperadas do exercício profissional, que deve ser essencialmente dinâmico, e dentro

das quais a concretização dos riscos em dano é atribuível àquele que exerce a atividade[232].

Considerada a causalidade um juízo valorativo de imputação jurídica[233], as indagações "sobre o que é interno ou externo ao risco da empresa não pode ser enfrentada sem uma prévia reflexão em torno do nexo causal, considerado um pressuposto fundamental de todas as formas de responsabilidade civil", seja para determinar a autoria do dano ou sua extensão[234].

Outrossim, há metodologia que envolve a análise do risco na empresa sob a premissa de que o risco atribui sentido econômico à empresa, como elemento objetivo justificador do proveito auferido[235]. Enquanto ao risco são atribuídos a previsibilidade e a calculabilidade – pois, se o risco pode ser, minimamente, calculado probabilisticamente, controlado por gestão positiva e gerenciado para evitá-lo ou minimizá-lo, o fortuito é interno e não exime a empresa de ser responsabilizada civilmente pela concretização dos riscos em prejuízos a terceiros –, às incertezas caberá tão-só excluir a responsabilidade civil, pois afigura-se externo o fortuito. Em suma, os riscos relacionam-se ao fortuito interno; as incertezas ao fortuito externo, seja ao se tratar de fato exclusivo da própria vítima ou de terceiro, ambos estranhos à empresa[236].

Por fim, vale a menção, no que tange ao fato exclusivo da vítima, à inovadora tese do "aprisionamento tecnológico" (*lock in theory*), oriunda das circunstâncias de concentração de mercado sobre certas tecnologias de Inteligência Artificial nas mãos de algumas *big techs*. Determinados dispositivos de IA possuem *hardwares* propositalmente incompatíveis com os de marca concorrente e tal prática – malgrado não seja ilegal – é antiética e abusiva e acarreta dificuldades de interoperabilidade entre as aplicações de IA, dando azo a um agravamento da vulnerabilidade da parte sujeita a esse aprisionamento, razão pela qual se afasta a alegação de excludente por fato exclusivo da vítima quando comprovada essa sujeição imposta à vítima.

232. STJ, 3ª T., REsp 1.786.722/SP, Rel. Min. Nancy Andrighi, unanimidade, informativo 673, DJe 12/06/2020.

233. É mister diferenciar a causalidade material (fática) e a causalidade jurídica, caracterizada por um juízo de imputação. O exame do liame causal consistiria em verificar a reprovabilidade da conduta pelo ordenamento jurídico, ou seja, as justificativas do direito para que haja obrigação de indenizar. (MULHOLLAND, Caitlin. *A responsabilidade civil por presunção de causalidade*. Rio de Janeiro: GZ Editora, 2009, p. 95-97).

234. "Sob essa ótica, até mesmo as excludentes de causalidade – como a força maior ou o fortuito externo – passam a ser vistas não propriamente como fatos que rompem uma causalidade naturalística, mas sim como fatos que, do ponto de vista valorativo, não podem ser considerados como inerentes ao risco." (FRAZÃO, Ana. Risco da empresa e caso fortuito externo. *Civilistica.com*, a.5, n.1, 2016).

235. ASQUINI, Alberto. Perfis da empresa. *Revista de Direito Mercantil, Industrial, Econômico e Financeiro*. v. 35, n. 104, p. 109-126, out.-dez./1996, p. 110.

236. FRAZÃO, Ana. Risco da empresa e caso fortuito externo. *Civilistica.com*, a.5, n.1, 2016.

3.3.5 *Responsabilidade civil subjetiva e quebra do dever objetivo de cuidado*

Segundo a teoria clássica, haveria uma tradicional ligação visceral entre a ideia de culpa – que abrange o dolo e a culpa *stricto sensu*, na forma do artigo 186 do Código Civil – e a responsabilidade subjetiva. Ninguém mereceria juízo de reprovação sem que se provasse a inobservância de um dever objetivo de cautela. Todavia, a responsabilidade fundada na prova da culpa do agente causador do dano gera à vítima um ônus, muitas vezes intransponível.

> Na atual sociedade pautada pelas transformações digitais, os negócios já nascem globais, porque a Internet não tem fronteiras e as relações se estabelecem por meio do ambiente on-line, o Direito Digital acabou alcançando todas as práticas jurídicas (...) a exigir (...) inovação jurídica, ficou horizontal, transversal, e passou a englobar todas as disciplinas: civil, criminal, contratual, tributário, propriedade intelectual, constitucional, trabalhista, entre outras. É um cenário onde a prova é eletrônica e a testemunha é a máquina. É o novo pensar jurídico que exige do profissional conhecimento técnico, prático e especializado. Ou seja, o Direito Digital representa o amadurecimento do papel do jurídico como elo entre inovação e gestão de risco[237].

Na era dos produtos e serviços munidos de IA, inseridos em uma economia movida a dados, essa conclusão é ainda mais alarmante! Ante esse cenário, retorna-se ao Capítulo V do PL nº 2.338/2023[238], cujo §2º do art. 27 prevê que, em não se tratando de um sistema de IA de alto risco, a contrário senso dos arts. 17 e 18, a responsabilidade civil será subjetiva, com culpa presumida do agente lesante e inversão *ope legis* do ônus da prova em favor da vítima.

> Com efeito, nos casos de culpa presumida inverte-se apenas o ônus da prova, cabendo ao causador do dano demonstrar que não agiu com culpa (...) diferença entre a responsabilidade objetiva e a (...) com culpa presumida. Enquanto nesta (...) o causador do dano pode (...) comprovar que não agiu com culpa e, assim, afastar a sua responsabilidade, na primeira o elemento culpa é despiciendo. O causador do dano só se exonera se provar a ocorrência de alguma das causas de exclusão do nexo causal: caso fortuito, força maior, fato exclusivo da vítima ou de terceiro[239].

---

237. PINHEIRO, Patricia Peck Garrido. Direito digital: da inteligência artificial às legaltechs. *Revista dos Tribunais*, v. 987, jan./2018.

238. BRASIL. SENADO FEDERAL. Projeto de Lei nº 2.338, de 2023. Atividade Legislativa, 2023. Disponível em: https://www25.senado.leg.br/web/atividade/materias/-/materia/157233?_gl=1*1qw7sar*_ga*ODQ3Nzg0NDY2LjE2MjQ2Mzc4Mzg.*_ga_CW3ZH25XMK*MTY4NDE2Mjk0My4yLjAuMTY4NDE2Mjk0My4wLjAuMA. Acesso em: 28.05.2023.

239. CAVALIERI FILHO, Sergio. *Programa de responsabilidade civil*. 9.ed. São Paulo: Atlas, 2010, p. 16.

O intuito desse dispositivo do PL foi não abandonar a teoria da culpa. Via presunção legal, logra-se um efeito prático próximo ao do regime objetivo de responsabilidade civil[240]. O causador do dano, até que produza prova cabal em contrário, presume-se culpado pelo dano, desde que o magistrado verifique a verossimilhança dos fatos narrados pela vítima. Contudo, por se tratar de uma presunção relativa (*juris tantum*), é possível ao suposto agente lesante provar a ausência de dolo na sua conduta, comissiva ou omissiva, ou que não se afigurou qualquer das modalidades de culpa *strictu senso*, como imprudência, negligência ou imperícia no desenvolvimento, implementação e/ou uso do sistema de Inteligência Artificial.

> As presunções de culpa consagradas na lei, invertendo o ônus da prova, vieram melhorar a situação da vítima, criando-se a seu favor uma posição privilegiada. Tratando-se, contudo, de presunção juris tantum, não nos afastamos do conceito de culpa da teoria clássica, mas apenas derrogamos um princípio dominante em matéria de prova. Tais presunções são, em geral, criadas nos casos de responsabilidades complexas, isto é, das que decorrem de fatos de outrem, ou fato das coisas inanimadas. Fixadas por lei as presunções juris tantum, o fato lesivo é considerado, em si mesmo, um fato culposo e como tal determinará a responsabilidade do autor, se este não provar a ausência de causa estranha causadora do dano, como a força maior, o caso fortuito, a culpa da própria vítima ou o fato de terceiro[241].

Sendo assim, quando a aplicação de Inteligência Artificial não apresentar alto risco ou risco excessivo, segundo a parametrização determinada pela abordagem regulatória baseada em riscos que propõe o PL nº 2.338/2023, a responsabilização civil dos agentes da cadeia de valor da IA – referidos anteriormente neste capítulo nas lições de Luca Belli – será de cunho subjetivo e fundado na culpa presumida. À vítima cabe uma presunção relativa, que admite prova em contrário pelo agente de IA, apesar da inversão *ope legis* do ônus probatório[242]. Com vistas às recomendações do Parlamento

240. "Autores e profissionais do Direito referem-se constantemente à culpa presumida como se se tratasse de responsabilidade objetiva. Convém, então, enfatizar este ponto: a culpa presumida não se afastou do sistema da responsabilidade subjetiva, pelo que admite discutir amplamente a culpa do causador do dano; cabe a este, todavia, elidir a presunção de culpa contra si existente para afastar o dever de indenizar." (CAVALIERI FILHO, Sergio. *Programa de responsabilidade civil*. 9.ed. São Paulo: Atlas, 2010, p. 53).

241. LIMA, Alvino. *Culpa e risco*. 2.ed. São Paulo: Revista dos Tribunais, 1999, p. 72.

242. Outra previsão legal bastante conhecida de inversão *ope legis* do ônus da prova em favor da vítima, no caso qualificada como consumidor, encontra-se expressa no Código Defesa do Consumidor, que assim disciplina: "Art. 6º. São direitos básicos do consumidor: (...); VIII – a facilitação da defesa de seus direitos, inclusive com a inversão do ônus da prova, a seu favor, no processo civil, quando, a critério do juiz, for verossímil a alegação ou quando for ele hipossuficiente, segundo as regras ordinárias de experiências".

Europeu sobre o regime de responsabilidade civil aplicável à IA, traz-se abaixo um trecho dos considerandos do Relatório A9-0178/2020:

> [...] H. Considerando que alguns sistemas de IA representam importantes desafios jurídicos para o quadro em vigor em matéria de responsabilidade, podendo resultar em situações em que a sua opacidade torne extremamente dispendiosa, ou mesmo impossível, a identificação de quem controlava o risco associado ao sistema de IA ou que código, intervenção ou dados acabaram por provocar a operação danosa; que este fator pode tornar mais difícil identificar a relação entre os danos ou prejuízos e o comportamento que os provocam, resultando no facto de as vítimas poderem não receber indemnização adequada; (...) J. Considerando que a combinação de normas éticas robustas para os sistemas de IA com procedimentos de indenização sólidos e justos pode contribuir para dar resposta a esses desafios jurídicos e eliminar o risco de os utilizadores estarem menos dispostos a aceitar tecnologias emergentes; (...) que procedimentos de indenização justa significam que todos os que sofrerem danos causados por sistemas de IA ou cujos danos patrimoniais sejam causados por sistemas de IA devem beneficiar do mesmo nível de proteção que nos casos em que não esteja envolvida IA; (...) que os utilizadores devem ter certeza de que eventuais danos provocados por sistemas de IA estão cobertos por um seguro adequado [...][243].

Cumpre, assim, pontuar sobre os elementos da culpa: a) a quebra do dever objetivo de cuidado que leva à causação do dano (a diligência que se espera de um *standard* de conduta, e não de um *expert*); b) a voluntariedade da conduta (na culpa *stricto sensu*, a conduta em si é praticada voluntariamente, porém o resultado não é desejado; no dolo, tanto a conduta como o resultado são intencionais e desejados); c) a previsibilidade (para se reputar culposa a quebra do dever de cuidado, o lesante precisa ter previsto, ao menos potencialmente, o dano).

Assim, indaga-se: no regime de responsabilidade subjetiva, a autonomia da aplicação de Inteligência Artificial poderá ser invocada como causa excludente do dever de reparar pelo proprietário ou pelo utilizador do sistema de IA, por exemplo, quando demonstrar que foram adotadas todas as cautelas possíveis no caso concreto, sob o paradigma da culpa normativa? No que tange às culpas psicológica e normativa, o professor Anderson Schreiber ensina que:

243. PARLAMENTO EUROPEU. Resolução A9-0178/2020, de 20 de outubro de 2020, que contém recomendações à Comissão sobre o regime de responsabilidade civil aplicável à Inteligência Artificial. Disponível em: https://www.europarl.europa.eu/doceo/document/TA-9-2020-0276_PT.html#title1. Acesso em: 08.03.2023.

> A fórmula tríplice da negligência, imprudência e imperícia, incorporada a tantas codificações e apresentada frequentemente como substituto à definição de culpa, revela, claramente, o caráter moral e psicológico de que se costuma revestir o conceito. (...). A associação da conotação psicológica da culpa com uma rigorosa exigência de sua demonstração conduziu, gradativamente, à modelagem jurisprudencial e doutrinária de um obstáculo verdadeiramente sólido para a reparação dos danos. (...). A culpa normativa parte (...) da premissa de que a imputação moral não é elemento constitutivo da noção, sendo-lhe, no máximo, uma eventual consequência. Seu método de aferição, essencialmente abstrato, é deliberadamente indiferente ao juízo moral – concreto por necessidade[244].

Nesse sentido, caso os agentes de IA comprovem a adoção de todas as medidas legais cabíveis e cumpridas as obrigações *ex ante*, e ainda assim o sistema de IA lesar interesses de terceiros, não se admitirá falar em determinismo tecnológico. Restará verificada a ausência de pressupostos da responsabilidade subjetiva, desde que, na forma do §2º do art. 27 do PL nº 2.338/2023[245], não seja a aplicação de IA classificada como de alto risco ou risco excessivo.

Sustenta Ana Frazão a possibilidade de outro caminho de responsabilização subjetiva, não por culpa presumida, mas sim por violação ao dever de diligência e cuidado dos gestores. Entende a autora que é possível falar em ato ilícito, culposo ou doloso – a depender do caso concreto –, quando a empresa adota um algoritmo de Inteligência Artificial para a tomada de decisões automatizadas sem saber como ele age, violando a boa-fé objetiva e deveres anexos de diligência, informação e transparência (algorítmica, nesse caso). Outra prática ilícita é não tomar as providências necessárias ao monitoramento dos resultados práticos de algoritmos de IA para evitar e reduzir condutas anticoncorrenciais, recaindo em afronta ao dever de cuidado por falha na gestão de riscos, de responsabilidade da pessoa jurídica e de seus gestores[246].

---

244. SCHREIBER, Anderson. *Novos paradigmas da responsabilidade civil*: da erosão dos filtros da reparação à diluição dos danos. 6.ed. São Paulo: Atlas, 2015, p. 15-16 e 37.

245. BRASIL. SENADO FEDERAL. Projeto de Lei nº 2.338, de 2023. Atividade Legislativa, 2023. Disponível em: https://www25.senado.leg.br/web/atividade/materias/-/materia/157233?_gl=1*1qw7sar*_ga*ODQ3Nzg0NDY2LjE2MjQ2Mzc4Mzg.*_ga_CW3ZH25XMK*MTY4NDE2Mjk0My4yLjAuMTY4NDE2Mjk0My4wLjAuMA. Acesso em: 28.05.2023.

246. "Imagine-se o caso de um cartel implementado pelos algoritmos utilizados pelos diversos agentes econômicos de determinado mercado. Seria razoável considerar pelo menos culposa a conduta do agente que se utiliza, voluntariamente e sem os cuidados devidos, de mecanismos de tomada de decisão (como a precificação) que podem levar a práticas concertadas ou outros tipos de ilícito antitruste (...) o próprio defeito de organização pode ser visto como uma violação ao dever de dili-

O direito-dever de informação, que permeia diferentes etapas da relação jurídica entre o agente de IA e as partes afetadas por tal modelo, atenua a vulnerabilidade informacional destas e, consequentemente, o desequilíbrio entre eles. Assim como a boa-fé objetiva[247] e seus deveres têm que perpassar todas as etapas do contrato (art. 422 do CC) – das preliminares às ulteriores à celebração do pacto – o direito-dever de informação também deve ser observado desde a oferta e publicidade (nas relações de consumo, complementa-se com os arts. 30, 31, 35 e 36 a 38 do CDC), acompanhando todas as fases da relação obrigacional (arts. 39, 42, 46, 48, 51 e 52 do CDC, quando cabíveis *in concreto*), tanto quanto à funcionalidade adequada (arts. 18 a 20 do CDC) quanto à periculosidade da IA (arts. 8º a 10 e 12 a 14 do CDC).

Nos mesmos moldes, o monitoramento do desenvolvimento e uso da IA deve se dar de ponta-a-ponta, desde o *design* do projeto computacional inteligente até o seu descarte, sob pena de, acarretando danos por burla aos deveres anexos à boa-fé objetiva, a responsabilidade civil precise ser igualmente abrangente: pré-contratual, contratual e pós-contratual, além de, por óbvio, extracontratual, garantindo a reparação integral a todas as vítimas do evento lesivo.

Por conseguinte, face à presunção de culpa e à inversão *ope legis* do ônus da prova, de acordo com o saudoso Paulo de Tarso Sanseverino[248], competirá ao ofendido esclarecer que o fato imputado ao agente de IA situa-se dentro do leque de condições aptas à provocação dos danos que comprovar. Demonstrado o nexo causal, ao suposto ofensor caberá produzir provas de que o fato é causa inadequada ao processo causal que culminou com o alegado dano.

gência (...) [que] ganha uma dimensão organizativa, relacionada ao compromisso de criar e manter organização eficiente e idônea para o controle do risco assumido. Logo, a violação do referido dever tanto poderá ensejar a responsabilidade civil, como também a responsabilidade no âmbito do direito punitivo." (FRAZÃO, Ana. Algoritmos e inteligência artificial: repercussões da sua utilização sobre a responsabilidade civil e punitiva das empresas. Disponível em: http://professoraanafrazao.com.br/files/ publicacoes/2018-05-16-Algoritmos_e_inteligencia_artificial.pdf. Acesso em: 08.06.2023).

247. Dispõe o PL nº 2.338/2023 no *caput* de seu artigo 3º que "o desenvolvimento, a implementação e o uso de sistemas de inteligência artificial observarão a boa-fé". Assim também disciplinam o artigo 9º, §2º ("O direito à contestação previsto no *caput* deste artigo abrange também decisões, recomendações ou previsões amparadas em inferências discriminatórias, irrazoáveis ou que atentem contra a boa-fé objetiva") e o artigo 30, §3º ("A adesão voluntária a código de boas práticas e governança pode ser considerada indicativo de boa-fé por parte do agente e será levada em consideração pela autoridade competente para fins de aplicação de sanções administrativas"). (BRASIL. SENADO FEDERAL. Projeto de Lei nº 2.338, de 2023. Atividade Legislativa, 2023. Disponível em: https://www25.senado.leg.br/web/atividade/materias/-/materia/157233?_gl=1*1qw7sar*_ga*ODQ3Nzg0NDY2LjE2MjQ2Mzc4Mzg.*_ga_CW3ZH25XMK*MTY4NDE2Mjk0My4yLjAuMTY4NDE2Mjk0My4wLjAuMA. Acesso em: 28.05.2023).

248. SANSEVERINO, Paulo de Tarso Vieira. *Responsabilidade civil no código do consumidor e a defesa do fornecedor*. 2.ed. São Paulo: Saraiva, 2007, p. 255.

Quanto ao fator "voluntariedade da conduta", necessário à caracterização da culpa, a Inteligência Artificial, como o próprio nome sugere, é uma forma de inteligência criada artificialmente e projetada para analisar dados e tomar decisões fundadas em padrões identificados nos dados, sem contar com aspectos como consciência, vontade e intenção, mas sim programação e resultados que, embora não previstos, precisam ser explicados, diante dos valores da explicabilidade e da transparência algorítmica. As decisões tomadas por sistemas de IA são baseadas em modelos estatísticos, treinados com grandes conjuntos de dados para reconhecer padrões, fazer previsões ou tomar decisões, de modo a aprender com os dados e ajustar sua programação adequando-o a novos padrões, o que não implica em voluntariedade.

Seus programadores podem projetar o sistema para tomar decisões em determinados contextos, definindo regras, objetivos e parâmetros para a IA. Nesse sentido, a vontade está na ação humana de criar, codificar, treinar e utilizar o modelo de IA, e não na IA em si. No entanto, problemas ético-jurídicos podem surgir quando sistemas de IA tomam decisões que afetam pessoas, físicas ou jurídicas, como uma IA que realiza predições discriminatórias, ou que apresenta falha em sua programação que acarreta a não incorporação de uma empresa que tinha sido submetida a sistema estatístico de fusões e aquisições (*mergers and acquisitions*).

Se a implantação ou o uso da aplicação de IA for falha, injusta ou gerar discriminação, a eventual vítima dessas circunstâncias pode buscar reparação integral pelos danos sofridos junto aos agentes da cadeia de valor da IA, na medida da extensão dos danos e da participação nos prejuízos causados por fornecedores de dados que alimentam e treinam o modelo de IA, por desenvolvedores de algoritmos, por fabricantes de *hardware* e *software*, por integradores do sistema de IA, por reguladores governamentais e/ou pelos próprios usuários finais.

Portanto, a questão da responsabilidade civil subjetiva e do elemento culpa na vontade é vital na discussão sobre decisões automatizadas, em especial quando transportada para o âmbito da Inteligência Artificial a classificação já corriqueira ao campo da aviação quanto à autonomia do sistema, que o categoriza como autônomo sem ação, autônomo de baixa ação, autônomo de ação média e de alta autonomia de ação (explicitada no primeiro capítulo).

No que tange ao elemento da previsibilidade inerente à culpa – ainda que presumida –, é forçoso reconhecer que imprevisíveis crianças e adolescentes também podem ser e os pais respondem pelos atos dos filhos incapazes sob sua autoridade e companhia (art. 932, I, do CC), independentemente de culpa, assim como o são os animais que estão sob a guarda[249] de seu dono ou detentor (art. 936 do CC). São casos de responsabilidade indireta (por fato de outrem, da coisa ou do animal) que não exige análise de culpa na conduta (art. 933 do CC) daquele que, por lei, será o responsável por arcar com a reparação integral do ofendido.

> Tal responsabilidade, portanto, dependerá da prova de ato culposo do agente que agiu diretamente ou, no caso de agentes inimputáveis, por falta de discernimento, da verificação de ato equivalente ao ilícito, por representar descumprimento de dever legal, hábil a produzir dano injusto (...) o dever de indenizar do responsável só surge uma vez provada a culpa do empregado ou preposto, ou a descrição de conduta contrária à ordem jurídica do filho menor, do pupilo, do curatelado. O artigo 933 estabelece (...) a responsabilidade objetiva do responsável, que só terá de indenizar se o dano injusto produzido por terceiro sob sua autoridade restar configurado[250].

Não se mostra legítimo relacionar a imprevisibilidade de comportamentos dos filhos, das coisas e dos animais à controvérsia sobre os chamados "danos imprevisíveis"[251], assim como não se fará quando os danos decorrerem de decisões autônomas tomadas por modelos de IA. Sendo subjetivo o regime de responsabilidade civil, torna-se possível associar o maior grau de autonomia do sistema (como nos casos de alta autonomia, chamada de "humano fora do circuito") à menor reprovabilidade da conduta do agente de IA, uma vez que as redes neurais artificiais avaliam a entrada de dados, interagem com o ambiente externo e agem, com base em suas experiências, gerando *outputs* sem envolvimento humano. Todavia,

249. "Não há falar em responsabilidade pelo fato da coisa quando o dano decorre da conduta direta do agente ou do seu preposto. Assim, se a vítima é atropelada quando o proprietário do veículo se encontrava ao volante, o caso será de responsabilidade aquiliana por fato próprio; se o veículo era dirigido por um preposto seu, haverá responsabilidade por fato de terceiro; se a vítima viajava como passageiro do veículo, teremos a responsabilidade contratual, e assim por diante. Só se deve falar em responsabilidade pelo fato da coisa quando ela dá causa ao evento sem a conduta direta do dono ou de seu preposto – como, por exemplo, a explosão de um transformador de energia elétrica; o elevador que, por mau funcionamento, abre a porta indevidamente, acarretando a precipitação da vítima no vazio; a escada rolante que prende a mão ou o pé de uma criança; o automóvel mal estacionado na via pública, sem sinalização ou sem estar devidamente freado numa rua em declive, que se desprende e bate em outro veículo ou em uma pessoa. (...). A coisa é mero instrumento do dano, sendo sua causa a omissão humana, por falta de vigilância ou cuidado. O fato da coisa nada mais é, portanto, que a imperfeição da ação do homem sobre a coisa (...) preferível dizer responsabilidade pela guarda da coisa." (CAVALIERI FILHO, Sergio. *Programa de responsabilidade civil*. 9.ed. São Paulo: Atlas, 2010, p. 259).

250. TEPEDINO, Gustavo; TERRA, Aline Miranda Valverde. A evolução da responsabilidade civil por fato de terceiro na experiência brasileira. *Revista de Direito da Responsabilidade*, Ano 1, 2019, p. 1084.

251. TEPEDINO, Gustavo; SILVA, Rodrigo da Guia. Desafios da inteligência artificial em matéria de responsabilidade civil. *Revista Brasileira de Direito Civil – RBDCivil*, Belo Horizonte, v.21, p. 61-86, jul.-set./2019.

em sentido oposto, para outros modelos, com nenhuma, baixa ou média autonomia, o usuário ou operador do sistema de IA é quem contribui para o seu treinamento e para a validação de suas saídas.

Responsável será, portanto, aquele que detém o dever de guarda, cuidado e diligência, caso não logre comprovar que tais deveres não forem inobservados, ou que o dano decorreu de fato exclusivo da vítima ou de terceiro, ou de fortuito externo. Devem-se considerar, ainda, as limitações do grau de aprendizado de máquina na realização de tarefas determinadas e nas suas interações e experimentações "no campo" (se trata de *expert system, machine learning* ou *deep learning*?), os distintos níveis de autonomia do projeto computacional e a tipologia da IA (e se usada, ou não, para propósitos outros que não aqueles para os quais foi programada).

Segundo os ensinamentos de Gustavo Tepedino *et al*, a responsabilidade civil por fato da coisa "nasce centrada na figura do guardião – assim entendido, de acordo com o critério da direção intelectual, aquele que detém, de fato, o poder de comando, de direção e de controle sobre animais ou coisas inanimadas – e se insere na seara da responsabilidade subjetiva"[252].

A teoria da guarda pareceu à doutrina, *a priori*, ser uma alternativa razoável para solucionar os desafios da imputação em matéria de danos causados por coisas autônomas. "A condição de guardião é imputada a quem tem o comando intelectual da coisa, não obstante não ostentar o comando material ou mesmo no caso de estar a coisa na posse de outrem"[253], como ocorre frequentemente na relação com prepostos. Não é imune à crítica a equiparação entre animais e sistemas de Inteligência Artificial: não há motivos para a equiparação, pois as atividades dessas tecnologias se baseiam em processo algorítmico semelhante ao pensamento humano racional (as redes neurais artificiais) e apenas parcialmente semelhante aos instintos animais (em especial quando verificadas questões de explicabilidade da IA). Presume-se que o modelo de IA possa entender as consequências de suas ações e se distinguir dos animais.

Para que uma pessoa, física ou jurídica, seja considerada guardiã de um animal – ou de uma coisa inanimada, não senciente, como uma aplicação de Inteligência Artificial –, mais do que mera detenção, necessita de poder de comando. Cabe, em regra, ao dono ou detentor o poder de direção sobre a coisa, sendo, portanto, seu guardião presuntivo. "Cuida-se, todavia, de

252. TEPEDINO, Gustavo; TERRA, Aline de Miranda Valverde; GUEDES, Gisela Sampaio da Cruz. *Fundamentos do Direito Civil*: responsabilidade civil. v.4. 2.ed. Rio de Janeiro: Forense, 2021, p.177. *E-book*.

253. STJ, 3ªT., REsp 1.569.767/RS, Rel. Min. Paulo de Tarso Sanseverino, julg. 1º.03.2016, DJe 09.03.2016.

presunção relativa, que pode ser elidida mediante prova de ter transferido juridicamente a outrem o poder de direção da coisa, ou de tê-lo perdido por motivo justificável"[254]. Também diante desse aspecto doutrinariamente controverso e da dificuldade em se provar, *in concreto*, a transferência do poder de direção da coisa do fornecedor da IA ao operador ou ao usuário final – principalmente, quando for tecnicamente vulnerável –, é complexa a adoção da teoria da guarda para fins de responsabilização civil por danos causados por tecnologias de IA[255].

Se comparado aos animais o sistema de Inteligência Artificial também teria natureza meramente instrumental? Não há dúvidas que quanto maior for a autonomia robótica, menos se deve encará-lo como instrumento ou ferramenta sujeita aos interesses do humano guardião, na mão de intervenientes como o fornecedor, proprietário, operador, usuário final da IA, etc. Conferir uma gradação técnica de autonomia, intensidade e desenvolvimento dessas máquinas mostra-se vital para o estabelecimento do regime de responsabilidade civil a ser aplicado e tal atribuição deve ser distribuída às agências reguladoras dos mais diferentes setores, nos quais os mais variados tipos de IA são aplicados. Todavia, enquanto não atingido o estágio de *Super Intelligence* ou Singularidade, é cediço que o ordenamento jurídico pátrio oferece ferramentas suficientes – ainda que por esforço integrativo – a suprir a necessidade de responsabilização civil por danos causados pelo desenvolvimento, implementação e uso de sistemas inteligentes.

3.4 A funcionalização da abordagem regulatória da Inteligência Artificial e as funções preventiva e reparatória da responsabilidade civil

A função pode ser pré-moldada por modelos típicos previstos em lei ou determinada pela autonomia privada e liberdade dos sujeitos. Consideram-se os valores do ordenamento jurídico para se apreender o significado normativo de um fato juridicamente relevante. Cabe, portanto, ao jurista construir a síntese global dos interesses sobre os quais o fato incide e seus efeitos. "A função do fato determina a estrutura, a qual segue – não precede – a função"[256].

254. CAVALIERI FILHO, Sergio. *Programa de responsabilidade civil*. 9.ed. São Paulo: Atlas, 2010, p. 261.

255. MONTEIRO FILHO, Carlos Edison do Rêgo; ROSENVALD, Nelson. Riscos e responsabilidades na inteligência artificial e noutras tecnologias digitais emergentes. In: TEPEDINO, Gustavo; SILVA, Rodrigo da Guia. *O direito civil na era da inteligência artificial*. 1.ed. São Paulo: Thomson Reuters Brasil, 2020, p. 543-564.

256. PERLINGIERI, Pietro. *O direito civil na legalidade constitucional*. Rio de Janeiro: Renovar, 2008, p. 642.

A partir do momento em que são sintetizados os valores e interesses sobre os quais se embasam o fato jurídico e os efeitos essenciais que produz, será possível determinar seu perfil funcional, sua finalidade (para que serve), e, por conseguinte, pode-se considerar determinado também o seu perfil estrutural (o que é, como é), pelo qual se identifica a natureza jurídica de um fato jurídico a partir dos seus elementos. A análise completa do perfil funcional do direito fundamental à proteção de dados pessoais se dá através do exame do ponto de partida e do ponto de chegada, ainda que para uma mesma função haja uma pluralidade de estruturas.

Desta feita, a determinação da estrutura pressupõe a delimitação da finalidade. E qual é a finalidade de uma abordagem regulatória híbrida – antropocêntrica e baseada em riscos – da Inteligência Artificial no Brasil? Visa garantir que o desenvolvimento, a implementação e o uso de Inteligência Artificial ocorram de forma ética, responsável e segura, considerando o bem-estar humano e a minimização de riscos associados à Inteligência Artificial por observar sua base principiológica e pela positivação normativa de uma responsabilização *ex ante*.

Antropocêntrica significa estar focada na proteção dos interesses humanos, de modo que a regulação leve em conta as implicações da aplicação de IA na sociedade, incluindo a análise de suas matrizes de risco como privacidade, proteção de dados, autonomia, segurança, confiabilidade, robustez, explicabilidade, transparência, justiça, equidade, inclusão, vedação à discriminação e *accountability*. Já sua base em riscos envolve a avaliação dos perigos da IA e a adoção de medidas regulatórias proporcionais a atenuá-los, implicando em identificar o que é Inteligência Artificial e entender seus possíveis impactos negativos a curto e longo prazo.

Uma abordagem regulatória híbrida, antropocêntrica e baseada em uma gradação dos riscos da Inteligência Artificial, com parâmetros apropriados ao contexto socioeconômico do país, promoverá equilíbrio entre um ambiente propício à inovação tecnológica e protetivo dos direitos humanos e dos demais interesses legítimos, mitigando – e até dissipando – os riscos à sociedade, proporcionando progresso tecnológico aliado aos valores do ordenamento jurídico, a partir de uma perspectiva hermenêutica constitucionalizada, sistemática e unitária.

Contudo, é cediço que de nada adianta um ordenamento jurídico protetivo dos direitos humanos sem a previsão de sanções a quem o violar. Nesse sentido, as normas jurídicas de responsabilidade civil – o mais abrangente de todas as temáticas de Teoria Geral do Direito[257] por extrapolar seus limites

257. "A responsabilidade civil é uma espécie de estuário onde deságuam todos os rios do Direito: público e privado, material e processual; é uma abóbada que enfeixa todas as áreas jurídicas (...) tudo acaba

de aplicação para além do Direito Civil[258], embora nele se disciplinem seus institutos essenciais – também precisarão atender a determinadas funções.

> A realidade ajudou os civilistas, porque parecia que o direito civil fosse, em um certo momento, destinado a ser um direito residual. De um lado, havia o direito constitucional, que tinha atraído para a Constituição de Weimar os conceitos fundamentais: propriedade, contrato, família, os grandes princípios passaram a estar presentes na Constituição. De outro lado, havia o direito comercial, (...) a mudança de atenção do instituto da propriedade, instituto clássico de direito civil, da empresa, o instituto clássico do direito comercial. Entretanto, o que aconteceu? Como se diz que a ética salvou a filosofia, assim a tecnologia salvou o direito civil[259].

Reconhece-se sua função reparatória – também chamada ressarcitória, compensatória ou indenizatória –, servindo a tutelar a esfera jurídica da vítima de um dano indenizável, mediante a imposição ao agente causador dessa lesão do dever de repará-la integralmente. Outra finalidade atribuída à responsabilidade civil é a preventiva, que visa dissuadir o lesante e também a coletividade de praticar novas condutas lesivas a terceiros, de tal forma a coibir certos comportamentos potencialmente danosos. Aliás, quanto a debates sobre a existência de mais uma função, a punitiva[260], cabe consignar o entendimento sedimentado no STF, a saber:

---

em responsabilidade (...) [que] conquistou inegável importância prática e teórica no Direito moderno. Não é mais possível ignorá-la. Outrora circunscrita ao campo dos interesses privados, hoje sua seara é das mais férteis, expandindo-se pelo Direito Público e Privado, contratual e extracontratual, aéreo e terrestre, individual e coletivo, social e ambiental, nacional e internacional. (...) Já tivemos a oportunidade de constatar, por muitas vezes, que, numa mesma sessão de julgamento, quase 50% dos recursos envolviam matéria de responsabilidade civil." (CAVALIERI FILHO, Sergio. *Programa de responsabilidade civil*. 9.ed. São Paulo: Atlas, 2010, p. 13).

258. "Um dos mais árduos e complexos problemas jurídicos é inegavelmente o da responsabilidade civil. Nele se refletem as atividades humanas (...). Se, de um lado, o progresso revolucionário da máquina, o desenvolvimento prodigioso da energia elétrica, os engenhos atômicos estarrecem e maravilham, de outro lado geram constantes e enormes perigos à vida humana, à sua integridade, o que põe em agitação o problema da responsabilidade, pois, a cada atentado sofrido pelo homem, seja em relação à sua pessoa física, seja ao seu patrimônio, corresponde uma quebra do equilíbrio patrimonial, cuja inalterabilidade a ordem jurídica tem o dever de manter." (SERPA LOPES, Miguel Maria de. *Curso de Direito Civil*. v.3. Rio de Janeiro: Freitas Bastos, 1993, p. 186).

259. RODOTÀ, Stefano. Entrevista à Revista Trimestral de Direito Civil, v.3, n.11, jul.-set./2022.

260. Sobre a polêmica acerca da função punitiva da responsabilidade civil: "A experiência norte-americana no trato dos *punitive damages*, segundo Ponzanelli, seria irrepetível no sistema da *Civil Law* por quatro razões: (a) o forte condicionamento do ilícito civil ao penal, ao contrário da autonomia vigente em nosso ordenamento; (b) o júri e a sua natureza redistributiva da responsabilidade civil – o júri eleva acentuadamente o *quantum* da condenação punitiva, sem necessidade de fundamentação das decisões, para compensar um frágil sistema de segurança social; (c) a *American rule* – a ausência do princípio da sucumbência induz ao aumento considerável da medida da condenação para além do dano efetivamente causado; (d) a análise econômica do direito impõe uma situação de *undercompensation*, transferindo todo o *quantum* punitivo em prol da vítima. Concluindo, o autor considera

> Não se desconhece a corrente doutrinária que defende um vetor punitivo da indenização, tendo em vista que o valor estipulado de cunho apenas reparatório não tem se mostrado suficiente para atender a todas as situações que exigem ressarcimento. Para resolver tal problemática, a doutrina defende o estabelecimento de uma quantia que supere o dano efetivamente sofrido, a título punitivo. (...). O objetivo dessa linha interpretativa é puramente pedagógico e busca, além de recompor o patrimônio lesado, desestimular a conduta ilícita e fazer com que a reparação determinada não seja inferior ao proveito obtido com o ato reprovável. Tal corrente de pensamento não é pacificada na doutrina nem na jurisprudência, sobretudo por não possuir guarida no ordenamento jurídico pátrio[261].

Tendo em vista a gradação de riscos constante da abordagem regulatória brasileira da Inteligência Artificial, emerge o princípio constitucional da solidariedade social, segundo o qual são distribuídas as perdas e danos e estendidas as garantias dos consectários da cláusula geral da dignidade humana o mais amplamente possível, servindo a solidarização dos riscos na responsabilidade civil como diretriz de máxima efetividade da sua função reparatória.

> Esta é a razão justificativa, a um só tempo ética e jurídica, do deslocamento dos custos do dano (injusto ou injustificado) da vítima para os responsáveis pelo ato ou atividade, bem como para os pais, tutores e curadores, empregadores etc. (...) o que não causa risco? Partindo do princípio de que o sistema inteiro não pode ter se tornado objetivo, estando a responsabilidade subjetiva consagrada ao art. 927, *caput*, é necessário circunscrever as atividades cujos danos, decorrentes de seus riscos, deverão ser indenizados e diferenciá-las daquelas atividades (não consideradas de risco) que, não obstante tenham causado danos, estes

os *punitive damages* um verdadeiro *alien*, que não merece transposição ao direito [brasileiro], pela ausência de condições institucionais para um *legal transplant*." (ROSENVALD, Nelson. *As funções da responsabilidade civil*: a reparação e a pena civil. 3.ed. São Paulo: Saraiva, 2017, p. 192. *E-book*). "O caráter punitivo é meramente reflexo ou indireto: o autor do dano sofrerá um desfalque patrimonial que poderá desestimular a reiteração da conduta lesiva. Mas a finalidade precípua do ressarcimento dos danos não é punir o responsável, e sim recompor o patrimônio lesado". (GONÇALVES, Carlos Roberto. *Direito Civil Brasileiro*: responsabilidade civil, v.4. São Paulo: Saraiva, 2021, p. 342). "A figura do punitive damage pode ser apreendida, numa forma introdutória e muito geral, pela ideia de indenização punitiva (e não 'dano punitivo', como às vezes se lê). Também chamados *exemplary damages*, *vindictive damages* ou *smart money*, consistem na soma em dinheiro conferida ao autor de uma ação indenizatória e valor expressivamente superior ao necessário à compensação do dano, tendo em vista a dupla finalidade da punição (*punishment*) e prevenção pela exemplaridade da punição (*deterrence*) opondo-se – nesse aspecto funcional – aos *commpensatory damages*, que consistem no montante da indenização compatível ou equivalente ao dano causado, atribuído com o objetivo de ressarcir o prejuízo." (COSTA, Judith Martins. PARGENDLER, Mariana Souza. Usos e abusos da função punitiva (*punitive damages* e o Direito Brasileiro). *Revista CEJ*, n. 28, Brasília, jan.-mar./2005, p. 15-32).

261. STF, Tribunal Pleno, ADI 6031, Rel. Min. Cármen Lúcia, julg. 27.03.2020, DJe 16.04.2020.

só serão indenizados se tiver havido, por parte do responsável, conduta culposa ou dolosa[262].

Desde 2006, Maria Celina Bodin de Moraes já alertava para a necessidade de se definir as atividades de risco cujos danos serão indenizados sem a necessidade de análise da culpa na conduta do agente. Assim o fez o legislador do Código Civil e do Código de Defesa do Consumidor, e assim também o fará a autoridade nacional ao regulamentar a Inteligência Artificial em uma abordagem baseada nos riscos dessas tecnologias, conforme sua tipologia.

Adicionalmente, a função preventiva da responsabilidade visa evitar danos a partir de uma análise precavida (*ex ante*) dos riscos e, assim, incentivar a adoção de medidas eficazes de prevenção contra possíveis eventos lesivos. "O aspecto positivo da função preventiva é estimular as empresas a serem mais cautelosas nas relações com seus empregados (segurança do ambiente de trabalho) ou com os seus consumidores (segurança dos produtos ou serviços postos em circulação)"[263]. No direito brasileiro, a responsabilidade civil não apenas repara danos concretizados, mas também previne lesões. O responsável por atividade potencialmente perigosa ou prejudicial deve empreender todas as precauções necessárias a obstar prejuízos.

3.4.1 O princípio da precaução como bússola: o estado da arte, as incertezas científicas e os graus de periculosidade do sistema de Inteligência Artificial

Nesse diapasão, ascende o princípio da precaução, conceito fundado na evitação de danos graves e irreversíveis, mesmo na ausência de evidências científicas conclusivas, cuja previsão se depreende, *a priori*, do artigo 225, §1º, IV, da Constituição Federal de 1988[264], além de mencionado

262. MORAES, Maria Celina Bodin de. Risco, solidariedade e responsabilidade objetiva. *Revista dos Tribunais*, a. 95, v. 854, dez./2006, p. 26.

263. "Efetivamente, embora na responsabilidade civil em geral deva-se dar prevalência à reparação ou ressarcimento, a função preventiva da indenização por dano extrapatrimonial tem aparecido cada vez mais, estimulando, especialmente as grandes empresas, a adotarem medidas de prevenção para evitar a ocorrência reiterada de atos ilícitos da mesma natureza." (SANSEVERINO, Paulo de Tarso Vieira. *Princípio da reparação integral*: indenização no Código Civil. São Paulo: Saraiva, 2010, p. 275).

264. "CRFB/1988, Art. 225. Todos têm direito ao meio ambiente ecologicamente equilibrado, bem de uso comum do povo e essencial à sadia qualidade de vida, impondo-se ao Poder Público e à coletividade o dever de defendê-lo e preservá-lo para as presentes e futuras gerações. §1º. Para assegurar a efetividade desse direito, incumbe ao Poder Público: (...); IV – exigir, na forma da lei, para instalação de obra ou atividade potencialmente causadora de significativa degradação do meio ambiente, estudo prévio de impacto ambiental, a que se dará publicidade".

especificamente em normas ambientais[265]. A finalidade – e, portanto, a função – *mor* da precaução é elidir ações e/ou omissões que possam causar danos ao meio ambiente, à saúde humana ou a outros bens juridicamente tutelados pelo ordenamento pátrio.

Malgrado ambas a prevenção e a precaução possuam natureza acautelatória, a primeira requer um perigo concreto, um risco certo e conhecido e a existência de certeza científica; ao passo que a precaução traz como elementos um perigo abstrato e potencial, um risco incerto e desconhecido e a existência de incerteza ou dúvida científica, com base no brocardo *in dubio pro natura* (*in dubio pro salute*), aplicando-se a situações em que ainda não haja um histórico de dano ambiental, em que não exista comprovação empírico-científica dos desdobramentos de um evento lesivo ao meio ambiente. Frente à demanda por sustentabilidade, aponta-se o papel crucial da precaução, a ser estudada funcionalmente e conexa aos seus efeitos jurídicos.

> A precaução distingue-se da prevenção por dizer respeito a riscos potenciais, ao passo que esta está ligada a riscos certos, comprovados. Assim, na precaução, há "uma probabilidade de que a hipótese seja exata", mas na prevenção "a periculosidade está estabelecida e tem-se a probabilidade de um acidente", podendo-se dizer, portanto, que a "precaução pode ser entendida como o prolongamento dos métodos de prevenção aplicados aos riscos incertos"[266].

Nesse sentido, Jean-Marc Lavieille[267] sustenta que o princípio da precaução consiste em dizer que os seres humanos não somente são responsáveis sobre o que sabem, mas sobre o que deveriam ter sabido e também sobre o que deveriam questionar[268]. Fundado no princípio da precaução, o STJ passou

265. Senão vejamos o que dispõe o Decreto nº 4.339/2002, que instituiu no Brasil os princípios e as diretrizes da Política Nacional da Biodiversidade: "Objetivos Específicos: 12.1.1. Elaborar e implementar códigos de ética para a biotecnologia e a bioprospecção, de forma participativa, envolvendo os diferentes segmentos da sociedade brasileira, com base na legislação vigente. 12.1.2. Consolidar a regulamentação dos usos de produtos geneticamente modificados, com base na legislação vigente, em conformidade com o princípio da precaução e com análise de risco dos potenciais impactos sobre a biodiversidade, a saúde e o meio ambiente, envolvendo os diferentes segmentos da sociedade brasileira, garantindo a transparência e o controle social destes e com a responsabilização civil, criminal e administrativa para introdução ou difusão não autorizada de organismos geneticamente modificados que ofereçam riscos ao meio ambiente e à saúde humana."

266. CALIXTO, Marcelo Junqueira. *A responsabilidade civil do fornecedor de produtos pelos riscos do desenvolvimento*. Rio de Janeiro: Renovar, 2004, p. 117.

267. LAVIEILLE, Jean-Marc. O direito internacional do meio ambiente: quais possibilidades para resistir e construir? In: KISCHI, Sandra Akemi Shimada, SILVA, Solange Teles. SOARES, Inês Virgínia Prado. (org.). *Desafios do direito ambiental no século XXI*. São Paulo: Malheiros, 2005, p. 183. *E-book*.

268. Os princípios da precaução e da prevenção, de fato, extrapolam a esfera do Direito Ambiental. Nesse sentido, em muitos casos, a moderação de conteúdo pelas próprias plataformas digitais vem sendo

a acatar a tese da "possibilidade de inversão do ônus da prova nas demandas ambientais, carreando ao réu poluidor a obrigação de provar que sua atividade não é perigosa, nem poluidora, em que pese inexistir regra expressa nesse sentido"[269], ao contrário do que ocorre no art. 6º, VIII, do CDC e no art. 27, §2º, do PL nº 2.338/2023[270], este se tratando de responsabilidade subjetiva, nas hipóteses em que for verificado, por avaliação preliminar de impacto, que o sistema de IA não se qualifica como de alto risco.

Ressalta, assim, Álvaro Luiz Mirra[271] que: "o princípio da precaução tem também essa outra relevantíssima consequência na esfera judicial: acarretar a inversão do ônus da prova", compelindo o agente a comprovar cabalmente que a sua atividade questionada não é efetiva ou potencialmente prejudiciala a terceiros, sob pena de se caracterizarem indícios suficientes da sua aptidão para a degradação ambiental e de risco de danos irreversíveis.

Frente a tal conjuntura, o STJ editou o enunciado de súmula nº 618, segundo o qual "a inversão do ônus da prova aplica-se às ações de degradação ambiental", entendendo que:

> [...] em matéria de meio ambiente vigora o princípio da precaução (...) observado pela Administração Pública, e também pelos empreendedores. A segurança dos investimentos constitui, também e principalmente, responsabilidade de quem os faz. À luz desse pressuposto, surpreende

aplicada como medida de precaução e autorregulação, em que pese os argumentos contra decisões enviesadas e vedação à censura de conteúdo postado por usuários, com evidente repercussão nos debates, alçados ao Supremo Tribunal Federal, acerca da constitucionalidade do artigo 19 do Marco Civil da Internet. (STF, Tema 987, Rel. Min. Dias Toffoli, *leading case* RE 1037396, Descrição: recurso extraordinário em que se discute, à luz dos arts. 5º, incisos II, IV, IX, XIV e XXXVI, e 220, caput, §§ 1º e 2º, da Constituição da República, a constitucionalidade do art. 19 da Lei n. 12.965/2014 (Marco Civil da Internet) que impõe condição para a responsabilização civil de provedor de internet, websites e gestores de aplicativos de redes sociais por danos decorrentes de atos ilícitos de terceiros).

269. "AÇÃO CIVIL PÚBLICA. DANO AMBIENTAL. ADIANTAMENTO DE HONORÁRIOS PERICIAIS PELO PARQUET. MATÉRIA PREJUDICADA. INVERSÃO DO ÔNUS DA PROVA. ART. 6º, VIII, DA LEI 8.078/1990 C/C O ART. 21 DA LEI 7.347/1985. PRINCÍPIO DA PRECAUÇÃO. (...) 2. O ônus probatório não se confunde com o dever de o Ministério Público arcar com os honorários periciais nas provas por ele requeridas, em ação civil pública. São questões distintas e juridicamente independentes. 3. Justifica-se a inversão do ônus da prova, transferindo para o empreendedor da atividade potencialmente perigosa o ônus de demonstrar a segurança do empreendimento, a partir da interpretação do art. 6º, VIII, da Lei 8.078/1990 c/c o art. 21 da Lei 7.347/1985, conjugado ao Princípio Ambiental da Precaução. [...]." (STJ, 2ª T., REsp 972.902/RS, Rel. Min. Eliana Calmon, julg. 25.08.2009, DJe 14.09.2009, RSTJ vol. 216 p. 257, RSTJ vol. 239 p. 1162).

270. Veja o que dispõe o PL nº 2.338/2023: "Art. 27. (...). §2º. Quando não se tratar de sistema de inteligência artificial de alto risco, a culpa do agente causador do dano será presumida, aplicando-se a inversão do ônus da prova em favor da vítima." (BRASIL. SENADO FEDERAL. Projeto de Lei nº 2.338, de 2023. Atividade Legislativa, 2023. Disponível em: https://www25.senado.leg.br/web/atividade/materias/-/materia/157233?_gl=1*1qw7sar*_ga*ODQ3Nzg0NDY2LjE2MjQ2Mzc4Mzg.*_ga_CW3ZH25XMK*MTY4NDE2Mjk0My4yLjAuMTY4NDE2Mjk0My4wLjAuMA. Acesso em: 28.05.2023).

271. MIRRA, Álvaro Luiz Valery. Direito ambiental: o princípio da precaução e sua aplicação judicial. *Revista de Direito Ambiental*, v. 6, n. 21, p. 92-102, jan./mar. 2001.

> na espécie a circunstância de que empreendimento de tamanho vulto tenha sido iniciado, e continuado, sem que seus responsáveis tenham se munido da cautela de consultar o órgão federal incumbido de preservar o meio ambiente a respeito de sua viabilidade[272].

Dentre outros, o artigo 2º do PL nº 2.338/2023 arrola, no inciso IV, como fundamento ao desenvolvimento, à implementação e ao uso de sistemas de Inteligência Artificial no Brasil a proteção ao meio ambiente e o desenvolvimento sustentável, de modo que o transporte do princípio da precaução à seara de estudos dos riscos oriundos de modelos de IA não se mostra descabido[273], nem exige exercício hermenêutico muito elástico, uma vez que o perigo abstrato e potencial, o risco desconhecido e a incerteza científica são também elementos inescrutáveis do hodierno estado da ciência em termos de Inteligência Artificial.

Ato contínuo, o PL, no art. 3º, ao listar os princípios da IA, disciplina expressamente a prevenção, precaução e mitigação de riscos sistêmicos derivados de usos – intencionais ou não – e de efeitos não previstos de sistemas de IA, além dos princípios da "não maleficência e proporcionalidade entre os métodos empregados e as finalidades determinadas e legítimas" desses sistemas inteligentes. Portanto, em homenagem ao princípio da precaução, prevê expressamente o artigo 24, §2º, que "quando da utilização de sistemas de inteligência artificial que possam gerar impactos irreversíveis ou de difícil reversão, a avaliação de impacto algorítmico levará em conta também as evidências incipientes, incompletas ou especulativas".

Compreendendo-se que a avaliação de impacto algorítmico pode, inclusive, considerar "evidências incipientes, incompletas ou especulativas", é cediço que o sistema de IA atenda aos princípios da explicabilidade e da transparência algorítmica desde a concepção do projeto computacional, a

272. STJ, Corte Especial, Min. Ari Pargendler, AgRg na SLS 1564/MA, julg. 16.05.2012, DJe 06.06.2012, RSTJ vol. 237 p. 364.

273. Omri Ben-Shahar aponta para um arranjo regulatório coletivo na área de proteção de dados, vinculado à ideia de "poluição de dados" e de um "direito ambiental da proteção de dados pessoais", associado à responsabilização *ex post* de danos coletivos, inspirado pela legislação ambiental, com enfoque em medidas de mitigação e em recalibragem das regras de responsabilização civil para gerar novos incentivos aos agentes poluentes. Quando há um incidente de segurança nessa área os danos não são só individuais, mas coletivos, já que todo o ecossistema de dados é afetado. Segundo tal análise há o reconhecimento de uma dimensão pública e centrada na poluição dos dados, uma dimensão social e coletiva, portanto, não apenas individual. A proposta tem por enfoque medidas de mitigação e em recalibragem das regras de responsabilização civil para gerar novos incentivos aos agentes poluentes, propondo uma análise sobre as medidas de mitigação que afetem o coletivo, dispensando a comprovação da ocorrência de danos concretos e individuais, colocando em destaque o princípio da prevenção. (BEN-SHAHAR, Omri. *Data Pollution, Journal of Legal Analysis*, v.11, 2019, p. 133).

fim de a possibilidade de explicação dos resultados da máquina permitam aos seus desenvolvedores corrigi-la, servindo como ferramenta de *accountability* preventiva ao expor a lógica de suas decisões automatizadas, devendo permitir ao observador determinar a extensão em que um *input* em particular foi determinante ou influenciou certo *output*[274].

No contexto de evitabilidade dos danos potencialmente decorrentes de aplicações de Inteligência Artificial, o princípio da precaução se encontra intrinsicamente associado à ética *by design*[275] – além de outros valores como *privacy*, *security* e *equity by design* –, referente à incorporação de considerações éticas desde a concepção dessas tecnologias, e de produtos ou serviços dotados de Inteligência Artificial. No contexto jurídico, a ética *by design* serve a assegurar que as inovações tecnológicas estejam em conformidade com os princípios éticos da IA, considerando, pois, as suas matrizes de riscos, a fim de antecipar possíveis consequências negativas derivadas do uso de certos modelos de IA ou da falta de salvaguardas adequadas.

A consagração do princípio da precaução contemplaria, então, três objetivos distintos: a) primordialmente, garantir uma análise evolutiva mais acurada dos riscos, promovendo a investigação científica; b) reduzir os riscos a um patamar mínimo aceitável, ressalvando-se, contudo, que a concepção de "risco zero" é impraticável, especialmente à luz dos avanços em modelos computacionais cada vez mais sofisticados; c) e finalmente, norteiar sua aplicação à necessidade de prover informação, explicabilidade e transparência ao consumidor e a terceiros expostos a tais tecnologias, objetivo este intrinsecamente ligado às noções de consentimento plenamente esclarecido e aceitação dos riscos, eis que a aceitação pressupõe a informação[276].

274. "A abordagem da precaução parece ser útil na definição dos contornos desse debate. De um lado, ela colabora na construção de espaços de deliberação para se discutir o que seria ´informação qualificada´ ou como mitigar os problemas em decisões futuras. De outro, ela possibilita endereçar questionamentos a respeito dos segredos comercial e industrial. Ao exigir informações sobre a racionalidade de uma decisão específica, o direito à explicação não se confunde com a transparência pura e simples. Variações nos dados de raça, por exemplo, já poderiam fornecer o impacto e a maneira como esse tipo de dado impacta uma decisão, sem, contudo, demandar a revelação de todo o sistema automatizado envolvido naquela decisão (Doshi-Velez e Kortz, 2017). Ademais, espaços deliberativos com a participação de diversos atores podem ajudar a mitigar os custos envolvidos em sistemas de explicação – que, de outra forma, poderia afetar desproporcionalmente empresas menores – bem como os desafios tecnológicos de se pensar esse tipo de sistema." (BIONI, Bruno Ricardo; LUCIANO, Maria. O princípio da precaução na regulação de inteligência artificial: seriam as leis de proteção de dados o seu portal de entrada? In: FRAZÃO, Ana; MULHOLLAND, Caitlin. *Inteligência artificial e direito*: ética, regulação e responsabilidade. São Paulo: Thomson Reuters Brasil, 2019, p. 207-231).

275. Nesse contexto, pode-se destacar três pilares de um sistema de IA ético: (i) a inexistência de vieses algorítmicos discriminatórios; (ii) que o modelo seja explicável, transparente, equitativo, confiável e robusto; e (iii) que respeite a privacidade, a segurança de seus usuários e a proteção de dados pessoais.

276. CALIXTO, Marcelo Junqueira. *A responsabilidade civil do fornecedor de produtos pelos riscos do desenvolvimento.* Rio de Janeiro: Renovar, 2004, p. 118-119.

A correlação entre as noções jurídicas de precaução, ética *by design* e funcionalização preventiva da responsabilidade civil pode ser assim vislumbrada: a ética *by design* considera, frente à base axiológica da IA, as implicações do projeto computacional desde sua concepção e, ao antecipar suas matrizes de riscos e buscar mitigá-los, mostra-se alinhada ao princípio da precaução, que exige medidas eficazes a evitar danos irreversíveis, o que decorre da função preventiva da responsabilidade civil. A incorporação do princípio da precaução, de princípios da IA *by design* e da função preventiva da responsabilidade civil na abordagem regulatória brasileira contribui para promover um ambiente tecnológico mais seguro, ético, confiável e responsável, tanto em relação às inovações tecnológicas quanto aos direitos dos indivíduos.

A exegese dos riscos não pode ser contrabalançada pelo segredo comercial e industrial – conforme prescreve a Lei nº 13.709/2018 (LGPD) em seus artigos 6º, inciso VI, e 20, §2º –, quando concebido sob uma ótica estritamente econômica, que visa a proteger o fornecedor em face de seus concorrentes. O imperativo é a asseveração de que o produto não apresente características inseguras. É fundamental ainda que o público tenha acesso a informações fidedignas e transparentes, permitindo-lhe deliberar entre os custos e os benefícios inerentes ao produto, especialmente quando se tratar de sistemas de Inteligência Artificial dotados de elevado grau de autonomia e, consequentemente, de potencial alta periculosidade.

É nesse sentido que não se deve admitir ao fornecedor do sistema de Inteligência Artificial – "pessoa natural ou jurídica, pública ou privada, que desenvolva um sistema de IA, diretamente ou por encomenda, para sua colocação no mercado ou a sua aplicação em serviço, a título oneroso ou gratuito"[277] – alegar o risco do desenvolvimento como causa excludente da responsabilidade por ter usado a tecnologia mais segura conhecida pela comunidade científica à época, salvo se a autoridade competente ou agência reguladora responsável tiver autorizado que o modelo de IA fosse colocado em circulação mesmo mensurada sua alta periculosidade.

Os graus de periculosidade dos diferentes tipos de IA, a pesquisa e o desenvolvimento tecnológicos devem ser concretamente considerados e sopesados com o estado da arte/ciência ao tempo da inserção da tecnologia de IA no mercado. Segundo a doutrina[278], fundada a responsabilidade

277. BRASIL. SENADO FEDERAL. Projeto de Lei nº 2.338, de 2023. Atividade Legislativa, 2023. Disponível em: https://www25.senado.leg.br/web/atividade/materias/-/materia/157233?_gl=1*1qw7sar*_ga*ODQ3Nzg0NDY2LjE2MjQ2Mzc4Mzg.*_ga_CW3ZH25XMK*MTY4NDE2MjkOMy4yLjAuMTY4NDE2MjkOMy4wLjAuMA. Acesso em: 28.05.2023.

278. COLOMBRO, Cristiano; SOUZA, Maique Barbosa de. GPT-3 aplicada em assistentes virtuais e potencialização dos preconceitos: primeiras linhas jurisprudenciais acerca de responsabilidade civil sobre

objetiva – regime escolhido pelo §1º do art. 27 do PL nº 2.338/2023[279] para as tecnologias de IA de alto risco ou de risco excessivo – na teoria do risco criado (art. 927, parágrafo único, do CC), verifica-se a periculosidade: a) quando o perigo reside na coisa em si mesma considerada, como, por exemplo, produtos explosivos; b) quando o perigo consistir na posição em que a coisa é colocada, como nos produtos que, isolados, são inócuos, mas que, em conjunto, se convertem em perigosos e/ou tóxicos; c) em produtos e serviços defeituosos.

Com fulcro no aforismo *cuius est commodum eius est incommodum*, aludido na tese do *deep pocket*, segundo o qual aquele que desenvolve atividades lucrativas deve suportar os prejuízos advindos de suas atividades, prevalecendo os interesses gerais sobre os particulares. Parte-se, pois, da premissa de que quem exerce atividade econômica deve arcar com os custos atinentes à prevenção e à reparação dos danos causados a terceiros. Outrossim, externalidades negativas não são geradas apenas por atividades perigosas por natureza, mas constituem traço inerente à sociedade contemporânea, que necessita de um sistema eficiente de canalização da responsabilidade, esquivando-se da socialização dos riscos.

Afinal, o PL nº 2.338/2023[280] adota abordagem regulatória antropocêntrica – segundo o art. 2º, "[o] desenvolvimento, a implementação e o uso de sistemas de inteligência artificial no Brasil têm como fundamentos: I – a centralidade da pessoa humana; II – o respeito aos direitos humanos e aos valores democráticos; III – o livre desenvolvimento da personalidade" – e baseada em riscos – dedica seu Capítulo III à categorização dos riscos de sistemas de IA –, mas também se funda na livre iniciativa, na livre concorrência e na defesa do consumidor.

Tantos são os fundamentos que o artigo 24 do projeto de lei estabelece, como um dos requisitos mínimos registrados pela avaliação de impacto algorítmico, a adoção de "medidas de transparência ao público, especialmente aos potenciais usuários do sistema, a respeito dos riscos residuais, principalmente quando envolver alto grau de nocividade ou periculosidade

inteligência artificial no Brasil e perspectivas sobre solidariedade à luz da teoria do *deep pocket*. In: PARENTONI, Leonardo (coord.). FERRARI, Giovanni Carlo Batista; FALEIROS JÚNIOR, José Luiz de Moura; ALVES, Tárik César Oliveira e (org.). *Direito, tecnologia e inovação*. Vol. 4: estudos de casos. Belo Horizonte: DTIBR, 2022, p. 61-70.

279. BRASIL. SENADO FEDERAL. Projeto de Lei nº 2.338, de 2023. Atividade Legislativa, 2023. Disponível em: https://www25.senado.leg.br/web/atividade/materias/-/materia/157233?_gl=1*1qw7sar*_ga*ODQ3Nzg0NDY2LjE2MjQ2Mzc4Mzg.*_ga_CW3ZH25XMK*MTY4NDE2Mjk0My4yLjAuMTY4NDE2Mjk0My4wLjAuMA. Acesso em: 28.05.2023.

280. Ibidem.

à saúde ou segurança dos usuários, nos termos dos artigos 9º e 10 da Lei nº 8.078"[281], o CDC.

Assim, considerados o inciso VII do art. 2º e o art. 46 do PL nº 2.338/2023, admite-se, à análise da periculosidade de produtos e serviços colocados no mercado, a aplicação das normas do Código de Defesa do Consumidor. Ademais, os deveres do fornecedor de produtos e serviços de prevenir danos ao consumidor variam de acordo com a gravidade dos riscos: a) aos riscos normais e previsíveis decorrentes da própria natureza ou da fruição do produto ou serviço, exsurge o dever de prestar as informações necessárias e adequadas (art. 8º do CDC); b) aos produtos e serviços potencialmente nocivos ou perigosos, são exigidas informações ostensivas e adequadas, sem prejuízo de outras medidas concretamente cabíveis (art. 9º do CDC); e c) aos produtos e serviços com grau elevado de nocividade ou periculosidade, o fornecedor, se disso sabia ou deveria saber, não os colocará no mercado (art. 10 do CDC)[282].

Vale enfatizar, ainda, a aparente isenção de responsabilidade frente ao estado da arte disciplinada no §1º do artigo 10 do CDC, o qual preconiza que: "[o] fornecedor de produtos e serviços que, posteriormente à sua introdução no mercado de consumo, tiver conhecimento da periculosidade que apresentem, deverá comunicar o fato imediatamente às autoridades competentes e aos consumidores, mediante anúncios publicitários". Diante dessas premissas legais, Ada Pellegrini Grinover tece críticas ao apontar, de forma bastante perspicaz, que: "[n]o entanto, quando o produto, por sua natureza e características, não se sujeita à fiscalização governamental, não

281. Ibidem.

282. "Não deve passar despercebida a diferença terminológica dos artigos 8º, 9º e 10. A palavra riscos (art. 8º) é substituída (artigos 9º e 10) por nocividade e periculosidade; e reaparece no conceito de legítima expectativa de segurança (art. 12, § 1º, II): o produto é defeituoso quando não oferece a segurança esperada, levando-se em conta os usos e os riscos que razoavelmente dele se esperam. É claro que a ausência de menção a nocividade ou periculosidade não significa que os produtos classificáveis nos artigos 9º e 10 não sejam abrangidos pelo conceito de legítima expectativa de segurança. Porém, não se pode ignorar a referência à razoabilidade: na avaliação da expectativa de segurança, não se pode fazer tábula rasa dos graus diferenciais de risco. Haverá de se exigir maior rigor informativo a um produto potencialmente nocivo (medicamento de tarja vermelha ou preta – informação ostensiva) do que a outro, cujo risco é normal e previsível, e que (...) não demanda rigor igual (facas, tesouras), porque o risco que apresenta é baixo. (...) No art. 10, já não há exigência de informação como forma de prevenção, porque a informação já não é remédio, o produto sequer deveria estar no mercado. O Poder Judiciário já pronunciou a alta periculosidade de produtos, podendo ser citados os andadores infantis, as camas de bronzeamento e, mais recentemente, em decisões do Supremo Tribunal Federal, os produtos à base de amianto, ou asbesto. (...) A questão que se põe é justamente a responsabilidade civil como meio de controle dos efeitos nocivos de um produto. A escala de risco do CDC fornece referenciais adequados para a prevenção de danos, mas também para a reparação." (PASQUALOTTO, Adalberto. *Revisitando o conceito de risco no CDC*. Migalhas de Responsabilidade Civil, 2020. Disponível em: https://www.migalhas.com.br/coluna/migalhas-de-responsabilidade-civil/331347/revisitando-o-conceito-de-risco-no-cdc. Acesso em: 24.06.2023).

há possibilidade de reparação preventiva, a não ser por iniciativa da própria empresa, através do recolhimento dos produtos defeituosos (*recall*)"[283].

Nesse sentido é a redação do art. 24, §5º, do PL, que prevê que agentes de IA que, posteriormente à sua introdução no mercado ou uso em serviço, tomarem ciência de riscos inesperados que "apresentem a direitos de pessoas naturais, comunicará o fato imediatamente às autoridades competente e às pessoas afetadas pelo sistema de inteligência artificial"[284].

Todavia, o hermeneuta precisa realizar uma análise sistêmica e unitária da abordagem regulatória proposta pelo PL nº 2.338/2023, razão pela qual é necessário se atentar à avaliação de risco preliminar, um instrumento de eficácia do princípio da precaução. O artigo 13 do PL estabelece que, previamente à colocação do sistema de IA no mercado ou seu uso em serviço, todo modelo de IA passará por avaliação preliminar realizada pelo fornecedor para classificar seu grau de risco, incluindo-se nessa avaliação as finalidades ou aplicações indicadas (art. 17) para tecnologias de IA de aplicação genérica (modelos fundacionais). Não sendo classificada como de alto risco, haverá registro e documentação da avaliação prévia pelo fornecedor de IA para fins de *accountability*, além de ser atribuída à autoridade competente a reclassificação do sistema de IA, mediante notificação antecedente e posterior avaliação de impacto algorítmico.

Vê-se que tais classificações em muito se assemelham à gradação constante no PL nº 2.338/2023 ao vedar a implementação e o uso de aplicações de IA de risco excessivo, uma vez se inserem no contexto de produtos e serviços munidos de IA com alto grau de nocividade e periculosidade, enquanto aqueles de alto risco devem ser submetidos à avaliação preliminar que ateste tal grau de nocividade ou periculosidade para, posteriormente, estar sujeito à Seção III do Capítulo IV (governança dos sistemas de Inteligência Artificial) do PL, que disciplina a avaliação de impacto algorítmico (AIAg) como medida de precaução[285].

---

283. "[O] caso mais sugestivo ocorreu em 1983, quando a *General Motors* do Brasil constatou defeito no sistema de freios dos carros *Chevette* fabricados entre 1º e 12 de março de 1982, promovendo a reparação do dano emergente através da chamada *recall* dos consumidores para substituição gratuita do produto (cf. reportagem de Quatro Rodas, ano XXIII, nº 275)." (GRINOVER, Ada Pellegrini *et al. Código Brasileiro de Defesa do Consumidor comentado pelos autores do anteprojeto*. 12.ed. Rio de Janeiro: Forense, 2019, p.184).

284. BRASIL. SENADO FEDERAL. Projeto de Lei nº 2.338, de 2023. Atividade Legislativa, 2023. Disponível em: https://www25.senado.leg.br/web/atividade/materias/-/materia/157233?_gl=1*1qw7sar*_ga*ODQ3Nzg0NDY2LjE2MjQ2Mzc4Mzg.*_ga_CW3ZH25XMK*MTY4NDE2Mjk0My4yLjAuMTY4NDE2Mjk0My4wLjAuMA. Acesso em: 28.05.2023.

285. "Do norte ao sul global (...), nota-se a emergência de uma racionalidade regulatória bastante próxima ao conteúdo normativo do princípio da precaução. Cabe ao proponente da atividade demonstrar a

De acordo com Antônio Herman Benjamin[286], no tocante à segurança dos produtos, sua periculosidade pode ser classificada como: a) periculosidade inerente ou latente (risco dentro da normalidade) – o produto ou serviço não apresenta problemas de qualidade (a legítima expectativa de perigo em função do tipo específico de produto é elemento objetivo; já a previsibilidade do perigo pelo consumidor *standard* é elemento subjetivo dessa espécie), por exemplo, os sistemas de IA de filtragem de conteúdo do *feed* de notícias nas redes sociais, cuja periculosidade é da sua essência e o consumidor, em regra, não poderá alegar vício de qualidade por insegurança afirmando que a influência maléfica gerada pelo *feed* seria fato do produto e demandaria indenização, salvo se superada a legítima expectativa; b) periculosidade adquirida – o produto ou serviço apresenta defeito (arts. 12 e 14 do CDC) de fabricação, concepção (intrínseco) ou comercialização (extrínseco), havendo um risco anormal adquirido, uma quebra da legítima expectativa de segurança, o que denuncia um vício de qualidade por insegurança (fato do produto ou serviço) e, assim, os danos por acidentes de consumo seriam indenizáveis, por exemplo, as aplicações de IA que fornecem, via *GPS*, rotas mais rápidas, porém sabidamente perigosas, para os motoristas, que, se soubessem se tratar de rota arriscada não acatariam as coordenadas da IA; c) periculosidade exagerada ou por ficção – quando as informações e advertências sobre a sua periculosidade não forem suficientes para firmar a previsibilidade esperada quanto aos riscos para o consumidor, que ultrapassam os benefícios do produto, não havendo como se resguardar integralmente o consumidor contra os riscos excessivos, nem mitigar os danos – e por isso, o PL nº 2.338/2023[287] veda a implementação e o uso, em seu art. 14, de modelos de IA de risco excessivo –, sendo defeituoso por ficção e proibido no mercado de consumo, sendo banida a sua introdução pelo próprio CDC, em seu art. 10, que pode ser combinado com o art. 64, parágrafo único, também do CDC. Ressaltar-se-á que, em qualquer desses casos, a produção em série acaba potencializando os riscos inevitáveis do consumo desses produtos e serviços munidos de Inteligência Artificial.

---

segurança da sua atividade, especialmente as medidas adotadas para gerenciar os seus respectivos riscos." (BIONI, Bruno Ricardo; LUCIANO, Maria. O princípio da precaução na regulação de inteligência artificial: seriam as leis de proteção de dados o seu portal de entrada? In: FRAZÃO, Ana; MULHOLLAND, Caitlin. *Inteligência artificial e direito*: ética, regulação e responsabilidade. São Paulo: Thomson Reuters Brasil, 2019, p. 207-231).

286. BENJAMIN, Antonio Herman; MARQUES, Cláudia Lima; BESSA, Leonardo Roscoe. *Manual de Direito do Consumidor*. 7.ed. São Paulo: Revista dos Tribunais, 2016, p. 155-160.

287. BRASIL. SENADO FEDERAL. Projeto de Lei nº 2.338, de 2023. Atividade Legislativa, 2023. Disponível em: https://www25.senado.leg.br/web/atividade/materias/-/materia/157233?_gl=1*1qw7sar*_ga*ODQ3Nzg0NDY2LjE2MjQ2Mzc4Mzg.*_ga_CW3ZH25XMK*MTY4NDE2Mjk0My4yLjAuMTY4NDE2MjkOMy4wLjAuMA. Acesso em: 28.05.2023.

Nesse ponto, é válido o exame da maturidade tecnológica do sistema de Inteligência Artificial, particularmente relevante para fins de observância dos princípios da segurança, da proteção de dados e da robustez, indagando-se o quão maduro tecnicamente é o modelo de IA segundo os nove níveis de prontidão tecnológica (TRL – *Technology Readiness Level*), baseados na estrutura desenvolvida por John Mankins para a *National Aeronautics and Space Administration* (NASA)[288], vistos pela OCDE como medidas aproximadas interessantes para a calibragem da responsabilidade civil. Os níveis vão desde a baixa prontidão tecnológica em fase inaugural de P&D até sistemas de IA em versão operacional final, aplicada em ambiente real, monitorado e com constantes processos corretivos para a continuidade da lapidação do sistema de IA. Portanto, quanto menor o nível de prontidão tecnológica, maiores serão os riscos oriundos da circulação do produto ou serviço munido de Inteligência Artificial, maior será a previsibilidade de eventos danosos, maior a sujeição à responsabilização civil.

No entanto, a cláusula geral de responsabilidade por atividade de risco, disciplinada no parágrafo único do art. 927 do CC, não pode acarretar a invocação indiscriminada e irrefletida da noção de risco sempre que se tratar de atividade moldada ao desenvolvimento, implantação e uso de Inteligência Artificial. Tanto é assim que Gustavo Tepedino e Rodrigo da Guia[289] salientam que se deve investigar detidamente, em cada atividade, à luz das especificidades dos respectivos sistemas e do contexto concreto, a caracterização de uma atividade de risco.

A avaliação e o gerenciamento de riscos em todo o ciclo de vida do sistema de IA devem ser submetidos a alguns questionamentos, a fim de resguardar alguns princípios éticos da IA[290], como a transparência e

288. MANKINS, John. *Technology Readiness Levels*: a white paper. Escrito em 06.04.1995. Editado em 22.12.2004. Disponível em: https://www.researchgate.net/publication/247705707_Technology_Readiness_Level_-_A_White_Paper. Acesso em: 31.03.2023.

289. "[O] reconhecimento da configuração de atividades de risco a partir do emprego generalizado de sistemas de inteligência artificial parece a solução adequada, em linha de princípio, para o equacionamento da questão atinente à individualização do critério de imputação do regime de responsabilidade. O que não parece possível, ao revés, é a invocação indiscriminada e irrefletida da noção de atividade de risco. Deve-se, com efeito, lançar mão dos critérios desenvolvidos pela doutrina para a elucidação do que vem a ser atividade de risco para fins de incidência da correlata cláusula geral de responsabilidade objetiva. Há que investigar detidamente, em cada atividade, à luz das especificidades dos respectivos sistemas e de seu contexto, a possibilidade de caracterização de atividade de risco." (TEPEDINO, Gustavo; SILVA, Rodrigo da Guia. Inteligência Artificial e elementos da responsabilidade civil. In: FRAZÃO, Ana; MULHOLLAND, Caitlin (coords.). *Inteligência Artificial e Direito*: ética, regulação e responsabilidade. São Paulo: Thomson Reuters Brasil, 2019, p. 318-319).

290. "Diferentes organismos internacionais têm buscado criar ambientes em que seja possível pactuar globalmente princípios éticos, padrões técnicos e promover o compartilhamento de conhecimento, melhores práticas e métricas para medir os avanços em pesquisa, desenvolvimento e utilização de

a explicabilidade do sistema de IA. A abordagem regulatória transversal baseada em riscos, proposta pelo PL nº 2.338/2023, traz duas implicações: (i) as mesmas normas devem ser válidas para o desenvolvimento, a implementação e a utilização de sistemas de IA independentemente do setor da indústria ou comércio; (ii) porém, considera-se o grau de risco avaliado para saber quais medidas de governança serão aplicadas. O PL traz, nos artigos 14 a 18, a listagem – e os critérios de atualização pela autoridade competente – das aplicações de IA de alto risco (conforme os fins a que são empregadas) e de risco excessivo.

> Segundo Maranhão, a CJSUBIA adotou uma categorização exemplificativa de riscos por entender que seria difícil chegar a uma definição consensual do termo "alto risco" e que uma definição genérica acabaria dando margem a ativismos judiciais. Já em relação às medidas de governança, o expositor observou que elas são menos detalhadas do que as observadas no *AI Act* europeu, o que dará às agências reguladoras brasileiras espaço de atuação e garantirá às entidades associativas empresariais a chance de criar códigos de conduta capazes de adaptar para cada setor econômico tanto as medidas de governança elencadas na minuta, quanto normas internacionais, como as elaboradas pela ISO, que têm caráter transversal e *top-down* (...) De acordo com o expositor, o texto da CJSUBIA confere centralidade a direitos fundamentais, o que – a depender da conduta dos tribunais – pode dar margem à insegurança jurídica, pois, em casos específicos, os tribunais e as autoridades administrativas podem vir a ter entendimentos distintos sobre a capacidade de determinadas medidas de governança para assegurar direitos[291].

IA. A título exemplificativo, a (...) OCDE aprovou, em maio de 2019, seus Princípios sobre Inteligência Artificial, aos quais 42 países, inclusive o Brasil, já aderiram. (...) UNESCO (...) tem promovido estudos e conferências para tratar de diferentes dimensões de políticas públicas para IA, com discussão de questões como desenvolvimento sustentável, gênero, educação e ética da ciência. Também na União Internacional de Telecomunicações (UIT) existem diferentes grupos focais dedicados a discutir aspectos técnicos de IA, como, por exemplo, *machine learning* em redes 5G e aplicações de IA no campo da medicina. A comunidade científica e acadêmica tem também desempenhado papel relevante nesse contexto, por meio da discussão multissetorial e transdisciplinar (...) com intercâmbio de pesquisadores e desenvolvimento de pesquisas conjuntas." (BRASIL. ESTRATÉGIA BRASILEIRA DE INTELIGÊNCIA ARTIFICIAL – EBIA. Portaria GM nº 4.617/2021 do Ministério da Ciência, Tecnologia e Inovações. Disponível em: https://www.gov.br/mcti/pt-br/acompanhe-o-mcti/transformacaodigital/arquivosinteligenciaartificial/ebia-documento_referencia_4-979_2021.pdf. Acesso em: 13.05.2023).

291. "[Juliano] Maranhão e [Cristina] Godoy afirmaram ser necessário existir espaço regulatório para a criação de soluções *bottom-up* no campo da governança, em oposição à abordagem *top-down* presente na minuta de substitutivo. No contexto dessa discussão, os três participantes concordaram que os países precisam regular os sistemas de IA de acordo com necessidades locais. Maranhão lembrou que, na saúde, por exemplo, falsos positivos (p.ex., "não-câncer predito como câncer") impõem custos aos sistemas de saúde, enquanto falsos negativos (p.ex., "câncer predito como não-câncer") representam risco de vida para os pacientes. Esses outputs tecnológicos colocam desafios distintos às lideranças públicas dos diferentes países. Em localidades onde o acesso à saúde já é bastante

Diante de determinado modelo de IA, são claros, precisos e plenamente informados ao usuário os objetivos do sistema, sendo possível formalizar o problema que está sendo instado a resolver? O sistema de IA fornece informações úteis e significativas para que o usuário compreenda, de fato, seu desempenho, seus *outputs*, suas decisões? As saídas de dados do sistema, finais ou intermediárias, para alcançar determinado objetivo podem ser explicadas ao usuário em linguagem natural? Os dados de entrada, de treinamento e os conhecimentos determinantes usados pelo sistema de IA para tomar decisões podem ser identificados?

Adicionalmente, podem ser também propostas perguntas cruciais a serem submetidas aos formuladores de políticas sobre os modelos de IA que os norteiem a determinar, ainda "em laboratório", a segurança, proteção e robustez de um sistema de IA em desenvolvimento, e até mesmo aquele em franca utilização: como a pessoa, física ou jurídica, que implantou o sistema de IA testou sua segurança? Quais medidas foram adotadas para avaliação *ex ante* dos impactos do modelo de IA, simulando as lentes de um "mau ator" que tentará corrompê-lo?

E mais, o sistema de Inteligência Artificial apresentaria mudanças significativas de *outputs* caso fosse treinado com outras variações de dados disponíveis? Existem medidas para validar, verificar e avaliar todos os resultados prováveis do sistema de IA? Quais mecanismos estão sendo implantados para facilitar a rastreabilidade no sistema de IA, inclusive em relação aos conjuntos de dados, processos e decisões tomadas durante o ciclo de vida do modelo?

Atento à premência de uma avaliação *ex ante* dos riscos inerentes a sistemas de IA, o PL nº 2.338/2023 delineia critérios de avaliação e desencadeamento dos tipos de ações que devem ser tomadas para atenuar os riscos dos modelos de Inteligência Artificial, envolvendo os setores interessados no processo regulatório da IA por meio de corregulação. Como medida direcionada à precaução de danos possíveis causados por um sistema de IA, a Seção III do Capítulo IV do PL[292] versa sobre a avaliação preliminar

consolidado, elas devem ponderar se desejam, ou não, diminuir o número de falsos positivos, ainda que isso possa aumentar as chances de ocorrência de falsos negativos. Já em países onde o acesso individual à saúde é menos frequente, as lideranças públicas devem estar cientes de que falsos negativos possuem chances menores de identificação, e que a reversão desse quadro passa, ao menos em parte, pela elevação do número de faltos positivos, e, portanto, pelo aumento dos custos em saúde." (BRANDÃO, Rodrigo. Relatório do evento "Regulação da IA no Brasil: estamos em um bom caminho". Ciclo de Palestras "Desafios e Oportunidades da IA: perspectivas setoriais", Observatório da Inovação e Competitividade (OIC), sediado no Instituto de Estudos Avançados (IEA) da Universidade de São Paulo (USP), 25 de abril de 2023. Disponível em: https://oic.nap.usp.br/regulacao-da-ia-no-brasil-estamos-em-um-bom-caminho/. Acesso em: 24.06.2023).

292. BRASIL. SENADO FEDERAL. Projeto de Lei nº 2.338, de 2023. Atividade Legislativa, 2023. Disponível em: https://www25.senado.leg.br/web/atividade/materias/-/materia/157233?_gl=1*1qw7sar*_

e a avaliação de impacto algorítmico, sendo esta obrigatória sempre que aquela acusar que se trata de sistema de IA de alto risco. Nesse caso, deve ser a autoridade competente notificada sobre o sistema de IA de alto risco, mediante o compartilhamento das avaliações preliminar e de impacto algorítmico (art. 22).

> A avaliação preliminar se refere à análise prévia que deve ser feita pelo fornecedor antes de um sistema de IA ser colocado em mercado ou em utilização. Esta primeira avaliação visa apenas classificar o seu grau de risco, de acordo com as definições de IA de risco excessivo e alto risco previstas nos arts. 14 e 17, respectivamente, a fim de averiguar quais são as obrigações que deverão ser observadas pelo fornecedor. Como esta avaliação é, a princípio, uma atividade autorrealizada pelos próprios agentes regulados, o §2º do referido artigo determina o registro e documentação da avaliação preliminar para fins de responsabilização e prestação de contas no caso de o sistema não ser classificado como de risco alto naquele momento. Inclusive, há a possibilidade de a autoridade competente determinar a reclassificação (§3º) e até a imposição de eventuais penalidades em caso de avaliação preliminar fraudulenta, incompleta ou inverídica (§4º). É por meio do compartilhamento da avaliação preliminar e, posteriormente, da AIA com a autoridade competente que esta tomará ciência sobre a existência de um sistema de alto risco (art. 22, parágrafo único). Assim, uma vez que o sistema de IA é enquadrado como de alto risco pela avaliação preliminar, surge a obrigação de elaboração da AIA, procedimentalizada no art. 24. O projeto prevê uma metodologia com, ao menos, quatro etapas, formada por: preparação, cognição do risco, mitigação dos riscos encontrados e monitoramento[293].

O princípio da precaução supera a mera adoção de medidas que previnam incidentes decorrentes do uso de Inteligência Artificial e seus efeitos colaterais, pois a precaução está enraizada na produção do modelo de IA, no desenvolvimento do sistema e na sistematização dos dados que orientem pesquisas científicas, políticas públicas e modelos de negócios. Como o emprego de tecnologias de IA, em geral, demanda processamento de dados pessoais, seus impactos têm sido endereçados à LGPD, mas essa abordagem não se sustenta mais. É preciso que normas específicas e detalha-

---

ga*ODQ3Nzg0NDY2LjE2MjQ2Mzc4Mzg.*_ga_CW3ZH25XMK*MTY4NDE2Mjk0My4yLjAuMTY4NDE2MjkOMy4wLjAuMA. Acesso em: 28.05.2023.

293. MULHOLLAND, Cailtlin; FRAJHOF, Isabella; MONTEIRO, Júlia Iunes; SILVA, Paula Guedes Fernandes da. Avaliação de impacto algorítmico: o que é e como está regulada no PL 2.338/23 do Brasil. *Migalhas de Responsabilidade Civil*, 2023. Disponível em: https://www.migalhas.com.br/coluna/migalhas-de-responsabilidade-civil/395547/avaliacao-de-impacto-algoritmico. Acesso em: 20.10.2023.

das graduem os riscos de sistemas de IA e prevejam medidas de precaução frente às incertezas dos riscos do desenvolvimento de Inteligência Artificial.

> [A]s incertezas e limitações do conhecimento científico acabam dificultando esse tipo de abordagem, impondo novos desafios a práticas regulatórias. O conceito de "incerteza" é mais complexo do que aparenta. Para além da falta de dados ou inadequação de modelos de avaliação de risco, também abarca a "indeterminação" (quando não se conhece todas as relações causais), a "ambiguidade" e a "ignorância" (*unknow unkowns*) (*Science for Environment Policy*, 2017). Os métodos tradicionais de regulação de risco (*risk assessment*, *risk managment* e análises de custo-benefício), que pressupõem algum conhecimento e estimativas de probabilidade na antecipação de riscos, parecem não dar conta do desconhecido[294].

A *accountability* demanda um dever de transparência qualificada quando se depara com sistemas de Inteligência Artificial, cenário no qual o princípio da precaução apresenta-se como um *framework* útil. Contudo, a incidência da precaução deve ser um recurso invocado com parcimônia, desde que haja incerteza científica plausível e evidências mínimas de dano potencialmente verificado pela P&D de determinado modelo de Inteligência Artificial. Por essa razão, uma avaliação preliminar que qualifique o modelo como de alto risco ou de risco excessivo é essencial, tanto para naquele caso dar ensejo à avaliação de impacto algorítmico ulterior, como para neste acarretar a incidência de vedação legal a sua implementação e uso.

3.4.2 *Avaliações de impacto algorítmico,* sandboxes *regulatórios, periódicas auditorias e outras ferramentas de gestão e controle de* inputs e outputs *dos modelos de IA*

As pioneiras menções, em legislação nacional, sobre relatórios de impacto constam em normas ambientais. Na Avaliação de Impacto Ambiental (AIA)[295] realiza-se um estudo técnico do impacto ambiental de determinada

294. "[O] princípio da precaução reconheceria as assimetrias de poder e de informação dos processos de avaliação regulatória e ajudaria a remodelar os diferentes conhecimentos dos diversos atores envolvidos e afetados por esses processos (...) [e] assumir compromissos com a deliberação e a *accountability*, assegurando justificações explícitas e cuidadosas sobre as escolhas regulatórias feitas diante de um "conhecimento incompleto" – algo que, inclusive, fomentaria e criaria obrigações para com a pesquisa e o conhecimento científico, com vistas à obtenção de informações sobre os riscos desconhecidos". (BIONI, Bruno Ricardo; LUCIANO, Maria. O princípio da precaução na regulação de inteligência artificial: seriam as leis de proteção de dados o seu portal de entrada? In: FRAZÃO, Ana; MULHOLLAND, Caitlin. *Inteligência artificial e direito*: ética, regulação e responsabilidade. São Paulo: Thomson Reuters Brasil, 2019, p. 207-231).

295. Em razão da importância para os estudos de Direito Ambiental e da longíngua consolidação da sigla AIA, cujas primeiras discussões remontam aos anos 1960 – em que pese seja um ramo jurídico

atividade, enquanto o Estudo de Impacto Ambiental (EIA) e suas conclusões serão exportadas para um Relatório de Impacto ao Meio Ambiente (RIMA), que só se impõe em face de atividades de maior complexidade e potencial lesivo ao meio ambiente, isso porque, para atividades mais simples e sem grandes implicações ao meio ambiente, o relatório produzido é o Relatório de Análise Preliminar (RAP)[296]. Tais aspectos podem ser transportados, atendendo-se, por óbvio, a todas as particularidades do universo da Inteligência Artificial, para as avaliações de impacto de sistemas algorítmicos.

No contexto legislativo pátrio, também a Lei nº 13.709/2018, ao traçar conceitos, define, em seu artigo 5º, XVII, um relatório de impacto, próprio à proteção de dados pessoais. Trata-se de documento providenciado por "controlador que contém a descrição dos processos de tratamento de dados pessoais que podem gerar riscos às liberdades civis e aos direitos fundamentais, bem como medidas, salvaguardas e mecanismos de mitigação de risco". No entanto, a LGPD não disciplinou o rito do RIPDP[297], deixando-o condicionado a uma regulamentação ulterior por órgãos setoriais competentes, que definirão quando o RIPDP será compulsório, os seus elementos e a análise que se espera encontrar nessa documentação.

A AIAg consiste, pois, em instrumento essencial para avaliar previamente os riscos de sistemas algorítmicos aos direitos humanos, com o condão de viabilizar prestação de contas e responsabilização dos agentes da cadeia de valor da Inteligência Artificial. É importante que a AIAg, enquanto ferramenta de prestação de contas derivada do princípio da precaução, seja compreendida como um procedimento complexo, interativo e contínuo, a ser adotado durante todo o ciclo de vida do sistema de IA, com necessárias atualizações e participação pública, podendo, inclusive, a autoridade competente estabelecer obrigações adicionais e regular os requisitos para sua

distinto, que não se confunde com a área do conhecimento que pesquisa e regula a Inteligência Artificial –, entende-se pertinente que seja criada e firmada uma sigla própria para a Avaliação de Impacto Algorítmico: a AIAg.

296. O EIA e o RIMA, na verdade, são etapas de um só procedimento. O EIA é um estudo altamente técnico e detalhado, incompreensível aos leigos, e para isso o RIMA tem seu lugar, por consistir em resumo explicativo do EIA. Assim, não existe RIMA sem EIA. Havendo necessidade de EIA/RIMA, dois outros procedimentos serão imperativos: as audiências públicas e a compensação ambiental, nos moldes do artigo 36 da Lei nº 9.985/2000.

297. Vale a menção ao guia publicado, em junho de 2021, pela Agência Espanhola de Proteção de Dados para a gestão de direitos das partes interessadas em qualquer tratamento de dados pessoais, independentemente do nível de riscos. (AGENCIA ESPAÑOLA DE PROTECCIÓN DE DATOS – AEPD. Gestión del riesgo y evaluación de impacto en tratamientos de datos personales. Disponível em: https://www.aepd.es/es/documento/gestion-riesgo-y-evaluacion-impacto-en-tratamientos-datos-personales.pdf. Acesso em: 08.07.2023).

elaboração e a periodicidade de sua atualização. O PL 2.338/2023, no art. 26, impõe a publicação de suas conclusões, resguardados os segredos de negócio.

Tanto é assim que a AIA e o RIPDP, seus predecessores, também buscam examinar e mitigar, preventivamente, potenciais impactos negativos da exploração de atividades de risco. Recomenda-se, pois, que as iniciativas de regulamentação e implementação prática da AIAg aprendam com a principiologia e os erros e acertos já expostos nessas áreas. Objetiva prover "transparência sobre o funcionamento e finalidades do sistema algorítmico, documentar os impactos e medidas de prevenção de danos, e identificar seus responsáveis, viabilizando posterior fiscalização pela autoridade competente e, desejavelmente, pela sociedade"[298].

Nesse sentido, o Conselho da Justiça Federal aprovou, em sua IX Jornada de Direito Civil, realizada no início de 2022, o Enunciado nº 679, cuja redação sobre o Relatório de Impacto à Proteção de Dados Pessoais o compreende "como uma medida de prevenção e de *accountability* para qualquer operação de tratamento de dados considerada de alto risco, tendo sempre como parâmetro o risco aos direitos dos titulares"[299]. No campo da Inteligência Artificial, tal enunciado deve ser lido conjuntamente com a Seção III do Capítulo IV do PL nº 2.338/2023[300], que aborda especificamente os sistemas de IA classificados como de alto risco.

Bruno Bioni e Maria Luciano, em artigo sobre as avaliações de impacto e a aplicação do princípio da precaução, compararam União Europeia, EUA e Brasil face a desdobramentos e exigências de relatórios de impacto

298. "Enquanto sistemas de risco excessivo são proibidos pelo PL, em consonância com o princípio da precaução, os sistemas de alto risco devem cumprir com obrigações de governança gerais (aplicáveis para todos os sistemas de IA, independentemente do risco) e específicas. Uma das obrigações específicas para estes sistemas de alto risco é justamente a avaliação de impacto algorítmico." (MULHOLLAND, Cailtlin; FRAJHOF, Isabella; MONTEIRO, Júlia Iunes; SILVA, Paula Guedes Fernandes da. Avaliação de impacto algorítmico: o que é e como está regulada no PL 2.338/23 do Brasil. *Migalhas de Responsabilidade Civil*, 2023. Disponível em: https://www.migalhas.com.br/coluna/migalhas-de-responsabilidade-civil/395547/avaliacao-de-impacto-algoritmico. Acesso em: 20.10.2023).

299. Após o processo de avaliação de impacto, é produzido o RIPDP para o mapeamento da gestão de dados e das operações de tratamento. Caso identificadas hipóteses de alto risco, o RIPDP indicará medidas, salvaguardas e mecanismos de mitigação dos riscos, a fim de garantir a proteção dos direitos fundamentais e liberdades civis dos titulares desses dados e prever os parâmetros adequados a serem adotados, como questões de *compliance*. Deve, então, ser usado como instrumento de precaução e *accountability*, isto é, uma ferramenta internalizada no cotidiano das organizações, sempre passando por atualizações constantes para gerar benefícios não apenas ao titular envolvido na operação, mas toda a sociedade. (GOMES, Maria Cecília Oliveira. Relatório de impacto à proteção de dados: uma breve análise da sua definição e papel na LGPD. *Revista da AASP*, n. 144, 2019).

300. BRASIL. SENADO FEDERAL. Projeto de Lei nº 2.338, de 2023. Atividade Legislativa, 2023. Disponível em: https://www25.senado.leg.br/web/atividade/materias/-/materia/157233?_gl=1*1qw7sar*_ga*ODQ3Nzg0NDY2LjE2MjQ2Mzc4Mzg.*_ga_CW3ZH25XMK*MTY4NDE2Mjk0My4yLjAuMTY4NDE2Mjk0My4wLjAuMA. Acesso em: 28.05.2023.

à proteção de dados pessoais. Os autores consideraram forte o sistema europeu[301] no sentido de, ao se deparar com situação de alto risco que não possa ser mitigado por medidas adequadas ao estado da tecnologia disponível e aos custos da operação, o controlador deve interromper o tratamento de dados e consultar previamente (*prior notification*) a autoridade competente. Entenderam que o grau de força na aplicação do princípio da precaução nos EUA é moderado, uma vez que, embora obrigue a elaboração de RIPDP em situações de alto risco, é silente quanto à paralisação da atividade quando houver ameaça de dano, caso em que a incerteza quanto aos malefícios da atividade pode justificar ou não a ação, relegando-a à discricionariedade do proponente da atividade[302].

Já no que concerne à força do princípio da precaução aplicável ao relatório de impacto à proteção de dados pessoais previsto na LGPD, Bioni e Mariano a graduaram como fraca, eis que "ao não procedimentalizar minimamente em que situações os RIPDP são obrigatórios, muito menos quais devem ser os elementos a compor tal documentação, a incerteza quanto aos malefícios de uma atividade não justifica inação. No entanto,

---

301. "Tendo em vista que a base teórica do dispositivo legal que rege a proteção de dados no Brasil foi inspirada na experiência europeia de elaboração do *General Data Protection Regulation* (GDPR) a partir de outros textos como a ISO/IEC 29.134/2017, que versa sobre as *Guidelines for Privacy Impact*, e a ISO 31.000, sobre princípios e orientações acerca da gestão de risco, dentre as obrigações e instrumentos semelhantes entre as duas legislações, uma das adaptações trazida pela legislação brasileira foi o Relatório de Impacto à Proteção de Dados Pessoais (RIPD), que por sua vez equivale ao seu homônimo criado primeiro pelas autoridades europeias, o *Data Protection Impact Assessment* (DPIA)." (PAPP, Marco Borges; OLIVEIRA, Cristina Godoy Bernardo de. *A Inteligência Artificial no Brasil*: o relatório de impacto como abordagem regulatória preventiva. Migalhas de Proteção de Dados, 2023. Disponível em: https://www.migalhas.com.br/coluna/migalhas-de-protecao-de-dados/383129/o-relatorio-de-impacto-como-abordagem-regulatoria-preventiva. Acesso em: 02.07.2023).

302. "No cenário europeu, o controlador é obrigado a executar um RIPDP sempre que houver um alto risco em jogo. Há uma lista exemplificativa das hipóteses em que o tratamento de dados seria de alto risco, destacando-se a situação de perfilhamento como ponto de apoio para tomada de decisões. Através dessa definição, o emprego de IA para automatização de processos de concessão à crédito, precificação de planos e seguro de saúde, seleção e ou recrutamento de candidatos, elegibilidade à programas de assistências social, dentre uma outra série de situações do nosso cotidiano, deveriam ser antecedidos pela elaboração de um RIPDP. Além disso, quando o controlador não encontrar meios para mitigar os prováveis malefícios da sua respectiva atividade, deve, nesse caso, aguardar ´luz verde´ do regulador para seguir em frente. (...) No cenário americano, há, igualmente, um projeto de lei, de autoria dos Senadores Cory Booker e Ron Wyden, que obriga a elaboração de relatórios de impacto à proteção de dados, bem como de um relatório de impacto mais genérico, nas hipóteses em que não há o tratamento de dados pessoais, toda vez que houver o emprego de IA para automatização de processos de tomadas decisão. Intitulado como *Algorithmic Accountability*, diferentemente da racionalidade regulatória europeia, não há a previsão da necessidade de iniciar uma conversa com o regulador quando se deparar com uma situação de alto risco e na qual não se encontrou medidas para controlá-lo." (BIONI, Bruno Ricardo; LUCIANO, Maria. O princípio da precaução na regulação de inteligência artificial: seriam as leis de proteção de dados o seu portal de entrada? In: FRAZÃO, Ana; MULHOLLAND, Caitlin. *Inteligência artificial e direito*: ética, regulação e responsabilidade. São Paulo: Thomson Reuters Brasil, 2019, p. 207-231).

regulação posterior, por parte dos órgãos reguladores (e.g., ANPD), podem alterar [esse] *status* de força"[303].

Cumpre consignar que, nos termos da LGPD, caberá à ANPD solicitar ao controlador o RIPDP quando o tratamento tiver como base seu interesse legítimo, desde que observados os segredos de negócio (art. 10, §3º). Poderá, ainda, a ANPD determinar ao controlador que elabore o RIPDP sobre dados sensíveis, relativo a operações de tratamento de dados pessoais, nos termos do regulamento, observados os segredos industrial e comercial (art. 38)[304].

Em específico para a seara dos produtos e serviços munidos de Inteligência Artificial, nos termos dos artigos 23 e 24 do PL nº 2.338/2023[305], a avaliação de impacto algorítmico cumprirá quatro etapas – preparação, cognição do risco, mitigação dos perigos relatados e monitoramento – e será realizada por um profissional ou por uma equipe de profissionais com conhecimentos técnicos, científicos e jurídicos necessários a relatar os impactos algorítmicos da IA com independência funcional. Outrossim, caberá à autoridade competente – ainda a ser designada ou instituída – regular os casos em que a realização do relatório ou de auditoria sobre o que foi avaliado precisará ser conduzida por profissional(is) externo(s) ao fornecedor.

> [N]o panorama brasileiro, a LGPD não definiu os procedimentos para a elaboração do relatório de impacto para o uso de IA, apesar de constar em seu artigo 20 a previsão acerca da possibilidade de auditoria de decisões resultantes de tratamento automatizado de dados pessoais. É necessário,

303. BIONI, Bruno Ricardo; LUCIANO, Maria. O princípio da precaução na regulação de inteligência artificial: seriam as leis de proteção de dados o seu portal de entrada? In: FRAZÃO, Ana; MULHOLLAND, Caitlin. *Inteligência artificial e direito*: ética, regulação e responsabilidade. São Paulo: Thomson Reuters Brasil, 2019, p. 207-231.

304. "Embora o escopo de tratamento de um RIPD seja restrito a contextos que envolvam tratamento de dados pessoais e sua análise limitada à gestão de riscos a liberdades e direitos fundamentais afetados em virtude deste tratamento, é indubitável a correlação entre as duas ferramentas, tanto no aspecto metodológico de sua elaboração, quanto no conteúdo (para os casos em que sistemas de IA tratem dados pessoais). Por exemplo, é possível citar tecnologias de reconhecimento facial e aplicações de IA na área da saúde, que certamente exigirão a elaboração de AIA e RIPD (...) seja qual for a autoridade supervisora de IA, ela deverá estar alinhada às atividades regulatórias da ANPD, para garantir que os instrumentos de governança para regulação da IA sejam compatíveis com os princípios, obrigações e mecanismos de governança da LGPD, tais como a elaboração de RIPD em casos de tratamento de dados pessoais de alto risco." (AUTORIDADE NACIONAL DE PROTEÇÃO DE DADOS – ANPD. Análise preliminar do Projeto de Lei nº 2.338/2023, que dispõe sobre o uso da Inteligência Artificial. Disponível em: https://www.gov.br/anpd/pt-br/assuntos/noticias/analise-preliminar-do-pl-2338_2023-formatado-ascom.pdf. Acesso em: 08.07.2023).

305. BRASIL. SENADO FEDERAL. Projeto de Lei nº 2.338, de 2023. Atividade Legislativa, 2023. Disponível em: https://www25.senado.leg.br/web/atividade/materias/-/materia/157233?_gl=1*1qw7sar*_ga*ODQ3Nzg0NDY2LjE2MjQ2Mzc4Mzg.*_ga_CW3ZH25XMK*MTY4NDE2Mjk0My4yLjAuMTY4NDE2Mjk0My4wLjAuMA. Acesso em: 28.05.2023.

portanto, diferenciar o relatório de impacto previsto na LGPD daquele que deverá ser previsto em eventual regulação do uso de IA. Ao passo que o Relatório de Impacto de Proteção de Dados (RIPD) previsto na LGPD tem a finalidade de descrever os processos de tratamento de dados pessoais que apresentam potencial de risco às liberdades civis e aos direitos fundamentais, o relatório de impacto que eventualmente será implementado a partir de regulação específica para o uso de IA, para além da atenção ao tratamento de dados pessoais, deverá focar não só na obrigação de uma descrição pormenorizada do *output* do processo decisório e da metodologia utilizada para o desenvolvimento do sistema para mitigar o enviesamento de decisões, como também na descrição das formas e modalidades pelas quais serão feitas o treinamento de sistemas que usem técnicas de *machine learning* ou *deep learning*. Todavia, a confusão teórica entre o que se qualificaria como risco e o que seria, por essência, uma violação direta (*non-compliance*) faz com que a análise de risco seja postergada para fase subsequente à avaliação de impacto. Essa negligência é também razão para o enfraquecimento dos mecanismos de prevenção e de mitigação de danos aos titulares de dados[306].

Sobre auditorias em sistemas de Inteligência Artificial, a cientista da computação Nina da Hora sustenta que elas objetivam "examinar e verificar se os algoritmos estão funcionando corretamente, atendendo aos requisitos estabelecidos e produzindo resultados confiáveis". Afirma ainda que auditorias e validações em algoritmos podem incluir os seguintes aspectos: a) análise de desempenho dos algoritmos em relação a métricas de precisão, de probabilidade de erros e de tempo de resposta; b) auxílio na verificação de conformidade dos algoritmos com requisitos legais, éticos, regulatórios e de privacidade e segurança; c) submissão a testes de robustez em diferentes cenários fáticos e condições de aplicabilidade, como as simulações de dados adversários e as avaliações de respostas a perturbações e anomalias nos dados; d) revisão por pares de algoritmos realizada por especialistas independentes; e) exame de vieses algorítmicos, para evitar a replicação de desigualdades e injustiças sociais[307].

Os sistemas de IA precisam ser auditados regularmente, não somente quando ocorrem grandes falhas ou incidentes de segurança significativos[308].

306. PAPP, Marco Borges; OLIVEIRA, Cristina Godoy Bernardo de. *A Inteligência Artificial no Brasil*: o relatório de impacto como abordagem regulatória preventiva. Migalhas de Proteção de Dados, 2023. Disponível em: https://www.migalhas.com.br/coluna/migalhas-de-protecao-de-dados/383129/o-relatorio-de-impacto-como-abordagem-regulatoria-preventiva. Acesso em: 02.07.2023.

307. HORA, Nina da. *Algoritmos*. My News Explica! São Paulo: Edições 70, 2023, p. 63-65.

308. LABORATÓRIO DE POLÍTICAS PÚBLICAS E INTERNET – LAPIN. Relatório sobre avaliação de impacto algorítmico para proteção de direitos fundamentais (2023). Disponível em: https://lapin.org.br/2023/04/13/avaliacao-de-impacto-algoritmico-para-protecao-dos-direitosfundamentais/. Acesso em: 08.07.2023.

Uma "caixa-preta" ética deve ser projetada para registrar os dados críticos a serem mantidos como prova e um "auditor de visão global" pode ser instituído a fornecer medidas de *accountability* quando vários subsistemas de IA estiverem envolvidos no incidente. Além disso, as partes interessadas (*stakeholders*) podem ter que abandonar o sistema se não mais atender aos requisitos e propósitos definidos, isso porque a gradação dos riscos dos sistemas de IA deverá ser atualizada periodicamente, ante as repercussões fáticas e jurídicas que exibam após implementação e uso "no campo".

Algumas soluções de controle do modelo de IA *by design* devem ser implementadas, não apenas como forma de autorregulação, mas também como obrigações *ex ante* previstas numa abordagem regulatória apropriada e proporcional ao grau de risco subjacente à tipologia de Inteligência Artificial em questão. Bom exemplo são as "credenciais éticas verificáveis" (em literal tradução de *verifiable ethical credentials*), nas quais dados verificáveis por criptografia podem ser usados como fonte de prova da conformidade ética do sistema de IA, de seus componentes, artefatos e partes interessadas (como seus desenvolvedores e usuários). Antes de fazer uso do sistema de IA provisionado, será preciso verificar sua credencial ética e avaliar o nível de conformidade com os princípios éticos da IA. Por exemplo, antes de dirigir um veículo, o motorista é solicitado a digitar sua credencial ética para demonstrar capacidade de dirigir com segurança aquele modelo, segundo o nível de automação por IA do veículo[309].

Outra medida salutar de padrões de *design* que os desenvolvedores de aplicações de Inteligência Artificial podem usar durante o processo de P&D de novas tecnologias são os "gêmeos digitais éticos" (em inglês, *ethical digital twin*). Antes de executar o sistema de IA provisionado "em laboratório", é fundamental que se conduza, em plataforma controlada, uma simulação por meio de um "gêmeo digital ético" para monitorar os resultados (*outputs*) da IA e prever os riscos em potencial. O "gêmeo digital ético" também pode ser projetado como um componente no nível de infraestrutura operacional da IA para examinar os comportamentos e as decisões automatizadas de execução tomadas pelo sistema de IA, baseados no modelo de simulação abstrato e usando os dados no mundo real. Os resultados da avaliação *ex ante* de riscos devem ser utilizados para mudanças no curso de ação e a mitigação dos riscos da IA[310].

---

309. LU, Qinghua; ZHU, Liming; XU, Xiwei; WHITTLE, Jon. *Responsible-AI-by-design*: a pattern collection for designing responsible AI systems. Data61, CSIRO, Australia, arXiv:2203.00905v2 [cs.AI] September 21, 2022.

310. Ibidem.

No que se refere às medidas de gestão e controle de *inputs* e *outputs* de aplicações de Inteligência Artificial, expressão recorrente é "*sandboxes* regulatórios", recursos presentes na abordagem regulatória da IA dos países membros da União Europeia[311] e também, de forma explícita, na Seção III do Capítulo VIII do PL nº 2.338/2023[312], ao versar sobre as medidas de fomento à inovação, tratando-os como um ambiente regulatório experimental (*ex ante*) para a inovação em Inteligência Artificial. Diferenciam-se, portanto, das *sandboxes* operacionais, nas quais a testagem de uma tecnologia inovadora ocorre *ex post* e se adéqua ao contexto em que o dispositivo de IA já foi implementado e já vem sendo utilizado.

Sandbox, em tradução *ipsi litteris*, significa "caixa de areia", consistindo, assim, em metodologia que busca testar propostas inovadoras em ambiente controlado e delimitado, a fim de realizar as análises necessárias à remodelação, à adequação supervisionada e à criação de soluções *ex ante* que evitem refrear os avanços contemporâneos nos mais diversos setores de mercado[313]. Ressaltar-se-á que os primeiros registros de uso do termo *sandbox*, em sentido figurado, remetem à área de desenvolvimento de *softwares*, especificamente à implementação de ambientes controlados para teste de códigos de programação em projetos computacionais.

> Trata-se, em linhas gerais, da estruturação de um ambiente regulatório experimental sob supervisão de uma autoridade pública. É, assim, uma promissora técnica regulatória que permite à autoridade competente a testagem de novas abordagens regulatórias com um grupo pré-selecionado de desenvolvedores ou distribuidores de aplicações de IA. Tudo

311. INITIATIVE FOR APPLIED ARTIFICIAL INTELLIGENCE. AI Act: risk classification of AI systems from a practical perspective. Disponível em: https://aai.frb.io/assets/files/AI-Act-Risk-Classification-Study-appliedAI-March-2023.pdf. Acesso em: 02.07.2023.

312. "Art. 40. A autoridade competente editará regulamentação para estabelecer os procedimentos para a solicitação e autorização de funcionamento de *sandboxes* regulatórios, podendo limitar ou interromper o seu funcionamento, bem como emitir recomendações, levando em consideração, dentre outros aspectos, a preservação de direitos fundamentais, de direitos dos consumidores potencialmente afetados e a segurança e proteção dos dados pessoais que forem objeto de tratamento. Art. 41. Os participantes no ambiente de testagem da regulamentação da inteligência artificial continuam a ser responsáveis, nos termos da legislação aplicável em matéria de responsabilidade, por quaisquer danos infligidos a terceiros em resultado da experimentação que ocorre no ambiente de testagem." (BRASIL. SENADO FEDERAL. Projeto de Lei nº 2.338, de 2023. Atividade Legislativa, 2023. Disponível em: https://www25.senado.leg.br/web/atividade/materias/-/materia/157233?_gl=1*1qw7sar*_ga*ODQ3Nzg0NDY2LjE2MjQ2Mzc4Mzg.*_ga_CW3ZH25XMK*MTY4NDE2Mjk0My4yLjAuMTY4NDE2Mjk0My4wLjAuMA. Acesso em: 28.05.2023).

313. Por exemplo, a Comissão de Valores Mobiliários (CVM) lançou, em maio de 2020, a Instrução CVM nº 626, que regulamenta a constituição e o funcionamento de *sandboxes* regulatórios para testar modelos de negócio inovadores em atividades no mercado de valores. A menção, aqui, é válida, por analogia, para que se possa compreender a importância dessa ferramenta.

isso é feito em um ambiente controlado e com objetivos pré-definidos. Essa ferramenta está presente em diferentes propostas de regulação da IA, incluindo o Ato da IA e o PL nº 2.338/2023. Sua principal vantagem é a instalação de uma espécie de válvula de escape dentro do regime regulatório, a qual, por sua vez, permite melhor controlar a pressão dentro do sistema como um todo diante do surgimento de inovações tecnológica não previstas inicialmente pelo modelo[314].

Em um contexto de *Systems Development Life Cycle*, ou seja, do "ciclo de vida de desenvolvimento de sistemas", os *sandboxes* proporcionam um cenário de isolamento técnico e monitorado extremamente valioso para que aspectos de falhas sistêmicas de qualidade e de segurança, além de fatores de segurança cibernética, sejam avaliados de forma precedente (*ex ante*) à operacionalização do sistema, prevenindo incidentes e atenuando, no caso da IA, seus riscos subjacentes. São ambientes experimentais que agregam reguladores e organizações para P&D de inovações tecnológicas testando-as em face da estrutura regulatória vigente[315].

Quando o sistema de Inteligência Artificial está sendo avaliado, o *sandbox* regulatório pode ser utilizado para separar componentes de AI e não componentes de AI, executando-os em emulações independentes. Os componentes de IA colocados no *sandbox* ético não têm acesso ao restante do sistema de IA. Todas as funcionalidades de *hardware* e *software* do componente de IA são duplicadas na "caixa-preta" de proteção ética. Assim, o componente de AI pode ser executado com segurança e sob supervisão antes de ser implantado em escala.

Um dos primeiros registros em que se vislumbrou a apropriação do termo pelo poder estatal foi no Reino Unido. Em 2015, o *Financial Conduct Authority*[316], órgão regulador do sistema financeiro britânico, criou um *san-*

314. INSTITUTO TECNOLOGIA & SOCIEDADE DO RIO. Como regular a inteligência artificial? Expandindo os horizontes de análise para além da União Europeia. Disponível em: https://d26k070p771odc.cloudfront.net/wp-content/uploads/2016/12/20240705_Relatorio_Microsoft_Como-Regular-IA.pdf. Acesso em: 30.06.2024.

315. DATASPHERE INITIATIVE. *Sandboxes for data*: creating spaces for agile solutions across borders. Disponível em: https://www.thedatasphere.org/datasphere-publish/sandboxes-fordata/. Acesso em: 08.07.2023.

316. O *sandbox* regulatório oferece aos inovadores, titulares ou novos *players*, acesso à experiência regulatória. Está aberto a candidaturas de todos os setores do mercado de serviços financeiros e oferece às empresas a capacidade de testar produtos e serviços em um ambiente controlado, a oportunidade de descobrir se um modelo de negócios é atraente aos consumidores ou como determinada tecnologia funciona no mercado, um tempo reduzido para introdução no mercado a um custo potencialmente menor e apoio na identificação de salvaguardas de proteção ao consumidor que podem ser incorporadas a novos produtos e serviços. As empresas elegíveis para o *regulatory sandbox* terão um gerente dedicado a fornecer suporte no desenvolvimento e implementação de testes. Os testes de *sandbox* devem ter um objetivo claro e um impacto positivo claro nos consumidores. São normal-

dbox regulatório para o setor das *fintechs*, tendo inspirado diversos países, como na Austrália, no Canadá e em alguns países da África e do Oriente Médio - inclusive no Brasil, por meio do Banco Central[317] - à criação de seus próprios *sandboxes* para experimentação de soluções inovadoras e aprimoramento de normas vigentes a partir de um ambiente controlado de testes de regulação.

Consoante à ANPD, em análise preliminar do PL nº 2.338/2023, "[s]eria importante que o PL desse maior destaque às questões relativas à proteção de dados nos *sandboxes* de IA que tratem dados pessoais, visto que este é o caso de diversos sistemas de IA de alto risco". Desse modo, a ANPD - juntamente com a submissão do PL ao Senado Federal, em maio de 2023 –, iniciou o desenvolvimento de projeto-piloto de ambiente regulatório experimental[318].

mente conduzidos em pequena escala, por um período determinado e com um número limitado de consumidores. (FINANCIAL CONDUCT AUTHORITY. The Regulatory Sandbox allows firms to test innovative propositions in the market with real consumers. Disponível em: https://www.fca.org.uk/firms/innovation/regulatory-sandbox. Acesso em: 02.07.2023).

317. "O *Sandbox* Regulatório é um ambiente em que entidades são autorizadas pelo Banco Central do Brasil para testar, por período determinado, projeto inovador na área financeira ou de pagamento, observando um conjunto específico de disposições regulamentares que amparam a realização controlada e delimitada de suas atividades. Objetivos do *sandbox* regulatório do BC: estimular a inovação e a diversidade de modelos de negócio, estimular a concorrência entre os fornecedores de produtos e serviços financeiros e atender às diversas necessidades dos usuários, no âmbito do Sistema Financeiro Nacional e do Sistema de Pagamentos Brasileiro, assegurando a higidez desses sistemas. (...) [T]eve origem em 2015, no Reino Unido. Atualmente, além do Reino Unido, ele está presente em diversos países europeus e asiáticos, na Austrália, no Canadá e em alguns países da África e do Oriente Médio. Benefícios alcançados com o *sandbox* regulatório no Reino Unido, de acordo com o *Financial Conduct Authority*: promoção de competição mais efetiva no sistema financeiro; redução dos custos e do tempo de entrada de ideias inovadoras no mercado; mais facilidade na obtenção de *funding* para projetos inovadores; possibilidade de o regulador constituir uma relação mais próxima com o mercado, auxiliando na construção de critérios apropriados de proteção ao consumidor em novos produtos e serviços relacionados com as tecnologias inovadoras aplicadas ao mercado financeiro." (BANCO CENTRAL DO BRASIL. *Sandbox* Regulatório BC. Disponível em: https://www.bcb.gov.br/estabilidadefinanceira/sandbox. Acesso em: 02.07.2023).

318. "De forma cautelosa, o PL não antecipa muitas regras sobre esse tema, estabelecendo que a autoridade supervisora competente irá autorizar o funcionamento de *sandboxes* que preencham os requisitos especificados pela lei e por regulamentação futura. Isso permite que diversos reguladores proponham seus projetos de *sandbox*, de forma que iniciativas distintas possam ser fomentadas de acordo com o setor regulado (por exemplo, na saúde ou nas telecomunicações). Além disso, o PL apresenta características mínimas que os projetos de *sandbox* devem conter, quais sejam: (i) inovação no emprego da tecnologia ou no uso alternativo de tecnologias existentes; (ii) aprimoramentos no sentido de ganhos de eficiência, redução de custos, aumento de segurança, diminuição de riscos, benefícios à sociedade e a consumidores, entre outros; e (iii) plano de descontinuidade, com previsão de medidas a serem tomadas para assegurar a viabilidade operacional do projeto uma vez encerrado o período da autorização do *sandbox* regulatório. Define ainda que a edição de regulamentação e recomendações sobre *sandboxes* de IA é atribuição da autoridade competente, e que os participantes do *sandbox* continuam sendo responsáveis por quaisquer danos infligidos a terceiros em resultado da experimentação que ocorra no ambiente de testagem. Assim, os regimes de responsabilidade continuam vigentes." (AUTORIDADE NACIONAL DE PROTEÇÃO DE DADOS – ANPD. Análise preliminar do Projeto de Lei nº 2.338/2023, que

A experimentação em *sandboxes* regulatórios deve servir como “via de mão dupla”: (i) à empresa autorizada, para a adequação do produto ou serviço inovador à regulação colidente; e (ii) ao Poder Público, que, adquirindo conhecimento e vivenciando a solução disruptiva ao longo do ciclo de experimentação, estará, em tese, mais preparado a emitir ou ajustar regras regulatórias, caso tal se mostre oportuno ao final do procedimento experimental, desde que, sopesados e graduados os perigos potenciais, as vantagens da inovação superem esses riscos.

Para o exame das variadas tipologias de IA e suas implicações em cenários diferentes, identificam-se como elementos: a) a tipologia, suas regras e funções analíticas; b) o processo de construção do modelo de IA, chamado de otimização da IA, visto o seu desenvolvimento computacional “em laboratório”, avaliando a espécie de aprendizado, propósitos específicos, suas medidas de *performance* e o conjunto de dados de entrada e treinamento; c) a etapa final de uso “no campo” da IA – no qual algoritmos de inferência geram saídas para informações ou ações do determinado sistema –, seus objetivos específicos e suas medidas de desempenho.

As obrigações de testagem prévia (*ex ante*), de gestão regulada de riscos e supervisão humana facilitarão o respeito aos direitos humanos, minimizando o risco de decisões errôneas, discriminatórias e/ou tendenciosas assistidas por modelos de IA em áreas críticas, como educação, emprego, serviços essenciais, aplicação da lei e no Poder Judiciário. É por isso que o artigo 14 do PL nº 2.338/2023[319] determina o abandono do desenvolvimento de um projeto tecnológico inteligente, caso, na fase de testes de impactos, seja constatado o risco excessivo, não correspondendo a critérios objetivos de não discriminação, justiça, equidade e robustez.

> Diversos autores vêm apontando para (...) [um] ponto de virada na moldura teórica quanto à proteção de dados e IA, por meio da adoção de uma arquitetura de gerenciamento dos riscos, precaucionária de danos quando da utilização da IA, com destaque para Serge Gutwirth & Yves Poullet, Claudia Quelle, Alessandro Spina e Nadezhda Purtova, contudo, segundo Rafael Zanatta não se trataria propriamente de uma mudança de paradigma, envolvendo uma ruptura normativa de abordagem, mas de

dispõe sobre o uso da Inteligência Artificial. Disponível em: https://www.gov.br/anpd/pt-br/assuntos/noticias/analise-preliminar-do-pl-2338_2023-formatado-ascom.pdf. Acesso em: 08.07.2023).

319. BRASIL. SENADO FEDERAL. Projeto de Lei nº 2.338, de 2023. Atividade Legislativa, 2023. Disponível em: https://www25.senado.leg.br/web/atividade/materias/-/materia/157233?_gl=1*1qw7sar*_ga*ODQ3Nzg0NDY2LjE2MjQ2Mzc4Mzg.*_ga_CW3ZH25XMK*MTY4NDE2Mjk0My4yLjAuMTY4NDE2Mjk0My4wLjAuMA. Acesso em: 28.05.2023.

> uma fricção, uma nova abordagem da proteção de dados pessoais centrada na regulação do risco, com a intensificação da regulação *ex ante*[320].

No que concerne à fixação de obrigações *ex ante* e *ex post* para agentes de Inteligência Artificial, o artigo 20 do PL nº 2.338/2023[321] estabelece exigência de documentação do funcionamento do sistema de IA que seja de alto risco, além de medidas de gestão de dados, inclusive avaliação de controle de vieses cognitivos e de impacto a direitos humanos. Nessa linha precaucionária, o artigo 22 do PL determina, também nos casos de modelos de IA de alto risco, a obrigação de produzir um relatório de avaliação de impactos algorítmicos, com a supervisão e o acompanhamento adequado por órgão fiscalizador designado ou instituído.

Para cada projeto computacional dotado de Inteligência Artificial comprometido com transparência, explicabilidade, robustez e não discriminação que seja lançado, quantas não são as empresas mal-intencionadas que se utilizam da insuficiência regulatória para desenvolver modelos de IA que ameaçarão e lesarão direitos fundamentais de seus usuários?

Frente a tal cenário, com o condão de garantir o direito do titular de dados afetado pelo sistema de IA de entender a lógica do processo decisório automatizado e o alcance de seus efeitos, caberá à abordagem regulatória de IA no Brasil impor aos agentes de IA, tanto aos fornecedores quanto operadores, o ônus da prova da legitimidade do tratamento automatizado realizado pelo sistema de IA, das fontes de seus *inputs* com ampla diversidade, atualidade e adequação aos propósitos do modelo de IA, das maneiras regulares com que os dados foram coletados, da devida avaliação de impacto de seus possíveis *outputs*, como também:

> a) as linhas gerais de programação dos algoritmos e seus objetivos; b) as explicações acerca do desenvolvimento desses algoritmos; c) a possibilidade de o algoritmo modificar seu próprio código sem a intervenção humana, bem como a previsibilidade e a verificabilidade dessas modificações; d) as categorias relevantes dos perfis e seus critérios; e) os outputs do processo decisório e suas respectivas possibilidades de avaliação de adequação e acurácia; f) os mecanismos de *feedback*; g) o

320. CANTARINI, Paola. *Inteligência artificial e abordagem via risquificação*. Migalhas de Proteção de Dados, 2022. Disponível em: https://www.migalhas.com.br/arquivos/2022/4/40AB87D6286F11_IAemmovimento.pdf. Acesso em: 02.07.2023.

321. BRASIL. SENADO FEDERAL. Projeto de Lei nº 2.338, de 2023. Atividade Legislativa, 2023. Disponível em: https://www25.senado.leg.br/web/atividade/materias/-/materia/157233?_gl=1*1qw7sar*_ga*ODQ3Nzg0NDY2LjE2MjQ2Mzc4Mzg.*_ga_CW3ZH25XMK*MTY4NDE2Mjk0My4yLjAuMTY4NDE2Mjk0My4wLjAuMA. Acesso em: 28.05.2023.

nível de intervenção humana; h) os principais impactos para os titulares de dados e as respectivas medidas para mitigação de riscos[322].

Avaliações de impacto algorítmico, consideradas suas especificidades face ao RIPDP, concebem instrumento eficaz de governança de sistemas de IA, que vinculadas à testagem do modelo em ambiente monitorado e controlado – como os *sandboxes* regulatórios, os projetos de laboratório em espaços controlados e as prototipagens de políticas públicas e regulações setoriais –, objetivam proporcionar um campo propício, seguro e fértil à tomada de decisões confiáveis e potencialmente menos prejudiciais. É premente que a cultura de análise de riscos e elaboração de relatórios de impacto seja fomentada e incorporada de forma contínua, a fim de promover desenvolvimento tecnológico saudável no país, com a atualização constante dos relatórios de impacto durante todo o processo de implementação de tecnologias de IA que produzam decisões automatizadas, independentemente do setor em que se apliquem.

É fundamental pincelar mecanismos constantes nas regulações de IA de outros países, todavia, é necessário ir além da mera paráfrase, identificando concepções jurídicas análogas, adaptando-as à realidade brasileira e atendendo a pressupostos legais de *accountability*. Dada à natureza das tecnologias em exame, em frenética evolução e modulação arquitetônica, é imprescindível – apesar do senso de urgência – ter cautela na elaboração de dispositivos normativos que visem regulamentar o seu desenvolvimento, implementação e uso.

Mais relevante que criar normas jurídicas deveras restritivas, obrigações *ex post* e sanções bastante severas – em postura pouco funcionalizada à precaução e à prevenção – é elementar estabelecer uma responsabilização *ex ante* daqueles que integram a cadeia de valor da Inteligência Artificial – principalmente daqueles que, em contexto de *deep pocket*, auferem proveitos de modelos de IA com alto grau de risco –, com foco em avaliações preliminares, "credenciais éticas verificáveis", "gêmeos digitais éticos", *sandboxes* regulatórios, relatórios de impacto algorítmico, entre outras medidas precaucionárias e preventivas para a apropriada gestão e o compatível controle de *inputs* e *outputs* de dispositivos artificialmente inteligentes.

---

322. PAPP, Marco Borges; OLIVEIRA, Cristina Godoy Bernardo de. *A Inteligência Artificial no Brasil*: o relatório de impacto como abordagem regulatória preventiva. Migalhas de Proteção de Dados, 2023. Disponível em: https://www.migalhas.com.br/coluna/migalhas-de-protecao-de-dados/383129/o-relatorio-de-impacto-como-abordagem-regulatoria-preventiva. Acesso em: 02.07.2023.

3.4.3 Arranjos institucionais de fiscalização e medidas de enforcement

A controvérsia sobre a criação de uma autoridade central sucede e se imiscui sobre a necessidade, ou não, de uma regulação da Inteligência Artificial, uma vez que não se tem, no atual estado da arte, conhecimento absoluto sobre o objeto a ser normatizado e sobre todas as possíveis repercussões fáticas e jurídicas. Contudo, concluiu-se, desde o capítulo inaugural desse trabalho, que é indispensável avançar na proteção de direitos humanos mesmo frente a incertezas científicas e perigos ainda desconhecidos de uma larga variedade de tecnologias de IA, à luz do princípio da precaução e dos diferentes graus e matrizes de riscos para a tutela de direitos fundamentais, que têm sido ameaçados e até mesmo violados por aplicações de IA.

> [A] discussão sobre tecnologia, longe de ser meramente técnica, é também uma reflexão sobre o poder, em várias das suas manifestações. Afinal, adotada a premissa de que sociedades complexas que pretendam ser minimamente organizadas precisam de algum tipo de regulação (...) a depender de quem escolhe a tecnologia e da utilização que a ela será dada, a alocação de recursos e direitos, bem como a própria estruturação da sociedade e dos Estados, podem ser consideravelmente alteradas. (...) [A] atribuição de responsabilidades é muito importante no atual cenário, já que, além de a escolha da tecnologia não ser neutra, o seu uso também não é neutro, depende de uma série de variáveis e pode levar a diversas consequências. (...) Enquanto os governantes e a sociedade civil não sabem o que fazer, os agentes empresariais (...) se aproveitam da inação, do excesso de otimismo das pessoas e das zonas de penumbra da regulação para avançar em diversas searas, inclusive por meio de modelos de negócio supostamente imunes a qualquer regulação jurídica[323].

A existência de legislação específica e detalhada e arranjos institucionais de controle, fiscalização e sancionamento não afasta o argumento de utilidade pública da autorregulação setorial, que não deve ser sinônimo de anarquia regulatória, de "carta branca" para que cada organização, pública ou privada, faça o que bem entender, ou, pior, que nada faça e ignore os danos potenciais e latentes dos diferentes tipos de IA. Isso porque vale lembrar que os mais diversos setores da economia de dados, em sua grande maioria, sujeitam-se à fiscalização de agências reguladoras especializadas e

323. FRAZÃO, Ana. Direito e tecnologia: premissas para a reflexão sobre a regulação jurídica da tecnologia. Adaptação do prefácio escrito pela autora para a obra "Tecnologia Jurídica e Direito Digital", coordenado por Ricardo Vieira de Carvalho Fernandes, Henrique Araújo Costa e Angelo Gamba Prata de Carvalho. Disponível em: http://www.professoraanafrazao.com.br/files/publicacoes/2017-11-16-Premissas_para_a_reflexao_sobre_a_regulacao_da_tecnologia.pdf. Acesso em: 24.06.2023.

também da ANPD, além de, caracterizada a relação de consumo, subordinarem-se à Secretaria Nacional do Consumidor (SENACON).

Sob as alegações de contenção de gastos e pressões orçamentárias, uma proposta que poderia se mostrar viável seria a adaptação cumulativa de funções pela Agência Nacional de Telecomunicações (ANATEL), que, inclusive, tem sido cotada, nos debates acerca do PL nº 2.630/2020[324], que instituirá a Lei Brasileira de Liberdade, Responsabilidade e Transparência na Internet, para transformar-se no órgão regulador das plataformas digitais no país. Todavia, nem possui competência técnica exigida para regular as aplicações de internet, cujos serviços não se confundem com os tipicamente conhecidos como de telecomunicações, além de sua estrutura não estar aparelhada para novas funções, eis que o modelo de agências reguladoras remonta à década de 1990 e não se mostra, tradicionalmente, uma instância participativa.

Recentemente, a Ordem dos Advogados do Brasil também se pronunciou sobre o PL nº 2.630/2020 – popularizado como o "PL das *Fake News*" –, especialmente a respeito dos arranjos institucionais para a designação ou a criação de uma autoridade competente, tendo sugerido um sistema regulatório tripartite[325], com a concessão de função adjudicante a um novo Conselho de Políticas Digitais, formado por advogados, por integrantes dos três Poderes e por membros indicados da ANATEL, do Conselho Administrativo de Defesa Econômica (CADE) e da ANPD, ou seja, um sistema tripartite, envolvendo a criação de um Conselho de Políticas Digitais, o já existente Comitê Gestor da Internet (CGI) e autorregulação[326].

324. BRASIL. SENADO FEDERAL. Projeto de Lei nº 2.630, de 2020, que institui a Lei Brasileira de Liberdade, Responsabilidade e Transparência na Internet. Disponível em: https://legis.senado.leg.br/sdleg-getter/documento?dm=8110634&ts=1684358721069&disposition=inline&_gl=1*199z5dh*_ga*ODQ3Nzg0NDY2LjE2MjQ2Mzc4Mzg.*_ga_CW3ZH25XMK*MTY4NDQxNzgxMi4zLjAuMTY4NDQxNzgxMi4wLjAuMA. Acesso em: 12.05.2023.

325. O Instituto Vero, juntamente com o Instituto Data Privacy Brasil, realizaram um estudo técnico especializado sobre as alternativas regulatórias no debate do Projeto de Lei nº 2.630/2020 – que poderá ser adaptado para fins de questionamentos semelhantes levantados nas discussões sobre o PL nº 2.338/2023 –, tendo posteriormente publicado uma "nota técnica apresenta um conjunto de indicadores para uma avaliação objetiva em quatro eixos centrais: (a) legalidade e percurso institucional; (b) risco de captura; (c) ganhos democráticos; e (d) expertise técnica. Partindo de indicadores construídos para cada eixo de análise, apresentamos uma avaliação sobre variações de modelos de desenhos de autoridades de supervisão no projeto de lei 2630/2020. Problematizamos, enfim, as escolhas centradas em desenhos de autorregulação e na adaptação da Agência Nacional de Telecomunicações para este papel. Nossa análise demonstra que tais modelos não são desejáveis da perspectiva de melhor desenho de regulação." (INSTITUTO VERO. O dilema da autoridade: alternativas regulatórias no debate do Projeto de Lei 2630/2020. Disponível em: https://uploads-ssl.webflow.com/60244423a672eb5c9027e063/64ca96a4e38438560dd000a5_o-dilema-da-autoridade-no-2630.pdf. Acesso em: 22.07.2023).

326. INSTITUTO VERO. OAB coloca na mesa nova proposta de entidade reguladora de plataformas. Vero *Newsletter* Descodificado, 22.05.2023. Disponível em: https://www.vero.org.br/descodificado/oab-coloca-na-mesa-nova-proposta-de-entidade-reguladora-de-plataformas. Acesso em: 22.07.2023.

> [Loren] Spíndola apontou que, no Brasil, o debate regulatório vem sendo feito de maneira fragmentada. A palestrante lembrou haver uma miríade de PLs versando sobre a regulação da IA e que cada um deles procura abordar um aspecto específico do debate, sem se preocupar com a criação de parâmetros comuns. A título de exemplo, mencionou o PL 1.473/2023, que procura preservar os direitos autorais frente aos avanços da IA. Já [Juliano] Maranhão mencionou os PLs 2.630/20, que institui a Lei Brasileira de Liberdade, Responsabilidade e Transparência na Internet, e 2.768/22, que atribui à Anatel o poder de regular o funcionamento e a operação das plataformas digitais que operam no Brasil, que também trazem disposições sobre IA. O palestrante lembrou ainda que, na União Europeia, o debate sobre a regulação da IA tem sido feito de maneira mais coesa, uma vez que há alguma "amarração" entre o *AI Act*, o *Digital Services Act* (regulação de mídias sociais) e o *Digital Markets Act* (regulação concorrencial das plataformas). Por fim, Spíndola afirmou que a falta de coordenação também pode ser observada entre os Poderes Executivo e Legislativo, dado que as discussões lideradas pelo segundo pouco se conectam a esforços públicos capitaneados pelo primeiro, como a Estratégia Brasileira de Inteligência Artificial e a Política Nacional de Educação Digital[327].

A autorregulação consiste, então, em iniciativa que, malgrado possa ser eventualmente capitaneada por um agente privado, exigirá uma série de compromissos e boas práticas de governança voltadas à garantia de valores constitucionais e de direitos do mais alto gabarito. Caberá a arranjos institucionais serem aptos a rejeitar ou validar autorregulações setoriais conforme parâmetros de interesse coletivo promovidos pelo Poder Público.

Ainda que sejam priorizadas regulações responsivas, faz-se mister o recurso a aparatos sancionatórios, como espécie de baliza de concretude da norma. O *compliance* na iniciativa privada requer uma postura estatal fiscalizatória incisiva. A criação ou a designação de uma autoridade competente é relevante com a finalidade de estimular governança e a disseminação de boas práticas em pesquisa, desenvolvimento e uso de sistemas de IA, estabelecimento de normas vinculantes sobre o exercício de direitos quando da utilização desses modelos e de regras de avaliação de impacto algorítmico, fiscalização e aplicação de sanções proporcionais.

À autoridade central confere-se um papel primordial para que, de fato, uma abordagem regulatória antropocêntrica e baseada em riscos não seja

327. BRANDÃO, Rodrigo. Relatório do evento "Regulação da IA no Brasil: estamos em um bom caminho". Ciclo de Palestras "Desafios e Oportunidades da IA: perspectivas setoriais", Observatório da Inovação e Competitividade (OIC), sediado no Instituto de Estudos Avançados (IEA) da Universidade de São Paulo (USP), 25 de abril de 2023. Disponível em: https://oic.nap.usp.br/regulacao-da-ia-no-brasil-estamos-em-um-bom-caminho/. Acesso em: 24.06.2023.

superada, uma vez que não poderá ser estanque o seu rol *numerus apertus*, porém constantemente reinterpretado e atualizado para ser concretamente exequível e consentâneo com a realidade dos avanços tecnológicos.

Tanto é assim que o artigo 13, §3º, do PL nº 2.338/2023[328] determina à autoridade competente a reclassificação do sistema de IA, mediante notificação prévia, e a realização de avaliação de impacto algorítmico para instrução da investigação em curso. Adicionalmente, o §4º do mesmo dispositivo legal requer, obrigatoriamente, se a reclassificação identificar o sistema de Inteligência Artificial como de alto risco, a realização de avaliação de impacto algorítmico e a adoção das demais medidas de governança, "sem prejuízo de eventuais penalidades em caso de avaliação preliminar fraudulenta, incompleta ou inverídica".

Outrossim, o artigo 16 do PL prevê que caberá à autoridade competente regulamentar os sistemas de inteligência artificial de risco excessivo, uma vez que são terminantemente obstados a sua implementação e uso no Brasil, seguindo o exemplo do *AI Act* europeu. Na sequência, o artigo 18 do PL incumbe à autoridade central a atualização da lista de sistemas de IA de risco excessivo e alto risco, identificando novas hipóteses, sob pena de fossilização dessa listagem e consequente inefetividade dos mecanismos legais de proteção aos direitos humanos, caso permanecesse cristalizada no tempo sem se ajustar aos avanços tecnológicos.

Novas hipóteses serão identificadas pela autoridade central competente com base nas classificações trazidas no primeiro capítulo desse trabalho, tendo o PL nº 2.338/2023 definido critérios no art. 18. Um deles é a implementação em larga escala, considerado o número de pessoas afetadas, a extensão geográfica, a duração, a frequência e se há afetação de pessoas de grupo específico vulnerável, o que impõe atenção à dimensão "Pessoas e Planeta", proposta pela OCDE para a classificação da IA[329], na qual se averigua: (i) o nível de competência dos usuários que interagem com o sistema; (ii) os impactados pelo modelo de IA (por exemplo, consumidores, governos, trabalhadores, grupos vulneráveis, etc.); (iii) se os usuários podem optar por sistemas alternativos; (iv) se os usuários podem questionar os *outputs* que impactem direitos fundamentais, o meio ambiente, o bem-estar, a sociedade e o mercado de trabalho.

---

328. BRASIL. SENADO FEDERAL. Projeto de Lei nº 2.338, de 2023. Atividade Legislativa, 2023. Disponível em: https://www25.senado.leg.br/web/atividade/materias/-/materia/157233?_gl=1*1qw7sar*_ga*ODQ3Nzg0NDY2LjE2MjQ2Mzc4Mzg.*_ga_CW3ZH25XMK*MTY4NDE2Mjk0My4yLjAuMTY4NDE2Mjk0My4wLjAuMA. Acesso em: 28.05.2023.

329. ORGANISATION FOR ECONOMIC CO-OPERATION AND DEVELOPMENT. *OECD framework for the classification of AI systems*. OECD Digital Economy Papers. February 2022, n. 323. Disponível em: https://www.oecd-ilibrary.org/docserver/cb6d9eca-en.pdf?expires=1678977001&id=id&accname=guest&checksum=D2C31C0BFC4D036D108BE8CE6C95A2B2. Acesso em: 02.07.2023.

Outro critério também previsto no art. 18 do PL é o do impacto negativo do modelo de Inteligência Artificial no exercício de direitos e liberdades ou no uso de determinado serviço, o que remete à dimensão "Contexto Econômico", traçado pela OCDE, que aduz à necessidade de se avaliar o quão maduro tecnicamente é o sistema de IA, segundo os níveis técnicos de prontidão tecnológica (TRL – *Technology Readiness Level*) e o seu impacto em escala[330].

Quando identificado alto potencial discriminatório ou danoso a interesses patrimoniais ou existenciais, bem como quando verificados possíveis resultados prejudiciais irreversíveis ou de difícil reversão, o sistema de IA poderá passar a ser listado como de alto risco ou de risco excessivo, a depender da gradação da nocividade apresentada. Também é critério a ser analisado, para a atualização da listagem segundo o grau de risco do sistema de IA, pela autoridade competente a existência prévia de aplicação de IA similar que já tiver dado causa a danos materiais ou morais, circunstância em que não há mais que se falar em precaução, mas em prevenção, dado à certeza científica e ao risco conhecido.

Nesses casos, é mister rememorar a dimensão classificatória denominada pela OCDE de "Tarefas e Saída de Dados"[331], que se refere às tarefas que a IA executa, sob as seguintes proposições: a) definir as tarefas executadas e a combinação delas (por exemplo, sistemas autônomos, de geração e recomendação de conteúdo, etc.); b) verificar os níveis de autonomia das tarefas executadas e o papel que os humanos desempenham nos *outputs*; c) traçar a área de aplicação central do sistema, como linguagem, visão computacional, robótica; d) examinar a existência ou não de padrões ou métodos disponíveis à avaliação dos *outputs* do sistema.

O baixo grau de auditabilidade, transparência e explicabilidade do sistema de IA que dificulte seu controle ou supervisão também é fator a ser examinado pela autoridade central, que se insere nas respectivas matrizes de risco estudadas anteriormente. Na dimensão da OCDE[332] chamada "Modelos de Inteligência Artificial", a autoridade central deve questionar, acerca da tipologia da IA: se o sistema é discriminatório, generalizador ou ambos; se é composto por modelo singular ou por modelos interligados; se aprende com base em regras escritas por humanos, a partir de dados e

330. Ibidem.

331. Ibidem.

332. ORGANISATION FOR ECONOMIC CO-OPERATION AND DEVELOPMENT. *OECD framework for the classification of AI systems.* OECD Digital Economy Papers. February 2022, n. 323. Disponível em: https://www.oecd-ilibrary.org/docserver/cb6d9eca-en.pdf?expires=1678977001&id=id&accname=guest&checksum=D2C31C0BFC4D036D108BE8CE6C95A2B2. Acesso em: 02.07.2023.

inputs, por aprendizado supervisionado, ou por reforço de aprendizagem; se evolui e adquire habilidades ao interagir com dados "no campo".

No que tange ao alto nível de identificabilidade dos titulares de dados, inclusive dados biométricos e genéticos para efeitos de identificação de pessoa singular, especialmente por meio de combinação, correspondência ou comparação de informações de várias fontes, bem como às expectativas razoáveis – em especial de confidencialidade de dados sigilosos ou sensíveis –, do afetado pelo sistema de IA, será primordial o enfoque na dimensão "Dados e *Inputs*", sugerido pela OCDE[333], cujas características focais incluem a proveniência dos dados e *inputs*, o método de coleta de dados – se por humano ou máquina –, a estrutura, a natureza e o formato deles, a titularidade das informações, a avaliação de registros clínicos, o sigilo como limite ético e os dados de amostragem e treinamento da Inteligência Artificial.

Ante o exposto, salientar-se-á que todos os critérios estão intrinsicamente relacionados às matrizes de risco abordadas no segundo capítulo desse trabalho. Além disso, o parágrafo único do artigo 18 do PL nº 2.338/2023 assevera que "[a] atualização da lista pela autoridade competente será precedida de consulta ao órgão regulador setorial competente, se houver, assim como de consulta e de audiência públicas e de análise de impacto regulatório"[334].

Nesse diapasão, indaga-se: como se dará o relacionamento entre a autoridade central competente e as demais agências setoriais reguladoras? Uma nova autoridade de controle de governança dos sistemas de IA no Brasil terá, necessariamente, que dialogar com a Secretaria Nacional do Consumidor (SENACON), com a ANATEL e outras agências reguladoras, com o Banco Central do Brasil e a ANPD? Há perigo real de empilhamento da máquina pública com a criação de uma nova autoridade especializada em lidar com tecnologias de Inteligência Artificial? É possível a designação de uma autoridade já instituída para que acumula funções e desempenhe os encargos regulatórios delineados para conter os riscos da IA?

O estabelecimento de abordagem regulatória específica sobre IA e a criação – ou a designação, caso se comprove ônus demasiado à máquina estatal – de autoridade competente são aspectos vitais para a garantia dos direitos humanos frente aos riscos dessas tecnologias. Porém, não são os únicos para

---

333. Ibidem.

334. BRASIL. SENADO FEDERAL. Projeto de Lei nº 2.338, de 2023. Atividade Legislativa, 2023. Disponível em: https://www25.senado.leg.br/web/atividade/materias/-/materia/157233?_gl=1*1qw7sar*_ga*ODQ3Nzg0NDY2LjE2MjQ2Mzc4Mzg.*_ga_CW3ZH25XMK*MTY4NDE2Mjk0My4yLjAuMTY4NDE2Mjk0My4wLjAuMA. Acesso em: 28.05.2023.

alcançar identificação, avaliação, monitoramento, mitigação e equalização dos riscos postos por modelos de IA e para aplicação de medidas de *enforcement*.

É basilar também a padronização técnica da IA, que disponibilize aos fornecedores soluções setoriais de gestão de riscos adequadas a assegurar o cumprimento da regulação e os meios de demonstrar tal conformidade, na medida em que "o alcance global das atividades, a volatilidade dos conteúdos e a fluidez do meio tornam demasiado difícil a normatização, reforçam a busca de respostas alternativas àquelas típicas da regulação pelo Estado"[335].

Sob o espectro de medidas de *enforcement*, é fulcral o cumprimento, por fornecedores de produtos e serviços munidos de Inteligência Artificial disponíveis no mercado de consumo, de obrigações de *accountability ex ante* e *ex post* a serem avaliadas setorialmente por órgão ou entidade com *expertise* na área de aplicação de dada tipologia de IA, a fim de reequilibrar a assimetria de poder entre a parte mais vulnerável na relação consumerista – o usuário final do sistema – e os agentes de IA. Ao final, todos os órgãos e entidades setorialmente responsáveis estarão submetidos à autoridade central competente por verificar a observância, ou não, caso a caso, das normas regulatórias de IA pelos integrantes da cadeia de valor da IA.

No que tange às perspectivas setoriais de aplicação e uso de Inteligência Artificial, torna-se premente a compreensão das particulares do cenário brasileiro, que se encontrava, em 2022, na 37ª posição do ranking global de prontidão para a governança de IA[336]. O Índice *Oxford Insights Government AI Readiness* investigou 181 países quanto à prontidão de seus governos federais para a implementação de diferentes tipos de sistemas de IA na prestação de serviços públicos em benefício de seus cidadãos, mensurando trinta e nove indicadores, em dez dimensões distintas, sob três pilares: governo, tecnologia e infraestrutura de dados.

Foram empregadas, nessa pesquisa de âmbito global, as seguintes técnicas analíticas (mencionadas nas noções basilares fixadas pelo primeiro capítulo desse trabalho): algoritmos de aprendizado supervisionado, não supervisionado e de reforço; algoritmos evolucionários (por exemplo, de análises genéticas, de colônias de formigas e enxame de abelhas, etc.); redes neurais artificias de aprendizado profundo; modelos de linguagem avançados; entre outras.

A partir dos casos examinados, foram alocados como principais benefícios do uso da IA: a otimização na alocação de recursos humanos; a

335. MULHOLLAND, Caitlin. *Internet e contratação*: panorama das relações contratuais eletrônicas de consumo. Rio de Janeiro: Renovar, 2006, p. 139.

336. THE OXFORD INSIGHTS GOVERNMENT AI READINESS INDEX 2022. Disponível em: https://www.oxfordinsights.com/government-ai-readiness-index-2022. Acesso em: 06.05.2023.

redução dos custos e do tempo para executar certos processos; o aumento de confiabilidade e transparência no processo produtivo; a automação de tarefas repetitivas com maximização dos marcadores de produtividade; maior agilidade e tempestividade na resposta a demandas e no atendimento dos clientes; avanços significativos na prevenção de riscos próprios da área de atuação em que se inseriu o sistema.

Ato contínuo, foram apontados os desafios mais contundentes ao setor público[337] na implantação de sistemas de Inteligência Artificial, quais sejam: privacidade e proteção de dados pessoais dos cidadãos; segurança contra usos mal-intencionados; monitoramento e defesa proativa em face de vieses discriminatórios; governança e transparência sobre o uso de aplicações de IA; a implementação de estratégias eficazes de inclusão digital e ampliação do acesso e distribuição das vantagens de adoção do modelo de IA; e, por derradeiro, porém jamais de somenos importância, a adoção de uma abordagem regulatória híbrida[338] que, concomitantemente, salvaguarde os direitos fundamentais dos particulares submetidos a tais sistemas e promova investimentos em IA e o desenvolvimento socioeconômico do país.

No Brasil, na área de saúde[339], um exemplo de uso de IA na administração pública é o *chatbot* lançado pelo Centro de Telessaúde do Hospital das Clínicas da UFMG/Ebserh para prestar serviço de atendimento virtual de

337. Na FIOCRUZ Bahia, um modelo de IA de análise preditiva faz uso de um banco de complexos dados epidemiológicos, moleculares e de georeferenciamento para tentar prever futuras epidemias e pandemias. Nesse sentido, vige norma setorial, a Resolução nº 657/2022 da ANVISA (Agência Nacional de Vigilância Sanitária), que equipara *softwares* usados na área de saúde a outros dispositivos médicos e determina a notificação à ANVISA e o registro prévio para que possa ser utilizado com pacientes, bem como a criação de comitês de ética com diversidade de profissionais na sua composição, a ser acionado antes que a IA seja desenvolvida e lançada.

338. "Para uma melhor compreensão das ferramentas de gestão de risco, há que se compreender a dicotomia entre as abordagens regulatórias baseadas nos direitos fundamentais (*rights-based approach*) e aquelas baseadas nos riscos (*risk-based approach*). Ao passo que todo e qualquer controlador, em prol do respeito aos direitos fundamentais tutelados pela Constituição Federal, deve se ater em observar os princípios que regem a disciplina da proteção de dados pessoais por meio de juízos de adequação de necessidade e da razoabilidade do tratamento de dados de acordo com a finalidade específica (*rights-based approach*), é dever também do controlador determinar o tipo de processamento e os riscos à privacidade dos titulares dos dados pessoais para que possam implementar corretamente as medidas de responsabilidade, tais como a avaliação de impacto (*risk-based approach*)." (PAPP, Marco Borges; OLIVEIRA, Cristina Godoy Bernardo de. *A Inteligência Artificial no Brasil*: o relatório de impacto como abordagem regulatória preventiva. Migalhas de Proteção de Dados, 2023. Disponível em: https://www.migalhas.com.br/coluna/migalhas-de-protecao-de-dados/383129/o-relatorio-de-impacto-como-abordagem-regulatoria-preventiva. Acesso em: 24.06.2023).

339. Segundo o artigo 17, inciso IX, do PL nº 2.338.2023 são considerados sistemas de Inteligência Artificial de alto risco aqueles utilizados na área da saúde, inclusive as destinadas para auxiliar diagnósticos e procedimentos médicos. (BRASIL. SENADO FEDERAL. Projeto de Lei nº 2.338, de 2023. Atividade Legislativa, 2023. Disponível em: https://www25.senado.leg.br/web/atividade/materias/-/materia/157233?_gl=1*1qw7sar*_ga*ODQ3Nzg0NDY2LjE2MjQ2Mzc4Mzg.*_ga_CW3ZH25XMK*MTY4NDE2Mjk0My4yLjAuMTY4NDE2Mjk0My4wLjAuMA. Acesso em: 28.05.2023).

pessoas que busquem informações úteis sobre sintomas, vacinação e outros assuntos no combate ao coronavírus[340]. Também fez uso de um sistema de IA a Escola Nacional da Administração Pública (ENAP) para seleção curricular e escolha de líderes aptos a assumirem determinados cargos públicos de direção, sendo tal fase analítica seguida por outras conduzidas por humanos até a conclusão do processo seletivo[341]. A somar, a Fundação Getúlio Vargas de São Paulo instituiu um projeto de pesquisa, através do seu Centro de Ensino e Pesquisa em Inovação, para formular *framework* de Governança em Inteligência Artificial e a criação do Comitê de Ética para projetos de IA[342].

Os testes realizados para o gerenciamento de riscos de sistemas de IA, em especial de modelos que apresentem risco elevado, devem ser levados a efeito sob métricas previamente estabelecidas e limiares probabilísticos apropriados ao propósito específico do modelo de IA. Por essa razão, é mister a participação de instituições capacitadas à padronização de medidas técnicas, como a Associação Brasileira de Normas Técnicas (ABNT). Na União Europeia, a título exemplificativo, foi redigido, em 05 de dezembro de 2022, o *Draft Standardisation Request to the European Standardisation Organisations in Support of Safe and Trustworthy AI*[343], com o condão de determinar quais entidades estabelecerão esses padrões necessários.

A padronização é essencial à fixação de regras técnicas claras, à garantia de segurança jurídica e à harmonização das normativas dentro de um mesmo setor e entre setores distintos, desde que se priorize, em se tratando de Inteligência Artificial, o uso de termos flexíveis que resistam ao tempo e aos constantes avanços tecnológicos, além de se manter atualizadas as métricas de avaliação, através de testes periódicos de readequação e processos de fiscalização da documentação exigida, da precisão classificatória dos diferentes tipos de sistemas de IA e dos parâmetros de transparência, explicabilidade, qualidade e diversidade dos dados usados.

340. EMPRESA BRASILEIRA DE SERVIÇOS HOSPITALARES. Centro de Telessaúde lança chatbot para auxiliar no combate ao coronavírus. 2020. Disponível em: https://www.gov.br/ebserh/pt-br/hospitais-universitarios/regiao-sudeste/hc-ufmg/comunicacao/noticias/centro-de-telessaude-lanca-chatbot-para-auxiliar-no-combate-ao-coronavirus. Acesso em: 06.05.2023.

341. PROGRAMA LÍDERES QUE TRANSFORMAM. ENAP, 2021. Disponível em: http://repositorio.enap.gov.br/handle/1/6669. Acesso em: 06.05.2023.

342. FGV DIREITO SP. Governança em Inteligência Artificial (IA): *framework* para a criação do Comitê de Ética para projetos de IA. Disponível em: https://direitosp.fgv.br/projetos-de-pesquisa/governanca-inteligencia-artificial-ia-framework-para-criacao-comite-etica-para-projetos-ia. Acesso em: 06.05.2023.

343. EUROPEAN COMMISSION. Draft standardisation request to the European Standardisation Organisations in support of safe and trustworthy Artificial Intelligence, 2022. Disponível em: https://ec.europa.eu/docsroom/documents/52376. Acesso em: 06.05.2023.

Ainda no que tange à padronização, no relatório final substitutivo do Marco Legal da IA, a Comissão de Juristas responsável[344] por sua elaboração emprega os termos "adequado" e "apropriado", e algumas variações, ao tratar, nos sugeridos arts. 19 e 20 – termos replicados no PL nº 2.338/2023[345] –, de "medidas de gestão de dados adequadas para a mitigação e prevenção de potenciais vieses discriminatórios", de "parâmetros adequados de separação e organização dos dados para treinamento, teste e validação dos resultados do sistema", de "medidas adequadas de segurança da informação desde a concepção até a operação do sistema", de "documentação, no formato adequado ao processo de desenvolvimento e à tecnologia usada" e "testes para avaliação de níveis apropriados de confiabilidade, conforme o setor e o tipo de aplicação do sistema de inteligência artificial, incluindo testes de robustez, acurácia, precisão e cobertura", sem precisar o que é adequado ou apropriado em cada caso.

Diante desse cenário, a única referência expressa ao papel da padronização no PL nº 2.338/2023[346] é feita na redação do artigo 30, no qual concede atribuição aos agentes de IA para, individualmente ou por associações, formular códigos de boas práticas e de governança que prevejam, entre outros paradigmas, normas de segurança, padrões técnicos e obrigações específicas para os variados contextos de implementação, bem como "as ações educativas, os mecanismos internos de supervisão e de mitigação de riscos e as medidas de segurança técnicas e organizacionais apropriadas para a gestão dos riscos" derivados de modelos de IA.

Atribuir às associações e até mesmo aos agentes de IA individualizados a competência para a padronização técnica poderá acarretar a institucionalização de normas que resguardem interesses estritamente privados, direcionados a beneficiar grupos específicos e não interesses públicos primários. Mais seguro e isento de vieses seria que o Marco Legal da IA atribuísse, expressamente, à autoridade central a padronização técnica ou, até mesmo, a possibilidade de delegação dessas regras a instituições reconhecidamente competentes para tal incumbência. Isso porque a autoridade central deterá massa crítica institucional para dialogar com as demais entidades, regulatórias ou não, que estabeleçam normas jurídicas e

344. BRASIL. SENADO FEDERAL. Relatório Final da Comissão de Juristas do Marco Legal da Inteligência Artificial, aprovado em 1º de dezembro de 2022. Disponível em: https://legis.senado.leg.br/sdleg-getter/documento?dm=9221643&ts=1670509473310&disposition=inline. Acesso em: 07.01.2023.

345. BRASIL. SENADO FEDERAL. Projeto de Lei nº 2.338, de 2023. Atividade Legislativa, 2023. Disponível em: https://www25.senado.leg.br/web/atividade/materias/-/materia/157233?_gl=1*1qw7sar*_ga*ODQ3Nzg0NDY2LjE2MjQ2Mzc4Mzg.*_ga_CW3ZH25XMK*MTY4NDE2Mjk0My4yLjAuMTY4NDE2Mjk0My4wLjAuMA. Acesso em: 28.05.2023.

346. Ibidem.

padrões de atuação, tanto à atividade privada e quanto ao Poder Público, e que realizem atividades de controle.

Outrossim, o §3º do art. 30 dispõe ser indicativo da boa-fé objetiva do agente de IA a sua adesão voluntária e efetiva implementação de um código de "boas práticas e governança, a pronta adoção de medidas corretivas e a cumulação com outras sanções administrativas já aplicadas em definitivo para o mesmo ato ilícito", para fins de proporcionalidade entre a gravidade da infração e a intensidade das sanções do art. 36, além de serem parametrizados a natureza das infrações e dos danos e a violação de direitos, a vantagem auferida/pretendida pelo infrator, sua condição econômica e sua colaboração, a adoção reiterada e demonstrada de procedimentos internos capazes de minimizar os riscos, inclusive o relatório de impacto.

As sanções arroladas no artigo 36 do PL nº 2.338/2023[347] não substituem a aplicação de outras sanções administrativas, civis e penais previstas na Lei nº 8.078/1990 (CDC), na Lei nº 13.709/2018 (LGPD) e em legislação específica. Assim como, não se exclui, em qualquer hipótese, a obrigação da reparação integral do dano causado pelo sistema (art. 27). Ademais, o procedimento de apuração e critérios de aplicação das sanções administrativas serão definidos pela autoridade competente por um regulamento próprio, a ser objeto de consulta pública.

Rumman Chowdhury – ex-diretora de *Machine Learning Ethics, Transparency and Accountability* da plataforma digital Twitter, defensora da interseção entre IA e humanidade e colaboradora ativa do discurso sobre tecnologia responsável e ética algorítmica aplicada – busca soluções sociotécnicas de ponta para o desenvolvimento e uso de sistemas de IA mais explicáveis e transparentes e, com esse intuito, sustenta a criação de uma autoridade global de governança para sistemas de Inteligência Artificial, em especial para modelos generativos[348].

Seja uma autoridade central nacional ou uma autoridade global de controle de práticas de governança envolvendo Inteligência Artificial, impende constatar que essas tecnologias apresentam desafios éticos significativos consubstanciados em matrizes de riscos a sua base axiológica: privacidade, proteção de dados, autonomia, segurança, confiabilidade, robustez, explicabilidade, transparência, justiça, equidade, inclusão, não discriminação e *accountability*.

347. BRASIL. SENADO FEDERAL. Projeto de Lei nº 2.338, de 2023. Atividade Legislativa, 2023. Disponível em: https://www25.senado.leg.br/web/atividade/materias/-/materia/157233?_gl=1*1qw7sar*_ga*ODQ3Nzg0NDY2LjE2MjQ2Mzc4Mzg.*_ga_CW3ZH25XMK*MTY4NDE2Mjk0My4yLjAuMTY4NDE2Mjk0My4wLjAuMA. Acesso em: 28.05.2023.

348. BERKMAN KLEIN CENTER FOR INTERNET & SOCIETY AT HARVARD UNIVERSITY. Rumman Chowdhury: responsible AI fellow. Disponível em: https://cyber.harvard.edu/people/rumman-chowdhury. Acesso em: 06.05.2023.

Por conseguinte, uma autoridade reguladora prestará a estabelecer diretrizes e padrões éticos que assegurem que a IA seja desenvolvida e usada de modo seguro, justo e responsável. A criação de padrões técnicos e de interoperabilidade por essa autoridade é fundamental a promover colaboração, compatibilidade e transferência de dados entre diferentes sistemas de IA, promovendo a coesão e a eficiência na indústria de produtos e serviços dotados de IA.

Além disso, sistemas de IA afetam cada vez mais os consumidores em diversas áreas, como saúde, finanças e comércio eletrônico. Uma autoridade reguladora garantirá a proteção do consumidor, estabelecendo regras claras e transparentes para o uso confiável da IA em relação à coleta e mineração de dados, privacidade e segurança das informações, em diálogo de complementariedade com o CDC, a LGPD e demais normas aplicáveis ao caso concreto. Não só no mercado de consumo, mas a IA também tem potencial de impactar negativamente o mercado de trabalho e agravar desigualdades sociais, assim, a autoridade deverá incentivar práticas que priorizem a proteção de direitos fundamentais, a justiça e a mitigação de riscos.

A criação de uma nova entidade reguladora de IA traz desafios e ônus ao Estado, que incluem recursos orçamentários substanciais a estruturar e manter um ente público regulador, além da contratação de pessoal especializado, a disponibilização de fundos para pesquisa, desenvolvimento e execução de regulações, esforços contínuos de atualização e readequação conforme o dinamismo tecnológico e investimentos adicionais à cooperação e coordenação, diplomáticas e logísticas, com outras entidades reguladoras, em nível nacional e internacional.

Entretanto, a premente necessidade de uma autoridade central competente – seja por instituição de um novo ente ou órgão público ou pela designação de outro preexistente que abarque as atribuições previstas no PL nº 2.338/2023[349] –, para o controle e monitoramento do desenvolvimento, implementação e uso de tecnologias de Inteligência Artificial no Brasil, decorre do devido balanceamento – guiado por valores fundamentais – entre o remanejamento orçamentário estatal e o inchaço da máquina pública, de um lado, e os princípios éticos da IA e as matrizes de risco aos direitos humanos das pessoas afetadas por esses sistemas, de outro.

349. BRASIL. SENADO FEDERAL. Projeto de Lei nº 2.338, de 2023. Atividade Legislativa, 2023. Disponível em: https://www25.senado.leg.br/web/atividade/materias/-/materia/157233?_gl=1*1qw7sar*_ga*ODQ3Nzg0NDY2LjE2MjQ2Mzc4Mzg.*_ga_CW3ZH25XMK*MTY4NDE2Mjk0My4yLjAuMTY4NDE2Mjk0My4wLjAuMA. Acesso em: 28.05.2023.

CONSIDERAÇÕES FINAIS

À luz de uma perspectiva civil constitucional, é descabida a ideia de um direito civil "neutro", sobre o qual não repercutam as influências do momento histórico-social no qual se insere. Pensando o Direito como historicidade, como uma construção nada estática, a léguas de ser imutável, que precisa evoluir com o tempo e se moldar às mudanças históricas, sociais, políticas, econômicas e culturais, a fim de refletir as experiências e valores da sociedade para a qual é interpretado, com seus atuais contornos informacionais e de vigilância por sistemas de Inteligência Artificial, a metodologia deste trabalho, sob a ótica funcional dos fenômenos jurídicos, centrou-se no propósito geral do Direito: a tutela da pessoa humana.

Em que pese seja desafiadora a ideia e árdua a tarefa de formular conceitos para uma temática tão disruptiva, a importância de se definir sistema de Inteligência Artificial perpassa a necessidade de uma compreensão compartilhada da matéria. Uma conceituação erguida sobre bases consistentes, a partir de vasta pesquisa especializada e que garanta coerência teórico-pragmática com determinada área do conhecimento, deve ser sempre bem-vinda. No entanto, reconhece-se que a consolidação de um conceito não pode ser açodada, sob pena de facilmente ruir perante os efeitos do tempo ou abalar-se frente às críticas mais severas.

Não é porque a questão é tormentosa que o Direito furtar-se-á de enfrentá-la, espera-se, todavia, o uso de técnicas legislativas adequadas à plasticidade do tema. Por tal razão, a definição de sistema de IA precisa ser aberta, de modo a acompanhar o dinamismo próprio dos avanços tecnológicos. Conceitos são peças-chave na dissipação de controvérsias – razão pela qual foram elencadas diferenças entre Inteligência Artificial e mera automação, entre IA e algoritmos, entre eles e o código de programação, dentre outras comparações, correlações e distinções cruciais – e na solidificação de necessárias medidas regulatórias *a posteriori*.

Seja chamada de Inteligência Artificial ou Inteligência Computacional, fato é que não se confundem o campo de conhecimento e os sistemas que dele fazem parte. Além disso, tais modelos não correspondem à noção de *software* a que se refere o art. 1º da Lei nº 9.609, de 1998. Isso porque um programa de *software* pode ser usado na implantação de um sistema de Inteligência Artificial, mas nem todo *software* integra um modelo de Inteligência Artificial.

Para melhor conceituar os sistemas de Inteligência Artificial, impende diferenciá-los de outras noções, ainda que interligadas, como as variadas técnicas de implementação desses sistemas por linguagem natural, simulação de sentidos, jogos de computador, *expert systems, machine learning, deep learning* e robótica. Também merece ênfase classificá-los de acordo com as ondas de Inteligência Artificial, a supervisão do aprendizado de IA e os níveis de desenvolvimento, autonomia e prontidão tecnológica do projeto computacional, entre outros.

A hipótese aventada, para a definição dinâmica de sistema de Inteligência Artificial, foi a de se estabelecer listagem legal que contivesse fórmula exemplificativa acompanhada de cláusula genérica, com vistas à interpretação extensiva, que só abarque casos estritamente análogos aos destacados na tipologia exemplificada. Uma definição dinâmica consiste em abordagem adaptável e consciente da necessidade de acompanhar a velocidade, o volume e a diversidade da vida líquida, com o uso de técnicas legislativas que visem atenuar e até evitar a inadequação da abrangência conceitual diante da variedade de inovações tecnológicas no campo da IA. Assim, conceituou-se sistema de Inteligência Artificial da seguinte forma:

É um sistema baseado em máquina, com variados níveis de autonomia e de prontidão tecnológica e diferentes graus de riscos, programado por codificação, aberta ou fechada, para emular aspectos da cognição humana utilizando algoritmos computacionais que o tornam capaz de atingir um conjunto de propósitos específicos, através de lógica, aprendizado de máquina, sensores ou outra forma de captação do meio ou representação do conhecimento, cujos dados e entrada de dados podem ser provenientes de máquinas ou humanos, com o fim de perceber ambientes, reconhecer ou gerar conteúdo, reproduzir linguagem escrita ou falada, detectar eventos e/ou padrões, abstrair percepções em modelos, simbólicos ou estatísticos, simular sentidos, produzir previsões, recomendações e/ou decisões algorítmicas ou fornecer outros resultados, previsíveis ou não, que possam influenciar o ambiente virtual e/ou real.

Depreende-se, assim, que as classificações são inexoravelmente úteis por permitirem uma investigação mais apurada e verticalizada das repercussões jurídicas de um fenômeno, ainda mais quando se trata de um tema tão debatido e que já acarreta intensas transformações cada vez mais abrangentes e significativas, política, econômica e socialmente. Enfatizada a historicidade do Direito, sua relação intrínseca com o curso da história humana precisa, tão logo, assimilar que a história tem sido escrita, "criativamente", por máquinas inteligentes e concluir que a regulação precisa, a passos firmes e ligeiros, consolidar as "regras do jogo".

Ao qualificar as tipologias de Inteligência Artificial, é possível identificar lacunas e elementos não adequadamente explorados, possibilitando indagações, análises e descobertas, que levem a conclusões mais esclarecedoras e acertadas. A exposição didática da profusão de classes de aplicações de Inteligência Artificial, com seus critérios e referências, contribui à hermenêutica mais apropriada de fatos jurídicos lesivos derivados do seu desenvolvimento, implantação e uso, o que se mostra útil a uma abordagem regulatória mais balizada e justa.

Categorizar sistemas de IA, conforme os estágios do seu ciclo de vida e levando em consideração variados critérios, visa à adoção proporcional de medidas de responsabilização civil adequadas à gestão de riscos e à observância eficiente do princípio da precaução. As especificidades de cada tipologia de aplicação de Inteligência Artificial exigirão abordagens mais razoáveis de políticas públicas, boas práticas, governança e regulação, conforme o grau de risco a direitos humanos que cada espécie de IA, potencial ou concretamente, apresenta.

Movido por tais premissas, fez-se detalhada menção ao *framework* classificatório dos sistemas de IA formulado pela Organização para a Cooperação e o Desenvolvimento Econômico (OCDE). Com vistas a cada uma de suas dimensões e considerando a relevância dessa catalogação para a gradação dos diferentes riscos desses sistemas a direitos humanos e valores fundamentais, a estrutura proposta pela OCDE vincula características dos sistemas de IA ao seu relatório de princípios éticos da Inteligência Artificial, uma das inspirações para a delimitação das principais matrizes de riscos da IA, abordadas no segundo capítulo.

No estudo sobre as matrizes de risco da Inteligência Artificial, delineadas à luz de sua base axiológica, foi destacado o mapeamento do consenso internacional sobre princípios da Inteligência Artificial e suas abordagens regulatórias, realizado pelo centro de pesquisas *Berkman Klein Center for Internet & Society* da Universidade de Harvard.

De pronto, o princípio da privacidade e o direito fundamental à proteção de dados pessoais foram postos em evidência diante do controle de dados pessoais como uma forma de exercício de poder sobre o consumidor de produtos e serviços dotados de Inteligência Artificial, da observância de *privacy by design* para o desenvolvimento, implementação e uso de IA pelos atuais modelos de negócios na sociedade informacional e da necessidade de acurácia nos *data inputs*, de qualidade das informações e de idoneidade em todo o ciclo de vida dos dados pessoais na formação do "corpo eletrônico" do seu titular e da perfilização como instrumento de personalização de produtos e serviços de IA ofertados em rede.

Constata-se ainda a importância da acurácia no *input* de dados – a escolha qualitativa dos dados de entrada que serão objeto de tratamento em um modelo de Inteligência Artificial – e da idoneidade da metodologia para a criação do projeto computacional desde o *design*. Nesse sentido, aborda-se a hiperconectividade e a computação persuasiva como formas contemporâneas de exercício do poder de mercado, do capitalismo de vigilância – pública e privada – e do controle da privacidade dos dados pessoais e da autonomia de seus titulares.

Outro ponto nevrálgico é o princípio da autonomia do usuário frente a aplicações de Inteligência Artificial. Compreendendo a autodeterminação informativa como basilar para a proteção de dados pessoais do usuário de tecnologias de IA, consiste no poder conferido ao indivíduo de decidir se e em qual extensão exporá aspectos da sua vida pessoal, exercendo efetivo controle sobre suas informações pessoais e repercutindo no direito de decidir de forma autônoma sobre o uso desses dados. Para que anua validamente com o seu tratamento, o consentimento é como processo e afigura-se no exercício da vontade livre do sujeito que o emite desde que plenamente ciente das variadas implicações de seus atos. Entretanto, o comportamento emergente de sistemas de IA com alto grau de autonomia pode desafiar a cognição do usuário, trazendo deveres de transparência, explicabilidade e responsabilidade.

Quanto a tais deveres, foi perscrutada a "caixa-preta" dos algoritmos de Inteligência Artificial, à luz dos paradoxos entre a diversidade de tipologias de IA, a complexidade na sua interpretação e a necessidade de transparência algorítmica, ativa ou passiva. Tendo em vista o reconhecimento da opacidade dos algoritmos, da existência de um contexto de *mathwahing*, da falibilidade da estatística como ciência exata e dos perigos derivados da transferência de processos decisórios humanizados às máquinas, fez-se análise crítica de previsões dos direitos à explicação, à contestação e à revisão de decisões automatizadas no GDPR e na LGPD.

No tocante aos princípios da justiça, equidade, inclusão e vedação à discriminação algorítmica, segmentaram-se os seguintes critérios de categorização dos preconceitos gerados por vieses em decisões algorítmicas: a) em razão da pessoa, que avaliam as discriminações algorítmicas motivadas por gênero, raça, etnia e orientação sexual; b) em razão do espaço, com foco nos exemplos de *geopricing* e *geoblocking*; c) em razão do tempo, via análises prognósticas e predições que caracterizam equívocos algorítmicos oriundos de dados pessoais colhidos irregularmente ou desatualizados e que deram ensejo à concessão ou à recusa, por exemplo, de acesso a um produto ou serviço a determinado(s) titular(es) desses dados.

Aliás, a despatrimonialização do direito civil decorre da disposição da pessoa humana no epicentro do ordenamento jurídico. Considerando que o desenvolvimento de todo modelo de IA deve estar alinhado com valores humanos fundamentais - ainda quando tenha sido criado com propósito específico e direcionado a determinado setor, porém "no campo" tenha sido usado com múltiplas aplicações e para finalidades diversas –, propõe-se a instituição de certificações setoriais, a serem emitidas na etapa de pré-lançamento do sistema de Inteligência Artificial para atestar que sua amostragem e testagem foi diversificada e não discriminatória.

Diante de cotidianas análises preditivas e de incontáveis decisões automatizadas resultantes da coleta, análise, mineração e fusão de dados pessoais dos consumidores de produtos e serviços *online*, dentre as ações concretas para a mitigação dos riscos em jogo está o reconhecimento dos direitos a não discriminação e à correção de vieses algorítmicos discriminatórios, diretos ou indiretos, ilegais ou abusivos. Quando decisões tomadas por projetos computacionais inteligentes replicam desigualdades e acarretam danos a indivíduos ou grupo de pessoas, a ausência de neutralidade fica notória e o regime de responsabilidade civil precisará pautar-se em uma gradação de riscos daquele tipo de Inteligência Artificial.

Problemático também é garantir o respaldo aos princípios da segurança, proteção, confiabilidade e robustez dos indivíduos diante de sistemas computacionais inteligentes. Por meio da expressão *security by design*, retratou-se uma abordagem à segurança da informação semelhante à *privacy by design*: holística, criativa, antecipatória, interdisciplinar, robusta e responsável. Refere-se à concepção de sistemas, aplicativos ou infraestruturas computacionais de IA com segurança incorporada desde as fases inaugurais de sua idealização, em vez de adicioná-la como camada posterior, considerando a segurança um requisito primordial.

No que concerne à Internet das Coisas (livre tradução da expressão inglesa *Internet of Things* ou simplesmente abreviada como IoT), vislumbra-se a necessidade de, no âmbito do consumo de serviços e bens munidos de Inteligência Artificial - do qual deriva a sigla IoAI –, diferenciar as hipóteses de fato ou defeito e de vício, com destaque às lesões e ameaças de lesões causadas por tecnologias vestíveis, por veículos e drones autônomos e por serviços prestados por profissionais liberais assistidos por tecnologia robótica.

Esse cenário impõe um agir íntegro e confiável em todas as interações, especialmente quando haja informações assimétricas entre as partes envolvidas. A boa-fé objetiva mostra-se fundamental para a promoção do desenvolvimento responsável, ético e seguro de sistemas de Inteligência Artificial, assegurando seu uso em benefício da humanidade, respeitando direitos e valores fundamentais. Nesse sentido, foram avaliadas as funções interpretativa, integradora e limitadora da boa-fé objetiva como garantidoras da confiabilidade das tecnologias de IA.

Ato contínuo, o terceiro capítulo dedica-se à matriz de risco *accountability* na seara da Inteligência Artificial, abordando o significado da terminologia, seu sentido e alcance. Enquanto o desenvolvimento, a implantação e o uso de modelos de Inteligência Artificial não forem regulamentados, quem se responsabilizará pelos fatos jurídicos envolvendo as partes impactadas por sistemas inteligentes e os agentes da cadeia de valor da IA? Lança-se, então, luz sobre a necessidade de uma abordagem regulatória da Inteligência Artificial no Brasil, que não seja mais uma carta de direitos, nem mais um guia principiológico meramente orientativo, mas sim uma ferramenta de segurança jurídica e um instrumento balizador entre os riscos inerentes a sistemas de Inteligência Artificial e os direitos fundamentais das pessoas expostas.

Inserida a sociedade da vigilância nesse contexto, não se admitem mais pedidos de moratória da Inteligência Artificial, por se tratar de medida insubsistente e ineficaz. Em geral, não há mais tempo para moratória, irreal dada à pulverização do seu uso por diversos modelos de negócios e aos altíssimos proveitos auferidos. O senso de urgência implica dizer que já é tempo de enfrentar a real ameaça de lesão que os modelos de IA representam à humanidade se não forem adequadamente regulados por quem detêm *logos* apofântico e hermenêutico. Nesse diapasão, foram expostos os cenários regulatórios de IA em âmbito nacional e internacional.

A melhor escolha para a realidade brasileira é a adoção de uma abordagem híbrida, antropocêntrica e baseada nos diferentes graus de riscos apresentados pelos variados tipos de tecnologias de Inteligência Artificial, que justificam regimes distintos de responsabilidade civil: objetivo para as aplicações de IA de risco alto ou excessivo e subjetivo para os de risco médio ou mínimo. Considerando-se ainda os níveis de autonomia desses sistemas inteligentes, foram trazidas à baila as teses do determinismo tecnológico e do risco do desenvolvimento como tentativas – a serem frustradas – de isentar os agentes de IA de responsabilidade por eventuais danos causados por modelos de IA colocados em circulação no mercado.

Partindo-se de um marco teórico repleto de terminologias e ideias inovadoras, como demonstrar a importância de definições, correlações, classificações, gradações de riscos e uma abordagem regulatória premente e sólida para resguardar os direitos humanos e os valores fundamentais do Estado Democrático frente à insuficiência de normas jurídicas que sejam apropriadamente ajustadas ao verdadeiramente progressista campo da Inteligência Artificial?

Em um esforço vigoroso de compilar novos fatos jurídicos lesivos derivados de P&D, implementação e uso de sistemas de Inteligência Artificial, a base principiológica e as matrizes de riscos envoltas nessa temática, além das variadas abordagens regulatórias e dos diferentes contextos de responsabilização civil da cadeia de valor da IA pelos danos causados por tais modelos computacionais, explicitou-se o que se sabe sobre Inteligência Artificial para fins de uma aplicação técnica da disciplina jurídica, os conceitos mais debatidos e noções difundidas, os principais desafios e as aplicações concretas com maiores repercussões para o Direito.

Não se deve mais promover uma responsabilização civil simplesmente compensatória. A função preventiva precisa estar alinhada à compreensão de princípios éticos da IA voltados ao design, centrados em direitos humanos desde a concepção do projeto computacional. Sob essa ótica, faz-se mister a aplicação do princípio da precaução como bússola para os agentes de Inteligência Artificial na pesquisa, desenvolvimento, implantação e uso desses sistemas, voltando sim o olhar ao estado da arte e às incertezas científicas, porém sem olvidar dos altos graus de periculosidade que tecnologias disruptivas podem ensejar à dignidade humana.

Por derradeiro, nada obstante reconhecidas as valiosas contribuições da Comissão de Juristas do Marco Legal da Inteligência Artificial, cujo relatório final deu ensejo ao Projeto de Lei nº 2.338/2023, o senador Marcos Pontes, em 27 de novembro desse ano, em descompasso com as deliberações empreendidas, lamentavelmente propôs substitutivo inadvertidamente desconsiderando os progressos auspiciosos do aludido projeto legislativo.

Apesar de criar um interessante arranjo institucional, com uma autoridade central e um Conselho Nacional sobre Inteligência Artificial (CNIA), e prever a "avaliação do risco do uso de IA" – conforme tabela anexa de matrizes de riscos em três níveis (alto, médio e baixo), segundo análise de probabilidade e impacto –, no geral, o texto substitutivo retrocede ao elidir previsões acerca da avaliação de impacto algorítmico e de outras medidas de governança para mitigação de riscos dos sistemas de IA, excluir o capítulo sobre direitos das pessoas afetadas por tais modelos, eliminar proibições à P&D de certas tecnologias de IA de risco excessivo, estabelecer o insuficiente recurso de marca d´água para identificação do uso de modelos de IA Generativa na geração e manipulação de conteúdo, instituir a noção perigosamente atécnica de "responsabilidade por danos civis ou penais" e elidir a responsabilidade civil de operadores e usuários nas hipóteses de uso indevido ou em desconforme com as instruções recebidas (o que parece transformar em fator de imputação uma excludente do nexo causal, ao arrepio de consolidados entendimentos doutrinários e jurisprudenciais sobre o tema), além de se limitar a definir os agentes da cadeia de valor da IA sem qualificar a qual título serão responsabilizados civilmente por eventuais danos causados pela aplicação de Inteligência Artificial.

Assegurar a proteção de indivíduos e grupos, especialmente os mais vulneráveis diante dos avanços tecnológicos em matéria de Inteligência Artificial, requer uma autoridade central fiscalizadora e também a exigência regulatória do cumprimento de obrigações *ex ante*, como avaliações de impacto algorítmico e *sandboxes* regulatórios, a fim de prover confiabilidade, robustez e segurança desde o projeto computacional. Visam à antecipação de possíveis efeitos adversos, propiciando a mitigação e evitação de riscos e a garantia de direitos fundamentais. Uma avaliação preliminar permite a identificação de viéses e discriminações, contribuindo à promoção da equidade, justiça social, privacidade e proteção de dados pessoais, assegurando ambiente propício ao desenvolvimento responsável da IA e um futuro tecnológico sustentável.

REFERÊNCIAS

ABRAMS, Martin. *The origins of personal data and its implications for governance*, 2014. Disponível em: http://ssrn.com/abstract=2510927. Acesso em: 31.03.2023.

AGÊNCIA BRASIL. Riscos da inteligência artificial levantam alerta e suscitam respostas: privacidade, ameaças ao trabalho e discriminação levantam debates. In: Repórter Agência Brasil, 01.09.2020. Disponível em: https://agenciabrasil.ebc.com.br/geral/noticia/2020-08/riscos-da-inteligencia-artificial-levantam-alerta-e-suscitam-respostas. Acesso em: 03.06.2024.

AGENCIA ESPAÑOLA DE PROTECCIÓN DE DATOS – AEPD. Gestión del riesgo y evaluación de impacto en tratamientos de datos personales. Disponível em: https://www.aepd.es/es/documento/gestion-riesgo-y-evaluacion-impacto-en-tratamientos-datos-personales.pdf. Acesso em: 08.07.2023.

AGRAWAL, Ajay; GANS, Joshua; GOLDFARB, Avi. *Máquinas preditivas*: a simples economia da Inteligência Artificial. Rio de Janeiro: Alta Books, 2019.

AGUIAR DIAS, José. *Da responsabilidade civil*. Rio de Janeiro: Forense, 1944, p. 249-270.

AI DATA ANALYTICS. Five of the biggest AI fails: sometimes you need to break a few eggs to make an omelette. Disponível em: https://www.aidataanalytics.network/data-science-ai/articles/five-of-the-biggest-ai-fails. Acesso em: 27.05.2023.

AI NOW INSTITUTE. Confronting tech power. Disponível em: https://ainowinstitute.org/. Acesso em: 08.07.2023.

AKOBEN – ANTIRRACISMO NA ORGANIZAÇÃO DE EVENTOS. *Aqualtune Lab*, 2022. Disponível em: https://aqualtunelab.com.br/cartilha/. Acesso em: 06.05.2023.

ANDERSON, Chris. *A cauda longa*. Tradução de Afonso Celso da Cunha Serra. 5.ed. Rio de Janeiro: Elsevier, 2006. *E-book*.

ANGWIN, Julia; TOBIN, Ariana; VARNER, Madeleine. Facebook (still) letting housing advertisers exclude users by race. ProPublica, 2017. Disponível em: https://www.propublica.org/article/facebook-advertising-discrimination-housing-race-sex-national-origin. Acesso em: 06.05.2023.

ASQUINI, Alberto. Perfis da empresa. *Revista de Direito Mercantil, Industrial, Econômico e Financeiro*. v. 35, n. 104, p. 109-126, out.-dez./1996.

ATZORI, L.; IERA, A.; MORABITO, G. The internet of things: a survey. *Computer Networks*, v. 54, n. 15, 2010. Disponível em: https://doi.org/10.1016/j.comnet.2010.05.010. Acesso em: 18.03.2023.

AUSTRALIAN HUMAN RIGHTS COMMISSION – AHRC. Human rights and technology: discussion paper, 2019. Disponível em: https://humanrights.gov.au/our-work/rights-and-freedoms/publications/human-rights-and-technology-discussion-paper-2019. Acesso em: 23.04.2023.

AUTORIDADE NACIONAL DE PROTEÇÃO DE DADOS – ANPD. Análise preliminar do Projeto de Lei nº 2.338/2023, que dispõe sobre o uso da Inteligência Artificial. Disponível em: https://www.gov.br/anpd/pt-br/assuntos/noticias/analise-preliminar-do-pl-2338_2023-formatado-ascom.pdf. Acesso em: 08.07.2023.

AUTORIDADE NACIONAL DE PROTEÇÃO DE DADOS – ANPD. Guia orientativo: tratamento de dados pessoais pelo Poder Público. Versão 1.0. Jan./2022. Disponível em: https://www.gov.br/anpd/pt-br/documentos-epublicacoes/guia-poder-publico-anpd-versao-final.pdf. Acesso em: 04.06.2023.

ÁVILA, Humberto. *Teoria dos princípios*: da definição à aplicação dos princípios jurídicos. 18.ed. São Paulo: Malheiros, 2018.

AWAD, Mariette; KHANNA, Rahul. *Efficient learning machines*: theories, concepts, and applications for engineers and system designers. Apress Open, 2015.

AYRES BRITTO CONSULTORIA JURÍDICA E ADVOCACIA. *Soft law* e *hard law* como caminho para afirmação do direito à proteção de dados. Disponível em: https://ayresbritto.adv.br/soft-law-e-hard-law-como-caminho-para-afirmacao-do-direito-a-protecao-de-dados/. Acesso em: 23.06.2023.

AZEVEDO, Antonio Junqueira de. Caracterização jurídica da dignidade da pessoa humana. *Revista dos Tribunais*, São Paulo, v. 797, p. 11-26, mar./2002.

BALKIN, Jack. The path of Robotics Law. *California Law Review*, Forthcoming Yale Law School, Public Law Research Paper No. 536, 2015, p. 45-60. Disponível em: https://papers.ssrn.com/sol3/papers.cfm?abstract_id=2586570. Acesso em: 27.05.2023.

BANCO CENTRAL DO BRASIL. *Sandbox* Regulatório BC. Disponível em: https://www.bcb.gov.br/estabilidadefinanceira/sandbox. Acesso em: 02.07.2023.

BANDEIRA, Paula Greco. O contrato como instrumento de gestão de riscos e o princípio do equilíbrio contratual. *Revista dos Tribunais – Revista de Direito Privado*, vol. 65, p. 195-208, jan.-mar./2016.

BARBOSA, Mafalda Miranda. Inteligência Artificial, "E-persons" e Direito: desafios e perspectivas. *Revista Jurídica Luso-Brasileira – RJLB*, a.3, n.6, 2017, p. 1481 e 1502).

BAROCAS, Solon; SELBST, Andrew D. Big Data's Disparate Impact. *California Law Review*, Berkeley, i. 104, p. 673-674, 2016.

BASAN, Arthur Pinheiro; FALEIROS JÚNIOR, José Luiz de Moura. A tutela do corpo eletrônico como direito básico do consumidor. *Revista dos Tribunais*, v. 1021, p. 133-168, Nov./2020.

BAUMAN, Zygmunt. *Modernidade líquida*. Tradução de Plínio Dentzien. Rio de Janeiro: Jorge Zahar, 2001.

BBC NEWS. IBM abandons 'biased' facial recognition tech. BBC Tech News, 2020. Disponível em: https://www.bbc.com/news/technology-52978191. Acesso em: 03.06.2023.

BBC NEWS. Microsoft's Bill Gates insists AI is a threat. January 29th, 2015. Disponível em: https://www.bbc.com/news/31047780. Acesso em: 23.06.2023.

BBC SCIENCE FOCUS. Midjourney: the gothic AI image generator challenging the art industry. Disponível em: https://www.sciencefocus.com/future-technology/midjourney/. Acesso em: 13.05.2023.

BEAUCHAMP, Tom L. Informed consent: its history, meaning, and present challenges. *Cambridge Quaterly of Healthcare Ethics*, v. 20, 2011, p. 509-522.

BELLI, Luca; CURZI, Yasmin; GASPAR, Walter B. AI regulation in Brazil: advancements, flows, and need to learn from the data protection experience. *Computer Law & Security Review*, Elsevier, v. 48, April/2023.

BELLI, Luca. Painel II: categorização dos riscos e repercussões regulatórias. In: Seminário FGV Direito Rio sobre o "Marco Legal da Inteligência Artificial", Rio de Janeiro, em 20.03.2023.

BELLI, Luca. Uma perspectiva de direitos humanos para decriptar a ascensão da Internet das Coisas (IoT). *Direitos Fundamentais & Justiça*, Belo Horizonte, ano 13, n. 41, jul./dez. 2019, p. 157-181.

BENJAMIN, Antônio Herman V.; MARQUES, Claudia Lima; BESSA, Leonardo Roscoe. *Manual de Direito do Consumidor*. 7.ed. São Paulo: Revista dos Tribunais, 2016.

BENNETT, William J. *O livro das virtudes para crianças*. 2.ed. Rio de Janeiro: Nova Fronteira, 2021, p. 19.

BEN-SHAHAR, Omri. *Data Pollution, Journal of Legal Analysis*, v.11, 2019, p. 133.

BERKMAN KLEIN CENTER FOR INTERNET & SOCIETY AT HARVARD UNIVERSITY. *Principled Artificial Intelligence*: mapping consensus in ethical and rights-based approaches to principles for AI. Harvard Publications, Ethics and Governance of AI, 2020. Disponível em: https://cyber.harvard.edu/publication/2020/principled-ai. Acesso em: 08.03.2023.

BERKMAN KLEIN CENTER FOR INTERNET & SOCIETY AT HARVARD UNIVERSITY. Rumman Chowdhury: responsible AI fellow. Disponível em: https://cyber.harvard.edu/people/rumman-chowdhury. Acesso em: 06.05.2023.

BESSA, Leonardo Roscoe. *Código de defesa do consumidor comentado*. 2.ed. Rio de Janeiro: Forense, 2022. *E-book*.

BESSONE, Darcy. *Do contrato*. Rio de Janeiro: Forense, 1960.

BIG BROTHER WATCH. Stop facial recognition. Police and private companies in the UK have been quietly rolling out facial recognition surveillance cameras, taking 'faceprints' of millions of people – often without you knowing about it. This is an enormous expansion of the surveillance state – and it sets a dangerous precedent worldwide. We must stop this dangerously authoritarian surveillance now. Disponível em: https://bigbrotherwatch.org.uk/campaigns/stop-facial-recognition/. Acesso em: 08.07.2023.

BIONI, Bruno Ricardo; LUCIANO, Maria. O consentimento como processo: em busca do consentimento válido. In: DONEDA, Danilo; SARLET, Ingo Wolfgang; MENDES, Laura Schertel; RODRIGUES JUNIOR, Otavio Luiz; BIONI, Bruno Ricardo (coord.). *Tratado de proteção de dados pessoais*. Rio de Janeiro: Forense, 2021, p. 163-175.

BIONI, Bruno Ricardo; LUCIANO, Maria. O princípio da precaução na regulação de inteligência artificial: seriam as leis de proteção de dados o seu portal de entrada? In: FRAZÃO, Ana; MULHOLLAND, Caitlin. *Inteligência artificial e direito*: ética, regulação e responsabilidade. São Paulo: Thomson Reuters Brasil, 2019, p. 207-231.

BIONI, Bruno Ricardo; MENDES, Laura Schertel. Regulamento Europeu de Proteção de Dados Pessoais e a Lei Geral brasileira de Proteção de dados: mapeando convergências na direção de um nível de equivalência. In: TEPEDINO, Gustavo; FRAZÃO, Ana; OLIVA, Milena Donato. *Lei Geral de Proteção de Dados Pessoais e suas repercussões no direito brasileiro*. São Paulo: Thomson Reuters Brasil, 2019, p. 797-820.

BIONI, Bruno Ricardo. *Proteção de Dados Pessoais.* Rio de Janeiro: Forense, 2020. *E-book.*

BLOOMBERG. TikTok's algorithm keeps pushing suicide to vulnerable kids. Disponível em: https://www.bloomberg.com/news/features/2023-04-20/tiktok-effects-on-mental-health-in-focus-after-teen-suicide. Acesso em: 26.05.2023.

BOLLIER, David. *The promise and peril of big data.* Washington DC: The Aspen Institute, 2010. *E-book.*

BONNA, Alexandre Pereira. Dados pessoais, identidade virtual e a projeção da personalidade: profiling, estigmatização e responsabilidade civil. In: MARTINS, Guilherme Magalhães; ROSENVALD, Nelson (coord.). *Responsabilidade civil e novas tecnologias.* Indaiatuba, SP: Editora Foco, 2020.

BORBÓN, Diego; BORBÓN, Luisa. A critical perspective on neurorights: comments regarding ethics and law. *Frontiers in Human Neuroscience*, vol. 15, 2021, p. 627. Disponível em: https://www.frontiersin.org/article/10.3389/fnhum.2021.703121. Acesso em: 20.05.2023.

BOSTON CITY COUNCIL. Report of the Committee Chair on Government Operations. June 24th, 2020. Disponível em: https://www.boston.gov/sites/default/files/file/2021/02/Boston-City-Council-face-surveillance-ban.pdf. Acesso em: 08.07.2023.

BOSTROM, Nick. *Superinteligência*: caminhos, perigos e estratégias para um novo mundo. Tradução de Patrícia Jeremias e Clemente Gentil Penna. Rio de Janeiro: Dark Side Books, 2018.

BRANDÃO, Rodrigo. Relatório do evento "Regulação da IA no Brasil: estamos em um bom caminho". Ciclo de Palestras "Desafios e Oportunidades da IA: perspectivas setoriais", Observatório da Inovação e Competitividade (OIC), sediado no Instituto de Estudos Avançados (IEA) da Universidade de São Paulo (USP), 25 de abril de 2023. Disponível em: https://oic.nap.usp.br/regulacao-da-ia-no-brasil-estamos-em-um-bom-caminho/. Acesso em: 24.06.2023.

BRASIL. CÂMARA DOS DEPUTADOS. Projeto de Lei nº. 1.229/2021. Modifica a Lei nº. 13.709, de 14 de agosto de 2018 (Lei Geral de Proteção de Dados Pessoais), a fim de conceituar dado neural e regulamentar a sua proteção. Disponível em: https://www.camara.leg.br/propostas-legislativas/2276604. Acesso em: 02.06.2023.

BRASIL. CÂMARA DOS DEPUTADOS. Projeto de Lei nº 21, de 2020. Atividade Legislativa, 2021. Disponível em: https://www.camara.leg.br/propostas-legislativas/2236340. Acesso em: 30.06.2023.

BRASIL. GOVERNO FEDERAL. Declaração de Osaka dos Líderes do G20. Disponível em: https://www.gov.br/mre/pt-br/canais_atendimento/imprensa/notas-a-imprensa/2019/declaracao-de-osaka-dos-lideres-do-g20. Acesso em: 23.06.2023.

BRASIL. GOVERNO FEDERAL. Plano Nacional de Internet das Coisas. Disponível em: https://www.gov.br/governodigital/pt-br/estrategias-e-politicas-digitais/plano-nacional-de-internet-das-coisas. Acesso em: 02.06.2023.

BRASIL. GOVERNO FEDERAL. Trágica história no Guarujá é retratada em novo episódio da campanha "Brasil contra Fake". Disponível em: https://www.gov.br/secom/pt-br/assuntos/noticias/2023/03/tragica-historia-no-guaruja-e-retratada-em-novo-episodio-da-campanha-brasil-contra-fake. Acesso em: 26.05.2023.

BRASIL. MINISTÉRIO DA EDUCAÇÃO. FUNAJ. Centrais de Conteúdo. *Spam*. Disponível em: https://www.gov.br/fundaj/pt-br/centrais-de-conteudo/noticias-1/5-spam. Acesso em: 12.05.2023.

BRASIL. SENADO FEDERAL. Projeto de Lei nº 2.338, de 2023. Atividade Legislativa, 2023. Disponível em: https://www25.senado.leg.br/web/atividade/materias/-/materia/157233?_gl=1*1qw7sar*_ga*ODQ3Nzg0NDY2LjE2MjQ2Mzc4Mzg.*_ga_CW3ZH25XMK*MTY4NDE2Mjk0My4yLjAuMTY4NDE2Mjk0My4wLjAuMA. Acesso em: 13.05.2023.

BRASIL. SENADO FEDERAL. Projeto de Lei nº 2.630, de 2020, que institui a Lei Brasileira de Liberdade, Responsabilidade e Transparência na Internet. Disponível em: https://legis.senado.leg.br/sdleg-getter/documento?dm=8110634&ts=1684358721069&disposition=inline&_gl=1*199z5dh*_ga*ODQ3Nzg0NDY2LjE2MjQ2Mzc4Mzg.*_ga_CW3ZH25XMK*MTY4NDQxNzgxMi4zLjAuMTY4NDQxNzgxMi4wLjAuMA. Acesso em: 12.05.2023.

BRASIL. SENADO FEDERAL. Relatório Final da Comissão de Juristas do Marco Legal da Inteligência Artificial, aprovado em 1º de dezembro de 2022. Disponível em: https://legis.senado.leg.br/sdleg-getter/documento?dm=9221643&ts=1670509473310&disposition=inline. Acesso em: 07.01.2023.

BRASIL. SUBCHEFIA PARA ASSUNTOS JURÍDICOS DA SECRETARIA GERAL DA PRESIDÊNCIA DA REPÚBLICA. Mensagem nº 288, de 08 de julho de 2019. Disponível em: https://www.planalto.gov.br/ccivil_03/_Ato2019-2022/2019/Msg/VEP/VEP-288.htm. Acesso em: 04.06.2023.

BROOKS, Rodney. *Robots, AI, and other stuff*. Essays [FoR&AI]. The Origins of Artificial Intelligence. April 27th, 2018. Disponível em: https://rodneybrooks.com/forai-the-origins-of-artificial-intelligence/. Acesso em: 10.03.2023.

BUOLAMWINI, Joy; GEBRU; Timmit. *Gender shades*: intersectional accuracy disparities in commercial gender classification. Conference on Fairness, Accountability, and Transparency. In: *Proceedings of Machine Learning Research*, n. 81, 2018, p. 1-15. Disponível em: http://proceedings.mlr.press/v81/buolamwini18a/buolamwini18a.pdf. Acesso em: 03.06.2023.

CALIXTO, Marcelo Junqueira. *A responsabilidade civil do fornecedor de produtos pelos riscos do desenvolvimento*. Rio de Janeiro: Renovar, 2004.

CALIXTO, Marcelo Junqueira. O art. 931 do código civil de 2002 e os riscos do desenvolvimento. *Revista Trimestral de Direito Civil – RTDC*, vol. 21, Rio de Janeiro, Padma, 2005, p. 53-93.

CALO, Ryan. Artificial intelligence policy: a primer and roadmap. *University of California Davis Law – UCDL Review*, v. 51, 2017, p. 399-435.

CALO, Ryan. Robotics and the lessons of cyberlaw. *California Law Review*, Berkeley, v. 103, n. 3, p. 513-563, jun./2015.

CAMBRIDGE DICTIONARY. *Accountability*: the fact of being responsible for what you do and able to give a satisfactory reason for it, or the degree to which this happens. Responsabilidade, prestação de contas. Disponível em: https://dictionary.cambridge.org/pt/dicionario/ingles-portugues/accountability. Acesso em: 08.06.2023.

CAMPANHA "TIRE O MEU ROSTO DA SUA MIRA". Pelo banimento total do uso das tecnologias digitais de reconhecimento facial na segurança pública. Disponível em: https://tiremeurostodasuamira.org.br/. Acesso em: 06.05.2023.

CANAL TECH. "Tatuagem inteligente" pode virar moda entre aparelhos vestíveis. Disponível em: https://canaltech.com.br/inovacao/tatuagem-inteligente-pode-virar-moda-entre-aparelhos-vestiveis-228760/. Acesso em: 02.06.2023.

CANELLOPOULOU-BOTTIS, Maria; PANAGOPOULOU, Fereniki; MICHAILAKI, Anastasia; NIKITA, Maria. The Right to Human Intervention: law, ethics and artificial intelligence. *SSRN Electronic Journal*, [S.L.], Elsevier BV, 2019.

CANTARINI, Paola. *Inteligência artificial e abordagem via risquificação*. Migalhas de Proteção de Dados, 2022. Disponível em: https://www.migalhas.com.br/arquivos/2022/4/40AB87D6286F11_IAemmovimento.pdf. Acesso em: 02.07.2023.

CARDOSO, Maurício; VASCONCELLOS, Marcos. Com robôs, escritório atua em mais de 360 mil processos com 420 advogados. Consultor Jurídico (CONJUR), 2016. Disponível em: https://www.conjur.com.br/2016-mar-05/robos-escritorio-atua-360-mil-processos-420-advogados. Acesso em: 04.06.2023.

CARNEGIE COUNCIL. Ethics washing. Disponível em: https://www.carnegiecouncil.org/explore-engage/key-terms/ethics-washing. Acesso em: 08.07.2023

CASTELLITTO, Anita L. Allen. *Understanding privacy*: the basics. Disponível em: https://www.law.upenn.edu/cf/faculty/aallen/workingpapers/pli2007.pdf. Acesso em: 26.05.2023.

CASTELLS, Manuel. *A sociedade em rede*. A era da informação: economia, sociedade e cultura. v.1. Tradução de Roneide Venancio Majer. 22.ed. São Paulo: Paz e Terra, 2020.

CASTRO, Thamis Dalsenter Viveiros de. A função da cláusula de bons costumes no Direito Civil e a teoria tríplice da autonomia privada existencial. *Revista Brasileira de Direito Civil – RBDCivil*, Belo Horizonte, v. 14, p. 99-125, out.-dez./2017.

CATALAN, Marcos. Notas acerca do desenvolvimento tecnológico e do dever de reparar danos ignorados no desvelar do processo produtivo. In: STAUT JÚNIOR, Sérgio Said (org.). *Estudos em Direito Privado*: uma homenagem ao prof. Luiz Carlos Souza de Oliveira. Curitiba: Luiz Carlos Centro de Estudos Jurídicos, 2014.

CAVALIERI FILHO, Sérgio. *Programa de Responsabilidade Civil*. 9.ed. São Paulo: Atlas, 2010.

CAVOUKIAN, Ann; DIXON, Mark. Privacy and security by design: an enterprise architecture approach. September 2013. Disponível em: https://www.ipc.on.ca/wp-content/uploads/Resources/pbd-privacy-and-security-by-design-oracle.pdf. Acesso em: 27.05.2023.

CAVOUKIAN, Ann. *Privacy by design*: the 7 foundational principles. Implementation and mapping of fair information practices. Disponível em: https://iapp.org/media/pdf/resource_center/pbd_implement_7found_principles.pdf. Acesso em: 26.05.2023.

ČERKA, Paulius; GRIGIENĖ, Jurgita; SIRBIKYTĖ, Gintarė. Liability for damages caused by Artificial Intelligence. *Computer Law & Security Review*, Ensevier, v 31, n. 3, jun. 2015, p. 376-389.

CHAMMAH, Maurice. Policing the Future: in the aftermath of Michael Brown's death, St. Louis cops embrace crime-predicting software. *The Marshall Project*: nonprofit journalism about criminal justice, 2016. Disponível em: https://www.themarshallproject.org/2016/02/03/policing-the-future. Acesso em: 06.05.2023.

CHARTERED PROFESSIONAL ACCOUNTANTS CANADA. *Building a Risk Management Framework for Trustworthy AI*. CPA Canada Foresight, January 2022. Disponível em: file:///C:/Users/loure/Downloads/02976-RG-Building-Risk-Management-Framework-Trustworthy-AI%20(1).pdf. Acesso em: 02.07.2023.

CHEN, Ye; PAVLOV, Dmitry; CANNY, John F. *Large-scale behavioral targeting*. Conference Paper, 2009. Work conducted at Yahoo! Labs. Disponível em: https://www.researchgate.net/publication/221653347_Large-scale_behavioral_targeting. Acesso em: 27.05.2023.

CHINELLATO, Silmara Juny de Abreu; MORATO, Antonio Carlos. Direitos básicos de proteção de dados pessoais, o princípio da transparência e a proteção dos direitos intelectuais. In: DONEDA, Danilo; SARLET, Ingo Wolfgang; MENDES, Laura Schertel; RODRIGUES JUNIOR, Otavio Luiz; BIONI, Bruno Ricardo (coord.). *Tratado de proteção de dados pessoais*. Rio de Janeiro: Forense, 2021, p. 644-667.

CLARKE, Roger. *Profiling*: a hidden challenge to the regulation of data surveillance. Journal of Law & Information Science, v. 4, p. 403, 1993. Disponível em: http://classic.austlii.edu.au/au/journals/JlLawInfoSci/1993/26.html. Acesso em: 12.05.2023.

CNBC. Crypto investors lost nearly $4 billion to hackers in 2022. Disponível em: https://www.cnbc.com/2023/02/04/crypto-investors-lost-nearly-4-billion-dollars-to-hackers-in-2022.html. Acesso em: 27.05.2023.

CNBC CYBER REPORT. The dark web's criminal minds see Internet of Things as next big hacking prize. Disponível em: https://www.cnbc.com/2023/01/09/the-dark-webs-criminal-minds-see-iot-as-the-next-big-hacking-prize.html. Acesso em: 12.05.2023.

CNBC. In generative AI legal Wild West, the courtroom battles are just getting started. Disponível em: https://www.cnbc.com/2023/04/03/in-generative-ai-legal-wild-west-lawsuits-are-just-getting-started.html. Acesso em: 16.05.2023.

CNET TECH. Elon Musk is right: we need to regulate AI now. Disponível em: https://www.cnet.com/tech/elon-musk-is-right-we-need-to-regulate-ai-now/. Acesso em: 19.05.2023.

CNN BRASIL. Banco Central anuncia vazamento de dados ligados a mais de 130 mil chaves PIX. Ocorrência é quarta confirmada pela autarquia desde o lançamento do meio de pagamentos, e envolve a empresa Abastece Aí. Disponível em: https://www.cnnbrasil.com.br/economia/banco-central-anuncia-vazamento-de-dados-ligados-a-mais-de-130-mil-chaves-pix/. Acesso em: 27.05.2023.

CNN BRASIL. China aprova novas regras de regulamentação de IA generativa. Disponível em: https://www.cnnbrasil.com.br/economia/china-aprova-novas-regras-de-regulamentacao-de-ia-generativo-como-o-chatgpt/. Acesso em: 15.07.2023.

CNN BRASIL. Inteligência artificial cria música inédita do Nirvana. Disponível em: https://www.cnnbrasil.com.br/entretenimento/inteligencia-artificial-cria-musica-inedita-do-nirvana/. Acesso em: 15.07.2023.

COLLINS DICTIONARY. *Portuguese translation of accountability*. Disponível em: https://www.collinsdictionary.com/dictionary/english-portuguese/accountability. Acesso em: 08.06.2023.

COLOMBO, Cristiano; FACCHINI NETO, Eugênio. Mineração de dados e análise preditiva: reflexões sobre possíveis violações ao direito de privacidade na sociedade da informação e critérios para sua adequada implementação à luz do ordenamento brasileiro. *Revista de Direito, Governança e Novas Tecnologias*. Maranhão, v. 3, n. 2, p. 59-80, jul.-dez./2017.

COLOMBO, Cristiano; SOUZA, Maique Barbosa de. GPT-3 aplicada em assistentes virtuais e potencialização dos preconceitos: primeiras linhas jurisprudenciais acerca de responsabilidade civil sobre inteligência artificial no Brasil e perspectivas sobre solidariedade à luz da teoria do *deep pocket*. In: PARENTONI, Leonardo (coord.). FERRARI, Giovanni Carlo Batista; FALEIROS JÚNIOR, José Luiz de Moura; ALVES, Tárik César Oliveira e (org.). *Direito, tecnologia e inovação*. v.4: estudos de casos. Belo Horizonte: DTIBR, 2022.

COMMONWEALTH SCIENTIFIC AND INDUSTRIAL RESEARCH ORGANISATION – CSIRO. Australia's AI Technology Roadmap. Disponível em: https://www.csiro.au/en/research/technology-space/ai/artificial-intelligence-roadmap. Acesso em: 23.04.2023.

CONFEDERAÇÃO NACIONAL DAS SEGURADORAS – CNseg. Ataques cibernéticos contra empresas brasileiras crescem 220%. 2022. Disponível em: https://cnseg.org.br/noticias/ataques-ciberneticos-contra-empresas-brasileiras-crescem-220.html. Acesso em: 27.05.2023.

CONSULTOR JURÍDICO. CNJ sofre ataque de *hacker* e dados de milhares de pessoas são vazados. CONJUR, 2019. Disponível em: https://www.conjur.com.br/2019-abr-01/cnj-sofre-ataque-hacker-dados-milhares-pessoas-vazam. Acesso em: 27.05.2023.

CONSULTOR JURÍDICO. Conselho Federal da OAB é alvo de ataque *hacker* e tira sistemas do ar. CONJUR, 2023. Disponível em: https://www.conjur.com.br/2023-mar-27/ataque-hacker-conselho-federal-oab-tira-sistemas-ar. Acesso em: 27.05.2023.

CONSULTOR JURÍDICO. Especialistas criticam responsabilidade subjetiva prevista no PL do marco da IA. CONJUR, 2021. Disponível em: https://www.conjur.com.br/2021-out-27/especialistas-questionam-artigo-pl-marco-legal-ia. Acesso em: 08.06.2023.

CONSULTOR JURÍDICO. Judiciário quer uso de inteligência artificial com ética e transparência. CONJUR, 2020. Disponível em: https://www.conjur.com.br/2020-ago-31/judiciario-uso-inteligencia-artificial-transparencia. Acesso em: 22.07.2023.

CONSULTOR JURÍDICO. Polícia Federal ainda está investigando ataque *hacker* ao STJ. CONJUR, 2021. Disponível em: https://www.conjur.com.br/2021-jun-09/policia-federal-ainda-investigando-ataque-hacker-stj. Acesso em: 27.05.2023.

CORDEIRO, João. *Accountability*: a evolução da responsabilidade pessoal, o caminho da revolução eficaz. Rio de Janeiro: Alta Books, 2023. *E-book*.

CORTIZ, Diogo; BURLE, Caroline. *Mapeamento de princípios de inteligência artificial*. São Paulo: Núcleo de Informação e Coordenação do Ponto BR – NIC.BR, 2020, p. 7. Disponível em: https://acervo.ceweb.br/acervos/conteudo/8d5a37ce-dfa2-47c2-90e1-7a008ec9e051. Acesso em: 12.05.2023.

CORTIZ, Diogo. Inteligência Artificial: equidade, justiça e consequências. CETIC, 2020. Disponível em: https://cetic.br/media/docs/publicacoes/6/20200626161010/panorama_setorial_ano-xii_n_1_inteligencia_artificial_equidade_justi%C3%A7a.pdf. Acesso em: 03.05.2023.

CORTIZ, Diogo. O *Design* pode ajudar na construção de Inteligência Artificial humanística? 17º *Ergodesign* – Congresso Internacional de Ergonomia e Usabilidade de Interfaces Humano-Computador. Disponível em: http://pdf.blucher.com.br.s3-sa-east-1.amazonaws.com/designproceedings/ergodesign2019/1.02.pdf. Acesso em: 28.05.2023.

COSTA, Judith Martins. PARGENDLER, Mariana Souza. Usos e abusos da função punitiva (*punitive damages* e o Direito Brasileiro). *Revista CEJ*, n. 28, Brasília, jan.-mar./2005.

COSTA, Marcos Bemquerer; BASTOS, Patrícia Reis Leitão. Alice, Monica, Adele, Sofia, Carina e Ágata: o uso da inteligência artificial pelo Tribunal de Contas da União. *Revista do Tribunal de Contas do Estado de Goiás*, ano 2, n. 3, p. 11-34, jan./jun. 2020. Disponível em: file:///C:/Users/loure/Downloads/59-Texto%20do%20artigo-344-1-10-20210105.pdf. Acesso em: 02.07.2023.

COUNCIL OF EUROPE. Ad Hoc Committee on Artificial Intelligence – CAHAI. Disponível em: https://www.coe.int/en/web/artificial-intelligence/cahai. Acesso em: 15.07.2023.

COUNCIL OF EUROPE. Consultative Committee of the Convention for the Protection of Individuals with Regard to Automatic Processing of Personal Data. Guidelines on Artificial Intelligence and Data Protection. Disponível em: https://rm.coe.int/guidelines-on-artificial-intelligence-and-data-protection/168091f9d8. Acesso em: 15.07.2023.

COUTINHO, Luiza Leite Cabral Loureiro. Os perigos reais das câmaras de eco na sociedade digital: computação algorítmica persuasiva e manipulação ideológica em um contexto de enfraquecimento da imprensa tradicional. In: TOALDO, Adriane Medianeira; MACIEL, Caroline Stéphanie Francis dos Santos; GIOLO JÚNIOR, Cildo; ALVES, Fabrício Germano (org.). *Tecnologia e Direito*. 1.ed. Rio de Janeiro: Pembroke Collins, 2021, v.1, p. 15-31.

COYNE, John. Dubai airport's new virtual aquarium tunnel and what it means for the future of border security. ASPI, 2017. Disponível em: https://www.aspi.org.au/opinion/dubai-airports-new-virtual-aquarium-tunnel-and-what-it-means-future-border-security. Acesso em: 18.06.2023.

CRAWFORD, Kate. *Atlas of AI*: power, politics, and the planetary costs of artificial intelligence. New Haven: Yale University Press, 2021.

CRBE NEWS. London law firms embrace artificial intelligence. Disponível em: https://news.cbre.co.uk/london-law-firms-embrace-artificial-intelligence/. Acesso em: 04.06.2023.

DAILYMAIL. Robot vacuum cleaner took photos of woman on the toilet… and the images ended up being shared on Facebook. Disponível em: https://www.dailymail.co.uk/news/article-11562599/Robot-vacuum-cleaner-took-photos-woman-toilet-images-ended-Facebook.html. Acesso em: 26.05.2023.

DANTAS, Carlos Henrique Félix; COUTINHO, Luiza Leite Cabral Loureiro. Contornos da hetero[cis]normatividade na era digital: a vulnerabilidade da população LGBT+ diante de vieses de discriminação algorítmica. In: EHRHARDT JÚNIOR, Marcos (coord.). *Vulnerabilidade e novas tecnologias*. Indaiatuba, SP: Editora Foco, 2023, p. 111-134.

DATASPHERE INITIATIVE. *Sandboxes for data*: creating spaces for agile solutions across borders. Disponível em: https://www.thedatasphere.org/datasphere-publish/sandboxes-fordata/. Acesso em: 08.07.2023.

DEFENSE ADVANCED RESEARCH PROJECTS AGENCY – DARPA. Defense Innovation Board. AI Principles: Recommendations on the Ethical Use of Artificial Intelligence by the Department of Defense. Disponível em: https://media.defense.gov/2019/Oct/31/2002204458/-1/-1/0/DIB_AI_PRINCIPLES_PRIMARY_DOCUMENT.PDF. Acesso em: 28.05.2023.

DEFENSORIA PÚBLICA DO ESTADO DO RIO DE JANEIRO. DPRJ age contra empresas que vendem dados que estão em processos. 2022. Disponível em: https://defensoria.rj.def.br/noticia/detalhes/21678-DPRJ-age-contra-empresas-que-vendem-dados-que-estao-em-processos. Acesso em: 27.05.2023.

DEPARTMENT OF INDUSTRY, SCIENCE, ENERGY AND RESOURCES – DISER. Australia's AI Action Plan. Disponível em: https://webarchive.nla.gov.au/awa/20220816053410/https://www.industry.gov.au/data-and-publications/australias-artificial-intelligence-action-plan. Acesso em: 23.04.2023.

DIAKOPOULOS, Nicholas. Algorithm accountability: journalistic investigation of computational power structures. In: *Digital Journalism*, v. 3, n. 3, 2014.

DIVINO, Stéphano Bruno Santos. Desafios e benefícios da inteligência artificial para o direito do consumidor. *Revista Brasileira de Políticas Públicas*, v. 11, n. 1, 2021.

DOMINGOS, Pedro. A Q&A with Pedro Domingos: author of "The Master Algorithm: how the quest for the ultimate learning machine will remake our world". University of Washington, 2015. Disponível em: https://www.washington.edu/news/2015/09/17/a-q-a-with-pedro-domingos--author-oft-the-master-algorithm/. Acesso em: 30.04.2023.

DOMINGOS, Pedro. *The master algorithm*: how the quest for the ultimate machine learning will remake our world. Nova York: Basic Books, 2015. *E-book*.

DONEDA, Danilo Cesar Maganhoto; MENDES, Laura Schertel; SOUZA, Carlos Affonso; ANDRADE, Norberto Nuno Gomes de. Considerações iniciais sobre inteligência artificial, ética e autonomia pessoal. *Revista Pensar*, Fortaleza, v.23, n.4, p. 1-17, out.-dez./2018.

DONEDA, Danilo. *Da privacidade à proteção de dados pessoais*: fundamentos da Lei Geral de Proteção de Dados. São Paulo: Thomson Reuters, 2020. *E-book*.

DONEDA, Danilo. Panorama histórico da proteção de dados pessoais. In: DONEDA, Danilo; SARLET, Ingo Wolfgang; MENDES, Laura Schertel; RODRIGUES JUNIOR, Otavio Luiz; BIONI, Bruno Ricardo (coord.). *Tratado de proteção de dados pessoais*. Rio de Janeiro: Forense, 2021, p. 15-28.

DONEDA, Danilo; WIMMER, Miriam. "Falhas de IA" e a intervenção humana em decisões automatizadas: parâmetros para a legitimação pela humanização. *Revista Direito Público*, Brasília, v. 18, n. 100, p. 374-404, out./dez. 2021. Assunto Especial, Dossiê "Inteligência Artificial, Ética e Epistemologia", p. 397.

DOTTI, René Ariel. Tutela jurídica da privacidade. In: DOTTI, René Ariel *et al* (org.). *Estudos em homenagem ao professor Washington de Barros Monteiro*. São Paulo: Saraiva, 1982.

EDWARDS, Lilian; VEALE, Michael. Slave to the algorithm: why a 'right to an explanation' is probably not the remedy you are looking for. *Duke Law and Technology Review*, v. 16, n. 1, p. 18-84, 2017.

EL PAÍS. O robô racista, sexista e xenofóbico da Microsoft acaba silenciado. Disponível em: https://brasil.elpais.com/brasil/2016/03/24/tecnologia/1458855274_096966.html. Acesso em: 28.05.2023.

EMPRESA BRASILEIRA DE SERVIÇOS HOSPITALARES. Centro de Telessaúde lança chatbot para auxiliar no combate ao coronavírus. 2020. Disponível em: https://www.gov.br/ebserh/pt-br/hospitais-universitarios/regiao-sudeste/hc-ufmg/comunicacao/noticias/centro-de-telessaude-lanca-chatbot-para-auxiliar-no-combate-ao-coronavirus. Acesso em: 06.05.2023.

ENDSLEY, Mica R. The application of human factors to the development of expert systems for advanced cockpits. *Proceedings of the Human Factors and Ergonomics Society Annual Meeting*, v.31, Issue 12, 1987, p. 1388-1392. Disponível em: https://journals.sagepub.com/doi/10.1177/154193128703101219. Acesso em: 07.04.2023.

ESCOLA NACIONAL DA ADMINISTRAÇÃO PÚBLICA – ENAP. Regulação da Inteligência Artificial: *benchmarking* de países selecionados. Disponível em: https://repositorio.enap.gov.br/bitstream/1/7419/1/2022.12.08%20-%20Regula%C3%A7%C3%A3o%20da%20Intelig%C3%AAncia%20Artificial.pdf. Acesso em: 23.04.2023.

ESTARQUE, Mariana; ARCHEGAS, João Victor. Relatório sobre redes sociais e moderação de conteúdo: criando regras para o debate público a partir da esfera privada. Instituto de Tecnologia & Sociedade do Rio – ITS RIO. Disponível em: https://d26k070p771o-dc.cloudfront.net/wp-content/uploads/2021/04/Relatorio_RedesSociaisModeracaoDeConteudo.pdf. Acesso em: 03.06.2024.

ESTRATÉGIA BRASILEIRA DE INTELIGÊNCIA ARTIFICIAL – EBIA. Portaria GM nº 4.617/2021 do Ministério da Ciência, Tecnologia e Inovações. Disponível em: https://www.gov.br/mcti/pt-br/acompanhe-o-mcti/transformacaodigital/arquivosinteligencia-artificial/ebia-documento_referencia_4-979_2021.pdf. Acesso em: 13.05.2023.

EUROPEAN COMMISSION. Draft standardisation request to the European Standardisation Organisations in support of safe and trustworthy Artificial Intelligence, 2022. Disponível em: https://ec.europa.eu/docsroom/documents/52376. Acesso em: 06.05.2023.

EUROPEAN COMMISSION. Ethics and data protection. Disponível em: https://ec.europa.eu/info/funding-tenders/opportunities/docs/2021-2027/horizon/guidance/ethics-and-data-protection_he_en.pdf. Acesso em: 27.05.2023.

EUROPEAN COMMISSION. Proposal for a regulation of the European Parliament and of the Council laying down harmonised rules on Artificial Intelligence – Artificial Intelligence Act – and amending certain union legislative acts. Proposal 2021/0106, Brussels, April/2021. Disponível em: https://artificialintelligenceact.eu/the-act/. Acesso em: 23.04.2023.

EUROPEAN PARLIAMENTARY RESEARCH SERVICE – EPRS. A governance framework for algorithmic accountability and transparency. Disponível em: https://www.europarl.europa.eu/RegData/etudes/STUD/2019/624262/EPRS_STU(2019)624262_EN.pdf. Acesso em: 02.05.2023.

EUROPEAN PARLIAMENT. *EU AI Act*: first regulation on artificial intelligence. Disponível em: https://www.europarl.europa.eu/news/en/headlines/society/20230601STO93804/eu-ai-act-first-regulation-on-artificial-intelligence. Acesso em: 22.07.2023

EUROPEAN PARLIAMENT. Regulation (EU) 2016/679 of the European Parliament and of the Council of 27 April 2016 on the protection of natural persons with regard to the processing of personal data and on the free movement of such data, and repealing Directive 95/46/EC (General Data Protection Regulation). Disponível em: https://eur-lex.europa.eu/legal-content/EN/TXT/PDF/?uri=CELEX:32016R0679. Acesso em: 27.05.2023.

EUROPOL. Catching the virus cybercrime, disinformation and the COVID-19 pandemic. Disponível em: https://www.europol.europa.eu/publications-events/publications/catching-virus-cybercrime-disinformation-and-covid-19-pandemic. Acesso em: 28.05.2023.

FADEN, Ruth R.; BEAUCHAMP, Tom L. *A history and theory of informed consent*. New York: Oxford University Press, 1986.

FALEIROS JÚNIOR, José Luiz de Moura; BASAN, Arthur Pinheiro. Desafios da predição algorítmica na tutela jurídica dos contratos eletrônicos de consumo. *Revista da Faculdade de Direito da UFRGS*, Porto Alegre, n. 44, p. 131-153, dez./2020.

FALEIROS JÚNIOR, José Luiz de Moura; BASAN, Arthur Pinheiro. Discriminação algorítmica, profiling e geolocalização: uma análise dos impactos jurídicos do *geo-pricing* e *geo-blocking*. *Revista Meritum*, v. 16, n. 3, p. 302-320, set.-dez./2021.

FALEIROS JÚNIOR, José Luiz de Moura. Contratos algorítmicos e onerosidade excessiva: as consequências da inflexibilidade. *Civilistica.com*, a.11, n.2. 2022.

FALEIROS JÚNIOR, José Luiz de Moura. Perspectivas terminológicas da *accountability* no governo digital: uma abordagem das dimensões política, administrativa, profissional e democrática. *Revista EJEF*, Belo Horizonte, a. 2, n. 2, jan.-jun./2023.

FALEIROS JÚNIOR, José Luiz de Moura. Precificação personalizada vs. precificação dinâmica. In: PARENTONI, Leonardo (coord.). FERRARI, Giovanni Carlo Batista; FALEIROS JÚNIOR, José Luiz de Moura; ALVES, Tárik César Oliveira e (org.). *Direito, tecnologia e inovação*. Vol. 4: estudos de casos. Belo Horizonte: DTIBR, 2022, p. 71-99.

FALEIROS JÚNIOR, José Luiz de Moura. Responsabilidade por falhas de algoritmos de inteligência artificial: ainda distantes da singularidade tecnológica, precisamos de marcos regulatórios para o tema? *Revista de Direito da Responsabilidade*, a.4, 2022, p. 906-933.

FEBRABAN. Transparência do algoritmo: decisões automatizadas e direito à explicação. 2020. Disponível em: https://febrabantech.febraban.org.br/especialista/patricia-peck-pinheiro/transparencia-do-algoritmo-decisoes-automatizadas-e-direito-a-explicacao. Acesso em: 03.06.2023.

FELIPE, Bruno Farage da Costa; FICO, Bernardo de Souza Dantas. *IA generativa*: do pedido de moratória à urgência de regulamentação. CONJUR, 30 de maio de 2023. Disponível em: https://www.conjur.com.br/2023-mai-30/direito-digital-ia-generativa-pedido-moratoria-urgencia-regulamentacao. Acesso em: 23.06.2023.

FERRARI, Isabela. *Accountability* de algoritmos: a falácia do acesso ao código e caminhos para uma explicabilidade efetiva. Instituto Tecnologia e Sociedade – ITS, 2019. Disponível em: https://itsrio.org/wp-content/uploads/2019/03/Isabela-Ferrari.pdf. Acesso em: 04.06.2023.

FERRARI, Isabela; BECKER, Daniel; WOLKART, Erik Navarro. *Arbitrium ex machina*: panorama, riscos e a necessidade de regulação das decisões informadas por algoritmos. *Revista dos Tribunais*, vol. 995/2018, p. 635-655, set./2018.

FGV DIREITO SP. Governança em Inteligência Artificial (IA): *framework* para a criação do Comitê de Ética para projetos de IA. Disponível em: https://direitosp.fgv.br/projetos-de-pesquisa/governanca-inteligencia-artificial-ia-framework-para-criacao-comite-etica-para-projetos-ia. Acesso em: 06.05.2023.

FICO® SCORE. Disponível em: https://www.fico.com/en/customers. Acesso em: 06.05.2023.

FIGHT FOR THE FUTURE. We are a group of artists, engineers, activists, and technologists who have been behind the largest online protests in human history, channeling Internet outrage into political power to win public interest victories previously thought to be impossible. We fight for a future where technology is a force for liberation – not oppression. Disponível em: https://www.fightforthefuture.org/. Acesso em: 08.07.2023.

FINANCIAL CONDUCT AUTHORITY. The Regulatory Sandbox allows firms to test innovative propositions in the market with real consumers. Disponível em: https://www.fca.org.uk/firms/innovation/regulatory-sandbox. Acesso em: 02.07.2023.

FINCATO, Denise Pires; Wünsch, Guilherme. Subordinação algorítmica: caminho para o direito do trabalho na encruzilhada tecnológica? *Revista TST*, São Paulo, v.86, n.3, jul./set.2020. Disponível em: https://juslaboris.tst.jus.br/bitstream/handle/20.500.12178/181114/2020_fincato_denise_subordinacao_algoritmica.pdf?sequence=1. Acesso em: 13.05.2023.

FLORIDI, Luciano; CHIRIATTI, Massimo. GPT-3: its nature, scope, limits, and consequences. Minds and Machines, n. 30, 2020, p. 667-690.

FOUCAULT, Michel. *Vigiar e punir*. Tradução de Raquel Ramalhete. 42.ed. Petrópolis: Ed. Vozes, 2014.

FRAZÃO, Ana. A indústria dos dados pessoais: reflexões sobre os riscos da atuação de tais agentes no mercado de dados pessoais. JOTA, 2019. Disponível em: https://www.jota.info/opiniao-e-analise/colunas/constituicao-empresa-e-mercado/a-industria-dos-dados-pessoais-e-os-data-brokers-20032019. Acesso em: 21.03.2023.

FRAZÃO, Ana. Algoritmos e inteligência artificial: repercussões da sua utilização sobre a responsabilidade civil e punitiva das empresas. Disponível em: http://professoraanafrazao.com.br/files/publicacoes/2018-05-16-Algoritmos_e_inteligencia_artificial.pdf. Acesso em: 08.06.2023.

FRAZÃO, Ana. Responsabilidade civil de administradores de sociedades empresárias. In: FRAZÃO, Ana; MULHOLLAND, Caitlin (coord.). *Inteligência artificial e direito*: ética, regulação e responsabilidade. São Paulo: Thomson Reuters Brasil, 2019, p. 481-521.

FRAZÃO, Ana; CARVALHO, Angelo Prata de. Economia movida a dados e alocação de riscos nos contratos. In: OLIVA, Milena Donato; ROQUE, André Vasconcelos. *Direito na era digital*: aspectos negociais, processuais e registrais. 1.ed. São Paulo: Juspodivm, 2022, p. 33-54.

FRAZÃO, Ana. Direito e tecnologia: premissas para a reflexão sobre a regulação jurídica da tecnologia. Adaptação do prefácio escrito pela autora para a obra "Tecnologia Jurídica e Direito Digital", coordenado por Ricardo Vieira de Carvalho Fernandes, Henrique Araújo Costa e Angelo Gamba Prata de Carvalho. Disponível em: http://www.professoraanafrazao.com.br/files/publicacoes/2017-11-16-Premissas_para_a_reflexao_sobre_a_regulacao_da_tecnologia.pdf. Acesso em: 24.06.2023.

FRAZÃO, Ana; GOETTENAUER, Carlos. O jogo da imitação jurídica: o direito à revisão de decisões algorítmicas como um mecanismo para a necessária conciliação entre linguagem natural e infraestrutura matemática. In: TEPEDINO, Gustavo; SILVA, Rodrigo da Guia (org.). *O Direito Civil na era da Inteligência Artificial*. São Paulo: Thomson Reuters Brasil, 2020, p. 45-63.

FRAZÃO, Ana. Mais um passo em direção à regulação da inteligência artificial. JOTA, 2023. Disponível em: https://www.jota.info/opiniao-e-analise/colunas/constituicao-empresa-e-mercado/mais-um-passo-em-direcao-a-regulacao-da-inteligencia-artificial-21062023. Acesso em: 23.06.2023.

FRAZÃO, Ana. Nova LGPD: a importância do consentimento para o tratamento dos dados pessoais. JOTA, 2018. Disponível em: https://www.jota.info/opiniao-e-analise/colunas/constituicao-empresa-e-mercado/nova-lgpd-a-importancia-do-consentimento-para-o-tratamento-dos-dados-pessoais-12092018. Acesso em: 28.05.2023.

FRAZÃO, Ana. Propósitos, desafios e parâmetros gerais dos programas de *compliance* e das políticas de proteção de dados. In: FRAZÃO, Ana; CUEVA, Ricardo Villas Bôas (coord.). *Compliance e políticas de proteção de dados*. São Paulo: Revista dos Tribunais, 2021, p. 33-63. *E-book*.

FRAZÃO, Ana. Proteção de dados e inteligência artificial: diálogos sobre regulação. Entrevista concedida ao Conselho Nacional de Justiça em 13 de junho de 2023. *Revista CNJ*, v. 7, n. 1, jan.-jun./2023.

FRAZÃO, Ana. Risco da empresa e caso fortuito externo. *Civilistica.com*, a.5, n.1, 2016.

FREITAS, Cinthia Obladen de Almendra. *A vulnerabilidade do consumidor e a exposição pública na internet*. In: Aires José Rover, Fernando Galindo. (org.). III Encontro de Internacionalização do CONPEDI: Universidad Complutense de Madrid. Madrid: Ediciones Laborum, 2015, v. 9, p. 76-101.

FT MAGAZINE. Yuval Noah Harari on big data, Google and the end of free will. 2016. Disponível em: https://www.ft.com/content/ 50bb4830-6a4c-11e6-ae5b-a7cc5dd5a28c. Acesso em: 07.01.2023.

FUNDO DAS NAÇÕES UNIDAS PARA A INFÂNCIA – UNICEF. Declaração Universal dos Direitos Humanos. Disponível em: https://www.unicef.org/brazil/declaracao-universal-dos-direitos-humanos. Acesso em: 21.05.2023.

GADAMER, Hans-Georg. Homem e linguagem. In: GADAMER, Hans-Georg. *Verdade e método II*: complementos e índice. (Coleção Pensamento Humano). 6.ed. Tradução de Ênio Paulo Giachini. Bragança Paulista: Ed. Universitária São Francisco, 2011, p. 173-182.

GARFINKEL, Simon. Design principles and patterns for computer systems that are simultaneously secure and usable. Thesis (Doctor of Philosophy in Computer Science and Engineering). Department of Electrical Engineering and Computer Science of the Massachusetts Institute of Technology (MIT), Massachusetts, 2005.

GARTNER EMERGING TECHNOLOGIES AND TRENDS IMPACT RADAR 2022. Os espaços inteligentes, a criptografia homomórfica, a IA geradora, as tecnologias gráficas e o metaverso redefinirão conceitos e transformarão mercados inteiros. Disponível em: https://www.gartner.com.br/pt-br/artigos/cinco-tecnologias-impactantes-gartner-emerging-technologies-trends-impact-radar-2022. Acesso em: 28.04.2023.

GAYNOR, Michael. Automation and AI sound similar, but may have vastly different impacts on the future of work. Bookings.edu, The Avenue, 2020. Disponível em: https://www.brookings.edu/blog/the-avenue/2020/01/29/automation-and-artificial-intelligence-sound-similar-but-may-have-vastly-different-impacts-on-the-future-of-work/. Acesso em: 12.05.2023.

GILL, Lex; REDEKER, Dennis; GASSER., Urs. Towards Digital Constitutionalism? Mapping attempts to craft an internet Bill of Rights. November 9, 2015. *Berkman Center Research Publication* n. 15/2015. Disponível em: http://dx.doi.org/10.2139/ssrn.2687120. Acesso em: 08.07.2023.

GLOBO. G1 PORTAL DE NOTÍCIAS. Casal controla casa com chips implantados no corpo e viraliza; entenda a tecnologia. Moradores de casa em Los Angeles (EUA) abrem portas, gavetas e implantaram os chips até nos pets. Peças ficam entre os dedos indicador e polegar e ainda podem ser usadas para realizar pagamentos e bloquear dispositivos eletrônicos. Disponível em: https://g1.globo.com/tecnologia/noticia/2022/10/19/casal-controla-casa-com-chips-implantados-no-corpo-e-viraliza-entenda-a-tecnologia.ghtml. Acesso em: 02.06.2023.

GLOBO. G1 PORTAL DE NOTÍCIAS. ChatGPT: ferramenta controlada por inteligência artificial gera polêmica ao criar textos, poemas e até letras de músicas. Disponível em: https://g1.globo.com/fantastico/noticia/2023/01/29/chatgpt-ferramenta-controla-da-por-inteligencia-artificial-gera-polemica-ao-criar-textos-poemas-e-ate-letras-de-musicas.ghtml. Acesso em: 15.07.2023.

GLOBO. G1 PORTAL DE NOTÍCIAS. ChatGPT pode programar e criar chatbots; veja tarefas complexas feitas com a tecnologia. Disponível em: https://g1.globo.com/tecnologia/noticia/2023/05/17/chatgpt-pode-programar-e-criar-chatbots-veja-tarefas-complexas-feitas-com-a-tecnologia.ghtml. Acesso em: 15.07.2023.

GLOBO. G1 PORTAL DE NOTÍCIAS. 'Medo, frustrado e constrangido', diz homem detido por engano em estádio após erro do sistema de reconhecimento facial. O Estado de Pernambuco realiza a primeira prisão por reconhecimento facial em estádio de futebol. Disponível em: https://g1.globo.com/fantastico/noticia/2024/04/21/medo-frustrado-e-constrangido-diz-homem-detido-por-engano-em-estadio-apos-erro-do-sistema-de-reconhecimento-facial.ghtml. Acesso em: 03.06.2024.

GLOBO. G1 PORTAL DE NOTÍCIAS. Oito anos após mulher ser espancada até a morte em SP. Disponível em: https://g1.globo.com/sp/santos-regiao/noticia/2022/06/15/oito-anos-apos-mulher-ser-espancada-ate-a-morte-em-sp-fake-news-segue-fazendo-vitimas-como-o-turista-queimado-vivo-no-mexico.ghtml. Acesso em: 26.05.2023.

GOLDSCHMIDT, Rodrigo; CANI, Elcemara Aparecida Zielinski. Relações entre trabalhadores e plataformas e aplicativos: da ausência de subordinação à subordinação algorítmica. *Revista do Tribunal Regional do Trabalho da 12ª Região*, Florianópolis, v. 25, n. 34, p. 283-297, 2022. Disponível em: https://juslaboris.tst.jus.br/handle/20.500.12178/210157. Acesso em: 13.05.2023.

GOMES, Maria Cecília Oliveira. Relatório de impacto à proteção de dados: uma breve análise da sua definição e papel na LGPD. *Revista da AASP*, n. 144, 2019.

GONÇALVES, Carlos Roberto. *Direito Civil Brasileiro*: responsabilidade civil, v.4. São Paulo: Saraiva, 2021.

GOOGLE BRASIL. Política de privacidade. Disponível em: https://policies.google.com/privacy?hl=pt-BR. Acesso em: 26.05.2023.

GOOGLE CHROME. Central de ajuda: remover, permitir e gerenciar *cookies* no Chrome. Disponível em: https://support.google.com/chrome/answer/95647?hl=pt-BR&co=GENIE.Platform%3DDesktop. Acesso em: 27.05.2023.

GRINOVER, Ada Pellegrini *et al. Código Brasileiro de Defesa do Consumidor comentado pelos autores do anteprojeto.* 12.ed. Rio de Janeiro: Forense, 2019.

GUIMARÃES, Arthur. Responsabilidade civil na LGPD: não há consenso entre especialistas. JOTA, 2022. Disponível em: https://www.jota.info/coberturas-especiais/protecao-de-dados/responsabilidade-civil-na-lgpd-e-bola-dividida-e-nao-ha-consenso-entre-especialistas-24062022. Acesso em: 02.07.2023.

GUNNING, David; AHA, David W. DARPA's Explainable Artificial Intelligence (XAI) Program. AI Magazine, v. 40 n. 2, Summer 2019. Disponível em: https://ojs.aaai.org/aimagazine/index.php/aimagazine/article/view/2850. Acesso em: 08.06.2023.

GUTIERREZ, Andriei. É possível confiar em um sistema de inteligência artificial? Práticas em torno da melhora da sua confiança, segurança e evidências de *accountability*. In: FRAZÃO, Ana; MULHOLLAND, Caitlin (coord.). *Inteligência artificial e direito*: ética, regulação e responsabilidade. São Paulo: Thomson Reuters Brasil, 2019, p. 83-97.

HAN, Byung-Chul. *Infocracia*: digitalização e a crise da democracia. Tradução de Gabriel Salvi Philipson. Petrópolis – RJ: Editora Vozes, 2022.

HAN, Byung-Chul. *O que é poder?* Tradução de Gabriel Salvi Philipson. Petrópolis – RJ: Editora Vozes, 2019.

HAN, Byung-Chul. *Psicopolítica*: o neoliberalismo e as novas técnicas de poder. Tradução de Maurício Liesen. Belo Horizonte: Âyiné, 2020.

HAN, Byung-Chul. *Sociedade da transparência*. Tradução de Enio Paulo Giachini. Petrópolis – RJ: Vozes, 2017.

HARARI, Yuval Noah. *Homo Deus*: uma breve história do amanhã. Tradução de Paulo Geiger. 1.ed. São Paulo: Companhia das Letras, 2016.

HILDEBRANDT, Mireille. *Defining profiling*: a new type of knowledge? In: Profiling the European citizen. Springer, Dordrecht, 2008. Disponível em: https://www.researchgate.net/publication/226744267_Defining_Profiling_A_New_Type_of_Knowledge. Acesso em: 12.05.2023.

HIRONAKA, Giselda. Principiologia contratual e a valoração ética no Código Civil Brasileiro. *Civilistica.com*. Rio de Janeiro, a. 3, n. 1, jan.-jun./2014.

HOLISTIC AI E-BOOK. The state of global AI regulations in 2023. Disponível em: https://uploads-ssl.webflow.com/6305e5d52c28356b4fe71bac/64356aa81ecc5f03d47d9310_Holistic-AI-E-Book-AI-Regulation-in-2023-Compressed.pdf. Acesso em: 23.06.2023.

HOMERIN, Janaína Camelo. A impossível tradução do conceito de *accountability* para português. Dissertação (Mestrado em Gestão e Políticas Públicas). Escola de Administração de Empresas da Fundação Getulio Vargas (FGV). São Paulo, 2016.

HORA, Nina da. *Algoritmos*. My News Explica! São Paulo: Edições 70, 2023.

HUSLEY, Aldous. *Admirável mundo novo*. Rio de Janeiro: Biblioteca Azul, 2004.

INDEPENDENT UK EDITION. Stephen Hawking: Artificial intelligence could wipe out humanity when it gets too clever as humans will be like ants. AI is likely to be 'either the best or worst thing ever to happen to humanity,' Hawking said, 'so there's huge value in getting it right'. October 8th, 2015. Disponível em: https://www.independent.co.uk/tech/stephen-hawking-artificial-intelligence-could-wipe-out-humanity-when-it-gets-too-clever-as-humans-could-become-like-ants-being-stepped-on-a6686496.html. Acesso em: 23.06.2023.

INDEPENDENT UK EDITION. Stephen Hawking: 'Transcendence looks at the implications of artificial intelligence – but are we taking AI seriously enough?' Success in creating AI would be the biggest event in human history. Unfortunately, it might also be the last, unless we learn how to avoid the risks, says a group of leading scientists. Stephen Hawking, Stuart Russell, Max Tegmark e Frank Wilczek. May 1st, 2014. Disponível em: https://www.independent.co.uk/news/science/stephen-hawking-transcendence-looks-at-the-implications-of-artificial-intelligence-but-are-we-taking-ai-seriously-enough-9313474.html. Acesso em: 23.06.2023.

INFORMATION COMMISSIONER'S OFFICE. Guidance on AI and Data Protection. Disponível em: https://ico.org.uk/for-organisations/uk-gdpr-guidance-and-resources/artificial-intelligence/guidance-on-ai-and-data-protection/. Acesso em: 23.06.2023.

INITIATIVE FOR APPLIED ARTIFICIAL INTELLIGENCE. AI Act: risk classification of AI systems from a practical perspective. Disponível em: https://aai.frb.io/assets/files/AI-Act-Risk-Classification-Study-appliedAI-March-2023.pdf. Acesso em: 02.07.2023.

INSTITUTO TECNOLOGIA & SOCIEDADE DO RIO. Como regular a inteligência artificial? Expandindo os horizontes de análise para além da União Europeia. Disponível em: https://d26k070p771odc.cloudfront.net/wp-content/uploads/2016/12/20240705_Relatorio_Microsoft_Como-Regular-IA.pdf. Acesso em: 30.06.2024.

INSTITUTO VERO. OAB coloca na mesa nova proposta de entidade reguladora de plataformas. Vero *Newsletter* Descodificado, 22.05.2023. Disponível em: https://www.vero.org.br/descodificado/oab-coloca-na-mesa-nova-proposta-de-entidade-reguladora-de-plataformas. Acesso em: 22.07.2023.

INSTITUTO VERO. O dilema da autoridade: alternativas regulatórias no debate do Projeto de Lei 2630/2020. Disponível em: https://uploads-ssl.webflow.com/60244423a672eb5c9027e063/64ca96a4e38438560dd000a5_o-dilema-da-autoridade-no-2630.pdf. Acesso em: 22.07.2023.

INTERCEPT BRASIL. Empresa de reconhecimento facial usada em Gaza anuncia parceria para uso em escolas públicas de Alagoas. In: O Laboratório, 24.06.2024. Disponível em: https://www.intercept.com.br/2024/06/24/empresa-de-reconhecimento-facial-usada-em-gaza-anuncia-parceria-para-uso-em-escolas-publicas-de-alagoas/. Acesso em: 30.06.2024.

INTERCEPT BRASIL. Os 3 passos das *big techs* para travar a regulação de inteligência artificial. Disponível em: https://x.com/TheInterceptBr/status/1808132711271252458. Acesso em: 02.07.2024

INTERNATIONAL BUSINESS MACHINES – IBM. Extracting business value from the four V's of Big Data. IBM, 2019. Disponível em: https://www.researchgate.net/figure/The-Four-Vs-of-Big-Data-and-Its-Value-IBM-2019_fig1_344303432. Acesso em: 12.05.2023.

INTERNATIONAL BUSINESS MACHINES – IBM. Foundayion models. Disponível em: https://research.ibm.com/topics/foundation-models. Acesso em: 15.07.2023.

INTERNATIONAL BUSINESS MACHINES – IBM. Supervised vs. unsupervised learning: what's the difference? IBM Analytics, 2021. Disponível em: https://www.ibm.com/cloud/blog/supervised-vs-unsupervised-learning. Acesso em: 12.05.2023.

JAPAN'S SECRETARIAT OF SCIENCE, TECHNOLOGY AND INNOVATION POLICY CABINET OFFICE. AI Strategy 2022. Disponível em: https://www8.cao.go.jp/cstp/ai/aistratagy2022en_ov.pdf. Acesso em: 23.04.2023.

JOHNSON, Khari. Biden's AI Bill of Rights is toothless against big tech: the draft's tenets include allowing citizens to opt out of algorithmic decision making, which could reshape federal government – but not the private sector. *Wired Magazine*, October 2022. Disponível em: https://www.wired.com/story/bidens-ai-bill-of-rights-is-toothless-against-big-tech/. Acesso em: 23.04.2023.

JORNAL ESTADÃO. App Remini, que gera fotos de bebês, armazena dados dos usuários por até 10 anos. https://www.estadao.com.br/link/app-remini-que-gera-fotos-de-bebes-armazena-dados-dos-usuarios-por-ate-10-anos/. Acesso em: 15.07.2023.

JORNAL EXTRA. Dois meses após ataque *hacker*, Prefeitura do Rio tem 37 sistemas fora do ar e sem previsão de retorno. 2022. Disponível em: https://extra.globo.com/economia-e-financas/dois-meses-apos-ataque-hacker-prefeitura-do-rio-tem-37-sistemas-fora-do-ar-sem-previsao-de-retorno-25597156.html. Acesso em: 27.05.2023.

JORNAL OFICIAL DAS COMUNIDADES EUROPEIAS. Diretiva 2000/43/CE do Conselho, de 29 de junho de 2000, que aplica o princípio da igualdade de tratamento entre as pessoas, sem distinção de origem racial ou étnica, relativa à proteção das pessoas singulares no que diz respeito ao tratamento de dados pessoais e à livre circulação desses dados. Disponível em: https://eur-lex.europa.eu/legal-content/PT/TXT/?uri=celex%3A32000L0043. Acesso em: 03.06.2023.

JORNAL OFICIAL DAS COMUNIDADES EUROPEIAS. Diretiva 2000/78/CE do Conselho, de 27 de novembro de 2000, que estabelece um quadro geral de igualdade de tratamento no emprego e na atividade profissional. Disponível em: https://eur-lex.europa.eu/legal-content/PT/TXT/PDF/?uri=CELEX:32000L0078. Acesso em: 03.06.2023.

JUNQUEIRA, Thiago Villela. Diferenciação admissível e discriminação inadmissível no contrato de seguro privado: exame da precificação com base no gênero e em variáveis que causem impacto desproporcional nos indivíduos negros. Tese (Doutorado em Direito Civil). Faculdade de Direito da Universidade do Estado do Rio de Janeiro (UERJ). Rio de Janeiro, 2020.

JUNQUILHO, Tainá Aguiar; SALDANHA, Paloma Mendes. *O pioneirismo regulatório europeu*. CONJUR, 2023. Disponível em: https://www.conjur.com.br/2022-mai-26/junquilho-saldanha-pioneirismo-regulatorio-europeu/. Acesso em: 08.06.2023.

KAHNEMAN, Daniel; SIBONY, Olivier; SUNSTEIN, Cass. *Noise*: a flaw in human judgment. New York: Little Brown Spark, 2021. *E-book*.

KANT, Immanuel. *Fundamentação da metafísica dos costumes*. Tradução de Paulo Quintela. Lisboa: Edições 70, 1997.

KAUFMAN, Dora. *A inteligência artificial irá suplantar a inteligência humana?* Barueri-SP: Estação das Letras e Cores, 2019.

KAUFMAN, Dora. *Desmistificando a inteligência artificial*. Belo Horizonte: Autêntica, 2022.

KLEINA, Olívia. Desvendando a IA generativa. In: Revista da Pós-graduação da Pontifícia Universidade Católica do Paraná – PUCPR, 2023. Disponível em: https://posdigital.pucpr.br/blog/ia-generativa. Acesso em: 03.06.2024.

KNIGHT, Frank H. *Risk, uncertainty and profit*: the economic theory of uncertainty in business enterprise, and its connection to profit and prosperity in society. Adansonia Press, 2018.

KONDER, Carlos Nelson; KONDER, Cíntia Munis de Souza. Transumanismo e inteligência artificial. In: TEPEDINO, Gustavo; SILVA, Rodrigo da Guia. *O direito civil na era da inteligência artificial.* 1.ed. São Paulo: Thomson Reuters Brasil, 2020, p. 103-120.

KORKMAZ, Maria Regina Detoni Cavalcanti Rigolon. *Revisão de decisões automatizadas na Lei Geral de Proteção de Dados Pessoais.* Tese (Doutorado em Direito Civil). Faculdade de Direito da Universidade do Estado do Rio de Janeiro (UERJ). Rio de Janeiro, 2022.

KOZYRKOV, Cassie. What great data analysts do and why every organization needs them. *Harvard Business Review*. December 4th, 2018. Disponível em: https://hbr.org/2018/12/what-great-data-analysts-do-and-why-every-organization-needs-them. Acesso em: 12.03.2023.

KROETZ, Maria Cândida; SILVA, Luiz Augusto da. Um Prometeu 'Pós-Moderno?' Sobre desenvolvimento, riscos e a responsabilidade civil nas relações de consumo. *Revista Brasileira de Direito Civil*, vol. 09, jul./set. 2016.

KUNER, Christopher; CATE, Fred H.; LYNSKEY, Orla; MILLARD, Christopher; LOIDEAIN, Nora Ni; SVANTESSON, Dan Jerker B. Expanding the artificial intelligence-data protection debate. *International Data Privacy Law*, v. 8, n. 4, p. 289–292, nov./2018.

LABORATÓRIO DE POLÍTICAS PÚBLICAS E INTERNET – LAPIN. Relatório sobre avaliação de impacto algorítmico para proteção de direitos fundamentais (2023). Disponível em: https://lapin.org.br/2023/04/13/avaliacao-de-impacto-algoritmico-para-protecao-dos-direitosfundamentais/. Acesso em: 08.07.2023.

LARENZ, Karl. *Base del negocio jurídico y cumplimiento de los contratos*. Madrid: Revista de Derecho Privado, 1956.

LAVIEILLE, Jean-Marc. O direito internacional do meio ambiente: quais possibilidades para resistir e construir? In: KISCHI, Sandra Akemi Shimada, SILVA, Solange Teles. SOARES, Inês Virgínia Prado. (org.). *Desafios do direito ambiental no século XXI.* São Paulo: Malheiros, 2005. *E-book*.

LEE, Kai-Fu. *AI super-powers*: China, Silicon Valley, and the new world order. Boston: Houghton Mifflin Harcourt, 2018.

LEE, Kai-Fu. *Inteligência artificial*: como os robôs estão mudando o mundo, a forma como amamos, nos relacionamos, trabalhamos e vivemos. Tradução de Marcelo Barbão. 1.ed. Rio de Janeiro: Globo Livros, 2019.

LEMOS, Ronaldo; BRANCO, Sérgio. *Privacy by design*: conceito, fundamentos e aplicabilidade na LGPD. In: DONEDA, Danilo; SARLET, Ingo Wolfgang; MENDES, Laura Schertel; RODRIGUES JUNIOR, Otavio Luiz; BIONI, Bruno Ricardo (coord.). *Tratado de proteção de dados pessoais*. Rio de Janeiro: Forense, 2021, p. 447-458.

LESSIG, Lawrence. *Code*: version 2.0. New York: Basic Books, 2006. *E-book*.

LESSIG, Lawrence. The architecture of privacy. *Vanderbilt Entertainment Law and Practice*. Nashville, v.1, n.1, p.56-65, jan./1999.

LÉVY, Pierre. *As tecnologias da inteligência*: o futuro do pensamento na era da informática. 2.ed. Tradução por Carlos Irineu da Costa. São Paulo: Editora 34, 2010.

LIANG, Fan; DAS, Vishnupriya; KOSTYUK, Nadiya; HUSSAIN, Muzammil M. Constructing a data-driven society: China's social credit system as a state surveillance infrastructure. *Policy & Internet*, v. 10, n. 4, 2018.

LIMA, Alvino. *Culpa e risco*. 2.ed. São Paulo: Revista dos Tribunais, 1999.

LIMA, Cintia Rosa Pereira de; LIMA, Tiago Augustini de. O caso ANPD v. Meta: análise do voto que suspendeu o tratamento de dados dos usuários para treinamento de IA generativa. In: Migalhas, 2024. Disponível em: https://www.migalhas.com.br/coluna/migalhas-de-protecao-de-dados/410723/o-caso-anpd-v-meta-analise-do-voto. Acesso em: 06.07.2024.

LIMA, Marcelo Chiavassa de Melo Paula; SOUZA, Mariana Almirão de; ABADI, Maurício Joseph. Considerações sobre direito ao esquecimento, desindexação e desvinculação de conteúdo na internet. *Revista Forense*, São Paulo, v. 115, n. 428. p. 201-220, jul.-dez./2018.

LISBOA, Roberto Senise. *Responsabilidade Civil nas relações de consumo*. São Paulo: Revista dos Tribunais, 2001.

LORENZETTI, Ricardo Luís. *Comércio eletrônico*. São Paulo: Revista dos Tribunais, 2004.

LUMINANCE. AI-Powered Legal Process Automation. Disponível em: https://www.luminance.com/. Acesso em: 04.06.2023.

LU, Qinghua; ZHU, Liming; XU, Xiwei; WHITTLE, Jon. *Responsible-AI-by-design*: a pattern collection for designing responsible AI systems. Data61, CSIRO, Australia, arXiv:2203.00905v2 [cs.AI] September 21, 2022.

MAGRANI, Eduardo. *A internet das coisas*. 1.ed. Rio de Janeiro: FGV Editora, 2018. *E-book*.

MAGRANI, Eduardo. *Entre dados e robôs*: ética e privacidade na era da hiperconectividade. 2.ed. Porto Alegre: Arquipélago Editorial, 2019. *E-book*.

MANHEIN, Karl M.; KAPLAN, Lyric. Artificial Intelligence: risks to privacy and democracy (October 25, 2018). *21 Yale Journal of Law and Technolog*, v.106 (2019), Loyola Law School, Los Angeles Legal Studies Research Paper n. 2018-37. Disponível em: https://papers.ssrn.com/sol3/papers.cfm?abstract_id=3273016. Acesso em: 19.05.2023.

MANKINS, John. *Technology Readiness Levels*: a white paper. Escrito em 06.04.1995. Editado em 22.12.2004. Disponível em: https://www.researchgate.net/publication/247705707_Technology_Readiness_Level_-_A_White_Paper. Acesso em: 31.03.2023.

MARQUES, Cláudia Lima. *Confiança no comércio eletrônico e a proteção do consumidor*: um estudo dos negócios jurídicos de consumo no comércio eletrônico. São Paulo: Revista dos Tribunais, 2004.

MARQUES, Cláudia Lima. *Contratos no Código de Defesa do Consumidor*: o novo regime das relações contratuais. São Paulo: Revista dos Tribunais, 2011.

MARQUES, Cláudia Lima. Superação das antinomias pelo diálogo das fontes: o modelo brasileiro de coexistência entre o Código de Defesa do Consumidor e o Código Civil de 2002. *Revista da Escola Superior da Magistratura de Sergipe (ESMESE)*, n. 7, 2004.

MARRAFON, Marco Aurélio; COUTINHO, Luiza Leite Cabral Loureiro. Princípio da privacidade por design: fundamentos e efetividade regulatória na garantia do direito à proteção de dados. *Revista Eletrônica Direito e Política*, Programa de Pós-Graduação Stricto Sensu em Ciência Jurídica da UNIVALI, Itajaí, v.15, n.3, 3º quadrimestre de 2020.

MARRAFON, Marco Aurélio; COUTINHO, Luiza Leite Cabral Loureiro. *Privacy by design como princípio do direito à proteção de dados*. CONJUR, 2021. Disponível em: https://www.conjur.com.br/2021-jul-19/privacy-by-design-principio-direito-protecao-dados. Acesso em: 12.05.2023.

MARRAFON, Marco Aurélio. *Filosofia da linguagem e limites da IA na interpretação jurídica*. CONJUR, 2019. Disponível em: https://www.conjur.com.br/2019-jul-22/constituicao-poder-filosofia-linguagem-limites-ia-interpretacao-juridica. Acesso em: 11.03.2023.

MARRAFON, Marco Aurélio; MEDON, Filipe. Importância da revisão humana das decisões automatizadas na Lei Geral de Proteção de Dados. CONJUR, 2019. Disponível em: https://www.conjur.com.br/2019-set-09/constituicao-poder-importancia-revisao-humana-decisoes-automatizadas-lgpd. Acesso em: 08.06.2023.

MARTINS, Guilherme Magalhães. O *geopricing* e *geoblocking* e seus efeitos nas relações de consumo. In: FRAZÃO, Ana; MULHOLLAND, Caitlin (coord.). *Inteligência artificial e direito*: ética, regulação e responsabilidade. São Paulo: Thomson Reuters Brasil, 2019.

MARTINS-COSTA, Judith. *A boa-fé no direito privado*: critérios para a sua aplicação. São Paulo: Saraiva, 2018.

MARTINS, Thiago Souza. Análise sobre os algoritmos de avaliação de risco: falta de transparência e possibilidades de enviesamento são alguns dos principais problemas apresentados. JOTA, 2020. Disponível em: https://www.jota.info/coberturas-especiais/inova-e-acao/analise-sobre-os-algoritmos-de-avaliacao-de-risco-12052020. Acesso em: 04.06.2023.

MARTINS, Tonny. Ingredientes para um futuro impulsionado por Inteligência Artificial. Os modelos de IA devem ser explicáveis, justos, sólidos, transparentes, e proteger os direitos de privacidade e de dados dos consumidores. Forbes, July 2023. Disponível em: https://forbes.com.br/forbes-collab/2023/07/tonny-martins-ingredientes-para-um-futuro-impulsionado-por-inteligencia-artificial/. Acesso em: 15.08.2023

MARUYAMA, Yoshihiro. Symbolic and statistical theories of cognition: towards integrated artificial intelligence. In: *Software Engineering and Formal Methods* – SEFM 2020 Collocated Workshops. ASYDE, CIFMA, and CoSim-CPS. Amsterdam – The Netherlands, September 14–15, 2020. Revised Selected Papers 18. Springer International Publishing, 2021, p. 129-146.

MCCARTHY, John. *A proposal for the Dartmouth summer research project on Artificial Intelligence*, 1956. Disponível em: http://raysolomonoff.com/dartmouth/boxa/dart564props.pdf. Acesso em: 19.05.2023.

MEDON, Filipe. *Inteligência artificial e responsabilidade civil*: autonomia, riscos e solidariedade. 1.ed. Salvador: JusPodivm, 2020.

MEDON, Filipe. O anteprojeto de Marco Legal da Inteligência Artificial elaborado pela comissão de juristas do Senado Federal e os impactos para a responsabilidade civil. Migalhas de Responsabilidade Civil, 2022. Disponível em: https://www.migalhas.com.br/coluna/migalhas-de-responsabilidade-civil/378241/o-anteprojeto-de-marco-legal-da-inteligencia-artificial. Acesso em: 22.07.2023.

MELO, Ana Cristina Vieira de; SILVA, Flávio Soares Corrêa da. *Princípios de linguagens de programação*. São Paulo: Blucher, 2003, p. 10-12. *E-book*.

MENDES, Laura Schertel; FONSECA, Gabriel Campos Soares da. Proteção de dados para além do consentimento: tendências de materialização. In: DONEDA, Danilo; SARLET, Ingo Wolfgang; MENDES, Laura Schertel; RODRIGUES JUNIOR, Otavio Luiz; BIONI, Bruno Ricardo (coord.). *Tratado de proteção de dados pessoais*. Rio de Janeiro: Forense, 2021, p. 90-112.

MENDES, Laura Schertel; MATTIUZZO, Marcela. Discriminação algorítmica: conceito, fundamento Legal e tipologia. *Revista Direito Público*, Porto Alegre, v.16, n.90, 2019, p. 39-64, nov.-dez./2019.

MENDES, Laura Schertel; MATTIUZZO, Marcela; FUJIMOTO, Mônica Tiemy. Discriminação algorítmica à luz da lei geral de proteção de dados. In: DONEDA, Danilo; SARLET, Ingo Wolfgang; MENDES, Laura Schertel; RODRIGUES JUNIOR, Otavio Luiz; BIONI, Bruno Ricardo (coord.). *Tratado de proteção de dados pessoais*. Rio de Janeiro: Forense, 2021, p. 429-454.

MENEZES CORDEIRO, Antonio Manuel da Rocha. *Da boa-fé no Direito Civil*. Coimbra: Almedina, 2015.

MIGUEL, Carlos Ruiz. En torno a la protección de los datos personales automatizados. *Revista de Estudios Políticos*, n. 54, p. 242-243, abr.-jun./1994.

MILANI, Juliane Teixeira; GLITZ, Frederico Eduardo. Anotações sobre o risco de desenvolvimento: análise do caso da Talidomida. *Revista Luso-Brasileira de Direito do Consumo*, vol. V, n. 17, mar./2015, p. 177-205.

MINSKY, Marvin. *The society of mind*. Touchstone: Simon & Schuster, 1988, p. 163. *E-book*. Disponível em: http://www.acad.bg/ebook/ml/Society%20of%20Mind.pdf. Acesso em: 12.05.2023.

MIRAGEM, Bruno. *Direito do consumidor*. São Paulo: Revista dos Tribunais, 2008.

MIRRA, Álvaro Luiz Valery. Direito ambiental: o princípio da precaução e sua aplicação judicial. *Revista de Direito Ambiental*, v. 6, n. 21, p. 92-102, jan./mar. 2001.

MITCHELL, Melanie. Artificial intelligence hits the barrier of meaning. *The New York Times*, 2018. Disponível em: https://www.nytimes.com/2018/11/05/opinion/artificial-intelligence-machine-learning.html. Acesso em: 06.05.2023.

MONTEIRO FILHO, Carlos Edison do Rêgo; CASTRO, Diana Loureiro Paiva de. Proteção de dados pessoais e cláusulas de não indenizar em relações de consumo: tutela da vulnerabilidade do consumidor e teoria dos efeitos da lesão. In: MONTEIRO FILHO, Carlos Edison do Rêgo; MARTINS, Guilherme Magalhães; ROSENVALD, Nelson; DENSA, Roberta. *Responsabilidade civil nas relações de consumo*. Indaiatuba, SP: Editora Foco, 2022, p. 357-370.

MONTEIRO FILHO, Carlos Edison do Rêgo; ROSENVALD, Nelson. Riscos e responsabilidades na inteligência artificial e noutras tecnologias digitais emergentes. In: TEPEDINO, Gustavo; SILVA, Rodrigo da Guia. *O direito civil na era da inteligência artificial*. 1.ed. São Paulo: Thomson Reuters Brasil, 2020, p. 543-564.

MORAES, Maria Celina Bodin de. *Danos à pessoa humana*: uma leitura civil-constitucional dos danos morais. Rio de Janeiro: Renovar, 2003.

MORAES, Maria Celina Bodin de. Risco, solidariedade e responsabilidade objetiva. *Revista dos Tribunais*, a. 95, v. 854, dez./2006.

MORAES, Maria Celina Bodin de; TEFFÉ, Chiara Spadaccini de. Redes sociais virtuais: privacidade e responsabilidade civil – análise a partir do Marco Civil da Internet. *Revista Pensar*, Fortaleza, v. 22, n. 1, p. 108-146, jan.-abr./2017.

MORTIER, P.; KIEKENS, G.; AUERBACH, R.P.; CUIJPERS, P.; DEMYTTENAERE, K.; GREEN, J.G.; KESSLER, R.C.; NOCK, M.K.; ZASLAVSKY, A.M.; BRUFFAERTS, R. A risk algorithm for the persistence of suicidal thoughts and behaviors during college. *J. Clin Psychiatry*, July 2017; 78(7):e828-e836. DOI: 10.4088/JCP.17m11485. PMID: 28640991. PMCID: PMC5664942. Disponível em: https://pubmed.ncbi.nlm.nih.gov/28640991/. Acesso em: 26.05.2023.

MULHOLLAND, Caitlin; FRAJHOF, Isabella. Inteligência artificial e a lei geral de proteção de dados pessoais: breves anotações sobre o direito à explicação perante a tomada de decisões por meio de machinelearning. In: FRAZÃO, Ana; MULHOLLAND, Caitlin (coord.). *Inteligência artificial e direito*: ética, regulação e responsabilidade. São Paulo: Thomson Reuters Brasil, 2019, p. 265-290. *E-book*.

MULHOLLAND, Cailtlin; FRAJHOF, Isabella; MONTEIRO, Júlia Iunes; SILVA, Paula Guedes Fernandes da. Avaliação de impacto algorítmico: o que é e como está regulada no PL 2.338/23 do Brasil. *Migalhas de Responsabilidade Civil*, 2023. Disponível em: https://www.migalhas.com.br/coluna/migalhas-de-responsabilidade-civil/395547/avaliacao-de-impacto-algoritmico. Acesso em: 20.10.2023.

MULHOLLAND, Caitlin. *Internet e contratação*: panorama das relações contratuais eletrônicas de consumo. Rio de Janeiro: Renovar, 2006.

MULHOLLAND, Caitlin; KREMER, Bianca. Responsabilidade civil por danos causados pela violação do princípio da igualdade no tratamento de dados pessoais. In: TEPEDINO, Gustavo; SILVA, Rodrigo da Guia. *O direito civil na era da inteligência artificial*. 1.ed. São Paulo: Thomson Reuters Brasil, 2020, p. 565-584.

MULHOLLAND, Caitlin. Responsabilidade civil e processos decisórios autônomos. In: FRAZÃO, Ana; MULHOLLAND, Caitlin (coord.). *Inteligência artificial e direito*: ética, regulação e responsabilidade. São Paulo: Thomson Reuters Brasil, 2019, p. 325-348.

MULHOLLAND, Caitlin Sampaio. *A responsabilidade civil por presunção de causalidade*. Rio de Janeiro: GZ editora, 2010.

MUNDO CONECTADO. Anel da Samsung pode ter rastreamento de saúde superior a do Galaxy Watch. Disponível em: https://mundoconectado.com.br/noticias/v/33355/anel-da-samsung-pode-ter-rastreamento-de-saude-superior-a-do-galaxy-watch. Acesso em: 02.06.2023.

MUNDO CONECTADO. Aplicativo Lensa, que viralizou ao editar fotos com auxílio de IA, é processado por coleta ilegal de dados. Ação foi movida por grupo de cidadãos de Illinois por desrespeito a uma das leis mais severas dos Estados Unidos, que já trouxe problemas até ao Facebook. Disponível em: https://mundoconectado.com.br/noticias/v/32427/aplicativo-lensa-que-viralizou-ao-editar-fotos-com-auxilio-de-ia-e-processado-por-coleta-ilegal-de-dados. Acesso em: 15.07.2023.

MUNDO CONECTADO. *Apple Watch* ajuda a detectar câncer em menina de 12 anos. Mercado de *wearables* em 2019 faturou US$ 1 bilhão. Disponível em: https://mundo

conectado.com.br/noticias/v/29116/apple-watch-ajuda-a-detectar-cancer-em-menina-de-12-anos. Acesso em: 02.06.2023.

MUNDO CONECTADO. ChatGPT consegue 'aprovação' em prova da primeira fase da OAB. Disponível em: https://mundoconectado.com.br/noticias/v/31796/chatgpt-consegue-aprovacao-em-prova-da-primeira-fase-da-oab. Acesso em: 15.07.2023.

MUNDO CONECTADO. *Fake news*: foto do papa usando casaco fashion foi criada por inteligência artificial. IA Midjourney também é responsável por imagem de prisão de Donald Trump. Disponível em: https://mundoconectado.com.br/noticias/v/32685/fake-news-foto-do-papa-usando-casaco-fashion-foi-criada-por-inteligencia-artificial. Acesso em: 15.07.2023.

NATIONAL INSTITUTE OF STANDARDS AND TECHNOLOGY. Glossary of key information security terms, R. Kissel, 2011, p. 93. Disponível em: http://csrc.nist.gov/publications/nistir/ir7298-rev1/nistir-7298-revision1.pdf. Acesso em: 28.05.2023.

NATIONAL INSTITUTE OF STANDARDS AND TECHNOLOGY. Launch of the NIST AI Risk Management Framework. January 26th, 2023. Disponível em: https://www.nist.gov/itl/ai-risk-management-framework. Acesso em: 15.07.2023.

NEGNEVITSKY, Michael. *Artificial Intelligence*: a guide to intelligent systems. Londres: Pearson, 2002.

NEGRI, Sérgio Marcos Carvalho Ávila. Robôs como pessoas: a personalidade eletrônica na robótica e na inteligência artificial. Revista Pensar, 2020. Disponível em: https://ojs.unifor.br/rpen/article/view/10178/pdf. Acesso em: 24.06.2023.

NEUROTECHEDU. Intro to brain-computer interface. Disponível em: http://learn.neurotechedu.com/introtobci/. Acesso em: 02.06.2023.

NOGAROLI, Rafaella. Responsabilidade civil nas cirurgias robóticas: breve estudo de Direito Comparado. Migalhas de Responsabilidade Civil, 2021. Disponível em: https://www.migalhas.com.br/coluna/migalhas-deresponsabilidade-civil/339725/responsabilidade-civil-nas-cirurgias-roboticas. Acesso em: 02.06.2023.

NOTÍCIAS STJ. Retrospectiva: Planos de saúde, Airbnb e auxílio emergencial marcaram os julgamentos de direito privado em 2021. Disponível em: https://www.stj.jus.br/sites/portalp/Paginas/Comunicacao/Noticias/17122021-Planos-de-saude--Airbnb-e-auxilio-emergencial-marcaram-os-julgamentos-de-direito-privado-em-2021.aspx. Acesso em: 26.05.2023.

NUNES, Dierle; MORATO, Otávio. A explicabilidade da inteligência artificial e o devido processo tecnológico. Consultor Jurídico (Conjur), 2021. Disponível em: https://www.conjur.com.br/2021-jul-07/opiniao-explicabilidade-ia-devido-processo-tecnologico. Acesso em: 08.06.2023.

NUNES, Rizzatto. A distinção entre vício e defeito no Código de Defesa do Consumidor. Migalhas, 2019. Disponível em: https://www.migalhas.com.br/coluna/abc-do-cdc/297238/a-distincao-entre-vicio-e-defeito-no-codigo-de-defesa-do-consumidor. Acesso em: 22.07.2023.

OLHAR DIGITAL. "Smart Sampa": entenda a polêmica do edital de monitoramento facial em São Paulo. Disponível em: https://olhardigital.com.br/2022/11/30/pro/smart-sampa-entenda-a-polemica-do-edital-de-monitoramento-facial-em-sao-paulo/. Acesso em: 06.05.2023.

OLIVA, Milena Donato; CORTAZIO, Renan Soares. Desafios da responsabilidade civil no contexto da inteligência artificial e o debate em torno da utilidade do patrimônio de afetação. In: TEPEDINO, Gustavo; SILVA, Rodrigo da Guia. *O direito civil na era da inteligência artificial.* 1.ed. São Paulo: Thomson Reuters Brasil, 2020, p. 721-738.

OLIVA, Milena Donato; COUTINHO, Luiza Leite Cabral Loureiro. A prática abusiva do "preço por inbox" e a responsabilidade civil do fornecedor por precificação discriminatória. *Revista de Direito do Consumidor*, vol. 143, p. 349-372, set.-out./2022.

OLIVA, Milena Donato. Desafios contemporâneos da proteção do consumidor: codificação e pluralidade de fontes normativas. *Revista Brasileira de Direito Civil – RBDCivil*, Belo Horizonte, v. 16, p. 15-33, abr.-jun./2018.

O'NEIL, Cathy. *Algoritmos de destruição em massa*: como o *big data* aumenta a desigualdade e ameaça a democracia. Tradução de Rafael Abraham. 1.ed. Santo André: Ed. Rua do Sabão, 2020.

OPEN AI. DALL·E: creating images from text. Disponível em: https://openai.com/research/dall-e. Acesso em: 22.07.2023.

OPEN KNOWLEDGE BRASIL. *Open Data Index*. Disponível em: https://ok.org.br/projetos/open-data-index/. Acesso em: 18.03.2023

ORGANISATION FOR ECONOMIC CO-OPERATION AND DEVELOPMENT. Japan's AI Utilization Guidelines: an initiative for implementing the OECD AI Principles. Disponível em: https://oecd.ai/en/wonk/japans-ai-utilization-guidelines-an-initiative-for-implementing-the-oecd-ai-principles. Acesso em: 18.03.2023.

ORGANISATION FOR ECONOMIC CO-OPERATION AND DEVELOPMENT. OECD. AI Database of National AI Policies (2021). Disponível em: https://futureoflife.org/ai-policy/. Acesso em: 13.05.2023.

ORGANISATION FOR ECONOMIC CO-OPERATION AND DEVELOPMENT. *OECD AI PRINCIPLES*, 2019. Disponível em: https://oecd.ai/en/ai-principles. Acesso em: 18.03.2023.

ORGANISATION FOR ECONOMIC CO-OPERATION AND DEVELOPMENT. *OECD framework for the classification of AI systems.* OECD Digital Economy Papers. February 2022, n. 323. Disponível em: https://www.oecd-ilibrary.org/docserver/cb6d9eca-en.pdf?expires=1678977001&id=id&accname=guest&checksum=D2C31C0BFC4D036D108BE8CE6C95A2B2. Acesso em: 18.03.2023.

ORGANISATION FOR ECONOMIC CO-OPERATION AND DEVELOPMENT. OECD Roundtable on Dark Commercial Patterns Online, 2020, p. 4. Disponível em: https://www.oecd.org/. Acesso em: 27.05.2023.

ORGANISATION FOR ECONOMIC CO-OPERATION AND DEVELOPMENT. *Recommendation of the Council on Artificial Intelligence.* OECD Legal Instruments: OECD/LEGAL/0449. Disponível em: https://legalinstruments.oecd.org/en/instruments/OECD-LEGAL-0449. Acesso em: 18.03.2023.

ORGANIZAÇÃO DAS NAÇÕES UNIDAS. Chefe de Direitos Humanos da ONU pede moratória para inteligência artificial. Nações Unidas Brasil, 16 de setembro de 2021. Disponível em: https://brasil.un.org/pt-br/144671-chefe-de-direitos-humanos-da-onu-pede-morat%C3%B3ria-para-intelig%C3%AAncia-artificial. Acesso em: 23.06.2023.

ORGANIZAÇÃO DAS NAÇÕES UNIDAS. *Declaração Universal de Direitos Humanos*. Paris, dez./1948. Disponível em: https://nacoesunidas.org/wp-content/uploads/2018/10/DUDH.pdf. Acesso em: 08.07.2023.

ORGANIZAÇÃO DAS NAÇÕES UNIDAS. ONU Direitos Humanos lança relatório sobre racismo sistêmico e pede fim de violência policial. Disponível em: https://brasil.un.org/pt-br/133502-onu-direitos-humanos-lan%C3%A7a-relat%C3%B3rio-sobre-racismo-sist%C3%AAmico-e-pede-fim-de-viol%C3%AAncia. Acesso em: 03.06.2023.

ORGANIZAÇÃO DOS ESTADOS AMERICANOS – OEA. Convenção Europeia de Direitos Humanos. Disponível em: https://www.oas.org/es/cidh/expresion/showarticle.asp?artID=536&lID=4. Acesso em: 21.05.2023.

ORWELL, George. *1984*. Tradução de Heloísa Jahn e Alexandre Hubner. Rio de Janeiro: Companhia das Letras, 2009.

OVANS, Andrea. *What is a business model?* Harvard Business Review, 2015. Disponível em: https://hbr.org/2015/01/what-is-a-business-model. Acesso em: 21.03.2023.

PAPP, Marco Borges; OLIVEIRA, Cristina Godoy Bernardo de. A Inteligência Artificial no Brasil: o relatório de impacto como abordagem regulatória preventiva. Migalhas de Proteção de Dados, 2023. Disponível em: https://www.migalhas.com.br/coluna/migalhas-de-protecao-de-dados/383129/o-relatorio-de-impacto-como-abordagem-regulatoria-preventiva. Acesso em: 24.06.2023.

PARENTONI, Leonardo. Network neutrality: what is internet made of, how is it changing and how does it affect your life? *Revista da Faculdade de Direito da UFMG*, Belo Horizonte, nº Especial, 2nd Conference Brazil-Italy, 2017, p. 195-243.

PARISER, Eli. *O filtro invisível*: o que a internet está escondendo de você. Tradução de Diego Alfaro. 1.ed. Rio de Janeiro: Zahar, 2012. *E-book*.

PARLAMENTO EUROPEU. Diretiva 95/46/CE do Parlamento Europeu e do Conselho, de 24 de Outubro de 1995, relativa à proteção das pessoas singulares no que diz respeito ao tratamento de dados pessoais e à livre circulação desses dados. Disponível em: https://eur-lex.europa.eu/legal-content/PT/TXT/?uri=celex%3A31995L0046. Acesso em: 04.03.2023.

PARLAMENTO EUROPEU. Relatório que contém recomendações à Comissão sobre disposições de Direito Civil sobre Robótica (2015/2103(INL)). Disponível em: https://www.europarl.europa.eu/doceo/document/A-8-2017-0005_PT.html. Acesso em: 24.06.2023.

PARLAMENTO EUROPEU. Resolução 2020/2266(INI), de 03 de maio de 2022, sobre Inteligência Artificial na era digital. Disponível em: https://www.europarl.europa.eu/doceo/document/TA-9-2022- 0140_PT.html. Acesso em: 23.06.2023.

PARLAMENTO EUROPEU. Resolução A9-0178/2020, de 20 de outubro de 2020, que contém recomendações à Comissão sobre o regime de responsabilidade civil aplicável à Inteligência Artificial. Disponível em: https://www.europarl.europa.eu/doceo/document/TA-9-2020-0276_PT.html#title1. Acesso em: 08.03.2023.

PARLAMENTO EUROPEU. Resolução P9-TA(2021)0405, de 06 de outubro de 2021, sobre a inteligência artificial no direito penal e a sua utilização pelas autoridades policiais e judiciárias em casos penais (2020/2016(INI)). Disponível em: https://www.europarl.europa.eu/doceo/document/TA-9-2021-0405_PT.pdf. Acesso em: 02.06.2023.

PARLAMENTO EUROPEU. *The Artificial Intelligence Act*. Regulamento do Parlamento e Conselho Europeu que estabelece regras em matéria de Inteligência Artificial e altera certos atos legislativos da União Europeia. Bruxelas, 2021. Disponível em: https://artificialintelligenceact.eu/the-act/. Acesso em: 14.06.2023.

PARSONS, Tarcott. Evolutionary universals in society. *American Sociological Review*, Chicago, volume 29, issue 3, jun./1964, p. 339-357. Disponível em: https://www.d.umn.edu/cla/faculty/jhamlin/4111/Readings/ParsonsUniversals.pdf. Acesso em: 02.07.2023.

PASQUALE, Frank. *New laws of robotics*: defending human expertise in the age of AI. Cambridge: Harvard University Press, 2020. *E-Book*.

PASQUALE, Frank. *The black box society*: the secret algorithms that control money and information. Cambridge: Harvard University Press, 2015. *E-book*.

PASQUALOTTO, Adalberto. *Revisitando o conceito de risco no CDC*. Migalhas de Responsabilidade Civil, 2020. Disponível em: https://www.migalhas.com.br/coluna/migalhas-de-responsabilidade-civil/331347/revisitando-o-conceito-de-risco-no-cdc. Acesso em: 24.06.2023.

PEREIRA, Caio Mário da Silva. *Instituições de Direito Civil*: teoria geral das obrigações. Atualizador e colaborador: Guilherme Calmon Nogueira da Gama. 33.ed. Rio de Janeiro: Forense, 2022. *E-book*.

PEREIRA, Caio Mário da Silva. *Responsabilidade Civil*. 13.ed. Rio de Janeiro: Forense, 2022. *E-book*.

PEREZ, Caroline Criado. *Mulheres invisíveis*: o viés dos dados em um mundo projetado para homens. Tradução de Renata Guerra. 1.ed. Rio de Janeiro: Intrínseca, 2022.

PERLINGIERI, Pietro. *O direito civil na legalidade constitucional*. Rio de Janeiro: Renovar, 2008.

PERLINGIERI, Pietro. *Perfis do Direito Civil*: introdução ao Direito Civil Constitucional. 23.ed. Rio de Janeiro: Renovar, 2002.

PINHEIRO, Patrícia Peck. *Direito Digital*. 7.ed. São Paulo: Saraiva Educação, 2021. *E-book*.

PINHEIRO, Patricia Peck Garrido. Direito digital: da inteligência artificial às legaltechs. *Revista dos Tribunais*, v. 987, jan./2018.

PIRES, Thatiane Cristina Fontão; SILVA, Rafael Peteffi da. A responsabilidade civil pelos atos autônomos da inteligência artificial: notas iniciais sobre a resolução do Parlamento Europeu. *Revista Brasileira de Políticas Públicas*, Brasília, v. 7, nº 3, 2017.

PONCE, Paula Pedigone. Direct and indirect discrimination applied to algorithmic systems: reflections to Brazil. Computer Law & Security Review, Science Direct, Elsevier, v. 48, April 2023. Disponível em: https://www.sciencedirect.com/science/article/abs/pii/S0267364922001091. Acesso em: 04.06.2023.

PORTO, Fábio Ribeiro. O impacto da utilização da Inteligência Artificial no Executivo Fiscal: estudo de caso do Tribunal de Justiça do Rio de Janeiro. *Revista Direito em Movimento*, Rio de Janeiro, v.17, n.1, p. 142-199, 1º sem. 2019.

PROGRAMA LÍDERES QUE TRANSFORMAM. ENAP, 2021. Disponível em: http://repositorio.enap.gov.br/handle/1/6669. Acesso em: 06.05.2023.

QUARESMA, Alexandre. *Inteligência artificial e bioevolução*: ensaio epistemológico sobre organismos e máquinas. Dissertação (Mestrado em Tecnologias da Inteligência e

Design Digital – TIDD). Pontifícia Universidade Católica de São Paulo (PUC-SP), São Paulo, 2021.

QUEIROZ, João Quinelato. Responsabilidade civil no uso da inteligência artificial: imputação, culpa e risco. In: TEPEDINO, Gustavo; SILVA, Rodrigo da Guia. *O direito civil na era da inteligência artificial*. 1.ed. São Paulo: Thomson Reuters Brasil, 2020, p. 594-597.

REDE DE JORNALISTAS INTERNACIONAIS. IA generativa e seus efeitos na desinformação. In: IJNET, 20.12.2023. Disponível em: https://ijnet.org/pt-br/story/ia-generativa-e-seus-efeitos-na-desinforma%C3%A7%C3%A3o. Acesso em: 03.06.2024.

REINIG, Guilherme Henrique Lima; CARNAÚBA, Daniel Amaral. Responsabilidade civil e novas tecnologias: riscos do desenvolvimento retornam à pauta. CONJUR, 2019. Disponível em: https://www.conjur.com.br/2019-nov-25/direito-civil-atual-riscos-novas-tecnologias-retornam-pauta. Acesso em: 22.07.2023.

REVISTA APÓLICE. Seguro cibernético gera oportunidades para todo o mercado segurador. Jul./2020. Disponível em: https://www.revistaapolice.com.br/2020/07/seguro-cibernetico-gera-oportunidades-para-todo-o-mercado-segurador/. Acesso em: 28.05.2023.

REVISTA ÉPOCA NEGÓCIOS. *43% das empresas adotam home office por causa do coronavírus, mostra pesquisa*. Mar./2020. Disponível em: . Acesso em: 28.05.2023.

REVISTA ÉPOCA NEGÓCIOS. *Hackers* publicam 1 milhão de IDs de dispositivos da Apple. Além de IDs, *hackers* teriam conseguido os endereços dos proprietários e os números de seus telefones celulares. 2012. Disponível em: https://epocanegocios.globo.com/Informacao/Acao/noticia/2012/09/hackers-publicam-1-milhao-de-ids-de-dispositivos-da-apple.html. Acesso em: 27.05.2023.

REVISTA EXAME. As tecnologias por trás da Olimpíada 2021: como equipamentos ajudam a aumentar a segurança e melhorar a mobilidade, além de auxiliar atletas olímpicos a superar limites. Disponível em: https://exame.com/tecnologia/as-tecnologias-por-tras-da-olimpiada-2021/. Acesso em: 02.06.2023.

REVISTA EXAME. ChatGPT foi banido na Itália e passa a ser investigado por autoridades do país. O governo italiano alega que a ferramenta de IA não respeita a legislação de privacidade do país. Disponível em: https://exame.com/tecnologia/chatgpt-foi-banido-na-italia-e-sera-investigado-por-autoridades-do-pais/. Acesso em: 15.07.2023.

REVISTA EXAME. ChatGPT: inteligência artificial é aprovada em provas para médico, advogado e MBA nos EUA. Disponível em: https://exame.com/future-of-money/chatgpt-inteligencia-artificial-e-aprovada-em-provas-para-medico-advogado-e-mba-nos-eua/. Acesso em: 15.07.2023.

RIBEIRO, Joaquim de Sousa. *O problema do contrato*: as cláusulas contratuais gerais e o princípio da liberdade contratual. Coimbra: Almedina, 1999.

RIEGER, Sebastian; SINDERS, Caroline. *Dark patterns*: regulating digital desing. Stiftung Neue Verantwortung, 2020, p. 8-9. Disponível em: https://www.stiftung-nv.de/. Acesso em: 27.05.2023.

ROBERTS, Huw *et al*. Achieving a "Good AI Society": comparing the aims and progress of the EU and the US. *Science and engineering ethics*, v.27, n.68, nov./2021. Disponível em: https://link.springer.com/article/10.1007/s11948-021-00340-7. Acesso em: 23.04.2023.

ROBL FILHO, Ilton Norberto. *Direito, intimidade e vida privada*: paradoxos jurídicos e sociais na sociedade pós-moralista e hipermoderna. Curitiba: Juruá, 2010.

RODOTÀ, Stefano. *A vida na sociedade da vigilância*: a privacidade hoje. Maria Celina Bodin de Moraes (org.). Tradução de Danilo Doneda e Luciana Doneda. Rio de Janeiro: Renovar, 2008.

RODOTÀ, Stefano. Entrevista à Revista Trimestral de Direito Civil, v.3, n.11, jul.-set./2022.

RODOTÀ, Stefano. *La vita e le regole*: tra diritto e non diritto. Milano: Feltrinelli, 2006.

RODRIGUES JÚNIOR, Otávio Luiz. Autonomia da vontade, autonomia privada e autodeterminação: notas sobre a evolução de um conceito na modernidade e na pós-modernidade. *Revista de Informação Legislativa*, Brasília, a. 41, n. 163, p. 113-130, jul.-set./2004.

ROPPO, Enzo. *O contrato*. Tradução de Ana Coimbra e M. Januário C. Gomes. Coimbra: Almedina, 2009.

ROSENVALD, Nelson. A LGPD e a despersonalização da personalidade. Migalhas de Proteção de Dados, 2021. Disponível em: https://www.migalhas.com.br/coluna/migalhas-de-protecao-de-dados/350374/a-lgpd-e-a-despersonalizacao-da-personalidade. Acesso em: 24.06.2023.

ROSENVALD, Nelson. A ordem executiva de inteligência artificial: um significativo passo dos EUA na governança pública e gestão de riscos. Migalhas, Direito Privado no *Common Law*, 2023. Disponível em: https://www.migalhas.com.br/coluna/direito-privado-no-common-law/396436/a-ordem-executiva-de-inteligencia-artificial. Acesso em: 11.11.2023.

ROSENVALD, Nelson. *As funções da responsabilidade civil*: a reparação e a pena civil. 3.ed. São Paulo: Saraiva, 2017. *E-book*.

ROSENVALD, Nelson. O *disgorgement* algorítmico: um novo remédio na tutela da privacidade digital. Migalhas de Proteção de Dados, 2022. Disponível em: https://www.migalhas.com.br/coluna/migalhas-de-protecao-de-dados/379075/disgorgement-algoritmico-remedio-na-tutela-da-privacidade-digital. Acesso em: 18.03.2023.

RUSSELL, Stuart; NORVIG, Peter. *Inteligência artificial*: uma abordagem moderna. 3.ed. Rio de Janeiro: Elsevier, 2013.

RUSSIAN FEDERATION PRESIDENTIAL OFFICE. Decree of the President of the Russian Federation on the development of Artificial Intelligence in the Russian Federation (Center for Security and Emerging Technology), October 10th, 2019. Disponível em: https://cset.georgetown.edu/publication/decree-of-the-president-of-the-russian-federation-on-the-development-of-artificial-intelligence-in-the-russian-federation/. Acesso em: 13.05.2023.

RUSSOM, Philip. Big Data Analytics. *TDWI Best Practices Report*. Fourth Quarter 2011. Disponível em: https://vivomente.com/wp-content/uploads/2016/04/big-data-analytics-white-paper.pdf. Acesso em: 12.03.2023.

SAMOILI, S.; LÓPEZ, M. Cobo; GÓMEZ, E.; DE PRATO, G.; MARTÍNEZ-PLUMED, F.; DELIPETREV, B.. *AI WATCH*: defining Artificial Intelligence. Towards an operational definition and taxonomy of artificial intelligence. EUR 30117 EN, Publications Office of the European Union, Luxembourg, 2020.

SANSEVERINO, Paulo de Tarso Vieira. *Princípio da reparação integral*: indenização no Código Civil. São Paulo: Saraiva, 2010.

SANSEVERINO, Paulo de Tarso Vieira. *Responsabilidade civil no código do consumidor e a defesa do fornecedor*. 2.ed. São Paulo: Saraiva, 2007.

SCHEDLER, Andreas. Conceptualizing accountability. In: SCHEDLER, A.; DIAMOND, L.; PLATTNER, M. F. (eds.). *The self-restraing state*: power and accountability in new democracies. Boulder and London: Lynne Rienner Publishers, 1999.

SCHREIBER, Anderson. *Novos paradigmas da responsabilidade civil*: da erosão dos filtros da reparação à diluição dos danos. 6.ed. São Paulo: Atlas, 2015.

SCHREIBER, Anderson. Responsabilidade civil na lei geral de proteção de dados pessoais. In: DONEDA, Danilo; SARLET, Ingo Wolfgang; MENDES, Laura Schertel; RODRIGUES JUNIOR, Otavio Luiz; BIONI, Bruno Ricardo (coord.). *Tratado de proteção de dados pessoais*. Rio de Janeiro: Forense, 2021, p. 330-349.

SCHREIBER, Anderson; RIBAS, Felipe; MANSUR, Rafael. Deepfakes: regulação e responsabilidade civil. In: TEPEDINO, Gustavo; SILVA, Rodrigo da Guia. *O direito civil na era da inteligência artificial*. 1.ed. São Paulo: Thomson Reuters Brasil, 2020, p. 610-626.

SEARLE, John. *Mente, cérebro e ciência*. Tradução de Artur Morão. Lisboa: Biblioteca de Filosofia Contemporânea, 2019.

SERPA LOPES, Miguel Maria de. *Curso de Direito Civil*. v.2. Rio de Janeiro: Freitas Bastos, 1961.

SERPA LOPES, Miguel Maria de. *Curso de Direito Civil*. v.3. Rio de Janeiro: Freitas Bastos, 1993.

SERVIÇO FEDERAL DE PROCESSAMENTO DE DADOS. Brasil testa primeira ponte aérea com reconhecimento facial do mundo. SERPRO Notícias, 2021. Disponível em: https://www.serpro.gov.br/menu/noticias/noticias-2021/embarque-seguro-congonhas. Acesso em: 18.06.2023.

SIEGEL, Eric. *Análise preditiva*: o poder de prever quem vai clicar, comprar, mentir ou morrer. Tradução de Wendy Campos. Rio de Janeiro: Alta Books, 2017.

SILICON TECHNOLOGY POWERING BUSINESS. What does the security industry really think about the Ashley Madison hack? Disponível em: https://www.silicon.co.uk/security/security-management/ashley-madison-hack-industry-view-173111#. Acesso em: 03.06.2024.

SILVA, Leandro Augusto; PERES, Sarajane Marques; BOSCARIOLI. *Introdução à mineração de dados*. Rio de Janeiro: Elsevier, 2016. *E-book*.

SILVA, Nilton Correia da. Inteligência Artificial. In: FRAZÃO, Ana; MULHOLLAND, Caitlin (coord.). *Inteligência Artificial e Direito*: ética, regulação e responsabilidade. São Paulo: Thomson Reuters Brasil, 2019, p. 31-49.

SILVA, Tarcízio. Racismo algorítmico em plataformas digitais: microagressões e discriminação em código. In: *VI Simpósio Internacional Lavits*. Assimetrias e (in)visibilidade: vigilância, gênero e raça. Universidade Federal da Bahia: Salvador, 2019.

SILVEIRA, Sergio Amadeu da; SILVA, Tarcizio Roberto. Controvérsias sobre danos algorítmicos: discursos corporativos sobre discriminação codificada. *Revista Observatório*, v.6, n.4, jul.-set./2020.

SOARES, Fabiana de Menezes. Comissão de Comunicação e Direito Digital: publicidade e inteligibilidade das leis. CONJUR, 2023. Disponível em: https://www.conjur.com.br/2023-jun-13/fabrica-leis-comissao-comunicacao-direito-digital-senado-federal. Acesso em: 24.06.2023.

SOCIEDADE BRASILEIRA DE MASTOLOGIA. Inteligência artificial prevê câncer de mama cinco anos antes. Disponível em: https://www.sbmastologia.com.br/inteligencia-artificial-preve-cancer-de-mama-cinco-anos-antes/. Acesso em: 15.07.2023.

SOUZA, Carlos Affonso; PADRÃO, Vinícius. Responsabilidade civil e os "novos turcos": o papel da conduta humana nos danos relacionados à inteligência artificial. In: TEPEDINO, Gustavo; SILVA, Rodrigo da Guia. *O direito civil na era da inteligência artificial*. 1.ed. São Paulo: Thomson Reuters Brasil, 2020, p. 663-683.

SOUZA, Carlos Affonso; PERRONE, Christian; MAGRANI, Eduardo. O direito à explicação entre a experiência europeia e a sua positivação na LGPD. In: DONEDA, Danilo; SARLET, Ingo Wolfgang; MENDES, Laura Schertel; RODRIGUES JUNIOR, Otavio Luiz; BIONI, Bruno Ricardo (coord.). *Tratado de proteção de dados pessoais*. Rio de Janeiro: Forense, 2021, p. 254-281.

SOUZA, Joyce; AVELINO, Rodolfo; SILVEIRA, Sérgio Amadeu (Org.). *A sociedade de controle*: manipulação e modulação nas redes digitais. São Paulo: Hedra, 2018.

SRNICEK, Nick. *Platform capitalism*. Cambridge: Polity Press, 2017.

STANFORD AI 100. 100 Year Study on AI released its 2021 Report. Disponível em: https://ai100.stanford.edu/. Acesso em: 19.05.2023.

STANFORD COMPUTACIONAL LAW. ELIZA effect. November, 2019. Disponível em: http://complaw.stanford.edu/readings/elizaeffect.pdf. Acesso em: 08.07.2023.

STEIN, Ernildo. *Aproximações sobre hermenêutica*. Porto Alegre: EDIPUCRS, 1996, p. 4-32.

SUDOH, OSAMU. Japan's AI Utilization Guidelines: an initiative for implementing the OECD AI Principles. *OECD.AI Policy Observatory*. June, 2020. Disponível em: https://oecd.ai/en/wonk/japans-ai-utilization-guidelines-an-initiative-for-implementing-the-oecd-ai-principles. Acesso em: 23.04.2023.

SUMPTER, David. *Dominados pelos números*. Rio de Janeiro: Bertrand Brasil, 2019.

SUPERINTENDÊNCIA DE SEGUROS PRIVADOS DO BRASIL. Circular SUSEP nº 579/2018. Disponível em: https://www2.susep.gov.br/safe/scripts/bnweb/bnmapi.exe?router=upload/20527. Acesso em: 28.05.2023.

SWEENEY, Latanya. Racial discrimination in online ad delivery. *Berkeley Law Review*. January 28th, 2013. Disponível em: https://sites.law.berkeley.edu/privacylaw/2013/05/28/latanya-sweeney-racial-discrimination-in-online-ad-delivery/. Acesso em: 04.06.2023.

TAKAHASHI, Taiki. *Behavioral economics of addiction in the age of a Super Smart Society*: Society 5.0. Oukan – Journal of Transdisciplinary Federation of Science and Technology, v. 12, n. 2, p. 119-122, 2018. Disponível em: https://www.jstage.jst.go.jp/article/trafst/12/2/12_119/_pdf. Acesso em: 22.07.2023.

TECHTUDO. *Headset Modius* usa neurotecnologia para ajudar na perda de peso: dispositivo controlado por smartphone envia estímulos elétricos para o cérebro. Disponível em: https://www.techtudo.com.br/noticias/2018/07/headset-modius-usa-neurotecnologia-para-ajudar-na-perda-de-peso.ghtml. Acesso em: 02.06.2023.

TEFFÉ, Chiara Spadaccini de; BRANCO, Sérgio (coord.). Diálogos da pós-graduação em direito digital: Inteligência Artificial e Big Data. CEPED-UERJ e ITS, 2022. Disponível em: https://itsrio.org/wp-content/uploads/2023/03/Livro_P%C3%B3s_ITS-UERJ_COMPLETO-1.pdf. Acesso em: 03.06.2023.

TEFFÉ, Chiara Spadaccini de. *Quem responde pelos danos causados pela IA?* JOTA, 2017. Disponível em: https://www.jota.info/opiniao-e-analise/artigos/quem-responde-pelos-danos-causados-pela-ia-24102017. Acesso em: 02.06.2023.

TEFFÉ, Chiara Spadaccini de. *Questões acerca do sistema de responsabilidade civil do Marco Civil da Internet: análise do artigo 19*. Migalhas, 2023. Disponível em: https://www.migalhas.com.br/coluna/migalhas-de-responsabilidade-civil/383291/o-sistema-de-responsabilidade-civil-do-marco-civil-da-internet. Acesso em: 08.06.2023.

TEGMARK, Max. *Life 3.0*: being human in the age of artificial intelligence. New York: Alfred A. Knopf, 2017.

TEIXEIRA, Ana Carolina Brochado. Autonomia existencial. *Revista Brasileira de Direito Civil – RBDCivil*, Belo Horizonte, v. 16, p. 75-104, abr.-jun./2018.

TEIXEIRA, Lucas de Barros. Transparência algorítmica em soluções utilizadas por governos. *Revista Internacional de Debates da Administração e Públicas*, São Paulo, v.6, CP, pp.1-10, jan./dez., 2021. *Apud* PACITTI, Tércio. Paradigmas do software aberto. 1.ed. Editora LTC, 2006.

TEIXEIRA NETO, Felipe; FALEIROS JÚNIOR, José Luiz de Moura. Dano moral coletivo e falhas algorítmicas: breves reflexões. In: BARBOZA, Mafalda Miranda; NETTO, Felipe Braga; SILVA, Michael César; FALEIROS JÚNIOR, José Luiz de Moura (coord.). *Direito Digital e Inteligência Artificial*: diálogos entre Brasil e Europa. Indaiatuba, SP: Foco, 2021, p. 235-260. *E-book*.

TEIXEIRA, Tarcísio. *Direito digital e processo eletrônico*. 6.ed. São Paulo: Saraiva, 2022. *E-book*.

TEPEDINO, Gustavo; BARBOZA, Heloísa Helena; MORAES, Maria Celina Bodin de. *Código Civil interpretado conforme a Constituição da República*. v.2. 2.ed. Rio de Janeiro: Renovar, 2012, p. 808.

TEPEDINO, Gustavo. Computador bisbilhoteiro. In: TEPEDINO, Gustavo. *Temas de direito civil*. 4.ed. Rio de Janeiro: Renovar, 2008, p. 563.

TEPEDINO, Gustavo. Liberdades, tecnologia e teoria da interpretação. *Revista Forense*, Rio de Janeiro, v. 419, 2014, p. 82-83.

TEPEDINO, Gustavo; SCHREIBER, Anderson. *Fundamentos do Direito Civil*: obrigações. 3.ed. Rio de Janeiro: Forense, 2022. *E-book*.

TEPEDINO, Gustavo; SILVA, Rodrigo da Guia. Desafios da inteligência artificial em matéria de responsabilidade civil. *Revista Brasileira de Direito Civil – RBDCivil*, Belo Horizonte, v.21, p. 61-86, jul.-set./2019.

TEPEDINO, Gustavo; SILVA, Rodrigo da Guia. Inteligência Artificial e elementos da responsabilidade civil. In: FRAZÃO, Ana; MULHOLLAND, Caitlin (coord.). *Inteligência Artificial e Direito*: ética, regulação e responsabilidade. São Paulo: Thomson Reuters Brasil, 2019, p. 301-319.

TEPEDINO, Gustavo; TEFFÉ, Chiara Spadaccini de. O consentimento na circulação de dados pessoais. *Revista Brasileira de Direito Civil – RBDCivil*, Belo Horizonte, v. 25, p. 83-116, jul.-set./2020.

TEPEDINO, Gustavo; TERRA, Aline de Miranda Valverde; GUEDES, Gisela Sampaio da Cruz. *Fundamentos do Direito Civil*: responsabilidade civil. v.4. 2.ed. Rio de Janeiro: Forense, 2021. *E-book*.

TIME MAGAZINE. Elon musk signs open letter urging AI labs to pump the brakes. Disponível em: https://time.com/6266679/musk-ai-open-letter/. Acesso em: 19.05.2023

THALER, Richard H.; SUNSTEIN, Cass R. *Nudge*: como tomar melhores decisões sobre saúde, dinheiro e felicidade. Tradução de Ângelo Lessa. 1.ed. Rio de Janeiro: Objetiva, 2019.

THE GUARDIAN. Edward Snowden: a right to privacy is the same as freedom of speech. Interview, 2013. Disponível em: https://www.theguardian.com/us-news/video/2015/may/22/edward-snowden-rights-to-privacy-video. Acesso em: 21.05.2023.

THE GUARDIAN. Elon Musk: artificial intelligence is our biggest existential threat. Disponível em: https://www.theguardian.com/technology/2014/oct/27/elon-musk-artificial-intelligence-ai-biggest-existential-threat. October 27th, 2014. Acesso em: 23.06.2023.

THE INTERNATIONAL COMMITTEE OF THE RED CROSS. Artificial intelligence and machine learning in armed conflict: a human-centred approach. *International Review of the Red Cross*, Digital technologies and war: reports and documents, p. 463–479, 102 (913), 2020, p. 478. Disponível em: https://international-review.icrc.org/sites/default/files/reviews-pdf/2021-03/ai-and-machine-learning-in-armed-conflict-a-human-centred-approach-913.pdf. Acesso em: 13.05.2023.

THE NATIONAL RESEARCH PROGRAMME 75 "BIG DATA". *Big Data Ethics Recommendations for the Insurance Industry*. Berne: Swiss National Science Foundation, 2019.

THE NEURORIGHTS FOUNDATION. *New human rights for the age of neurotechnologies*. Disponível em: https://neurorights-initiative.site.drupaldisttest.cc.columbia.edu/sites/default/files/content/The%20Five%20Ethical%20NeuroRights%20updated%20pdf_0.pdf. Acesso em: 02.06.2023.

THE NEW YORK POST. *Married father commits suicide after encouragement by AI chatbot*. Disponível em: https://nypost.com/2023/03/30/married-father-commits-suicide-after-encouragement-by-ai-chatbot-widow/. Acesso em: 26.05.2023.

THE NEW YORK TIMES. AI poses 'risk of extinction,' industry leaders warn. 2023. Disponível em: https://www.nytimes.com/2023/05/30/technology/ai-threat-warning.html. Acesso em: 04.06.2023.

THE NEW YORK TIMES. Eight months pregnant and arrested after false facial recognition match. August 6th, 2023. Disponível em: https://www.nytimes.com/2023/08/06/business/facial-recognition-false-arrest.html. Acesso em: 22.08.2023.

THE NEW YORK TIMES. Inside Amazon Go: a store of the future. 2018. Disponível em: https://www.nytimes.com/2018/01/21/technology/inside-amazon-go-a-store-of-the-future.html. Acesso em: 02.06.2023.

THE NEW YORK TIMES. San Francisco bans facial recognition technology. May 14th, 2019. Disponível em: https://www.nytimes.com/2019/05/14/us/facial-recognition-ban-san-francisco.html. Acesso em: 08.07.2023.

THE OXFORD INSIGHTS GOVERNMENT AI READINESS INDEX 2022. Disponível em: https://www.oxfordinsights.com/government-ai-readiness-index-2022. Acesso em: 06.05.2023.

THE TELEGRAPH. Tesla workers shared footage of naked customers taken from vehicles' cameras. Disponível em: https://www.telegraph.co.uk/world-news/2023/04/06/tesla-elon-musk-workers-videos-naked-customers/. Acesso em: 26.05.2023.

THE VERGE. IBM's Watson gave unsafe recommendations for treating cancer. Disponível em: https://www.theverge.com/2018/7/26/17619382/ibms-watson-cancer-ai-healthcare-science. Acesso em: 27.05.2023.

THE WASHINGTON POST. *I tried to read all my app privacy policies. It was 1 million words*. 2022. Disponível em: https://www.washingtonpost.com/technology/2022/05/31/abolish-privacy-policies/. Acesso em: 28.05.2023.

THE WASHINGTON POST. Teslas running Autopilot involved in 273 crashes reported since last year. June 2022. Disponível em: https://www.washingtonpost.com/technology/2022/06/15/tesla-autopilot-crashes/. Acesso em: 27.05.2023.

TOMASETTI JÚNIOR, Alcides. Transparência e regime da informação do Código de Proteção e Defesa do Consumidor. In: CORREIA, Atalá; CAPUCHO, Fábio Jun (org.). *Direitos da personalidade*: a contribuição de Silmara J. A. Chinellato. Barueri: Manole, 2019, p. 235-255.

TOMASEVICIUS FILHO, Eduardo. *O princípio da boa-fé no direito civil*. São Paulo: Almedina, 2020.

TOWARDS DATA SCIENCE. *Machine unlearning*: the duty of forgetting. Disponível em: https://towardsdatascience.com/machine-unlearning-the-duty-of-forgetting-3666e5b9f6e5. Acesso em: 26.05.2023.

TRIBUNA PARANÁ. Rede paranaense de supermercados inaugura 1ª loja autônoma (sem caixas) da América Latina. Disponível em: https://www.tribunapr.com.br/noticias/curitiba-regiao/rede-paranaense-de-supermercados-inaugura-1a-loja-autonoma-sem-caixas-da-america-latina/. Acesso em: 02.06.2023.

UK AI SAFETY SUMMIT. Disponível em: https://www.aisafetysummit.gov.uk/. Acesso em: 11.11.2023.

UNITED KINGDOM. GOV.UK. Guidance: National AI Strategy. Disponível em: https://www.gov.uk/government/publications/national-ai-strategy. Acesso em: 23.06.2023.

UNITED KINGDOM NATIONAL AI STRATEGY. UK Office for Artificial Intelligence. September, 2021. Disponível em: https://assets.publishing.service.gov.uk/government/uploads/system/uploads/attachment_data/file/1020402/National_AI_Strategy_-_PDF_version.pdf. Acesso em: 23.04.2023.

UNITED NATIONS EDUCATIONAL, SCIENTIFIC AND CULTURAL ORGANIZATION – UNESCO. Recommendation on the Ethics of Artificial Intelligence. Conferência Geral da Unesco, em 24 de novembro de 2021. Disponível em: https://en.unesco.org/artificial-intelligence/ethics#recommendation. Acesso em: 23.06.2023.

UNITED STATES DEPARTMENT OF TRANSPORTATION. U.S. Department of Transportation Releases Policy on Automated Vehicle Development. Disponível em: https://www.transportation.gov/briefing-room/us-department-transportation-releases-policy-automated-vehicle-development. Acesso em: 27.05.2023.

UNITED STATES OF AMERICA. CONGRESS.GOV. H.R.2231 – Algorithmic Accountability Act of 2019. 116th Congress (2019/2020). Disponível em: https://www.congress.gov/bill/116th-congress/house-bill/2231/all-info. Acesso em: 30.06.2023.

UNITED STATES OF AMERICA. CONGRESS.GOV. H.R.6580 – Algorithmic Accountability Act of 2022. 117th Congress (2021-2022). Disponível em: https://www.congress.gov/bill/117th-congress/house-bill/6580/text. Acesso em: 23.06.2023.

UNITED STATES OF AMERICA. WHITE HOUSE. Blueprint for na AI Bill of Rights: making automated systems work for the american people. Disponível em: https://www.whitehouse.gov/wp-content/uploads/2022/10/Blueprint-for-an-AI-Bill-of-Rights.pdf. Acesso em: 17.04.2023.

UNIVERSITY OF SOUTHERN CALIFORNIA. USC NEWS. 'Free' apps may not be so free after all: they take a big toll on your phone. Disponível em: https://news.usc.edu/79081/beware-of-an-ads-hidden-costs-in-free-mobile-apps/. Acesso em: 26.05.2023.

UX DESIGN. Ethics in design: an interview with Harry Brignull, from darkpatterns.org, 2017. Disponível em: https://uxdesign.cc/ethics-in-design-an-interview-with-harry-brignull-from-darkpatterns-org-95489057c440. Acesso em: 27.05.2023.

VASCONCELOS, Catarina Maldonado. Siri, Alexa e Cortana: Inteligência Artificial promove estereótipo da mulher submissa. UNESCO alertou para o fato de a assistência digital ser feita por vozes femininas, associadas à ideia de submissão. TSF RÁDIO NOTÍCIAS, 2019. Disponível em: https://www.tsf.pt/futuro/siri-alexa-e-cortana-inteligencia-artificial-promove-estereotipo-da-mulher-submissa-10932935.html. Acesso em: 22.07.2023.

VÉLIZ, CARISSA. *Privacidade é poder*: por que e como você deveria retomar o controle de seus dados. Tradução de Samuel Oliveira. 1.ed. São Paulo: Editora Contracorrente, 2021.

VENTURE BEAT. What is natural language processing (NLP)? Definition, examples, techniques and applications. Disponível em: https://venturebeat.com/convo-ai/what-is-natural-language-processing/. Acesso em: 12.05.2023.

VERASZTO, Estéfano Vizconde *et al*. Tecnologia: buscando uma definição para o conceito. *Prisma.com*, n. 7, 2008, p. 60-85.

VERBICARO, Dennis; OLIVEIRA, Lis Arrais. A vulnerabilidade algorítmica do consumidor: a extração e o compartilhamento indevidos de dados pessoais nas relações de consumo digitais. In: EHRHARDT JÚNIOR, Marcos; CATALAN, Marcos; MALHEIROS, Pablo (coord.). *Direito do consumidor e novas tecnologias*. Belo Horizonte: Fórum, 2021, p. 33-58.

VIEIRA, Renata; LOPES, Lucelene. Processamento de linguagem natural e o tratamento computacional de linguagens científicas. In: PERNA, Cristina Lopes; DELGADO, Heloísa Koch; FINATTO, Maria José (Org.). *Linguagens especializadas em corpora*: modos de dizer e interfaces de pesquisa. Porto Alegre: EdiPUCRS, 2010, p. 183-254.

WANG, Michelle; SUSHIL, Madhumita; MIAO, Brenda Y.; BUTTE, Atul J. Bottom-up and top-down paradigms of artificial intelligence research approaches to healthcare data science using growing real-world big data. *Journal of the American Medical Informatics Association*, 2023, 30(7), p. 1323–1332.

WARREN, Samuel D.; BRANDEIS, Louis D. The right to privacy. *Harvard Law Review*, v.4, n.5, 1890, p. 193-220.

WEBSTER, Frank. *Theories of the Information Society*. 4.ed. New York: Routledge, 2014, p. 1-10.

WESENDONCK, Tula. A responsabilidade civil pelos riscos do desenvolvimento: evolução histórica e disciplina no Direito Comparado. *Direito e Justiça – Revista de Direito da PUC/RS*, v. 38, Porto Alegre, jul.-dez./2012, p. 213-227.

WIEDMANN, Klaus-Peter; BUXEL, Holger; WALSH, Gianfranco. Customer profiling in e-commerce: methodological aspects and challenges. *Journal of Database Marketing*, v. 9, n. 2, 2002, p. 170–184.

WIRED. Opendoor's iBuyer Model is a canary in the economic coal mine. Disponível em: https://www.wired.co.uk/article/opendoor-ibuyers-housing-market. Acesso em: 08.07.2023.

WIRED. When algorithms promote self-harm, who is held responsible? Disponível em: https://www.wired.com/story/molly-russell-suicide-platforms-mental-health/. Acesso em: 26.05.2023.

WOLFGANG, Hoffmann-Riem. *Teoria geral do direito digital*: transformação digital – desafios para o direito. 2.ed. Rio de Janeiro: Forense, 2022. *E-book*.

WORLD ECONOMIC FORUM. *Emerging technologies*: top 9 ethical issues in Artificial Intelligence. October 21th, 2016. Disponível em: https://www.weforum.org/agenda/2016/10/top-10-ethical-issues-in-artificial-intelligence/. Acesso em: 11.06.2023.

YUSTE, Rafael; GENSER, Jared; HERMANN, Stephanie. *It's time for neurorights*. 18.ed. Horizons, 2021.

ZUBOFF, Shoshana. *The age of surveillance capitalism*: the fight for a human future at the new frontier of power. New York: Publicaffairs, 2019. *E-book*.

EDITORA *Jus*PODIVM
www.editorajuspodivm.com.br

COLOR system

JUS3524